本书被评为2017年中国文艺原创精品出版工程（二期）项目

中国先秦音乐文物考古与研究

黄敬刚 著

人民出版社

目　　录

前　言

　　"大音希声，大象无形。"中国先秦音乐文物几乎满布华夏大地，研究古代乐器和音乐文化思想，就得立足于历史学、考古学和音乐史学基础之上对音乐文物进行深入研究，这对了解礼乐制度和探讨音乐史、乐器史及其与乐律音阶形态方面有着极其重要的作用。音乐文物在古代社会里不是独立存在的，是依赖人类生产生活的各个方面产生的。音乐文物是文化传承可鉴赏发声的载体，充盈着乡音、乡愁和民俗等方面的文化元素，其蕴含的优秀传统文化，对音乐文物和音乐史研究者提供了最可信的实物形象资料。

　　"天地有大美而不言"，音乐大爱而无边。对音乐文物的研究不应囿于某一个学科，而应以多学科联合进行研究，远远超乎乐音、乐律和乐器的演奏的技术层面研究，这样的研究能全面、具体、翔实地诠释礼制与乐制的关系，反映当时社会制度与哲学思想等诸多方面的因素，这样才能把先秦时期音乐文物的研究成果、学术课题等内容丰富起来并继往开来。鉴于此，本书从考古学、历史学和音乐史学着眼，对先秦时期人类社会所遗存下来的音乐文物进行综合性的研究，力求把先秦时期出土的乐器按时代、地域、文化类型、器物质地、形制和乐音乐律特征进行横向、纵向比较研究，借以达到对先秦乐器、音乐起源和音乐形态演绎变化规律的学术研究，让文物证实中华民族的光辉历史，用音乐说话——演奏出"皇皇巨制"的灿烂乐章。

　　音传情，乐通心。本书分七章论述先秦时期音乐历史和乐器年代以及音乐考古与乐器重大发现，并对先秦时期社会制度和音乐思想的大背景稍加梳理，让音乐文物考古与研究及其与古代音乐文化大环境相呼应。田野考古发掘操作规程，偏重于考古发掘科学技术性和室内文物资料整理的特殊性进行研究。如果说古文化遗址和墓葬区出土了重要音乐文物的话，那么，历史学、考古学和音乐史学等诸多方面的研究者们，则会从音乐文物中渐渐揭开古代社会礼乐制度的层层面纱。华夏文化灿烂辉煌,追溯乐器,上至远古,下传至今,其文化精髓值得我们去深入探索与研究。书中涉及的音乐文物研究对象,多来自于全国各地考古发掘和文物部门收藏的先秦时期文物资料,是以全面、系统的考古发掘报告等相关资料为依据的。

第一章论述了中国音乐起源。音乐来自于人类的创造,诸如生产工具的出现制作出了打制石器、磨制石器、穿孔石器、削刮石器、石簇、骨器和陶器。譬如周口店猿人文化期、河套文化期、山顶洞文化期、仰韶文化期、龙山文化期的丰富文化遗存构成了一部原始社会史。《吴越春秋》记载黄帝《弹歌》"断竹、续竹、飞土、逐宍(肉)"。音乐文物是人类社会发展中重要文化遗存,音乐从产生到形成节奏、音阶、旋律的历史过程,则是滥觞于原始社会末期,成熟于夏商之际,发展于两周时期。探索音乐文物时也应对陶器符号、崖画图像进行分析,这是新石器时代音乐文物研究不可忽视的文物资料。

第二章从商代社会制度与音乐文物着眼,对商代的宗教文化、甲骨卜辞和诸侯方国关系进行了综合探究,对殷商音乐考古发现和乐器类型进行了深入的比较分析。"邦畿千里,维民所止,肇域彼四海。"这种分封制度就是商王朝社会制度的核心。劳动创造了人,人又创造了音乐,音乐是人类精神文化和宗教信仰的灵魂。商周之交,已出现的乐器是礼乐制度形成的前奏。商末周初的墓地出土的青铜礼器和乐器,则为研究这一时期的礼乐风俗和礼乐制度,提供了实物资料。

音乐考古是建立在考古学基础之上的一个专门学科。卜辞中的《濩》记录了"己亥卜贞:王宾大乙濩,亡尤"(《殷墟书契前编》18.3 片)。《濩》则是商末帝辛纣王时期的一种大型祭祀乐舞。《诗经·商颂·那》曰:"奏鼓简简,衎我烈祖,汤孙奏假,绥我思成,鞉鼓渊渊,嘒嘒管声,既和且平,依我磬声。"此与商代重大考古发掘中的音乐文物交相印证。商代青铜乐钟包括铙、镈、铃等类型。《周礼·地官·鼓人》曰:"以金铙止鼓。"铙,小钲也,如铃,无舌有柄。《尔雅·释乐》曰:"大钟谓之镛。"这种乐器均为悬乐类型,在河南安阳殷墟墓、江西新干大洋洲商代墓葬及湖南、湖北、山东等地商代墓葬均有这种类型的乐器出土,从而追溯到殷商时期青铜乐器发展的历史轨迹。

第三章从西周时期音乐文化与音乐文物进行比较研究,以便更清晰地了解礼乐制度形成与发展的历史。《左传·襄公二十九年》曰:请观于周乐。使工为之歌《周南》、《召南》。开国大典,歌《诗经》,跳《大武》,舞《韶濩》,溯古而颂今,诗书礼乐成为西周政治主张和儒家文化的核心内容。礼乐制度"国之大事,在祀与戎"乃核心思想,而且是周王朝用来巩固等级制社会的重要纲领。由此,周代的音乐文化朝着昂扬健康的方向发展。

《礼记·内则》曰:"十有三年,学乐,诵《诗》,舞《勺》。成童舞《象》,学射御。二十而冠,始学礼,可以衣裘帛,舞《大夏》。"虽然西周时期乐制在传世文献中记载不多,但是音乐教育尚处于核心地位。故此,结合西周时期文献与乐器种类、音乐关系、乐律调式与旋宫关系进行比较分析,可知西周时期音乐文化得到空前发展,乐器种类繁多,器乐演奏水平相应提高,音乐文化出现"八音"分类法。可见,西周时期的乐器、种类和数量均呈上升趋势。金如钟,石如磬,土如埙,革如鼓,丝如琴瑟,木如柷敔,匏如笙竽,竹如箫管,则为周代乐器典型器物,此与音乐文物考古发现正相印证。夏商时期则有五声音阶,到了西周时期技术更加发达,律学理论与实践的成果更趋成熟,十二律和七声音阶已经形成,律学理论与科技文化水平走在世界前列。《礼记·礼运》曰:"五声、六律、十二管、旋相为宫也。"可见古代文献所载礼制礼器与出土乐器中的铭文反映出的礼乐关系是相辅相成的。

西周早期青铜乐器如编钟,则在随州叶家山西周早期的曾国贵族墓葬出土。同时,全国各地也出土了大量的音乐文物(含文物部门收藏),数量很多,资料十分翔实,其中青铜乐器如甬钟、镈、钮钟、大铙、句鑃、钲、铎、铃、鼓等类型计十余种,是西周时期青铜乐器的主要类型。以悬乐为主的乐器多见甬钟、钮钟和镈钟。西周时期重大考古发现往往在古文化遗址、窖藏和墓葬中出现,多以钟磬悬乐为主体的编悬乐器为主。可见先秦早期的乐器则钟磬多出,同时也有钟镈相伴而出,逐渐形成金声玉振乐音乐律的新格局。

第四章重点对春秋时期音乐文化与音乐文物进行综合研究。春秋时期出现五霸争雄,礼乐制度与政治文化出现新局势,这个时期的周王朝统治势力已由盛转衰,西秦与南楚势力逐渐强大起来。故此,周穆王时期征伐战争导致国力衰退,至周厉王奢侈腐化之风更盛,国民对君王的怨恨不已。加上北方有猃狁,南方有荆蛮,东方有徐夷,西边有西戎,形成四面八方之势向周王朝侵伐围攻,进而呈现五霸争雄的政治局面。春秋时期民间歌舞形式多样,乐舞创作与诗歌采风盛行。

春秋时期铸造的礼乐器先满足君王们的享用,后来又从王室、宫廷逐渐走向诸侯、方国贵族享乐,正因如此,诸侯们开始僭越礼乐制度,在礼乐器的享用方面也超乎周天子的相关规定，随葬中开始用九鼎八簋和钟磬器乐。在乐音乐律方面，诸如郑卫淫声、关中古声、邹鲁雅声、荆楚巫音等都突出自己的特色，在乐器使用和配置方面也发生了较大的变化，从而稳固了钟磬金石之声，丝竹管弦和革鼓之类的乐器占据了主导地位。钟乐诸如晋国子犯春秋早期编钟，王孙诰钟春秋淅川楚墓编钟，山西侯马上马乡上马村春秋中晚期晋墓 M13 出土 10 件一组的编磬；湖南、关中地区、广西、中原、江南地区均有春秋时期青铜镈出土；江苏东海庙墩春秋中期墓葬则出土了 9 件一组的编钟；湖北随州均川镇刘家崖、随州城东郊出土春秋中期青铜铃和钮钟；浙江绍兴、山东沂水、安徽宿县、湖北广济、河南淅川、湖北当阳等分别出土有铎、钲、石排箫和琴瑟乐器。类型丰富的音乐文物对研究春秋时期音乐思想与音乐文化关系提供了珍贵的实物资料。儒家代表人物孔子、孟子的音乐思想，墨家代表人物墨子的音乐思想，道家代表人物老子、庄子的音乐思想，是当时社会音乐文化与音乐思想的精髓。

郑州新郑古郑国祭祀遗址与出土的音乐文物，反映出春秋时期科技文化水平已达到了时代的巅峰。春秋时期的音乐文物在河南新郑、淅川和陕县上村岭虢国墓地等祭祀遗址和墓葬中出土，这些祭祀遗址和墓葬是通过科学考古发掘的，并出土了一批礼乐器，为研究春秋时期礼乐制度、音乐思想提供十分有价值的资料，也为春秋早期甬钟成为编钟悬乐主体找到了答案。

第五章主要阐述了战国时期音乐文化与音乐文物的相互关系。春秋战国时期宫廷礼乐、音乐教育、音乐生活、表演艺术、各种乐器和乐律乐章理论已形成定式。诗歌与音乐则是文化的最高境界，《诗经》《楚辞》更是音乐文化的晶核，不仅真实反映出时代社会生活多姿多彩的情景，也有倾诉战争与劳役之苦的内容。随着当下民间声乐艺术和民间歌唱技艺的发展，在制造乐器方面和演习实践中的声学知识都得到更大的拓展。

《周礼·冬官·考工记》曰："薄厚之所震动，清浊之所由出，侈弇之所由兴，有说。钟已厚则石，已薄则播，侈则柞，弇则郁，长甬则震""钟大而短，则其声疾而短闻，钟小而长，则其声舒而远闻"。可见，其钟乐精铸和调音定律这种科技水平已达到了时代的巅峰。纵观这些卷帙浩繁的古代文献汗牛充栋，其中关乎音乐方面的文献浩如烟海，要掌握查阅传世文献的方法和文献目录，将会对音乐考古研究者起到重要作用。除了田野音乐考古调查和民间歌曲搜集整理外，大量音乐史研究和地下音乐文物整理都要做案头工作，必须要查阅大量的历史文献资料，才能理清战国时期音乐文物与文献记载的相互关系。

战国时期的楚国，疆域广阔，音乐文化灿烂辉煌。华夏人文始祖炎帝神农诞生于湖北随州，世代相传他在远古削桐创制了五弦琴。伟大的爱国诗人屈原诞生于湖北秭归，他抚琴吟咏，《九歌》《国殇》，荡气回肠。荆楚大地战国时期音乐文物与考古发掘资料十分丰富，仅见乐钟就有204件，并出土了多件套成组的编钟，其中有13件套和36件套的编钟。战国早期曾侯乙墓出土的钟、磬等8种共125件乐器，其数量之多，种类之全，世所罕见。钟磬铭文记载的乐音乐律内容十分丰富，钟体上刻有标音、律名等方面的铭文2828字，加上钟架附件挂钩上的钟铭共3755字。这为研究先秦时期乐音乐律提供了十分宝贵的资料。国之瑰宝重器曾侯乙编钟整套65件，一钟双音，旋宫转调，12个半音，可演奏古今名曲，改写了世界音乐史，被誉为世界第八大奇迹！

战国时期社会制度发生变革，其思想解放，竟能冲破层层礼乐制度之缚，但是音乐则在当时社会中仍然可以形成其独立的地位。因为战国初年诸侯国打破了周王朝的礼乐制度中的种种限制，新出现了诸子百家的音乐思想和音乐成就。那么，这个时期的青铜铸造盛行，青铜礼乐器成为国家政权与实力的象征。传世文献与地下出土文物表明，青铜铸器除了占据丰富矿产资源外，只有具备先进的采矿技术和冶炼、铸造方面的科技能力，才能筑起华夏文明的稳固基石。可见战国时期青铜乐钟铸造技术与乐音乐律理论已达到了时代的巅峰。运用多学科综合性研究编钟和乐器已成为国际性的学术课题。故此，2015年8月已出版的《曾侯乙编钟》四卷本丛书，是集多学科研究战国早期曾侯乙编钟的范本之作。考古发现春秋战国时期青铜冶铸和祭祀遗址十分丰富，诸如河南地区在春秋时期有郑国祭祀遗址，河南辉县琉璃阁甲乙两座墓出土青铜钟、山西侯马钟范遗址、安徽寿县蔡侯墓出土镈钟乐器、陕西长安丰西马王村铜簋外范、随州曾国青铜礼乐器等，均为研究春秋战国时期礼乐制度和礼乐重器提供了可信的实物资料。

第六章主要对考古发掘的战国时期音乐文物进行了分类分析和研究。战国时期的音乐文物，先后在河南、山西、四川、江苏、安徽、湖北、江西、新疆、云南等地相继发现，为音乐史和音乐考古研究提供了十分有价值的参考资料。诸如河南地区先后在洛阳西工解放路北段西侧周王城战国墓陪葬坑出土有青铜镈钟和18件钮钟、23件编磬。除此之外，在郑州、上海、河北、湖南、山东等地也出土一批钟镈乐器。战国时期甬钟数量仍然占较大的数量，但后来被钮钟所代替，时代越晚甬钟也就越少见。考古调查和考古发掘中的资料得到证实，故此在战国早、中期墓葬中的钟乐仍以钮钟为主。譬如在山西新绛柳泉、太原金胜村、平陆县南乡店村有甬钟、钮钟出土。河南地区新郑县、叶县、洛阳等地同出有钮钟和甬钟，但其钟乐器体型渐渐变小，但仍然能成编成组，音质也十分优美。再看安徽地区出土的32件战国时期编钟，其中有甬钟、镈钟、钮钟、錞于和一些乐钟残片。同时山西万荣河镇、河南洛阳(战国王孙遗者钟)、湖北枣阳九连墩M1、M2墓葬、山东诸城市藏家庄随葬坑(公孙朝子钮钟)、山东郯城、淄博临淄永流商王朝M2、湖北江陵县观音档乡五山村、湖北江陵天星观M2、湖南怀化地区黔阳、四川涪陵、河南信阳长台关小刘庄M2等墓葬均出土有甬钟和钮钟。在战国时期墓葬中出土的编磬往往与钟乐伴出，这为研究当时社会礼乐制度和悬乐制度提供了十分珍贵的资料。钟乐又在山西交城县、襄汾、浮山县、太原、交口县等多有出土，这对研究该地区尤其晋国末期礼乐制度、墓葬制度和殉葬习俗有着重要的参考价值。还有山东临淄、阳信、胶东、腾州、章丘、青岛一些地区多出战国时期钟磬。河南陕县、上蔡县、信阳长台关等地也出土了一批钟磬。河北中山县、易县、涉县诸地墓葬中出土了一大批钟磬。其他地区如广东、北京等文物部门多收藏钟磬。

战国时期的弦乐器多在河南信阳长台关，湖北荆州、随州曾侯乙墓、枣阳九连墩，湖南长沙五里牌等地出土的漆木乐器较少，但见瑟、琴、鼓类乐器多出。其中青铜鼓乐分别在湖北、湖南、广东、北京(文物部门)、四川、山西地区都有出土或有收藏。在战国时期饰有宴乐、渔猎纹图像的壶上，则展现出燕乐射猎的图案和刻纹。譬如四川地区出土战国时期宴乐武舞图像铜壶与双铎图铜印，山西襄汾大张、侯马、长治分水岭等地出土或收藏的青铜器上装饰有采桑竞射和歌伎舞女的图像，江苏地区出土战国时期青铜器上有宴乐刻纹图像，淮阳市城南乡高庄战国墓M1出土一件宴乐刻纹盘。器内壁和口沿外部镌刻人物、田野、太阳、射猎、敲击悬磬和宴乐场景，是一幅完美无缺的宴乐刻纹图像，其为研究战国时期礼乐制度和社会形势提供了十分珍贵的资料。湖北江陵县出土的战国时舞人纹锦，其上的舞袖飘逸和边歌边舞的动态又为音乐舞蹈史研究提供了可信的实物资料。

战国时期丝竹管弦乐器与乐俑分别在湖北、湖南等地区出土。湖南长沙五里牌出土的十弦琴，湖北荆州、荆门、当阳和随州诸地战国墓葬中都出有漆木琴和律管、笙等乐器。河南信阳长台关M1、M2分别出土有战国早、中期的弦乐器琴。江苏吴县市长桥镇长桥村战国时期墓葬出土有古筝。山东章丘战国中期墓葬中出土了 26 件乐舞俑,其中以女性造型 21 件,以男性造型的演奏俑 5 件,按类分为观赏俑、舞蹈俑、歌唱俑等不同的造型特色。由此可见,战国中期关乎歌唱、舞蹈俑和乐俑有演奏钟磬的、击鼓的、抚琴的等,如此专注,则与该墓同出如此之多的金石之乐、陶埙等乐器相符,此为研究战国时期音乐文化和乐律、乐器与表演形式提供了珍贵可信的资料。本章又着重对随州擂鼓墩战国早期曾侯乙墓礼乐器作了综述与专题研究,曾国乐器历经西周早期至战国早、中期约 800 年的悠久历史,曾国高级贵族墓葬中多有成套成组的编钟、编磬等数量多、质量高、类型全的钟乐器出土,这无疑为研究两周至战国时期悬乐制度成为标尺。

第七章则从先秦时期音乐文物与考古学研究着眼,对先秦时期音乐文物进行分类分型研究,也是本书学术课题的研究结论与总结。如新石器时代多出石、陶、骨、木、竹质乐器以及对夏、商、周以降各代的铜质乐器类型的分析,即石质乐器类型分析、陶质乐器类型分析、骨质乐器类型分析、木质乐器类型分析、铜质乐器类型分析。在音乐文物考古材料的分析与研究中,尤其对参加田野考古发掘时对青铜乐器的摆放形式的分析、对钟乐器与其他乐器相互排列形式的解析、对这些音乐文物相互叠压关系和打破关系进行绘图、照相、记录、编号系列程序,观察青铜乐器与漆木乐器、陶质、石质乐器原本保存情况,进行必要的发掘记录和资料整理的工作,复原周代礼乐制度有着重要参考价值。古文化遗址和古墓葬出土的音乐文物,通过考古学中的地层学和器物类型学的综合研究,其中列举音乐文物特质与考古学的关系,音乐文物与考古地层学关系,音乐文物与考古类型学关系综述与分析。考古地层学是研究人类所改造的文化堆积与遗迹遗存中的历史现象,弄清地层中的遗迹变化、走向、叠压与打破关系。在音乐考古与音乐文物研究中必须掌握考古地层学的基础原理。尤其对先秦时期音乐文物与考古类型学关系进行综合性的分析,则能更接近音乐考古和音乐文物研究的节点以及对先秦时期音乐文物的发展轨迹,先从石质乐器如钟磬所出土的地域性与音乐考古发现的文化迹象,陶质乐器埙、响球在不同地区分布进行分析,竹木质乐器和青铜类乐器分类进行分析,再运用考古类型学分析方法,对乐器的文化属性、墓葬礼乐器质地、花纹与形态分析,且全面系统的、客观的对音乐文物进行考古学研究,此与当下历史学、考古学、音乐学和音乐考古学进行综合研究,展示出音乐文物中的独特性。在音乐考古与音乐文物研究时,对乐器的断代就是根据乐器在古文化遗址和墓葬的地层年代和器物早晚关系而定。

此外,对器物形态变化的客观规律进行科学的分门别类、分组、分型、分式等考古科学的考古方法,判断乐器的文化性质、期别和年代早晚关系。按"区系类型"对考古学文化发展谱系的原则进行探索,再分区、分类型对遗址和墓葬出土的历史文物和音乐文物进行分析研究。

鉴于此,继而对音乐文化与礼乐制度的不懈努力探索,我以为应对音乐考古的学术体系形成更具科学性倾尽绵薄之力,在此向"中国音乐文物大系"总主编黄翔鹏、王子初先生,副总编王清雷先生等在音乐考古方面的研究作出巨献的专家学者们表示寸心敬意!并期后贤亦复启后贤矣!以共圆中国梦亦即天下为公,世界大同的和平和谐的弹拨人类美好心灵的赏心悦耳的音乐之梦!

2017 年 7 月 1 日于北京

第 一 章

中国音乐起源说

音乐的起源来自于人类的创造。生产工具的出现在中华大地留下了打制石器、磨制石器、穿孔石器、削刮石器、石簇、骨器和陶器。这个时期没有文字,处于旧石器时代和新石器时代,如周口店猿人文化期、河套文化期、山顶洞文化期、仰韶文化期、龙山文化期则构成了原始社会史。[①]

第一节　传说时代的音乐史概况

一、三皇五帝时期的天籁之音

远古时代的音乐难免以传说或神话为其载体,自从古代先民创造了文字才出现有记载的历史。《吴越春秋》记载黄帝《弹歌》:"断竹,续竹,飞土,逐宍(肉)。"杨荫浏先生认为:"这一原始简单的歌词,说明古代人们是用竹制的弓发出泥制的弹丸以追打动物。"[②] 我们认为,这种具有时代性的音乐艺术形象是难以留存的,是以言传心授的原始办法达到薪火相传目的的,也就是音乐来自于人们生活中,音乐形成的阶段应该是人类社会发展的文化遗存,追根求源,音乐

---

① 参见周谷城:《中国通史》上册,上海人民出版社 1957 年版,第 12—14 页。
② 杨荫浏:《中国古代音乐史稿》上册,人民音乐出版社 1980 年版,第 5 页。

图一 甘肃庆阳野林寺沟陶响器正面

的产生到形成节奏、音阶、旋律的历史过程，则是滥觞于原始社会末期，成熟于夏商之际，发展于两周时期。这就是说，上古传说时理应存在，直至从新石器时代晚期进入人类社会阶段，原始社会先民不仅掌握了唱歌跳舞的技能，而且已经发明了演奏的乐器。

《吕氏春秋·仲夏纪·古乐篇》曰："昔古朱襄氏之治天下也，多风而阳气蓄积，万物散解，果实不成，故士达作为五弦瑟，以来阴气，以定群生。""昔陶唐氏之始，阴多滞伏而湛积，水道壅塞，不行其原，民气郁阏而滞著，筋骨瑟缩不达，故作为舞以宣导之。"古代先民在同大自然作斗争中，往往信奉天神的力量来充广他们的精神灵魂，传说这个时期的人们就发明乐器中的弦乐器五弦瑟，以歌舞拨弦弹瑟，祈祷求雨，以滋润稼禾或则手舞足蹈，边歌边舞，达到治病疗疾和强身健体的作用，激发远古社会人们的精神力量，这就是音乐服务于人类，从而推动着这个时期音乐艺术与文化发展的原动力。可见，古代文献记载关乎先民的传说史应该存在可信性，有了传说时代的音乐文化才会有后来繁荣发展的音乐形成期。

《吕氏春秋·仲夏纪·古乐篇》曰："帝尧立，乃命质为乐，质乃效山林溪谷之音以歌，乃以麋革置缶而鼓之，乃拊石、击石，以象上帝玉磬之音，以至舞百兽，瞽叟乃拌五弦之瑟，作以为十五弦之瑟。命之曰《大章》，以祭上帝。""昔黄帝令伶伦作为律。……次制十二筒，以之阮隃之下，听凤凰之鸣，以别十二律。"传说中的三皇五帝时代，其中有神农氏、炎帝、黄帝、尧、舜古代部落的首领人物，这个时代的传说应该有可信的一面，大致相当于考古学中的新石器时代中晚期。《国语·晋语四》曰："昔少典娶于有蟜氏，生黄帝、炎帝。黄帝以姬水成，炎帝以姜水成，成而异德，故黄帝为姬，炎帝为姜。"炎黄相传为兄弟，乃为神农之后裔，神农早于炎帝、黄帝。这个时代应为原始游牧部落时期。《商君书·画策》曰："神农之世，男耕而食，妇织而衣，刑政不用而治，甲兵不起而王。神农既没，以强胜弱，以众暴寡，故黄帝作为君臣上下之义，父子兄弟之礼，夫妇妃匹之合；内行刀锯，外用甲兵，故时变也。由此观之，神农非高于黄帝也，然其名尊者，以适于时也。"古代原始部落不仅熟悉了狩猎和养殖

图二　甘肃庆阳野林寺沟曲颈陶响器（新石器时代）

家畜，而且以刀耕火种的方法种植旱地作物和稻谷。登山采药疗疾，纺织布匹制衣。炎黄之世国家已形成雏形。《竹书纪年》有："故黄帝作为君臣上下之义，父子兄弟之礼"及"内行刀锯，外用甲兵"的军事行政手段。《吕氏春秋·仲夏纪·古乐篇》亦曰："昔黄帝令伶伦作为律"。这在中国考古发现的新石器时代古文化遗存中得到印证。

又如《世本》卷九曰："神农作琴。神农氏琴长三尺六寸六分，上有五弦，曰宫、商、角、徵、羽。文王增二弦，曰少宫、商。神农和药济人。神农作琴。垂作规矩准绳，耒、耜、耰、铫。"传说史与考古发现的新石器时代的音乐文物相互印证。追溯有文字可载的历史，至少要到殷商之际，始有甲骨，后有金文。所能记载的史事仍然甚少。音乐文字就更少了，所能见到与音乐有关的东西，那只是陶响球、石磬、陶埙和骨笛等，则与考古文化有着密切关系。中华民族把音乐文化看成是始祖圣音，只有把他们称为音乐的始祖，看成作乐制律的先圣，才能折射出古代文明社会中所顶礼膜拜的大尊。

再如《尚书·尧典》帝曰："夔，命汝典乐……"《尚书·益稷》夔曰："戛击鸣球、搏拊、琴瑟、以咏。"祖考来格，虞宾在位，群后德让。下管鼗鼓，合止柷敔，笙镛以间，鸟兽跄跄。《箫韶》九成，凤皇来仪。夔曰："于！予击石拊石，百兽

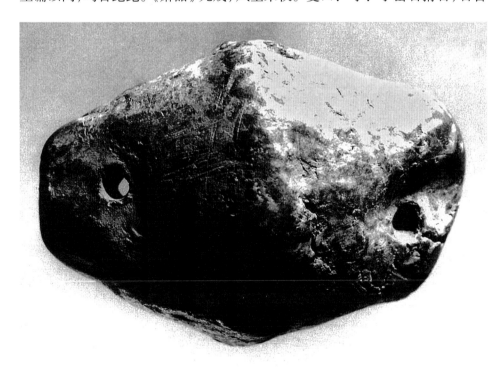

图三 甘肃兰州土谷陶响器（新石器时代）

率舞。"从舜与乐官夔的对话中，可以了解古代有专门的乐官管理乐舞，这个时代演奏的乐音均来自于大自然中，如石磬、木鼓、竹制乐器、陶制乐器，如同树叶可吹奏出各种乐曲，从远古时代口耳相传到了今天，人们还发现杜鹃鸣叫时发出的声音接近三度。其实，远古时代的人们采用作乐制律发出的声音，去模仿复原大自然的万籁佳音。

《吕氏春秋·仲夏纪·古乐篇》曰："昔葛天氏之乐，三人操牛尾投足以歌八阕：一曰载民；二曰玄鸟；三曰遂草木；四曰奋五谷；五曰敬天常；六曰达帝功；七曰依地德；八曰总万物之极。"后世追溯远古时代的音乐文化源流，将传说时代的音乐类型加以整理，形成有文献记载的远古传说史。原始歌舞起源于先民们的劳动与生活中。原始游牧业和农业生产劳动，都会需要一种精神力量，以祭天崇神求助上帝保佑平安。随着原始氏族形成贵贱等级制度，则会产生"敬天常"、"依地德"、"遂草木"、"奋五谷"、"总万物之极"的音乐类别。这种歌舞和音乐伴随敬天崇神的思想，扩展到战争与攻伐中的击鼓助阵产生威慑效果，后逐步形成原始宗教和巫术，装神伴鬼，手舞足蹈，唱起歌，则会让先民们产生极大的精神慰藉。

《山海经·西山经》曰："其状如黄囊，赤如丹火，六足四翼，浑敦无面目，是识歌舞。"文献描绘歌舞者的形象，如有"六足四翼"装扮的形象惹人注目，展示音乐与神灵的巨大魅力。《吕氏春秋·仲夏纪·古乐篇》记载更是玄乎："黄帝又命伶伦与荣将铸十二钟，以和五音，以施英韶，以仲春之月，乙卯之日，日在奎，始奏之，命之曰咸池。"三皇五帝时期尚未达到冶铜铸钟的能力，仍然以竹质品、木质品、石质品、皮革、丝线、骨骼和陶质品制作乐器。

到了氏族社会末期，随着社会分裂出现了阶级，导致上层社会垄断了音乐，用音乐为他们的政治与统治服务。《墨子·非乐》曰："启乃淫溢康乐……万舞翼翼，章闻于大，天乃弗式。"这里是说夏禹的儿子启过分享乐，《万》舞"则指举行盛大的歌舞活动。

《吕乐春秋·仲夏纪·古乐篇》曰："帝颛顼生自若水，实处空桑，

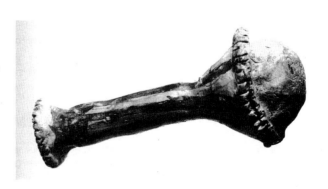

图四　甘肃皋兰县糜地岘陶响器（新石器时代）

乃登为帝。惟天之合,正风乃行,其音若熙熙凄凄锵锵。帝颛顼好其音,乃令飞龙作效八风之音,命之曰承云,以祭上帝。乃令鱓先为乐倡,鱓乃偃寝,以其尾鼓其腹,其音英英。"

《韩非子·五蠹篇》曰:"当舜之时,有苗不服,禹将伐之。舜曰:'不可。上德不厚而行武,非道也'。乃修教三年,执干戚舞,有苗乃服。"

《吕氏春秋·季夏纪·音初篇》曰:"禹行功,见涂山之女,禹未之遇而巡省南土。涂山氏之女乃令其妾待禹于涂山之阳,女乃作歌,歌曰:'候人兮猗',实始作为南音。"诸多文献详载,原始部族在从事游牧业和养殖动物时,崇拜具有神力的牛,在唱歌跳舞时执着牛尾,踏步唱歌。其中《载民》应是歌颂劳动人民的写真。玄鸟大概是一个部落所崇拜的图腾,《玄鸟》也就是对鸟这类图腾的赞扬。三皇五帝时期,先民们用音乐和原始宗教的乐舞形式,起到凝聚整个社会制度和人们思想意识的作用。诸多音乐研究者认为,人们手持牛尾载歌载舞是符合原始先民生活习俗的。

传说乐曲《咸池》认为"尧"修改了黄帝时代的乐曲,故在黄帝、尧时期均见《咸池》。《论语》记载了孔子在齐国听到了《韶》的乐曲,诸如尧时代《击壤歌》《断竹歌》这种类型的乐曲颇显古奇,很接近原始先民的实际生活写真,应该是历史悠久、源远流长的古曲,譬如庖犧氏乐曲《扶来》(异名《立本》)、神农氏乐曲《扶持》(异名《下谋》)、黄帝乐曲《咸池》(异名《云门大卷》)、少昊乐曲《大渊》、颛顼乐曲《六茎》(异名《五茎》、《承云》)、帝喾乐曲《五英》(异名《六英》),唐尧乐曲《大章》(异名《大卷》)、《咸池》(异名《大咸》)、虞舜乐曲《大韶》(异名《韶》、《箫韶》、《大磬》、《九招》)、夏禹乐曲《大夏》(异名《夏》、《夏篇篇》(yuè)、《六佾》(yì)、《六英》,① 所指异名则为不同典籍记载有些不同而已。诸多文献记载的乐曲中,见于乐器者诸如:弦乐器琴瑟,管乐器笙、管、埙,打击乐器则为鼓、土鼓、鼗、楹鼓、足鼓、柷敔之属。

古代先民在长时期劳动生活实践中,把积累的丰富经验代代相传。所以,如同尧这个时期的乐曲《咸池》,则为天上西宫星名,又为西方日落之意。《淮南子·天文训》曰:"日出旸谷,浴于咸池。"日出日落,在洪荒的原始部落时期,人们无法去破译这种上天的奥秘,只能以崇拜天神的心理祈祷上苍,将所看到的日月与繁星,命名歌名乐曲进行乐舞活动,对天神、巫术、宗教形式存在幻想,

---

① 参见蓝玉崧:《中国古代音乐史》,吴大明整理,中央音乐学院出版社2006年版,第12页。

或以乐舞形式表达心灵中的崇敬之情。先民们将北斗七星镂刻在陶豆的柄上，[1]从而证实这个时期的人们对天象和大自然中的景象了解颇深，以不同形式一代一代地传承下来。故此，讨论远古时期的音乐起源不能单纯依据传世文献去推论，因为有文献的时代距无文字记载的时代仍然遥远，后人整理先民的音乐起源与发展历史过程，除了从传说史和神话资料进行整理并加以提炼外，往往存在粉饰这个时代的宗教思想和巫术文化的外衣，把一个没文字时代的音乐文化记载如此详尽，这就要我们利用音

图五　甘肃秦安县安伏乡杨寺陶响器（新石器时代）

乐文物考古资料去研究远古社会的音乐文化。

二、音乐起源说

如果说把古代的历史文化追溯至源头的话，那么，音乐起源就难于找到一个明确的概念来界定。地球上自从有了人类就有了人类进化历史，声音应该是音乐存在的主体，人和动物都能听到大自然的各种声音，不同的声音可以让有

---

[1]　参见刘玉堂、黄敬刚：《从考古发现看随的农业》，《曾国与随国历史研究》，人民出版社2013年版，第43页。

生命的物种产生不同的反应。音乐起源的概念与音乐文化元素,应涵盖的节奏、旋律、音色、和声以及音乐的形态,见诸音乐在远古时代至出现文字时代之前,所能传承各种绝技绝活给后世的秘诀唯见言传心授之法,令人要寻觅音乐起源的时段、形成和概念,永远是众说纷纭。英国生物学家达尔文(1809—1882)认为音乐起源于鸟鸣之声,即异性求爱说。这种说法不无道理,先说动物鸣叫的声音有乐音,有节奏感,其实这即是鸟类鸣叫的"语言",人类认为这种来自大自然中的声音格外好听,就去模仿鸟类的鸣叫,把这种优美动听的鸟鸣之声加工成乐曲。德国经济学家毕歇尔(1847—1930),对音乐起源说源于自人类的集体劳动,即劳动起源说,此说影响较大。法国哲学家卢梭(1712—1778)认为源自于原始人类在感情兴奋、激动时那种昂扬语调就是歌曲,即语言抑扬说。古希腊哲学家德谟克利特(约前460—前370)等认为音乐源自于人类模仿自然界的各种声音,诸如虫叫、鸟鸣、风声、流水声、雷电,即模仿自然说。德国的音乐心理学家修顿普佛(1848—1936)认为音乐起源于原始人类以呼喊声互相联络,其声音达到一定音高时就形成音乐,即信号说。法国音乐家康柏瑞欧(1859—1916)认为音乐源自于原始民族的巫术,即巫术起源说。

综上诸说,万变不离其宗,远古时代的原始先民除了上述音乐起源说之外,在我国考古发掘的古人类文化遗址中,早已寻觅到类似气鸣类竹笛、陶埙、石排箫和体鸣类乐器钟磬鼓等,为音乐起源说找到了可信的实物形象资料。

劳动创造了人的本身。约8000年前原始社会,从先民的生产工具和遗物中,不仅找到他们劳动与生活中的遗迹和遗物,并且发现了被当时人们演奏过的乐器。这不仅证实了远古时代的先民们已经发明了音乐和乐舞,并且制造出骨笛、石哨、陶埙之类的乐器。中国西汉时期的思想家、文学家刘安在《淮南子·道应训》中说:"今夫举大木者,前呼'邪许',后亦应之,此举重劝力之歌也。"可见,劳动真正创造了世界,音乐起源于劳动并不足为奇。原始先民在生产劳动中形成丰富的具有生命力的劳动"号子"。劳动"号子"之歌延传久远,至今在长江流域的广大地域中存在。或许说音乐比语言、文字更容易交流、传播,更能抒发人们内心的激情。敲击木棒、打击石器、砍砸古木、追杀野兽等重大生产劳动活动,都会产生节奏、音节,人们善于捕捉这些天籁之音,渐渐领略到其美妙而有韵味的音乐节奏,慢慢形成一套踏歌而舞的音乐活动,在篝火堆旁和家园场地牵手跳舞而歌,其舞蹈图像已遗留在新石器时代的彩陶盆上。

《毛诗序》曰："情动于中，而行于言；言之不足，故嗟叹之；嗟叹之不足，故咏歌之；咏歌之不足，不知手之舞之，足之蹈之也。"进而论述了古代先民思想感情与音乐的关系。《易经·贲》曰："贲如，皤如，白马翰如；匪寇，婚媾。"《管子·轻重甲篇》曰："昔者桀之时，女乐三万人，端噪晨乐，乐闻于三衢，是无不服文锈衣裳者……桀无天下忧，饰妇女钟鼓之乐。"从商代的音乐文化反观蛮荒时代的音乐起源，可见音乐文化创造了人类精神家园，成为世界音乐界研究者们所重视的学术课题，是多学科专家学者们共同研究的成果。生物学家、经济学家、哲学家、音乐学家、考古学家从各个不同的视角进行研究，演绎出性本能说、异性求爱说、语言抑扬说、劳动起源说、信号说、巫术说等等。人们在几千年前就开始探索音乐艺术和舞蹈艺术的起源，深入研究音乐起源的学术问题，对后世的考古文化和音乐文物的研究，有着举足轻重的学术价值和历史价值。

追溯华夏的文明史，其历史悠久，文化灿烂。新中国成立以来的考古发现，就有陕西的"蓝田猿人"和北京周口店的"北京人"人类化石出现。到了新石器时代，这些原始部落的先民就能制造石器工具和骨制工具，也采用泥土制作陶器，经过火烧后成为生活用具。陶哨、骨笛之类的体鸣乐器相继产生。

这时已形成了部落集团氏族，考古文化中的遗迹遗存中多有音乐文物出现，它能证实早期音乐起源的历史。那就是在体鸣乐器出现之前，完全靠人体本身气鸣、腔鸣或打击来表现音乐的节奏，这个时代音乐文物资料是倍加珍贵的。随着民族学和音乐文物的考古研究，可以得到音乐起源的新证。

《易经·中孚》记载："得敌，或鼓或罢，或泣或歌。"古代部落与氏族之间形成了各自的域地，往往在争食夺物中引发战争，乐歌中所描写的战争音乐的形式，蕴含着喜怒哀乐和先民的内心激情，音乐则成为人类生存中不可缺少的精神动力。《山海经·大荒北经》曰："神，北行！先除水道，决通沟渎。"神灵与音乐结合在一起，则形成人类对上帝有顶礼膜拜的幻想，把大自然的各种征兆寓为上天的旨意，成为我们先民崇天敬神的历史，载入华夏音乐文化不朽的光辉历史。《诗经·商颂·玄鸟》曰："天命玄鸟，降而生商。"玄鸟就是黑色的鸟，黑色自古以来就成为人类的精神圣旨。

长江流域一直是人类繁衍生息的理想之地。楚人则是生活在南方的一个民族。夏商时代，在这个广大地域中，不仅有极为丰富的商文化、周文化遗迹遗物，而且有极为丰富的历史文化遗产。南方音乐的精髓《楚声》即"南音"，也称"楚声"。如流传的楚歌曲调见于屈原《楚辞》中。如《涂山氏妾歌》则是原始先民承传下来的南方楚歌曲调之一。诸如《楚辞·招魂》载:"肴羞未通,女乐罗些。陈钟按鼓,造新歌些。《涉江》《采菱》,发《杨荷》些。"演奏编钟,敲击大鼓,唱楚国歌曲。如江汉之间的诸姬,不仅受商周文化的影响,而且也有楚文化的浸润,在音乐民歌曲调中,有楚歌与南音民间歌曲。其实,《楚辞》中有着浓烈的远古音乐文化的迹象。如《阳春》《白雪》《涉江》和《采菱》等的笔触涉古极深。一是喻作大自然规律和现象,二是描述劳动现象和思想激情。神农氏和炎帝都是南方部落的代表,传说是神农造琴,教先民崇尚音乐,以音乐歌舞抒发先民们内心的激情,可做为音乐起源的发端之一。

其实,在商代已有成熟的音乐体系,华夏民族的音乐起源在《诗经》中则可寻觅到远古时代的音乐信息。诗与音乐有着不可分割的密切关系。《诗经》记载以地域而言,主要涉及北方黄河流域的礼乐文化。譬如原始社会末期的氏族部落之间的战争和侵伐,音乐文化可为整个民族的安定起到重要的作用。正如《云门》《咸池》《韶》这类音乐具有原始部落和宗教乐舞的特点,后世人们把这些乐曲视为民族艺术的经典,正如孔子在当时的齐国发现《韶》乐时,竟有"三日不知肉味"的感觉。《论语·八佾》曰:"《韶》,尽美矣,又尽善也。"先贤圣哲溯古求源,把华夏承传下来的音乐文化赞为神髓。

第二节　音乐探源与音乐文物研究

一、从音乐文物看古代音乐文化

新石器时代前期河南舞阳县贾湖文化遗址中的骨笛,是文物考古和音乐史学者研究的重要资料。经鉴定骨笛为丹顶鹤腿骨制作,有 5 孔、7 孔、8 孔多见,乃为五声音阶,则可证实具备五声音阶的音乐历史已有近万年之久。

河南舞阳县贾湖文化遗址发掘面积达 2700 平方米,其中有房基 53 座,陶室 12 座,灰坑 436 座,墓葬 445 座,瓮棺墓 32 座,狗棺 12 座,还有带防卫和排水设施的沟壕。以年代学分析,这座遗址的年代约有距今 9000 年至 7000 年,其中每期 500 年。按居住面积分析常住人口约在 160—260 人之间。其中见于 M282 主人男者身高 1.9 米,女者身高 1.8 米,随葬品见有农具、渔具和生活用品的罐壶之属。其他墓葬中还发现有石铲、石镰、石棒、石球、网坠、石簇、鱼标、鳄鱼骨、丹顶鹤骨、鹿骨、狗骨等,所见骨笛一般放在墓主大腿内侧,考古学者认为应该是下葬时把生前使用的乐器视为珍品。骨笛不仅数量多,还有用丹顶鹤骨做成的半成品——大孔骨笛。可见,乐器与音乐文化则成为先民们的精神支柱,贾湖骨笛是中华民族音乐文化中的神品。

音乐起源和音乐形成与社会制度关系甚密。音乐文物在古代文化遗存中,直接反映出当时社会文化因素和音乐文化属性。也就是说音乐文物在当时是为谁服务的,是什么阶层的人使用,乐器与什么样的物品同时出现,包括墓葬、房屋、沟壕遗址等,反映出原始聚落的社会等级制度和宗教习俗,这与音乐文物有着直接的紧密的联系。诸如青海省出土的新石器时代舞蹈纹彩陶盆,其内壁绘有五人一列共三列舞人乐舞图像,生动地再现了当时社会的音乐文化现象。可见,远古时期音乐文化现象所反映出的社会制度,所涉及的社会文化因素,是文物考古工作者和音乐考古工作者研究的对象。音乐文化是为人类社会服务的,音乐思想的形成直接与当时社会制度、习俗、风尚有着密切的关系,如古代先民在农业生产、渔业和狩猎活动中喜获丰收,以舒展欢快的心情开展尊天敬神活动。

关于音乐文化的起源被人们追溯得越久远,所展现的神话与传说的历史就会越神秘。虽说在原始社会末期即新石器时期早期尚无文字记载音乐文化和历史过程,但我们从文物考

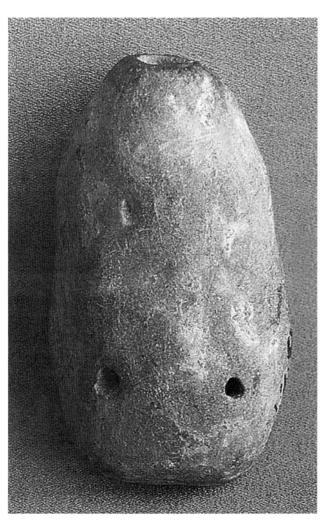

图六　河南南召县太山庙乡下店老坟坡陶埙（新石器时代——仰韶文化）

古调查与发掘中，寻觅到极为丰富的古代先民生活的遗迹遗物，尤其是音乐文物的大量发现，对研究上古社会音乐文化和社会现象有着极其重要的参考价值。《尚书·舜典》载"击石拊石，百兽率舞"描述了音乐文化的魅力。这应该是上古时代音乐文化中的体鸣乐器雏形，到了贾湖骨笛时期则见气鸣乐器出现，那就更是音乐文化形成的进步期，充分利用大自然的物体加工成吹奏乐器，较之先民用树叶吹奏赋有音乐节奏感的天籁之音更胜一筹。音乐的要素之一是旋律，是由高低不同的音按一定规律顺序排列构成的。远古先民将单一的一个音发展为两个音，直至发展到后来的五声音阶，随着社会不断进步，音乐则发展成七声音阶，形成一套完整七声音阶的音乐体系。再者，十二音名的绝对音高形成以及宫、商、角、徵、羽和黄钟、大吕、林钟音名、唱名不同，则构成中国古代完整的音乐理论。贾湖骨笛形成时代的先民们，在音乐实践中，大概已经掌握了旋律的基本原理，这对制作骨笛和演奏效果是很有必要的。诸如在新石器时代遗址遗存中，较多地发现了音乐文物陶埙，其质地是先民发明的泥质黑灰陶。

可见，先民们已经掌握了制作和烧制陶器的技术，利用腹体原理制作出气鸣吹奏的乐器，也具备音孔，大概可以演奏五声音阶。在不同地域新石器时代遗址中发现大量的陶埙，折射出华夏音乐文化的光芒。

远古先民所创造出的不朽音乐文化，虽说是处在无文字记载的时期，但从远古传说史中已初见端倪。传说史是中华民族优秀文化的神髓，三皇五帝时代的音乐文化与传说历史，则在新石器时代文化遗址中的音乐文物得到印证。典籍中所记载有关音乐起源的史事和传说，则有真实可信的一面，没有传说时代的历史文化，也就不会突然产生文字，出现后世音乐文化的盛世。《诗经·小雅·伐木》曰："伐木丁丁，鸟鸣嘤嘤。"一派鸟语花香、竹韵虎啸的韵味。这种音乐和舞蹈，无疑能提高先民们在劳动生产中的原动力。

《吕氏春秋·季夏纪·音初篇》曰："有娀氏有二佚女，为之九成之台，饮食必以鼓。帝令燕往视之，鸣若谥隘。二女爱而争搏之，覆以玉筐；少选，发而视之，燕遗二卵，北飞，遂不反。二女作歌一终，曰：'燕燕往飞。'实始作为北音。"将陶缶或鼓腔蒙上兽皮（或以鱼、蛇皮）形成打击乐器鼓。有人认为，磬为石演化而来，埙和骨笛乃是古人模仿鸟声而作的乐器。这类乐器的形成昭示着人类社会尚乐之风。在礼乐制度形成前期的原始社会，把发明乐器、制作乐器和乐器演奏技能，视为音乐，是远古社会生活和制度中不可缺少的部分。白寿彝主编的《中国通史》说：远古文化遗存，表明中国境内在那遥远的时代，曾经在不同地区发展着不同系统的文化。[1] 先秦时期的文字则从甲骨文、金文《诗》《书》、《春秋》经传、《竹书纪年》、诸子书籍以至《天问》《山海经》等,或叙说当时的史事,或追求前人的传说,都在民族学方面有所反映。这就彰显出远古时期先民们所创造的悠久历史和不朽的音乐文化。

在中国幅员辽阔的大地上,音乐文物分布广泛,《中国音乐文物大系》已将全国各地出土的音乐文物囊括其中。[2] 在华夏大地辽阔的江河中,仅以黄河流域和长江流域而论:黄河流域远古时期的文化遗址,西起陇山,经渭河下游、黄河中下游之济水诸域,东迄泰山辽阔的平原地区,则有仰韶文化遗址和龙山文化遗址,这些都是中华民族的文化摇篮。在这些文化遗存中有极为丰富的音乐文物,对研究当时社会制度与音乐文化以及乐器制作可以找到最可靠的实物形象资料。长江流域的远古文化中有大量的音乐文物出土,把这些音乐文物与同时出土的生活用具和墓葬习俗综合研究,则可厘清乐器的性能和乐器演奏的时代背景,能够还原音乐文物在古代社会中所占有的作用。"历史破天荒第一次被置于它的真正的基础上,一个很明显的而以前完全被人忽略的事实,即人们首先必须吃、喝、住、穿,就是说首先必须劳动,然后才能争取统治,从事政治、宗教和哲学等等。"[3] 音乐起源虽说与先民们劳动创造有关,但是音乐更多的作用还是为人类和社会服务。

中华民族的礼乐制度,是建立在礼节仪式"乐以和内,礼以节外"基础之上的礼乐思想。原始音乐是在声乐和器乐基石之上组成的,往往以形象的语言、富于韵律的曲调用来激发人的情感,再现出先民们喜获劳动成果时的愉快心情。在历史长河中世世代代以口传心授的方式弘扬了音乐文化。乐器产生应该晚于歌舞形成期。古代人们从击手、击石或击木伴奏歌舞,在漫长的乐舞实践中逐渐发明制作乐器。南宋罗泌的《路史》有"庖牺灼土为埙"有关记载,传说的背后正是远古时期先民制作乐器的史实。当人们对音乐文化寻根问祖时,无不对远古人类的音乐与乐器进行探索。"诗言志,乐抒情",当歌舞激发古代人们的情怀时,就会从"投足以歌八阕"的形式体现远古音乐文化的特性。音乐史学家吕骥先生认为五声音阶在母系氏族社会后期已经形成。在长江流域河姆渡文化即新石器时代遗址中出土的陶埙得到印证。原始音乐和原始绘画相提并论,陶埙、

---

① 参见白寿彝主编:《中国通史》,上海人民出版社 1994 年版。
② 参见黄翔鹏总主编:《中国音乐文物大系》,大象出版社 1996 年版。
③ 《马克思恩格斯文集》第 3 卷,人民出版社 2009 年版,第 459 页。

骨笛这类音乐文物与悠久的历史相互辉映，彩绘乐舞图陶盆和原始崖画，则把音乐、绘画、舞蹈艺术熔为一炉。古文化遗存见于黄河流域的"老官台文化"、"磁山文化"和"裴李岗文化"。分别有陕西省华县的老官台文化、河南省新郑裴李岗文化、河北省武安县磁山文化和河南省渑池县的仰韶文化遗址等古代历史文化内涵极为丰富。黄河流域有陕西西安半坡仰韶文化（半坡类型和庙底沟类型）和甘肃省临洮马家窑文化。长江流域新石器时代的彩陶文化有湖北大溪文化（四川省巫山县大溪遗址）和京山屈家岭文化。大溪文化则分布在鄂、湘、川三省广大地区，其历史迄今已有6000年的悠久历史。湖北屈家岭文化以江汉平原为轴心，广泛分布于湖北大部和湘北等地，除京山屈家岭以外，还有邓家湾、关庙山、中堡岛、冷皮垭、青龙泉、曹家湾等遗址。

综上所述，新石器时代考古发现中的古文化遗址所出的彩绘陶器上描绘着精美的舞蹈图像，华夏民族乐舞一家，闻乐起舞是一种音乐文化现象，以陶泥捏制乐器有陶埙、陶鼓、陶缶等类型。河姆渡古文化遗址中出土的陶埙和骨哨，则是我国最古老的乐器之一。在郑州大河村、西安半坡、万荣荆村诸多古文化遗址中都有陶埙出土。庙底沟古文化遗址中发现了陶钟，则是迄今发现最早的敲击乐器。古代人们在彩绘陶盆上描绘的乐舞图像，则可了解六七千年前的乐舞形态和实物资料。陶质乐器和古代崖画可以窥见远古音乐文化的踪迹，诸如陶器刻画并描绘出繁复的艺术图像，则是从瞬息万变的大自然景象获取，表象出音乐与艺术的造化能力，这些艺术图像遗存着远古时期的音乐文化符号和乐舞图像信息。远古人类自掌握了劳动生产工具之后，在生产劳动中不断创造了人类的原始艺术和音乐文化。

二、音乐文物分布与分析

远古时期末期已进入新石器时代，这个时期的人们可以磨制石器，将石制的工具进行穿孔，考古学称为细石器时代。石制的生产工具以砍、砸、刮、削多种功能，可以用于狩猎或渔业。捏制、烧制的陶器一种是生活用品，另外是用作乐器，如陶埙、陶钟、土（陶）鼓等，这个时期的先民们还用兽骨、鸟兽和石头制作乐器，如骨笛、骨哨、石哨、石磬乐器。但这个时期的乐器类别不多，数量很少，这些音乐文物主要散布在新石器时代的文化遗址中，一是以黄河流域为中心的仰韶文化即彩陶文化，先后在山西、陕西、新疆、河套、热河等广大地区均有发现，及其龙山文化中的黑陶文化也制作十分精美；二是以长江流域为中心的湖北城背溪文化、大溪文化、屈家岭文化、石家河文化即新石器时代文化遗址。在浙江余姚发现的河姆渡文化以及在湖南、安徽、广西、广东、贵州、四川、昆明诸地有十分丰富的新石器时代的文化遗址。

举例如下：

山东省新石器时代文化遗址中，分别在日照市东海峪龙山文化早期遗址中出有陶响球，胶南市塔山乡西寺村龙山文化遗址中出有陶响器，莒县陵阳河大汶口文化晚期墓葬中出土陶角和笛柄杯。章丘城子崖新石器时代遗址中出有陶响器。潍坊姚官庄龙山文化遗址出土陶埙，烟台邱家庄新石器时代遗址出有陶埙。①

山西省新石器时代文化遗址中如万荣荆村、太原义井、垣曲的丰村、侯马的凤城、忻州的游邀、襄汾陶寺等遗址中，均有吹奏乐器和敲击乐器出土，分别有一孔埙、二孔陶埙，并有磬、土鼓、鼍鼓、陶铃等敲击乐器。闻喜县郭家庄乡南宋村新石器时代遗址出有特磬。中阳县中阳谷罗沟村新石器时代遗址出有特磬，襄汾县大崮堆山新石器时代遗址出土有磬坯。②

甘肃省新石器时代文化遗址中如庆阳野林寺沟、临夏回族自治州东乡县林家马家窑文化、皋兰县糜地岘、临夏回族自治州广河县齐家窑文化、积石山大河庄、庆阳宁县西寺李村、秦安县安伏乡扬寺村、广河盖子坪、庄浪县韩店、兰州市永登县乐山坪文化遗址中陶响器、陶鼓居多。③

河南省新石器时代文化遗存如临汝中山寨、舞阳、贾湖、郑州后庄王等地出有骨笛、陶鼓、石磬、埙等。如舞阳贾湖裴李文化遗址出有骨笛，长葛石固裴李岗文化遗址出有骨笛，汝州中山寨裴李岗文化遗址出有骨笛、舞阳贾湖裴李岗文化遗址出有龟甲响器，禹州谷水河龙山文化遗址出土有陶号角。南召老坟仰韶文化遗址出有陶埙，郑州大河村仰韶文化遗址出有陶埙，慰氏县桐刘龙山文化遗址出土陶埙，郑州旧城西旮旯王龙山文化遗址出有陶埙，偃师二里头文化遗址出土有陶埙。④

河北省发现新石器文化遗址中的音乐文物较其他地区要相对少一些。考古工作者在这一地区发现不太多的音乐文物，诸如蔚县上陈庄新石器时代遗址出

① 参见王子初总主编：《中国音乐文物大系》（山东卷），大象出版社2001年版，第9—16页。
② 参见王子初总主编：《中国音乐文物大系》（山西卷），大象出版社2000年版，第11—17页。
③ 参见黄翔鹏总主编：《中国音乐文物大系》（甘肃卷），大象出版社1998年版，第9—19页。
④ 参见黄翔鹏总主编：《中国音乐文物大系》（河南卷），大象出版社1996年版，第9—19页。

土有石磬,下定县南杨庄新石器时代遗址发现陶鼓。①

湖北省新石器时代文化遗址分别有京山朱家嘴遗址出土有陶响球,黄冈牛角山新石器时代遗址出土有陶响球,蕲春易家山新石器时代遗址出有陶响球,枣阳雕龙碑新石器时代遗址出有陶响球,枝江关庙新石器时代遗址出土有陶响球,公安王家岗新石器时代墓葬出有陶响球,天门石家河新石器时代遗址出有陶铃。②

湖南省新石器时代遗址包括澧县彭头山文化、石门县皂市文化、安乡县安全乡汤家岗文化,大溪文化,屈家岭文化和石家河文化。在以上诸多文化遗址中唯见大溪文化出有陶响球。③

另外,其他地方也有音乐文物,比如,四川省新石器时代遗址百余处,包括巫山、巫溪、龙江、大渡河、阆中、长宁等地。巫山大溪新石器时代遗址出土有陶响球。④江苏省新石器时代遗址出土的音乐文物较少,仅见邱县大墩子新石器时代遗址出有陶埙。⑤广东省梅县新石器时代遗址出土有鱼埙、独角猴埙和动物埙等。陕西省新石器时代遗址有西安半坡、临潼姜寨、淳化黑豆嘴、华县井家堡、铜川市李家沟诸地出土有陶埙、陶角、陶响器。⑥

新石器时代音乐文物主要分布在黄河流域的河南、山东、陕西、山西、甘肃等地,长江流域的四川、湖北、江西、湖南等域地的音乐文物象征着远古时代的人类文明史。

原始社会末期则是中国考古学分期中的新石器时代,我们所列举的诸多文化遗址所发现的音乐文物,其数量仍然是很有限的。这个时代发明了烧陶技术,发现了陶响球类型的乐器,还发现少量的陶铃和陶埙,陶制乐器不易保存,故此,陶制乐器存世的数量也较少,这种陶质乐器容易毁坏。石磬就不易损坏,能够传承数千年。新石器时代人们居住的地方就会有乐器出现,在古代先民生活空间里出现了音乐其文明历史才显得更加辉煌。所以说在古人类文化遗址中多有乐器发现。随着文物调查和考古发掘新石器时代文化遗址可分为早、中、晚三个阶段,也就是陶石并用和铜石并用时代。这个时代的铜谓之红铜,质地较软,

---

① 参见王子初总主编:《中国音乐文物大系》(河北卷),大象出版社 2008 年版,第 1—2 页。
② 参见王子初总主编:《中国音乐文物大系》(湖北卷),大象出版社 2006 年版,第 7—9 页。
③ 参见王子初总主编:《中国音乐文物大系》(湖南卷),大象出版社 2006 年版,第 7—9 页。
④ 参见黄翔鹏总主编:《中国音乐文物大系》(湖南卷),大象出版社 1996 年版,第 166 页。
⑤ 参见黄翔鹏总主编:《中国音乐文物大系》(河南卷),大象出版社 1996 年版,第 10 页。
⑥ 参见黄翔鹏总主编:《中国音乐文物大系》(河南卷),大象出版社 1996 年版,第 7—12 页。

称为天然铜矿,是在火山爆发的时候因高温原因导致铜矿熔化,其液体冷却后自然形成刀状和片状的物件,被古代的人们用作刮削工具。

根据考古学资料把中国新石器时代界定为公元前7000年至公元前2000年,迄今约为9000年至4000年。譬如河南舞阳贾湖出土有新石器时代骨笛,属于裴李岗文化期。按遗址中的泥炭用碳—14年代测定,迄今已有9000年至8000年的历史了。新石器时代中晚期的先民已掌握了用工具制造乐器的技能,从贾湖骨笛的视角看古代先民制作乐器的历史,将会彰显出原始社会部族首领制作乐器享受音乐娱乐的生活方式。

《尚书·益稷》曰:"戛击鸣球。"从考古发现可知,鸣球应是新石器时代遗址中出土的陶响球乐器。《墨子·非乐》曰:"启乃淫溢康乐,野于饮食,将将铭苋,磬以力。湛浊于酒,渝食于野,万舞翼翼,章闻于大,天用弗式"。《史记·殷本纪》曰:"使师涓作新淫声,北里之舞,靡靡之乐。"古老而又神奇的陶响球、陶埙和特磬,发展到了夏商之世,夏商之初,音乐文化一度成为当时社会的精神文化支柱。可见,在夏代早期接近新石器时代晚期,人类社会逐渐从部落联盟进入文明社会,也就是形成国家建立了社会制度的前奏,以音乐而言从新石器时代的石质、陶质、骨质、诸类乐器开始,逐渐发展到夏商周时期的青铜乐器和琴弦乐器,是中华民族文明历史和灿烂文化的基石之一。见于文字记载的《诗经·小雅·伐木》曰:"伐木丁丁,鸟鸣嘤嘤"和《诗经·豳风·七月》曰:"春日载阳,有鸣仓庚。"则可印证新石器时代文化遗址中出土的乐器,可知我们的先民不仅发明了音乐,而且制作了精美绝伦的陶响球、陶埙、特磬等乐器。这些乐器在祭祀、畜牧、耕种和狩猎中发挥很大的作用。考古工作者和音乐学家对这些原始乐器进行了测试测音,乐器在演奏中都具备了音高、音色和节奏的基本物质。新石器时代出现的音乐文物,对夏、商、周以来的礼乐盛世奠定了一定的基础。

新石器时代文化遗存极为丰富,这些古文化遗存中无论从音乐文化方面,或是美术、雕塑、符号刻画等方面都值得去深入研究,正如陶器上的精美图案,刻镂的花纹和雕塑图像,以及器物的造型都十分讲究,为陶器符号发展到文字起源期奠定了坚固的基石。

河南舞阳贾湖骨笛也有五孔、六孔、七孔的音乐性能。因为有类似舞阳贾湖骨笛这样的音乐文化存在,才会出现类似龟甲符号和装饰艺术品的高峰。贾湖骨笛开孔之多,则能吹奏五声、六声和七声音阶,从而打破了学术研究中先秦時期只有五声音阶的说法。随着对新石器时代古文化遗址乐器分布情况的综合研究,窥视出古代先民所创造的音乐文化特性,对于这个时代音乐文化进行深入研究,才能全面了解音乐文物的历史价值。随着考古发掘和对地下文物调查,发现更多的古代人类所遗留下来的音乐文物,这些音乐文物从程度、色泽、质地、尺寸大小、文化层位和风格的早晚关系,进行综合研究已印证历史文献记载历史的真实性。由此可知,新石器时代的音乐文物具有一定的历史价值和艺术价值,呈现出中国音乐文化发展的完整历史过程,这种久远的音乐文化没有出现断层,自从有了人类,他们一样会听到大自然的松涛竹韵、鸟语虫吟的天籁之音,在生产劳动中就会产生亢奋激情,不由自主地就会出现击壤而歌、拊石并敲打陶器跳起舞蹈的音乐文化现象。

第三节　陶器符号与崖画中的音乐图像分析

一、崖画与音乐文物考古现状

崖画也是田野考古调查的一项重要工作,是属于地上文物考古与调查的范畴。在崖壁上和洞穴中的崖画,其时代一般早到新石器时代,晚至春秋战国时期。目前世界上有120多个国家都发现了崖画,有的崖画年代甚至达到4—5万年的历史,也就是说在旧石器时代先民们已开始在崖画上作画了。崖画内容主要反映古代人类生活中的人物、动植物现象,反映社会现状和人类群体居住的相关内容。从绘画艺术形式看,主要再现了原始人类的音乐舞蹈和民风习俗以及文化体育活动等多方面的内容。所以说崖画艺术作为一种文化现象广泛流存,是研究原始社会制度和了解地域文化风俗的珍贵材料。

新石器时代的乐器历史大概比歌舞出现的时间要晚,这在崖画中可以得到印证。大量的崖画中只发现群体的歌舞图像,而不见有演奏乐器的乐队出现,《尚书·尧典》有"予击石拊石,百兽率舞"的记载相符。难道说不用乐器演奏就能歌舞吗?劳动时边唱边跳舞,声乐出现应该与生产劳动有关,音乐的起源与劳动时所喊叫出来的号子有密切的关系,边唱边劳动的形式增加了人们的激情和勇敢。

崖画中以动物、人物为活态的表现形式,看上去都具有生命力和艺术魅力。在探索崖画中的音乐文化现象时,重在搜寻乐舞表演时是否存在乐器的踪迹。

图七　沧源崖画羽人猎牛舞图像（第六地点三区，摹绘）

崖画时代越早其内容越丰富，其文化现象也就表现得越古朴纯真，这就是一种音乐文化元素和民族文化内涵。不同区域的岩画传承着不同时代的音乐文化元素。少数地区的岩画则有承上启下的特点跨越几千年的历史，展示出悠久的民族文化信息，无疑为研究崖画提供了宝贵的资料。在野外考古调查时，音乐文物研究者与考古工作者对崖画进行了综合性调查研究，结合历史学、民族学和州舆县志的资料，对这一地区的崖画依据科学方法获取第一手资料，为我们在室内进行崖画资料的整理奠定了基础。

崖画包含人物、动物、建筑、山川地貌、物体工具、图案和符号等方面的内容，蕴含着地域文化和民俗文化方面独特信息。古代人类思想意识和精神文化面貌充愫着巫术、崇拜、宗教文化方面的色彩。如崖画中群体性的手拉手乐舞图像，正好与青海大通上孙家寨出土陶盆上的舞蹈图像相同。《吕氏春秋·仲夏纪·古乐篇》曰："昔葛天氏之乐，三人操牛尾，投足以歌八阕……"这种歌舞形式在人类社会中永远传承着。岩画与陶器都是史前文化传承的载体，二者之间的田野考古与文献资料可以相互印证。其实岩画在我国很多地区均有发现，如福建华安东仙字潭摩崖石刻，内蒙古阴山岩画，内蒙古白岔河岩画，内蒙古桌子山岩画，新疆岩画，四川珙县"僰人悬棺"崖壁画，云南沧源崖画，新疆阿尔泰山石画，广西左江流域花山崖壁画，宁夏贺兰山岩画，甘肃黑山岩刻，甘肃祁连山岩刻，乌兰察布岩刻，贵州开阳、贞丰、关岭、丹寨、长顺崖壁画，江苏连云港将军崖岩画，巴丹吉林沙漠岩画，青海哈龙沟和舍布齐沟岩刻，新疆昆仑山岩刻，新疆呼图壁岩刻，西藏岩画，广东珠海高栏岛石刻画，香港东龙古刻，等等，诸多崖画艺术风格则与新石器时代陶器制作技艺十分酷似。

二、陶器符号与崖画音乐图像的关系

远古先民通过劳动增强身体和开发智能，积累生活经验和传递各部落之间信息，记录祭祀和占卜凶吉，先发明了结绳记事，后来又制作工具和烧制陶器，在陶器上雕刻图案和描绘图像，真实地记录了原始社会的绘画艺术和音乐文化的景象。他们还在陶器上刻画了接近文字类型的符号图像，极富文字的初形和构件，非常接近文字的笔画，可见这种原始艺术涵盖了绘画、雕刻、音乐、舞蹈和文字符号。《易·系辞》曰："上古结绳而治，后世圣人易之书契，百官以治，万民以察。"结绳、木刻刻画和符号图像，都是记事的某种形式而已。古代先民们在举行祭祀和占卜、狩猎或祭天求雨时，都要装神扮鬼，头戴兽帽，身着龙服，踏地击壤，敲木吹奏，热闹非凡。譬如，青海乐都柳湾发现的原始社会墓地，就有数十片骨刻记事的文物，[1]再如我国民族学资料中，就有独龙族和佤族用于结绳记事的例证。这种原始社会的结绳记事至今在傈僳族、独龙族、高山族、佤族和怒族中仍然存在。

新石器时代陶盆上绘有乐舞图像，西安半坡陶器上就有百余

图八　半坡的刻画符号

① 参见中国科学院考古研究所青海队等：《青海乐都柳湾原始社会墓地反映出的主要问题》，《考古》1976年第6期。

个符号，[1] 则与这个时代下的历史文化记忆和音乐图像关系十分紧密。陕西长安王楼，铜川李家沟和临潼姜寨，宝鸡北首岭、垣头、零口等仰韶文化遗址中，也有百余件出土文物中有多种类型的符号。王志俊先生在《关中地区仰韶文化刻划符号综述》中，介绍了关中地区东西长 300 公里、南北宽 100 公里即 3 万平方公里的范围内，所出陶器上既多且有规律可循的"Ⅰ、Ⅱ、Ⅲ……"之类的符号。[2] 识者以为其一，可为 1、2、3 数字化；其二，可为宫、商、角音乐化的符号，这种大胆推理不无道理。有些符号"ξ"如丝弦之乐器，"ƒ"如人跳舞之形，"O"如埙之形。又如山东莒县陵阳河、诸城前寨见诸"ᗧ、ᗣ、ᖸ、ᗐ"符号，[3] 形如日、月、山或工具的文字雏形，或许象征着"天籁之音"即人拿着工具击壤而歌的欢乐境界。

新石器时代陶器上的装饰图案还具有写实性，陶器的造型本身就有艺术性。先是反映陶器的造型艺术，其次是反映陶器上的绘画艺术，也具有丰富多彩的音乐文化特质。如果说青海大通上孙家寨陶盆上乐舞图像再现了古代先民的音乐文化的话，那么，陶器上有规律的符号则与音乐文化有着密切的联系。凡是彩陶或素陶上的三角纹、鱼纹、鸟纹、方格纹、菱形纹、树叶纹都是来自大自然的现象，是古代人类在生活与劳动实践中的智慧结晶。河南临汝阎村发现的鹳鱼石斧图，是画在陶缸腹部的一幅图案，画幅高 37 厘米，宽 44 厘米。[4] 考古学家认为这是鸟叼鱼的图形，其旁木棒上端绑一石斧。这幅石斧、鹳鱼图像存在着什么关系？单从构图本身来看，人们认为这是用石斧砍死水中鱼所获。其实，从陶盆乐舞图像方面进行综合分析，足见古代人们喜于音乐、歌舞、祭祀和占卜之风。鹳鸟石斧图应释为鸟鱼磬（即鸟衔鱼形磬）木鼓图，即敲磬击鼓图，其形象十分逼真。崇尚音乐是中华民族的美德，鸟衔磬或以锤击鼓图像，这在战国早期曾侯乙墓鸳鸯盒上已有类似图案。

贾湖文化遗址陶器也有刻划符号，即龟甲上刻画符号。这支先民部落文化主要分布于淮河上游及其支流沙河、汝河、洪河流域以及与河南中部的广大地区。陶器与龟甲上的刻符类似太阳形象的刻符图像，研究者认为这是先民们崇

---

① 参见中国科学院考古研究所：《西安半坡——原始氏族公社聚落遗址》，文物出版社 1963 年版。

② 参见王志俊：《关中地区仰韶文化刻划符号综述》，《考古与文物》1980 年第 3 期。

③ 参见山东省文物管理处：《大汶口》，文物出版社 1974 年版。

④ 参见临汝县文化馆：《临汝阎村新石器时代遗址调查》，《中原文物》1981 年第 1 期。

拜太阳的传统习俗,或者对天神的信仰和崇敬。贾湖遗址出有鸟类骨骼,如丹顶鹤、天鹅和环颈雉鸟类的遗骸。《舞阳贾湖》考古报告载:"至少用丹顶鹤肢骨所制的骨笛,已具备五声、六声和七声音阶,达到了相当高的艺术水平。"①

音乐图像资料包括出土文物中的绘画、岩画、刻画、壁画和帛画等内容。其音乐文物类型多,音乐图像丰富,为音乐文物考古研究提供了实物形象资料。音乐文物考古工作者十分关注这类音乐文物与图像,目前正处在对音乐图像学研究的初期阶段。对新石器时代陶器上的符号和崖画中的音乐图像研究有助于探索音乐起源。原始音乐是以声音和器乐组成,先民击壤踏足伴随着节奏边歌边舞,其亢奋的歌舞之声激荡在山谷间。这些歌词和曲调除了口传心授之外,其次将歌舞图像描绘在陶器上,那些陶器符号或许与音乐舞蹈有着密切的关系。音乐文物考古要关注彩陶艺术和陶器上的符号,新石器时代文化遗址中已经出土了陶响球和几何图案。② 这些丰富多彩的纹饰蕴含着数字及其与音乐有关的文化元素,如宫、商、角、徵、羽等五声音阶的乐谱和符号资料等关系值得深入研究。

《周易·系辞下》云:"仰则观象于天,俯则观法于地,观鸟兽之文,与地之宜,近取诸身,远取诸物,于是始作八卦,以通神明之德,以类万物之情。"周谷城说:"我们的祖先进入文明阶段之时,即使用金器物之时,生活上需要文字之处,一天一天加多","因着需要的迫切,于是文字的功用随着发达起来。文字的制作,最初是画图,这与古代埃及、巴比伦最初发明的图画字是相类似的。"他还论述了"安特生在甘肃考古,得绘陶颇多,上面所绘的图,或为人形,或为鸟形,或为兽形,或为器物形,实在就是文字"③。这些陶器上的花纹图画及其符号,都是远古时期的人们为表达他们丰富的内心世界,或以画为图像,或简化以符号以记之,直至象形文字出现才渐渐被文字记事所替代。陶盆上画出乐舞图,陶器符号记载着音乐符号,如同人舞之形,乐器演奏之状,可见先民们发明的音乐、舞蹈文化元素均蕴涵其中。这种雕刻、绘画传递着远古时期的音乐文化信号。

甲骨文和金文记载的先民祭祀、求神、敬天、崇祖的重大历史事件,也有歌舞和音乐演奏活动的记载。音乐图像学研究者说:"音乐的历史可以通过多种不同的形式记录下来,这些形式包括语言文字(口头的或是书面的)、音乐作品

---

① 参见河南省文物考古研究所:《舞阳贾湖》上卷,科学出版社1999年版,第18页。
② 参见杜耀西等:《中国原始社会史》,文物出版社1983年版,第445页。
③ 周谷城:《中国通史》上册,上海人民出版社1957年版,第104页。

（用符号保存下来的或是只有声音留存的）以及图像（动态的或是静态的）。'① 符号已引起音乐图像学研究者的高度关注。

要探索远古时期的音乐起源，对新石器时代音乐文物进行深入研究才是不二的选择。传说史在历史文献中有不完整的记载，三皇五帝时期的音乐文化现象也只能供研究者们参考而已。田野文物调查与考古发现是研究中国早期社会礼乐源头的可信材料。现已发现的新石器时代考古材料即音乐文化图像资料，大约有 9000 年的历史。乐舞就应该有简单的歌词，远古时期的陶盆上描绘有跳舞的图像，似乎我们已听到当时人们歌唱的声音。远古时期人类歌词大概每一句只有几个字，这种古朴词汇在陶器上的表现形式应该是多种多样的。陶器的发明和使用，乃是远古时期先民们见到了喷薄而出的文明曙光。彩陶花纹、黑皮陶、夹砂红陶或白衣彩陶，都起着古代音乐图像传递载体作用。有人认为，"仰韶文化彩陶的绘画艺术具有较高水平，其花纹的发展趋势，是从具象写实到抽象装饰，半坡遗址出土的陶器，已有各种不同的符号，反映了我国文字的起源和发展过程"。②

一般符号有四个要素，即主体、符号、概念、客体，人类以激情符号表现音乐艺术的关系，具有典型性和普遍性。原始社会先民们追求的精神文化已经开始嬗变，在巫术和礼仪中一般都要举行巫舞活动。为了祛病免灾的仪式以及在丰收季节举办盛宴活动，在陶器上就要描绘乐舞图像和图案花纹，这就是以先民们逐渐积累和发明的以图案化、符号化的艺术形式来记录重大历史事件。这些神秘的符号似乎是一部难释的天书，唯一破译的办法则是比对象形文字起源阶段的雏形，譬如陶器符号中的日、月、山、水字形，形通远古，字近甲骨和金文中的象形文字，乃是千百年来仍然未变化的象形之义。"既然语言不能完成内在生命和人类情感的表达，人类的符号能力，就必须创造服务于情感表现的另一种符号，艺术应运而生。"③ 还有部分符号在少数民族文化中仍然沿用，非物质文化遗产的研究成果也表明，这种文化类型还保留着原始社会文化风格和习俗，那种以结绳记事以及踏地而歌、伴兽而舞的民俗，彰显出神秘莫测的巫文化、音乐文化、文字图腾和崇拜自然现象的思想意识，传承着原始宗教思想和音乐文化特征。实际上陶器符号过渡到文字阶段应该是一个飞跃，在历史长

---

① 王玲：《音乐图像学与云南民族音乐图像研究》，人民出版社 2009 年版，第 1 页。
② 田文棠：《中国文化源流视野》，陕西人民出版社 2003 年版，第 32 页。
③ 薛永武、牛月明：《〈乐记〉与中国文论精神》，社会科学文献出版社 2012 年版，第 206 页。

河中传达信息和表达事理的形式,先用符号走向文字只是历史发展中的过程,符号流行的时间很短,随后就消失在文字使用的过程中,可见,中国文字的起源经过了图画、图案、符号、象形几个基本过程,汉字起源不是从符号演变而来,而是从图画文字发展而来。符号很抽象,是远古人类步于文明社会时期的一个迷茫过程,也就是中国古代文字形成之前的过程。陶器符号记事是否保存着音乐文化的信号值得探索,相信随着音乐文物考古研究将会揭开其神秘的面纱。

三、崖画中的乐舞图像与巫术文化分析

《吕氏春秋·淫辞》曰:"今举大木者,前呼舆謣,后亦应之。此其于举大木者善矣。"古代先民在劳动发力时所产生的节奏和吼叫声,俗称劳动号子。这种劳动唱歌的民俗习惯,从远古延续到现在仍然原原本本地保存下来,故有音乐起源和劳动起源两种说法。这种原始歌舞的图像除了在陶器上存在外,在很多地区的崖画中也存在。如分布在云南沧源县、元江县、弥勒县、文山州麻栗县和内蒙古等地的远古时期的崖画,堪称新石器时代以来的乐舞图像的艺术宝库。

崖画中的乐舞图像再现了原始社会的乐舞实情实景,其内涵深邃,内容丰富,形式多样,构图中有人物其形态婀娜多姿,其中蕴含着原始社会的音乐、文学、舞蹈和宗教文化的元素。新石器时代云南许多地区如沧源崖画中的音乐图像(音乐则体现在乐舞之中)、舞蹈图像内容极为丰富。还有反映原始社会战争、狩猎、劳动、巫舞等各个方面的内容,这对音乐文化与原始社会关系的研究提供了十分珍贵的实物形象资料。如云南沧源、麻栗、元江、弥勒诸县竟有23个崖画文化遗址,在成百上千的崖画中有着丰富多彩的乐舞图像,反映出原始社会各类人物的精神形态以及思想意识和亢奋激情。虽说神秘的崖画艺术十分遥远,却似乎与数千年之后的文明社会十分相近。因为音乐图像中的歌舞形态至今人们还在延续,这说明人类文化艺术和音乐文化传承是永远的。远古先民已将当时社会现象用崖画的表现形式记录下来,其中表现出大自然中的各类形体,如太阳、山洞、树木和道路,还有人物、手印、舟船和动物跃然其间,其中描绘出与劳动生产有关的狩猎图像、战争场面和厮杀状态显得十分逼真,与巫术文化和陶器上的乐舞图像一样呈现出多姿多彩的热烈场面。

云南崖画乐舞图像的类型较多,其中有蛙状舞人,带有祭祀或巫术文化的色彩;圆舞图像带有弋射神鸟,崇拜天日的场面;以高大魁伟裸体的傩舞图像,

带有驱鬼逐疫的祭仪舞蹈之风,显得十分神秘和诡谲。中华民族关于音乐与舞蹈、狩猎与战争、祭祀与生活中的历史背景,无不充慷着深邃悠远、天人合一的音乐理念。① 研究古史和探索音乐之源,可追溯到新石器时代晚期的崖画艺术,其时代迄今三四千年之久,这些实情实景是对我们先民生活的写照,无虚假不实的成分,乃是地地道道的原始文化精粹。从音乐文化视角看原始社会时期的音乐文化,先民们已开始用牛血与赤铁矿为绘画颜料,在悬崖上所描绘的人类乐舞图像传承千古。这就是我们的先祖在书写历史,在展现时代的音乐文化和能歌善舞的艺术之风,真正的音乐文物考古与研究实物形象资料莫过于此。那些刻画在新石器时代陶器上和崖画之上的艺术精品,是先民们为后世谱写的一曲曲华夏乐章。如果说我们要研究音乐文化和舞蹈艺术起源的话,那么,除了

图九　沧源崖画羽人猎牛舞图像（第六地点三区，摹绘）

---

① 　参见李昆声:《云南艺术史》,云南教育出版社 2001 年版,第 28—46 页。

骨笛、陶埙、石磬音乐文物之外,再就是崖画上的乐舞图像。音乐形成无疑与人的因素有关,沧源崖画近 800 个图像中人物就占 70%,[①] 这些崖画则以人的形体和乐舞图像交织成繁复的图画景象,其中有双人舞、多人舞和圆圈舞(群舞)、多人横排舞等,这种乐舞图像中舞具类型众多,其中有武器刀矛箭锤以及树枝带链和装饰羽毛之属,其绘画技艺足以与陶器上乐舞图像的绘画技艺相媲美。沧崖乐舞图像似乎早已形成组织化、规范化、制度化的特点,展示出新石器时代乐舞体系和管理模式,大致反映出原始社会末期一次次的征战、驱邪、祛灾、狩猎、祭祀、丰收、喜庆和祭祀活动;同时说明在未发明文字的历史时期,只有用图画和符号标识远古社会的文化现象,要想留下先民们同大自然作斗争的丰功伟绩,只有以崖壁为纸,以刀凿为笔,以牛血和赤铁矿为彩,描绘出值得千秋歌颂、万代传承的历史画卷。

原始社会时期所表现的乐舞,以击壤踏足而歌的特点,再现自然古朴和崇武尚乐的文化特质,这在生产力低下和自然条件恶劣的环境中,那种激发情感或舒展亢奋豪气的方式,具有表演性、娱乐性的歌唱声,乐器的节奏声,以及狂呼激扬、低吟悲愤的方式,抒发内心的喜怒哀乐,达到尽兴致意的最佳状态。音乐的力量是无与伦比的,舞蹈的韵味是无穷的,自古以来,先民们尚乐尚舞象征着人类始终在繁衍生息,社会总在不断向前发展中。类似这种表演性的乐舞图像设计巧妙,构图合理,形态逼真,其姿势有变幻无穷的韵味,尤其双人舞、3 人舞、拉手舞、环行舞、5 人横排舞、5 人圆圈舞、8 人横排舞、绕树舞、绕牛舞等等,都是表现原始社会末期的音乐文化和乐舞圣典,可见当时已经形成一套完善的乐舞制度,是一种有规有矩的表演形式,既彰显出活跃欢畅的场面又不失规整,折射出原始社会末期文明的光芒。其场面的宏伟、乐舞技艺的精湛,反映出原始社会先民们崇天敬神、庆祝战争、狩猎善射、厌胜祭祀等活动,表现为秋收冬藏和巫舞祭祀仪式,这一套约定成俗的年祭、月祭、日敬的世俗活动已在崖画中初见端倪。这些崖画艺术值得考古学家、历史学家、音乐家、美术家们去深入探索和研究,这是一座永远掘之不尽的音乐文化金矿。

古史探源者与音乐起源研究者们,都曾借助近代原始民族学资料来印证古史,尤其是非物质文化遗产新型学科的形成,把中华民族薪火相传的民间历

---

① 参见聂乾先:《云南崖画舞蹈初识》,载《云南民族舞蹈文集》,中国文联出版社 2003 年版,第 73 页。

史资料加以解说，其研究历史价值和研究成果十分丰硕，譬如云南崖画记录了原始社会末期制度化、宗教化、巫术化的文化现象，与新石器时代晚期的历史现象十分吻合，以数百幅图像描述了蛮荒时代先民们所创造出的音乐文化和艺术晶核，同新石器时代陶器上的符号一样古奇真实。至今云南境内仍然存在一种介于图画与符号之间的东巴文字。如"🌙"（月亮），"⛰"（山），"𝍅"（左），"𝍆"（右），"🐦"（鸟），"𝍇"（身），"Ⅹ"（十），"十"（百）。这些东巴文字是否保存着沧源崖画的遗风不得而知，或为图画符号之属，或许遗存着象形文字中的雏形，由此可从少数民族歌舞和乐音文化中探索其古风遗韵。沧源崖画中的"猎首舞"图像，就是原始民族遗存至今"杀人猎头"的原始宗教习俗，即西盟佤族在近代还存在猎头祭祀旧俗，"是沿着杀鸡占卜——出外猎头——接头回寨——各家迎祭再送至木鼓房内——剽牛供头——全寨送头至外村人头桩这一程序进行的"。[①] 甚至抬着人头围绕鼓房跳舞。这种比较学的研究方法，应是音乐文物考古学者们打开研究沧源崖画乐舞图像奥秘之门的锁钥。

沧源崖画各种舞蹈图像彰显出尚舞之风，研究者们无不繁释其舞，简言其乐。如沧源崖画猎牛舞图像（第六地点四区）上有一条牛，下有一人手持近似牛角的物体，大概是以牛角为号的乐器，其与牛同舞，双脚踏地，一手举起某物似敲击牛角（或乐器）之状，这种号角正是西南少数民族的吹奏乐器，延续至今，这为我们探索沧源崖画中的乐器演奏情况提供了重要的线索。舞者羽身，张弓拔箭，与动物同乐，崖画多见人物逗耍动物的图像，正是古代先民们在举行"百兽率舞"的重大祭祀歌舞场面，由此可证沧源崖画应该有乐器存在（沧源崖画羽人猎牛舞图像、第六地点三区）。一般而言，从崖画乐舞图像很难明晰其中乐器的类别，按照华夏民族中的乐舞习俗，理应有舞必有乐，这种乐器只是前人在研究中的疏忽而已，往往把手持敲击的乐器图像误释为手持工具，这种类型的乐舞应该有体鸣乐器，如此边乐边舞则可顺理成章。可见以牛角为号，以木为鼓，是舞蹈中击石敲木所产生的音乐节奏现象。新石器时代遗址中多出陶响球和土埙，此类乐器握在手中尚难外露，因而在这些乐舞中很难看到舞者手中的乐器。这正是古代先民们击壤踏足，手摇陶响球或吹奏土埙古乐，时而吹之，时而奏之，时而舞之，按此推理，我们则可在崖画中的乐舞图像中窥斑见豹。

观乎远古乐舞，其历史悠久，文献记载多为神话传说，只有从考古发现看

① 王玲：《音乐图像学与云南民族音乐图像研究》，人民出版社 2009 年版，第 73—77 页。

古代文化遗存和崖画遗址实物形象资料，能揭开崖画乐器中的千古之谜，地上地下古文化遗存补正了历史文献记载中的缺失。唯其如此，远古社会音乐文化探源才能渐入佳境。从史前音乐文物视角看原始社会音乐文化，对于了解原始先民知音作乐的思想理念是一个大的突破，浙江余姚河姆渡新石器时代中期文化遗址中，发现有禽类骨哨；河南舞阳贾湖新石器时代文化遗址中，出土有丹顶鹤骨制作的骨笛；甘肃玉门火烧沟新石器时代的鱼形陶埙，乃至诸多新石器时代的陶响球和石磬等等，均表明这个时期的乐器不仅有小三度音程关系，而且具备四声、五声、六声、七声音阶，其音响效果和音阶、音律尽现乐音之美。

如果说前者是先民们在音乐文化方面巨献的话，那么崖画则是先民们在乐舞图像方面所创造出来的上乘之作。正如《庄子·知北游》中"天地有大美而不言"的音乐美学思想一样，含有"大音希声"音乐文化的蕴味。《礼记·乐记》曰："凡音之起，由人心生也。人心之动，物使之然也。感于物而动，故形于声；声相应，故生变。变成方，谓之音。比音而乐之，及干、戚、羽、旄，谓之乐。"按沧源崖画乐舞图像表明，时至新石器时代晚期，云南地区原始先民在大型祭祀和享乐活动中，以舂米击木为乐，清唱高歌为主流的表演形式，这时已有繁舞简乐的音乐审美观念出现。崖画中展现出"比音而乐之，及干、戚、羽、旄"，舞刀弄矛、张弓弋射之象，不过是把工具、兵器、羽毛、旗帜作为乐舞的道具罢了。《礼记·乐记》又曰"干戚之舞，非乐备也"，即这种舞蹈是不需准备乐器的。正因如此，沧源崖画乐舞图像中多见尚舞少见尚乐的场面，因为先民们手拿的导具形似工具，或者类似武器，此与文献追溯先民的"干戚之舞"记载相符，为研究崖画乐舞图像中何为简乐提供了有说服力的材料。

古者有图腾崇拜和立石崇拜的习俗，陶盆乐舞图像、陶缸鸟磬木鼓图、狼山崖画和沧源崖画均见乐舞盛行，并且活跃于远古时期人类社会中，形成人类与大自然中百兽间的和合之美。正如《吕氏春秋·仲夏纪·古乐篇》所云："昔葛天氏之乐，三人操牛尾投足以歌八阕。"沧源崖画多见牵牛引禽的舞蹈图像，原始社会中的葛天氏部落的先民崇拜鸟禽图腾，出现牵牛或则"操牛尾"踏歌而舞的欢乐景象，如"朱襄氏之乐"、"伊耆氏之乐"和"葛天氏之乐"等，均为古代乐舞传说时代的描绘，这在崖画中可以寻觅到原始部落乐舞和乐器的踪迹。如果将新石器时代中晚期文化遗址中出土的骨笛、骨哨、土埙、石磬、陶响球诸多音乐文物与地上崖画进行综合研究，更能折射出远古时代音乐文化的光芒。

第四节　新石器时代音乐文物考古与研究

一、田野考古与音乐文物研究

新石器时代在中国考古学分期为早、中、晚三期。即约公元前 10000 年至公元前 7000 年为早期；公元前 7000 年至公元前 5000 年为中期；公元前 5000 年至公元前 3500 年为晚期。所谓音乐文物考古无疑是建立在中国考古学基础之上、并且从考古学中派生出音乐考古、美术考古、文字学考古等中的一类，包罗万象的考古门类都建立在田野考古学的基础上，通过科学考古发掘的文化层、墓葬和建筑遗址遗存，判断其时代早晚与叠压关系以及遗迹和墓葬的相互打破关系，根据考古发掘的遗迹遗物判别文物的时代、属性和早晚关系。新石器时代中晚期的音乐文物十分罕见，所发现的乐器分别有石、骨、陶质的石哨、骨笛、骨哨、陶埙、苇籥、石磬、陶鼓、陶钟等。其实，新石器时代晚期已经到了铜石并用时代，陶钟的发现则是夏商之际青铜钟的滥觞。正如王子初先生所言："音乐考古学则是根据与古代音乐艺术有关的实物史料研究音乐历史的科学，是音乐史的一个部门。"[①] 除此之外，音乐文物直接与田野考古学中的遗址、墓葬所出土的文物有着密切关系，根据乐器的占有者和使用者的身份地位，可考察这个时期的社会制度和礼乐关系。

田野考古学也俗称"锄头考古学"。我国文物部门在 20 世纪 50 年代已经开展了全国性的文物普查工作，从河岸高地到河滨的冲积平原上，从高山河谷到黄土岗地上，所发现的新石器时代文化遗址中，均在地表的耕土层或河岸坡地断层中散布着石器、陶器、骨器和墓葬遗迹，其中多见夹砂红陶或夹砂灰褐陶，如鼎、豆、壶、罐、盆和陶器口沿、足、耳残片等，甚至生产工具刀、斧、凿、削等磨制石器；在房屋建筑遗址中有红烧土遗迹，还发现彩陶、人骨架和动物骨骸，这些发现均在文物普查登记表里作了详细的登记，无疑为新石器时代文化遗址保护与考古发掘工作奠定了基础。新中国成立后农田和山丘虽被翻动和扰乱，但这些陶、石之类的文物残片仍然留存在某些遗址的范围内。大批新石器时代

---

① 王子初：《音乐考古》，文物出版社 2006 年版，第 5 页。

遗址由文物部门配合工程建设采取抢救性的考古发掘,才有一大批新石器时代文物出现,随之新石器时代音乐文物也相继问世,这就为音乐文物考古和音乐史研究提供了真实可信的音乐文物资料。

新石器时代田野考古发掘工作,主要集中在黄河流域与长江流域中下游地区,在这些考古发现和出土文物中乐器十分丰富,如体鸣乐器和气鸣乐器即吹管乐器和打击乐器类型屡见不鲜。浙江余姚河姆渡新石器时代遗址中出土了用鸟骨制作的骨哨,其数量竟达 160 支。河南舞阳贾湖出土骨笛 30 多支。[1] 青海大通县上孙家寨新石器遗址中还出土了舞蹈纹彩陶盆。[2] 黄河流域和长江中下地区新石器时代的音乐文物,其时间大致在公元前 8000 年至公元前 5000 年前后。至于山西省万荣县的荆村、山西襄汾陶寺墓出土的石磬、陕西省长安县客省庄龙山文化遗址出土的陶钟等音乐文物,其时代则为新石器时代晚期。往往见到音乐研究者单纯地从乐器与音乐关系入手,进而对音乐文物性能作重点研究,少见从乐器的属性着眼看原始社会制度,从乐器起源看遗址、遗存、文物间的相互关系。其实,乐器产生的文化背景和思想理念与文化遗存、墓葬墓主有着直接联系。与其单纯进行乐器与音乐性能研究,不如从音乐文物与墓葬历史背景入手,解决二者之间的相互关系,把音乐文物与考古文化属性进行综合研究,以便更加深入地领悟新石器时代音乐文物考古的重大意义。

随着音乐文物研究的深入,对于乐器与音乐起源的问题,前贤已从文献入手进行研究,直至 20 世纪初,西方田野考古学传入中国后,进而与中国本土的金石学融为一体,才形成文献与考古学的二重证据研究方法。故此,中国古代传说史的研究发展与进步,确证先民至少在公元前 8000 年就已发明了乐器并广为制造和使用。当然,考古学包括旧石器、新石器、夏商周、秦汉、三国两晋南北朝、隋唐等各个时代,一般而言,考古学偏重于先秦时期,继之秦汉之际,次之隋唐以前。因为先秦时期的文献记载有限,所以要从地下出土文物弥补文献记载的缺失。若从音乐考古学而言,通过地下发现的音乐文物可以找到历史上失传的诸多乐器。如远古时代的乐器,更需要从田野考古发掘中的音乐文物得到印证。一般而言,古文化遗址都是各个时期形成的文化遗存与文化堆积,包括早、中、晚文化层。田野考古发掘时按发掘规程,将遗址分成若干个方形探

---

① 参见黄翔鹏:《舞阳贾湖骨笛的测音研究》,《文物》1980 年第 1 期。

② 参见中国科学院考古研究所青海队等:《青海乐都柳湾原始社会墓地反映出的主要问题》,《考古》1976 年第 6 期。

方，探方之间留下约 50 公分的隔梁，当考古发掘逐层下挖时，文化层和遗迹现象则会留在剖面的隔梁上，每层平面则会展示各个历史时期的文化层叠压、打破和遗迹现象关系。如果有音乐文物出现的话，那么，根据乐器在文化遗存中的具体位置，就可以判断乐器与这个遗址的相互关系。乐器是在房屋内、灰坑内或者是在墓葬

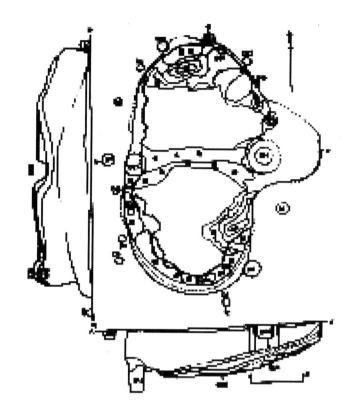

图十　田野考古绘图举例（采自河南省文物考古研究所编著：《舞阳贾湖》上册，科学出版社 1999 年版，第 55 页。）

中摆放，在考古发掘现场会做好绘图、照相和文字记录，这为今后在室内资料整理和撰写考古发掘报告提供了十分清晰的考古发掘的现场情况和文化遗迹分布的详细资料。可以说，了解这些音乐文物与其他文物的相互关系以及乐器在文化层中或墓葬里所摆放的位置，对研究乐器在该时代的文化层次提供了断代依据，同时对音乐考古和音乐文物研究者来说也是十分重要的。诸如体鸣乐器和气鸣乐器，就要关注田野考古发掘中的文化层的文化迹象和形态，要十分细心地进行现场观察、照相、绘图和文字记录程序。譬如乐器长期叠压在文化层中，器物因潮湿、干燥和腐烂等因素，会导致陶、骨、木、苇等类别的音乐文物难以完整地保存下来。为此，在文物清理时，对于易损易破的器物要采取妥善的保护措施。有些音乐文物在文化层中变成了泥土，在考古发掘时只能看到某些印痕和迹象，遇到这些现象时，则只能用照相、绘图、文字加以记录。否则，就会丢失十分珍贵的音乐文物信息。

　　任何音乐文物都不是孤立存在的，新石器时代已处于原始社会末期，人类

把音乐看成生活中不可缺少的一个部分。音乐可以温暖人心,也是人类的精神力量与源泉。故此,先民们就用飞禽的肢骨制作骨笛,或用猛禽的腿骨制作成气鸣乐器。这类乐器在古文化遗址中不仅出土数量多,而且造型别致,制作精美,音乐性能良好。先民们逐渐采用泥土捏制陶埙、陶响球、陶钟、陶鼓等,还制作出石质的磬乐。同时,也有用木质制作的打击乐器,用芦苇编制成的吹奏乐器等。这些乐器成为新石器时代乐器精品,更是东方世界音乐文化的精髓。这些音乐文物在新石器时代的文化遗存中并非是独立存在的,而是融汇在远古人类历史文化的海洋中。其实,这个时代的音乐文物如同是一部远古时期的音乐巨典,类似古遗址中的文化层象征着时代的乐弦和乐谱,这意味着音乐的起源和音乐文化的萌生。

音乐文物本身就蕴涵着音乐文化元素,并且再现了古代人类精神和灵魂的福音,自从人类学会了使用生产工具之后,随着磨制石器、烧制陶器的出现和对石器、骨器进行钻孔的技能的提高,随之制作出砍砸石器、敲打木棒、拍打器皿、吹奏竹管、骨管等,其发出的声音,随着腔体气流从乐器的孔眼喷出,产生了高低不同的声音,或像鸟鸣,或像狼叫,或像虎啸,表现鸟鸣兽啸的音乐韵味。然而,这种伴奏古人类精神生活的乐歌、乐舞和制作精湛的乐器却都是易耗品,往往被损坏后不能再生,故陶质、骨质、木质乐器经过了制作、使用、毁坏和抛弃的过程。一部分被保存得较好的乐器作为随葬品,往往会放置在死者的贴身处,有的乐器则散布在生活垃圾和文化堆积中。正因如此,音乐考古和田野考古工作者才会有对这些文物资料分门别类进行研究的机会。至于古代社会制度和部落集团的宗教信仰,也与音乐文化有着密不可分的关系。

陶制乐器的发明与制造建立在古人类精湛的制陶技艺上,古代的先民长期用火熟食,烧烤各种动物肉食,发现被烧焦的泥土变得十分坚硬,甚至炭化的焦泥变成了陶质,进而人们用泥土捏制容器烧制后用来盛装食物和水,并逐渐被人们在日常生活中广泛使用。这种用于烧制陶器的陶窑在黄河流域和长江流域古文化遗址中都有发现。人们除了制作生活用具外,同时也开始烧制陶响球、陶埙和陶钟诸类乐器,这为音乐文化积淀和乐器的形成奠定了基础。如新石器时代裴李岗磁山文化、仰韶文化早中期、红山文化、大汶口文化早期、河姆渡文化和马家浜文化早期遗址等,不仅有大量灰陶和彩陶存在,而且这些古文化遗址中多有陶质乐器出土。仰韶文化遗址中出现了彩陶,大汶口文化遗址出现了黑陶和白陶,而山东胶南市塔山乡西寺村系新石器时代的龙山文化遗址则出土有陶响器、烟台邱家庄新石器时代遗址中出土有陶埙等。中原地区新石器时代遗址中如裴李岗文化、仰韶文化、龙山文化发现有骨笛、龟甲响球、陶质鼓、埙铃、角和石质的磬等，均与古文化遗址和文化现象有着密切的关系。长江流域中下游湖北屈家岭文化遗址中出现有蛋壳彩陶，其质地、火候、器胎、厚薄与蛋壳黑陶相类，其陶器制作得十分精致，器物造型也显得十分精美。

音乐文物的出现与人类生活息息相关，远古社会先民们爱好音乐并能吹奏乐器，古文化遗址就是人类生活的遗

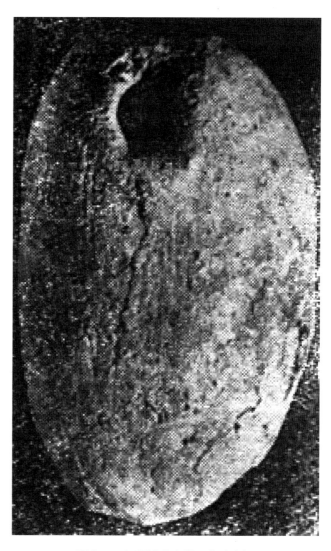

图十一　河姆渡出土的无音孔陶埙

迹遗存。音乐文物考古的属性就是研究古代社会人类的文化生活，研究古代社会人类的风情民俗，一处大型古代文化遗址有可能就是古代部落集团的村落、城址，所涉及的文化类型有音乐、绘画、舞蹈和习俗等。如青海大通县新石器时代遗址陶盆上五人一组的跳舞图像，是具有时代记忆的音乐文物。陶器成为载体记录音乐舞蹈图像信息，如同见到了乐器似乎听到了音乐声一样。回顾历史，憧憬未来，新中国田野考古发掘不断丰富着音乐考古与音乐文物研究的新资料。

二、音乐文物资料整理与研究的重要性

随着新石器时代田野考古发掘的不断进行，我国出土了一批又一批史前时

期的音乐文物,为考古学、历史学和音乐学研究提供了重要的实物资料。将这些地下出土的音乐文物从发掘工地搬进室内,按遗址地层、早晚关系、器物类型与器物组合关系予以排列,进而开展考古发掘报告编写和音乐文物资料整理工作。

(一)音乐文物在文化遗存中的位置

田野考古在发掘之前,首先要对遗址的地形地貌和环境进行调查,了解其历史地望和历年来文物出土的情况。如果说,曾经在这一区域有文物出土或者有考古发掘的话,那么,在考古发掘之前就要了解该文化遗址已发现的或者已发掘的相关资料,并确认是否与此次考古发掘的文化遗址性质有相互关系,以便人们在考古发掘中注意有关事项。到了在室内文物资料整理的阶段,文字记录、田野考古绘图、考古照相、文物标签(标明层位、座标、器物名称、器物时代等)等,都要确保每一件器物出土的层位、位置、大小、质地等十分清楚,器物保存情况(完整或是残缺)均要标注清楚。掌握了这些田野考古资料,对研究出土的音乐文物及其历史时代背景和相互关系,有着极其重要的参考价值。

贾湖舞阳骨笛出土25件,其保存较为完整者17件,残损者6件,半成品2件。"17件完整器中,因埋藏状况不好,在起取时过于破碎而无法复原的有6件,完整或基于完整或可大部分复原的11件。"贾湖骨笛中有22支在墓葬发现,仅见1支半成品在窖穴中出土,还有2支残笛在文化层中发现。一般而言,贾湖墓葬

图十二　采自河南省文物考古研究所编著《舞阳贾湖》M233:3、　M411:14、　M78:2

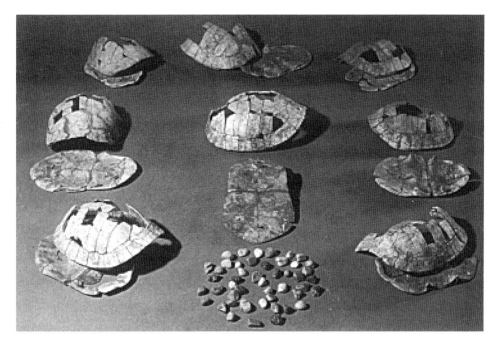

图十三 采自河南省文物考古研究所编著《舞阳贾湖》M344 内出土的龟甲及石子

中以随葬双笛为特色，其中 7 座墓葬均随葬 2 支骨笛。此外也有 15 座墓葬中只随葬 1 支骨笛的。五孔骨笛 1 支，六孔骨笛也仅见 1 支，七孔骨笛 14 支，其中也有骨笛残断修复缀合而成。八孔骨笛 10 支，残笛 6 支，半成品 2 支。[1] 墓葬中大多随葬双笛，这一是说明骨笛是墓主人生前十分珍视的物品，二是体现乐器在古人类生活中占有重要位置。音乐文物是了解远古人类音乐文化与音乐思想的重要资料。因为音乐文物是被当时人们所创造所享用的，所演奏出来的音乐、歌舞应该是真实反映了当时人们酷爱音乐的心声，乐器和音乐则是统治阶级用来规范人们行为的，正如音乐文物在古文化遗址中不是独立存在的，这就会昭示先民们的精神原动力和生活的状况。故此，音乐考古学者只有到田野发掘现场进行调查研究，在室内文物整理时才能更全面地了解音乐文物现状和历史背景。

（二）音乐文物资料整理与保护的重要性

田野考古和室内资料整理的过程中，只有建立在具有保护性措施的基础之上，才能使音乐文物得到安全和应有的保护。诸如陶质、骨质和木质（包括苇杆）的乐器容易破碎和腐烂，如果乐器在文化遗址中已经破碎腐烂，就要在发掘清

---

[1] 参见河南省文物考古研究所：《舞阳贾湖》上卷，科学出版社 1999 年版，第 447—448 页。

理前做好文字记录和绘图、照相,然后再进行音乐文物和相关文物的全面清理工作,在清理时要将音乐文物残片包装在一起。有的乐器已经腐烂只能见到痕迹,这就同样需要做好完整的绘图、照相和文字记录工作。凡是已腐烂的乐器,在田野发掘工地上就要有详细的乐器造型、尺寸大小和花纹图像等记录,尽量把乐器所在的位置、放置顺序和保存的情况记录清楚,包括乐器与哪些器物放在一起等情况,这对今后研究乐器的组合、乐器结构和乐器属性关系等具有参考价值。如破碎的陶埙、陶哨、骨笛在室内资料整理过程中,要修复残破乐器,再进行测音并吹奏出声音和曲调来,随着进一步复制和研究则可找到演奏的方法。半成品乐器,对于研究其制作的过程有着重要的参考价值。残破的石磬经过复原也可用于演奏,或者说用出土完整的同类乐器进行比较性的测音和测试,复原这个时期的乐器组合并能够得知乐器的音乐性能,再现传说时代的音乐思想与文化现象。这就是说,当音乐文物搬运到仓库内,在保护性整理和修复期间,这些文物要保持一定的湿度和温度,不能突然受到大风和烈日的吹晒。新石器时代的音乐文物在出土时,保持着土层中相近的湿度,应让它在室内慢慢风干,以防止文物因缺少湿度破裂和变形。当然,在对音乐文物进行照相、绘图和测音时,或在提取音乐文物标本和搬运文物时,都要轻拿慢放,避免数千年前的音乐文物遭到破坏和损毁。凡是从事音乐考古工作的专家、学者,对地下出土文物的保护都具有十分丰富的经验。

(三)音乐文物绘图照相与资料整理的要素

田野考古发掘所出土的音乐文物在进入室内整理中,一般先要挑选完整的、典型的器物进行绘图和照相,也包括具有代表性的残破器物,如器物的口沿、足、耳部等部件进行复原性的绘图照相。要想知道其中音乐文物与其他文物的关系,还是要从田野考古发掘时所绘制的平面图中找到乐器的具体位置,从剖面图中找到音乐文物所埋藏的深度和文化层位关系。在考古发掘报告整理时凡出土文物均要绘制器物的平、剖面图,用来表现器物的大小、厚薄以及造型与纹饰。譬如通过埙和笛的平剖图可以看到其口径、指孔、吹口、纹饰和尺寸大小。照片则可反映出乐器出土前保存的情况,室内所拍摄的器物照片会更加清晰,对于其中乐器文化现象和历史背景的研究和探索会有更大的帮助。

音乐文物在绘图时要按比例缩小或放大,这种比例图均为出版考古发掘报告配制插图和图版所需。考古绘图具体要求十分严格,先是按比例在米格纸上绘制草图,再用硫酸纸描绘出精细清晰的正式图,以便出版考古报告时制版清晰，达到完整的资料与印刷效果。这种绘图质量和照片效果清晰精美，以便考古学、音乐学研究者们查阅考古报告时，能从文字插图、照片、拓片资料中，研究与复原远古社会乐器制作、演奏的方法以及乐音效果起到作用，对研究远古时代的音乐起源、乐器性能和音乐文化思想以及原始社会晚期的社会制度和音乐礼俗关系，也能起到相互印证的作用。音乐文物的研究一般都离不开对古文化遗址现象和历史背景的深度了解，也离不开对乐器的起源、制作和音乐文化属性的探索。

（四）田野考古与音乐文物研究的历史进程

中国远古时期的历史文化分旧石器时代、新石器时代。新石器时代晚期以仰韶文化期即彩陶文化期为代表，新石器时代末期以龙山文化期即黑陶文化期为代表，这个历史时期仍然称为史前时期。人类生活中所遗留下来的文化堆积已形成早、中、晚文化层，从早至晚开始由下向上逐层堆积起来，形成一座座土丘和高地，大型古文化遗址面积达 10 余万平方米，小型古文化遗址也有 1000 余平方米，其中有房基、灰坑、水井、作坊和墓葬区。一般而言，田野考古与发掘工作往往从古文化遗址上层即现代耕土层开始，其时代最晚。从考古发掘层面讲，当发掘完地表耕土层后，就会见到近现代文化层（含扰乱层），次之渐由民国、清代、明代、元代、宋代、唐代、汉代、秦代、周代、商代、夏代直至新石器时代文化遗址层，也就是说压在最底层的文化层的时代最早。也有揭开现代文化层后，就是早期文化层，不见各个时代的扰乱层的现象。有些古文化遗址和文化层厚达几十米，其时代延续数千年。作为音乐考古研究者来说，就要从古文化遗址所出土的乐器看是否延续下来了，譬如新石器时代文化层至夏商周文化层中有否乐器延续关系。如果没有直接反映乐器发展关系的话，那么，就要看文化遗迹中是否有音乐文化因素相延续，从社会制度与社会习俗方面去考究其音乐与文化内涵。

远古时期的音乐发展过程尚处于史前时期，那个时代不见有文字记载的历史资料，更没有文字记载这个时代的音乐文化和乐器发展的路径，唯有从新石器时代的考古文化中得到印证。瑞典人安特生说："远东方面，发现彩陶的地方，西起新疆的婼羌，东达辽东半岛，东西距离，跨有三十六经度，几乎与近东方面，西起东欧，东达西部印度及西部突厥斯坦，彩陶发现的最大区域完全相等。"[1]

---

① 参见安特生：《中国史前考古学研究》，远东博物馆 1943 年版。

其实，古人类不仅用泥土制陶，并且将陶器作为载体，在其上描绘水波纹、植物纹、天文图像和人类歌舞，陶埙、骨笛、石磬、苇杆吹管等都是人类智慧的结晶。其实，新石器时代晚期人类生活，从畜牧生活方式到农耕文化时期，除了制作生产工具、生活用具外，早已开始注重精神娱乐方面，先民们的音乐文化与乐器的出现，无疑与其遗址遗存的历史和文化内涵关系密切。综合考察和缜密研究这些音乐文物，则更能印证音乐文物在古文化遗址中的历史价值。

新石器时代文化遗址中是否有音乐文化迹象，就要靠音乐考古研究者对其文物的熟知度、敏感度去识别，去寻找乐器在发展过程中的文化踪迹。从众多的文物遗迹中找到某件乐器的残片，这就是说文化层中见不到乐器，这并不能断定这个时期的人们不会使用乐器，也不能证明根本不存在音乐文化现象的历史信息。因为人类把乐器视为生活中的珍品，一般将乐器放在自己所住的房子里或者作为死者的陪葬品，而残片则说明音乐文物的存在。我们在音乐文物整理中，必须对其乐器演绎的历史过程进行深入细致的研究。①

① 参见黄敬刚:《中国新石器时代音乐考古与研究》，载《东亚音乐考古论文集》，中州古籍出版社 2014 年版。

第 二 章
商代社会制度与音乐文物考古

商王朝的历史在古史中多有记载,其邦畿千里,都邑广阔。《诗·商颂·玄鸟》曰:"正域彼四方"、"邦畿千里,维民所止,肇域彼四海。"殷商之世不仅形成了强大的国家,而且建立了军队、都城和完整的分封制度,出现了用甲骨文、金文书写和记事的新格局。《尚书·酒诰》曰:"自成汤咸至于帝乙……越在外服,侯、甸、男、卫、邦伯;越在内服:百僚、庶尹、惟亚、惟服、宗工,越百姓、里居,罔敢湎于酒"。这个时期商朝的分封制度已经形成,《史记·周本纪》曰:"封商纣子禄父殷之余民。武王为殷初定未集,乃使其弟管叔鲜、蔡叔度相禄父治殷。"分封之制则体现出国度的兴盛,王畿之域"内服官"、"外服官"则在分封诸侯之列。随着殷商王朝迁都频繁,直到盘庚迁都至殷(今安阳殷墟)才稳定下来。《诗经·国风》郑玄《北鄘卫谱》云:"邶、鄘、卫者,商纣畿内方千里之地……其封域在《禹贡》冀州太行之东,北逾衡漳,东及兖州桑土之野。"分封制度则是商王朝的社会制度和政治思想的主旨。

第一节 商代社会制度与音乐文化

一、商代社会制度与历史背景

《论语·为政》曰:"殷因于夏礼,所损益,可知也;周因于殷礼,所损益,可知也。"在传说历史时代之后则有夏朝之说，文献记载不乏其例。夏朝之后则见殷商，再其后则为周代，于是形成夏商周三代说。《论语·八佾》曰："夏后氏以松，殷人以柏，周人以栗。"这种封疆分域之制，在夏商周三代一脉相承，承上启下，建国建制，各有一套较为完整的礼乐制度体系，这些安邦定国的方针与策略，史载甚详。故此，研究商代的社会制度与音乐文化，文字记载的历史是音乐文物研究不可缺失的资料。研究音乐文化就要从社会制度入手。夏商之际，封国林立。《礼记·王制》郑玄注曰："夏末既衰，狄夷内侵，诸侯相并，土地减，国数少，殷汤承之，更制中国方三千里之界，亦分为九州，而建此千七百七十三国焉。"《吕氏春秋·用民》曰："当禹之时，天下万国，至于汤而三千余国。"此与传说时代尧舜禹时期的万国者有了进步，远古时期以部落为单位，国家尚未形成，一些部落没有建立军队，也没有象征国家性质的城廓。夏商时期的方国已形成国家的机制，应该有正规编制的军队和较为规范的都城。形成以政治、经济、文化、军队和城市为一体的国家机构。

《史记·周本纪》亦曰："诸侯不期而会盟津者八百。"殷末受封的诸侯盟会盛况，可见一斑，在甲骨文和商代铜器铭文中也得到印证。专家考证商代铜器铭文中族名多达 600 个之多，[1] 甲骨文中的方国、封侯等等尚有 370 个以上。[2] 商代分封制度尚存异说，一是商朝存在分封诸侯的制度，认为方国与商王朝之间是一种臣属关系、方国联盟关系、子姓宗族关系、松散型"多天"关系。[3] 商朝地域较大，各地文化风格和习俗存在较大的差异。传世文献、甲骨文和青铜器铭文记载的方国、诸侯如林，天下诸侯能够遵从商王朝的号令，必须要建立行之有效的社会管理制度才能统领天下。

商朝（约公元前 1600 年至约公元前 1046 年），则是中国历史上的第二个朝代。《周礼·大司徒》曰："凡造都鄙，制其地域而沟封之。"商代方国封国有地、有城，同时历法出现对社会发展有着推动作用，对战胜防御大自然的灾害有较大的帮助。《尚书·尧典》曰："乃命羲和，钦若昊天，历象日月星辰，敬授人时。"帝曰：'咨，汝羲暨和！期三百有六旬有六日，以闰月定四时，成岁。允厘百工，

---

[1] 高明：《图形文字即汉字古体说》，《第二届国际中国古文字研讨会论文集》，香港中文大学 1993 年版。

[2] 李雪山：《商代分封制度研究》，中国社会科学出版社 2004 年版，第 5 页。

[3] 李雪山：《商代分封制度研究》，中国社会科学出版社 2004 年版，第 5 页。

庶绩咸熙。'"这就是"所谓期与闰"的说法。[①] 天文历法的发明使用，于文献有之，于甲骨文也有纪日、纪月、纪时、纪祀法的记载。殷商时已有历法与运用无疑。商代青铜器为殷商之世礼与乐等级制度奠定了基础。青铜器乐器和兵器则为上层社会享用，青铜工具成为劳动人民使用的工具。随着社会科技文化的发展，天文历法得到较大的发展，先民除了生产劳动程度的加大以外，还要防御大自然的天灾人祸。不仅有制作陶器，雕刻石玉工艺，而且掌握了天然红铜形成的锋利工具和所含成分等特点，逐渐发明了铜、锡合金铸制青铜器的技术。青铜器形成要用范模制造，先后铸成青铜礼器、乐器和生产工具，这些青铜器上铭文记录了征战、占卜、祭祀等重大事件，象龟甲上的甲骨文记载商代农业、畜牧业和生产活动情况，为我们研究商代社会制度、文化、音乐、科技、宗教方面提供了珍贵资料。

殷商时期社会制度与阶级成分出现分化的现象。在国之都城内出现了手工业作坊，开始冶铜、制贝、雕玉，商业方面出现货贝交换商品的形式。"庚戌卜□贞易（锡）多回贝朋"。[②] 可见，朋贝均为货币，有五朋十朋的货币。财富引起商王朝和贵族们的掠夺，社会自然而然地出现分工，形成阶级对立，即奴隶主与奴隶之间也形成对立局面，出现战争相互侵伐，劳动者来自战争中的俘虏并沦为奴隶，并且成为主要财富的创造者。《史记·殷本纪》曰："夏桀为虐政淫荒，而诸侯昆吾氏为乱。汤乃兴师率诸侯，伊尹从汤，汤自把钺以伐昆吾，遂伐桀。"战争导致社会动荡，掳掠俘奴，阶级分化，民族矛盾突出，先是汉苗诸族之间发生战争，后来又是汉族内部的战争烽起，出现相侵或相伐的混乱局面。《史记·夏本纪》曰："有扈氏不服，启伐之，大战于甘；将战，作《甘誓》，……遂灭有扈氏。天下咸朝"，"帝桀之时，自孔甲以来而诸侯多畔（叛）夏，桀不务德而武伤百姓，百姓弗堪。……汤修德，诸侯皆归汤，汤遂率兵以伐夏桀。桀走鸣条，遂放而死。"商王朝灭了夏王朝，则在夏王朝的历史轨迹上继续发展。《论语·八佾》曰："子曰：'夏礼，吾能言之，杞不足征也。'"《礼记·礼运》曰："孔子曰：'我欲观夏道，是故之杞，而不足征也，吾得《夏时》焉。'"这则是从战争中反映出社会制度和阶级分化的表征。商王朝的政治、经济、文化和社会制度的演绎，推动着时代发展和折射出哲学思想、音乐文化理念的创新，为后世人们留下了许许多多文化

① 　参见周谷城：《中国通史》上册，上海人民出版社 2002 年版，第 36 页。
② 　参见罗振玉：《殷墟书契后编》（下），中国青年出版社 1999 年版。

瑰宝。

　　周王朝统治下的等级制封建王国，则以强弱相袭，杀戮或俘虏，兼并诸多小国，或以分封赏地统辖众多属国，也按亲疏或具有实力者分别为公、侯、伯、子、男五类。周谷城先生认为"依这标准，可得三类：一、先代的后裔；二、同姓；三、功臣之后。"① 有关商代诸侯封国之风，史载甚繁。

　　《左传·昭公二十八年》："昔武王克商，光有天下，其兄弟之国者十有五人；姬姓之国者四十人。"

　　《左传·襄公二十五年》"昔虞阏父为周陶正，以服事我先王；我先王赖其利器用也，与其神明之后也，庸以元女大姬配胡公，而封诸陈，以备三恪。"

　　《史记·本纪·周本纪》："武王追思先圣王，乃褒封神农之后于焦，黄帝之后于祝，帝尧之后于蓟，帝舜之后于陈，大禹之后于杞。"

　　《左传·僖公二十四年》："周公吊二叔之不咸，故封建亲戚，以蕃屏周。管、蔡、郕、霍、鲁、卫、毛、聃、郜、雍、曹、滕、毕、原、酆、郇，文之昭也。邘、晋、应、韩，武之穆也。凡、蒋、邢、茅、胙、祭，周公之胤也。"

　　《诗经·鲁颂·閟宫》："王曰叔父，建尔元子，俾侯于鲁。大启尔宇，为周室辅。乃命鲁公，俾侯於东。锡之山川，土田附庸。"

　　《孟子·告子》："天子适诸侯曰巡狩；巡狩者，巡所守也。诸侯朝於天子曰述职；述职者，述所职也。无非事者"。

　　历代文献记载了夏、商、周三代相互更替的王国史，其与传说时代的历史有所不同，这个时期出了阶级与剥削，出现了私有制度用来维护统治阶级的利益。《周礼·春官》曰："外史掌三皇五帝之书。"出现"三皇五帝"之王者，这应该是传说时代文化遗韵而已。商汤之世尚武之风盛行，珍灭夏桀，统领天下诸侯方国，成为华夏君王。《诗经·商颂·殷武》曰："昔有成汤，自彼氐羌，莫敢不来享，莫敢不来王，曰商是常。"夏商周三代称王的事迹，见诸文献甚多。

　　《孟子·滕文公下》曰："汤始征，自葛载，十一征而无敌于天下。"

　　《吕氏春秋·简选》曰："殷汤良车七十乘，必死六千人，以戊子战于郕，遂禽推移、大牺，登自鸣条，乃入巢门，遂有夏。"

　　《韩非子·五蠹》曰："夫王者，能攻人者也。"

　　《韩非子·说疑》"曰：'古之所谓圣君明王者，非长幼弱也，及以次序也。

① 参见周谷城：《中国通史》上册，上海人民出版社2002年版，第64页。

以其构党与，聚巷族，逼上弑君而求其利也。'彼曰：'何知其然也？'因曰：'舜逼尧，禹逼舜，汤放桀，武王伐纣，此四王者，人臣弑其君者也，而天下誉之。察四王之情，贪得人之意也；度其行，暴乱之兵也。然四王自广措也，而天下称大焉；自显名也，而天下称明焉。则威足以临天下，利足以盖世，天下从之'。"

《荀子·正论》曰："能用天下之谓王""令行于诸夏之国谓之王"。

《诗经·小雅·北山》曰："溥天之下，莫非王土，率土之滨，莫非王臣。"

商汤称王，彰显威武，能征服天下，统领诸夏之国，故有"率土之滨，莫非王臣"的美誉。也就是说"能用天下之谓王。"

《论语·卫灵公》曰："三代之所以直道而行也。"

《孟子·离娄上》曰："三代之得天下也以仁。"

夏、商、周称为三代。或则三代之君皆称王，本是殷商统治的专用称号，周代加以沿用。[①] 王者能征善战，则有战者必胜，其威力则能统领天下，发号施令以让诸侯臣服，已经建立起完整的社会制度和礼乐思想体系，为后来周王朝礼乐制度奠定了基础。《史记·殷本纪》曰："汤曰：'吾甚武'，号曰武王。"商纣王帝辛的有关记载，《国语·周语》曰："商王帝辛，大恶于民。"纣王无度让天下百民饱受疾苦。可以说商汤是以武力征服天下的百姓服其仁义，商纣以武力残毁天下。《吕氏春秋·先识览》曰："殷内史向挚，见纣之愈乱迷惑也，于是载其图法，出亡之周。武王大说（悦），以告诸侯曰：'商王大乱，沈于酒德'。"凡是殷商之世的国君皆称"王"，后来则有谥法出现。综上所述，则是夏、商、周三代始于奴隶社会从昌盛到衰微的历史过程，这些久远的历程在传世文献和地下出土文献中均可得到实证。

二、商代宗教与文化史略

劳动创造了人，人类又创造了音乐，创造了人类精神文化宗教信仰，原本在早期社会是没有宗教存在的，而是人们对大自然产生的自然现象，如宇宙日月星辰和风云雷电、天灾和洪水泛滥、疾病和死亡等各类现象无法用科学去解释时，所产生的对天神的崇拜，对鬼魔的幻想，在漫长的历史长河中渐渐形成了宗教信仰，随着社会发展这种观念自然而然地产生迷信思想，先从图腾崇拜、立石崇拜演绎到对神祇和灵魂顶礼膜拜，及其对先祖和首领的崇拜。其实，古代圣

---

① 参见胡厚宣、胡振宇：《殷商史》，上海人民出版社 2003 年版，第 73 页。

哲季梁则有"夫民,神之主也,是以圣王先成民而后致力于神"的哲学观念,也就是说人类在生产活动与大自然作斗争的过程中,渐渐形成一套宗教思想,对后世人类社会发展和君王统治起到决定性的作用。随着思想形成则直接影响到商代的文化发展,也直接对殷商时期音乐文化产生巨大的影响。各人类部落之间的战争与侵伐,采用以占卜判断胜负,或者祈求上苍保佑人类的吉祥,这就是殷商时期的龟甲上占卜传承下来的遗存,当然,决疑用卜是早期人类的一种迷妄信仰。

《尚书·洪范》曰:"立时人作卜筮,三人占,则从二人之言。汝则有大疑,谋及乃心,谋及卿士,谋及庶人,谋及卜筮。汝则从,龟从,筮从,卿士从,庶民从,是之谓大同。身其康强,子孙其逢。汝则从,龟从,筮从,卿士逆,庶民逆,吉。卿士从,龟从,筮从,汝则逆,庶民逆,吉。庶民从,龟从,筮从,汝则逆,卿士逆,吉。汝则从,龟从,筮逆,卿士逆,庶民逆,作内吉,作外凶。龟筮共违于人,用静吉,用作凶。"

《史记·龟策列传》曰:"自古圣王将建国受命,兴动事业,何尝不宝卜筮以助善!唐虞以上,不可记已。自三代之兴,各据祯祥。涂山之兆从而夏启世,飞燕之卜顺故殷兴;百谷之筮吉故周王。王者决定诸疑,参以卜筮,断以蓍龟,不易之道也。蛮夷氐羌虽无君臣之序,亦有决疑之卜。或以金石,或以草木,国不同俗。然皆可以战伐攻击,推兵求胜,各信其神,以知来事。略闻夏殷欲卜者,乃取蓍龟,已则弃去之,以为龟藏则不灵,蓍久则不神。至周室之卜官,常宝藏蓍龟;又其大小先后,各有所尚,要重归等耳。……夫摲策定数,灼龟观兆,变化无穷,是以择贤而用占焉,可谓圣人重事者乎!"

殷商之世宗教信仰已基本形成了一套体系,从龟甲和甲骨文遗存均已证明。《尚书·洪范》所云:"立时人作卜筮,三人占,则从二人之言。"告诉人们如何占卜,所谓"谋及卜筮""龟从,筮从"等语,均为"决疑用卜"来谋求心理的安慰,寻求对天神的崇拜超过了君王的决断,当人们无法参照科学依据要得到答案时,那就是唯心主义的崇神论,创造一种占卜学说,形成一种占卜仪式,以卜解释疑惑,方可愚昧天下百姓,或可为"子孙其逢吉""作内吉、作外凶"的决断选择。作为一位音乐考古研究者要想破译夏商周三代的音乐思想,礼乐制度形成与发展,就有必要从其文化源头切入,深入研究礼乐制度形成期,是一种什么样的文化元素和音乐文化内涵,时代进入了有文字记载的文明时期,这种文献则是甲骨文。凡是从甲骨文上得到的历史信息应该说是真实可靠的。原始宗教与图腾崇拜除了从崖画和陶器上获取历史信号外,还有甲骨文和金文。

《周礼·春官》曰:"以邦事作龟之八命:一曰征,二曰象,三曰与,四曰谋,五曰果,六曰至,七曰雨,八曰瘳。……若有祭事,则奉龟以往。旅亦如之,丧亦如之。"所言占卜之事则在于崇天祀神,祈祷吉祥与灾祸之属,诸如祭、旅、丧、象、谋、果的范围,是反映商周时期所属的宗教文化元素。《安阳发掘报告》所说可将占卜归纳为卜祭、卜告、卜(章)、卜行止、卜田渔、卜征伐、卜年、卜雨、卜霁、卜瘳、卜旬、杂卜计十二类,比周人所占卜的事更为广泛。占卜之事是殷商文化的精粹,正如崇天,当人们要想知道上天对于某件事的预兆和旨意,崇神就是要对神主的真诚,敬祖就是要对先祖采取祭祀仪式和庆祝活动,宗教思想和音乐文化盛行。占卜之法起于殷商之世,诸多龟甲以火灼之后,观兆问吉凶,以作决疑。所谓天神的力量是无以伦比的,人们对天神崇敬的程度超乎大自然界的神灵,这种灵魂寄托于占卜之事,而占卜之物又以"龟千岁而灵"的臆断(《白虎通义》),作为神物,臆断出来各种神秘莫测的假设和神化现象,用来充愫殷人以卜求得来自大自然之外的神力。所谓天神就是从宗教思想中产生出崇拜臆断说,其中也包含对死去的先祖崇拜和敬仰之情。

《庄子·外物篇》曰:"元君觉,使人占之,曰:'此神龟也。'"龟大老者则认为具有神灵,中华民族自古以来均有老龟神灵的民俗。新石器时代的乐器中就有龟壳响器,故此殷商时期多用龟甲占卜和契刻文字。《史记·龟策列传》曰"龟千岁乃游莲叶之上",按照崇拜与宗教信仰思想认为,凡来自大自然的事物中都有灵气。

商王朝宗教祭祀中有人牲、动物牛羊为甚。

1. "辛丑卜,贞:𡖃以羌,王于门揖"。(《合集》261)

2. "辛丑卜,宾贞:㱿暨以羌。

贞:㱿暨设不其以羌,若。

贞:王不其祖乙襖,若。

王其取祖乙□,若"。(《合集》267正)

3. "丙寅卜,行贞:翌丁卯,父丁莫岁牢在三月,在雇卜"。(《合集》24348)

4. "其炊于周"。(《合集》30793)

5. "庚子卜,贞:牧以羌延于丁……用"。(《合集》281)

6. "丙寅卜,㕚贞:卜竹曰:'其侑于丁牢'。王曰:'弜'"。(《合集》23805)

根据以上甲骨文内容表明,在宗教祭祀活动中有用羌人作为人牲的,每每诸侯参加国王的祭祀仪式时,或者在诸侯国的域地举行各种祭祀活动中,祭天求雨,或者祭祀先祖,都充愫着商人的政治、军事、经济和宗教思想元素,这都是商王朝专制集权的表征。祭祀活动在殷商之世充愫着时代精神文化,也应是商文化和殷商时代音乐文化晶核。

武丁卜辞多载求雨的重大史事。

"丁卯卜,㱿,翌戊辰帝令□。戊……

丁卯卜,㱿,翌戊辰帝不令雨。戊辰允䨣。

戊……已巳帝允令雨至于庚。

戊辰卜,㱿,翌已巳帝不令雨。

辛未卜,□翌壬□帝其□雨。

辛未卜,□翌壬□帝不□雨。壬晕

壬申卜,□翌癸酉帝其令雨。

壬申卜,㱿,翌癸酉帝不令雨。

甲戌卜,㱿,翌乙亥帝令雨。

甲戌卜,㱿,翌乙亥帝不令雨。

乙亥卜,㱿,翌丙子帝其令雨。

乙亥卜,㱿,翌丙子帝不□□。

丙子卜,㱿,翌丁丑帝其令雨。"（乙 851+1070+1157+1312+1579 及乙 852+1580 正背）

从甲骨文中可见,贞人问卦在龟甲上记录占卜求雨的历史过程。殷商时代武丁崇天敬神,主宰天地人与世界上的一切,并且要把持风、云、雷、电这四种大自然的神力统治天下,逐渐成为人民的信仰和精神支柱。故此祭祀求神之风盛行,商代甲骨文有记载"东南西北方名和四方风名"即"东方曰析,风曰㐱。南方曰因,风曰微。西方曰夷,风曰彝。囯圆曰宛,风曰役"。《殷契粹编》等 113片并有祭祀活动的翌祭表,共计 28 字,其刻辞内容为四方名和四方风名。又如"东方曰析,风曰㐱"之㐱者,即"同力也。"《说文》则有众人同心合力者也,谓之俊才。《尚书·尧典》郑注曰:"俊德,贤才兼人者谓之俊。"《大荒东经》载:"来风曰俊"。甲骨卜辞内容固然可信,古文献记载甚多。诸如《大荒东经》曰:"东方曰析,来风曰俊"。㐱则有同力合力之义,㐱又与协和相通,《尔雅·释诂》曰:"协,和也"。诸如此类,甲骨文中的记年、记时、记兆序、贞人名、祈农事、祈雨等等均在历代古文献中叙补。"辛亥卜,内,贞帝(禘)于南方曰𡸫,凤(风)𠤏,𥄂𡆥。🁡𡆥。一二三四",诸如类似龟甲刻辞乃为武丁时某年某月某时辰所卜,在卜辞最后尚有一二三四数字和贞人名。可见,以占卜所谓上帝命令下雨的宗教信仰。《礼记·月令》曰:"孟春之月,天子乃以元日祈谷于上帝",相当于甲骨文刻辞祈雨祈农业之事,祈年祈谷之事。求年、祈雨和祈求年年丰收。《左传·襄公七年》曰:"孟献子曰:'夫郊祀后稷以祈农事也。'"则与武丁时甲骨卜辞"帝令(命)雨足年。贞帝令(命)雨弗其足年"相类似。所以说,殷商之世宗教文化成为这个时期的政治、经济与文化思想的精神枷锁。他们所崇尚的禘祭和帝命的神权思想,则以上帝、王权充愫着殷商农业社会的神祉。

柯斯文说:"人类在其历史的最早时期,是没有宗教的。只是到了生产力和社会发展到氏族制阶段,宗教方才出现。"[1] 宗教信仰那种崇天敬神思想理念出乎自然界宇宙间所谓天神、魔鬼存在等,图腾崇拜至神祉和灵魂的信仰,所产生的图腾、图像、文字和宗教哲学思想体系,无不积淀着一种社会制度和文化元素的雏形。

武丁时代卜辞记载:"……兄……上帝……"(《合集》24979)之称,殷人把殷王先世之王称为"上帝",其后世则自认为他们应是嫡系子孙。卜辞是商代人创造使用的文字、占卜所折射出的文明曙光,譬如"帝"和"上帝"之称,再现了国家形成与厚重的文化元素。殷商之世一般把上帝之神与自然界万物联系起来,也就是说自然神作为主宰整个世界精神主旨。殷商时代上帝所崇拜的文化现象非常突出,郭沫若在《先秦天道观的进步》中认为至上神兼祖先神是殷民族的祖先。[2] 后来又有侯外庐、陈梦家认为商人帝王宗教观是一元的[3],周代的帝王宗教观是二元的[4],即上帝与先王的关系。陈梦家以为上帝主宰大自然上帝与商王则无血统关系。这只是对殷商之世所崇尚的神进行了追溯。祖先之神与后世民族是有联系的。《左传·桓公六年》写道:"先成民而后致力于神。"是人类创造出宗教与崇拜的思想文化体系,这在卜辞文字中充愫着浓烈的殷商帝王文化元素,直接影响后世各代文化发展的导向。

《诗·商颂·长发》曰:"有娀方将,帝立子生商。"

---

① (苏)柯斯文:《原始文化史纲》,人民出版社1955年版,第170页。
② 参见《郭沫若全集》历史编节第1册。
③ 参见侯外庐:《我对中国社会史的研究》,《历史研究》1984年第1期。
④ 参见陈梦家:《殷墟卜辞综述》,中华书局1988年版。

《书·召诰》曰："皇天上帝改厥元子,兹大国殷之命。"

《礼记·曲礼下》曰:"(王)崩,曰'天王崩',……措之庙,立之主,曰'帝'。"

《大戴礼记·诰志》曰:"天子崩,……卒葬曰帝。"

"唯五鼓……上帝若王。"(《合集》30388)

"……唯王帝人不若。"(《合集》26090)

"……王十曰:兹下……若兹,唯王帝,……见。"

诸如"上帝"、"下帝"、"王帝"和"天王"、"天子"泛称或专指,其历史与发展中的至高无上的神,帝王之世演绎到天王和天子的过程,不仅是一种宗教思想与图腾崇拜的精神理念,更重要的是直接影响到后世的社会制度和音乐文化的建构。甲骨卜辞的创造与运用,更加翔实地记录了殷商时代君王和臣民百姓的真实生活,这类文化元素则带有其浓烈的文化信息,还有青铜器铭文记载的历史事件,为周代的礼仪文化和社会制度的形成奠定了基础。殷人对鬼神信仰则在卜辞上普遍存在,也在诸多青铜铭文中屡屡出现,他们对上帝和鬼神则是顶礼膜拜,在殷商时代通过占卜解疑的方式达到了巅峰。

商周时代推崇的宗教思想与神权理念,说明这种占卜解疑以神为本的统治应是时代特征。凡事出现先必问神,或者占卜为先,无论征战、祭祀、婚丧、嫁娶(生育)、疾病、狩猎及求雨必行此礼。《礼记·丧记》曰:"殷人尊神,率民以事神,先鬼而后礼,……周人尊礼尚施,事鬼敬神而远之。"迷信巫祝占卜,崇尚自然之神和上帝之神,以神权思想统治天下,在维护殷商氏族与方国诸侯中占领了统治地位。

《国语·楚语下》(楚)昭王问于观射父曰:"《周书》所谓:'重、黎实使天地不通者何也? 若无然,民将能登天乎?' 对曰:'非此之谓也。古者民神不杂,……及少皞之衰也,九黎乱德,民神杂糅,不可方物。夫人作享,家为巫史,无有要质。民匮于祀,而不知其福。烝享无度,民神同位。民渎齐盟,无有严威。神狎民则,不蠲其为。嘉生不降,无物以享。祸灾荐臻,莫尽其气。颛顼受之,乃命南正重司天以属神,命火。正黎司地以属民,使复旧常,无相侵渎,是谓绝地天通。其后三苗复九黎之德,尧复育重、黎之后不忘旧者,使复典之。以至于夏、商,故重、黎氏世叙天地,而别其分主者也。……'"商代神权、祭祀、占卜事奉鬼神,凡事祭祀鬼神,民神共存,神为民主,神者则能绝天通地,无所不能,诸如民众祭祀上帝和忠于统治者,先拜鬼神而后施礼,甲骨卜辞盛行祭祀占卜之风,统率人的思想灵魂,"古者民神不杂"则是殷商礼仪以敬鬼祀神之风盛行。真正有求必占，有疑必卜，凡事先求神而后行于事，殷墟卜辞多为证。也就是说，殷商之世神权思潮泛起，殷王是神权的主宰者，是崇神祀祖的施行者，也是方国和诸侯的统治者和朝贡祭品的享有者。"嘉生不降，无物以享，祸灾荐臻，莫尽其气"更可证。所谓巫职和巫祝贞人，是专门从事沟通鬼神上帝与商王之间的联系制定出一些上帝的命令降服天下民众。如殷虚卜辞中有"辛酉卜，宁风巫九豕"和"庚……巫禘二犬"（《合集》34138＋21076）祭祀中的禘礼盛行，彰显出商王朝把祭礼看成是崇神敬祖的神祉。

第二节　商代卜辞文献诠释

殷商文化与音乐研究除了音乐文物之外，尚可参考地下出土文献和传世历史文献，地下出土文献包括陶器符号、金文和甲骨文以及诸多岩画图像等，这些文献往往与商代的社会制度以及宗教思想和神权思想是分不开的，演绎出图腾崇拜、殷商王权、方国的称号、文化与习俗。故此，甲骨卜辞文字记载是研究殷商文化最早的文献实物资料，进而以传世文献和历代文人经史学家的考释，乃是研究夏商之际音乐文化的重要参考资料。

一、甲骨卜辞与出土文献关系

甲骨文是商代最重要的文献资料，文字数量之多，涉及的历史事件最为广泛。甲骨文主要以河南安阳地区小屯村为主要出土地点，其周围大司空村、高楼庄、侯家庄、铁路苗圃、后岗、四盘磨诸地都有发现。殷人用龟甲即龟的腹、背双甲加以整理，在其上刻字。在田野考古发掘中还发现虎、猪、马、象、鹿的骨头刻有文字，这与新石器时代先民在陶器上刻画文字和符号一样，只是文字的载体发生了质的变化。因为殷商时期生产工具发生了变化，青铜的出现如青铜刻刀锋利，则可在坚硬的甲骨上锲刻文字，其文字工整、笔道清晰，行笔走刀精准，文字创造和发展是殷商文化的一个飞速发展期。从考古发现龟甲上所留存的朱、墨书写文字，是殷人在甲骨文制作时采取了先书后刻的形式，或者直接刻写甲骨文，故有"甲文"、"龟文"、"龟甲文字"、"甲骨刻文"和"贞卜文"、"殷虚卜辞"、"甲骨卜辞"、"殷墟文"之称。这为我们研究殷商文化和当时社会制度打开了锁钥。

甲骨文研究成果与考古发掘报告主要有：罗振玉《殷商贞卜文字考》、《殷虚书契考释》；王国维《古史新证》；郭沫若主编《甲骨文合集》；陈梦家《殷虚卜辞综述》《殷虚书契菁华》；林泰辅《龟甲兽骨文字》；刘鹗《铁云藏龟》；王襄《簠室殷契徵文》；明义士《殷墟卜辞》；胡厚宣编《甲骨学商史论丛》，等等，国内外也有研究和收藏甲骨卜辞的单位或个人。甲骨文文字长短不一，最大的一版"甲骨之王（《甲骨文合集》6057 正、反）总字数达 180 多字。正如《尚书·多士》所说："惟殷先人，有典有册。"尚有在人头、兽头上刻契卜辞的，诸如在骨器、石器、玉器和铜器上刻字，多者十余字，少者一二字。殷商铜器文字多者也有四十余字的，在甲骨、陶片上也发现毛笔书写的文字。殷商之世不仅发明了文字和书契，还出现大量记载这个时代典籍国策之类的实物资料，再现了夏商以来的文化精粹。

已发现的甲骨文以单字而言至少有 4500 字，经考释得到学界公认的约 1500 余字。这些卜辞则是研究殷商时代的宗教思想和崇拜信仰的文化宝库。这些文字仍未完全脱离图画、象形文字的特点，并从假借字发展到象形、形声四种造字形式，无不折射出殷商之世的甲骨文字与宗教信仰文化的光芒。

殷商时代既然出现了十分精美的文字，无不体现出华夏民族的聪明智慧和超凡才能。可见，从传说时代的新石器时代晚期，陶器上就出现了符号，类似文字和接近文字的阶段，故此，到了夏商之际则出现了较为规范、规整的文字，文字载体则从陶器上转移到了骨器上。商代的占卜求疑之事，在一件龟甲上竟能卜上 163 次，也有一卜一辞的现象。这些卜辞刻字十分精细工整，刻契技艺精湛。如果说在坚硬光滑的龟甲和兽骨上刻契文字的话，那么，没有书写工具和刀削工具是不可能完成的，并在刻契的文字沟槽笔道里以朱、墨描写。或者镶嵌绿松石为美。在田野考古中发现了单刀、双刀和复刀工具。[①]龟甲上和兽甲上的甲骨文是殷商之世专用的占卜文字，其内容包括吉凶和经济、文化、生活以及田桑狩猎、先祖先王、前辈后孙、宗法、祭祀、民众、奴隶、方国、征战、刑罚、天文、历法等等，涵盖帝国统治的方方面面，可以说甲骨文是体现当时社会制度和等级制度方面的文化宝库。

研究商代的社会制度和文化史，就要认真探索殷商甲骨文的有关史料，对这个时期的文化史、音乐史和音乐文物进行综合研究，如果不把殷商甲骨文字资料进行深入研读的话，那么，研究商代文化和音乐考古就是盲人摸象，并达不到窥视全貌的效果。只有把殷商文化发展史弄通弄懂，才能为研究殷商之世的

---

① 参见胡厚宣、胡振宇：《殷商史》，上海人民出版社 2003 年版，第 360—365 页。

历史文化达到追古溯源的效果。甲骨文其内容丰富，文字数量甚多，包括记载天文中的日食、月食和星宿现象；气象则见风云、雷雨、冰雹、虹霓；地理则见有湖泊、河流、草原、树木；农业生产则有雨量、气候、牛耕、施肥和五谷杂粮稼禾和秋收冬藏的内容；养殖六畜如猪、马、牛、羊、鸡、犬等，也有狩猎虎狼、猪、象和捕杀鱼、龟、鳖的内容。还有记载马车、牛车和舟船的内容，商业方面有以玉为币即十玉一珏，也有以贝为币的。

商王称自己为王、朕、余、一人、余一人。大臣则自称诸妇或诸子近臣。各种身份的百姓有：人、众、民、奴、羌、匄、仆、妾等。有关称"中商、东土、南土、西土、北土为地域，也有东、南、西、北四方之称的，对研究商王朝政治制度和组织机构是不可多得的资料。传说时代的历史是口传心授、薪火相传的历史。夏商之际已经出现了文字，并且建立了国家，出现了阶级和等级制度以及宗教信仰和文化风俗。破译华夏民族文化信息和历史重大事件符号。譬如城邑有大邑、二邑、三邑、四邑、二十邑、三十邑、四十邑，或曰东鄙、西鄙，或曰郊称奠，即南、西奠，其外有封国，所受分封的侯国中有侯、白、男、田等，也有称多田或者称多白的。[1] 武丁时期方国如土方、舌方、羌方、周方都在殷之西方，计四十余方国。帝乙、帝辛时期的方国如夷方、盂方位于殷之东南方。一般发动战争竟然调动 3000—5000 人，有时行军征途中行进一年多。据载武丁时期战争一次出征 13000 人，震惊朝野内外，惊扰天下百民不安，在甲骨文的占卜和卜辞中多有反映。朝野上下、天下方国和臣民若有不从者，则会饱受酷刑，商朝设有牢狱和刑法。多臣、多尹为文官，多马、多射为武官。军事军官分左、中、右三师，又称三牧和三成，众人和族人称为士兵。

甲骨文内容极为丰富，研究甲骨文和文字资料所记载的历史事件，尚在祭祀、占卜和卜辞中，对求雨、征战、疗疾和社会制度也有记载，其中包括统治者以王、朕、余一人的特称，以及近臣、平民、方国、刑法、医学、纺织、宗教等等科技和文化的元素。[2]

殷商时期的历史档案多载入龟甲卜辞中进行传世，并有计划地将其埋藏在窖穴中。到了商代末期殷都经历了武王伐纣，战火兵燹，古国古城则会变成一片废墟，后来的历史文献记载中故称"殷墟"。传世文献多载殷墟古城中多出青

---

① 参见胡厚宜、胡振宇：《殷商史》，上海人民出版社 2003 年版，第 367 页。

② 参见胡厚宜、胡振宇：《殷商史》，上海人民出版社 2003 年版，第 367 页。

铜器。1899 年殷墟发现甲骨文,后来形成研究甲骨文的学术课题即甲骨学。历代文献则见《尚书·商书》《诗经·商颂》《山海经》《史记·殷本纪》有载商王朝的重大历史事件和社会制度等。这些历史事件主要是从传说史、民间采风和先民们口传而整理成书的,甲骨文研究者则把传世文献与甲骨文、铜器铭文对应诠释,以证历史中的错误和不足。自宋代开始有金石学问世,关注地下出土古物和收集整理者层出不穷。清代王懿荣发现甲骨文并搜集整理,天津王襄和孟定生参加了甲骨文的搜集整理,在迄今一百多年来中国出土甲骨文不仅数量之多,而且散布到世界各地,均将殷商甲骨文视为奇世珍宝。

众多早期收藏甲骨文者,中国有王懿荣、孟定生、王襄、刘锷、罗振玉等中国人,国外见于日本林泰国、美国方法敛、英国库寿龄、加拿大明义士。随着中国田野考古发掘的甲骨文和民间收藏的甲骨文不断增多,在全国 24 个省、市、自治区 39 座城市、93 个单位共藏甲骨文 96225 片,公私共计收藏 97956 片之多。① 国外收藏甲骨文诸如日本计 12443 片,美国收藏甲骨计 1882 片;加拿大收藏甲骨 7802 片;德国收藏甲骨计 715 片;俄罗斯收藏甲骨计 199 片;瑞典收藏甲骨计 100 片;瑞士收藏甲骨计 98 片;法国收藏甲骨计 64 片;新加坡收藏甲骨计 28 片;韩国收藏甲骨 6 片。可见,其中 12 个(外国)国家收藏甲骨 26700 片。② 这应该是流散海外的商代珍贵甲骨珍品,与此同时,殷商时代的甲骨文则成为国际性研究课题。外国许多学者出版了很多甲骨文研究方面的专著。他们无不对中华民族所创造的文明殷商文化叹为观止。

二、商代诸侯与方国关系

素有夏禹万国、商汤三千、周武王八百诸侯国之说。殷商时代的封国,《左传·昭公二十八年》曰:"武王克商,光有天下,其兄弟之国者十有五人,姬姓之国者四十人。"在商代末期,其封国仍有如此之多,虽然屡有兼并,但见诸国仍然林立,战事频发。《左传·定公四年》曰:"武王克商,成王定之,选建明德,以蕃屏周。"武王克商,一直到成王时期国度稍有安定,推出安邦定国之策,借以巩固王室的统治地位。时至《左传·昭公二十六年》曰:"昔武王克殷,成王靖四方,康王息民,并建毋弟,以蕃屏周。亦曰:'吾无专享文、武之功,且为后人

① 参见胡厚宝、胡振宇:《殷商史》,上海人民出版社 2003 年版,第 397 页。
② 参见胡厚宝、胡振宇:《殷商史》,上海人民出版社 2003 年版,第 397 页。

之迷败倾覆而溺入于难,则振救之'。"乱世之侯,尚需拯救,殷商旧国,部分已残败甚腐,武王也就是在这个有利时期,名曰封侯,实际上则是采取优胜淘劣的良策,采取兼并充实,张扬兴邦明德,把具有实力的方国侯国进行认定、整合和分封,则可达到"以蕃屏周"的目的。这就是商末周初的历史递变期,渐渐形成了周朝的礼乐制度。

《战国策·秦策一》曰:"昔者,神农伐补遂,黄帝伐涿鹿而禽蚩尤,尧伐驩兜,舜伐三苗,禹伐共工,汤伐有夏,文王伐崇,武王伐纣。"纣王无度,商王朝已走向灭亡的绝境,通过战争又如同推朽拉腐灭亡商代整个社会制度。其战争频发,史载甚详。《易经》曰:"初六:师出以律,否藏,凶。九二:在师中,吉,无咎。王三锡命。六三:师或舆尸,凶。六四:师左次,无咎。"诸如此类例证不胜枚举,多言兵战为上,这个历史阶段尚武之风盛行,以武论天下则是古代先民推动社会进步的一大标志。《易经》"不富以其邻,利用侵伐,无不利"的理念,体现出商代至周代诸侯封国和方国相互依存,彼此竞争,推动了历史前进的车轮。正如商纣时期的统治阶级则昏庸无度,才导致一个时代的衰亡和终结,所迎来的是一个新生的社会制度诞生,那就是武王灭纣、周朝兴起的崭新面貌,商代部族冲突,其干戈不息则形成社会动荡不安。东方、西方、南方和北方民族出现相互排挤,相互征伐,为灭亡商王朝建立起屏障和保垒,周代的思想理念一旦问世,相继形成一套完整的礼乐制度,这为音乐考古和音乐史的研究指点了迷津。除了一些文献记载之外,那就是陶器符号和甲骨文与卜辞记载才是真实可信的资料。只有把商代历史文化与周代礼乐制度综合分析研究,才会见到历史文化的真谛。

《左传·隐公八年》曰:"无骇卒,羽父请谥与族。公问族于众仲。众仲对曰:'天子建德,因生以赐姓,胙之土而命之氏。诸侯以字为谥,因以为族。官有世功,则有官族;邑亦如之。'公命以字为展氏。"所谓没有都邑的方可称国,往往以邑代称国都者不乏其例。若从姓氏而言,郑樵《通志·氏族略》曰:"三代以前,姓氏分而为二,男子称氏,妇人称姓。"世人对姓氏起源研究颇多,可追溯到传说时代母系氏族社会。如刘师培《遗书》第十八册《溯姓》篇说:"古者氏与姓别。姓由于血统,氏由于徽识。……后世以氏为姓,姓、氏混而为一,而古姓亡矣"。于商周之际,《左传·隐公八年》"天子建德,因生以赐姓""胙之土而命之氏",以及"诸侯以字为谥,因以为族"的诸多记载。卜辞中有妇周、妇好、妇杞之妇称；如冀、并、奚、万、先、之族徽称；如周、杞、嫛之国名或者族名称；如吏、专、旅、韦、亘、邑之贞人称，如子商、子画、子卓、子奠之类氏名之属。属于方国、封国、族名氏名之类。又见《左传·定公四年》曰"分鲁公以……殷民六族，条氏、徐氏、萧氏、索氏、长勺氏、尾勺氏，使帅其宗氏，辑其分族，将其类丑。……分康叔以……殷民七族，陶氏、施氏、繁氏、锜氏、樊氏、饥氏、终葵氏"有关氏的称谓。殷商之世族者之多，氏者之繁，族氏与邦国诸族满布华夏。①

殷商时期的方国，甲骨文中见有周方、鬼方、羌方、商方、卢方、龙方等，方即国之意，学者多称"方国"。《易·明夷》曰："初登于天，照四国也。"直接称呼"国"的也不乏其例，《易·离》曰："大人以继明照于四方。"乃有四方之国的含义，或有东、西、南、北方之谓。可见《诗经》和金文均有互用，诸如夷方、井方在甲骨文中出现时乃为方国的简称，或者为邦国的互称。《诗·小雅·桑扈》曰："君子乐胥，万邦之屏。"《尚书·汤诰》曰"王归自克夏，至于亳，诞告万方"之类的称谓。《尚书·周书·多方》曰："诰告尔多方"。方国的青铜器与铭文在商末周初多有发现。方国实乃殷商之际的诸侯小国，其版图较小，军事实力也不大，但有少量的方国也有一定的实力。受封的封国方国往往有某侯、某伯、某男，或称侯某、伯某、男某。即侯、伯、子、男、亚、妇等诸类爵位。甲骨文尚有"示""来告""来艰""来""入"类的卜辞，则有贡纳、勤王、助祭之意。如："示"见甲骨文有"岳示二十"。（《合集》940）"鼓人二十"。（《合集》1878）"念人百"。（《合集》9264）"来"见甲骨文有"甲辰卜，亘贞：今三月光乎来。王占曰：'其乎来，乞至惟乙'。旬有二日，乙卯，允有来自光，以羌刍五十。小告"。（《合集》94）"贞：邑来告，五月。贞：邑不其来告"。（《合集》2895）。卜辞有鬼方、人方、羌方、盂方诸国，可见商代尚武之风盛行，如"……伐圉"（《合集》6829）以"伐"或"戈"字见多。黄国见卜辞"庚子卜，[争]贞：令[黄]"。（《合集》4302）"贞：[重]"。（《合集》5043）又如：庚申卜，王贞：余伐不。三月。庚[申卜]，王贞：余勿伐不。庚申卜，王贞：余伐不。庚申卜，王贞：余勿伐不。"（《合集》6834）诸如"黄"、"不"、"伐"等等卜辞均反映商代多武、多伐和战争，采取压迫和惨无人道的征伐统治，或灭族或掠夺，以降者沦为人奴，就是说方国之间存在优胜淘劣的现象。只有认真研究商代的历史和封国的地域文化了解其演绎的过程，才能为

---

① 参见李雪山：《商代分封制度研究》，中国社会科学出版社 2004 年版，第 12、19 页。

我们深入了解礼乐制度是如何形成的，更进一步探索中国的音乐起源与音乐发展的历史过程，时在殷商之世深受宗教与崇拜思想的影响，则为周代礼乐制度的形成奠定了基础。因为殷商之世受封的方国，必须向商王朝纳贡或向统治者“来告”，有“勤王”进贡和“助祭”的义务和职责。这都是商王朝通过战争征服了他们，并且压迫或剥削方国因而屈服。统治天下百民和让人心臣服的一种社会制度，这就是商末周初的礼制雏形，用这一套约定成俗的法规来管理制约诸侯方国，进而制定一套乐制奖赏功臣享乐。这样国家君王备受封诸侯方国们的拥戴，君王、重臣、方国诸侯都掌握了礼器、乐器，其城廓之固，田地之丰，奉禄之厚，故而对天子就产生了孝敬之心，对上帝的恩崇风气更盛，于是乎祭祀、杀人、牺牲、厚葬之风日盛，虽说列强征服了天下方国导致他们归顺，但随着方国的经济实力增强，军事力量不断扩大，从而也加速了商纣王朝的崩溃瓦解。

研究殷商时期方国的历史文化对音乐考古与音乐文物研究是有直接帮助的，方国分布在不同的地域，则形成不同的地域文化。商代甲骨文中虽然反映音乐文化不太多，但反映殷商时期社会经济、军事和礼俗方面的材料是较为丰富的，对了解这个时期音乐文化形成与发展是有直接帮助的。无论从考古发现还是传世文献两个方面资料，都印证了殷商时期的音乐文化与方国间的关系过从甚密。譬如商末周初的一些商代方国墓，不仅出土了大批青铜礼器，而且也出土了青铜乐器编钟和石磬等，这直接涉及商代晚期的封侯与方国之间的音乐文化和礼制关系，为研究礼乐制度和音乐文物考古提供了重要的实物资料。

商王朝封侯甚多，侯国在传世文献中虽然记载不多，但在甲骨文和金文中则有出现。诸如“杞侯”“除侯”“犬侯”“周侯”“垂侯”“先侯”“侯”“侯商”“侯告”“侯屯”“垂侯”“亚侯”“竹侯”“仓侯”“攸侯”等等均在甲骨文中有所记载，可堪称侯国林立，方国如云。

殷商之世方国林立，以地望而言，则有东南西北之分。东方则见卜辞“𢾅方”“㱿方“人方”“旁方”“盂方”；西方则见卜辞“鬼方”“羌方”“亘方”“絴方”“子方”“巴方”“龙方”“马方”“𢦏方”“𢀛方”；北方则见卜辞“土方”“北方”“下危”“召方”；南方则见卜辞“凤方”“目方”“虎方”“危方”“林方”“盧方”“卉方”等等。这些方国在青铜器铭文中也有出现，或在传世文献中存在，一部分是商代的封国，或延续到周代就成为周王朝的封国，尤其方国多地占据险要的地理位置，则是历代兵家必争之地，其所存在的时间就会更长，其古名数千年不改。故见卜辞中有“丙子卜，古贞：令盂方归”。(《合集》8690)“盂方”地名可见。"乙卯卜，贞：王其征人方，无灾。"（《屯南》2370）"人方"名可见。再从青铜器铭文可证甲骨文中"人方"之名。"丁巳，王省夔京，王锡小臣艅夔贝，惟王来征人方，惟王十祀又五，肜日"。（小臣艅犀尊，《三代》13、42、3）其铭中有"惟见来征人方"可印证卜辞之"人方"方国名。卜辞"羌方屮其用，王受有佑。弜用其用羌方（囟）于宗，王受有佑。弜用"。（《合集》28093）则见"羌方"名。卜辞"丁酉卜，敦贞：今春王共人五千征土方，受有佑，三月"。（《合集》6409）则见"土方"名。再看卜辞中"虎方"的方国，于殷商之世则是虎视南方的劲旅。卜辞曰："庚戌卜，王其从虎师，惟辛无灾。王其从虎师惟辛"。（《英藏》2326）"……贞：令望乘暨举途虎方，十一月……"。（《合集》6667）甲骨文多证"虎方"乃为商王朝重要的方国之一。

从历史地望看南土"虎方"与商代的曾国渊源关系，则在甲骨文中有"虎方"和"虎入百"的记载。（《合集》9272反）。"辛酉卜，王其田，惟省虎，从丁十薛录……"。（《合集》33378）"乙未〔卜〕，贞：立史〔于〕南，右从〔我〕，中从舆，左从囟，十二月"。（《合集》5504、5512）依此推测，"舆"也为方国，"我"和"曾"都是商王朝的封国。"立史于南"则是商王朝要在南方建立史官，则见"右从我，〔中〕从舆，左从曾"之三师与"我""舆""曾"是三个商代的封国无疑。既然"舆"见于甲骨文卜辞记载"令望乘暨舆途虎方"之语，以迎"虎方"之国。如果说"虎方"和"舆"相邻近的话，那么，"舆"与"曾"和"我"诸国也相近。"虎方""舆"和"曾"均在甲骨卜辞中出现。

南土殷商册封之侯，起于商朝发展于周，乃是夏商周王朝不可小视的诸侯国之一。西周早期的青铜器铭文中写道："惟王令南宫伐反虎方之年，王令中先省南国贯行……"（《中方鼎》）这段铭文提到"虎方"，其中的"中"也应是方国，"南国"应为南方之国，有文献说明"南国"在江汉之间。甲骨文则与金文相互印证。"虎方"是商王朝十分亲近的方国，随时可向"虎方"发号施令，要求"虎方"随着商王率军征战。这个时期不仅商王朝强盛，诸多方国也有雄才大略，则能为强君和暴政效尽实力，弘扬祖宗所遗传的文化精粹，敢于随着商王去诛杀叛逆的方国。"虎方"和曾国自殷商时期就在江汉之间雄踞。如果说追溯商周时期的钟乐制度与源流的话，那么，商代的方国就是礼乐文化与社会制度的缔造者，是青铜文化和音乐文化的奠基者。

青铜器铭文曰："南宫伐反虎之年，王令中先省南国，贯行，执（设）居在曾。史儿至，以王令曰：'余命汝史大小邦……'中省自方、邓……在噩（鄂）师次……"(《中甗》)。这组金文记载了周王命"中"、"南国"、"曾"、"邓"、"方"和"鄂"国的重大历史事件。根据湖北随州出土大量的曾国铜器和墓葬以及随州安居镇羊子山出土了大量的"噩"国青铜器,证明在随州境内已有"曾"与"噩"的青铜器和墓葬存在,曾国在西周早期以及春秋至战国时期,都出土了曾国的青铜器群和墓葬。随州叶家山西周早期曾侯谏的墓葬中出土了时代最早的编钟。

方国在商代卜辞中出现后,到了两周之际的青铜器铭文中也有出现。从考古发现与历史地望看,方国在一些地区延续的时间三四千年,不迁徙不改名,古方国名从夏、商、周时期一直延续至今。卜辞中的"虎方"与金文中的"虎方"印证了曾侯国的历史,商代方国一直延续到周代并且成为周王朝的重要封国。随着曾侯谏墓、曾国青铜器群和曾国高级贵族墓葬区的发现,可证曾侯国应是商周之际的土著封国。李学勤先生认为:"根据以上讨论,见于叶家山 M65 和 M2 的曾侯谏为成康时期,他似即周初第一代曾侯。曾国姬姓,我以为就是文献里的随国。"① 这个说法是有考古资料和传世

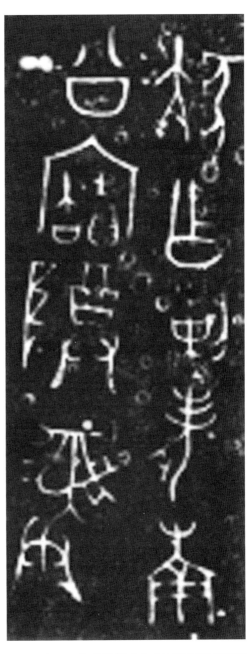

图十四　湖北随州叶家山西周早期曾国墓地 M111：67 方座簋铭文拓片

---

① 李学勤:《试说叶家山 M65 青铜器》,载《楚简楚文化与先秦历史文化国际学术研讨会论文集》,湖北教育出版社 2013 年版,第 1 页。

文献双重证据的。

自此，诸多学者认为："在所发掘的这批墓葬中，M2、M3、M26、M27、M65共五座墓葬出土的铜器中都发现有'曾'、'侯'、'曾侯'和'曾侯谏'的铭文。其国属应为曾。"[①] 其又云："本次发现的青铜器大多有铭文，已知铭文总字量达四百余字，铭文内容除常见的一些西周早期的族氏文字和方国名外，也见有大量过去所不见人名。"[②] 尤其关注曾国始封侯国的年代，根据"曾侯谏"曾国墓葬群年代考证，当在西周早期或为周初成康之世，乃为周初曾国第一代诸侯。同时发现这批出土文物中有族氏文字和方国的名称，至少与商代晚期方国有着密切关系。没有殷商时期方国的存在，也未必有周代受封的诸侯国，商代武丁时期卜辞中的虎方与曾国也有关系。"我""舆""曾"三个方国在卜辞中同时出现，可证周代"曾侯谏"的先祖就是商"曾"。商代方国曾见于"乙未卜，贞：立史［于］南，右从［我］，中从舆，左从崮，十二月"（《合集》5504、5512）卜辞的记载。因此学者认为"立史于南"的曾国，就是商代的方国曾，至周初成为姬姓侯曾国。研究周初"曾侯谏"墓与编钟，就是探索中国古代的礼乐制度和音乐文化的源头，也就是说"曾侯谏"墓出土的钟乐是我国最早的编钟。将对中国音乐考古和音乐文物研究更有意义。

由于"曾侯谏"编钟是我国最早的编钟，所以研究谏墓及其乐钟，相当于探索中国古代礼乐制度和音乐文化的源头。商曾与周曾卜辞、金文资料比较研究如下：

其一，卜辞1、2为武丁时期的卜辞，3为禀辛时期卜辞。

1. 乙未［卜］，贞：立事［于］南，右比［我］，中从舆，左比曾。（《合集》5504）。

2. 乙未卜，［贞］：立事［于］南，右比［我］，中从舆，左比崮，十二月。（《合集》5512）。

3. 庚午卜，王贞，其呼小臣剌（烈）从，在崮衣？（《合集》27885）

其二，青铜器铭文1、2为周昭王南征。

1. 王令中先省南国，贯行，埶（设）居，在崮，史儿至，以王令曰：'余令

① 黄凤春：《随州叶家山西周曾侯墓地发掘的主要收获》，《楚简楚文化与先秦历史文化国际学术研讨会论文集》，湖北教育出版社2013年版，第7页。

② 黄凤春：《随州叶家山西周曾侯墓地发掘的主要收获》，载《楚简楚文化与先秦历史文化国际学术研讨会论文集》，湖北教育出版社2013年版，第8页。

汝使大小邦……，中省自方、邓、舟（造）□邦，在鄂师次，伯买父乃以厥人
戍汉中州，日叚……（《殷周金文集成》949）。

2. 隹（唯）七月甲子王才（在）宗周，令师中眔（暨）静省南或（国）相，八
月初吉庚申至，告于成周，月既望丁丑，王才（在）成周大（太）室，令（命）静
曰：'俾汝司在凿鄂'。王曰：'静，易（锡）□女（汝）凿、旂、市（韍）、采䯏'。曰：
'用事'。静扬天子休，用乍（作）父丁宝尊彝。（《近出殷周金文集录》357）。

承上启下，商曾与周曾均在卜辞和金文中出现。这个土著方国曾侯起于南
方，成于南方，则在江汉之间发展壮大，曾与楚国抗衡，乃是一个地地道道的土
著曾国，随枣走廊成为他们的锁钥之地。

其三，叶家山西周早期青铜铭文中的曾国。
1. "凿侯谏作宝彝"。（叶家山 M2：6 曾侯谏圆鼎）
2. "凿侯作宝尊（蹲）鼎"。（叶家山 M27：23 曾侯方鼎）[①]
其四，叶家山西周早期方国。
1. "父乙亚宣……"。（叶家山 M2：4 父乙亚宣分裆鼎）
2. "师乍（作）父乙宝蹲彝"。（叶家山 M1：17 师镬鼎）
3. "矣（疑）父乍（作）宝蹲彝"。（叶家山 M27：17 方座簋）
4. "戈父癸"。（叶家山 M27：28 戈父癸簋）
5. "丁子（巳），王大祐，戊午，㞢子蔑厉，敞（尝）白牡一。

己未，王赏多邦白（伯），㞢子麗（醴），赏煋（㸣）卣（卣）、贝二朋，用作
文母乙蹲（尊）彝"。
6. "父丁冉"。（叶家山 M1：015 父丁冉罍）
7. "白生"。（叶家山 M27：15 白生盉）
8. "守父局"。（叶家山 M27：8 守父乙觯）
9. "冀齓夒"。（叶家山"M27：3 齓夒壶）
10. "朌父癸"。（叶家山 M27：11 朌父癸觯）
11. "鱼伯彭"。（叶家山 M27：14 鱼伯彭尊）

① 湖北省文物考古研究所、随州市博物馆：《湖北随州叶家山西周墓地发掘简报》，《文物》
2011 年第 11 期。

12. "弓父乙"。（叶家山 M27 :13 弓父乙觯）

13. "且南兽"。（叶家山 M27 :10 且南兽觯）①

　　从商曾到周曾卜辞和金文比较分析：其一，曾字在卜辞和金文中都有存在；其二，关于曾侯的爵位大概始于商代，至周初并延续到春秋战国时期，其名与爵位始终未改；其三，叶家山曾侯谏、曾侯饶为周初成康之侯，并出土有礼乐器，钟与镈共 5 件；其四，叶家山 M27 出有青铜器和白陶，这座墓比同出的墓葬年代应该早一些，至少 M27 青铜器铭文中的"曾侯……"铭文风格近似商代甲骨风格，其方鼎更有商代文化风格；其五，叶家山 M27 出土一批青铜器铭文多为族徽文字，它与商代的族徽文字风格类同，这种方国文化风格充愫着浓烈的殷商文化元素。可见，湖北随州叶家山出土曾国青铜器数量之多，铸造精美，铭文内容十分丰富，所涉及的方国和族属类型广泛。叶家山曾国墓葬区及其文化特点介于商代晚期、周代早期或者更早的一个文化接点区，应是介于大洪山与桐柏、随枣走廊、江汉之间一个较为强大的曾国。这个曾国的辖境是金道锡行北通中原、南汇江汉之间，尤其反映出殷商时期的曾国、方国的历史面貌，对探索南方姬姓曾国兴起与衰落以及曾国青铜编钟是有重要意义的。

　　诸如叶家山青铜器上的铭文如"父乙亚宣"之"亚"字，大概是爵位之属。《说文》曰："亚，丑也，象人局背之形。"唐兰先生在《武英殿彝器考释》云："凡此亚旅之文，前人多不得其解，得甲骨金文互证，始可定亚为爵称。"②卜辞"翌，乙侑于亚"（《合集》13597）"其作亚宗"（《合集》30295），"甲午卜，王马寻驭，其御于父甲亚，吉"（《合集》30297），即"亚宗"和"父甲亚"为宗庙。还有国名、人名、封域、爵称和官名等等。诸如丁山、李孝定、陈梦家、姚孝遂先生均有考证。③类似卜辞有"亚族、亚其、亚般、亚侯"等为国族名和爵位。尤其在商代族徽铭文中如亚（中）弜、亚戈、亚牧、亚万、亚古、亚（中）犬、亚（中）束、亚（中）凤等，多为商代册封的方国之一。亚为中央之官，与商王朝有着密切关系。又如叶家山 M27：15 白生盉铭文之"白生"、"鱼伯彭"等等，也与卜辞"某伯"、"伯某"相类，如陈梦家、胡厚宣、董作宾等先生都有考证。如"井伯、伯木、伯弘、

---

① 　湖北省文物考古研究所、随州市博物馆：《湖北随州叶家山西周墓地发掘简报》，《文物》2011 年第 11 期。

② 　李雪山：《商代分封制度研究》，中国社会科学出版社 2004 年版，第 50 页。

③ 　参见于省吾：《甲骨文字诂林》，中华书局 1996 年版，第 3229、2905 页。

归伯、易伯"等百余个"某白"之称,均为商代有规律的爵位。卜辞"……贞:旬无祸?……在三月,甲申祭小甲,惟王来征盂方伯炎"(《合集》36509)。"壬戌卜,王其揖二方伯,大吉。王其揖二方伯于师辟。[于]南[门]揖。弜揖。"(《合集》28086)诸如爵位乃为商王册封之侯。如叶家山 M2:2"青铜分裆鼎铭文为 子……"之称者,乃为"子"爵称谓。学者著述考证颇丰。其中五说有子姓、爵称、王子、族长美称等,卜辞有"子"族、"子嗣"、"祖先"、"子某"等多种含义。以上诸多历史信息应与商文化有着直接的关系。

第三节 商代音乐文化现象

一、传世文献中的殷商文化

商代的音乐文字与音乐文化是研究中国音乐文物考古的源头。在这个时代很难见到有文字记载的音乐作品,音乐多靠先民和乐师言传心授。作为音乐文物考古研究者要对殷商时期音乐文物进行探究,除了先民所遗存下来有限的乐器外,再就是对甲骨卜辞、金文和传世文献资料展开研究。在两周之际历史文献对音乐的记载渐多,故此,音乐文物考古成为打开传说时代和殷商之世的音乐探索大门的锁钥。商代音乐方面的文献仍然是甲骨文,其中有鼓、龠、竽之类的相关文字。

《论语·八佾》曰:"夏礼,吾能言之,杞不足征也;殷礼,吾能言之,宋不足征也。文献不足故也。足,则吾能征之矣。"杞是夏朝后裔,宋是商王朝的后裔,征即证也,文即典籍,献即贤。古人对夏商的历史与文献记载提出许多疑问,因文献保存不全,加上尚能考据的资料和音乐文化现象知之甚少,要想把它弄清楚也是一件难事。甲骨卜辞用语简练,尚无详细的文字叙述某事,往往就事记事,直接找到记载音乐或乐器的史事很难,今人对殷商历史的探索与音乐文化的研究,仍然要从音乐文化现象入手,这个音乐文化现象不是微观的,而是整个殷商时期音乐与文化史的大概念。《礼记·礼运》曰:"我欲观夏道,是故之杞,而不足征也;吾得《夏时》焉。我欲观殷道,是故之宋,而不足征也;吾得《坤乾》焉。《坤乾》之义,《夏时》之等,吾以是观之"。中国古代音乐文献,则为中国音乐考古与研究提供了重要的理论依据。凡涉及先秦时期殷商时代的音乐文化,主要参考文献仍然以《周易》《尚书》《诗经》《周礼》《仪礼》《礼记》《春秋左传》、《春秋公羊传》、《春秋谷梁传》、《论语》、《孝经》、《尔雅》、《孟子》等十三经为依据。因为殷商之世的音乐历史比较久远,查阅时代太晚的史籍用来印证久远的历史略显逊色。除了先秦时期文献之外,一是要多读甲骨卜辞资料,二是要对音乐文物资料进行深入研究。

十三经是反映儒家思想和历史文化的经典,其历史地位和历史价值是无与伦比的,更是研究中国古代音乐史和思想文化的宝库。对清阮元校刻的《十三经注疏》历史文献的阅读和整理是十分必要的。

1.《周易正义》10卷,其中包括魏王弼、晋韩康伯注,唐孔颖达等正义。

2.《尚书正义》20卷,其中旧题汉代孔安国传,还包括唐孔颖达正义。

3.《毛诗正义》70卷,其中汉代毛亨传、郑玄注,唐贾公彦疏。

4.《周礼注疏》42卷,其中汉代郑玄注,唐代贾公彦疏。

5.《仪礼注疏》50卷,汉代郑玄注,唐代贾公彦疏。

6.《礼记正义》63卷,其中汉代郑玄注,唐代孔颖达正义。

7.《春秋左传正义》60卷,其中晋代杜预集解,唐代孔颖达正义。

8.《春秋公羊传注疏》28卷,其中汉代何休解诂,唐代徐彦疏。

9.《春秋谷梁传注疏》20卷,其中晋代范宁集解,唐代杨士勋疏。

10.《孝经注疏》9卷,唐玄宗御注,宋代邢昺疏。

11.《论语注疏》20卷,魏时何晏等集解,宋时邢昺疏。

12.《孟子注疏》14卷,汉代赵岐注,旧题宋孙奭疏。

13.《尔雅注疏》10卷,晋代郭璞注,宋代邢昺疏。

被视为占卜书籍的《周易》,是神秘与宏大的圣哲巨典,乃为人类智慧的精粹。以君文诰、君臣之间谈论录为主体的《尚书》,亦称《书》《书经》,到了汉代则称《尚书》,反映了尧舜时代至两周之际的历史。"尚"则有"上古"之意,其中《虞书·舜典》《虞书·皋陶谟》《虞书·益稷》诸篇有与音乐有关的史料。《诗经》中有三十余种乐器出现,这是一部反映两周时期的诗歌,其中包括"风""雅""颂"之歌谣、雅乐和舞曲歌辞的音乐作品,充溢着传说时代和殷商时代的音乐土风歌谣文化的元素,是音乐史研究者和音乐文物考古研究者必读的经典之一。"三礼"之《周礼》《仪礼》《礼记》不仅是反映周代、战国、秦汉年间的历史,而且可追溯到三千多年前的历史文化和音乐精神。《春秋》包括《左传》《公羊传》《谷梁传》三传,其特色重在对古代历史事件的陈述和议论,反映了一些零散的音乐文化和现象,对上古时期的历史尚有涉及,值得大家深入研读。《论语》《孝经》《孟子》诸类，其一，涉及政治、经济、哲学、教育、文艺等；其二，包括儒家经典等；其三，是古代思想家的言论和思想方面的内容，或多或少地蕴含着音乐文化的历史信息。《尔雅》具有古代词典特点，包含训诂、音韵、词源、方言、古文字诸多方面的历史信息和文化特色，尤其对音乐考古工作者来说，是对中国先秦时期音乐名词术语的一座发掘不尽的文化金矿。[①]

音乐文物考古与研究是建立在考古学基础之上的学科，音乐文献学是建立在音乐学和历史文献学基础之上的学科，是考古学、历史学和文献学的分支。所不同的，音乐语言具有国际性的，音乐文献也是独具特色的。方宝璋、郑俊晖先生认为："音乐学整个学科体系中各分支学科之间并非井水不犯河水的相互隔绝关系。"[②] 即音乐分支相当于三个分支：体系音乐学、民族音乐学、历史音乐学，三者之间存在着既相互联系又相互独立的关系。

除此之外，我们研究殷商历史和音乐文化时，还要参考历史上对先秦时期音乐史的研究方法和成果。如"《墨子》的《非乐》《三辨》，《管子》的《地员》《五行》，《荀子》的《乐论》，《吕氏春秋》的《大乐》《侈乐》《古乐》《音律》《音初》，《韩非子》的《十过》，《周礼》的《春官宗伯·大司乐》，《礼记》的《乐记》等"[③] 以及随州曾侯乙编钟铭文 3755 字，有 2800 多字讲述音乐方面的内容，关于周王室和曾、楚、齐、晋、申等诸侯国之间的乐律、阶名和变化音等方面的对应关系，这是研究中国古代音乐史和音乐文物的重要参考文献。

《诗·商颂·长发》曰："有娀方将，帝立子生商。"《书·召诰》曰："皇天上帝改厥元子，兹大国殷之命。"均在追溯上古时期的历史。《易·泰封》《书·酒诰》《多士》《多方》《左传》均有"帝乙"的记载。《国语·周语》《逸周书·克殷》则有"帝辛"的史事。卜辞中许多历史事件和音乐文化现象，均可与这些历史文献中的记载相印证。又如《礼记·曲礼下》曰："（王）崩，'曰天王崩'……措之庙，立之主，曰'帝'。"《大戴礼记·诰志》曰："天子崩，……卒葬曰帝。"古代称帝则可追溯到殷商时期的历史。殷商占卜、祭祀、巫舞与音乐文化的关系是紧密相连的；商族历史充愫着方国部落的神话史。诠释历史文献中的历史文化信息，解读殷商音乐文化的源流，可以揭开殷人上帝至上神祖上神、自然神帝权的神秘面纱。可见，梳理传世文献，则可知晓上古时期诸多音乐文化的晶核。

---

① 参见徐元勇：《中国古代音乐史研究备览》，时代出版传媒股份有限公司 2012 年版，第 2 页。

② 方宝璋、郑俊晖：《中国音乐文献学》，福建教育出版社 2006 年版，第 18 页。

③ 参见方宝璋、郑俊晖：《中国音乐文献学》，福建教育出版社 2006 年版，第 22 页。

《左传·定公四年》曰:"皆启以商政,疆以周索""启以夏政,疆以戎索"。这是西周初年成王周公分封诸侯时,则命鲁卫始封者伯禽康叔所提及"商政"、"周索"的有关记载,即指殷代的礼制与周代的礼制并行的现象,同时存在"夏政"、"戎索"文化多元现象,仍然保持着部分旧俗殷礼。《诗经·周颂·时迈》曰:"时迈其邦,昊天其子之。"迈其邦即万其邦也,有万邦之国,方国林立之意。《论语·为政》曰:"周因于殷礼,所损益,可知也。"周礼则是殷礼的承袭过程,这才是音乐文物考古与研究者在运用传世文献时需要关注的问题。

研究殷商之世的历史文化与音乐文化现象,还是要从礼乐制度入手。礼乐制度不是在周代才有的,殷商时代已占中国礼乐制度的先声。《诗·鲁颂·闷宫》曰:"白牡骍犅。"所谓"白牡"则是周公之牲,"骍犅"则是鲁公之牲。《礼记·檀弓上》曰:"殷人尚白……牲用白。周人尚赤……牲用骍。"也就是说商代人崇尚白色、周代人崇尚红色的缘故。所谓殉者用牲,殷、周之际仍在盛行,也有人殉和牲殉并存的。殷礼遗俗在卜辞中则有多见。"戊子卜,宾贞,惠(唯)今夕用三白羌于丁,"(《合集》293)。"王其侑于小乙羌五人,王受佑。"(《合集》26922)"彭贞御于河羌三十人。"(《合集》26907)殷代用人牲殉数见不鲜。

《墨子·非攻下》曰:"王既已克殷,成帝之来,分主诸神,祀纣先王,……袭汤之绪。"商人创造的历史和音乐文化现象是极其辉煌的,其与夏、商、周三代的历史源流也应是紧密相连的,研究三代史则囊括了中国的传说史、甲骨卜辞、金文和传世文献各个阶段。《墨子·明鬼下》曰:"昔者武王之攻殷诛纣也,使诸侯分其祭,曰:'使亲者受内祀,疏者受外祀'"。则证周人沿用商人祀典,并且"使诸侯分其祭"殷先王。先王就是周王的祖先。此与"凤雏 H11∶82 片:……文武……贞,王其邵禘□,天□典册周方伯,……思正。亡左(佐),于受"等周原甲骨相吻合。① 甲骨卜辞、金文和传世文献都会把殷周的历史紧密结合在一起。周人虽继承了殷礼,但周制改革中也突出了周人的特色,只保留对殷人高祖帝、殷人上帝和祀典礼(包括殷人亳社)的祭祀。《左传·僖公三十一年》曰:"鬼神非其族类,不歆其祀。"西周初年周成王周公对祀礼制度进行了深入改革,形成了一套较为完整的礼乐制度。周朝的礼乐制度则是音乐考古和音乐文物研究的晶核。除了从地下发掘的音乐文物和卜辞、金文记载的音乐资料外,那就要搜集历史上的音乐文化史籍。

---

① 王晖:《商周文化比较研究》,人民出版社 2000 年版,第 219 页。

《论语·为政》孔子曰："殷因于夏礼，所损益，可知也；周因于殷礼，所损益可知也。其或继周者，虽百世，可知也。"对于中国古代历史文化，先圣孔子提出了批判与继承的"损益"文化现象。正如《汉书·杜周传》所云："殷因于夏，尚质；周因于殷，尚文"，用文质礼度、"三纲五尚"以今释古解"损益"之说。无论何种传世文献均论殷承夏礼与周承殷礼之说颇同。周代礼乐制度有着源远流长的历史，值得音乐文物考古者们深入研究。

二、殷商时期音乐文化关系

中国是历史悠久、文化灿烂的古国。音乐文物考古就要去探寻音乐文化的历史源头。李大钊说："历史这样东西是人类生活的行程，是人类生活的联续，是人类生活的变迁，是人类生活的传演，是有生命的东西，是活的东西，是进步的东西，是发展的东西，是周流变动的东西；……我们所研究的，应该是活的历史，不是死的历史；活的历史，只能在人的生活里去得，不能在故纸堆里去寻。"[1]

夏王朝末期的王者夏桀被商汤打败后，殷商王朝建立了，商朝始祖名契，契至汤经历十四世。《大濩》则是庆贺商汤伐桀和祭祀祖先的乐曲。可见，商王朝传十七世，共经过三十一个王计654年，一直到了商纣王帝辛时为周武王攻灭。卜辞中有《濩》字"……乙亥卜，贞：王宾大乙《濩》，亡尤。"（《殷墟书契续编》18.3片）《濩》则是商末帝辛纣王时期的一种大型祭祀乐舞。《诗经·商颂·那》曰："奏鼓简简，衎我烈祖""鞉鼓渊渊，嘒嘒管声。既和且平，依我磬声。"商代乐舞不仅是踏足击掌而歌的原始乐舞了，而是有"鞉鼓渊渊"，"依我磬声"的金、石、管、鼓等类乐器相奏的乐舞。此外，不定期有玄鸟图腾舞具伴随着宗教乐舞演奏，祭祀殷王先祖，弘扬"天命玄鸟，降而生商"的民族精神和文化神髓。古代传世文献则有《左传》《墨子·三辩》《吕氏春秋》记载了《韶》《濩》的乐曲。

《墨子·三辩》曰："汤放桀于大水，环天下自立以为王。事成功立，无大后患，因先王之乐，又自作乐，命曰《濩》。"功成作乐，追求先祖，且称赞乐舞的重要性和演变的历史过程。《吕氏春秋·仲夏纪·古乐篇》曰："殷汤即位，夏为无道，暴虐万民，侵削诸侯，不用轨度，天下患之。汤于是率六州以讨桀罪，功名大成，黔首安宁。汤乃命伊尹作为《大濩》，歌《晨露》，修《九韶》。"把《濩》加工成为《大濩》。"歌《晨露》，修订《九韶》、《六列》、《六英》，以见其善。"商王

---

① 转引自白寿彝主编：《中国通史》第1卷，上海人民出版社2015年版，第280页。

"汤乃命伊尹作《大濩》,"以及《六列》、《六英》等乐曲。商王朝一度以乐治国,树立尊神崇祖的理念,巩固商王朝至高无上的统治地位。正如商朝推行占卜、巫舞、祭祀作为除灾、疗疾、求雨、降福等统治人民的工具。《吕氏春秋·仲夏纪·古乐篇》曰:"昔陶唐之始,阴多滞伏而湛积,水道壅塞,不行其原。民气郁阏,而滞著,筋骨瑟缩不达。故作为舞以宣导之"。"……故士达作为五弦瑟,以来阴气以定群生。"乃为祛灾降祸,以乐舞庆祝。并且以弦瑟乐器和巫术祐求天神降雨。《吕氏春秋·仲夏纪·古乐篇》曰:"三人操牛尾,投足以歌八阕——一曰《载民》;二曰《玄鸟》;三曰《遂草木》;四曰《奋五谷》;五曰《敬天常》;六曰《建帝功》;七曰《依地德》;八曰《总万物之极》。"总体上《载民》、《玄鸟》、《遂草木》、《奋五谷》、《敬天常》、《达帝功》、《依地德》、《总万物之极》八首歌曲则是关乎农畜生产和春播举行祈祷仪式的乐舞。可见,在殷商时期已进入了奴隶社会,其音乐从混沌状态中分离出来,进行了一系列乐舞改革和修订,也就从黄帝传说时代的乐舞统称为"六代乐舞",即禹乐舞叫《夏》或曰《大夏》、《夏籥》。《吕氏春秋·仲夏纪》曰:"禹立……,于是命皋陶作为《夏籥》九成,以昭其功"。到了商朝时期建立了专门的乐队,培养很多乐工演奏乐舞。《管子·轻重甲》"昔者桀之时,女乐三万人,端噪晨乐,闻于三衢。"奏起惊天动地的乐舞。商纣之世,始创新乐,歌舞表演华丽,狂欢以增民怨,宫廷和贵族尚有叛乱。《史记·殷本纪》所云:"……使师涓作新淫声,北里之舞,靡靡之乐。……百姓怨望而诸侯有畔者"。商纣王以"靡靡之乐"而乱天下,导致走向天下"百姓怨望"的绝境,方国诸侯均有叛逆。可见商王朝统治者尚乐之风盛满朝廷。其醉生梦死则在享乐之中,商代武官村殷代墓葬出土有乐器,同时出现殉葬24具女性骨架,杨荫浏先生认为:"可以推想,这24位妇女生前是乐舞奴隶。"[①]《路史·后纪》十三《注》引《竹书纪年》:"少康即位,方夷来宾,献其乐舞。"《古本竹书纪年》曰:"(夏)后发即位,元年,诸夷宾于王门。再保庸会于上池。诸夷入舞。"商代也与边陲方国民族共同创造了辉煌的中国音乐文化,较早就已形成了共同的音乐文化特色。在夏王朝时期就有"诸夷宾于王门"、"诸夷入舞"的献舞形式,以表达方夷向夏王朝呈贡乐舞增进友谊之举。

卜辞"舞"舞字再现了商代乐舞的现象,印证了传世文献记载商代乐舞理论和乐律思想。《说文·巫部》曰:"女能事无形,以舞降神者也。"也就是说,

---

① 杨荫浏:《中国古代音乐史稿》上册,人民音乐出版社1980年版,第21页。

巫与歌舞演奏形式则成为殷商时期精神文化的神髓,乐舞可以通神的思想理念则成为统治者的神旨。

传说时代的黄帝就十分重视音乐与劳动、巫术与舞蹈的关系,并且掌握了一些音律初步原理。夏商以后音律更被人们重视并掌握。正如《诗经》的内容就总结了各地区多民族的民歌精髓。《易经》则是古代先民以卦解释宇宙、占卜吉凶的带有浓烈巫术色彩的文化精粹。甲骨卜辞出现巫与舞字的形体以及古代崖画中出现大量歌舞图像则是先民们留存于世的艺术神品。从甲骨文出现开始记载与音乐有关的事件以及铜器铭文记载了乐舞与祭天崇神的活动,其音乐文化和宗教崇拜逐渐结合得更加紧密。尤其商纣统治时期就建了"鹿台",设立了"肉林"、"酒池",作"新声",彻夜狂欢,享"淫乐"则倾城倾国。这就说明殷商时期的音乐已经发展到比较成熟的阶段,为周代礼乐制度形成厚重的音乐文化底蕴奠定了基础。

远古时期的音乐形式则有诗歌、音乐、舞蹈三位一体的艺术特色,《礼记·乐记篇》曰:"凡音之起,由人心生也。人心之动,物使之然也。感于物而动,故形于声。声相应,故生变。变成方,谓之音。比音而乐之,及干戚羽旄,谓之乐。"其实,西安半坡遗址出土一孔埙能吹出小三度音程,可见在新石器时代就有宫、角、徵、羽四音列,是五声音阶形成的初级阶段,直到商周时期渐渐形成五声音阶、七声音阶和十二律。《吕氏春秋·仲夏纪·古乐篇》曰:"昔黄帝令伶伦作为律。……断两节间,其长三寸九分,而吹之以为黄钟之宫,(吹)曰:'舍少'。次制十二筒,以之阮隃之下,听凤凰之鸣,以别十二律。……故曰:'黄钟之宫,律吕之本'。"律则是以管的长度计算出来的,十二筒中黄钟名列第一。殷商时期的音乐发展是建立在奴隶社会制度的基础之上,享乐主义贵族用音乐文化满足其精神追求,并着重以音乐兴邦治国,音乐成为统治被剥削阶级的一副精神枷锁。

对于商周社会制度的同异,王国维说:"周人制度之大异于商者,一曰立子立嫡之制,由是而生宗法及丧服之制,并由是而有封建子弟之制、君天子臣诸侯之制;二曰庙数之制,三曰同姓不婚之制。"[①] 也就是说商代社会制度包括礼仪等级、分封子弟、宗法制度和同姓不婚等四个方面的制度。只能说周人继承了一部分殷商之礼,周公成王时代又发展了部分新礼和乐制,形成了一套完整的礼乐制度。《周易·贲卦·象传》曰:"观乎人文,以化成天下。"西汉刘向《说

---

① 参见王国维:《观堂集林》第2册,中华书局1959年版。

苑·指武》曰:"文化不改,然后加诛。"

文化包括礼仪文化和音乐文化。习俗文化的动态说明商周时期建国立邦,备受帝王将相重视。尤其在占卜祭祀时盛行乐舞,除了享乐的音乐就是祭祀乐舞活动。周代则把音乐发展提高到兴可立国、败可亡国的地位。一般而言,宗庙之属仍然盛行古乐,享乐之风则信新乐。《礼记·乐记》曰:"今夫古乐,进旅退旅,和正以广,……此古乐之发也。今夫新乐,进俯退俯,奸声以滥……乐终不可以语,不可以道古。此新乐之发也。"周人仍然用古乐祭祀祖先,把改革创新的新乐指责为"郑卫之音,乱世之音也……亡国之音也",仅供享乐而已。周人在音乐方面承继殷人之礼,也在音乐方面制定了新的乐制。

殷商时期卜辞中有关音乐的记录多与占卜相关。《易经》多载占卜文字中的史事和乐曲,当时有夏代《连山》,殷代《归藏》,周代《周易》,其中《周易》即周代的《易经》,其经文则由六十四种卦辞、三百八十四种爻辞组成的"易卦爻辞",虽以占卜形式随即占卜,但其中爻辞则是殷商时期的文化精粹,记录了殷人丰富多彩的生活情景和思想哲理。在这个时代里还有民间歌谣,充懔着中华民族思想和音乐艺术宝库。《易经·中孚·六三》曰:"得敌,或鼓或罢,或泣或歌。"有唱歌击鼓的情节,以音乐与诗歌抒情,除了《易经》再就是《诗经》,其诗歌短小精练,并有意境深邃的韵味。

《诗·邶风·静女》曰:"静女其姝,俟我于城隅。爱而不见,搔首踟蹰。静女其娈,贻我彤管。彤管有炜,说怿女美。自牧归荑,洵美且异。匪女之为美,美人之贻。"其中"静女其娈,贻我彤管"即漂亮的姑娘赠送了他一支彤管,这支"彤管"一说为赤管笔,用于记事,另一种解释为彩色的竹笛,应与乐器有关,因为是诗歌与乐器相关更妥。《诗·周南·关雎》曰:"关关雎鸠,在河之洲;窈窕淑女,君子好逑。……参差荇菜,左右采之;窈窕淑女,琴瑟友之。……窈窕淑女,钟鼓乐之。"这首诗歌有殷商时代的韵味,虽为周南民歌,用词作曲有欢快的一面,也有悲观怨世的影子,史有"《关雎》之乱"的评语,则有"洋洋乎,盈耳哉"。琴瑟钟鼓是丝弦和打击乐器。可见,商周之际的音乐、舞蹈、诗歌则与乐器有着千丝万缕的联系。

商代时期的音乐与巫舞文化成为商王朝顶礼膜拜的重要内容。其中巫文化与掌管占卜、祭祀大权者有关。正如占卜时或唱歌或跳舞,尽显巫祭、占卜的神秘色彩。其古风粗野离奇,甚至带有荒诞不经的匪解之辞。嗣后盘庚迁殷其音乐进入了鼎盛时期,乐器类型也相对增多,安阳殷墟王室墓葬出土了各类乐器。

商代晚期其乐器不仅品种增多，如打击乐器铙、铎、磬和鼓之类，其中编铙由三件为一组，并出现有石磬和陶制乐器。商代乐器在祭祀时，卜辞则有"贞：上甲龢暨唐"（《合集》1240）、"贞：叀（惟）辛庸用"（《合集》15994）、"惟祖丁庸奏"（《合集》27310）、"辛亥卜，出贞：其鼓彡告于唐九牛。一月（《合集》22749）其中有'龢'即笙之类乐器，"庸即铙则指青铜乐器，这就是由"龢"，"庸"，"鼓，龠"组成吹奏打击的乐器。正因商王朝统治者如此沉迷于声色，崇尚骄奢淫逸的腐朽生活，如夏桀和商纣皆如此。《墨子·非乐》曰"其恒舞于宫，是谓巫风。其刑，君子出丝二卫，小人否，似（以）二伯（帛）黄径（经）"则与商周考古资料互证。

第四节　商代音乐文物考古重大发现

一、殷墟考古发掘史略

（一）新中国成立前考古发掘

1928 年至 1937 年这 15 年间共发掘 15 次，由中央研究院历史语言研究所考古组主持发掘。其一，1928 年由董作宾主持发掘，其中发掘了 40 多个探方（坑），发现 700 余片甲骨文和文物。其二，1929 年由李济主持发掘，采用了考古学中的探方发掘方法，先后在安阳小屯村南、村中和村北诸地进行了科学的考古发掘，从文化遗址中对文化层、文化遗址和出土文物进行了清理，以及甲骨文、灰坑和墓葬进行整理。其三，1931—1934 年即第三阶段第四次发掘至第九次发掘。梁思永参加了发掘工作，正如梁启超的儿子梁思永在美国哈佛专攻考古学，嗣后在殷墟考古发掘水平逐渐提高，对小屯、王裕口、四盘磨、后岗、高井台子、武官南霸台等地进行了发掘，应该是规模较大的考古发掘阶段。发现了商代建筑基础、灰坑、墓葬、冶铜作坊和甲骨文，在四盘磨和王裕口发掘到殷代文化遗址。在后岗、高井台子和武官南霸台遗址中发掘到仰韶文化、龙山文化、殷文化层。在侯家庄南地发掘到殷代夯土基础、墓葬和窖穴以及大量甲骨卜辞。其四，1934—1935 年，即第四阶段第十次至第十二次发掘。对秋口同乐寨、范家庄北地、大司空村东南地考古发掘中除了发现仰韶、龙山、殷文化外，还发现了龙山文化白灰石房基、殷代墓葬等。在西北岗发现殷代王陵墓。此次考古发掘还发现了一千多座祭祀坑和人牲人殉遗迹。其五，1937 年 7 月—1939 年，农民在小屯村挖出许多甲骨文，在西北岗发现"司母戊"大方鼎。其间，1936 年 13 次发掘的 YH127 号坑出土 17086 片甲骨卜辞和"司母戊"大方鼎最为罕见。这期间正是日本军国主义入侵中国,抗日战争全面爆发时期,正规考古发掘停止,而侵略者肆意盗掘殷墟文物,国民党军阀混乱,导致殷墟文物被盗被损严重。①

（二）新中国成立后考古发掘

新中国成立后,殷墟考古发掘大致可分为四个阶段。②

1950 年第一阶段:由郭宝钧主持发掘武官村北西北岗、四盘磨村西、村南五道沟和花园庄等,在西北岗东北角发现武官大墓和 76 个祭祀坑。

1953 年至 1957 年第二阶段,考古界则以配合农田基本建设清理、发掘了不少文物。间断性的文物调查或者为保护性考古发掘工作。其一,1953 年至 1954 年在大司空村发掘殷代房基、灰坑和墓葬 160 余座等。其二,1955 年在小屯村东南发掘殷代墓葬、灰坑和房基等。其三,1957 年至 1958 年在薛家庄北地、南地和大司空村东南等地、冶铸作坊遗迹、灰坑、窑址和青铜器与墓葬。

1958 年至 1966 年第三阶段,考古所建立了安阳工作站,并配合农田基本建设,对殷墟进行全面系统性研究工作。其一,1958 年至 1960 年间对小屯村、苗圃北地、北辛庄南地、范家庄北地、大司空村南地、孝民屯南地、后岗、西北岗等处进行考古发掘工作。对殷代王宫外的防卫沟垣(护城河)进行探测,发现了房基、窑穴、墓葬。在苗圃北地发现一万余平方米的冶铸作坊遗址。其他几个地点相继发现制骨器料坑、仰韶文化、龙山文化和房址、墓葬以及发现祭祀牲殉人骨、青铜器和武器,尤其在梅园庄南和孝民屯东北发现先商文化层和灰坑,时代相当于"二里头文化"晚期。

1969 年至 2005 年第四阶段,其中于 1966 年至 1968 年为"文化大革命"期间。其文物考古工作趋于停业状态。直至 1969 年开始恢复工作。其一,1961 年至 1971 年在殷墟西区、后岗、大司空村东南等处发掘了殷代墓、殉葬坑和祭祀坑等。殷墟西区发掘殷代墓葬 250 余座。后岗 30 余座,大司空村东南不仅发掘墓葬,而且发掘一座圆形祭祀坑有 26 具人骨和 31 人头骨。其二,1972—1979 年 8 年间在殷墟小屯、村西、村南、村北、村西北、苗圃北地、北辛庄南地、后岗、西北岗、大司空村东南诸处进行了考古发掘工作。其中村西遗址发现有墓葬、灰坑、甲骨文和先商文化层。村南小屯村南发掘出仰韶文化、龙山文化和

① 参见杨锡璋:《殷墟发掘简史》,载《安阳古都研究》,河南人民出版社 1998 年版,第 1—30 页。
② 参见史昌友:《灿烂的殷商文化》,中国社会科学出版社 2006 年版,第 30 页。

先商文化的遗址,以及灰坑、墓葬、房基和祭祀坑,并发现 4000 多片甲骨卜辞。其历史价值极高,解决了文武丁卜辞的时代问题。在小屯村北附近,1973 年,农民在田地发现乐器龙纹石磬。1975 年,在该村北发现殷代 2 座房基、灰坑和祭祀坑。更为重要的是在该房屋墙壁上发现了壁画残痕,其内还同时出土玉器和玉料等。作为音乐文物考古与研究工作要寻觅殷商时期的乐器和艺术情况,那就要深入到殷商文化遗址进行考古发掘获得可信的实物资料。与此同时,在北辛庄南地遗址中发现大量制骨。安阳考古发掘的伟大成就,为研究殷商文化和可信的历史提供了重要依据,充分彰显了中华民族的智慧和才能。尤其甲骨文的大量发现从而证实了中国文字起源,则可追溯到 3000 年前殷商时期。

殷商文化昌盛繁荣,殷墟历经一个半世纪的考古与发掘,从出土文物和甲骨文的研究成果,集中体现于"夏商周断代工程"对商王朝 3000 多年历史的昭示。"殷商"一词在《史记·殷本纪》、《竹书纪年》中屡见。《帝王世纪》曰:"帝盘庚徙都殷,始改商曰殷。"殷商其名则在《诗经·大雅·大明》曰:"挚仲氏任,自彼殷商""殷商之旅,其会如林"。可见殷商合称或称"商"或称"殷"的。《诗经·大雅·荡》曰:"文王曰咨,咨女殷商。"

《史记·殷本纪》从契封商至汤建立商朝 14 代即契→昭明→相土→昌若→曹圉→冥→王亥(振)→上甲微→报乙→报丙→报丁→主壬→主癸(成汤)→太丁、外丙、仲壬。

《尚书·序》曰:"自契至于成汤八迁。"商都八次迁徙。仲丁迁傲,河亶甲迁于相,祖乙迁于邢,南庚迁于奄,到盘庚迁殷,至纣之灭,273 年更不徙都。[①]不妨继续对商王朝的政权演变更替,结合殷墟考古发掘的成果,进行综合性讨论和探究,则对商代音乐文物考古和音乐文物研究起到促进作用。

商朝习俗奇古,"商汤七名"即汤、成汤、武汤、商汤、天乙、天乙汤。甲骨卜辞则见"唐、成、大乙、天乙"。至汤时夏都洛阳。故有成汤革命,商朝建国的锐气。从成汤建立商朝经历十八代王,大约有三百年的历史。至盘庚迁殷,殷地古称"北蒙",据文献记载在盘庚以前一是河亶甲,二是祖乙两位商王在此建都。故此,殷商文化在殷墟古文化遗址和墓葬、祭祀坑、窖藏中出土了大量的甲骨文和青铜器。殷墟商城遗址则是考古学、历史学、语言文字学、人类学、音乐文物考古学等研究的对象,如果说要研究殷商时代的音乐文化和思想意识形态的话,那么,

---

① 参见胡厚宣、胡振宇:《殷商史》,上海人民出版社 2003 年版。

殷墟商城遗址和商族墓葬以及殷墟诸地出土的大量甲骨卜辞则可得到印证。

遗物、骨料、半成品和成品:其一、1976—1978 年间,如骨簪、骨竿等,以及青铜锯、锥、刻刀和石骨制工具。其二,在西北岗发掘近 900 座祭祀坑和 100 多座商代墓。其三,1980—2004 年先后在三家庄东地、刘家庄南北地、戚家庄东南地、高楼庄南、郭家庄南地、苗圃北地、殷墟西区、小屯、花园庄南地、大司空村、侯家庄南地、西北岗、花园庄、三家庄、董王庄等地,发掘殷代墓葬四千余座,宫殿的护城河(防卫沟)、祭祀坑、青铜器和青铜礼器窖藏、墙基。1998 年以来,在董王度村西发现夯土遗迹,其面积约 150 万平方米,距地表深 2.5 米以下,呈方形,其城墙夯实,宽约 10 米,这座呈方形的城址围墙全长约 2200 米,城址总面积约 484 万平方米。专家们认为是一座商代都城遗址。对该城址有两种说法:一是河亶甲居相时的都城;二是盘庚迁殷所建城址。①

殷墟不仅发现了甲骨文,而且发现了殷商时代的都城和墓葬、青铜器窖藏和大型祭祀坑以及商代王室王陵大型墓。《史记·项羽本纪》曰:“洹水南殷墟上。”与河南安阳洹(河)北商城(殷墟)相印证。1977 年在小屯村西北地发现殷贵族妇好墓。甲骨卜辞则有“辛巳卜,登妇好三千,登旅万,呼伐羌□[方]。”武丁时期屡遇西北外族侵扰,以妇好带兵出去征战。在妇好墓中出土的青铜器和玉器多铸刻有“妇好”铭文。甲骨卜辞和铭文均有“妇好”诸字相印证,为研究商代“中兴之主”武丁的王后“妇好”提供了实物资料。妇好墓出土青铜器 468 件,其中出有 2 件大方鼎,可与司母戊相媲美。出土酒器 15 种 156 件,玉器 700 余件,贝壳 6880 枚,兵器青铜钺 4 件。出土文物数量之多,种类之全,其中两件青铜钺重大无比,彰显出商王武丁王后持钺将领的神功与威仪。“武丁中兴”或曰:“殷商复兴”,可谓这个时期是殷商时代的百业兴旺。《史记·殷本纪》曰:“帝武丁即位,思复兴殷,而未得其佐。三年不言,政事决定于冢宰,以观国风。……武丁修政行德,天下咸欢,殷道复兴。”武丁时代征伐外族,取得了史无前列的成就,奠定了殷商时代 200 年的安定与发展。故此,殷墟古城和文化遗址的考古发掘为配合“夏商周断代工程”奠定了基础。

二、商代的乐器类型分析

商代打击乐器仍然盛行,吹奏乐器如管声吹奏乐器,在新石器时代乐器基

---

① 参见史昌友:《灿烂的殷商文化》,中国社会科学出版社 2006 年版,第 37 页。

础上向前迈开了一大步。传世文献多有记载。《诗经·商颂·那》曰："猗与那与，置我鞉鼓。奏鼓简简，衎我烈祖。汤孙奏假，绥我思成。鞉鼓渊渊，嘒嘒管声。既和且平，依我磬声。於赫汤孙，穆穆厥声。庸鼓有斁，《万舞》有奕。我有嘉客，亦不夷怿。自古在昔，先民有作。温恭朝夕，执事有恪。顾予烝尝，汤孙之将。"其中描述祭祀中的程序和使用的乐器。吹奏乐器有管乐器，打击乐器有庸鞉、鼓和石磬。甲骨卜辞中祭祀时使用的乐器有圣（笙）、庸（即铙）、鼓、龠（属于编管吹奏乐器）等。

（一）商代的打击乐器

1.鼓

鼓是古老而又原始的打击乐器，先有土鼓后有木鼓，商代开始出现铜鼓。鼓字甲骨卜辞为 ![字] 形，其上应应鼓架上装饰，中间为鼓身，下部为鼓足，也有人持鼓锤击鼓状，此与早期鼓图像类似。《吕氏春秋·仲夏纪·古乐篇》曰："倕作为鼙鼓钟磬。"倕于舜时则以主管百工为名。《礼记·明堂位》曰："土鼓，蒉桴，苇籥，伊耆氏之乐也。"鼓乃为打击乐器，在新石器时代已经出现这种乐器，先是陶鼓后于商代有铜器和木鼓出现。但鼓的数量比较少，在《中国音

图十五　湖北崇阳汪家嘴大市河岸出土马鞍铜鼓

图十六　福建闽侯黄土仑陶鼓（商代晚期）

乐文物大系》载各省市分卷资料查考，夏商之际鼓乐数量不太多。类似青铜类鼓较易保存，木鼓易于腐烂，陶鼓易于破损。铜器乐器还存在重新熔铸的因素。后世将先民的青铜器作为原料再熔再铸，这种现象一定会循环出现。

其一，偃师二里头漆木鼓，其时代为二里头文化二期。鼓体已朽。呈长筒形，呈束腰，器身髹饰朱漆，长约 54 厘米。[1]

其二，湖北崇阳汪家嘴大市河岸出土马鞍钮铜鼓，[2] 其时代大致在殷墟文化晚期。自上而下三部分组成。

其三，福建省闽侯县鸿尾乡石佛头村南部闽侯黄土仑出土的陶鼓，泥质硬陶，形如腰鼓，其时代为商代晚期。[3]

其四，河南安阳侯家庄 M1217 道东段出土鼓、架（和石磬）。其为鼍鼓，鼓

---

① 参见黄翔鹏总主编：《中国音乐文物大系》（河南卷），大象出版社 1996 年版，第 423 页。

② 参见湖北省博物馆：《湖北崇阳出土一件铜鼓》，《文物》1978 年第 4 期。

③ 参见王子初总主编：《中国音乐文物大系》（福建卷），大象出版社 2011 年版，第 10 页。

为木质,鼓腹呈桶形,上下鼓面为鳄鱼皮蒙制而成(因为墓内有鳄鱼骨)。①

其五,山西省灵石县旌介商代 M1 出土的鼍鼓,木质鼓腔,以鳄鱼皮蒙成鼓而。②

2. 磬

磬为打击乐器,在新石器时代就已经发明使用,到了商代则成为编组乐器,如编钟和编磬往往会在同墓伴出。

其一,山西省夏县冯村井台出土有特磬,为青石石质,制作粗糙,上有悬孔,留存打制石器的棱痕。其时代为夏代。③

其二,山西省潞城市出土(系征集)潞城鱼形磬。鱼形磬通体无纹饰,形制独特,近似鱼形,磬面磨制较为平整,一侧股间有旋涡状的鱼眼图像,呈灰黑色。其时代为商代。④

其三,山西阳城县灵泉寺出土(采集)特磬(登记号为132,1949年采集存入阳城博物馆)。磬有打制的棱角,也有磨制的特点。其行制呈背面较平直且鼓

图十七　山西潞城鱼形特磬（商代，背面）

图十八　山西平陆前庄特磬（商代，背面）

---

① 参见黄翔鹏总主编:《中国音乐文物大系》(河南卷),大象出版社 1996 年版,第 43 页。
② 参见山西省考古研究所、灵石县文化局:《山西灵石旌介村商墓》,《文物》1986 年第 11 期。
③ 参见王子初总主编:《中国音乐文物大系》(山西卷),大象出版社 2000 年版,第 12 页。
④ 参见王子初总主编:《中国音乐文物大系》(山西卷),大象出版社 2000 年版,第 9 页。

间下垂,通体素面无纹饰。其时代为商代。

其四,山西省灵石旌介村商代墓葬中出土特磬。商墓以长方形土坑竖穴墓为特点,并有棺椁葬具。随葬品有青铜器鼎、爵、尊、卣、戈等17件,其中乐器石磬1件。磬呈长方形扁平状,且一端平直另一端呈弧形。为单面钻孔,素面无纹,白石料,双面磨制,其音质清脆悦耳。其时代为商代晚期。

其五,山西省平陆县坡底乡前庄村出土特磬。为大理石磨制石磬,表面光滑,其形体不甚规整,两面悬孔对钻。其时代也为商代。① 1974年山西夏县东下冯遗址出土商前期石磬(改藏中国历史博物馆)。大石磬出于二里头文化东下冯类型文化层。为夏末商初时期,音乐性能测音结果 #C¹,清脆悦耳。② 山西出土了大批殷商时期石磬,从夏代至商代打击乐器发展水平较高,这些石磬一是在新石器时代和龙山文化遗址附近出土的,也有在商代文化遗址和墓葬中出土的。二是石磬制作特点从打制走向磨制,并不断提高保留了单面钻孔和双面钻孔的特点,这也反映出制作工具和制作水平的不断提高。三是反映这一地区出土石磬数量之多,其音乐性能良好,应该说商文化和商王朝势力的统治范围已达到这一地区。具商王朝对这一地区高度重视,故与《诗经·商颂·那》曰:"依我磬声,……庸鼓有斁"相印证,夏商时期打击乐器在山西地区盛行。故此,我们在音乐考古工作中对音乐文物的研究,必须认真对乐器的出土情况作深入

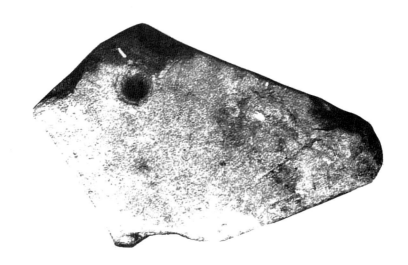

图十九　四川巫山双堰塘石磬(商周)

---

① 参见王子初总主编:《中国音乐文物大系》(山西卷),大象出版社2000年版,第20—21页。

② 参见黄翔鹏总主编:《中国音乐文物大系》(北京卷),大象出版社1996年版,第18页。

的探究。

其六,四川省巫山县大昌镇双堰塘商周遗址出土石磬(出自该遗址第三层堆积中)。磬呈菱形,中间上端有对钻小孔,石质为暗黄褐色岩石板加工而成。素面无纹饰,质地细密沉重,且有砂质分化感。磨制且存打制痕迹,音乐性能良好敲击可发出清脆悦耳的声音,接近金属或钟声,其时代为商周时期。[1] 在四川省这一地区所见商代石磬数量较少,此为孤品,两周时期磬乐也未发现。

其七,陕西省蓝田县怀真坊村出土商代特磬。磬由石灰石打制而成,有厚薄不均的打制特点,其股间对钻一孔。与此伴出的还有青铜鼎、戈、锯、刀等,在这里发掘出商代冶炼遗址。其音乐性能为鼓部发音。其时代为商代后期。[2]

其八,河北省藁城县台西村商代遗址"西台"南侧出土石磬。出土于该遗址M112中,与石磬伴出的有鼎、罘、瓺、铁刃钺等器物,并且有玉、石器一起出土。石磬虽残断,但可拼合起来。为石灰石磨制而成。磬有双孔为特色。[3]

图二十　河北藁城台西石磬(商代)

其九,湖北省五峰县博物馆征集2件石磬,据悉约一百多年前在湖北省五峰县渔洋镇水田街花桥头出土。系巨型麻青石质打制而成,尚无磨制痕迹。素面无纹饰,2件均有悬孔。其发音清亮,音高明确。经音乐考古工作者测音,得出这2件磬各音独立性较强。[4]

① 参见黄翔鹏总主编:《中国音乐文物大系》(四川卷),大象出版社1996年版,第73页。
② 参见黄翔鹏总主编:《中国音乐文物大系》(陕西卷),大象出版社1996年版,第15页。
③ 参见王子初总主编:《中国音乐文物大系》(河北卷),大象出版社2008年版,第72页;河北省文物研究所、河北省博物馆、文物管理处:《河北藁城台西村的商代遗址》,《考古》1973年第5期。
④ 参见黄翔鹏总主编:《中国音乐文物大系》(湖北卷),大象出版社1996年版,第74页。

其十,河南省偃师二里头遗址第六区 M3 内的一个坑出土石磬。为青石打制而成,其打击点明显,也见有磨制痕迹。这些石磬则与商代早期宫殿遗址相近。其坑底铺有朱砂,应与宫殿或墓葬随葬或祭祀有关。与石磬伴出的有青铜爵、戈、戚、图形铜器,玉石器有玉戈、铲、钺、绿松石和陶盉等。经过碳-14 年代测定为距今 3870 年左右,当为二里头文化三期。

其十一,河南省郑州市西北郊小双桥商文化遗址出土石磬。系青灰色石灰岩雕琢而成。磬面有打磨和琢制的痕迹,为对钻法穿孔,其鼓部刻划的动物图像,磬体与形制古朴原始。其音质纯厚深沉,可发出 2 个乐音。根据与磬伴出的石祖、铜构筑件及其陶器特征分析,其年代应为商代前期晚段。河南安阳小屯村北洹河(南岸)文化遗址出土龙纹石磬,为灰色岩石制成,器呈不等边三角形,饰龙形纹,其虎头形似张口尾近鱼形,刻画纹饰精美,线条流畅。磬上部有对钻的倨孔。音调清越,音质优扬,与磬伴出的陶器有簋、盆、罐、瓮、豆等。其文化遗存中有灰坑出现,其断代为安阳殷墟晚期。河南省安阳大司空村 M539 出土鱼形磬,系灰色石质,器呈扁平鱼形,其磬颈部有一半面钻倨孔。磬面刻划十分精细的鱼眼、嘴、鳃、鳍、鳞和鱼尾。以简、精、拙、朴为特色。其音乐性能可发出两个乐音。根据同时发现的墓葬风格和器物特点断代为商代殷墟二期。河南省安阳大司空村 M991 出土石磬,系白褐色石质,器呈扁平六边形,平顶一端有两面对钻的倨孔。其上绘红、黑、白三种颜色的几何图像。音乐性能测试也有两个较强频率。墓中与磬伴出的青铜器有鼎、尊、戈等计 11 件。同时出土有 6 件陶器和玉饰件、玉器等。其时代为殷墟二期。河南省安阳殷墟西区 M1769 出土鱼形磬,系青灰色石质,呈扁平鱼形,至鱼头有一面钻倨孔。器表两面刻有鱼头、鳃、眼、鳍、尾图像。其音乐性能较好。墓葬中与磬伴出的陶器 2 件、铜器 1 件,并出土有蚌饰品。磬出土时陈放在南面二层台上,应与商代随葬品习俗有关,根据墓葬风格和器物特点判断其年代为商代晚期。河南省安阳殷墟西区 M93 出土石磬,共 5 件,大小不一,形制有别。M93 为甲字形大墓(曾被盗)有人牲殉葬。随葬品青铜器有尊、戈、矛、陶器、石器、骨器、漆器和蚌器等。磬分别放在南二层台上(4 件)和北二层台上(1 件)。其测音以其中 4 件磬均可发出两个乐音。根据该墓葬风格和器物特点断代为商代殷墟四期。河南省安阳殷墟西区 M701 出土石磬,系灰石质,器呈长方形,其两边略弧,上有对钻倨孔。通长 77 厘米,宽 33—34 厘米,厚 2 厘米,重 13.17 千克。磬测音系每件均可发出 2 个乐音。墓葬形制为大型甲字形,殉葬 12 人,随葬品(被盗过)残存 20 余件陶器和青铜器，即戈、镞、铃和玉器、石器、骨器等。磬出土前也陈放在南二层台上，其年代为商代殷墟四期。河南省博物馆收藏一件商代晚期虎纹石磬，系内青外白石质、质地松软，其上有倨孔。磬面刻有精细阴线图像。虽为传世品，但从其造型风格则与安阳小屯妇好墓中鹦鹉刻纹磬等相类似，其时代应在商代晚期。[①]

综观上述地区出土的石磬则以河南、山西、河北、陕西等地为盛，由此可以看出在夏商时期，以河南中原地区及其黄河流域为主的地域，打击乐器如悬乐编钟编磬音乐文化为主旨，形成了殷商时期礼乐文化的盛行。

河南殷墟是商代政治、文化、军事、经济中心，在这个地区出土的夏商石磬以二里头文化遗址中所出土的一件最早。在安阳殷墟武官村大墓中发现特磬，以及安阳、洹水发现三角形磬，在殷商时期都是少见的。另一个特点，这一地区所发现的商代石磬多为一磬双音，在一块磬的两个不同位置可以敲击出两个乐音，这是很独特的音乐文化特质。

3. 青铜乐钟

商代的青铜乐钟主要包括铙、镈、铃诸类，在出土的青铜乐器和甲骨卜辞中的记载相印证。一般而言，认为铙的敲击或演奏方法，则可以手持钟口朝上敲击，或悬挂敲之，或以木座放置其上，钟口朝天敲击。归其类均为钟。《周礼·地官·鼓人》曰："以金铙止鼓。"郑玄注曰："铙，如铃，无舌，有柄，执而鸣之。""执而鸣之"的铙，即执鸣或植鸣，可理解为手执（较小的铙）木座放置（重大的铙），再来演奏的打击乐器。这应该是殷商时代最早的青铜乐器，再早一点的钟就算是夏代的陶钟了。时代最早的陶钟，则在陕西长安县客省庄龙山文化遗址中出土，河南三门峡庙底沟出土，均为新石器时代的文化遗物。在陶器出现之前后，还有竹木制成的钟，因木钟易腐，大概再以陶铜为之。郭沫若在《青铜时代》、唐兰在《古乐器小记》均有研究。[②] 出土的商代铜铙有一件的或者多件一套（也有3—5件套的）。此后见于镈之大者称作镛，或称之大铙，《尔雅·释乐》曰："大钟谓之镛。"

悬乐类型，其在安阳殷墟墓、江西新干、湖南、山东、湖北等地均有出土，则可证实殷商时期的青铜乐器发展的轨迹。

其一，江西省新干县大洋洲乡商代墓出土3件青铜铙。①编号为13921的

---

① 参见黄翔鹏总主编：《中国音乐文物大系》（河南卷），大象出版社1996年版，第53—59页。
② 参见孙继南、周柱铨：《中国音乐通史简编》，山东教育出版社2012年版，第8页。

图二十一　江西新干大洋洲大铙（商代）

大铙,保存完好,为合范制作,胎质厚实,通体花纹精致,制作精良。铙的突出特点无悬钮,其甬中空通透至钟腹,钟腹腔横断面为六边形以显特点。钟体饰以阳线卷云纹和兽面纹,间饰连珠纹和阴线斜角纹。音乐性能较好。②编号为13922的大铙,合范而制,其甬已残,但胎质厚实,制作工艺精良,钟体饰阴刻几何形勾连雷纹和卷云纹,精细无比,与编号13921的大铙风格一致。音乐性能较好。③编号为13923的大铙,甬端略残。合范而制,胎质厚实,其制作工艺精良。钟体饰阴刻几何勾连雷纹和卷云纹。音乐性能较好。这3件大铜铙形制风格一致,制作水平精美绝伦,堪称时代早、制作精美、保存较为完好的商代铙钟之最。①以上3件青铜大铙出自于商代大墓,该墓出土文物达1374件,其中青铜器754件,陶器和原始瓷计139件。这座墓葬出土的乐器和文物则具有浓烈的吴越文化风格,或者说在长江流域

---

① 参见王子初总主编:《中国音乐文物大系》（江西卷）,大象出版社2009年版,第12—17页。
参见江西省文物考古研究所:《新干商代大墓》,文物出版社1997年版。

的湖北、湖南及其支流赣江流域江西等地，均有多支土著文化与商文化并驾齐驱的青铜文化，这都为商周时期礼乐制度的形成与发展奠定了基础。故此，江西地区还在宜丰县牛形山、吉安市秦和县、德安县陈家墩诸地均出土了商代青铜大铙，[①] 青铜乐器体现出该地区商代音乐文化特色。

其二，湖南地下出土的和收集的传世商代铜铙、镈数量之多，无不体现出殷商时期在这一地区以打击乐器——青铜乐器为特色。《周礼·镈师》郑注曰："镈，如钟而大。"《说文》曰："镈，大钟镎于之属，所以应钟磬也。堵以二，金乐则鼓镈应之。"在湖南省望城高塘岭高冲、浏阳县柏嘉、宁乡县陈家湾、宁乡县月山铺、宁乡县黄材三亩、宁乡县北峰滩、宁乡县师古寨、岳阳县费家河、株洲县兴隆等地出土和收集的各个时代的青铜铙，其特点则为合瓦形，以器形大且形制花纹精美为特色。在其青铜铙的侧鼓和正鼓敲击，则可发出两个不同的乐音，即大三度或小三度。

①湖南省望城高塘岭高冲出土的单件青铜铙，其造型与花纹风格接近商末周初的特点，其管状甬上有旋，舞平铣直腔阔，器口近弧形。饰有粗线条兽面纹和云纹，其体形较小。音乐性能较好。

②湖南省浏阳县柏嘉村出土的单件青铜铙，造型以舞平铣直腔阔为特点。器口驱平略弧，饰有粗线纹，间有兽面纹，以青蛙对称铙面两边，云雷纹在蛙身、器体四周和甬上满布，显得精细与古奇，音乐性能较好。其时代则在商代晚期。

③湖南省宁乡县唐市陈家湾出土的单件青铜铙，其造型庄重雄伟，饰粗线纹、兽面纹

图二十二　湖南望城高冲铙（商代晚期）

①　参见王子初总主编：《中国音乐文物大系》（江西卷），大象出版社2009年版，第21页；江西省文物考古研究所：《新干商代大墓》，文物出版社1997年版。

和云雷纹,正鼓间凸起兽面纹,其鼻梁作牛首状,甬旋满布花纹。通高 72.8 厘米,重量 85.8 千克,其钲部呈合瓦形,舞平铣直铙体扁阔,圆筒甬中空直通腔体,甬上有旋,于口略弧,铙通体完好无损,形制独特,铸造精良,花纹图像十分精美。其音乐性能较好。据专家考证,"这种大铙应是南方地区一种特有的铜乐器,其主要产地在湘水中下游地区"。其特点接近中原商代青铜乐器的特点,其时代则在商代晚期或殷墟文化中期。

图二十三　湖南浏阳柏嘉铙（商代晚期）

④湖南省宁乡县月山铺商代文化遗址出土的青铜铙,造型端庄俊丽,饰粗线纹、兽面纹和云雷纹。甬为管状,与腔体相通,其上有旋,钲体也为合瓦形,则见舞平铣直腔阔为特点,其口略有弧曲。铙体硕大。其音乐性能较好。该铙为我国先秦时期青铜乐器之首。铙则在商文化遗址灰坑中独立出现,其周围文化遗存中有方格纹夹砂红陶片和重圈纹黑陶残片,均为商代文化遗存。距该商代文化遗址约 250 余米处曾出土了四单方尊。这种青铜文化精品极具商代晚期的文化特点。

该铙年代则在商代晚期。①

⑤湖南省宁乡县三亩地出土的单件青铜铙,其造型别致,通体满布粗线而简化的兽面纹。间饰云纹和凸起的菱形眼睛。管状短甬,有旋,舞平铣直腔阔,铙的于口略呈弧形。与青铜铙同出的文物还有玉环、玦、龙、鱼、管等 320 余件。

① 参见王子初总主编:《中国音乐文物大系》（湖南卷）,大象出版社 2006 年版,第 11 页;参见高至喜:《中国南方出土商周铜铙概论》,《湖南考古辑刊》第 2 集,岳麓书社 1984 年版;益阳地区博物馆、宁乡县文物管理所王自明:《宁乡月铺发现商代的铜铙》,《文物》1980 年第 2 期。

其玉器风格则与殷墟妇好墓所出土的玉器相近,故将此铙年代定在商代晚期。①

⑥湖南省宁乡县老粮仓北峰滩出土单件四虎大铙。造型别致,器面饰粗线兽面纹和云纹,甬为管状,其上有旋。舞平铙直腔阔,铙于口处微弧。其内腔近于两侧各有1只卧虎。另在此铙相距5米处再出一件青铜铙。其造型、花纹和大小相近,2件青铜铙时代均在商代晚期。②

⑦湖南省宁乡师古寨出土5件青铜铙。其中虎纹铙2件,象纹大铙2件,兽面纹大铙1件。虎纹大铙造型别

图二十四　湖南宁乡陈家湾大铙（商代晚期）

致,其为管状短甬有旋。舞平铙直腔阔,于口略弧。铙面通饰兽面纹,侧鼓虎纹张口卷尾。象纹大铙造型别致,通体饰粗线条兽面纹。其鼓部兽面鼻梁呈牛首图像,两侧饰象纹和倒垂夔龙纹。其钲部周边饰鱼、虎图像。风格具有商代文化特点。这5件青铜铙中编号为39202。象纹铙音乐性能较好。同出时一坑分两层叠放,铙口朝上。坑内出有商代方格纹、弦纹、附加堆纹的红胎夹砂陶片,颇具殷商时代的文化风格,此铙时代应定在商代晚期。③

⑧湖南省宁乡师古寨出土2件青铜铙。其造型古拙,通体花纹粗犷,饰兽面纹和云雷纹。2件形制近同,为柱形甬中空有旋。舞平铙直腔阔,于口近平略弧,其风格应为一致,其时代为商代晚期。

---

① 参见王子初总主编:《中国音乐文物大系》(湖南卷),大象出版社2006年版,第12页;参见湖南省博物馆:《湖南省博物馆》图29,文物出版社1984年版。

② 参见王子初总主编:《中国音乐文物大系》(湖南卷),大象出版社2006年版,第16页;湖南省博物馆:《湖南省博物馆》图29,文物出版社1984年版。

③ 参见王子初总主编:《中国音乐文物大系》(湖南卷),大象出版社2006年版,第16页;湖南省博物馆:《湖南省博物馆》图29,文物出版社1984年版。

图二十五　湖南宁乡三亩地大铙（商代晚期）

图二十六　湖南宁乡师古寨大铙（商代晚期）

⑨湖南省宁乡县师古寨出土 10 件青铜铙，其中 1 件铙与 9 件风格一致有别。故以 9 件为一组，唯 1 件为一组。先看 1 件 1 组的青铜铙（编号 1633）的造型别致，通体纹饰粗旷，间饰阴刻细线云雷纹，并有浮雕粗线龙纹、牛首纹和兽面图像。其钲部沿边饰有乳钉纹，其甬中空通腔，甬上饰兽面纹和乳钉纹。舞平铣直腔阔，于口略弧，铙面无枚。音乐性能较好。另外同时伴出 9 件青铜铙，造型别致，大小不一，花纹基本相同。其甬管形中空，甬上有旋，钲部有乳钉 3 排，铙体甬部、篆间、鼓部多饰云雷纹。这一组青铜铙出自一个椭圆形坑，此外再无任何遗迹遗物出现。根据青铜铙的造型、纹饰特点看，其时代应为商代晚期。①

⑩湖南省岳阳县费家河出土单件青铜铙。造型别致，通体饰粗线兽面纹和云纹。腔体呈合瓦形，舞平铣直，器身扁而阔，铣间宽度

---

① 参见王子初总主编：《中国音乐文物大系》（湖南卷），大象出版社 2006 年版，第 24 页；长沙市博物馆、宁乡县文管所：《湖南宁乡老粮仓出土商代铜编铙》，《文物》1997 年第 12 期。

图二十七　湖南宁乡师古寨编铙（商代晚期）

大于铙长，筒形甬中空粗短，直通腔体。甬上有旋，于口略弧。音乐性能较好。其时代为商代晚期。[①]

⑪湖南省博物馆收藏的青铜铙，如在株洲、益阳等地征集了一批青铜铙，其风格与前述商代晚期铜铙相近。[②]

从商代南方地区出土青铜铙的数量和分布的地区以及其文化风格看，这种青铜打击乐器制作水平，与中原殷商铜铙风格相比毫不逊色。并且有南越文化的自身特点，以造形、花纹、规格大小和音乐性能独具特色。仅以湖南地域所出土的青铜铙，最少者则以单件独出，多者则有十余件伴出，形成编铙，也有3—5件的编铙出现，这则是一个非常突出的特色。另外，有些青铜铙出土于窖藏坑，其周

图二十八　湖南岳阳费家河铙（商代晚期）

---

① 参见王子初总主编：《中国音乐文物大系》（湖南卷），大象出版社2006年版，第27页；湖南省博物馆能传新：《湖南省新发现的青铜器》，《文物资料丛刊》第5集，文物出版社1981年版。

② 参见王子初总主编：《中国音乐文物大系》（湖南卷），大象出版社2006年版，第28—34页；湖南省博物馆熊传新：《湖南省新发现的青铜器》，《文物资料丛刊》第5集，文物出版社1981年版。

围无任何文化遗址和墓葬。少量出自墓葬和商文化遗址中。从青铜铙的功能和埋葬习俗看，应该与古代祭祀有着密切的关系，这些铙在坑内摆放形式则以口部朝上，甬把朝下，应与"执而鸣之"相印证。尤其在埋葬坑内还出现一些商代的陶片，则与青铜铙的时代相印证。这则是音乐考古工作者值得注意的事项。也就是说在田野考古发掘时，一旦发现了古代乐器，就要去寻找其周围的文化层中与乐器有关的文化遗迹。也就是说，在研究古代乐器的历史与音乐关系的同时，首先要从社会制度和文化元素入手。其与习俗、制度与社会现象等因素都有密不可分的关系。任何音乐文物都不是孤立存在的，这种音乐文化现象都是延续了先民的历史，反映着整个社会现象和地域文化特性的，一是反映时代性的，二是再现民族性的，三是说明这种文化的地域性的。如湖南、江西、广西、贵州、福建等所出的青铜乐器颇具南方文化特色。比之中原殷商文化则见明显不同，但又包括着殷商时代的大文化范围的特有风格。铙与镈这类极具典型代表的商代文化，则有南北文化的异同关系。譬如铙盛行于商周之际，南方的青铜铙则为合瓦形，铙的口部均呈弧中带曲的特点，甬为中空的管筒状，直通铙腔内，器物以硕大为特色，以单个和编组铙为特点，乐音均以侧鼓和正鼓为敲击点，大多都能发出两个不同的乐音。则见有大三度或不上三度，比之北方编铙则有不同，湖南应为商周铜铙之乡。

其三，福建省博物馆收藏单件青铜铙，出自福建省建瓯市阳泽村北，发现钟口朝下埋藏其时代为商代末期。湖北省阳新县出土2件青铜铙，其时代为商代晚期。击正侧鼓部可发出2个乐音。天津博物馆收藏3件青铜铙，击正鼓音和侧鼓音可发出2个乐音。其时代应为商代。上海市收藏5件青铜铙，击其正鼓与侧鼓可发出两个乐音，其时代应为商代晚期。但出土地点不详，均为收藏捐献文物。

其四，北方地区出土青铜铙主要以河南、山东为主。其中有单铙和编组青铜铙代表北方青铜乐器特色。其数量之多，造型别致，保存完好。一般多在文化遗址和墓葬中出土，对研究殷商时期的音乐文化和音乐考古起到一个标尺作用。

①河南省安阳大司空村东南M663出土3件青铜铙（亦称古铙）。造型古奇，花纹粗犷简朴，钲部为凸起饕餮纹。铙呈合瓦形，甬中空管筒状，下粗上细无旋，舞部较平，于内凹呈弧形，其鼓内壁"古"字更显古奇。三件大小有序。音乐性能因铙破裂所致，其中最大的1件未测音，另外即83ASM663：1。与该组编铙出土的文物包括青铜鼎、方彝、簋、觚、爵等9件礼器。还有青铜兵器钺、戈、镞

等 26 件，陶器 10 件，以及石器等。该墓有棺有椁，铙在墓主人头部方向的外椁东北角放置，可见其习俗仍然与礼乐为盛。其时代为商代殷墟二期。[1]

②河南省安阳殷墟西区 M699 出土 3 件青铜铙（变称中铙）。造型古朴粗犷，花纹为钲部有饕餮纹凸起，其内壁有"中"字铭文。3 件大小有序，管状甬中空呈下粗上细，舞顶部平齐，于内凹略呈弧形。其铣间直径大于舞修。该铙在大型甲字墓中出土，虽被盗掘，但随葬品中有青铜铙、戈等以及陶器和贝类文物。这 3 件青铜铙陈列在北二层台上，与前墓出土的青铜铙习俗相同。其时代则在商代殷墟四期。[2]

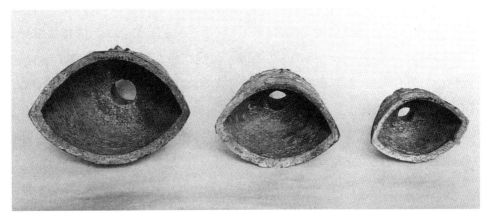

图二十九　河南安阳殷墟西区 M699 出土 3 件中铙口部（商代殷墟四期）

③河南省安阳市西郊高楼庄 M8 出土 2 件青铜铙。造型简朴，素面无纹。器呈合瓦形，2 件大小不一，甬呈管状中空直通腔内。于口略弧。该墓出青铜觚、斝、壶、爵和玉器璧、玉饰等。该墓实际出土是 3 件铙，现存只有 2 件，应为 3 件编铙。其时代为殷墟晚期。[3]

④河南省温县小南张村出土 3 件青铜铙。造型简朴，器饰回字形凸旋纹，3 件纹饰相同，其大小不一，依次递减。铙于口弧形，甬呈管状直通腔内。该坑内同时伴出的有青铜鼎、甗、簋、斝、爵、觚、戈、镞、削等。其 3 件青铜器上

① 参见黄翔鹏总主编：《中国音乐文物大系》（河南卷），大象出版社 1996 年版，第 69 页；中国社会科学院考古研究所安阳工作队：《安阳大司空村东南的一座墓》，《考古》1988 年第 10 期。
② 参见黄翔鹏总主编：《中国音乐文物大系》（河南卷），大象出版社 1996 年版，第 69 页；参见中国社会科学院考古研究所安阳工作队：《1969—1977 年殷墟西区墓葬发掘报告》，《考古学报》1979 年第 1 期。
③ 参见黄翔鹏总主编：《中国音乐文物大系》（河南卷），大象出版社 1996 年版，第 72 页；中国社会科学院考古研究所安阳工作队：《安阳大司空村东南的一座墓》，《考古》1988 年第 10 期。

有"征"字金文。这批器物和铜铙均为商代殷墟晚期。① 关于这批青铜器研究见《文物》1975 年第 2 期、杨宝顺《温县出土的商代铜器》、《考古学报》1981 年第 1 期和马承源《商周青铜双音钟》之讨论与研究。

⑤河南省安阳市大司空村 M51 出土 3 件青铜铙,造型上下协调且有圆润之感。器物表现则有浅细对称的双线方框纹。其鼓部内侧各有一"乇"状族徽。铙身呈合瓦状,两铣平直,两铣直径大于舞修,于口平齐。甬呈桶状中空直通腔内。3 种铜铙大小不一,依次递减。该墓与 3 件青铜铙伴出的铜器有瓬、爵、弓状器各 1 件。从其出土文物形制与风格特点看,时代应为商代殷墟四期。②

⑥河南省安阳殷墟西区 M765 出土 3 件青铜铙。造型别致,花纹粗犷古朴,饰凸起的饕餮纹。其 3 件形制花纹相同,大小不一,依次递减。甬管状中空。上细下略粗,舞部呈平形,于口内凹弧形。两铣直径大于舞修。同墓出土青铜器还有戈,另有陶器、骨器和蚌器等。这 3 件青铜铙出土前陈放在二层台东南角,正在该墓殉葬者头部位置。殉葬者是否与青铜铙有关系,或是青铜铙的演奏者,这种葬俗与礼乐制度应该有着密切的联系,值得音乐考古工作和研究者深入研究。其年代为商代殷墟晚期。③

⑦河南省安阳市殷墟小屯村西南戚家庄 M269 出土 3 件青铜铙,造型别致。3 件铙形制花纹、铭文相同,大小不一,依次递减,器物外面均饰浮雕饕餮纹,锥鼻、圆眼凸起突出,器形为合瓦状,两铣直径大于舞修,其中部向外微弧,内唇突出。管状甬中空与铙腔相通。鼓间一侧有"爰"字铭文。另一特点见甬内有木柄残痕。该墓是殷代一座大型墓,出土铜器、陶器、玉器和骨器共有 73 件。其中青铜器就有 58 件,并且部分铜器都有铭文。3 件铜铙出土前陈放在椁室东北角,根据这些器物形制、花纹特征,断代为商代殷墟三期。④

---

① 参见黄翔鹏总主编:《中国音乐文物大系》(河南卷),大象出版社 1996 年版,第 72 页;中国社会科学院考古研究所安阳工作队:《安阳大司空村东南的一座墓》,《考古》1988 年第 10 期。

② 参见黄翔鹏总主编:《中国音乐文物大系》(河南卷),大象出版社 1996 年版,第 73 页;赵青云、赵世刚:《1958 年春河南安阳大司空村殷代墓葬发掘简报》,《考古通讯》1958 年第 10 期。

③ 参见黄翔鹏总主编:《中国音乐文物大系》(河南卷),大象出版社 1996 年版,第 74 页;方建军:《河南出土殷商编铙初论》,《中国音乐学》1970 年第 3 期。

④ 参见黄翔鹏总主编:《中国音乐文物大系》(河南卷),大象出版社 1996 年版,第 75 页;赵青云、赵世刚:《1958 年春河南安阳大司空村殷代墓葬发掘简报》,《考古通讯》1958 年第 10 期。

⑧河南省安阳市郭家庄 M160 出土 3 件青铜铙（亦称亚䵼止铙）。造型别致，器物饰有饕餮纹。3 件铙大小不一，依次递减，形制花纹相同。甬呈管状中空直通腔内。甬上粗下细，舞平，于口内凹弧形。两铣直径大于舞修。器钲鼓部呈方形凸起，饰有饕餮纹。3 件铙甬上均铸"中"字铭文，鼓间内壁铸有"亚䵼止"铭文。该墓随葬品 349 件，青铜礼器 40 余件，兵器 200 余件，陶器 16 件，玉器 34 件。象牙、竹器、石器、漆木器 10 件。出土前陈放在椁室的东部，依次从北向南摆放。墓葬年代和铜铙年代应在商代殷墟三期。[1]

图三十　河南安阳郭家庄亚䵼止铙（商代殷墟三期）

⑨河南省安阳市大司空村 M288 出土 3 件青铜铙。造型粗犷古拙。器面锈蚀不清，铙面饰饕餮纹。其形制相同，大小不一，依次递减。甬中空呈管状，下粗上细，舞顶部平齐，于口内凹呈弧形，铣间直径大于舞修。正鼓部呈方形并凸起。与铙同时伴出的陶器 7 件，石器、蚌器、贝若干。铙出土前有 1 件陈放在墓内二层台东南角，与殉葬的人头部摆放在一起。另 2 件是在该墓附近农民手中收集而来，应是在此盗掘的。从其形制花纹及测音结果分析，这 3 件编铙应为该墓的随葬品。根据这些器物纹饰风格判断，其时代应为商代殷墟晚期[2]。

其五，中原地区出土的青铜铙主要是商代晚期的，主要分布在安阳大司空

① 参见黄翔鹏总主编：《中国音乐文物大系》（河南卷），大象出版社 1996 年版，第 76 页；中国社会科学院考古研究所安阳工作队：《安阳郭家庄 160 号墓》，《考古》1991 年第 5 期。

② 参见黄翔鹏总主编：《中国音乐文物大系》（河南卷），大象出版社 1996 年版，第 78 页。

村、安阳殷墟、温县等,现已发现40余件,一般以3件为一组,安阳殷墟妇好墓出土5件编组铜铙时代最早。形制花纹相同,大小不一,依次递减。铙体饰回字形凸弦纹,其内壁铸有"亚弜"铭文。商代晚期铜铙以亚𠂤姎铙和中铙最具影响。亚𠂤姎铙为3件编组铜铙,每件铙均可发出两个乐音,即为小二度和大二度音程。安阳大司空村M513件编铙,形体与其他铜铙风格不同,形制如同甬钟。此铙可发双音,为大二度音程。河南是夏朝和商王朝的中心地区,文献多载夏都阳城于此,商代初期建都汤亳,后迁于隞、相、邢诸地,后方定居于殷。殷在安阳。在这一地区音乐考古收获甚丰,出土音乐文物甚多。中原地区殷商铜铙与南方诸地商代铙风格不完全相同。南北铜铙比较研究,则是中国音乐考古与研究的重大课题。

其六,国家博物馆收藏一批青铜铙,一部分是在社会上征集的,一部分是由中国社会科学院考古研究所考古发掘的。

①河南省安阳市小屯妇好墓出土的"亚弜"5件青铜编铙。造型精巧,大小不一,依次递减。铙饰简化的回字形弦纹。甬呈管状中空,直通腔内,其舞部平齐。器物内壁铸有"亚弜"铭文。该墓打破了河南省安阳地区所出青铜编铙3件的记录。其中一次出土5件编铙实为罕见。《殷墟妇好墓》所出文物和青铜铙时代为商代。①

②河南省安阳大司空村312号殷代墓出土3件青铜铙。造型精致古朴,花纹简略,饰有兽面纹。铙身上大下小,其两侧起棱,呈椭圆形。管状甬呈上细下略粗,直通腔内,通高18—13.9厘米之间,重1.2—0.4千克之间,于口内凹弧形,口内壁铸有"亚𠂤姎"3字铭文。音乐性能较好。其时代在商代后期。②

③故宫博物院收集3件编铙。形制花纹一致,大小不一,依次递减,测音相类的编铙。出土地点不详,时代为商代。中国历史博物馆收集有3件形制花纹相同,大小不一,依次递减的编铙,出土不详,其时代为商代。此外,还收藏了单个铜铙。有些铜铙器口内壁有"史"、"亚口"、"亚矣"铭文。这一批青铜铙甬上均无旋,形制花纹特点类似于族徽文字铭文特点,应是河南安阳、殷墟一

---

① 参见黄翔鹏总主编:《中国音乐文物大系》(北京卷),大象出版社1996年版,第27页;中国社会科学院考古研究所:《殷墟妇好墓》,文物出版社1980年版。

② 参见黄翔鹏总主编:《中国音乐文物大系》(北京卷),大象出版社1996年版,第28页;《一九五三年安阳大司空村发掘报告》,《考古学报》第9册;中国社会科学院考古研究所:《殷周金文集成》二,中华书局1988年版,图405—407。

带出土的商代晚期的乐器。北京故宫博物院和国家博物馆收藏的音乐文物质精量大，举世无双，堪称中国音乐文物宝库之一。编铙是殷商时期出现最早的青铜打击乐器。殷墟商代墓葬出土的编铙一般以3件大中小为一组。唯见该馆收藏的殷墟妇好墓出土的亚弜编铙当为商武丁时期的标准器。除了收藏以中原地区铜铙代表殷商青铜打击乐器标准器外，还收藏南方湖南宁乡师古寨兽面纹大铙，以展示南越文化青铜铙的风采。

其七，山东可称音乐文物大省。古称海、岱，又称齐鲁，乃为古邦之一。地处黄河下游，中国东部边陲。毗邻渤海与黄河之滨，山东半岛与辽东半岛隔海相望。同河北、河南、安徽、江苏四省接壤。于远古之世的齐鲁大地多为东夷部族聚居之地。其地上地下有着丰富而珍贵的音乐文物。在青州苏埠屯、长清小屯、茌平南陈、博兴贤城、禹城邢寨汪、沂源东安、惠民大郭等商文化遗址和墓葬中均有乐器出土。一般为骨器哨、铜器铃、陶器埙和石质特磬，以及打击青铜乐器铙等。①

①山东省青州苏埠屯M8商代墓出土3件青铜铙。造型古朴，制作精美，3件形制花纹一致，大小不一，依次递减。花纹粗旷，饰有简化饕餮纹。器形呈合瓦形，于口略弧，铙角上扬。甬呈管状中空直通内腔。鼓间有一方块凸出。该墓随葬品有鼎、簋、瓿、爵、斝、尊、觯、卣等青铜礼器。还有8件铜铃和石磬，并有兵器戈、矛放置棺的两侧。根据这些出土文物的形制花纹特点，以及铜铙风格判断，其时代为商代晚期。②

②山东省沂源县东安村商代石墓出土3件青铜铙。造型别致，锈迹斑斑，3件形制花纹相同，大小不一，依次递减。铙呈合瓦形，铙侈舞平，于口内凹，甬呈管状中空，直通腔内。正鼓部有一方块凸起，器饰饕餮纹。3件通高类似，无论造型花纹均相近，其时代应在商代晚期。③与此同时伴出的还有一件石磬。其磬打击痕迹明显，有双面对钻的倨孔。④这组磬和铙出土一墓，其特点一致，

---

① 参见黄翔鹏总主编：《中国音乐文物大系》（北京卷），大象出版社1996年版，第29、30页；《一九五三年安阳大司空村发掘报告》，《考古学报》1955年第9期；中国社会科学院考古研究所：《殷周金文集成》二，中华书局1988年版，图405—407。

② 参见王子初主总编：《中国音乐文物大系》（山东卷），大象出版社2001年版，第21页；山东省文物考古研究所、青州市博物馆：《青州市苏埠屯商代墓地发掘报告》，《海岱考古》第一辑。

③ 参见黄翔鹏总主编：《中国音乐文物大系》（湖北卷），大象出版社1996年版，第41页。

④ 参见黄翔鹏总主编：《中国音乐文物大系》（湖北卷），大象出版社1996年版，第75页。

时代也十分接近两周初期。

③湖南省邵东县毛荷殿乡民安村出土1件青铜镈。造型精致,古奇大气,两侧扉棱,由两只倒立的虎身构成,张口卷尾之状。器面正中扉棱上部饰一高冠凤鸟,其下则有4个勾形装饰。腔面则见龙倒立组成兽面,以显雄奇大观,其上下再饰乳钉8个。环形钮、虎身和兽面满布云纹。诸如北京故宫博物院、上海博物馆、美国纽约均藏四虎镈。其年代为商代末期。其音乐性能较差。①

④湖南省博物馆收藏1件虎饰镈。出土地点不详。造型别致,其兽面正中有棱(略残),通体呈黑褐色,器身略长而高,呈合瓦形。于口、舞部均平。上有梯形环身,镈面饰兽面纹,显得十分规整,铣侧扉棱各有两只倒置的扁虎,张口卷尾。兽面有较粗的乳钉。其与邵东所出四虎镈年代相近,均为商代末期颇具南方代表性乐器。②通览我国商代青铜乐器镈钟数量稍显单薄。何以华夏广阔的天地,于商朝多见铙而鲜见镈钟。南北商铙则以单件、2件、3件、5件、9件编铙成组,无论从造型、花纹、大小均有一组的特点,再从测音结果也能证实同时伴出的铙应为一组,埋葬时并且以铙口朝上,依次有序排列。并在铙的管状甬腔内残存本质腐烂痕迹,可证青铜铙不仅手执击之,而且将铙甬插入木柄上固定在柄座上敲击,以类似编钟成组悬挂演奏。南北地区青铜铙有一个最大的区别,一是以湖南、江西为中心的商铙甬把上有一道凸起箍,应为悬,在此处系绳不易脱落,在两周之际的编钟在此处为悬钮,用于悬挂编钟专用。我们推测,南方青铜铙既可执铙,又可悬铙。二是以山东、郑州、山西等地区为中心的商铙,甬把上粗下细,光滑无棱无箍,尚难悬而击之。至于镈钟在商代应属于雏形,应该是承继商代青铜铙的音乐文化元素,盛行于两周之际。周代的青铜镈开始盛行。镈钟于商时代其主体应是一些陈列器,大部分尚无乐音特点,也无演奏的效果。数量少则会显得珍贵,造型别致,并有图纹雕饰,其形体不大而扉棱周身,以示神物极品一般。在江西新干大洋洲商代墓铙、镈伴出,湖南邵东出土1件青铜镈为商代罕见镈钟之首。商代镈钟的用途值得音乐考古者深入研究,自从镈钟面世之初,以造型独特传世,以形体近圆为特点,始终以近圆为中心理念在音乐史中占据独立地位。该墓出土青铜器有耑、弓形器、铜镞等

---

① 参见王子初总主编:《中国音乐文物大系》(湖南卷),大象出版社2006年版,第53页;高至喜:《商周铜镈概说》,《中国文物报》1989年11月10日。

② 参见王子初总主编:《中国音乐文物大系》(湖南卷),大象出版社2006年版,第55页;高至喜:《湖南省博物馆馆藏西周青铜器》,《湖南考古辑刊》第2集,岳麓书社1984年版。

30 余件。其时代应为商代后期。①

⑤山东省文物商店、惠民县博物馆、山东省博物馆收藏的单件青铜铙,其造型别致,花纹粗犷,均为合瓦形铙体,甬为管状,中空直通腔内。饰饕餮和弦纹。并在内壁铸有族徽文字。音乐性能均以双音为特色,其时代应为商代。②商族最早在山东一带活动,如商人始祖契曾经在山东滕县(蕃)建都,譬如相土东都于泰山,汤建都山东曹县(亳)。到了盘庚迁殷之后主要在河南安阳一带。但一些方国如薄姑、奄、亚丑仍然在山东地域存在,成为商族的盟国。考古发现在这一地区商代文化遗址和墓葬,出土夏、商、周三代音乐文物颇多。山东地区音乐文物重大的发现,为我国殷商时代的音乐考古与研究提供了十分宝贵的资料。

商代青铜镈主要在南方存在。迄今为止,仍然是江西新干大洋洲商代镈为最早。其次就是湖南地区和湖北随州出土有时代较早的镈。然而江西、湖北、湖南均为长江中下游地区。青铜打击乐器多在有确切可考的墓葬中出土,也有在窖穴中出土的。这些镈钟造型别致,花纹精细繁缛,铜质优秀,保存也十分完好。反之北方诸地黄河流域河南、山东、山西、陕西等省,商代青铜乐器镈则是断层,几乎难以找到一件商镈。如果说对商代镈钟深入研究,那么,就必须深入南方长江流域及其支流广大地区,寻找这种镈的源流。一些学者认为,"到了3000多年前的殷商时期,这里有着一个与中原殷商王朝并存的青铜王国,有着同样发达的青铜文化;而创造这一文化的主人,应为百越民族的一支——扬越人"。③

其一,江西省新干县大洋洲乡程家村商代墓出土单件青铜镈。造型别致,质地精良,方形钮舞部饰纹的阴线刻纹为卷云纹;镈的两面饰三叠花纹,则以阴线云雷纹衬地,其上饰有浮雕式牛角兽面纹。牛角上卷,形成大圆圈,其内再饰一周燕尾纹,中心以火线填实,花纹繁缛复杂。其横向两端有伏鸟、有冠、尖喙、凸目、长颈、鸽翅和短尾。镈上每面有4周环饰燕尾纹。音乐性能见镈铣角内有调音锉磨痕迹,形成缺口。镈腔无音梁,其腔面纹饰形成的印痕,镈音哑。与此镈同出有3件青铜铙,其时代为商代。④

---

① 参见王子初总主编:《中国音乐文物大系》(山东卷),大象出版社2001年版,第23页。
② 参见王子初总主编:《中国音乐文物大系》(湖南卷),大象出版社2006年版,第25—27页。
③ 王子初主总编:《中国音乐文物大系》(江西卷),大象出版社2006年版,第3页。
④ 参见王子初总主编:《中国音乐文物大系》(江西卷),大象出版社2006年版,第42页;江西省文物考古研究所等:《新干商代大墓》,文物出版社1997年版。

其二,湖北省随州市三里岗镇毛家冲村出土青铜镈。造型精致,质地精良,其上有长环钮,镈身裂纹和钮部略残,整体性保存较为完好。通体绿锈颇见灵气。器呈合瓦形,平舞平于,铣两面斜形起棱。棱顶端有两首对凤鸟,造型精美,栩栩如生。镈体两面均饰粗犷兽面纹。凸起的鼻部为扉棱,兽面周缘再填实云形纹。其上下以带形纹为饰,显得协调匀称之美。未测音,原定年代为西周中期,后认为其器与江西新干镈的风格有相同之处,至少在中早期。

其三,河南出土夏商时期的音乐文物非常丰富,最为突出的特点就是金属乐器居多,计有铃、铙、钟等。夏文化范畴的偃师二里头遗址下层出有 4 件铜铃,均放置在墓主人胸腰部位。

①河南偃师二里头 M11 出土铜铃,造型古奇,铜质铸制,舞部平,其上有个椭圆形穿透的孔,其间有一桥形钮。铃内有铃,质为玉,呈淡黑色,管状并见磨光。该墓同出爵、兽面牌形器等铜器,玉器有戚、璧、圭、刀、柄形器等。还有陶器盉、绿松石管饰、漆盒等。其时代为二里头文化四期,乃为夏文化范畴。[①]

图三十一　河南偃师二里头 M11 铜铃（二里头文化四期）

---

① 参见黄翔鹏总主编:《中国音乐文物大系》(河南卷),大象出版社 1996 年版,第 46 页;中国社会科学院考古研究所二里头工作队:《1984 年秋河南偃师二里头遗址发现的几座墓葬》,《考古》1986 年第 4 期。

②河南偃师二里头 M57 出铜铃,造型古奇,铜质铸制,呈梯形。舞部平且于口椭圆形,其两面有梯形凸棱为边框,有一侧出扉。舞部中间尚有长方形透孔,其上有桥形钮。铃腔有玉舌,舌呈圆管状,腰部内凹。下端周缘有撞击痕迹。通长 5.7 厘米。该墓同出爵、刀、牌形器,刀、戈、月牙形器和铃舌等玉器,还有盉、簋、盆、圆腹罐和陶片以及石铲、贝壳、漆木器诸物,用两种织品包裹铜铃,其时代为二里头文化四期,相当于夏文化范畴。①

③河南偃师二里头 M4 出土铜铃。造型古奇,铜质铸制,呈上窄下宽,略为扁形。舞部有横向铸孔,其间有桥形钮,器体一侧有扉棱,铃口部有一圈凸弦纹。该墓同出玉钺、绿松石。铃为多层丝麻纺织物包裹。其时代为二里头文化二期,为夏文化范畴。

其四,山西于商王朝时期,其方国文化与遗存比之夏代更盛,彰显了北方民族与中原殷商文化并驾齐驱的态势,地下出土商代音乐文物十分丰富。其铃有铜铃豆、铃首剑、双球铃、单球铃车饰和蛇首铃匕首,这些铃虽不是实用或演奏乐器,应是信号铃或声响铃,华夏民族久远的民风民俗传承数千年。

①山西省灵石县旌介村出土 3 件铜铃。造型别致,质地精良,花纹图案精美。3 件铃系形制、大小、花纹皆相同。凹口,舞部起有横脊,设环形钮。饰饕餮纹,其两侧有扉棱,铃内腔有舌,通高 8.5 厘米,口径 4.5 厘米。铃动有声,应为声响之类的器物。另有一件铃在狗颈部出土。同墓出土青铜器有鼎、尊、簋、鬲、卣、爵、戈、矛、镞、兽首管状器、弓形器等,还有陶鬲、玉器鸟、管、璜、鱼和石镰等 51 件文物。与铃伴出还有 1 件鼍鼓。其时代应为商代。②

②山西省吕梁市柳林县高红村出土红铜铃。造型古朴,呈椭圆形,其上有钮,通体素面无纹饰。铃内有舌,摇之有声,与红铜铃伴出还有青铜爵、锛、斧、凿、铃首剑、靴形器、盔等。其时代为商代晚期。③

③山西省保德林遮峪出土铜铃豆 2 件、铃首剑 1 件、2 件铜豆剑和 4 件球铃车饰。造型别致,器首作镂空铃状,中有弹丸,摇动有声,为信号响乐器,时代为商代。吕梁柳林高红村出土铃首剑。镂空剑部空球内有响丸,摇之有声。为

---

① 参见黄翔鹏总主编:《中国音乐文物大系》(河南卷),大象出版社 1996 年版,第 46 页;中国社会科学院考古研究所二里头工作队:《1987 年秋河南偃师二里头遗址发现的几座墓葬》,《考古》1992 年第 4 期。

② 参见王子初总主编:《中国音乐文物大系》(山西卷),大象出版社 2006 年版,第 103 页。

③ 参见王子初总主编:《中国音乐文物大系》(山西卷),大象出版社 2006 年版,第 104 页。

商代晚期。另在山西石楼县诸家峪村和后兰家沟出土有蛇首铃匕。造型独特，器首镂空，蛇首有舌作转动时发出响声。均为北方草原民族文化特色用具。[1]

其五，四川省广汉市南兴镇和三星堆乡三星堆遗址出土43件青铜铃。造型别致，质地优良，形制各异，其中鹰形铃2件，花蒂形铃1件，兽面铃1件，喇叭形铃1件，四棱面铃2件，长形扁素面铃29件，羽翼扁素面铃6件。铃多为合范浑铸，上有造型别致多类型的钮，腔内各有如辣椒状、圆锥柱状等形式的舌，有些铃舌已腐或锈蚀。均具有写实性的各式样，其形制精美无比，堪称青铜铸造艺术的精品，集绘画、雕塑、镂空和动植物生态于一体的文化艺术元素，起到信号、音乐、装饰多种功能，其中有以5件一组铃、29件一组铃、2件一组铃和单件铃，有舌者铃应为摇之有声，无舌者近似钟铃，音质纯正、清晰悦耳，应是乐器的范畴。其花纹以圆涡、饕餮纹或素面无纹饰的多种类型。大部分铃成组并为合瓦形，应接近中原和南方的钟、铙、铃的结构形式。其时代均为商周时期。[2]

其六，四川广汉三星堆商周文化遗址，文化堆积厚，其文化内涵极为丰富，上下年代延续时间长，从新石器时代至商代末期，跨越了夏、商、周三代的文化积淀和历史时空。这是4000年至3600年前巴蜀青铜文化的巅峰

图三十二　四川广汉三星堆鹰形铃、挂环（商周）

① 参见王子初总主编:《中国音乐文物大系》(山西卷)，大象出版社2000年版，第106—111页。
② 参见黄翔鹏总主编:《中国音乐文物大系》(四川卷)，大象出版社1996年版，第10—11页。

之作。广汉三星堆遗址以1、2号祭祀坑为主,出有金、铜、玉、石、陶、骨、象牙、海贝等;并且出土大量金杖、金虎、金面罩、人面具、人头像、兽面具、铃、牌形响器、爬龙柱形器、尊、罍、戈和铜树等;还有龙、虎、蛇、鸟青铜器和戈、璋、璧、瑗、环、锛、斧等玉石器。1号祭祀坑的器物上竟有3立方米被烧的骨碎渣,其与商代的占卜祭祀习俗相近。在2号祭祀坑器物表面铺盖了一层共60余枚(节)象牙。坑内器物之上洒涂朱砂,或在铜像眼眉口部以丹朱描红。有毁器、填朱砂、象牙火焚祭祀的习俗,这应是极其隆重的燎祭活动。这种瘗埋燔燎祭礼,更彰显了商代卜辞"燎祭"宗教礼仪,则与商王朝文化习俗和文化元素十分相近。故此,在西南民族、商代巴蜀文化的精髓中,从原始艺术、青铜文化艺术、音乐舞蹈艺术、音乐文物铜铃与铜树神秘宗教文化和巫文化则呈现于斯。四川省位于中国西南部,源于长江流域上游,则有自古以来"沃野千里"天府之国的美称。这支商文化劲旅独自在这一地区争艳绽放,独步先秦时期的夏商周青铜时代是难能可贵的。巴蜀古地的悠久历史,以及民族具有勤劳勇敢与奋发开拓的精神形成了一种傲骨之气。正因为巴蜀文化独秀于西南,其经济文化与军事实力不断强盛,导致商王朝的统治地位产生不稳的局面,故此在商王朝中叶尽全力征服了巴人,至周武王伐纣时,巴蜀士兵积极响应,因其有功后封为巴国。这些历史文物则为四川音乐文物考古与研究,积累了丰富宝贵的资料。

（三）陶质乐器

关乎陶质乐器仅见陶埙出土,在新石器时代还出现了陶鼓,商代陶鼓更为少见。也有人把陶罐视为乐器的。在此故不多赘。陶质乐器有埙、铃、响器等。陶质乐器中,以埙为主,次之陶响球。铃更少见。陶埙于夏商时期不仅出土数量之多,而且以成组问世。埙乐在新石器时

图三十三　山东德州地区禹城邢寨汪陶埙（商代）

代就已出现,乃为体鸣乐器,商周时期这种乐器更精美。

其一,山东地区。①德州地区禹城市梁家乡邢寨汪遗址出土陶埙。埙呈卵形,为泥质红陶,平底尖口,口部有一吹孔,通高 4.9 厘米,最大腹径 3.9 厘米。孔径 0.65—0.7 厘米。腹部并设有 3 个音孔。其质地细腻坚硬,捏制而成。该文化遗址有龙山文化、商文化等。此类埙在该遗址中多有采集。其时代为商代。②山东省博物馆收藏的,埙多为泥质磨光灰陶,其造型别致,制作精美。通高 7 厘米。埙为折腹中空,上、下两部分结构外形略有变化。则音孔前三后二,为五音孔埙。五音孔埙则能吹奏出复杂的音阶。①

其二,甘肃省彩陶乐器则为彩陶文化的重要元素之一。甘肃各地发现陶埙较多,特别是玉门火烧沟出土的 20 余件新石器时代陶埙,是我国最早出现的陶埙。

①甘肃省酒泉县丰乐乡干骨崖遗址出土陶埙。细泥红陶质,橘红色,呈扁平鱼形,鼓腹中空。吹孔形似鱼嘴状。埙两肩设有 2 个音孔,腹左下侧有一音孔,为 3 个音孔。其埙尾似鸟首,有系孔。器物表面光洁,通体饰彩绘几何纹、回纹和网纹。其时代为夏代文化范畴。②

②甘肃省玉门市清泉乡火烧沟墓葬 312 座,出土陶埙 20 余件,其中 9 件完整,可供测音,其余均残破。泥质红陶,其质地坚硬,表面光洁,其中有彩陶和素陶 2 种。多为扁

图三十四　山东省博物馆（3.600）灰陶埙（商代）

---

① 参见王子初总主编:《中国音乐文物大系》(山东卷),大象出版社 2001 年版,第 16—17 页;德州地区文物工作队:《山东禹城县邢寨汪遗址的调查与试掘》,《考古》1983 年第 11 期。

② 参见王子初总主编:《中国音乐文物大系》(甘肃卷),大象出版社 1998 年版,第 36 页。

图三十五　甘肃玉门火烧沟陶埙（相当于夏）

圆鱼形状,埙腹外鼓,肩部内收。吹孔呈鱼嘴状,设有 3 个音孔。埙体为彩绘条纹、网格纹、三角纹和折线纹,其色彩呈黑红相间,描绘图像精细无比。音乐性能测音:这些埙可发出 4—5 个乐音,则可构成"宫、角、徵、羽"和"羽、宫、商、角"音列;或为"宫、角、变徵、清徵","羽、宫、商角","徵、宫、商、角"和"角、羽、变宫、商"等音列,并且具备了旋律乐器的功能。①

其三,中国历史博物馆收藏河南辉县琉璃阁 M150 出土 3 件陶埙。陶埙 3 件大小不一,造型相同,均为平底卵形,其顶部有 1 个吹孔,埙腹部设有 5 个音孔,前 3 个后面 2 个孔,制作精美。大件埙吹孔残损,无法试吹。2 件小埙,其中一埙测音音乐性能良好。其时代为商代中期。②

其四,江西省博物馆收藏清江县(今樟树市)营盘里遗址灰坑出土陶埙。泥质红陶,形似无头鸡。其颈部为椭圆形吹孔,尚无手指音孔。其年代为商代。③

其五,河南省。

---

① 参见王子初总主编:《中国音乐文物大系》(甘肃卷),大象出版社 1998 年版,第 36—40 页;吕骥:《原始氏族社会到殷代的几种陶埙探索我国五声音阶形成年代》,《文物》1978 年第 10 期。

② 参见黄翔鹏总主编:《中国音乐文物大系》(北京卷),大象出版社 1996 年版,第 14 页;中国科学院考古研究所:《辉县发掘报告》,科学出版社 1956 年版。

③ 参见黄翔鹏总主编:《中国音乐文物大系》(江西卷),大象出版社 2009 年版,第 9 页;江西省文管会:《江西清江营盘里遗址发掘报告》,《考古》1962 年第 4 期。

图三十六　甘肃玉门火烧沟陶埙（相当于夏）

图三十七　江西清江县樟树营盘里埙（商代）

①河南偃师二里头遗址出土陶埙。泥质灰陶，采用轮制方法，器物中空，呈橄榄形，其肩部也有轮制的痕迹，器底残留 2 次修复的痕迹。其尖顶处有一吹口。音乐性能测音可发出 2 个乐音。该遗址出土文物丰富，是一座大型宫殿遗址。在河南龙山文物与郑州二里岗商文化范畴内。该文化遗址堆积则可以分为早、中、晚三期。这件陶埙在 113 号探方的第三层出土。时代属于二里头文化中期。①

②郑州市铭功路商代遗址出土陶埙。器呈陶制，呈灰褐色，残损，底呈圆底，残高 8.5 厘米，腰宽 4.2 厘米—6.3 厘米。器壁厚 0.4 厘米—0.7 厘米。器呈扁圆形，其顶有吹孔，直径 1.5 厘米。埙在该遗址灰沟内出土。其时代为商代。②

③河南省安阳刘家庄北 M121 出土 4 件陶埙。泥质灰陶，直口平底，器表磨光无纹饰，呈卵形。其目有吹孔，腰际有 3 个音孔，其音孔呈倒置的"品"字形，另一面有 2 个音孔呈一字排列。2 件略大的埙，编号 M121：10A。与埙同时伴

---

① 参见黄翔鹏总主编:《中国音乐文物大系》（河南卷），大象出版社 1996 年版，第 19 页；中国社会科学考古研究所洛阳发掘队:《河南偃师二里头遗址发掘简报》，《考古》1965 年第 5 期。

② 参见黄翔鹏总主编:《中国音乐文物大系》（河南卷），大象出版社 1996 年版，第 20 页；河南省文化局文物工作队:《郑州商代遗址的发掘》，《考古学报》1957 年第 1 期。

中国先秦音乐文物考古与研究
ZHONGGUO XIANQIN YINYUE WENWU KAOGU YU YANJIU

图三十八　河南偃师二里头陶埙（二里头文化）

出的随葬品陶器 5 件、青铜戈 1 件和贝等。其时代为商代殷墟二期。①

　　④河南省安阳后岗 M12 出土陶埙。这座墓设有两个墓道呈"中"字形。虽为大墓，但盗掘严重，墓中腰坑残留青铜鼎和石戚各 1 件。兵器有铜戈、镞和马饰，以及石器、骨器和玉器等均有出土。埙为泥质黑陶。其时代应为商代殷墟二期。②

　　⑤河南省安阳殷墟小屯村北的妇好墓出土 3 件埙。造型为倒置的陀螺形，顶尖小平底，埙腔中空，其顶有一个圆形吹孔，底上部有 3 个呈倒品字排列的音孔。在其另一面则有 2 个左右对称的音孔。其中编号 M5：9 埙。其时代为商代殷墟二期。③

---

①　参见黄翔鹏总主编：《中国音乐文物大系》（河南卷），大象出版社 1996 年版，第 22 页；河南省文化局文物工作队：《郑州商代遗址的发掘》，《考古学报》1957 年第 1 期。

②　参见黄翔鹏总主编：《中国音乐文物大系》（河南卷），大象出版社 1996 年版，第 22 页。

③　参见黄翔鹏总主编：《中国音乐文物大系》（河南卷），大象出版社 1996 年版，第 22 页；中国社会科学院考古研究所：《殷墟妇好墓》，文物出版社 1980 年版。

图三十九　河南安阳刘家庄北 M121 出土陶埙（商代殷墟二期）

　　⑥河南省博物馆收藏有陀螺形埙，河南省新乡市博物馆也收藏有陀螺形埙。音乐性能良好。这种埙与上述介绍的埙的类型相同。出土地点不详，其时代均在商代。中原地区从仰韶文化期、龙山文化期、二里头文化期、殷商文化期和周代均有丰富的陶制吹奏乐器出土，其特点多在文化遗址和墓葬中出土，对埙的断代和测音研究，探究其承上启下的发展过程有重要的参考价值，为音乐文物和音乐史研究提供了实物形象资料。①

───────────

① 参见黄敬刚：《从考古发现音乐文物看商代乐器类型》，《沈阳音乐学院学报》2016 年第 12 期。

第 三 章

西周时期音乐文化与音乐文物研究

周文王、武王和周公克商，以歌舞奏乐而颂之。《左传·襄公二十九年》曰："请观于周乐，使工为之歌《周南》、《召南》。"开国大典，歌《诗经》跳《大武》，舞《韶濩》，溯古而颂今，颂扬周武王克商，纪念商汤克夏的历史。《史记·吴太伯世家》曰："美哉！周之盛也其若此乎。""圣人之弘也，犹有惭德，圣人之难也。"开国盛况，颂文武，歌商汤，观周乐，赞圣人之美德。诗书礼乐成为西周政治文化的儒家经典。《论语·八佾》孔子曰："周监于二代，郁郁乎文哉！吾从周。"夏、商政治文化为后世所推崇。《孟子·公孙丑上》曰："圣人之于民，亦类也。出于其类，拔乎其萃。自生民以来，未有盛于孔子也。"孟子对于孔子的政治主张则有继承发扬。荀子把"君子"比之"圣人"、"大儒"。《荀子·儒效》曰："用俗儒，则万乘之国存；用雅儒，则千乘之国安；用大儒，则百里之地久。而后三年，天下为一，诸侯为臣；用万乘之国，则举错而定，一朝而伯。"故此，西周时期则以《诗》、《书》礼乐文化为代表，既然以《诗》为音乐之魂，其中风、雅、颂则为各具特色的音乐文化，雅为王畿乐歌，雅字假借为"夏"，也就是国人自称"夏"，颂则是祭祀和典礼的乐歌。可见，西周时期的音乐文化和政治思想，则是儒家推崇的音乐文化精髓。

第一节　西周时期的音乐文化现状分析

一、西周时期音乐文化背景

周王朝于公前 11 世纪灭掉殷商，建立起西周王朝，从而走向奴隶社会的鼎盛时期。《左传・定公四年》曰："周公相王室，以尹天下，于周为睦。分鲁公以……殷民六族：条氏、徐氏、萧氏、索氏、长勺氏、尾勺氏。……分康叔以……殷民七族：陶氏、施氏、繁氏、锜氏、樊氏、饥氏、终葵氏。……分唐叔以……怀姓九宗。"周人灭商战争十分激烈，俘获了大量俘虏作为奴隶，分配到周族作为劳动生产的奴隶，给生产劳动带来了经济繁荣的景况，同时也在《诗经》、《尚书》、《周书》中多有记载。《诗经・豳风》则有"为公子裳"、"为公子裘"、"献豜于公"和"上入执宫功"服奴役之苦的描写。诗歌与音乐是有直接联系的，劳动人民在繁重的劳动之余有悲伤，有歌唱，借以抒发内心世界的情感。西周时期农业生产关系促进经济发展，音乐文化也得到迅速发展，统治阶级利用音乐发展礼制，组织较多音乐机构，建立宫廷雅乐，形成一套完整的音乐教育体系。音乐得到了空前发展，乐器种类增多带来音乐表现能力和表现形式提高，所谓"八音"分类法和七声音阶的应用以及各诸侯国之间音乐文化的交流，逐渐形成"雅乐"体系，成王时期建立了礼乐制度。《史记・周本纪》曰："成王既绌殷命，袭准夷，归在丰，作《周官》，兴正礼乐，制度于是改，而民和睦，颂声兴。"

《尚书・周书・无逸》"周公曰：'呜呼！君子所其无逸。先知稼穑之艰难，乃逸；则知小人之依。相小人：厥父母勤劳稼穑，厥子乃不知稼穑之艰难，乃逸，乃谚，既诞。否则侮厥父母曰："昔之人无闻知。"周公曰：'呜呼！我闻曰：昔在殷王中宗，严恭寅畏，天命自度，治民祗惧，不敢荒宁；肆中宗之享国，七十有五年。其在高宗，时旧劳于外。爰暨小人；作其即位，乃或亮阴，三年不言，其惟不言，言乃雍；不敢荒宁，嘉靖殷邦，至于小大，无时或怨。肆高宗之享国，五十有九年。其在祖甲，不义惟王，旧为小人。作其即位，爰知小人之依，能保惠于庶民，不敢侮鳏寡。肆祖甲之享国，三十有三年。自时厥后立王，生则逸，生则逸，不知稼穑之艰难，不闻小人之劳，惟耽乐之从。自时厥后，亦罔或克寿，或十年，或七八年，或五六年，或四三年。'周公曰：'呜呼！厥亦惟我周太王、王季，克自抑畏。文王卑服，即康功田功。徽柔懿恭，怀保小民，惠鲜鳏寡；自朝至于日中、昃，不遑暇食，用咸和万民。文王不敢盘于游田，以庶邦惟正之供。文王受命惟中身，厥享国五十年。'周公曰：'呜呼！继自今嗣王，则其无淫于观，于逸，于游，于田，以万民惟正之共。'"

《诗经·甫田》曰：

> 倬彼甫田，岁取十千。我取其陈，食我农人。自古有年，今适南亩；或耘或耔，黍稷薿薿。攸介攸止，烝我髦士。以我齐明，与我牺羊，以社以方。我田既臧，农夫之庆。琴瑟击鼓，以御田祖，以祈甘雨，以介我稷黍，以谷我士女。曾孙来止，以其妇子，馌彼南亩。田畯至喜，攘其左右，尝其旨否。禾易长亩，终善且有。曾孙不怒，农夫克敏。曾孙之稼，如茨如梁。曾孙之庾，如坻如京。乃求千斯仓，乃求万斯箱。黍稷稻粱，农夫之庆。报以介福，万寿无疆。

《诗经》有曰：

> 彼黍离离，彼稷之苗。（《王风·黍离》）
> 硕鼠硕鼠，无食我黍。（《魏风·硕鼠》）
> 王事靡盬，不能蓺黍稷。（《唐风·鸨羽》）
> 我黍与与，我稷翼翼。（《小雅·楚茨》）
> 疆埸翼翼，黍稷彧彧。（《小雅·信南山》）

诗经本身与音乐有关，诗经就是商周时期的歌词，有诗意有韵味。都是出于天籁，成于自然的民众歌谣，都是传唱于民间的歌曲。杨荫浏先生认为："周代统治者利用音乐，比前更进一步。除了利用音乐加强以外，他们又利用音乐来宣传阶级社会中等级制度的合法性，他们设立了专门的音乐机构来控制音乐活动；他们在'国学'中教音乐，培养青年，使他们能根据统治阶级的意图，利用音乐来巩固周王朝的统治权。"[1]

音乐的起源可追溯到传说时代，从人类开始制造工具和使用工具开始，就产生了音乐。要把礼乐形成一种社会制度，达到巩固奴隶主阶级的统治权力和

---

[1]　杨荫浏：《中国古代音乐史稿》上册，人民音乐出版社1981年版，第30页。

地位。

西周时期有严格的培训措施,乐师表演水平很高。《周礼·春官宗伯》曰:"大司乐、乐师、大胥、小胥、大师、小师、瞽矇、视瞭、典同、磬师、钟师、笙师、镈师、韎师、旄人……。"如"大师"、"小师"、"瞽矇"、"磬师"、"钟师"、"笙师"均为传授、表演、培训的专职人员。各地都有各自本土的乡歌、乡音特色,《诗经》就是以采风为特色的民谣歌词集大成,蕴含着周王朝期间民间歌手、民间歌唱艺术和乐官采风整理的音乐文化精髓。

周族先居泾、渭之滨的黄土高原,以农耕和游牧生活为主,屡次受到外来游牧民族的掠夺,常居无定所。在商纣王时期,周族即周武王率领周族一举灭掉商王朝建立周王朝。《国语·周语下》曰:"自后稷之始基靖民,十五王而文(王)始平之,十八王而康王克安之。""后稷勤周,十有五世而兴。"即从始祖后稷到周文王,他们之间只不过十五代的历史。夏商周三代在中国历史长河中均创造过辉煌。

《乐记》曰:"夫乐者,象成者也。"周人善于总结商王朝尤其是商纣王残暴统治的灭亡原因。《大武》这部乐舞作品描写了周人伐纣战争中可歌可泣的历史故事。随着时代演绎,《大武》这部乐舞作品与演出情形不断得到完善。至孔子时代,《乐记》记其犹详。《乐记》曰:"宾牟贾侍坐于孔子,孔子与之言,及乐,曰:'夫《武》之备戒之已久,何也?'曰:'病不得其众也。'"《大武》表演则先击鼓发号令,号召人民跟随周人去攻打商纣。舞队北出,顿足执盾翩舞列中站立。再描写战斗击刺尚武场面,直至战争胜利,率兵南进,以至诸侯归顺,周公、召公两位治国有方,形成一套礼乐制度,乃为统治阶级尊王崇神的至上理念,并逐渐出现音乐等级制度化和阶级化。故此,《大武》比之《大濩》,均以征战与胜利歌舞相类,借以宣扬统治阶级尚武之功,则有加强其统治和稳定社会时局的目的。并且制定出严格的音乐制度和音乐所用乐器的等级制度,让天下诸侯效仿沿用,逐渐推行到各个阶层去,让天下百姓知礼知乐,实际是把礼乐作为统治工具,以便统治天下诸侯和饱受疾苦的人民,达到维持社会稳定的政治作用。

西周的诸多音乐文化底蕴承继夏商,在其基础上进行挖掘整理,形成了一套新的音乐文化,以新的礼制风貌出现在新建王国里,并成为治国理国的政治思想。《史记·周本纪》曰:"后稷之兴,在陶唐、虞夏之际",夏之后则有周,《国语·鲁语上》曰:"昔烈山氏之有天下也,其子曰柱,能殖百谷百蔬。夏之兴也,周弃继之,故祀以为稷。"其中"夏之兴也"应为"夏之衰"之误。见于《礼记·祭法》有"夏之衰也"。夏衰亡之后,商王朝兴起,商朝衰亡而后周王兴起。后稷上指商代周族人的先世,成为周人一直尊奉祭祀的偶像。《国语·周语上》曰:"昔我先王世后稷,以服事虞、夏。及夏之衰也,弃稷不务,我先王不窋用失其官,而自窜于戎、狄之间。"周人应是夏、商时期的商族,无疑是商代姬姓的嫡系。

二、西周时期音乐教育

《周礼·春官·大司乐》曰:"大司乐,以乐德教国子,中、和、祇庸、孝、友;以乐语教国子:兴、道、讽、诵、言、语;以乐舞教国子,舞《云门大卷》、《大咸》、《大磬》、《云门》、《六卷》、《大夏》、《大濩》、《大武》。"西周时期乐制在传世文献记载中不多。乐官掌管乐舞创作,采诗颂诗讽谏和各种祭祀活动。《周礼·春官·大司乐》曰:"正乐县之位,王宫县,诸侯轩县,卿大夫判县,士特县。"周王朝宫廷设有"大司乐"管理音乐行政与音乐教育机构,其机构管理人员和乐师多达1463人,这些编制和名额均依照礼乐制度严格执行,礼乐制度充分体现出西周王朝政治思想与统治意图。充当宫廷音乐机构表演的业务骨干力量,相当于一所音乐学校或为音乐教育的专门机构。除了少量音乐学员从民间中得到选拔重用,大部分学员则是王公贵族的后代,从少年时代就开始培训,让他们长大能够知书达理精通音乐,熟练舞蹈。周朝形成以礼乐为中心的六艺教育,贵族子弟以"四术"立教,其中"乐舞"、"乐语"是大司乐官传授的主体内容。《礼记·内则》曰:"十有三年,学乐,诵《诗》,舞《勺》。成童舞《象》,学射御。二十而冠,始学礼,可以衣裘帛,舞《大夏》。"周王朝规定世子和国之贵族子弟作为教育对象,并且规定"十有三年",学习音乐、诵读《诗经》或者学习舞蹈《勺》。年龄13岁到20岁是他们学习阶段,直到完成应学的课程后才能毕业。《周礼·地官·大司徒》曰:"……而施十有二教焉:……四曰:以乐礼教和,则民不乖。"西周音乐教育则以音乐为统治阶级服务。"德音乐(乐之本)与和谐为稳定社会,安服人民也会起到一定的作用。"

《左传·隐公十一年》曰:"天子用八,诸侯用六,大夫四,士二。"西周礼乐制度把社会分成许多等级,天子用乐可以呈四面,诸侯用乐则以三面,卿和大夫排列两面,士只能排列一面。诸如天子使用乐舞队列有八行,则称为八佾,每佾即8人,共64人。诸侯为六佾,每佾(行)8人,共48人。周王朝有一套繁琐的系统的典礼,天子、诸侯与贵族的政治、军事、郊社、尝祭、食祭、乡射、王师大献、行军田役诸多仪式中,使用的音乐形式、典礼级别、演奏节目类别和使用乐器种类都有一套森严的制度。

西周时期宫廷雅乐是指祭祀天地、神灵祖先时所需要表演的乐舞演奏的音乐,其中包括郊社、宗庙、宫廷仪礼、乡射和征战活动,有《云门》《咸池》《箫韶》《大夏》《大濩》《大武》共六部乐舞。这些乐舞上承黄帝、尧、舜、夏、商、周六代之乐,有承上启下的音乐文化底蕴;以祭祀天神、山川地神、四望、先姚和先祖为主旨;以《大武》歌颂周武王伐纣的重大功绩,宣传神化帝王将相。这一组"六代之乐"自黄帝至西周初年文化精粹和音乐史诗,是西周雅乐与音乐文化的神品佳作,与《论语·卫灵公》孔子所云"乐则韶舞"相印证。

《周礼·春官·大师》曰:"大祭祀,帅瞽登歌,令奏击拊。"即西周雅乐中的祭祀、大朝会活动中,有乐师登堂而歌,故称"登歌"。西周礼乐中有用"佾"和"乐县(悬)"别贵贱,分等级。《周礼·春官·大司乐》曰:"正乐县之位,王宫县,诸侯轩县,卿大夫判县,士特县。"县,悬乐也,又称"乐悬"。贵族等级中分为四面、三面、两面、一面,指编钟和编磬的"乐县"(悬)的编组。周王朝设有"房中乐"用于宴飨宾客,《礼仪·燕礼》曰:"若与四方之宾燕,……有房中之乐。"周王朝时期宫廷中设"房中乐"多以琴瑟乐器演奏,有着浓烈的江汉流域民间乡乐韵味的《周南》《召南》就是典型。正如《旧唐书·音乐志》曰:"平调、清调、瑟调,皆周房中曲之遗声也。"

雅乐,一是指六代乐舞,简称《六乐》,象征六首史诗性质的古典乐舞,譬如以《大武》为代表的乐舞,以歌颂周王伐纣丰功伟绩。二是以小舞为例,譬如《拔舞》《羽舞》《皇舞》《旄舞》《干舞》《人舞》之类的,手执导具,鼞尾而舞,或手执盾牌舒展着长袖而舞。又如供典礼,祭祀仪式活动有射仪、祭祀、王师大献等。诸如这些歌词则体现出《诗经》中雅乐风格。周王朝对民间音乐也比较重视,并且进行大量的采集和充分利用。《春秋·公羊传》曰:"男年六十,女年五十无子者,官衣食之,使之民间采诗。"

采风形成了一种制度,定期深入民间征集民歌乡音。《国语·周语》曰:"故天子听政,使公卿至列士献诗,瞽献曲,史献书,师箴,瞍赋,矇诵,……耆、艾修之。而后王斟酌焉。"采诗采风盛行,并且形成规章制度,朝廷任命了采诗官。《礼记·王制》曰:"天子五年一巡狩,命太师陈诗以观民风。"

《左传·文公四年》曰:"昔诸侯朝正于王,王宴乐之。"燕礼音乐是天子大食天下诸侯群臣和宾客的燕享之乐。诸类文献记载燕礼音乐又称作燕乐。其较雅乐更加宽松自由一些。《周礼·春官·大宗伯》曰："凡祭礼飨食,奏燕乐。"燕礼音乐包括工歌、笙奏、间歌、乡乐、散乐、四夷之乐、房中乐等等。《仪礼·燕礼》疏引郑(玄)《目录》云："诸侯无事,若卿大夫有勤劳之功,与群臣燕饮以乐之。"散乐则为民间乐舞,《周礼·春官·旄人》曰："掌教舞散乐。"这就是说周代燕乐的风格与雅乐有所不同,二者相比则有雅俗之别的特点。到了东周时期列国诸侯则对雅俗音乐产生分歧。

周代统治者制定"采风"制度在民间搜集的歌词"风"与古老的祭祀歌曲"颂"、贵族所创作的歌词"雅"分别进行加工整理,后来逐渐形成了《诗经》。如"风"即15国的民歌,泛指北方民歌;"雅"则是指贵族阶层的文人骚客之作;"颂"则是指古老的祭祀歌曲和舞曲。三者之中的"风"则是《诗经》中的精粹。《诗经·周南·关雎》曰："关关雎鸠,在河之洲。窈窕淑女,君子好逑。参差荇菜,左右流之。窈窕淑女,寤寐求之。求之不得,寤寐思服。悠哉悠哉,辗转反侧。参差荇菜,左右采之。窈窕淑女,琴瑟友之。参差荇菜,左右芼之。窈窕淑女,钟鼓乐之。"这种表现情感与愁思、爽朗与明快、独唱或对唱的艺术形式,反映古代人民的生活气息。《论语·八佾》孔子赞曰："关雎,乐而不淫,哀而不伤"、"师挚之始,关雎之乱。洋洋乎,盈耳哉!"

西周诗歌与音乐有直接联系,诗则是歌唱出来的而且格外有韵味,内涵也极为丰富。西周礼乐政治则是周人宗法伦理和政教中的意识形态因素,这为后来诸子百家引诗方志或在各种社会活动中提高思想修养和音乐文化素养有着重要作用,充分体现出三代礼乐制度中的乐教、礼教、诗教是源同一辙,其合乐、行礼和用诗形式在礼仪中是相互交替的。也就是说诗与乐是统一的,乐与礼也是相对统一的。进而言之,在两周之际,礼乐制度盛行,传统音乐文化方面的特质仍然表现浓烈,新的乐歌在传统束缚中脱颖而出。

《诗经》成书年代约在东周,此外,南方楚国地区的音乐也相当发达。宋玉《对楚王问》曰："客有歌于郢中者,其始曰《下里》、《巴人》,国中属而和者数千人;其为《阳阿》、《薤露》,国中属而和者数百人;其为《阳春》、《白雪》,国中属而和者不过数十人;引商刻羽,杂以流徵,国中属而和者不过数人而已。是其曲弥高,其和弥寡。"由此可见,音乐文化与歌唱之风尤盛,见和者数千人,相当于大合唱的演唱形式。越高雅的歌曲《阳春》、《白雪》则见"和者不过数十人"。自古以来,华夏民族所承传的音乐艺术和歌曲则为喜闻乐见和雅俗共赏的作品。

《吕氏春秋·季夏纪·音初篇》曰："禹行功,见涂山之女,禹未之遇而巡者南土。涂山氏之女乃令其妾候禹于涂山之阳,女乃作歌,歌曰:'候人兮猗!'实始作为南音。"南音和楚国音乐在历史上是独树一帜的。周王朝时期南方泛指南国、南土、南等,《诗经》有《周南》、《召南》。《诗·鼓钟》曰:"以雅以南,以籥不僭。"先秦楚歌多称南音,包括吴、越等南方广大地区民间音乐也是南音的范畴。《越人歌》属于先秦时期的南音,是居住于长江流域越人的作品。此外还有吴地歌曲也属南音。吴越音乐则是合乐中的独特歌舞形式。

《论语·微子》曰:"楚狂接舆歌而过孔子曰:'凤兮凤兮!何德之衰?往者不可谏,来者犹可追。已而,已而!今之从政者殆而!'"可见《接舆歌》文献有载。有关以五音诗词结构的《孺子歌》文献也有记载,《孟子·离娄》曰:"有孺子歌曰:'沧浪之水清兮,可以濯我缨;沧浪之水浊兮,可以濯我足。'孔子曰:'小子听之!清斯濯缨,浊斯濯足矣,自取之也。'"南音历史悠久,应为楚歌、楚声和吴吟南音的文化精髓。其实,在西周早期曾国就在中原与南楚交汇处,随枣走廊古随之地,就把音乐推崇为他们顶礼膜拜的偶像。随州叶家山曾国墓地出土了西周早期的编钟,这些编钟就说明南音与北音的交汇融合,存在着地地道道的北音之乐,曾(随)均为姬姓,是周王朝嫡系诸侯王国,曾国也是江淮之间具有实力的侯国,竭力将北音向南推进。其实在商代中晚期南方音乐渐渐受到殷商文化的影响,到了西周时期南北之音也产生了共鸣。礼乐始于远古,兴盛于三代,鼎盛于西周。

第二节　西周时期礼乐制度的形成

一、浓缩着礼与乐的文化因素

西周时期音乐得到空前的发展,乐器种类繁多,音乐表现能力不断提高,在其演进的历史潮流中则有"八音"分类法出现。《周礼·春官》曰:"皆播之八音——金、石、土、革、丝、木、匏、竹。"进而七声音阶渐渐被人们所运用,对外族音乐与文化出现频繁的交流活动。西周王朝建立起礼乐制度,这一套完整的礼乐制度维护着周王朝统治的制度,正如《左传》所云:"国之大事,在祀与戎。"其实当时的礼乐制度包括典章制度,即礼乐、刑政思想与文化因素,其中刑、政则是用来制约惩罚下等民众的。这种礼乐制度就是要巩固奴隶制统治秩序,周王朝还颁布"分封诸侯"等法律制度,周公"制礼作乐",其以礼乐制度为核心的文化因素,已包涵着礼乐的哲学观念和思想意识。

始于孔子时代,儒家就非常推崇西周的政治思想与音乐文化,到了孟子则把尧、舜、禹、汤、文王和孔子尊为"圣人"。荀子则以《诗》《书》《礼》《乐》作为儒家的经典。显而易见,周文王和周公等西周时期的政治、思想、音乐文化及其礼乐制度影响后世甚深。杨宽先生说:"儒家所传西周史料,大多是开国文献,缺乏西周中期和后期的史料。"①《论语·述而》曰:"子所雅言,《诗》《书》执礼,皆雅言也。"《论语·泰伯》孔子曰:"兴于《诗》,立于礼,成于乐。"孔子对礼乐制度的内质审时度势,见识甚深。再看《论语·子罕》曰:"吾自卫反鲁,然后乐正,雅颂各得其所。"所以说西周的政治思想、音乐与文化都蕴涵着浓烈的儒家经典诗书礼乐。所谓的典礼主要用于招待宾客、宴会和典礼仪式,则由乐工进行歌舞和演奏乐器。弹奏"升歌"、"间歌"和"合乐"等各种乐舞以及钟鼓"金奏"等方面的乐曲,集中反映出西周时期礼乐制度的核心。

西周礼与乐的结合则出现"雅乐"。统治者在战争中进行歌舞仪式增长了军队的士气;在治理国家时用于统治奴隶和平民,形成了分等级、别贵贱的贵族典礼音乐,则是"雅乐"形成与发展的黄金时代,创造了周朝"雅乐"的巅峰时代。

周公制礼作乐具体说法尚难统一。大致于周朝建国之初,礼与乐相配形成的音乐、歌舞和乐队等有一套有规律的编制。《左传·定公四年》曰:"昔武王克商,成王定之,选建明德,以蕃屏周。故周公相王室,以尹天下,于周为睦。分鲁公以大路、大旂,夏后氏之璜,封父之繁弱,殷民六族……分之土田倍敦,祝、宗、卜、史,备物、典策,官司、彝器,因商奄之民,命以伯禽而封于少皞之虚。分康叔以大路、少帛、綪茷、旃旌、大吕(韦《注》:钟名),殷民七族……命以《康诰》而封于殷墟,皆启以商政,疆以周索。分唐叔以大路、密须之鼓,阙巩、沽洗(韦《注》:钟名),怀姓九宗,职官五正,命以《康诰》而封于夏虚,启以夏政,疆以戎索。三者皆叔也,而有令德,故昭之以分物。"分封制度等级森严,礼乐制度赏赐贵族,以正其身份地位之高低,比豪竞华于享乐。

《礼记·明堂位》曰:"成王以周公为有勋于天下,是以封周公于曲阜,地方七百里,革车千乘,命鲁公世世祀周公以天子礼乐。"凡见有分封,则享有土地疆域、都城和革车,礼与乐的等级制度则是这个社会制度的精髓。《礼记·祭统》

① 杨宽:《西周史》,上海人民出版社 2003 年版,第 1 页。

曰："昔者周公有勋劳于天下,周公既没,成王康王追念周公之所以勋劳者而欲尊鲁,故赐以重祭。外祭则郊社是也,内祭大尝谛是也。夫大尝谛,升歌《清庙》,下而管《象》,朱干玉戚以舞《大武》,八佾以舞《大夏》,此天子之乐也。"追溯分封与等级制度之源,则是探索西周礼乐制度之本,尤其有勋劳的高级贵族,在世重享乐,死后则厚祭之风与厚葬之风并举,为西周社会的兴与衰种下因果。兴大礼,行重乐,赏功勋,别贵贱,作《大武》,颂帝王,可看清西周礼乐制度存在的严峻隐患与邦国兴衰的现实。

二、融汇着音乐文化思想

远古时期的音乐思想认为音乐为巫术,有高深莫测的魔法,可沟通人与神之间的思想,所谓的天籁之音可以除灾祸、疗民疾。西周之际的音乐思想则被统治阶级用于培养人们的伦理道德,巩固封建统治制度和治理人民。正如《论语·八佾》孔子所言:"周监于二代,郁郁乎文哉!吾从周!"这是西周音乐思想和礼乐制度的精髓。儒家所尊奉的礼乐思想,在《乐记》中多有记载。

《礼记·乐记》曰:"乐者,音之所生也。其本在人心之感于物也。"即音乐是有感而发者。是反映时代人们生活的原本状态。《礼记·乐记》又曰:"凡音之起,由人心生也。人心之动,物使之然也,感于物而动,故形于声。声相应,故生变。变成方,谓之音。比而乐之,及干、戚、羽、旄,谓之乐。"所以说音乐则会因外界环境的影响产生刺激,就会从人的内心抒发出情感,进而形成了较为真实的音乐思想。《礼记·乐记》还说:"是故治世之音安以乐,其政和;乱世之音怨以怒,其政乖;亡国之音哀以思,其民困。"所谓以宫为臣、商为君、角为民、徵为事、羽为物的五音则通政、通商、通伦理道德之说随起,礼乐制度的音乐思想和政治思想相符不悖。

西周时期礼乐制度和音乐思想成为治国之道,礼为纲,乐为目,把乐附属于礼。礼与乐结合起来形成了朴素唯物主义哲学思想。《国语·郑语》曰:"故先王以土与金、木、水、火杂,以成百物,是以和五味以调口,刚四肢以卫体,和六律以聪耳……"

西周之际礼乐制度和音乐思想是一脉相承的,前者是形成了礼乐制度,后者是维护礼乐制度和发展音乐思想。《论语·先进》曰:"先进于礼乐,野人也;后进于礼乐,君子也。如用之,则吾从先进。"说明礼乐教育的重要性。孔子又言:"非礼勿视,非礼勿言,非礼勿听,非礼勿动。"并强调音乐服从于礼制。"凡音之起,由人心生也。人心之动,物使之然也。"所谓儒家的礼乐是所谓"乐统同,礼辨异"。其儒家音乐思想则是受封建社会音乐思想的影响。

《礼记·乐记》曰:"比音而乐之。"音乐艺术的多元形态来自于古典的乐道。《周礼·春官·大宗伯》曰:"以礼乐合天地之化,百物之产,以事鬼神,以谐万民,以致百物。"音乐与社会制度、礼制与政治思想相互承载着。其中诗歌与音乐思想,是文化最高表现,以宗教迷信和鬼神祭祀场合演奏出来。《诗经·小雅·楚茨》曰:"礼仪既备,钟鼓既戒。孝孙徂位,工祝致告。神具醉止,皇尸载起。鼓钟送尸,神保聿归。诸宰君妇,废彻不迟。诸父兄弟,备言燕私。乐具入奏,以绥后禄,尔肴既将,莫怨具庆。既醉既饱,小大稽首。神嗜饮食,使君寿考。孔惠孔时,维其尽之,子子孙孙,勿替引之。"可见仪式与钟鼓手之间的关系。主祭者与司仪的契合,演绎出祭祀崇神的音乐思想与礼制宗教神化的结果。

礼乐制度和音乐文化思想与宗教、祭祀、宗庙等级制度联系在一起。《礼记·王制》曰:"天子七庙,三昭三穆,与太祖之庙而七。诸侯五庙,二昭二穆,与太祖之庙而五。大夫三庙,一昭一穆,与大祖之庙而三。士一庙。"宗庙是宗族举行重要礼节和带有政治色彩的典礼仪式活动场所,凡国家重大政治事件与军事行动则在此举行,或在宗庙里接受王命。诸侯朝见天子的"觐礼",卿大夫会见邻国国君的"聘礼",均在宗庙里举行活动。《礼记·祭统》曰:"古者明君爵有德而禄有功,必赐爵禄于太庙,示不敢专也。"礼乐制度森严,超于这个时期礼乐思想的导向。

第三节　西周时期文献与乐器类型

一、西周文献史料与音乐关系

现存可考的西周文献,见于儒家所传的《尚书》中的《周书》和《诗经》。诗书礼乐成为西周儒家经典。《诗经》现存 305 篇,其中《小雅》以"笙诗"为主的有 6 篇,均为器乐曲,无目无辞。《诗经》是我国最早的一部诗歌总集。《汉书·艺文志》曰:"……古有采诗之官,王者所以观风俗,知得失,自考正也。孔子纯取周诗,上采殷,下取鲁,凡三百五篇。"所谓《诗经》以采风和陈诗为特色。

《诗经》囊括西周 500 年间的诗歌作品,按音乐类别可分为三类,即风、雅、颂。"风"为十五国之风,即周南、召南、邶、鄘、卫、王、郑、齐、魏、唐、秦、陈、桧、曹、豳（于唐朝开元为邠），涵盖陕西、山东、山西、河南、湖北诸地。除"二南"在汉水流域，其余诸地则在黄河流域的广大地区。"雅"有"大雅"和"小雅"之分。乐歌为《大雅》，则指周王朝王畿地区或周人地区之古之称谓夏，夏和雅相通用。"大雅"乐歌用于诸侯朝会时歌颂统治者们的功绩等。"小雅"乃为贵族宴享诗歌，其风格有民间音乐抒发情感的韵味。"颂"则有容之意。《诗·大序》曰："颂者，容也，美盛德之形容，以其成功告于神明者也。"主要在宫廷和宗庙祭祀时表演的乐舞。如《大武》诸多歌词均在《周颂》中表现出来。其中有《周颂》《鲁颂》《商颂》共 31 篇。从《诗经》形成的时间特点着眼，《周颂》《大雅》主要部分成于西周早期，也有一部分作品有西周晚年的风格。《国风》一部分作品为西周时期，甚至延至东迁的春秋时期。《鲁颂》《商颂》均为东周作品。《诗经》中的语言形式、韵律和音乐文化风格，则反映出当时约 15 个地区即今陕西、河南、山东、山西和湖北诸多省市社会的变化和高度的艺术成就。所谓古代"采诗"和"陈诗"系统劳动是一种形式，在严密的组织机构配合下才能完成这一系统的"采风"、"陈诗"工作。这些饱含各地区的音乐和歌词的乐舞风格，是中国历史音乐、舞蹈、戏曲、诗歌和民间艺术的艺术宝典。

从西周史料《尚书》中的《周书》可以看到其文化特质。《尚书》今本则为西汉初年秦博士伏胜所传，计 29 篇，因《泰誓》篇目为后伪作，故此只有 28 篇。武王在作《太誓》《墨子》《孟子》《左传》《国语》等书时均曾引用，而别于伪托补入的《泰誓》有异，在此故不赘述。《尚书》乃有上古之书的意思。《牧誓》则为周武王在牧野誓师时所作，今非原作，据考证为战国时人追述古人所作。《费誓》乃为鲁侯伯禽讨伐淮夷徐戎时于费地誓师之作。《洪范》记载了武王克商后释放了箕子，箕子到朝鲜半岛与当地土著建立了箕氏侯国。诸如《金縢》《大诰》《康诰》《酒诰》《梓材》《召诰》《洛诰》《多士》《无逸》《君奭》《多方》《立政》均记载了西周武王、周公、诸侯及其贵族等等治国方略和历史事件，以及君王的告诫和训词之类。于汉景帝时鲁恭王在孔子宅壁中发现了《古文尚书》，较之伏胜《今文尚书》多16篇。故又称之为"百篇《尚书》"。《汉书·艺文志》著录了《尚书古文经》46卷，《古文尚书》失传，仅存《书序》传后，其史料价值连城。这些古代文献多记载古代的君王治国兴邦和礼乐制度方面的史事。

对于西周时期的历史与音乐文化研究，还有《逸周书》《国语》《周易》《古本竹书纪年》《世本》《穆天子传》《史记》《汉书》《后汉书》、西周金文和儒家所传礼书《周礼》等。譬如《逸周书》具有《周书》的逸篇之属，大量记载了西周时期的重大历史事件。其中《克殷解》《度邑解》诸篇记载的一些材料真实可信，武王克商、周公东征的重大历史事件也较为翔实。《作雒解》和《皇门解》诸篇讲述了王洛邑的修建和周公会见"群门"的训词。《祭公解》则记祭公谋父生前劝诫穆王遗言。《芮良夫解》是记芮良夫对厉王进谏之言。该书也被后世看作兵家谋略著作。《国语》中的《周语上》一部分（前十章）内容反映出西周后期穆王、恭王、厉王、宣王、幽王时期世衰之迹。《国语·郑语》前章所记幽王时期官员史伯谈论"王室将卑，戎狄必昌"，秦、晋、齐、楚兴起，西周随亡。《周易》为"筮占"周人历史的经典，其卦辞爻辞蕴含着丰富的哲学思想，记载西周初年的国之大事，书成于西周早期。①《竹书纪年》是于晋朝时期，在汲县战国墓葬中出土的竹简，其上均为有关魏国编年史，记载乃处商、西周、春秋时期历史事件。传世本散失，今本《竹书纪年》为后人依照竹简顺序重编而成，已非原本，故此有《竹书纪年》和《古本竹书纪年》之称。《世本》则是反映先秦时期世系的有关记载，约在战国末年成书，其中多载西周时期史实。原书宋代散失，现有清代多年辑本。其中《世本八种》由商务印书馆合编出版。现见有雷学淇、茆泮林辑为佳。《穆天子传》亦称《周王游行记》，也为晋朝时期汲县战国墓葬出土的竹简。记载周穆王西游昆仑山所见西王母的神话传说。故事中讲到穆王大臣毛班，郎毛公。与同时代青铜器班簋铭文所记史实相符，故历史真实性较强，具有较高的历史价值。据考证为战国初年所作，以西周至战国时期游牧部族河宗氏之先祖神话传说史编成的。其内容则是反映游牧部族的祖先生活与劳动的历史，具有真实可信的一面。

《史记》为汉代司马迁撰，其中《周本纪》则有西周时期重要历史事件的记载。《秦本纪》《三代世表》《十二诸侯年表》《吴太伯世家》《齐太公世家》《鲁周公世家》《燕召公世家》《宋微子世家》《晋世家》《楚世家》《郑世家》《赵世家》《魏世家》等以及《礼书》《乐书》《律书》《历书》《天官书》《封禅书》、《平准书》均有记载西周时期重大史事。班固著《汉书》中的《诸侯王表》《百官公卿表》《古今人表》《郊祀表》《五行志》《艺文志》《西南夷传》《匈奴传》均有记载西周史事。还有范晔所著《后汉书》中的《西羌传》亦记西周时期的历史史事实。

《两周金文辞大系》为郭沫若 1934 年所著。《西周铜器断代》1955 年至

① 参见杨宽：《西周史》，上海人民出版社 2003 年版，第 7 页。

1956 年为陈梦家著,《金文通释》日本白川静著。《西周青铜器铭文分代史征》为唐兰著,《商周青铜器铭文选》为马承源著。儒家所传有关礼书即《周书》,则是以天地四时分设六卿,分掌六典,以天官司冢宰为六卿之首而执政,乃为儒家的理想安排和改造的理想政典,记载了西周时期的制度史。《仪礼》相传为周公所作,据考为战国时期的作品。《礼记》则是儒家讲述礼仪的选集而已。礼本起于夏商,成于西周,衰于春秋战国。正如《礼记·礼器》所云:"礼也者,反本修古,不忘其初者。"各种礼仪活动中都具体地反映出古代社会的典章制度的全貌。

研究中国古代历史和音乐考古必先关注历史文献资料,进而深入到出土文献中去,窥视历史文化、音乐文化和社会典章制度的具体资料。《周礼》成书年代数有争议,其中有西周说、春秋说、战国说、周秦之际说、汉刘歆伪造说等等。[①]尽管如此,但见于诸家均推《周礼》是记载西周时期史事应当无疑。《周礼》则叙理想国官司政之法等诸多形式,以及有关治理国家的政治思想。则有宏纤毕贯、体大思精的治术,且有鸿篇巨典之称。集儒、法、阴阳五行于一体,则对研究西周时期的政治制度和治国思想颇具学术价值。《尚书·召诰》曰:"我不可不监于有夏,亦不可不监于有殷。我不敢知曰,有夏服天命,惟有历年。我不敢知曰,不其延。惟不敬厥德,乃早坠厥命。"故有西周人关注夏商兴衰史,不重蹈覆辙。研究夏、商、周三代的音乐文化,就得通览其先民的历史,才能寻觅到先秦时期音乐文化的源头。

《楚辞》为战国时期屈原所作,在南方楚国民歌基础上形成的歌曲体裁。至汉代被人们称为楚辞。即有"书楚语,作楚声,纪楚事,名楚物"。诸如楚声则指战国时期长江、汉水和淮水流域的民间歌曲。譬如:《涉江》、《采菱》、《阳阿》、《激楚》、《阳春》、《白雪》、《下里》、《巴人》等等。《九歌》取名夏乐旧名,由 11 首歌曲组成。同是屈原根据楚国南部地区祀神歌曲基础上加工而成的。有朝廷祀典歌舞的特点,其最后为《礼魂》。诸如《东皇太一》、《云中君》、《湘君》、《湘夫人》、《大司命》、《少司命》、《东君》、《河伯》、《山鬼》、《国殇》均为描写人对神的礼赞。还有屈原神品之作《离骚》则是根据楚国地方乐曲《劳商》改编填词形成的。其中《招魂》是以民间招魂时所唱的歌曲再进行创作。《九章》中有《怀沙》、《哀郢》均为仿民间歌曲的风格形成的作品。无疑《楚辞》可与《诗经》相媲美。《楚辞·招魂》曰:"肴羞未通,女乐罗些。陈钟按鼓,造新歌些。《涉江》、

---

① 参见彭林:《周礼主体思想与成书年代研究》,中国人民大学出版社 2009 年版,第 3 页。

《采菱》，发《杨荷》些"。"竽瑟狂会，搷鸣鼓些。宫廷震惊，发《激楚》些"。"士女杂坐，乱而不分些。放陈组缨，班其相纷些。郑卫妖玩，来杂陈些。《激楚》之结，独秀先些。"

二、西周乐器种类与音乐关系

西周初期力推礼乐制度，宫廷表演的乐舞的规模、结构和编制宏大，促进了乐器的制作与演奏的效果。周代除了沿用商代乐器外，新发明的乐器共有七十余种，以质地材料不同可分成"八音"。即金、石、土、革、丝、木、匏、竹，与《周礼·春官·大师》曰"皆播之以八音——金、石、土、革、丝、木、匏、竹"相符。其中金以钟、镛、钲、铙、铎、铃等，石为磬、鸣球等，土即埙（或作壎）、缶等，革之鼓、建鼓、鼗鼓等，丝之琴、五弦琴、瑟、筑、筝等，木之柷、敔等，匏之簧、笙、巢（大笙）和（小笙）、竽等，竹之箫（排箫）、篪、（笛）、管。《史记·苏秦列传》曰："临淄甚富而实，其民无不吹竽鼓瑟、弹琴击筑。""八音"分类法是周代音乐和乐器发展的产物，可见先秦时期音乐与乐器科技水平较为发达。尤其打击乐器编钟和编磬是礼乐重器，则演奏出响彻宫廷内外极具影响的旋律。弦乐器是合奏和伴奏或者独奏的乐器。先秦时期琴家师旷、师文、伯牙则是奏琴的高手。《荀子·劝学篇》曰："伯牙鼓琴而六马仰秣。"古有伯牙鼓琴，钟子期善听而遇知音。

《诗经·小雅·鼓钟》曰："鼓钟将将，淮水汤汤，忧心且伤。淑人君子，怀允不忘。鼓钟喈喈，淮水湝湝，忧心且悲。淑人君子，其德不回。鼓钟伐鼛，淮有三洲，忧心且妯。淑人君子，其德不犹。鼓钟钦钦，鼓瑟鼓琴，笙磬同音。以雅以南，以籥不僭。"所谓乐则有音调、节奏和感染力，乃有闻声而心相从，润物细无声之语。《乐记》曰："可以善民心，其感人深。"

如打击乐器编钟，始于商代到西周时期，为编组打击乐器。早朝有3件一组的，也有5件一组的。到了战国时期曾侯乙墓则有一套65件编钟（其中有楚王镈钟一件）。吹管乐器箫、笙、笛与篪是同类乐器。《周礼·春官·笙师》曰："掌教龡、竽、笙、埙、篪、笛、管。"《诗经·小雅·何人斯》曰："伯氏吹埙，仲氏吹篪。"笙：《世本》曰："随作笙。"《礼记·明堂传》曰："女娲氏之笙簧"。《尔雅》解释曰："大笙谓之巢，小笙谓之和。"钟：鼓磬。《诗经·大雅·灵台》曰："虡（悬编钟、编磬的木架）业（悬鼓的木架）维枞（悬大钟木架），贲（借作'鼓'，大鼓）鼓维镛（大钟）。於论（通作'伦'，排列）鼓钟，於乐辟雍。於论鼓钟，於乐辟雍。鼍鼓（用鳄皮蒙的鼓）逢逢（鼓声），矇瞍（瞎眼乐师）奏公（通作'颂'）。"箫：《世本》

曰:"箫,舜所造。其形参差象凤之翼,十管,长二尺。"琴瑟:《山海经·大荒东经》曰:"帝俊生晏龙,晏龙是为琴瑟。"《世本》曰:"神农作琴。"《尚书·周书·顾命》曰:"鼖鼓(孔《传》:鼓,长八尺,商周传宝之一)。"

西周时期的乐器种类和数量均为上乘。金如钟,石如磬,土如埙,革如鼓,丝如琴瑟,木如柷敔、匏如笙竽,竹如箫管,则为周代乐器典型器物。其中"柷"者呈口大底小,形同木"升"状,以棒击之。"和"这种乐器又写作"龢"。其"竽"即 36 簧笙的乐器。《国语·周语》曰:"夫乐象政,乐从和,和从平,声以和乐,律以平声。金石以动之,丝竹以行之,诗以道之,歌以咏之,匏以宣之,瓦以赞之,革木以节之。""八音"俱全,雅乐为宗,音从心生,乐从人意,万变不离其宗。考古发现的西周乐器类别甚多,诸如磬、镛、镈、甬钟、钮钟、铎、钲、埙等乐器,出土音乐文物与古文献记载相互印证。

三、西周时期乐律、调式与旋宫关系分析

《国语·周语下》有东周景王为铸造钟与伶州鸠对话曰:"王将铸无射,问律于伶州鸠。对曰:'律所以立均出度也。古之神瞽,考中声而量之以制,度律均钟,百官轨仪。纪之以三,平之以六,成于十二,天之道也。夫六,中之色也,故名之曰黄钟,……二曰太簇,……三曰姑洗,……四曰蕤宾,……五曰夷则,……六曰无射,……为之六间,……元间大吕,……二间夹钟,……三间仲吕,……四间林钟,……五间南吕,……六间应钟。'"此为十二律,及为六律和六间,共十二律。《周礼·春官·太师》曰:"太师掌六律、六同(同,后皆作'品'),以合阴阳之声。阳声(即六律):黄钟、太簇、姑洗、蕤宾、夷则、无射。阴声(即六吕):大吕、应钟、南吕、函钟、小吕(即中吕,又称仲吕)、夹钟。皆文之以五声:宫、商、角、徵、羽;皆播之以八音:金、石、土、革、丝、木、匏、竹。"夏商时期则有五声音阶。西周时期科学更为发达,律学理论与实践的成果更加成熟。十二律和七声音阶已经形成,律学理论与科技水平走在世界前列。所谓六律六同合称十二律,则是十二个半音关系,并有绝对音高的音,则与 C、D、E、F、G、A、B 西洋音乐中的音名相当。即:

黄 大 太 夹 姑 仲 蕤 林 夷 南 无 应

钟 吕 簇 钟 洗 吕 宾 钟 则 吕 射 钟

古代的五声音阶:宫 商 角 徵 羽。七声音阶:宫 商 角 变徵 徵 羽 变宫。所谓五声音阶比之于西洋音乐中的唱名(现代唱名):

1 2 3 4 5 6 7 i。乐学与律学合称乐律学,所谓乐学研究对象是音阶、调式的结构、记谱、读谱和乐器法等方面。《左传·昭公二十年》曰:"清浊、小大、短长、疾徐、哀乐、刚柔、迟速、高下、出入、周疏,以相济也。"律学则研究乐音方面的音高关系。《史记·乐书》集解曰:"宫、商、角、徵、羽,杂比曰音,单出曰声。"所谓律者,就是乐音的音高而已。故此,如《左传·昭公二十九年》《通典》均言有"五音"(或曰五声)。《左传·昭公二十五年》并已提出:"为九歌、八风、七音、六律,以奉五声。"黄翔鹏先生说:"在九声中,无论九声、八声、七声还是六声,皆以五声为骨干。"[1]

　　三分损益法是计算乐律的重要方法,其计算法则是以弦长为其计算基础的。也就是说十二律指八度音程之内,则按三分损益法之生律原则,在一个八度之内形成二十个不相同的音高。可知我国古代的乐律则是以"三分损益法"计算出来的。《管子》中的《地员篇补注》曰:"凡将起五音,凡首先主一而三之,四开以合九九,以是生黄钟小素之首,以成宫。三分而益之以一而为百有八,为徵,不无有三分而去其乘,适足以是生商,有三分而复于其所,以是生羽。有三分而去其乘,适足以是成角。"其中所言生成五声,即三分损益法。若要求得各音或各律则先确定其中一个标准音。即五声、七声以宫音为主。《淮南子·天文篇》曰:"宫者,音之君也"则可证。《吕氏春秋·季夏纪·音律篇》曰:"黄钟生林钟,林钟生太簇,太簇生南吕,南吕生姑洗,姑洗生应钟,应钟生蕤宾,蕤宾生大吕,大吕生夷则,夷则生夹钟,夹钟生无射,无射生仲吕(即中吕)。三分所生,益之一分以上生;三分所生,去其一分以下生。黄钟、大吕、太簇、夹钟、姑洗、仲吕、蕤宾为上,林钟、夷则、南吕、无射、应钟为下。"其中所云生成十二律的方法均为三分损益法。即每次上升则可得到一个上方纯五度的音,下生则可得到一个下方纯四度的音。较之西方"五度相生法"似乎同出一辙。"隔八相生"者则是一个上生或下生皆间隔八律,诸如黄钟到林钟和林钟到太簇的相生关系。

　　杨荫浏先生说:"一般说来,一个律就是一个半音,十二律就是十二个半音""十二半音中,单数的半音和双数的半音有着不同的名称;六个单数的半音被称为'六律',六个双数的半音,则另有专名,被称为'六同'或'六吕'。"[2] 也就是说,律则指单数六个单音,十二个半音则可统称"律吕",即将十二个半音

---

①　黄翔鹏:《黄翔鹏文存》上、下卷,山东文艺出版社 2007 年版。
②　参见杨荫浏:《中国古代音乐史稿》,人民音乐出版社 1981 年版,第 42 页。

皆称"十二律",所谓乐律、音律、律吕、律制之名可相互通用。从而证实周代的乐律已形成十二律和七声音阶了。

调式与旋宫的理论,见于《礼记·礼运》曰:"五声、六律、十二管,旋相为宫也"的资料。① 所谓"旋相为宫"和"旋宫"则在五、六、七声音阶和十二律之间如何建成主音与音阶关系,前文已述及,此不多赘。这些调式理论与实践应用,则是古代劳动人民从音乐实践活动中探索而成的。如宫音分别与黄钟、大吕、太簇等各律相等,则可构成黄钟宫、大吕宫、太簇宫之十二个不同的宫调式。反之,则有黄钟商、大吕商、太簇商;黄钟角、大吕角、太簇角;黄钟徵、大吕徵、太簇徵;黄钟羽、大吕羽、太簇羽等。以五声配十二律,可得六十调和七声配十二律则可得到八十四调。可见,其调式繁多,平常在音乐活动中实用性很小。调式变化只是满足音乐内容表现需要产生的。

第四节 西周时期礼制礼器铭文与音乐关系

西周时期是一个礼乐制度形成与发展的重要阶段。随着对音乐制度的深入研究,对礼制社会的剖析,对享乐之风、厚葬之风中的礼器的探究,方能窥视出当时社会制度与音乐文化的内涵与属性。

一、武王分封制与礼制的关系

周武王分封天下诸侯,在于稳定华夏。《书序》曰:"武王既胜殷,邦诸侯,班宗彝,作《分器》。"武王克商之后,举行大祭祀行大礼的仪式十分频繁,给后世留下了深深的印记。《逸周书·世俘解》曰:"辛亥,荐俘殷王鼎。武王乃翼,矢珪矢宪,告天宗上帝。……龠入九终(乐人之官奏乐章九节)。……籥人(奏乐之官)造(进),王秉黄钺,正国伯。……王定,奏庸(大钟),……王入,进《万》,献《明明》三终。……籥人奏《崇禹生开》三钟终,王定。"周武王举行重大祭祀活动,以昭示天下诸侯必须推行礼乐制度。正如《左传·成公十三年》曰:"国之大事,在祀与戎。"故此,研究西周时期的音乐史和音乐考古,必须读懂这个时期的礼乐制度和礼乐文化。

自周人攻商灭纣之后,首先十分重视社会稳定和巩固统治阶级的政治地位,

---

① 参见黎孟德:《中国音乐简史》,四川人民出版社2009年版,第53页。

除了把音乐文化作为统治工具外，还重视礼制思想方面的教育。其次大力推行分封诸侯，提高俸禄，对礼器享用采取了分等级、别贵贱以笼络贵族和外族诸侯力量的凝聚力。对奴隶和贫民采用重惩罚的压制办法。这些记载多见于后世文献，真正复原了这个时代的礼制现象，还是要从考古发掘的古文化遗址和墓葬中所出土的西周文物着眼。《史记·周本纪》曰："封诸侯，班赐宗彝，作《分殷之器物》。"古代常有"邦诸侯"即"封诸侯"之说。武王采取对先代后裔敬谓"三恪"，"恪"为崇敬之意。《左传·襄公二十五年》则见"以备三恪。"《左传》杜预注，"周得天下，封夏、殷二王后，又封舜后谓之恪。并二王后为三国。其礼转降，示敬而已，故曰三恪。"封侯之风盛于朝野。

武王分封异姓诸侯时，进而扩大了对异姓贵族的分封，加强了周王朝的统治势力。《左传·成公十一年》曰："昔周克商，使诸侯抚封，苏忿生以温为司寇，与檀伯达封于河。"重视分封，启用异族，抑制殷朝后裔势力，加强对殷贵族的监督和控制。与此同时，对同姓亲属的分封，择重要地方封国。武王同母兄弟十人，如管叔鲜、周公旦、蔡叔度、曹叔振铎、成叔武、霍叔处、康叔封、冉叔载等。武王母弟11人，也先后分封于毛、毕、郜、雍、鄂、滕、原、郇等要地。《史记·周本纪》曰："武王即位，太公望为师，周公旦为辅，召公、毕公之徒左右王，师修文王绪业。"观其分封，亲疏明显，嫡系与异姓的封地均见有异。分封制度与礼制是紧密相连的。礼有轻重，器有大小，享禄身份不同礼器使用也不同。

设立封国，其种类繁多，《左传·昭公二十八年》曰："武王克商，光有天下，其兄弟之国十有五人，姬姓之国者四十人。"武王亲兄弟分封于军事要地。姬姓同族者甚多。《左传·定公四年》曰："武王克商，成王定之，选建明德，以蕃屏周。"明德则是指新建立的礼乐制度和分封制度，以安天下，以巩固其统治阶级的政权。《左传·昭公二十六年》曰："武王克殷，成王靖四方，康王息民，并建母弟，以蕃屏周。亦曰：吾无专享文、武之功，且为后人之迷败倾覆，而溺于难，则振救之。"周王朝采取封国封侯，享禄并施，礼器等级制度并行。以公、侯、伯、子、男为五类，以先代后裔、以同族同宗，以功臣区别等级与亲疏关系，采用"三恪"和"三监"来监督管理当时的社会与制度，将西周时期的社会治理得既稳固又平安。《左传·僖公二十四年》曰："周公吊二叔之不咸，故封建亲戚，以蕃屏周。管、蔡、郕、霍、鲁、卫、毛、聃、郜、雍、曹、滕、毕、原、酆、郇，文之昭也。邘、晋、应、韩，武之穆也。凡、蒋、邢、茅、胙、祭，周公之胤也。"由此可证，周之封国林立，"以蕃屏周"的封建社会体制，求得周王朝的统治稳定才是他们的主要目的。

别贵贱，重等级，以礼制礼器为度，西周王朝对权力的分配形式体现出分封制。凡受封国之君，以土地、礼器、城池作为标准。以"分田"和"制禄"的办法让天下的诸侯贵族"可坐而定"。《孟子·滕文公》曰："夏后氏五十而贡，殷人七十而助，周人百亩而彻，其实皆什一也。彻者，彻也；助者，藉也。龙子曰：'治地莫善于助，莫不善于贡'。贡者校数岁之中以为常。乐岁，粒米狼戾，多取之而不为虐，则寡取之；凶年，粪其田而不足，则必取盈焉。为民父母，使民盻盻然，将终岁勤动，不得以养其父母，又称贷而益之，使老稚转乎沟壑。恶在其为民父母也？夫世禄，滕固行之矣。《诗》云：'雨我公田，遂及我私。'惟助为有公田。由此观之，虽周亦助也。……夫仁政，必自经界始。经界不正，井地不均，谷禄不平，是故暴君污吏，必慢其经界。经界既正，分田制禄，可坐而定也。"孟子首言三种制度，对"贡"、"助"的制度进行了剖析。在实行"分田"、"制禄"中尚有"谷禄不平"以及存在"井田不均"的"暴君污吏"的腐败现象。所谓"经界既正，分田制禄，可坐而定"的关键所在，才能维持这种美好的"分田"、"制禄"的土地制度，用来稳定诸侯贵族与天子之间的凝聚力，也是周朝礼制的重要表现形式。

首先，周王朝所谓的父死子继、嫡庶之分。立嫡立庶继承制种类繁多，嫡者亲，庶者疏，外族更远以及立嫡长之制，避免争攘，由继统法发展到宗法制度上来，也就是把过去"君统"变为"宗统"，以政治组织发展到家族组织，以政治的封建关系发展到血统关系，这种宗法制度很快稳定了周王朝的社会安定。

其次，宗教与政治合一。即宗法晶核"宗子"地位。"宗子"有"大宗"和"小宗"。这是十分严谨的宗法制度，用宗法与宗统宗教法规，才能牢牢控制统治权。主张宗子有主祭的特权，支子不能僭越。维护宗子继承掌权，支子则有诸多限制，以防内讧，以免权力之争，小宗只可祭世则迁之祖，以别主次。《礼记·丧服小记》曰："别子为祖，继别为宗。继祢者为小宗。有王世而迁之宗。"宗法制度是西周王朝稳定其统治阶级政权和利益的重要措施之一。

二、贵族等级的礼器列鼎制与礼制关系

西周王朝建立的社会制度，则在体现变革与历史过程。在周武王克商后，他约在两年后就去世了。《礼记·明堂位》曰："武王崩，成王幼，周公践天子位，以治天下。六年，朝诸侯于明堂，制礼作乐，颁度量而天下大服。"《荀子·儒效》曰："大儒之效：武王崩，成王幼，周公屏成王而及武王以属天下，恶天下之

倍（背）周也。履天子之籍，听天下之断，偃然如固有之，而天下不称贪焉；杀管叔，虚殷国，而天下不称戾焉。……教诲开导成王，使谕于道，而能撰迹于文、武。周公归周，反籍于成王。……是以周公屏成王而及武王以属天下，恶天下之离周也。成王冠，成人，周公归周反籍焉，明不灭主之义也。……故以枝代主而非越也，以弟诛兄而非暴也，君臣易位而非不顺也。"兄终弟及，乃为成王。"惟周公诞保文武受命，惟七年。"（《洛诰》）成王年幼，其年龄屡有争议。《史记·鲁世家》曰："武王既崩，成王少，在强（襁）葆（褓）之中。周公恐天下闻武王崩而畔，周公乃践阼，代成王摄行政当国。"至少言及"成王冠，成人"之意，至少有十七八岁。《荀子·大略》曰"古者天子诸侯十九而冠，冠而听治，其教至也"则可证。殷贵族势力较大，周公摄政，东征打败"三监"及武庚的叛乱，之后开始实行"分封"诸侯，这时周公称"王"而用"王命"。

周公其人，文武兼备，足智多谋，其兄死后，他辅佐成王创大事业，则留天下功名。周公作《大诰》兴师东征。《大诰》曰："予（周公）不敢闭于天降威，用宁王遗我大宝龟，绍天明，即命曰：'有大限于西土，西土人亦不静。越兹蠢。殷小腆，诞敢纪其叙。天降威，知我国有疵，民不康，曰：予复！反鄙我周邦。今蠢今翼。日，民献有十夫予翼，以于敉宁武图功。我有大事，休？朕卜并吉'。"周公用了大龟甲占卜以崇天神，而昭天命，西部有乱，即西土人管叔、祭叔叛乱。为了安定天下，周公以占卜吉利之辞，号召兴师东征，平定叛乱。《大诰》曰："肆予告我友邦君、越尹氏、庶士、御事，曰：予得吉卜，予惟以尔庶，邦于伐殷逋播臣。……不可征，王害不违卜。"周公所作《大诰》以占卜的形式让天下百姓听从天命，启用"民献有十夫"明晰大臣辅佐他完成保护文王功业的使命。东征三年而获胜，制止叛乱，平定"三监"，消灭东夷奄国，完成周王朝统一的大业，奠定了周朝安邦兴国的基础。

正如在西周时期盛行的分封制度，除了让周朝贵族和外族诸侯在享有采邑和田宅之外，更能代表贵族政权等级制的礼器即列鼎制度。也就是世袭象征权力和地位凭证的青铜礼器。对礼器的深入研究则是对对应乐器的研究，故此，礼乐制度中礼器和乐器则是这个社会制度的核心。礼器则是从贵族生活中的实用品演变而来的，其中包括青铜礼器即爵、觚、罍等酒器为主。

夏商周为青铜时代。青铜如鼎、鬲、爵、斝、觚、尊、觯、卣、觥、盘、匜等，其中分为烹饪器、盛食器、温酒和盥洗器等。西周时期沿袭着商代时期的宗教、占卜、宗庙诸多祭祀活动，用于宗庙的礼器铸有铭文，子孙相传，则成为贵族世袭权力的象征。西周早期的青铜器的风格很接近商代晚期青铜的风格。凡从墓葬中出土有青铜礼器的,其中也有少量的乐器如镈、钟之类的乐器,如湖北随州叶家山西周早期曾国贵族墓葬中,出土有青铜礼器和乐器编钟、镈①。

故此,在研究乐器和乐制的同时,必得深入研究青铜器,礼器是确立墓主人身份和地位的表征。另外,西周早期青铜器与商代晚期一样,铭文字数较少一些。到了西周早中期青铜器上的铭文有几百字之多,如康王大盂鼎、小盂鼎均有二百至四百多字的铭文。西周早期的鼎有四足、三足,簋有方座,很有陈设表现力。武王时代有利簋、大丰簋,成王时期的德簋,昭王时期的过伯簋都是代表这个时期的青铜礼器精品。

青铜酒器到了西周中期开始走向衰落,除了爵、卣、尊、罍、方彝保留外,觚、斝、觥之类的青铜酒器也少见。新流行编钟,列鼎礼乐器,并显示出多年组合的特点。西周后期青铜器新流行盨和簠类型的青铜器。这个时期更加流行礼器、乐器同出的现象,如编钟、列鼎、盘、匜、甗、鬲、簋、盨、簠、壶、盂之类的青铜器。从器物造型、花纹和铭文特点看,西周早期青铜器花纹则承商风,铭文字数甚少。中期青铜器铭文尚多,多达数百字。花纹则以粗疏的鸟形纹、变形夔纹、环带纹、窃曲纹、瓦纹、弦纹为主,饕餮纹以简化为特点。如陕西眉县李村、岐山贺家村等地出土的青铜器盠驹尊和牛尊等均饰上述花纹。铭文风格也开始变化。西周后期青铜器花纹则以环带纹、重环纹、蟠龙纹、窃曲纹为主体流行。青铜器铭文大篆成熟,则从厉王时期的㝬钟、㝬簋以及宣王时期的毛公鼎为代表。总体而论,西周时代的青铜礼器与商代青铜器有了较大的变化,先从殷人重酒器中走出来,而是多用鼎、簋之类作为礼器,礼器又归属西周时期的礼制之中。

《左传·桓公二年》曰:“武王克商,迁九鼎于雒邑。”九鼎八簋乃天子之礼。鼎是国家权力的象征。楚武王问鼎中原,意在与周王朝抗衡。《左传·宣公三年》曰:“问鼎之大小轻重焉。……桀有昏德,鼎迁于商,载祀六百。商纣暴虐,鼎迁于周。……成王定鼎于郏鄏(洛阳),卜世三十,卜年七百,天所命也。”国家衰亡,鼎像权力一样更替易主,以显示共立国邦的大计。《逸周书·克殷解》曰:“乃命南宫百达、史佚迁九鼎三巫。”夏、商、周三代大鼎有四足方鼎,也有列鼎,在礼制时代的礼器列鼎,是象征天子、诸侯和贵族的等级、地位的圣物。礼器再与青

---

① 参见湖北省文物考古研究所、随州市博物馆:《随州叶家山西周早期曾国墓地》,文物出版社2013年版,第112页。

铜乐器相配,形成礼乐制度的核心重器。

先周时期历史文化遗产经考古发掘工作,在陕西武功、栒邑、彬县、岐山、扶风、长安诸地,对周人都邑如邰、豳、岐、丰、镐等遗址进行考古调查与发掘工作。其中刘家墓地、礼村遗址墓葬、凤翔西村墓地、宝鸡纸坊头遗址、扶风北吕先周等墓葬的发掘,对研究先周文化与属性提供了重要的依据。所谓先周文化是武王灭商之前的周文化早期阶段。先周文化和西周文化是共存关系,并有承前启后相互影响的关系。

西周时期青铜器礼器多在贵族墓葬中发现,礼器也成为厚葬的物品。墓地是古人埋葬死者的固定场所,因此周朝的礼制中有森严的墓葬制度。作为音乐考古工作者来说,不知道如何去考古发掘,或者说根本不懂考古学的基本原理,只是从所出土的乐器去分析、去测音,那就失去了音乐考古为研究古代社会的制度史、政治史、思想史与文化内涵等方面的研究意义。出土诸如青铜乐器和陶质乐器、石质乐器,均与古人类生活的习俗和环境有着密切的关系。我们在这里先从社会制度如西周分封制、礼制、礼器、青铜器进行综合性分析,继而对人类死亡后又是如何以礼相待的进行分析,那么,对西周时期墓葬制度的研究,会对音乐文物考古工作者和音乐史研究者提供更丰富的实物资料。《周礼·地官·大司徒》"族坟墓"郑玄注曰:"同宗者,生相近,死相迫。"人们活着均以聚族而居,死后合族而葬,此则形成公墓和邦墓。《周礼·春官·冢人》曰:"冢人掌公墓之地,……先王之葬居中,以昭穆为左右。凡诸侯居左右以前,卿大夫士居后,各以其族。凡死于兵者,不入兆域。凡有功者居前……"可见其规定是十分森严的。

《周礼·春官·墓大夫》曰:"墓大夫掌凡邦墓之地域,为之图。令国民族葬,而掌其禁令,正其位,掌其度数,使皆有私地域。凡争墓地者,听其狱讼。帅其属而巡墓厉,居其中之室以守之。"西周是一个体系庞大的礼乐制社会,作为人类而言,从生到死都有一套完整的体系制度去引导和束缚人们的行为,也就是礼乐制度在这个时代里发挥了空前的作用。

第五节　西周王朝与诸侯国的关系

一、周王室礼制与诸侯国的关系

《尚书·周书·康诰》曰:"王若曰:孟侯,朕其弟,小子封。"武王死后,周公摄政称王,东征三年征服了山东全境、河北以北至辽东半岛,东夷人和夏商后代也被征服。周公东征是武王克商的重大军事举措。战争将地域广阔、部落林立的叛乱都征服了。《孟子·滕文公下》曰:"周公相武王,诛纣伐奄,三年讨其君,驱飞廉于海隅而戮之,灭国者五十,驱虎豹犀象而远之。"西周初年商周兴亡交替之际,人民处于大动荡、大迁移时期。周朝为稳固天下广大地区,在西部黄土高原和黄河南北地域以及沿海地区采取分封制,即以本族有血缘的宗族以及贵族到封地建立诸侯国。西周王室极盛时期则为成王、康王时。到了昭王、穆王时,周王室开始走向衰落。

昭王南征,用兵讨伐徐楚。过伯簋上的铭文曰:"过伯从王,伐反荆。"贞簋铭文曰:"贞,从王伐荆。"《竹书纪年》有"丧六师于汉"的记载。穆王出征西北,以伐犬戎。穆王西征时淮水流域徐偃王也乘机反周。昭王南征而不返。《史记·周本纪》曰:"昭王之时,王道微缺""懿王之时,王道遂衰。"再后来厉王无德,酿成国人暴动,厉王被逐出京城。其子宣王复兴,与西部猃狁大战,同时也打击南方淮夷的叛乱。可惜好景不长,宣王晚年即出现衰象。周幽王继位后,周朝统治内外交困,西周就此衰亡。周室在平王东迁之后,王朝由西周进入东周时期,也就是春秋和战国七雄时期。

鲁国是周公旦之子伯禽的封国,周公旦是周武王弟弟,曾为辅助武王立下功勋,并跟随武王东伐至盟津。周公东征取胜后,实行封建,分封诸侯。于是封召公奭于燕,封太公望于齐,封周公于鲁,与齐国则以泰山为界,形成周王朝东方举足轻重的三个诸侯国。《史记·鲁周公世家》曰:"鲁有天子礼乐者,以褒周公之德也。"

先看鲁国建国及国野制度。周公始封于河南鲁山,后从鲁山迁徙到今山东曲阜,故称其为鲁国。《尚书·周书·费誓》曰:"鲁人三郊三遂。"孙星衍注云:"《左传》曰:古者百里之国,三十里之遂(隧),二十里之郊;七十里之国,二十里之遂,九里之郊,五十里之国,九里之遂,三里之郊。"即国之外为郊,郊之外则遂。鲁国深受周公影响,周公伯禽制礼作乐。《史记》卷三十三《鲁周公世家》伯禽曰:"变其俗,革其礼,丧三年然后除之。"也就受封于鲁国三年没有回京。鲁国则改革旧俗,严格推行周公之政。《论语·季氏》曰:"天下无道,则礼乐征伐自诸侯出。自诸侯出,盖十世希不失矣。自大夫出,五世希不失矣;陪臣执国命,三世希不失矣。"到了东周时期,礼乐制度也开始衰落,故孔子称"天下无道",鲁国衰微。

卫国则为康叔的封国，康叔即周武王的同母兄弟。《左传·定公四年》曰："分康叔以大路、少帛、绪茷、旃旌、大吕，殷民七族：陶氏、施氏、繁氏、锜氏、樊氏、饥氏、终葵氏。封畛土略，自武父以南及圃田之北竟，取于有阎之土，以共王职；取于相土之东都，以会王之东蒐。聃季授土，陶叔授民，命以《康诰》而封于殷虚。皆启以商政，疆以周索。"所言分康叔"殷民七族"，以及"命以《康诰》而封于殷虚"其封地与殷民和殷虚有关。殷虚乃河南安阳小屯一带，是商王朝晚期都城所在地，将康叔分于此，其主要目的是牢牢掌控商王朝遗民与贵族的后代。《酒诰》中有关禁酒的训辞，表明周公要康叔严禁殷人群饮闹事，更好地巩固这一地区。康叔在卫国统治取得了很大的成就。其后将卫国交给他的儿子庸伯去管理，康叔回到宗周官行司寇。与此一样，周公、召公和姜太公均把封国交给自己儿子治理。卫国是春秋时期工商业比较发达的诸侯国，时在庄公、定公时曾发生了两次叛乱，其工匠都参加了叛乱。《左传·定公八年》曰："苟卫国有难，工商未尝不为患。"卫国到了战国时期已十分衰亡。卫于春秋以后迁于漕，后又迁于楚丘，再迁帝丘。于战国时期卫国又迁于野王，大概指今河南沁阳。鲁国、齐国、卫国、宋国地理相邻，其文化主流则以姬周为太宗。

蔡国和曹国均为周王室的嫡系封国。西周初年蔡叔度参与武庚叛乱被流放。蔡国势力较为弱小，在陈、齐、宋、晋、郑、楚、吴诸国之间逢源，一时间并成为吴、楚争夺的对象。公元前493年令尹子西率兵伐蔡之故，吴迁蔡于州来，即今安徽凤台。公元前447年楚国灭了蔡国。公元前479年楚又灭了陈国。曹国在今山东定陶，仍为春秋晋、楚争霸所争夺的对象。公元前487年宋国灭曹。

燕国在殷代故国旧址建燕，燕国对拱卫周室有重要的战略意义。姬姓燕国立国八九百年，乃为战国七雄之一。《诗·商颂·玄鸟》曰："天命玄鸟，降而生商。"《吕氏春秋·季夏纪·音初篇》曰："有娀氏有二佚女，……帝令燕往视之。"玄鸟与燕何谓，有人认为燕也属于玄鸟图腾，燕民大概是商代殷民的分支[1]。燕国分北燕与南燕。武王封召公于燕。召公也是让儿子治理封国，管理政事，而自己留在王室辅佐周政。《诗·大雅·韩奕》曰："溥彼韩城，燕师所完。以先祖受命，因时百蛮。王锡韩侯，其追其貊，奄受北国，因以其伯。实墉实壑，实亩实籍。"韩城当为陕西韩城，韩国应在南燕附近。北燕在殷代就存在，周代初年

① 参见白寿彝：《中国通史》第3卷第4册，上海人民出版社2000年版，第921页。

（右侧竖排）第三章 西周时期音乐文化与音乐文物研究

127

召公建国于此。《史记·燕召世家》曰:"封召公于北燕。"北燕距周王朝甚远,与中原地区诸侯国接触较少,多被山戎所侵扰,春秋时有齐桓公伐山戎救燕国,此应为北燕。今河北易县为燕下都,而蓟为燕上都。燕以蓟为其政治、经济、文化中心。《左传·昭公三年》曰:"燕简公多嬖宠,欲去诸大夫而立其宠人。冬,燕大夫比以杀公之外嬖,公惧,奔齐。"燕国一直仰仗齐国发展而成为战国七雄之一。著名纵横家苏秦起于燕国,苏秦劝说齐闵王以"伐宋之利"和要"天下爱齐而憎秦"。《战国策·齐四》记载:公元前288年齐攻宋,而公元前287年苏秦又由齐返燕,再到魏国,点燃了五国攻秦国的战火。公元前286年又点燃了五国伐齐的战火。公元前284年,燕国以乐毅为大将一举攻齐,五国之中燕国最为勇猛,一举攻下齐国都城临淄。数月间连拔齐国七十余城。因为燕昭王卒,燕惠王即位,乐毅被骑劫所代替,又因为对齐国降兵和被征服地人民残暴无度,齐人有怨,以田单为首领率军夺回失地。赶走燕国军队。其实在燕昭时,赵国为众国之首,齐、楚较为衰落。秦昭王重用范雎谋略,对内修政,对外"远交近攻",主攻三晋,连胜韩魏。燕武成王时期,燕赵矛盾加深,燕攻赵屡战屡败。公元前249年,秦王政即位。燕多次参与攻秦,再因公元前227年,荆轲刺秦王而死于秦廷之上。秦于公元前222年获燕王喜而燕亡。

齐国乃周王朝的封国,始于营丘建国(今山东淄博市临淄北)。殷灭后,太公受封齐。《左传·昭公二十年》曰:"昔爽鸠氏始居此地。季萴因之,有逢伯陵因之,蒲姑氏因之,而后太公因之。"所言齐国封国以前,乃是少皞的支族爽鸠氏。至虞夏则诸侯季萴氏,至殷商则为诸侯逢陵氏。再为殷商时代支系蒲姑氏。太公才是受封齐国诸侯王。太公望,姓吕,名尚,本姓系姜氏,姜、羌可通,太公世系当属西羌人。周文王又称西伯。《史记·齐太公世家》曰:"西伯将出猎,卜之,曰:'所获非龙非彲,非虎非罴,所获霸王之辅。'"周文兴周,武王伐纣,太公辅佐有功。周初新政,太公参与谋略。太公受封齐国于营丘,曾与莱夷争雄。尚处于殷朝遗民和古老部落包围中,宗周礼制则在这里很难实施,后来则以太公之子吕伋向周王朝报告,提出在齐国要采取"简其礼,因其俗,通工商之业,便鱼盐之利"。周人在齐不得不继续沿用殷文化,顺应商王东夷民俗。齐国襄公死后,国人贵族拥推公子小白就位,则是齐国著名霸业开创者齐桓公,自齐国兴盛成为强国。齐国先都营丘,后迁于薄姑(今山东博兴),约在公元前690年开始灭纪、谭、莱后向渤海进发。尚与鲁发生争夺。公元前663年,攻山戎再伐燕。公元前661年,北方狄人势力逼近中原,威胁周室，齐桓公采纳了管仲建议，提出"尊王攘夷"方略，安抚华夏。①

周王室对江南徐楚诸国也很慎重对待。蛮夷之邦时叛时服，齐桓公则有称霸雄心，故有北抗戎狄、南御荆楚的能力。齐国邀集诸侯会师，问楚国"包茅不入"、"王祭不供"以及周昭王"南征而不复"的责难。楚国以昭王征而不复，要齐国"君其问诸水滨"。齐桓公死后，内部发生五子争位。齐国内部长期存在权力争斗，贵族地位增强，君主地位削弱，田氏家族兴起，先后出现田乞杀害齐君荼、田常杀害齐简公，公元前 480 年起史称"政由田氏"。田氏取代齐国君位后，保留"齐"之国名，称"田齐"，即由田氏（陈氏）代替了原来的姜氏齐国。最后，田氏灭亡，为秦所统一。陈、杞、宋均为周初诸侯诸封国，公元前 478 年楚惠王杀陈潜公灭陈。杞则从商代至周代还保留的小国，为夏王朝的后裔。周王朝封杞于山东诸城安丘一带，为楚惠王所灭。宋是殷商微子在周朝分封的诸侯国。在历史上有宋襄公图霸业失败的故事。公元前 286 年被齐国所灭，比郑国灭亡的时间要晚近 100 年。

晋国则是姬姓诸侯受封较晚的诸侯国之一。《国语·周语》曰："我周之东迁，晋、郑是依。"与郑国都是受封于周的姬姓国。晋一度在东周之后成为中原大国，因世卿势力导致韩、赵、魏三家分晋。三晋于战国时期各为七侯之一。赵魏则与中山国为邻。晋国乃为周武王之子，成王弟唐叔虞之封国。晋初名唐，在唐叔虞第二代改国号为晋。《史记·晋世家》曰："唐叔子燮，是为晋侯。"晋文侯时迁都于浲，在今山西翼城东南。公元前 677 年（晋侯缗二十八年），齐桓公始霸，是年曲沃武公伐晋侯缗，兼并晋地。曲沃武公被封为晋君，列为诸侯，是为晋武公。至武公死，子献公立，晋国一度成为黄河中游强国。晋献公英明能干，其后出现晋文公英明君主，继承霸业，其一是"勤王"，其二是城濮之战大胜楚国，在历史上留下英名。春秋末年晋民发生六卿之争，智氏、赵氏、魏氏、韩氏、魏氏诛灭范氏和中行氏，然后不久，韩氏、魏氏、赵氏又诛灭智氏，三家分晋。公元前 475 年三家已各有纪年。公元前 403 年，周威烈王正式封魏斯、韩虔、赵籍为侯。晋国由此消亡。

郑国桓公姬友则是周厉王的小儿子，宣王的弟弟。时在宣王二十二年（公元前 806 年），封郑桓公于郑国，今陕西华县。后来郑桓公采纳了史伯的建议，攻占虢、郐，另建都邑，即今河南新郑一带。《国语·郑语》曰："是非王之支子

①　参见白寿彝《中国通史》第 3 卷第 4 册，上海人民出版社 2000 年版，第 928—932 页。

母弟甥舅也,则皆蛮荆戎狄之人也。"郑国东与鲁、宋相交;西北则为成国、卫、晋;陈、蔡、许、楚诸国居西南,加上诸姬姓、偃姓、嬴姓国家环绕周围,处理好这些诸侯之间关系并非易事。尤其宋、卫、鲁诸国经常发生争夺君位的矛盾。郑国则以挟天子以令诸侯的办法进行干涉。周室东迁,郑国尚为诸侯中的强国,仍未形成霸主地位。郑国内乱之多,国家多与周围诸侯国发生争夺纠纷。春秋时期郑宋则是晋楚所争夺的对象。到了战国时期,郑国更衰,郑哀公被国内敌对势力的人所杀。于公元前 375 年,韩国灭郑,迁都新郑,历史上又称"韩郑"。

二、南方楚国与江淮诸姬

周武王克商后,楚国不断强大并向江汉流域发展。江汉流域如诸姬、诸姜均满布在这里。楚国强大起来,其他诸侯国逐渐受到威胁。周昭王曾经三次南征,其主要目标正是对楚。《史墙盘》曰:"弘鲁邵(昭)王,广笞荆楚。"《古本竹书纪年》曰:"天大暳(阴暗),雉兔皆震,丧六师于汉。"这是周昭王第二次南征时,"丧六师于汉(汉江)"。至西周末年,楚国更加强大,熊通已自称武王。楚武王于春秋时由丹阳迁都于郢。

楚武王时期,在汉水以东的诸侯国中以随国为大。公元前 706 年楚武王开始侵随。《左传·桓公六年》(楚武王三十五年)曰:"楚武王侵随……随侯惧而修政,楚不敢伐。"窥其实,颇鼎盛之势。公元前 704 年(楚武王三十七年)《左传·桓公八年》曰:"楚子伐随……战于速杞。"速杞为随地,今名不可考。楚、随之战,此次见"伐"字,楚国之势可谓盛矣,但随人未被征服。公元前 701 年(楚武王四十年)《左传·桓公十一年》曰:"陨人军于蒲骚,将与随、绞、州、蓼伐楚师。"楚人失江淮诸侯,随时遭到联合攻伐,若这些小国无力与楚交战,或实力相近,故知当时随国人国力尚强。公元前 690 年(楚武王五十一年)《左传·鲁庄公四年》曰:"四年春,王三月,楚武王荆尸,授师孑焉,以伐随。将齐,入告夫人邓曼曰:'余心荡。'邓曼叹曰:'王禄尽矣,盈而荡,天之道也,先君其知之矣,故临武事,将发大命,而荡王心焉。若师徒毋亏,王薨于行,国之福也。'王遂行,卒于樠木之下。"公元前 690 年春,楚武王第三次伐随,这次攻伐,楚动用精兵良将,然而未获胜利,连楚武王也死于军中①。此又一次见"伐",实为第三次进攻。楚国攻打随国,"授师孑焉"之锐器,且楚武王亲自督阵于楚军中。若随人

---

① 参见黄敬刚:《曾国与随国历史研究》,人民出版社 2013 年版,第 162 页。

无实力,楚人不至于大动干戈的。公元前 640 年(楚成王三十二年)《左传·僖公二十年》曰:"随以汉东诸侯叛楚。冬,斗谷于菟帅师伐随。"此次随国背叛楚国,其意是不与楚人结盟,以其实力与楚抗衡。《左传·庄公四年》曰:"……令尹斗祁,莫敖屈重,除道梁溠,营军临随。随人惧,行成。莫敖以王命入盟随侯,且请会于汉汭而还。"楚武王之世曾三次与随国发生重大军事冲突,其间 20 年则是先以武力,直至武王卒于军中,而后楚成王与随国以结盟而还。直至公元前 506 年(楚昭王五十年)《左传·定公四年》曰:"冬,蔡侯、吴子、唐侯伐楚,……王(楚昭王)奔郧,……斗辛与其弟巢以王奔随。吴人从之,……(随人)乃辞吴曰:'以随之辟小,而密迩于楚,楚实存之,世有盟誓,至于今未改。若难而弃之,何以事君,执事之患,不唯一人。若鸠楚境,敢不听命。'吴人乃退。"吴国军队大举攻楚,兵临城下,楚昭王奔随,得到随人保护。

公元前 688 年,楚文王即位第二年渡过汉水经过邓国伐申。先后灭申、灭吕国,再灭邓国。1975 年在南阳发现申、吕国古墓。1978 年在随州擂鼓墩发现战国早期曾侯乙墓和编钟,叶家山西周曾国墓葬和青铜器,一是证实随国境辖内发现西周曾国墓葬和编钟及战国时期曾国墓葬及大批青铜器,曾随之谜一国两名的学术问题,成为国际学术界研究的课题;二是战国早期曾侯乙墓有楚王熊章送的一件镈钟,说明楚、随关系过从甚密,楚昭王奔随则是重要的缘故。曾、随均为姬姓国则是周王朝的后裔。

江汉诸姬包括庸、申、息、麇、蔡国因叛楚故,均被楚国所灭。此后,楚国北上争霸,并东进江淮,力战群雄。申、息成为楚国直属,则成为楚国北上争霸的重要驿站。此时正值齐桓公称霸,以"尊王攘夷",号召诸侯共同抗御戎狄,南边防御楚国蛮夷。楚成王北上争霸受到阻碍,又向江淮东进。最终于公元前 633 年楚成王会合陈、蔡、郑、许诸国进攻宋国。楚穆王时又灭掉六、英诸侯国。楚庄王时又灭掉舒蓼,再灭舒庸诸侯国。齐桓公死后又出现宋襄公称霸,楚制服宋国。城濮之战晋国取得华夏诸侯霸主的地位。楚国仍然实力强大,到了楚庄王时楚国更加强盛。楚庄王北上争霸,问鼎中原,并先后七次攻伐郑国,围城三个月,逼郑襄公出城讲和。楚郑两国结盟。楚成王至楚庄王时期,楚国霸业达到巅峰,陈、蔡、郑、宋及其淮泗小国均降楚国。

楚国与吴越关系。自公元前 550 年,楚国开始攻打吴。公元前 538 年,楚灵王于申地大会蔡、郑、陈、滕、许、胡、顿、沈、小邾、宋等诸侯国,率会盟结诸侯攻吴,楚国势力已达到长江下游。从公元前 529 年楚灵王时期内部多发政变,经过楚平王与吴军大战长岸,楚吴之间相互争夺屡有胜败。直至公元前506年,吴国以蔡国和唐国为先导进攻楚国。经大别山到达柏举与楚军一战,以五次大胜楚军,吴军直攻郢都,彻底打败楚国,昭王逃到随国避难,受到随国的保护,并护送昭王回到楚国郢都,楚国由此走向衰亡。公元前226年,秦攻楚。公元前224年楚将项燕兵败自杀。次年,秦攻入楚都寿春,俘虏楚王负刍楚亡。

越国的兴起。吴越之间发生争夺。历史上晋国则用吴牵制楚国。与此同时,楚国则想利用越国牵制吴国。公元前601年,楚国率军伐舒蓼国,并且与吴国和越国结盟。公元前537年楚国以诸侯和东夷伐吴国。公元前518年楚国为舟师以略吴疆。公元前496年越王勾践即位。吴王阖庐得到消息乘机攻伐越国。越军勇猛,击败吴军,阖庐被毒箭射死。公元前495年吴王夫差即位后再次攻伐越国,越大败。勾践则以"卑辞厚礼"向吴求和投降。公元前478年越国大举攻伐吴国,吴王夫差自杀。至公元前473年越国终于灭掉了吴国。随后,越北上争霸。越灭吴之后则与鲁国接壤。越国到了战国初年,楚国则已占据了江淮以北的广大地域。公元前306年楚国乘越内乱则在江东设郡,越国随即灭亡。

巴蜀和西南夷在四川、贵州、云南一带。《尚书·牧誓》言:"庸、蜀、羌、髳、微、卢、彭、濮八族。"《后汉书·西羌传》曰:"西羌之本,出自三苗,姜姓之别也。……南接蜀,汉徼外蛮夷,西北接鄯善,车师诸国。所居无常,依随水草。"所言西羌与三苗的关系。其间楚与巴发生过战争。庸人帅群蛮以叛楚国。以麇人帅百濮聚于选,将伐楚国。蜀在殷商就存在,甲骨文中有"丁卯卜,共贞,至蜀,我有事。"殷王朝时期多有征蜀之役的说法。大致在公元前316年秦国就灭亡了蜀。西南夷则在四川、云南、贵州三省交界的地区。诸如夜郎、滇、邛、笮、昆明、徙、嶲、冉、駹等,则称西南夷。

秦国嬴姓,西周东迁,周平王始认秦为封国。《史记·秦本纪》曰:"昔我先郦山之女,为戎胥轩妻,生中潏,以亲故归周,保西垂。"秦国周围是羌戎部落,也被戎族所同化。周孝王时秦国的祖先非子居于太丘,可有犬戎杂居。大概在甘陕地域西南部。周厉王时有秦仲灭大路之族,以镇西戎之乱。周幽王时期申侯犬戎之乱,杀幽王于骊山之下。秦襄公以保周王室,周平王故封建秦为诸侯。由此秦霸西戎,其势力强大起来。其后又向东部发展。公元前701年秦已迁徙到平阳(即今陕西眉县)。公元前659年至公元前621年,秦国势力更大,并参加华夏诸侯争霸战争与会盟。随即华夏礼乐文化在秦开始兴起。公元前617年晋伐秦。前615年晋伐秦。前506年吴伐楚,攻入郢。楚昭王奔随。楚国求助秦哀公, 秦发五百乘兵车救楚。可见, 春秋时期楚国与秦国之间关系甚密。公元前 227 年攻燕。公元前 225 年攻魏, 公元前 222 年灭楚。公元前 221 年秦国灭齐后统一中国[①]。

综上所述, 在中国音乐史和音乐考古研究中, 首先要查阅中国通史和传世文献, 尤其对先秦时期中国古代史和考古学的文献资料, 要深入探索社会制度史、周朝姬姓诸侯和外族诸侯的文献资料。其实, 周朝的礼乐制度是制约这些诸侯国的, 让他们按王朝的礼乐制度去遵纪守法, 上述分封诸侯有关情况已分述如上, 就是这个时代的诸侯在礼制方面有礼器, 在乐制方面则有编钟等青铜乐器。

第六节 西周时期音乐文物考古概况

一、西周时期音乐文物考古发现

西周时期的音乐文物与考古发现, 根据《中国音乐文物大系》统计的数目是最全面、最准确和最可信的实物形象资料, 以墓葬中出土的青铜乐器为主体, 如甬钟、镈、钮钟、铙、句鑃、钲、铎、铃、鼓等。西周时期的钟类乐器, 以悬乐为主的乐器即甬钟、钮钟和镈为代表。考古发现中的乐器与文献记载是有区别的, 历史文献中有七十余种, 考古发掘中尤其以木质的乐器如琴、瑟、鼓、箫、管、笛等, 多会腐朽不全, 只能看到漆木乐器的痕迹。以青铜乐器、石质乐器、骨质乐器和陶质乐器为主要保存对象。周朝的"礼乐制度"中的"宫悬"乐器, 则是指周天子享用的编悬乐器。

西周时期的重大考古发现, 如遗址、窖藏和墓葬中, 有以钟磬悬乐为主体的编悬乐器发现。诸如陕西眉县窖藏编镈、宝鸡市南郊竹园沟西周弢国墓乐器、扶风齐家村西周铜器窖藏柞钟、陕西扶风庄白一号窖藏乐器群、山西曲沃县曲村镇北赵村西南天马——曲村遗址晋侯苏墓编钟[②]、山西闻喜上郭村西周墓钮钟、河南平顶山应国墓乐器群、湖北随州叶家山西周墓地 M111 出土钟镈、随州三里岗毛家冲钟磬等。其时代最早是湖北随州叶家山西周早期的钟镈。叶家山是汉水以东随(曾)国的辖境, 距随国故都和曾侯乙墓东北约 10 公里, 这里发

---

① 参见白寿彝:《中国通史》第 3 卷第 4 册, 上海人民出版社 2000 年版, 第 1045—1058 页。

② 参见北京大学考古系、山西省考古研究所:《天马——曲村遗址北赵村晋侯墓地第二次发掘》,《文物》1994 年第 1 期。

現西周早期的曾国贵族墓葬区,第一次发掘63座墓葬和1座车马坑,出土大批西周早期青铜礼器和乐器,为研究西周早期的钟镈音乐文物提供了宝贵资料。①

西周时期所出土编钟的数目不一。考古发现商代青铜铙有3件1组的,诸如安阳大司空M51、M312、M663,安阳薛庄M18、M699,安阳戚家庄M269等。②到了西周时期墓葬一般出土编钟3—5件,如随州叶家山西周早期曾国墓葬区和西周早期普渡村长囟墓,③宝鸡市茹家庄西周墓、宝鸡竹园沟M7西周墓④。《礼记·仲尼燕居》曰:"礼也者,理也;乐也者,节也。……达于礼而不达于乐,谓之素;达于乐而不达于礼,谓之偏。"所以说西周早期的编钟1组则有一肆之说,所谓一肆一般有3—4件的,也有5—7件的,到西周晚期逐渐发展一肆108件的。譬如安徽、陕西诸地窖藏中,则见出土4件的,即一肆者也不乏其例。安徽青阳庙前公社窖藏、陕西耀县丁家沟窖藏⑤,西周中期也是如此。至于堵、肆之说与实际考古发现尚存分歧。《周礼·春官·小胥》曰:"凡县钟磬,半为堵,全为肆。"郑玄注:"钟磬者,编悬之,二八十六枚而在一虡谓之堵。钟一堵,磬一堵,谓之肆。"一副钟架上挂16件钟为一堵,编钟和编磬合在一起谓之肆。《左传·襄公十一年》曰:"郑人赂晋侯歌钟二肆。"杜预注:"肆,列也。悬钟十六为一肆,二肆三十二枚。"堵、肆多参见考古发现与综合研究,尚无绝对的堵、肆关系。古人对堵、肆的说法也存在诸多分歧。

二、随州境内发现的西周早期文物

叶家山西周曾国墓地位于湖北省随州市东北,是古老的涢水支流漂水东岸高地,在一个呈椭圆形的岗地上,南北长约400米,东西宽约100米,面积约4万平方米,岗地高出周围农田约8米。这一地带有新石器至西周之际的古文化遗址西花园及庙台子遗址。此外,也发现有商代青铜器。随州淅河镇一带是曾国与随国两周之际先民生活与活动的地方,所遗存下来的遗迹遗物可证实其历史悠久,文化灿烂;尤其叶家山曾国早期墓葬多出西周早期的礼乐

---

① 湖北省考古研究所、随州市博物馆:《随州叶家山西周墓地第二次考古发掘的主要收获》,《江汉考古》2013年第3期。
② 参见陈双新:《两周青铜乐器》,河北大学出版社2002年版,第28页。
③ 参见陕西省文物管理委员会:《长安普渡村西周墓发掘》,《考古学报》1957年第1期。
④ 参见宝鸡市茹家庄西周墓发掘队:《陕西省宝鸡市茹家庄西周墓发掘简报》,《文物》1976年第4期。
⑤ 参见呼林贵、薛东星:《耀县丁家沟出土西周窖藏青铜器》,《考古与文物》1986年第4期。

器,则是为研究音乐文物和周代的乐悬制度提供可信的资料。从目前所出现的曾国礼乐器,即西周早期叶家山曾国钟镈、西周早期随州毛家冲钟磬、春秋中晚的均川刘家崖盉(冬)叔墓铜铃、随州城东郊季梁祠曾国墓葬区出土的钮钟以及随州擂鼓战国早期的曾侯乙墓编钟编磬和八种一百多件的乐器,都证实了姬姓曾国与随国崇礼尚乐的渊源历史。对这一地区的考古发现和出土的音乐文物系统研究意义重大。曾国的音乐文物乃为研究两周之际的悬乐制度起到重大作用,尤其是战国早期曾侯乙墓钟磬更是研究中国先秦时期的乐悬制度的标尺。

（一）叶家山西周早期曾国墓地出土的青铜礼器

叶家山考古调查与发掘从 2011 年开始,共揭露面积 3700 平方米,已揭露和发掘的墓葬有 64 座,车马坑 1 座。所发掘的墓葬出土有陶器、瓷器、铜器、漆木器和玉石器等文物共 739 件(套)。青铜器达 325 件(套)。墓葬和出土文物的年代为西周早期。从所出土的青铜器铭文得知,其中有自铭"曾侯"、"曾侯谏"、"曾侯犺(犵)"和带有"曾……"的青铜器较多,[1] 由此可知这是曾国贵族墓地。现将其中最具典型的墓葬和出上的青铜礼器和乐器等选择介绍一二,为研究西周早期的礼乐制度和音乐文物有一定的参考价值。

叶家山西周早期曾国墓葬 M1、M2、M27 这三座墓葬皆为长方形土坑竖穴。M1 有腐烂的棺、椁痕迹,坑内设有二层台,随葬的器物放在二层台上,"据此可以看出,M1 的随葬器物大多呈曲尺形放置在西边和南边的二层台上"[2]。专家学者认为,此墓虽无乐器出现,但器物摆放形式与礼乐制度有关,尤其与乐悬之制中诸侯享乐曲悬有关。M1 棺椁底部中间有腰坑,应与祭祀有关。M2 有腐烂的棺、椁痕迹。该墓的随葬器有青铜器、陶器、瓷器、玉器和漆木器。"大多呈曲尺形放置在东部和北部的二层台上。其中铜礼器、瓷器和漆木器放置在东端的二层台上,陶器、瓷器放置在北边的二层台上。"[3] 与 M1 一样随葬品呈曲尺形摆放,应与礼乐制度有关。M27 有棺椁腐烂的痕迹。"棺置于椁室正中,棺头端向

①　参见湖北省文物考古研究所、随州市博物馆:《湖北随州叶家山西周墓地发掘简报》,《文物》2011 年第 11 期。

②　参见湖北省文物考古研究所、随州市博物馆:《湖北随州叶家山西周墓地发掘简报》,《文物》2011 年第 11 期。

③　参见湖北省文物考古研究所、随州市博物馆:《湖北随州叶家山西周墓地发掘简报》,《文物》2011 年第 11 期。

北错位,可能木棺在腐烂前因积水漂移所致。"① 这与曾侯乙墓椁室内积水之风俗相同。② 随葬品约 110 余件,仍然以东北呈曲尺形摆放,少量几件陶瓷器摆在南二层台上(约 5 件)。以上三座墓即 M1、M2、M27 共出随葬品 232 件,其中青铜器 94 件,分礼器、兵器、车马器和工具四大类。仅以礼器而言,则有 63 件。有青铜鼎、簋、甗、尊、罍、卣、觯、爵、鬲、匕等。③ 这些礼器对研究西周时期礼制和乐制的形成有极高的价值。因为这个历史时期尚无文献记载礼乐制度的真实情况,只有从文化遗迹、墓葬习俗和随葬品等级制度分析,才能更好地验证西周时期礼乐制度的社会现状。

这三座墓出土的 63 件礼器分别为:

其一,炊食器 36 件,有鼎、簋、甗、鬲、匕等。鼎 19 件,类型各异。则见圆形和方鼎,分裆鼎和小柱足类型的鼎。其中 M1 随葬 4 件方形鼎,M27 随葬 2 件方形鼎。尤其在 M1 出土了 4 件师方鼎。师方鼎口沿下有云雷纹、浮雕兽面纹。有凸起的扉棱、勾眉、方圆睛等西周早期的花纹,这种花纹特点浓缩着殷商时期的文化特点。并有浮雕夔龙,器壁铸有铭文为"帀(师)乍(作)父癸宝陴彝"。其中 2 件青铜方鼎腹内壁有"曶(曾)侯乍(作)宝陴彝鼎",器盖内铭文为"曶(曾)侯乍(作)宝鼎"。依此铭文断定该墓为曾国诸侯的墓葬。这说明曾国应该是被周王朝分封较早的一批诸侯国。这些青铜礼器更能证实其与当时社会礼制有密切关系。尤其 M2 随葬的青铜圆形鼎内壁铸有:"曶(曾)侯谏乍(作)宝彝",也说明该墓是曾国诸侯名"谏",M2 出土这组青铜器造型、花纹特点,与西周早期风格相同,其器物特点饰有浮雕兽面纹、浮雕夔龙纹,其风格更有浓厚商代晚期至西周早期的文化风格。

其二,这三座墓葬中所出青铜酒器和窖藏器物较多,如 M27 的青铜觯、觚、盉、壶、盘等,陶器类有陶簋、尊、壶、罍、缶、罐等,瓷器类有瓷瓮、豆、罐等。

其三,铭文特点除了铸有"曾侯"、"曾侯谏"国名、爵位和名字外,还有一些方国、族徽之类的文字。如 M27 "鱼伯彭尊、鱼伯彭卣,且南兽觯,守父乙觯,戈父癸簋、父乙亚宣鼎、白生盉"等,其中 M1 青铜爵、觚等,均有"□□乙爵,

① 参见湖北省文物考古研究所、随州市博物馆:《湖北随州叶家山西周墓地发掘简报》,《文物》2011 年第 11 期。

② 参见黄敬刚:《曾国与随国历史研究》,人民出版社 2013 年版,第 23 页。

③ 参见湖北省文物考古研究所、随州市博物馆:《湖北随州叶家山西周墓地发掘简报》,《文物》2011 年第 11 期。

□□父癸角瓜,父丁冉畀"之类族徽铭文,极具商周时期青铜礼器和文字风格。[1]
这座墓葬区应为西周早期曾国贵族墓地。对于这些曾国贵族墓葬的风俗和随葬
礼器的研究,有助于了解曾国在礼乐制度方面的全貌。因为在这个墓地内出现
了西周早期的礼乐器钟镈,只有从整个墓葬区的年代、布局、习俗和随葬礼乐器
的特点判定,才能勾画出西周早期姬姓曾国礼乐制度的原貌。诸如陕西高家堡
戈国墓地、河南洛阳北窑西周墓、北京琉璃河西周燕国墓地所出器物类型均与
叶家山西周早期曾国贵族墓地所出土文物时代相近相同。其具体时代则为西周
成王、康王或延续到康昭之世。尤其该墓出土方鼎的墓葬风格,见于杨宝成、刘
森森先生早在《商周方鼎初论》中说:"凡出土中型方鼎(通高 20—50 厘米)的
墓,墓主均为高中级贵族"、"出土二件中型方鼎者,多属方国国君;出土一件中
型方鼎者多为王室重臣,少数为方国国君"。[2] 以上 M1 出土 4 件方鼎,M2 出土
1 件圆鼎自铭"曾侯谏作宝彝"和 2 件簋、1 件甗均自铭为"曾侯谏作媿宝彝"等
青铜器。M27 出有 2 件方鼎自铭"曾侯作宝尊彝鼎"[3] 等青铜器。从这些器物
组合和铜器铭文标注为"曾侯",已说明叶家山当为曾国贵族墓地无疑。

(二)叶家山西周早期曾国墓葬出土钟镈悬乐器

2013 年 3 月 26 日至 7 月 26 日,叶家山西周墓地进行了第二次考古发掘
工作。揭露面积 5000 平方米,发掘古墓葬 77 座,马坑 6 座。共出土青铜器和
陶瓷及玉、骨等多达 1300 多件(套)。其中 M28、M111 带有墓道,并有彩绘棺
材,从已腐烂的人骨痕迹看,均为仰身直肢葬。其余均为长方形土坑竖穴墓。
唯 M111 位于该墓地的中部,其规模居首位。"墓口东西长 13.08 米—13.48 米,
南北宽 10.1 米—10.28 米,墓底东西长 8.08 米—8.22 米,南北宽 5.58 米—5.96
米,墓口距墓底深 9.1 米—9.26 米,在墓坑的西部带有一长方形斜坡墓道。"[4] 墓
上有 8 个倾斜柱洞,应为当时墓上守护死者陵墓的建筑物。从其埋葬习俗看,
残存棺痕上施有红色彩绘,饰卷云纹,棺底铺有朱砂,二层台上铺有竹席。其中
随葬品摆放很有规律性,在该墓北部二层台上主要放置有青铜礼器、酒器和水

① 参见湖北省文物考古研究所、随州市博物馆:《湖北随州叶家山西周墓地发掘简报》,《文物》
    2011 年第 11 期。
② 参见杨宝成、刘森森:《商周方鼎初论》,《考古》1991 年第 6 期。
③ 参见湖北省文物考古研究所、随州市博物馆:《湖北随州叶家山西周墓地发掘简报》,《文物》
    2011 年第 11 期。
④ 参见湖北省文物考古研究所、随州市博物馆:《随州叶家山西周墓地第二次考古发掘的主要
    收获》,《江汉考古》2013 年第 3 期。

（容）器。该墓西部二层台上主要放置铜编钟和少量青铜兵器，其椁室内主要摆放车马器和玉器。

M28 与 M27 相距 12.1 米，与 M111 相距 8 米。设有墓道和墓室两部分。墓室北、东、南三边有 7 个圆形或椭圆形柱洞，应为墓上建筑物。其棺也有红色彩绘痕迹，其葬式也为仰身直肢。随葬器均置于二层台上，或者椁棺间，椁上填土中也有随葬品。青铜礼器均放在北部二层台上，其中青铜尊、铜、爵、提梁卣等酒器放在长方形漆案上。还有青铜兵器、漆木器；原始瓷器和部分青铜车马器放置在南部二层台上。在这附近还有 6 座车马坑进行了考古发掘，其中随葬马匹数有 2—4 匹的，也有 8—10 匹之间的马匹数。从平面分布看，M111 紧傍 K2、K5、K7、M28 紧临 K6 马坑。这两座墓 M111、M28 随葬礼器均陈放在北部二层台上。两墓均有随葬的车马坑，并在两墓地面上均有建筑物。M111 随葬有青铜礼器和乐器，M28 随葬有青铜礼器，因该墓发现盗洞可能有青铜乐器早期被盗了，这两座墓均为曾国贵族墓地。另外，在这批墓葬中除了编钟外，还发现方鼎、方簋、圆鼎和分裆鼎等。"部分铜器上有铭文，铭文内容主要为曾侯、曾侯谏和曾侯犺以及一些族氏或方国铭文，则是 2011 年考古发掘时新发现的一个曾侯名。编钟是本次发掘的一个重要发现，一套 5 件，由 1 件镈钟和 4 件甬

图四十　江西萍乡彭高甬钟 2 件（西周）

图四十一　湖南湘潭县花石洪家峭钟（西周）

钟组成。"[①] 这一组墓葬所出土的西周早期青铜乐器编钟,则是我国发现西周时期年代最早、数量最多、保存较为完整的一套编钟,对研究西周早期的礼乐制度和音乐的发展具有重要的学术价值。

　　M111 和 M28 两墓均为大墓,设有墓道,随葬有车马坑,也是一座曾国的贵族墓葬。随葬品中有青铜礼器和青铜乐器,M28 中出土了 2 块青铜锭,为纯铜,铜含量达到 98％以上。总而言之,这些考古发现与收获之大,所出现的曾国贵族随葬器,为研究西周早期的青铜文化、礼乐制度、青铜铸造、曾国诸侯等贵族

---

① 　湖北省文物考古研究所、随州市博物馆:《随州叶家山西周墓地第二次考古发掘的主要收获》,《江汉考古》2013 年第 3 期,第 5 页。

等级制度以及方国、周族先民之间的关系提供了重要的资料。

西周早期编钟与考古发现,见于3件1组(肆)的,还有江西萍乡彭家桥、湖南湘潭县花石洪家峭、陕西扶风北桥窖藏、扶风黄堆M4、湖北大冶罗桥等编钟均为2件1组的,其2件1组(肆)与3件1组(肆)的均难与传世文献记载完全相符。也就是说,西周早期至西周中晚期,礼乐制度渐渐发生变化,到了春秋战国时期,用礼用乐的社会制度出现更大的变化。

第七节　西周时期悬乐器与考古发现

西周时期的悬乐器青铜钟承袭了殷商之风。随着时代的变迁,其遗风渐逝,周人铸造的青铜钟乐器蕴含着独特的文化韵味。从考古发现看,周人文化信仰仍以礼乐器为重,其中钟乐更为贵族阶级所重视。一般贵族墓葬多见礼器而少见乐器,钟乐器则成为先民们顶礼膜拜的神器。

介于黄河流域和长江流域的青铜文化属性是有差异的,包括商代青铜镈南北存异,西周时期这种地域性文化特征渐浓。以考古发现看南北铙与甬钟的编列和变化,则可窥视西周时期青铜钟乐的演变轨迹。诸如西周前期的青铜铙则是殷商遗存下来的礼乐重器,先后见有河南洛阳林校出土的3件西周早期的青铜铙,河南鹿邑"长子口"出土6件青铜铙、骨排箫和特磬组合乐器,以铜铙为主体,带有浓烈的殷商之风。陕西宝鸡竹园沟出土有青铜铙1件,其年代则为成康时期。山东威海田村镇西河村出土青铜铙2件。在长江流域出土青铜铙更多,先后在湖南、江苏、浙江、江西、福建等地区出土,均为单件,其时代均在西周早期。这个时期的青铜镈出土较少,均为单件,先后在湖南、湖北、广西诸地发现。随着时代变迁,铙、镈渐渐被甬钟所代替。甬钟则是西周时期悬乐重器,造型精美,铸造精良,乐音清晰,数量较多,随州叶家山曾侯镈钟、晋侯苏编钟、伯钟、克钟、应侯钟、痶钟、中义钟和柞钟彰显出西周时期的钟乐特性。

一、西周时期青铜铙、青铜镈、甬钟、铜铃

(一)青铜铙

陕西宝鸡茹家庄和竹园沟出土青铜铎、青铜铙各1件,青铜铙为竹园沟周代墓葬中出土。无论从造型还是花纹,都与殷商时期的编铙近同,属于西周早

期。这种青铜铙开始有悬挂之斡，以此有别于商代风格。这件青铜铙出土于墓葬，墓中还有其他青铜礼器和兵器，乐器包括青铜铙和青铜铎。《中国音乐文物大系·陕西·天津卷》记载说："1980年5月宝鸡市南郊竹园沟13号周墓出土。此墓同出有子黉方鼎、戈鼎、秉作文辛鼎等一批铜器和玉器共计250余件（组），均系西周早期器。"[1]

这件青铜铙造型别致，纹饰粗犷简洁，以浮雕兽形纹布满器面，其舞部为素面。铙呈平顶、侈铣、凹口。柄中空外部有半圆形环。铙的腔体与柄中空相通，

图四十二　陕西宝鸡竹园沟 M13 青铜铙（西周早期）

---

[1]　参见黄翔鹏总主编：《中国音乐文物大系》（陕西·天津卷），大象出版社1996年版，第25页；卢连成：《宝鸡强国墓地》，文物出版社1988年版。

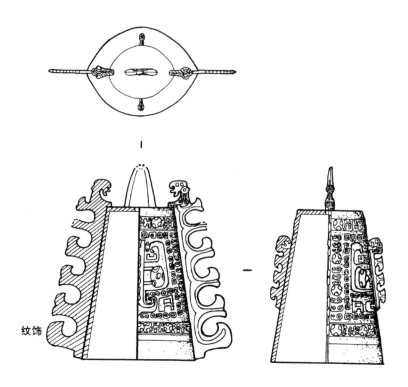

纹饰

图四十三　湖北随州三里岗镇毛家冲青铜鸟饰镈（西周中期）

正鼓部有叠起的台状，以显其特色。测音效果良好。[①]此铙保存完整，系墓葬出土，结合所出青铜礼乐器来看，对研究商代晚期和西周时期的礼乐制度形成有重要的参考价值。王友华说："对于'殷礼'之礼乐器的典型代表，武王克商之后，并没有立即废弃编铙，而是继续沿用。"[②]据现有考古资料可知，西周时期的编铙出现较少，大约有 12 件，在河南、陕西、山东等地出土。大概是殷商之后编铙被编钟甬钟所代替。诸如 1993 年在河南洛阳林校墓葬中出土 3 件，时代为西周早期。1997 年在河南鹿邑太清宫长子口墓出土 6 件，同时出土有骨排箫 5 件，特磬 1 件，其在西周成王时期。1980 年在陕西宝鸡市南郊竹园沟 13 号周代墓葬中出土 1 件，其为西周时期成康之世的编铙另外山东威海市田村镇西河村出土有 2 件，为西周中期的编铙。[③]从这 12 件青铜编铙所分布的地区看，多在宗周和成周地区，少数在东部沿海地区发现。西周前期在黄河流域仍然存在编铙乐钟。

长江流域西周早期所出青铜铙述略于下。以 67 例共出土 69 件的南方西周青铜铙而言，其有出土地点和有资料可查的即 43 例，共计 45 件，其有可参考年代的仅见 39 件，其时代均为西周前期的青铜铙。一部分出土于墓葬，另一部分则出土于窖藏坑。由此可知，青铜铙在南方地区存在的时间比北方地区长一些，在湖南有 17 处，江苏有 1 处，江西 13 处，浙江 4 处，广西 1 处，安徽 1 处，福建 2 处，共计约 39 件。虽说在商代常以多件青铜编铙出土，但在西周见于北方地区有多件和单件出土，南方青铜铙占 90% 以上均为单件，不同于后来的甬钟和编钟悬乐成组出现。尤其南方地区的铙更以单件以显特色，在湖南地区更为突出，次之江西，再次之浙江，并且以窖藏坑为主，这应与西周早期宗庙祭祀之乐有关，因为单件尚难用于演奏，作为西周早期仍然延续殷礼，求天敬神、占卜之风遗存，这些单件青铜铙周族先民们用于祭祀、占卜、敬神。

（二）青铜镈

青铜镈是西周时期乐悬之一，虽说数量较少，但在南方地区相沿成习。一般以单件出土，但也有与编钟伴出。诸如，2013 年随州叶家山西周早期曾国墓葬中出土 5 件青铜钟，由 1 件镈和 4 件甬钟编组。1995 年随州三里岗镇毛家冲西周中期墓葬出土青铜镈 1 件。1976 年湖南衡阳征集西周早期青铜镈 1 件，湖

---

① 参见黄翔鹏总主编：《中国音乐文物大系》（陕西·天津卷），大象出版社 1996 年版，第 25 页；卢连成：《宝鸡弓鱼国墓地》，文物出版社 1988 年版。
② 王友华：《先秦编钟研究》，广西师范大学出版社 2013 年版，第 99 页。
③ 参见王友华：《先秦编钟研究》，广西师范大学出版社 2013 年版，第 100 页。

图四十四　陕西眉县杨家村编镈（西周早期）

南浏阳县淳口乡黄荆村出土西周中期青铜镈1件,湖南宁远县九嶷山出土西周中期镈1件。广西贺县出土西周中晚期的青铜镈1件等。镈钟主要盛行于殷商之世,到西周时期镈钟乐器逐渐消失。《周礼》卷十七曰:"镈师,中士二人,下士四人,府二人,史二人,胥二人,徒二十人。"郑玄注曰:"镈如钟大"。①《说文解字》曰:"镈,大镈镈于之属。"所谓镈者多见于考古发现,其造型体呈圆形略带椭状,于部平齐,至殷末周初,镈钟甚多,主要形体呈合瓦形,悬钮造型精细,通体以圆涡枚和花纹通饰,彰显庄秀华丽,更具备完善的乐音演奏性能,西周时期渐少,东周以后几乎更加少见,往往成为众乐的配角而已。《国语·周语下》曰:

---

① 参见阮元:《十三经注疏》,中华书局1980年版,第754页。

"细钧有钟无镈,昭其大也。大钧有镈无钟,甚大无镈,鸣其细也"。韦昭注:"钟,大钟。镈,小钟也。"有关镈乐器一是见于记载传世文献,二是出土于考古发现,镈为悬乐,当信无疑。

1985年在陕西眉县马安家镇杨家村西周青铜器窖藏坑出土3件青铜镈钟和15件甬钟。[1]青铜镈造型别致,呈椭方形,平口,有唇,其环钮造型对鸟状连接,其中镈正面、背面和两侧设有棱脊,其侧脊均饰虎形和鸟饰。舞部也有繁复的卷云纹。其音乐性能良好。

湖北随州叶家山西周早期曾国贵族墓葬M111位于墓地正中部,是这个墓葬区最大的一座墓葬,唯见该墓出土有乐器镈钟1件和甬钟4件。其时代则在西周早期,出土前在该墓西部二层台上呈一字形排列陈放。镈钟呈椭方形,镈前后与两侧均有虎状棱形脊,其钮造型简洁,与钮钟之钮雷同,镈腔面有圆涡状枚,于口近平。[2]

图四十五　湖北随州叶家山西周早期曾国墓镈钟、甬钟(西周早期)

湖南资兴出土西周早期的资兴云纹镈1件,其造型独特,镈身修长,镈两侧扉棱已残,前后无棱脊,其中一铣已残。镈体正、背呈椭圆形,舞部较平,其上有梯形环钮。舞部中间有镈腔面饰浅细云形纹和兽面纹。

湖南浏阳县淳口乡黄荆村出土西周中期青铜镈1件。体下大上小呈椭圆形,造型、花纹、扉棱精美,器面锈呈湛蓝色,质地精良。舞平,其上有近似方形钮,于口平齐,镈体面部饰有雷纹,其间饰有兽面纹。这件镈钟形制接近随州三里岗毛家冲西周中期青铜镈。通高33厘米,重4千克,测音结果,其发音不佳,音高较为含混。

湖南宁远县九嶷山供销社征集西周中期青铜镈1件。体呈椭圆形,镈钟前后

① 参见刘怀君:《眉县出土一批西周窖藏青铜乐器》,《文博》1987年第2期。
② 参见湖北省文物考古研究所、随州市博物馆:《随州叶家山西周墓地第二次考古发掘的主要收获》,《江汉考古》2013年第3期。

图四十六　湖南省博物馆收集鸟饰镈（西周中期）

图四十七　上海博物馆收购四虎镈（西周晚期）

与两侧有扉棱，于口平齐，舞平，其上有方形环状钮。在钮的两侧扉棱顶端各立一鸟，正部分上、中、下三段环饰波浪纹，其间在钲上下左右共饰4枚乳钉纹。经测音其发音效果不佳，侧鼓音较为含混。

湖南省博物馆收集西周中期青铜镈钟1件，其造型别致，因铣侧棱脊顶端雕饰立鸟，后已残失。器锈深绿，嵌有泥土，系为地下出土之物。形体呈椭圆形，于口平齐，舞部近平，其上有环形钮。舞部中间有小孔，其纹饰浅简，其间有兽面纹。[1]

上海博物馆收藏西周晚期四虎镈1件。造型别致，舞平，甬上有一方形环钮，钮中有横格式的杠，镈体下大上小，于口平齐。镈两侧有扉棱，形如虎形，前后有脊为鸟

————————

① 参见王子初总主编：《中国音乐文物大系》（湖南卷），大象出版社2006年版，第56页。

纹。镈钟无枚,间饰宽带卷体龙纹,其饰纹为南方地区典型风格。[①]

镈钟则在商代中晚期已出现。以江西新干大洋洲出土的镈钟时代最早。到了西周时期镈钟仍然流行,一般而言,这个时期的镈渐由甬钟所代替,故此,考古发现在南方一带多以单件出土。北方地区则1件或多件出土。镈钟造型与风格不尽相同,但钟镈同出的也不乏其例。《左传》曰:"歌钟二肆,及其镈磬,女乐二八。晋侯以乐之半赐魏绛"考古所出如秦公钟与秦公镈,曾侯乙钟、镈,与此正相吻合。

（三）甬钟

西周甬钟继商代青铜铙演变而来应当可信。原来学者认为出现甬钟是西周时期的康昭时期出现。随着新的考古发现又刷新了记录。首先,在湖北随州叶家山曾国墓葬中出土了西周早期的青铜镈和甬钟,考古学家则认为该墓年代应在成康之世,时在商代晚期与西周之交的时期,甬钟应该形成编组乐器;其次,又见陕西宝鸡竹园沟强伯格墓出土的3件,约为康昭时期。再晚一些时间,先后在黄河流域发现。陕西省宝鸡市长安普渡村长由墓出土甬钟3件,扶风县上务子村一西周墓葬出土3件,扶风县庄白1号青铜器窖藏出土3件,扶风县黄堆村西周M4出土1件,陕西临潼县零口罗村一座西周墓葬出土1件,陕西凤翔县城东关出土1件。河南省平顶山市北渡乡魏庄出土3件。黄河流域如山西省曲沃北赵村M9出土4件,陕西辉县丁家沟村出土4件,陕西曲沃曲沃村北赵村西周天马——曲村遗址M8出土Ⅰ式、Ⅱ式晋侯苏甬钟4件,陕西扶风县庄白一号青铜器窖藏坑出土Ⅶ式痎钟4件、Ⅵ式痎钟2件和Ⅶ式钟2件,陕西长安县马王村西周青铜器窖藏坑出土Ⅰ式甬钟4件,北赵晋侯墓地M64出土楚公逆钟中间4件甬钟,陕西蓝田出土1件,日本东京书道博物馆藏1件,保利艺术博物馆藏2件即4件应侯见Ⅰ式甬钟,安徽青阳庙前公社窖藏出土4件。黄河流域这些甬钟大部分出土于墓葬中,少量出于窖藏坑,也见单独出土1件的,其特点往往甬中空与腔体相通,内有泥芯。有些甬钟残损,侧鼓音较为模糊,尚未达到西周晚期甬钟乐音性能。黄河流域西周前期甬钟编列大致可分为早、晚两段,早段则以3件甬钟1组成编;晚段则4件甬钟1组成编。

长江流域于春秋之际则有楚式甬钟型、越式甬钟型、巴式甬钟型的说法,重

---

① 参见黄翔鹏总主编:《中国音乐文物大系》(上海卷、江苏卷),大象出版社1996年版,第87页。

在体现地域文化特点。西周时期代表周代文化特征的周式甬钟不仅在黄河流域存在,长江流域也广泛流行。这在考古发现和音乐文物中也得到证实。

南方地区所出西周早期青铜甬钟有湖北随州叶家山曾国墓葬区 M111 出土 4 件甬钟、江陵江北农场出土甬钟 2 件、大冶罗桥出土甬钟 2 件。湖南宁乡回龙铺出土甬钟 1 件、湘乡市马龙出土甬钟 1 件、浏阳县澄潭出土甬钟 1 件。江西吉水县出土甬钟 3 件。西周中期出土青铜甬钟有湖北武汉江夏陈月墓出土甬钟 2 件,崇阳大连山出土甬钟 2 件,崇阳大桥乡白泉村王家嘴出土甬钟 1 件,湖南湘乡金石乡坪出土甬钟 1 件,衡阳县长安乡出土甬钟 1 件。湘潭县高屯大队老屋小坨出土甬钟 1 件,湘潭县花石洪家峭西周墓出土甬钟 2 件,江西萍乡彭高村河中捞起甬钟 2 件。福建建瓯南雅遗址出土甬钟 1 件,浙江萧山所前公社小东西坡出土甬钟 1 件,广西忻城大塘出土甬钟 1 件,安徽黄山鸟石乡扬村出土甬钟 1 件。①

图四十八　山西曲沃县曲村乡北赵村晋侯苏墓编钟 2 件（西周）

---

① 参见王友华:《先秦编钟研究》,广西师范大学出版社 2013 年版,第 118 页。

山西曲沃县曲村乡北赵村，考古发掘了西周晋国诸侯墓葬——晋侯苏墓。该墓编号为93QI11M8，据《中国音乐文物大系》山西卷记载，这座墓葬被盗过，其中有14件编钟流失香港后，被上海博物馆征集收藏。同墓至少出土十余件编磬，其时代为西周早中期，2件编钟有铭文"（万）年无疆子子孙孙"以及"永保兹钟"字样。钟饰变形弯曲纹和鸟纹。33号钟内有音槽，不见音梁，多枚。33号钟多枚。音乐性能良好。[①] 王子初先生说："从西周初期出现3个1组的甬钟起，其音阶构成比较简单。至西周中晚期，编钟发展到诸如'柞钟'8个1套，甚至如晋侯苏编钟的16个1套，其音列均仍为五声缺商，独出宫角徵羽四声。"[②] 其一，晋国诸侯墓葬——晋侯苏钟铭文有355字，晋侯苏受命讨伐东夷，对西周时期礼乐制度和历史研究有重要的参考价值。其二，证明厉王在位37年的历史史实。其三，晋侯苏编钟测音表明，该编钟可分为2组音列相同的，其中每组为8枚。其四，证实周钟缺商与文献记载吻合。

山西曲村晋国诸侯墓——西周早期晋侯M9出土4件甬钟。这组甬钟是由北京大学考古系与山西省考古研究所在1992年10月至1993年1月间，联合考古发掘曲村镇北赵村的土圹竖穴墓。编号为92QI12M9的土圹竖穴墓一椁两棺。该墓保存完整，则是甬钟和墓葬断代的依据。墓中甬钟出土时置于南端棺椁之间，共出器物分礼器和乐器。礼器则见有青铜鼎、簋等，还有兵器、车马器和陶石玉器等。随葬马车7辆，乐器则见甬钟4件，这一套青铜甬钟造型别致，

图四十九　山西曲沃县曲村镇北赵村晋侯M9甬钟4件（西周早期）

---

① 参见王子初总主编：《中国音乐文物大系》（山西卷），大象出版社2000年版，第46页；北京大学考古系、山西省考古研究：《天马——曲村遗址北赵晋侯墓地第二次发掘》，《文物》1994年第1期。

② 王子初：《中国音乐考古学》，福建教育出版社2003年版，第148页。

形制相同，大小递减，尚无钟唇、调音槽和音梁。圆柱形枚 36 个，在圆柱间饰乳钉纹，其鼓部饰兽面纹。其测音结果良好。①

山西北赵晋国诸侯墓——西周晚期晋侯邦父墓葬出土楚公逆编钟 8 件。晋国晋侯墓葬区规模之大，出土文物除了有青铜礼器外，还出土了大量的乐器。研究礼乐制度其礼器和乐器乃为最可靠的实物形象资料。1993 年先后由山西省考古研究所、北京大学考古系专家学者，对北赵晋侯墓地进行了第四次抢救性考古发掘工作，其中有 M64、M62、M63 大型墓和 20 余座祭祀坑。"晋侯邦父"墓为 M64，其中随葬的青铜礼器鼎 5、簋 4、尊 4 和甗、爵、簠、匜、盘、壶。钟乐器甬钟 8 件、钲 1 件、编磬 16 件。M64 晋侯邦父墓和"楚公逆"钟的年代应在西周晚期宣王时期。甬钟造型别致，形制花纹相同，大小相次，其上铸有铭文。M64 除了出土 8 件甬钟之外，还出土了钲 1 件，因钲上有 68 个字的铭文更显得重要，铭文曰："隹八月甲午，楚公逆祀氒（厥）先高且（祖）考，夫工（供）四方。首楚公逆出，求人用祀四方首，休，多禽。鋪毓（？）内飨赤金九万钧，楚公逆用自作和妻（谐）锡钟百肆。楚公逆其万年

图五十　山西洪洞永凝堡 M11 甬钟（西周晚期）

---

① 参见王子初总主编：《中国音乐文物大系》（山西卷），大象出版社 2000 年版，第 47 页；北京大学考古系、山西省考古研究：《天马——曲村遗址北赵晋侯墓地第二次发掘》，《文物》1994 年第 1 期。

150

寿用,保乇(厥)大邦,永宝。"关于"楚公逆"乐钟研究者甚多,除了考古发掘《天马—曲村遗址北赵晋侯墓地第四次发掘》简报外,则见李学勤《试论楚公逆编钟》,黄锡全、于柄文《山西晋侯墓地所出楚公逆钟铭文初释》等诸文论及。[①] 对山西天马—曲村遗址与晋侯墓所出礼器、乐器、祭祀遗物进行综合研究,不仅要对音乐文物考古材料和礼器进行分析,而且要对西周时期社会制度、等级制度进行深入探索。山西洪洞永凝堡 M11 和 M12 各出西周晚期甬钟 1 件,共 2 件。山西省考古研究所等在考古发掘中,清理了西周晚期的墓葬。两座墓中均出青铜器和甬钟。音乐性能不明,甬钟内不见有音脊和调音锉磨痕迹。[②] 从墓葬随葬器和甬钟数量看,应为中小型墓葬,墓主地位不高。但其甬钟造型、花纹十分精美,反映晋国礼乐制度的广泛推行和重礼重乐的风俗甚浓。

陕西宝鸡市南郊竹园沟西周伯各墓出土 3 件甬钟。其一,出土青铜礼器和玉等器物多达 400 余件(组)。其中礼器、丰公鼎、目父癸鼎的年代大致在西周康昭时期。其中有编号为 B2M7:12 的器物保存较为完好。另外两件大小不一,纹饰花纹基本相同。测音结果良好。

陕西宝鸡南郊茹家庄西周早期强伯知墓出土甬钟 3 件(另出 1 件铜铎)。根据该墓所出青铜礼器年代应为昭王、穆王时期。其乐器甬钟也应在西周早期。其测音结果良好。陕西临潼县零口南罗出土甬钟 1 件。该钟形制花纹风格则与陕西西安普渡村长田墓甬钟类似。[③] 陕西扶风县黄堆村西周早期的 M4 出土了一组编钟,其中 1 件钟完好无损。测音结果良好。陕西扶风县上务子村西周中晚期墓出土 3 件甬钟,保存下来只有 1 件完整的钟。陕西凤翔县城东关出土西周早期甬钟 1 件。[④] 陕西蓝田县红星出土西周甬钟 1 件,其造型别致。钟顶篆、两铣和钲间有铭文 39 字。其铭文曰:"隹(唯)正二月初吉,王归自成周。雁(应)侯见工(以上右顶篆和右铣)遗王于周。辛未,王各(格)于康(以上钲间)。荣白(伯)内(入),右雁(应)侯见工,易(锡)彤(彤弓)一,彡(彤矢)百,马(以上左

① 参见王子初总主编:《中国音乐文物大系》(山西卷),大象出版社 2000 年版,第 48 页。
② 参见王子初总主编:《中国音乐文物大系》(山西卷),大象出版社 2000 年版,第 48、49 页;山西省文物工作委员会、洪洞文化馆:《山西洪洞永凝堡西周墓葬》,《文物》1987 年第 2 期;山西省考古研究所编:《三晋考古》第 1 辑,山西人民出版社 1994 年版。
③ 参见黄翔鹏总主编:《中国音乐文物大系》(陕西卷),大象出版社 1996 年版,第 32 页;赵康民:《临潼零口再次发现西周铜器》,《考古与文物》1983 年第 3 期。
④ 参见黄翔鹏总主编:《中国音乐文物大系》(陕西卷),大象出版社 1996 年版,第 34 页;高次若:《宝鸡市博物馆藏青铜器介绍》,《考古与文物》1991 年第 5 期。

图五十一　陕西蓝田县红星村应侯钟（西周恭王）

顶篆和左铣）。"根据《中国音乐文物大系·陕西卷》曰："从铭文内容未完来看，此钟应为是一组编钟中的一件。日本东京书道博物馆收藏一件应侯钟，形制纹饰与蓝田所出应侯钟相同。且铭文与蓝田所出应侯钟衔接，合为一篇完整的铭文。"[1] 可见，西周恭王时期所铸制的钟乐，造型奇特，饰纹精美，铭文字数甚多，对研究西周中晚期礼乐制度和社会等级制度，提供了十分可信的实物资料。

陕西扶风庄白一号西周青铜器窖藏出土西周中期甬钟——Ⅰ式㝬钟。扶风庄白一号西周时期青铜器窖藏中，出土铭文"㝬"的甬钟和无铭文甬钟21件，铜铃7件。青铜器有壶、瓿、爵、斗、铃、鬲等。上层叠放大型编钟3件，中层中间放置大型编钟3件，其中每件钟体内又套放小钟1件。下层置编钟一排，系3钟相套。这批甬钟造型别致，钟体饰有绚纹、云纹及联珠纹等。通高46.1厘米，重46.1千克。编号为76FZH1∶64有铭文。甬钟钲间、两铣铭文103字："㝬趉：凨（凤）夕圣趖，追孝于高且（祖）辛公，文且（祖）乙公，皇考丁公龢鐈钟，用卲（昭）各（格）喜侃乐（以上右铣）旹（前）文人，用褅寿匄永令，䇑（绰）䌞（绾）猶（发）录（禄）屯（纯）鲁，弋皇且（祖）考高对尔刺（烈）（嚴）才（在）上，丰＝彙＝，鞼妥（绥）厚多福，勷于永（以上钲间）令（命），褱（怀）受龢（余）尔福㪭。㝬其万年，栗角鬗（燬）光义文神无疆戰（显）福，用寓光㝬身，永于（余）宝（以上左铣）。测音结果良好。"[2] 钟铭文字之长，涉及的内容之丰富，崇天敬神，追祭先烈用礼用乐，对西周时期的社会制度和风俗的研究，提供了十分可信的资料。[3]

陕西扶风庄白一号西周中期青铜器窖藏出土Ⅱ式㝬钟4件。甬钟编号为76FZH1∶29、10.9、32（4件）。以其中76FZH1∶29钟的器形保存完好，造型别致，饰有鳞纹、乳钉纹、阴线云纹和夔纹。甬钟的钲间、两铣铸有104字铭文。"㝬曰：不（丕）高且（祖）亚且（祖）文考，克明氒心，疋尹典氒威义，（仪）用辟先王。㝬不敢弗帅且（祖）考，秉明德（以上右铣）。貑凨（凤）夕左尹氏，皇王对㝬身㭉易（锡）佩，敢乍（作）文人大宝龤（协）龢（和）钟，用追孝敦祀卲（昭）各（格），乐大＝（以上钲间）神其陟降嚴（严）祜，䁆妥（绥）厚多福。其丰＝彙＝，受（授）㐁（余）屯（纯）鲁通录（禄）永令（命）䀓（眉）壽（寿）霝（令）冬（终），㝬其万年永宝日

---

① 黄翔鹏总主编：《中国音乐文物大系》（陕西卷），大象出版社1996年版，第35页。

② 黄敬刚：《从传世文献与西周礼器铭文看其礼乐关系》，参加郑州大学2016年第8届东亚国际音乐考古学年会论文。

③ 参见黄敬刚：《从传世文献与西周礼器铭文看其礼乐关系》，参加郑州大学2016年第8届东亚国际音乐考古学年会论文。

第三章 西周时期音乐文化与音乐文物研究

153

图五十二　陕西扶风庄白一号 II 式㝬钟（西周中期）

鼓(以上左铣)。"

所谓 II 式痹钟就是与 I 式、III 式的钟有些不同,花纹铭文内容有别。这 4 件测音结果良好。这组 4 件甬钟造型别致,保存比较完整,其中编号 76FZH1:29 钟上铸 104 字铭文,记载西周时期"痹"用钟乐祭祀先祖的活动。这 4 件钟均能发出乐音,应为西周时期礼乐器神品。[①] 陕西扶风庄白一号西周中期青铜器窖藏出土 III 式痹钟 6 件。编号 76FZH1:8、30、16、33、62、65 共 6 件。例如 76FZH1:8 甬钟保存完好,饰有窃曲纹、乳钉纹、阴云纹、弦纹、对角双头、兽纹和夔纹。其一,钟,有铭文 33 字:"曰古文王初盭(戾)龢于政,上帝降懿(懿)德大甹(粤),匍敷,有四方,甸(会)受万邦,㡿武王既戋殷,散(微)史刺(烈)。"其二,编号 76FZH1:30 钲间铸有 35 字铭文:"且(祖)□来见武王,武王刪(则)令(命)周公舍寓(宇),㠯(以)五十颂处。今痹凤(夙)夕虔苟(敬),卹乒(厥),死事,肇乍(作)龢(和)镶(林)钟,用"其三,编号 6FZH1:16 钲间铸,有 12 字铭文:"龗妥(绥)厚多福,广启痹身,劢于永"其四,编号 76FZH1:33 钲间铸有 12 字铭文:"令(命)褱(怀)受㺇(余)尔龘福霝(令)冬(终),痹其万"其五,编号 76FZH1:65 钲间铸有铭文 10 字:"年羊角义文神无彊(疆)(显)福。"其六,编号 76FZH1:65 钲间铸有铭文 8 字;"用寓光痹身永㺇(余)宝。"这一组 6 件甬钟,无论钟的造型、花纹、大小基本相同。造型别致,花纹精美,铭文字数多,记载内容格外丰富。从乐音而言,在其正鼓和侧鼓测音清晰。[②]

西周时期甬钟能铸有如此丰富铭文,钟造型又别致,乐音质量高,可以说是一部中国古代乐钟史册,值得音乐研究者和音乐考古工作者深入研究,更进一步剖析西周时期社会制度和礼乐习俗。陕西扶风庄白一号西周中期青铜器窖藏出土 IV 式痹钟 3 件。该钟保存完好,饰有窃曲纹、乳钉纹、鳞纹、云纹和夔纹等。钲间铸有铭文 8 字:"痹乍(作)(协)钟,万年日鼓。"3 件测音结果良好。[③] 陕西扶风庄白一号西周中期青铜器窖出土 V 式痹钟 3 件。编号 76FZH1:61、66、63。

---

① 参见黄翔鹏总主编:《中国音乐文物大系》(陕西卷),大象出版社 1996 年版,第 39 页;陕西周原考古队:《陕西扶风庄白一号西周青铜器窖藏发掘简报》,《文物》1978 年第 3 期。

② 参见黄翔鹏总主编:《中国音乐文物大系》(陕西卷),大象出版社 1996 年版,第 41—42 页;陕西西周原考古队:《陕西扶风庄白一号西周青铜器窖藏发掘简报》,《文物》1973 年第 3 期;陕西省博物馆:《陕西出土商周青铜器》(二),文物出版社 1980 年版。

③ 参见黄翔鹏总主编:《中国音乐文物大系》(陕西卷),大象出版社 1996 年版,第 45 页;陕西西周原考古队:《陕西扶风庄白一号西周青铜器窖藏发掘简报》,《文物》1973 年第 3 期;陕西省博物馆:《陕西出土商周青铜器》(二),文物出版社 1980 年版。

图五十三　陕西扶风庄白 IV 式钟（西周中期）

这 3 件甬钟造型、花纹基本相同。[1]陕西扶风庄白一号西周中期青铜器窖藏出土 VI 式疢钟 2 件。造型别致，花纹饰绹纹、乳钉纹、阴线纹和鸟纹。[2]测音结果良好。陕西扶风庄白一号西周中期青铜器窖藏出土 VII 式疢 2 件。编号 76FZH1：59.67。其造型别致，饰有绹纹、阴线云纹、小乳钉和族徽符号。测音结果良好。综上所述，陕西扶风庄白一号西周时期考古发现的青铜窖藏共出 21 件有铭文和无铭文的甬钟。窖藏中有青铜礼器和乐器，摆设整齐分层叠放，编钟套放，整个礼、乐器保存较为完整。钟铭字数之多，记载了"疢"敬天崇神祀祖的贵族之家

图五十四　陕西扶风庄白一号 VI 式钟（西周中期）

① 参见黄翔鹏总主编：《中国音乐文物大系》（陕西卷），大象出版社 1996 年版，第 47 页。
② 参见黄翔鹏总主编：《中国音乐文物大系》（陕西卷），大象出版社 1996 年版，第 49 页。

图五十五　陕西扶风庄白一号 VII 式钟（西周中期）

祭祀的史实。铸造了如此之多的乐钟，其测音结果音乐性能良好，对研究西周时期礼乐制度和等级制度提供了实物资料。

陕西扶风齐家村西周晚期青铜窖藏出土 8 件甬钟——中义钟。编号为 60·0·187 的钲间铸有铭文 10 字："中义乍（作）龢钟，其万年永宝。"这组编钟编号 60·0·182—189 其造型别致，钟上饰有云纹、乳钉纹，阴线云纹、对角兽头纹和夔纹等。其测音结果良好。[①] 这组 8 件编钟其时代在西周晚期，正是处于礼、乐制度和西周社会走向动荡时期，这批乐钟无疑对研究两周之际的礼乐制度有着重要的参考价值。陕西扶风齐家村西周青铜器窖藏出土甬件——柞钟 8 件。编号 60·0·175—181、190，其造型别致，钟饰乳钉纹、云纹、对角兽头纹和夔纹。其一，编号 60·0·175，钲间和鼓间铸有 45 字铭文："隹（惟）王三年四月初吉甲寅，中（仲）大（太）师右柞。柞易（锡）载朱黄衡、繺（鑾）嗣（司）五邑佃人事。柞捧（拜）（对）（以上上钲间）。

① 参见黄翔鹏总主编：《中国音乐文物大系》（陕西卷），大象出版社 1996 年版，第 52—53 页；陕西省博物馆：《扶风齐家村青铜器群》，文物出版社 1963 年版；陕西省考古研究所等编：《陕西出土商周青铜器》（二），文物出版社 1980 年版。

图五十六　陕西扶风齐家村中义钟（西周晚期）

扬中(仲)大(太)师休,用乍(作)大镈(林)钟,其子=孙=永宝(以上右侧鼓)。"其二,编号60·0·179,钲间铸有21字铭文,"佳(惟)王三年四月初吉,甲寅,中(仲)太师右柞,柞易戴朱黄(衡)𢆶"。其三,编号60·0·180,钲间铸有15字铭:"嗣五邑佣人事,柞拜手,对扬仲太师休。"其四,编号60·0·190与60·0·181钲间铭文:其子孙永宝。这8件甬钟测音结果良好。[①] 这组编钟是西周晚期有纪年的乐钟。从铭文记载和乐音效果看都对研究两周时期礼、乐制度很有帮助。陕西扶风强家村西周晚期铜器窖藏出土甬钟——师丞钟1件。编号75、44,甬钟造型别致,通高76.5厘米,重90千克。钟饰窃曲纹、对角双头兽纹、云纹和小鸟纹。钲间和鼓部铸有48字铭文。"师丞肇(肇)乍(作)朕刺(烈)且(祖)虢季宛(宛)公幽弔(叔)、朕皇考德弔(叔)大䚘(䚘)钟,用喜侃耈𣎼前文人,用蕲(祈)屯(纯)鲁永令(命),用匄𥋏(眉)盉(寿)无疆。师(以上钲间),丞其万年永宝用享。"其测音结果良好。[②]

陕西扶风县白家村出土五祀𫗧甬钟1件,编号为82、90。钟造型别致,饰绚纹、乳钉纹、弦纹、阴线纹、小鸟纹和对角双头兽纹。甬钟钲间、两铣、顶篆和左鼓铸有90字铭文。"明𤯔文,乃雁(膺)受大令(命),匍右(有)四方,余小子肇嗣先王,配上下,乍(作)厥王大宝。用喜侃前文人,庸厚多福。用𩰬𣄴先王,受皇天大鲁令(命)。文人陟降,余黄𣄴,受余屯鲁。用敬(儆)不廷方。𫗧其万年永眈(畯)尹四方。保大令(命),乍𨔴才(在)下,御大福,其各(格)。佳(惟)王五祀。"由铭文见,𫗧字在礼器和乐器上出现,应为器主。钟的音乐性能良好,其测音结果良好。[③] 陕西地区出土西周时期青铜钟数量之多,成套成组与青铜礼器伴出,尤其多出于窖藏之中,也有部分出土于墓葬。陕西是周人周族的发源地,周文化与周族先民在这一地区创造了丰富多彩的青铜文化和乐器神品,尤其钟鼎铭文更值得音乐考古工作者和音乐史研究者深入研究。

陕西宝鸡市眉县马家镇杨家村西周中期青铜器窖藏出土了甲组甬钟2件。

---

① 参见黄翔鹏总主编:《中国音乐文物大系》(陕西卷),大象出版社1996年版,第55、56页;陕西省博物馆等:《扶风齐家村青铜器群》,文物出版社1963年版。

② 参见黄翔鹏总主编:《中国音乐文物大系》(陕西卷),大象出版社1996年版,第58页;吴镇烽等:《陕西省扶风县强家村出土的西周铜器》,《文物》1975年第8期。

③ 参见黄翔鹏总主编:《中国音乐文物大系》(陕西卷),大象出版社1996年版,第59页;穆海亭、朱捷元:《新发现的西周王室重器五祀𫗧钟》,《人文杂志》1983年第2期。

图五十七　陕西扶风强家村师㝨钟（西周晚期）

其中分甲组 I 号甬钟和甲组 II
号甬钟。测音结果良好。① 眉
县马家镇杨家村西周中期青铜
窖藏出土乙组甬钟 4 件。根据
《中国音乐文物大系·陕西卷》
记载："共出土编钟 15 件（其
中 5 件丢失），编镈 3 件。"②
乙组 I 式甬钟保存完好。钟饰
云纹、阴线云纹、夔纹和小鸟
纹。右侧鼓、左侧鼓和钲间铸
有 117 字铭文，重文 11 字。"

　　徥曰不（丕）显朕
（朕）皇考

　　克奲（奔）明氒（厥）
心帅用

　　氒（厥）先且（祖）考
政德

图五十八　陕西扶风县白家村五祀㲨钟（西周厉王）

---

①　黄翔鹏总主编：《中国音乐文物大系》（陕西卷），大象出版社 1996 年版，第 60 页；刘怀君：
　　《眉县出土一批西周窖藏青铜乐器》，《文博》1987 年第 2 期。

②　黄翔鹏总主编：《中国音乐文物大系》（陕西卷），大象出版社 1996 年版，第 63 页。

（以上右鼓）。

亯（享）辟先王徕卸（御）氒（厥）辟不敢㒸（墜）
虔夙（夙）夕敬氒（厥）死事天子巠（逕）（朕）先
且（祖）服多易（锡）徕休令（命）𦔻（籍）𤔲
（司）四方吴（虞）
㯱（林）徕敢对天子不（丕）显鲁休扬用

（以上钲间）。

乍（作）朕（朕）皇考
龏（龚）弔（叔）龢（和）钟銧＝悤＝肃＝鎗＝用追孝卲（昭）
各（格）喜侃前文人。前文人
才（在）上數＝㚇＝降令（余）多福
康䖒（娱）屯右永令（命）
徕其万年釁（眉）寿
畯臣天子，子子孙孙

（以上左鼓）

乙组Ⅱ式钟、Ⅲ式钟、Ⅳ式钟造型别致，铭文与Ⅰ式相同。Ⅳ式钟铭文：

屯右永令（命）徕其（钲间）
万年
釁（眉）寿
畯巨天子，子子孙孙
子，子子孙孙永宝。

（以上左鼓）测音结果良好。①

辉县丁家沟村出土西周晚期甬钟4件。其造型、纹饰不一，则可分为Ⅲ式。钟饰绚纹、阴云纹、联珠纹和小鸟纹。这组编钟测音结果良好。② 扶风上康

① 参见黄翔鹏总主编：《中国音乐文物大系》（陕西卷），大象出版社1996年版，第64页。
② 参见黄翔鹏总主编：《中国音乐文物大系》（陕西卷），大象出版社1996年版，第83页。

村西周中期铜器窖藏出土甬钟——鲜钟。其造型别致,饰云纹、弦纹和对角云纹。钲音铭文:"隹□月初吉□王才(在)成周嗣(司)土(徒)淲宫王易(锡)鲜吉金鲜捧(拜)手頒(稽)首敢对(扬)天子休用乍(作)朕(朕)皇考曹(林)钟,用侃喜上下,用乐好宾用旛(祈)多福孙子永宝。"[1] 武功县博物馆收藏西周晚期甬钟——武功李台钟编号 W383。[2] 武功县博物馆收藏西周晚期甬钟——武功东湾钟。临潼县零口西段村出土西周晚期甬钟 13 件。编号临零 1—13。其造型别致,花纹精美。钟饰蝉纹、云纹、变体夔纹,这组甬钟多残破锈蚀,其中 8 件测音,其测音结果良好。[3]

南方地区西周时期的编钟,与黄河流域西周编钟风格有别。钟铭较少,极少数钟上有铭,而陕西出土的钟铭文十分丰富,并且一次性出土多件。其造型大致相同,纹饰也相近,这说明西周时期周文化对南方地区深入渗透,成为了中国大部地区的经济文化的主流。

南方地区甬钟则以湖南地区为多。湖南宁乡、浏阳澄潭、湘乡、衡山、湘潭、

图五十九　湖南宁乡县回龙铺村钟（西周早期）

① 黄翔鹏总主编:《中国音乐文物大系》(陕西卷),大象出版社 1996 年版,第 86 页;陕西省博物馆:《青铜器图释》,文物出版社 1960 年版。
② 参见黄翔鹏总主编:《中国音乐文物大系》(陕西卷),大象出版社 1996 年版,第 86 页。
③ 参见黄翔鹏总主编:《中国音乐文物大系》(陕西卷),大象出版社 1996 年版,第 89 页。

株洲、岳阳等地出土或收集的甬钟也较多,时代从西周早期、中期到西周晚期都有甬钟发现,多以单件出现,测音结果其音质优良。宁乡县回龙铺村出土西周早期甬钟 1 件。甬上有旋及旋虫,中空通腔,以饰乳钉纹、圈点纹、云雷纹和圈点纹为主。未测音。① 浏阳澄潭出土西周早期甬钟 1 件。甬上有旋和旋虫,腔体呈合瓦形。其饰云雷纹、云纹。枚为 36 个。测音结果良好。

据《中国音乐文物大系》(湖南卷)云:"甬钟与陕西宝鸡竹园沟两座强伯格墓和茹家庄强伯䍙墓所出 3 个 1 组的编钟,其造型、纹饰相同,应是大体同时之物。"② 湖南地区所出甬钟,除了甬上有旋和旋虫外,其造型均与南方青铜铙形体相似,甬钟应由铙演变而来。诸如陕西各地所出的甬钟均受南方地区文化影响,酷似湘、越甬钟。一般而言,铙甬无旋执立敲击,甬钟甬上有旋和旋虫者,应为悬挂敲击演奏。浏阳澄潭甬钟比之陕西宝鸡竹园沟两座强伯格墓甬钟相似,按该墓葬年代推测,这种甬钟年代应在康昭或穆昭之际。湘乡马龙出土的钟 1 件,时代为西周早期,空甬在上,旋上有旋虫,应为悬挂之用。饰云纹和鸟纹等。衡山县文管所征收 1 件,也应在这一地区出土。时代为西周中期。呈合瓦形腔体,旋上有旋虫,甬中空直通腔体。饰双线夹圈点纹。湘潭市征集西周中期钟 1 件。甬中空直通腔体,旋上有旋虫,饰联珠纹和细阳线构成的云雷纹等。湖南省博物馆编号 22236,云雷纹钟,时代为西周中期,呈合瓦状腔体,甬上旋有旋虫,腔外有 36 个枚,呈尖锥状。饰云雷纹、阴刻粗线云雷纹。湖南省博物馆编号 26770,湘潭洪家峭甬钟 2 件,时代为西周中期。在湘潭县花石洪家峭西周墓出土。2 件钟在墓葬出土时,一件倒放,一件平放于墓底中部。饰云纹和鸟纹等。腔呈合瓦形,甬旋有旋虫,测音结果良好。该钟与陕西扶风一号铜器窖藏 Ⅵ 式甬钟形制相类似,也为西周孝夷时期的器物。湘潭县青山桥乡高屯大队老屋生产队小圫出土西周中期甬钟 1 件。与钟同时出土的青铜器自铭"旅父甲"的尊、觯、爵诸类器物出土相隔约 30 米的窖藏,钟饰云雷纹和乳钉纹,甬呈圆管状,旋上有旋虫,合瓦形钟体外有 36 个枚。湖南省博物馆编号 28902 西周甬钟,其测音不清。湘乡金石乡坪如出西周中期甬钟 1 件。其甬呈圆管形,旋上有旋虫,钟腔呈合瓦状,外有 36 个枚,饰阴线较粗云雷纹。岳阳市文物管理处征集编号 W605 西周甬钟 1 件。湖南省博物馆编号 30784,西周甬钟甬钟 1 件。测音结果良好。湖南省博物馆编号

---

① 参见王子初总主编:《中国音乐文物大系》(湖南卷),大象出版社 2006 年版,第 70 页。

② 参见王子初总主编:《中国音乐文物大系》(湖南卷),大象出版社 2006 年版,第 70 页;高至喜:《湖南省博物馆藏西桐青铜乐器》,《湖南考古辑刊》第 2 集,岳麓书社 1984 年版。

25054，西周晚期 1
件。测音结果良好。
湖南省博物馆编号
22238，西周晚期甬
钟 1 件。测音结果
良好。以上 3 件系
收集甬钟，应在这
一地区出土，钟均
为合瓦形，旋上有
旋虫。系 36 个枚，
饰云纹和 S 形纹。①

　　临武县出土西
周晚期甬钟 1 件。
钟腔呈合瓦形，外
有 36 个柱状枚。其
甬于衡处有对穿方
孔。旋虫亦作方形。
饰云纹、蝉纹、云纹
和横 S 形纹，左鼓
饰变形鸟纹。双峰
县镇石公社大街大
队红旗生产队出土
西周晚期甬钟 1 件。

图六十　湖南省博物馆收藏士父钟（西周厉王时期）

腔呈合瓦形，腔外置柱状枚 36 个，饰乳钉纹和云雷纹。湖南省博物馆编号 25047，
西周厉王时期的甬钟 1 件。1956 年在株洲地区征集，其钟甬圆角方形，其上有旋，
旋虫呈方形，甬与腔体不相通透。在钟腔内有调音凹槽。钟体与甬分别饰有环带
纹、乳钉纹、重环纹、粗云纹、S 形双头兽纹和鸟纹。其钲与鼓左侧铸有铭文，能考
证辨识的文字计 53 字。郭沫若释为："□□□□作朕皇考叔氏宝鑅钟，用喜侃皇考。

---

① 　参见王子初总主编：《中国音乐文物大系》（湖南卷），大象出版社 2006 年版，第 72—83 页。
　　高至喜：《湖南省博物馆藏西桐青铜乐器》，《湖南考古辑刊》第 2 集，岳麓书社 1984 年版。

图六十一　流失于日本京都泉屋博古馆楚公逆镈（西周末年）

其严在上，数数毁毁，降余鲁多福亡彊，佳康祐屯鲁，用广启土父身，劢于永（命。士）父，其罪□□万年。子子孙孙永宝，用享于宗。"近现代对此钟著录研究者，其一，清人吴式芬著《攮古录金文》；其二，吴大澂著《愙斋集古录》；其三，邹安著《周金文存》；其四，郭沫若著《两周金文辞大系图录》等。经众家研究认为，此器应为周厉王时期，其与虢叔钟风格相近，也与陕西青铜礼、乐器有着密切的关系。①

湖北西周时期所出甬钟除随州叶家山曾国墓地 M111 出土西周早期 1 件镈和 4 件甬钟之外，另在通城县银城区铁柱山出土周代甬钟 1 件。钟残音哑，其甬上有斡旋。饰乳钉纹、饕餮纹、横向 S 形纹和夔纹。另见几件收藏和流失海外的钟：其一，武汉大学历史系陈列室编号博 12001 的西周甬钟 1 件。系传世品（原藏湖北省博物馆），除了钟枚有损缺，其他部位保存完好。甬上设有旋斡，无饰纹。其二，流失于日本京都泉屋博古馆西周中期甬钟 3 件，但原著录共 4 件，其中 1 件不明（原为陈介祺旧藏）。1 号甬钟饰卷云纹和凤鸟纹，钲间有 14 字铭文："楚公象自作宝大林钟孙子其永宝。""象

———————————

① 参见王子初总主编：《中国音乐文物大系》湖南卷），大象出版社 2006 年版，第 78、81、82 页。

166

"前人曾释认"为"、"挚"、"爱"诸字,吴大澂释为"家"字,得到诸家认同,"楚公家"应为楚国之君。楚公家钟制作精美,造型别致,有南方甬钟的共同特点。测音结果良好,1号、3号钟饰纹和铭文不同,存在两套钟的可能性。[①]其三,恩施土家族自治州博物馆收藏西周云纹钟1件。饰云纹和凤鸟纹。其四,武汉市文物商店收藏编号4543西周晚期云纹钟1件。甬上有旋斡,饰双股绚纹、云纹和饕餮纹。其五,湖北省博物馆有甬钟1件。枚残,饰阴刻云纹。[②]

　　综观湖北地区西周时期的甬钟,其数量虽不比陕西、湖南出土那么多,但甬钟造型、花纹和铭文尚存浓烈的楚文化风格。湖北地区及汉水以东地区,除了楚文化的风格以精致见长,曾国仍然与周文化特点更近。随州叶家山曾国贵族墓地所出精美的青铜礼器和乐器编钟,则能彰显出厚重的周文化底蕴。[③]

图六十二　山东临沂市花园村编钟9件(西周)

　　山东的临沂、黄县龙口、青岛、胶东、海阳诸地出土或收集西周时期的甬钟三十余件。其一,临沂市兰山枣沟头花园村南西周墓葬出土甬钟9件,临沂市博物馆编号鲁临51/9—59/9。该墓同出青铜礼器鼎3件,盘、匜、鬲、戈、剑、削等器物和箭头6件。甬钟保存完好,造型别致,钟呈合瓦形,甬中空直通钟体内。饰细阴线云纹和夔纹,钟体内有调音槽,当是西周时期具有代表性的调音方式。其二,烟台市黄县(今龙口市)和平村出土2件西周甬钟。烟台市博物馆编号00781—2。其中1件甬残断,甬中空与钟腔相通,其上斡、旋齐备,柱形长枚共36个。钟饰蛟龙纹和夔纹。其三,青岛市博物馆收藏品编号00030西周益公钟,

①　参见王子初总主编:《中国音乐文物大系》(湖南卷),大象出版社2006年版,第36—37页;中国社会科学院考古研究所:《殷周金文集成》(中华书局影印本)第一册,第42、43页;郭沫若:《两周金文辞大系图录考释》(1958年重印本),第177—178页。
②　参见王子初总主编:《中国音乐文物大系》(湖南卷),大象出版社2006年版,第36—38页。
③　参见湖北省考古研究所、随州市博物馆:《随州叶家山西周墓地第二次考古发掘的主要收获》,《江汉考古》2013年第3期。

图六十三　山东烟台市博物馆（0078.1—2）藏龙口和平村编钟 2 件（西周）

通高 34.7 厘米，重 5.5 千克。造型别致，通体接近黑色，呈合瓦形。甬长柱形，其上有斡、旋，尖状枚。钟饰夔纹、乳钉纹、云纹和象纹。钲间铸有 7 字铭文："益公为楚氏和钟。"测音结果良好。其四，山东博物馆收藏西周晚期虢叔旅钟 7 件（应为 8 件，缺失 1 件），呈黑铁色，造型别致，饰纹秀美，铭文清晰。甬上有斡、旋，钟饰环带纹、波纹、窃曲纹和卷鼻象纹等。钲、左鼓部铸有 18 字铭文："皇考惠叔大林和钟"，"皇考严在上翼在下**数数**"。其五，山东省博物馆收藏西周晚期（至春秋初期）云雷纹甬钟 1 件。征集于山东胶东地区。钟呈合瓦形，甬短，其上有斡、旋。钟饰乳钉纹、绳索纹、阴线云纹、云雷纹和拆线纹等。右鼓饰凤鸟纹。综观山东地区西周时期甬钟虽然数量不及陕、湘诸地，但钟之精美，造型别致仍显特色，尤其临沂花园村出 9 件甬钟，胶东地区 8 件甬钟尤为壮观。[1]

中国历史博物馆收藏西周中期长编钟 3 件。在陕西长安普渡村长甶墓葬出土。该墓同出土铜盉有铭文，其年代应为西周中期。这 3 件钟形制相同，大小依次递减，所饰花纹也不尽相同。甬作筒形中空与钟腔相通，上有斡、旋，钟饰纹有卷曲纹、乳钉纹、兽面纹和卷曲纹等。

故宫博物院收藏甬钟有：其一，西周中

图六十四　青岛市博物馆收藏编号 00030 益公钟（西周）

---

① 参见王子初总主编：《中国音乐文物大系》（山东卷），大象出版社 2006 年版，第 60—63 页。

图六十五　中国历史博物馆收藏编钟 3 件（西周）

期龢钟 3 件（其中 2 件流入日本，京都都泉屋博古馆）。钟甬已残，枚残缺，饰三角雷纹、圆涡纹、雷纹等。钲、前鼓左、后鼓铸有 35 字铭文："唯正月初吉丁亥，龢作宝钟，用追孝于己伯，用享大宗，用添好宾、龢罪蔡姬永宝，用卲大宗。"其二，在陕西长河壖出土西周晚期虢叔旅钟 5 件（著录 7 件，现存 5 件）。甬钟呈椭圆形，有 36 个长枚。甬上有榦有旋，钟体饰环带纹、兽面纹、夔纹、象纹等。钲、左鼓铸有 91 字铭文："虢叔旅曰：丕显皇考惠叔，穆＝秉元明德，御于乓辟，得屯亡敃。旅敢启帅井皇考威仪，钦御于天子，卤（鲁）天子多易旅休。旅对天子鲁休扬，用作朕皇考惠叔大蕾穌钟。皇考严才上，異才下，数＝魯＝，降旅多福。旅其万年子＝孙＝，永宝用亯。"测音结果良好。其三，故宫博物院收藏西周时期士父钟 2 件（为清宫旧藏传世品）。钟体造型别致，花纹清晰，铭文笔道流畅。其书法艺术与文辞风格与虢叔旅钟风格相近，为周厉王时期的器物（原著录 4 件，现存 3 件，其中 1 件藏于湖南省博物馆）。其中 2 件甬钟保存完整，该甬钟呈椭圆形，甬圆有榦、旋。钟饰环带

图六十六　故宫博物院收藏龢钟（西周中期）

图六十七　故宫博物院收藏虢叔旅钟（西周）

纹、乳钉纹、夔纹和象纹。一件号 1·5·4a，钲、左鼓铸有 55 字铭文："□□□□乍朕皇考叔氏宝囍钟，用喜侃皇考。其严才上，降余鲁多福亡疆，佳右屯鲁。用广启士父身。□于永命，□父其罨，□□万年，子=孙=□宝，用喜于宗。"另一件编号 1·5·4d，士父钟铸有 50 字铭文："□□□□乍朕皇考叔氏囍钟，用喜侃皇考。其严才（上），敳敳降余鲁多福亡疆，佳右屯鲁，用广启士父身，□于永命，□父其罨，□□万年，□□永宝，用喜于宗。"测音结果良好。其四，中国历史博物馆收藏西周时期双龙回纹甬钟 2 件。造型别致，花纹粗犷古拙。甬作圆柱状，上有斡、旋。饰乳钉纹、回纹和双龙纹等。其五，中国历史博物馆收藏周代夔龙纹钟、西周晚期福建建瓯南雅钟、周代广东连平惠阳甬钟等，均为早年在各省收集的两周时期的乐钟。[①]

---

① 参见黄翔鹏总主编：《中国音乐文物大系》（北京卷），大象出版社 1996 年版，第 36—43 页。参见陕西省文物管理委员会：《长安普渡村西周墓的发掘》，《考古学报》1957 年第 1 期；容庚：《商周彝器通考》，附图九五三，略佛燕京学社 1941 年版；中国社会科学院考古研究所：《殷周金文集成》一，图 238，中华书局 1984 年版。

甘肃省博物馆收藏西周时期的甬钟2件，1件为圈带纹钟，甬近圆柱形，其中空与钟体相通。钟上饰云雷纹和圈带纹等。另1件则是1959年由上海博物馆拨交入藏的。甬也作圆柱状，其中空与腔体相通。饰有云雷纹、夔纹和鸟纹。测音结果良好。[①]

广东省在博罗横岭山、连山县等也出土一批西周时期的甬钟。其一，博罗横岭山M182∶18出土西周中晚期甬钟1件。钟造型别致，钟面花纹精美，满饰绿锈。合瓦形钟甬上有斡、旋。饰篆带纹、鸟纹和夔龙纹，钟体面有尖状长枚。测音结果良好。其二，

图六十八　故宫博物院收藏士父钟（西周）

博罗横岭山M182∶1出土西周中晚期甬钟1件。甬钟造型别致，甬上斡、旋齐备，有36个枚，钟饰辫纹、篆带纹、夔龙纹和鸟纹。测音结果良好。其三，连山县三水镇人民政府附近河沟出土西周时期甬钟。合瓦形钟甬中空与内腔相通。以方形钮为悬。钟饰雷纹、倒S形纹和三角纹等。其四，连山县三水镇人民政府附近河沟出土西周小型甬钟。甬中空与内腔相通，有半圆形钮，钟饰云雷纹、三角纹。测音结果良好。[②]

江西省先后在萍乡、鹰潭、南昌、吉安、武宁等地收集或出土西周时期甬钟8

① 参见王子初总主编：《中国音乐文物大系》（甘肃卷），大象出版社1998年版，第42—44页。

② 参见王子初总主编：《中国音乐文物大系》（广东卷），大象出版社2010年版，第29—32页；广东省文物考古研究所编：《博罗横岭山——商周时期墓地2000年发掘报告》，科学出版社2005年版。

图六十九　广东博罗横岭山 M18 甬钟（西周中晚期）

图七十　广东博罗横岭山 M182：1 甬钟（西周中晚期）

件。相比之下虽比湖南、陕西、广东、山西等地区出土西周时期甬钟数量要少，但其钟乐器以造型古拙为特点，花纹简朴，钟上一般无铭文出现。其一，萍乡彭高公社村民从河里捞起西周甬钟 2 件，编号 1495—1。甬上有箍状的旋，斡作绳索状。合瓦形钟饰勾曲纹状云纹、云雷纹。其二，鹰潭西周甬钟，江西省博物馆编号 194946，调查表明来自鹰潭地区。甬短有旋、斡（残断），合瓦形甬钟上有 36 个枚。钟上饰窃曲纹、凤鸟纹和斜向双头夔龙纹。其三，南昌李家庄西周甬钟，江西博物馆编号 14947，在南昌市李家庄废旧仓库收集。甬短中空，合瓦形钟面有 36 个枚，饰窃曲纹、凤鸟纹、夔龙纹和卷云纹等。测量结果良好。①　其四，吉安吉水西周甬钟。吉安市博物馆编号 296—298，在吉安市吉水县出土一组 3 件。编号 296，钟保存完好。编号 297、298 甬钟略残。296 号甬钟圆柱形甬有斡、旋，中空通于腔体，钟面 36 个枚，饰有连珠纹。297 号甬钟甬短中空直通腔内。钟饰阴线小乳钉纹、勾连云纹和窃曲纹。298 号甬稍长，其上齐备斡、旋。钟面有 36 个

---

① 参见王子初总主编：《中国音乐文物大系》（江西卷），大象出版社 2009 年版，第 51—53 页。

枚。测音结果良好。其五,武宁大田西周甬钟。武宁县清江乡大田村的山包上出土。钟面有36个枚,其周围有乳钉纹和云雷纹。①

　　河南省平顶山、洛阳等地均有西周时期的甬钟。其一,平顶山市郊北渡乡魏庄农民在院内挖出了3件西周早期甬钟。2件较大一些,其中有1件显得特别硕大。1号钟编号0771,甬中空直通钟腔内。甬上有旋、斡。钟面饰云雷纹、阴弦纹、乳钉纹和S形云纹。测音结果良好。

图七十一　广东连山县三水镇小甬钟（西周）

2号钟编号0770,其造型、花纹均与1号钟相同。测音结果良好。3号钟编号0769,钟饰单弦纹、云雷纹和凤鸟纹。测音结果良好。这一组3件甬钟则与陕西长安普渡村西周墓出土甬钟中第3、4号相似。其二,洛阳西工西周时期甬钟4件。这是位于东周城内东部靠南边的一座西周墓葬出土,墓内仅出土甬件4件。钟保存完好,梯形甬钟下部口沿内凹。钟上有9个枚,甬上有旋,钟饰凤鸟纹、三角云纹、雷纹和重瓦纹。其三,平顶山滍阳M95中出土西周晚期甬钟2件。应国大型墓地出土青铜礼器、乐器、车马器、玉石器等400余件。青铜器上铸有

---

① 参见王子初总主编:《中国音乐文物大系》(江西卷),大象出版社2009年版,第55页;参见闵正国:《武宁县出土西周甬钟》,《江西历史文物》1983年第3期。

图七十二　江西鹰潭甬钟（西周）　　　　　图七十三　江西吉安吉水甬钟（西周）

图七十四　河南平顶山市郊北渡乡魏庄 3 件甬钟（西周时期）

图七十五　河南平顶山滍阳 M95 甬钟（西周晚期）

铭文，已知是"应伯"之墓。其大小不一，依次递减。钟合瓦形，其两面共 36 个枚。甬呈柱状，其上有斡、旋。钟饰云纹、窃曲纹和凤鸟纹等。测音效果良好。从上述所见，河南所出西周时期这批钟尚无铭文出现。唯见洛阳西周晚期这批钟的造型规整，钟口内凹，花纹简洁，设计精美，其直接影响着春秋战国之际编钟的设计与艺术美感。①

上海市博物馆收藏西周时期青铜甬钟有单伯昊生钟、梁其钟、云纹钟、晋侯苏钟、兮仲钟、兄仲钟、克钟、邢人安钟、旅钟、鲁邎（原）钟、蟠龙纹钟、龙纹钟、郜公孜人钟、者减钟 20 余件。乐钟保存完整，铭文、花纹丰富多彩。其风格有黄河流域和长江流域西周时期青铜编钟的历

图七十六　上海博物馆收藏 3075 单伯吴生钟（西周中期）

---

① 参见黄翔鹏总主编：《中国音乐文物大系》（河南卷），大象出版社 1996 年版，第 79—80 页；河南省文物研究所等：《平顶山应国墓地九十五号墓》，《华夏考古》1992 年第 3 期。

史底蕴。其一，西周中期单伯昊生钟。甬上旋、斡具备。钟饰波曲纹、兽面纹、菱形点纹、龙纹和莺鸟纹等。钲、鼓左铸有 34 字铭文："单白（伯）昊生曰：不显皇且（祖）刺（烈）考迹匹先王，爵（恪）堇（勤）大命。余小子肇帅井（型）朕皇且（祖）考歔（懿）德，用保奠。"铭文中"单伯"名称则在卫盉和杨簋出现，卫盉其时代为西周时期周恭王三年的器物，扬簋应为周歆王时期的器物。此钟应与其器年代相近。其二，梁其钟 3 件，西周中期。上海博物馆编号 44043、27222、27591。据《中国音乐文物大系》（上海卷）说："资料 44043、2791 收购，27222 后拣选。1940 年出土于陕西省扶风县法门寺任村，后流散各地。上海市博物馆收藏的这 3 件为其中之一部分。"这组甬钟保存完整，造型别致，形制与花纹相同，大小差别不大。甬中空直通钟腔，其上有斡、旋并封衡。钟饰有兽目交连纹、对称龙纹、两头龙纹和卷龙纹。钟腔内均有音槽。编号 44043 钟的钲、鼓左铸有 73 字铭文："且（祖）考龢钟 **锡锡鐘鐘鏦鏦**（鐄鐄）**镛镛**，用卲（昭）各（格）喜伹（侃）前文人，用**鍮**（祈）匄康**龢**（娱）屯（纯）右（祐），**棹**（绰）**綰**（绾）通录（禄）。皇且（祖）考其严（俨）才（在）上，**数数桑桑**，降余大鲁福亡昊（**致**），用**龢**光（广）梁其身，**劻**（乐）于永令（命），梁其其万年无疆，龛（堪）臣皇王，眉寿永宝。"据有关资料介绍，这篇铭文是金文的下半篇，其上半篇在《商周金文录遗》（3）上著录。再看编号 27222 的钟铸有 78 字铭文："梁其曰：不（丕）显皇且（祖）考穆穆**翼翼**（翼翼），克悊（哲）氒（厥）德，農臣先王，得屯（纯）亡敃，梁其肇帅井（型）皇且（祖）考，秉明德，虔夙夕，辟天子，天子肩事（使）梁其身，邦君大正，用天子宠，蔑梁其历，梁其敢对天子不（丕）显休扬，用乍（作）朕皇且（祖）考龢钟。"据有关资料介绍该钟铭文是全篇的半篇，其中的下半篇则与巴黎基美博物馆所藏的梁其钟的铭文相接。编号 27591 的钟，铸有 41 字铭文："天子，天子肩事（使）梁其身，邦君大正，用天子宠，蔑梁其历，梁其敢对天子不（丕）显休扬，用乍（作）朕皇且（祖）考龢钟，梁其。"铭文则是全铭的一部分。梁其钟可能有三组 7 枚传世。所知全篇有 147 字铭文：

> 梁其曰：不（丕）显皇且（祖）考穆穆**翼翼**（翼翼），克哲氒（厥）德，农臣先王，得屯（纯）亡敃，梁其肇帅井（型）皇且（祖）考，秉明德。虔夙夕，辟天子，天子肩事梁其身，邦君大正，用天子宠，蔑梁其历，梁其敢对天子不（丕）显休扬，用乍（作）朕皇且（祖）考龢钟 **锡锡鐘鐘鏦鏦**（鐄鐄）**镛镛**，用卲（昭）各（格）喜伹（侃）前文人，用**鍮**（祈）匄康**龢**（娱）屯（纯）右（祐），

176

棶（绰）緩（绾）通录（禄）。皇且（祖）考其严（俨）才（在）上，**敄敄敤敤**，降余大鲁福亡昊（敄），用宽光（广）梁其身，**劧**（乐）于永令（命），梁其万年无疆，龛（堪）臣皇王，眉寿永宝。

铭文中"梁其"的祖父因有美德而臣事先王，"梁其"则以他祖父为仪型，以"夙夜诚虔来"辟事天子之职能，故此天子任命"梁其"为邦君大正之职，此龢钟方能昭致于先祖，祈以大福和永命。故此这篇铭辞特别长。[①] 其三，西周中期云纹钟 1 件，上海市博物馆编号 39716。甬钟保存完整。甬中空腔体相通，其上有旋、斡。钟饰有粗线条纹、云纹和鸾鸟纹等。其四，西周早期至厉王三十三年（公元前 846 年）间的晋侯稣钟 14 件。在山西曲沃县曲村镇北赵村西南天马—曲村遗址 8 号墓曾被（盗掘）出土。同墓一批青铜器被盗卖到港、澳地区。后由上海市博物馆购回收藏。曾经北京大学考古系和山西省考古研究所联合进行考古发掘。从出土文物断定其年代应为周穆王至周宣王时期的晋侯墓地。M8 是此

图七十七　上海博物馆收藏梁其钟（西周中期）

①　参见黄翔鹏总主编：《中国音乐文物大系》（上海卷、江苏卷），大象出版社 1996 年版，第 22—26 页；陈佩芬：《繁卣、赵鼎及梁其钟铭文诠释》，《上海博物馆集刊》1982 年第 2 期；马承源：《商周青铜器铭文选》397，文物出版社 1988 年版。

次发掘 5 座大墓中最大的一座西周早期的墓葬。墓呈甲字形,有积石积炭和一棺一椁。该墓葬出有青铜器、金器、陶器、玉器、乐器等 239 件文物。自铭"晋侯稣"鼎 1 件,"晋侯臣"簋 2 件,"晋侯斯"壶 2 件,兔尊 3 件,金带饰 1 组 15 件和玉器。这批甬钟有 3 件显得特别重要,即编号 73631 和 73640,其造型、花纹和风格完全相同。钟上铸有铭文为:"年无疆、子子孙孙"。另一钟上铸有 4 字铭文:"永宝兹钟。"两钟铭文内容应该相互有关系。据《中国音乐文物大系》(上海卷、江苏卷)载:"晋侯稣即晋献侯苏。晋侯稣钟的铭文具体记载了周厉王亲征东夷的功烈,是对西周史料的重要修正和补充,也是西周青铜器铭文中半个多世纪以来最为重要的发现。它纠正了以前所谓的厉王在位 23 年的谬传,使厉王在位 37 年的记载得到了确证。铭文还证明《史记》有关西周晋世家排列的定位有问题:晋侯稣不在宣王而在厉王时,由此反推到以前的世次,也颇有重新认识的必要。"① 其形制纹饰则以 14 钟均为青铜铸制,钟上少见锈蚀斑痕,现撷录如下:钟 73627 与 73628 分别缺损 3 枚和 1 枚。钟 73629 破裂,有修补。钟 73630 断 1 枚。钟 73631 缺损 1 枚,断 1 枚。钟 73632 甬端变形,有缺损。钟 73636 缺损 2 枚,于口有一处锉痕。钟 73637、73638 各缺损 1 枚。钟 73638 数枚磨蚀,一铣磕缺。余钟保存完好。14 件钟则可分为三式。晋侯稣钟有 355 字,载以周厉王三十三年正月八日有关晋侯稣讨伐夙夷的史事,现撷录如下:

佳(惟)王卅又三年,王寴(亲)遹

省东或(国)、南或(国)。正月既生霸,戊午,王步自宗周。二月既望,癸卯,王入各(格)成周。二月(以上 73629 号钟钲间、右铣,图 1、2、4e)

既死霸,壬寅,王儥往东。

三月方死霸,王至于范,

分行。王寴(亲)令晋侯稣:遟(率)

乃自(师)左洀蘁北洀□,伐夙(宿)夷。晋(以上 73630 号钟钲间、右铣图 1、2、4g)

侯稣折首百又廿,执

嘛(讯)廿又三夫。王至于

匈軷(城),王寴(亲)远省自(师),王

---

① 黄翔鹏总主编:《中国音乐文物大系》(上海卷、江苏卷),大象出版社 1996 年版,第 30 页。

至晋苏**𠂤**(师)，王降自车，立(位)南卿(向)。

（以上73632号钟铤间、右铣）

窺(亲)令(命)晋侯苏：自西北

遇(隅)**章**(敦)伐**匋戫**(城)。晋侯**達**(率)

率(厥)亚旅、小子、或人先**敢**(陷)

（以上73634号钟铤间）

入，折首百，执**嘛**(讯)

十又一夫。王至。（以上73636号钟铤间）

淖列，淖列(烈烈)夷出奔。

王令(命)晋侯鯀(苏)（以上73638号钟铤间）

達(率)大室小臣（以上73639号钟铤间）

车仆从，（以上73640号钟铤间）

述(遂)逐之，晋侯折首百又

一十，执**嘛**(讯)廿夫。大室小臣。

车仆折首百又五十，执**嘛**(讯)

六十夫。王隹(唯)反(返)，归在成周公族

整**𠂤**(师)，（以上73628号钟铤间、右铣）

宫。六月初吉，戊寅，旦。王

各(格大室)，即立(位)，王乎(呼)善(膳)夫

智召晋侯苏，入门，立(位)中

廷，王窺(亲)易(锡)驹四匹，苏拜**韻**(稽)首，

受驹以（以上73627号钟铤间、右铣）

出，反(返)入，拜**韻**(稽)首。丁亥，旦，

王邮(御)于邑伐宫。庚寅，旦，

王各(格)大室，嗣工(空)扬父入

右(佑)晋侯苏，王窺(亲)儕(齊)晋侯苏

鬐邑一卣，（以上73631号钟铤间、右铣）

弓、矢百，马四匹。苏敢扬

天子不(丕)显鲁休，用乍(作)

元和锡钟，用邵(昭)各(格)前

（以上73633号钟铤间）

文人，前文人人，其严

在上，庹（翼）在下，鼓鼓（以上 73635 号钟钲间），

漀漀降余多

福。苏其迈（万）（以上 73637 号钟钲间）

[年无疆，子子孙孙（以上 I11M8 :33 号钟钲间）

永宝兹钟。（以上 I11M8 :32 号钟钲间）]。①

这组钟的音乐性能，其中钟 73627 与钟 73628 甬端有缺损。此钟无斡，甬空，与铙形制相近，也为在演奏时钟口朝上，将甬植于木柱之上，用槌击奏。钟 73629、钟 73630 与前钟结构相同，但见有斡的设施，尚可植奏或可悬奏。其次钟 73631—73640 诸钟斡和、旋具存，钟的甬内有泥芯导致不能植奏。14 钟钟腔内无音梁。诸如钟 73627 背面正鼓内唇锉靡痕迹明显，从钟的于口两鼓间直通舞底部较为浅平。钟 73630 内唇也见锉磨痕，又见钟 73631—73640 也有调音痕迹。一般来说，这组钟内腔有凹槽，从于口向舞底延伸舞底。见其凹槽横断面呈半圆形。凹槽则在正鼓、四侧鼓和两铣角之内。所以，钟腔内可见有或深或浅的凹槽和磨砺痕迹。再见钟 73640 的正鼓、四侧鼓和两铣角内均有向凹槽从于口延伸舞底，并留存有长 8—9 厘米、宽 0.9 厘米的槽弧形内凹，相比之下在钟 73631 与钟 73640 的正面左鼓、背面右鼓虽然无槽，但存有音槽 6 条，槽内也见有锉磨的痕迹。更为突出的钟 73632 有音槽 9 条，分布在正鼓、背面右鼓、正面侧鼓和背面左鼓等部位，两铣间内部尚无明显的槽痕。其余钟腔或多或少出现音槽和锉磨痕迹。综上所述，这组共 14 钟唯见 73629 号钟残哑，剩余的钟均能很好发音。这组钟的形制特征、调音手法和钟的音乐音响性能有着悠久的历史。例如 I 式钟的年代应在西周早期；III 式钟则不晚于厉王三十三年，以 II 式钟的年代尚在前述两者相间，展示了这套钟年代尚在西周时期，把商铙走向甬钟的历史过程厘清，此为先秦时期音乐考古与研究提供了可信的物证。这组编钟的测音与音律分析等方面的结果较为接近。以上两组编钟正、侧鼓音则可构成羽、宫、角、徵的音阶结构，可见其音域为 a-c4，达到了三个八度又一

---

① 黄翔鹏总主编：《中国音乐文物大系》（上海卷、江苏卷），大象出版社 1996 年版，第 28—31 页。

个小三度特征。[1] 其五，西周晚期兮仲钟，上海市博物馆编号 47067。据《中国音乐文物大系》（上海卷、江苏卷）介绍此器为："李荫轩、邱辉捐赠。传 1815 年出土于江苏省江宁城。传世共有 6 枚，大多流出国外。"甬钟保存完好，甬上有斡、旋。饰重环纹、蟠龙纹、背式回顾龙纹和鸾鸟纹等。钲、左鼓铸有 27 字铭文："兮中（仲）乍（作）大镈钟，其用追孝于皇考己伯，用佢喜前文人，子孙永宝用享。"其六，西周晚期兄仲甬钟 1 件，上海市博物馆编号 27206。甬钟保存完好，甬上封衡旋也宽大，

图七十八　上海博物馆收藏晋侯苏侯鲧钟（西周早期）

钟饰兽面纹、云纹、鸾鸟纹和连珠边框纹等。钲部铸有 12 字铭文："𧨏（兄）中（仲）乍（作）朕文考厘公大镈宝钟。"其七，西周晚期克钟 2 件，上海市博物馆编号 41525、8107。《中国音乐文物大系》（上海卷、江苏卷）介绍此钟说："收购。1890 年出土于陕西省扶风县法门寺任村，传世 5 件，余 3 件分别为天津艺术博物馆、日本宁乐美术馆和藤井有邻馆所藏。与钟同时出土的有大克鼎和小克鼎 7 具及𬭤等器。"这组钟保存完整。甬上有斡、旋。钟饰重环纹、龙纹、兽纹和卷龙

—————————

[1]　参见引自黄翔鹏总主编：《中国音乐文物大系》（上海卷、江苏卷），大象出版社 1996 年版，第 28—32 页。

纹等。甬钟编号
41525,钲、左鼓部铸有
40字铭文。"钟41525
铭文为5行40字:

佳(唯)十又六年
九月初吉庚

寅,王才(在)周
康剌(烈)宫。王乎
(呼)士

智召克。王亲令
(命)克遹泾东

至于京自(师),
易(锡)

克甸车、马乘。"

甬钟编号8107,
钲、左鼓部铸有33字
铭文:

"佳(唯)十又六

图七十九　上海博物馆收藏晋侯酥钟(西周早期)

年九月

初吉庚寅,王才(在)周

康剌(烈)宫。王

乎(呼)士智召

克,王亲令(命)克遹泾东至于京。"

这组编钟全篇铭文应有79字:

佳(唯)十又六年九月初吉庚寅,王才(在)周康剌(烈)宫。王乎(呼)
士智召克,王亲令(命)克遹泾东至于京自(师),易(锡)克甸车、马乘。克不敢彖（墬），專奠王令（命）。克敢对扬天子休，用乍（作）朕皇且（祖）考白（伯）宝𨱏钟，用匄屯（纯）叚（嘏）永令（命），克其万年子孙永宝。

可见铭文中克为器主。大致为西周厉王前后时期，钟上克钟铭文中有纪年与历法相关内容。其中大克鼎铭文佑导克见王的傧相𤔲以及恭王五年卫鼎铭文所载克之祖为恭王时期的人，故此，佐证了克之铸器应在周孝王时期。克钟铭文内容为："周孝王十六年九月庚寅日，王在康烈宫命士𥄂召见克，亲命克循泾水向东巡察，至于京师。克很圆满地完成了任务，王因此赏赐给克车马。克因作钟，以追念祖宗，祈求福佑长命。"[1] 其八，西周晚期旅钟，上海博物馆编号44418。据传应为陕西长安县河壖一带出土，传世者有7件，有4件钟上为全铭，另外3钟为合铭，即铭文中虢弔旅与𩰫从鼎上的虢叔旅为一人。据考该鼎是西周时期周厉王三十一年的器物，应与甬钟年代相近。甬上有斡、旋，饰波曲纹、重环纹、鸾鸟纹。据考钲、鼓部铸有85字铭文："虢弔（叔）旅曰：不显皇考甫弔（叔），穆穆秉元明德，御于乒（厥）辟，得屯（纯）亡敃。旅敢𡟎（肇）帅井（型）皇考威义（仪），□御于天子，卣（由）天子多易旅休。敢对天予鲁休扬，用乍（作）朕皇考甫弔（叔）大𤬿鉌钟。皇考严才（在）上，巽（翼）才（在）下，𣪘𣪘熭熭，降旅多福。旅其万年子子孙孙永宝用享。"此钟铭文只有85个字，与其他旅钟铭文比对校正，加上方框□表示缺字，应为91个字铭文。其九，西周晚期邢人安钟1件。上海博物馆编号8105，系收购品，传为出土于陕西扶风县齐家村。甬中空不封衡，其上有斡、旋。钟饰龙纹和

图八十　上海博物馆收藏克钟（西周晚期）

①　黄翔鹏总主编：《中国音乐文物大系》（上海卷、江苏卷），大象出版社1996年版，第41—42页；马承源：《商周青铜器铭文选》294，文物出版社1988年版。

鸾鸟纹等。测音效果良好。钟钲、鼓左部铸有 43 字铭文:"井(邢)人曰:**覭盂**(淑)文且(祖)皇考,克质(哲)氒(厥)德,得屯(纯)用鲁,永冬(终)于吉,不敢弗师用文且(祖)皇考,穆穆秉德。**盇盇**(宪)圣,**䵼**处。"另见 1966 年陕西扶风县齐镇又出土了一件邢人钟,在其钲与鼓左也铸造有铭文 48 字:处宗室,**肆**乍(作)穌父大龖(林)钟,用追孝侃前文人,前文人其严才(在)上,**鼓鼓粲粲**,降余厚多福无疆。其万年子子孙孙永宝用享。"① 全篇铭文 91 字分铸二钟,其内容为邢人颂扬祖父的美德,借此作为自己的仪型,则为穌父铸制了此组编钟。

其十,西周晚期的鲁邍钟 1 件,上海博物馆编号 24431。甬钟为拣选而来,其与西周晚期鲁大宰邍父簋器主邍父乃为一人,其年代应与之相近。甬上有旋,钟饰兽目交连纹,以及对称相背式龙纹等。钟上呈二道节柱形枚。钲间铸有 8 个字铭文:"鲁邍乍(作)穌钟,用享考(孝)。"此外,上海博物馆编号 19975,西周蟠龙纹钟 1 件。甬上有斡、旋,钟饰兽面卷曲纹、蟠龙纹和斜角云纹等。钟上原有伪刻"兮仲钟"诸字。上海博物馆编号 44417,西周晚期云纹钟 1 件。甬中

图八十一　上海博物馆收藏旅钟(西周)

---

① 黄翔鹏总主编:《中国音乐文物大系》(上海卷、江苏卷),大象出版社 1996 年版,第 44 页;马承源:《商周青铜器铭文选》396,文物出版社 1988 年版;马承源:《上海博物馆藏青铜器》六一,上海人民出版社 1964 年版。

空与腔体相通。钟钲
有伪刻"楚公豪钟"诸
字。上海博物馆编号
37698，西周晚期龙纹
钟1件。甬上有旋，钟
饰云纹、重环纹、回顾
式龙纹和鸟纹等。钟上
有铭文，锈蚀不清，尚
难辨认。[①]上海博物馆
以其国际港口城市优
势，富商巨贾集聚这里，
除正常经济文化繁荣之
外，鉴古、收藏、文物古
玩市场异常活跃，从国
内广阔土地上，传世艺
术品和出土文物，多在
这一地区流入市场，又
从这个国际港口流向海
外，综观该馆收藏的乐
钟乃为上乘古乐器，不

图八十二　河北省博物馆收藏连珠纹甬钟（西周）

仅以造型、花纹和长篇铭文独占鳌头，又以保护与研究成果赢得国内外行家的
赞誉。这些西周时期的乐钟来自黄河流域周文化发源地，对研究周代礼、乐制
度和社会等级制度提供了十分重要的资料。

　　此外，在河北省博物馆收藏编号 4739—C612，西周连珠纹钟 1 件。保存完
好，甬上有斡，中空与腔体相通。合瓦形钟通体素面，枚作犬牙状。[②]

　　福建省武平县博物馆收藏编号 0007，西周早期甬钟 1 件。在龙岩武平县城
关平川镇平川河道出土。钟甬残，其上有斡、旋。合瓦形钟体饰云纹、双卷云纹

①　参见黄翔鹏总主编：《中国音乐文物大系》（上海卷、江苏卷），大象出版社 1996 年版，第
　　44—48 页；参见马承源：《商周青铜器铭文选》396，文物出版社 1988 年版；马承源：《上海
　　博物馆藏青铜器》六一，上海人民出版社 1964 年版。
②　参见王子初总主编：《中国音乐文物大系》（河北卷），大象出版社 2008 年版，第 19 页。

和乳钉纹等。钟上有两节圆锥形枚 36 个。① 因锈蚀不堪未测音。

河北、福建两省西周青铜钟各有 1 件,应该代表这一地区西周时期礼、乐制度和社会状况。值得深入对这一地区青铜礼乐器的真实历史和文化现象进行研究。

1. 铜铃

青铜铃在商代已有发现,山西吕梁地区柳林县发现商代晚期墓葬中出土素面铜铃。四川成都三星堆遗址出土大量商代至西周铜铃,腔内有舌、摇之有声,另有车銮玲者,一般属车马器之用,也有作为乐器成套出土的,到春秋时期铜铃较为风行。

陕西扶风庄白 1 号青铜器窖藏出土西周中期 7 件铜铃。周原博物馆编号 76FZH:76、77、81、103、78、

图八十三　福建武平县平川镇甬钟(西周早期)

图八十四　陕西扶风县庄白一号窖藏铃 7 件(西周中期)

---

① 参见王子初总主编:《中国音乐文物大系》(福建卷),大象出版社 2011 年版,第 21 页。

图八十五　山西洪洞永凝堡銮铃（西周晚期）

80,青铜铃造型别致,保存完好。舞上有半环形钮。腔内有舌,铃饰以阳线兽面。[1]

西周晚期青铜銮铃4件,这几件山西洪洞永凝堡銮铃系考古发掘22座西周晚期墓葬中出土。应为贵族墓葬区,该墓出土青铜礼器301件,其中有鼎、簋、鬲、壶、甬钟、戈、车马器等。这4件青铜銮铃均在墓葬中出土,非乐器之属,应为信号类响器,安装在战车栏杆两侧。[2]

河南平顶山郊区薛庄乡北村西M95出土西周铜铃9件。1986年先后在这里考古发掘应国墓葬达130余座。M95是该墓地中最大的墓葬,此外还出土有甬钟及青铜器、玉器计四百多件。青铜盨、壶、盘等器物上有铭文为“应伯”之名。由此判断该墓应为应国贵族墓,属于应国君主的墓葬。9件铜铃形制相同,大小有别,铃体有纹饰、无素面者均不统一。铃腔内有舌,以皮革系之。大部分保存

图八十六　山东省博物馆收藏5件铜铃（西周）

① 参见黄翔鹏总主编:《中国音乐文物大系》(陕西卷),大象出版社1996年版,第27页;参见陕西扶风庄白一号西铜器窖藏发掘简报》,《文物》1978年第3期;陕西省博物馆等:《陕西出土商周青铜器》(二),文物出版社1980年版。

② 参见王子初总主编:《中国音乐文物大系》(山西卷),大象出版社2000年版,第104页;参见张素琳:《山西洪洞永凝堡西周墓》,载《文物》1987年第2期。

完好,少量残损,是西周时期不可多得的编铃。①

铜铃商代有之,西周少许,至春秋时期出现较多。多为铃腔内有舌,属于摇之有声的响器,不能与镈、甬钟、钮钟等乐钟相提并论。但因其成编组出现,大小依次递减,形成一种独特响器,也应与乐器有关系,值得音乐考古工作者高度重视。考古工作者先后在陕西、山西、河南诸地发现西周时期铜铃。另在山东省博物馆编号 6、970 西周 5 件铜铃和编号 6、961 西周 5 件环钮铜铃,以显珍贵。②

2. 钮钟

西周时期的乐钟主要以甬钟为主体,钮钟几乎没有出现。黄河流域诸省市重大考古发掘与发现,至今唯见山西闻喜上郭村 M210 出土了西周晚期的钮钟9 件。实际上钮钟多在春秋之世盛行,在甬钟的基础上从简,其甬而以钮代之,悬挂在钟架横梁上,整齐美观,不易摆动,应是乐钟发展的一个方向。

山西闻喜上郭村 M210 是由山西省考古研究所清理发掘的。该墓葬是一座长方形土坑竖穴墓,曾被盗扰乱,所出文物不多。唯 9 件钮钟成列,出土时放置在棺椁之间。从盗墓遗迹中还发现有鼎耳残件,应为青铜礼器之类随葬品,墓葬主人身份地位不低。钮钟共 9 件,形制花纹相同,大小不一,依次递减。钮呈长方形环钮,钟为合瓦形,于口弧形,钟面平而无枚,饰夔龙纹。

图八十七　山西闻喜上郭 M210 钮钟 9 件（西周晚期）

山西闻喜上郭 M211 出土西周晚期钮钟 9 件。该墓位于 M210 附近东面,也为长方形土坑墓。墓葬被盗扰,残留青铜礼器有鼎、盘、鬲等。钮钟件数与M211 相同,均出 9 件成列。出土前出放置在棺、椁之间。钮钟呈合瓦形,花纹

---

① 参见黄翔鹏总主编:《中国音乐文物大系》(河南卷),大象出版社 1996 年版,第 49 页;王子初:《中国音乐考古学》,福建教育出版社 2003 年版,第 172 页。

② 参见王子初总主编:《中国音乐文物大系》(山东卷),大象出版社 2001 年版,第 120—123 页。

图八十八　山西闻喜上郭 M211 钮钟 9 件（西周晚期）

雷同，大小相次，钮与 M210 钟钮相同。于口弧形，平面无枚，饰有联珠龙纹。这组钟均有调音。①

二、西周时期编磬石质乐器

磬乐历史久远，上至新石器时代，至商至周，磬则由特磬、独磬逐渐成编磬，成组出土问世。大、粗、精、细形成完美无缺的石制乐器，金与石质乐器形成金石之声，悦耳动听的音乐绝响。西周时期的石磬则在陕西、山西、湖北均有发现。

陕西地区考古发现的石磬。其一，扶风齐镇村征集西周早期特磬 1 件。灰白色灰岩打制而成。有磨制痕迹。呈半月形，磬面有天然石面痕迹。两悬孔为对钻而成。其股鼓分明，弧形背。其二，扶风县周原召陈乙区西周建筑基址考古发掘出土西周中期编磬 3 件。因磬多残断成碎片，共有 68 块，整理中可拼对成 15 件石磬，能复原者有 3 件。磬厚薄不太统一，有的磬面有阴刻，饰夔纹、重环纹和鳞纹。一部分磬为素面无纹饰，编号 T243∶12，青黑色石灰岩磨制，呈五边形，即鼓、股分明，倨背，底微凹。磬出土时内涂填朱砂。编号 T243③∶13 和 T243③∶14，形制、纹饰均与 T243③∶12，大致相同。其三，扶风县云塘村出土西周晚期石磬 1 件。磬为灰色石灰岩质，为五边形磨制的素面磬。其股、鼓分明，倨背底微拱，有残损痕迹。其四，宝鸡县上官村出土西周晚期石磬 1 件。据当地群众反映，在此共出 10 余件均丢失。同时出土有

---

① 参见王子初总主编：《中国音乐文物大系》（山西卷），大象出版社 2000 年版，第 64 页；王子初：《太原晋国赵卿墓铜编镈和石编磬研究》，载《太原晋国赵卿墓》，文物出版社 1996 年版。

青铜器自铭"矢王作郑姜隣簋"文字。[①]

山西曲沃县曲村乡北赵晋侯墓地 M8 出土西周中期编磬 10 件。这组石磬为演奏的实用乐器,墓葬曾被盗扰,其中有 4 件已经残破断裂,部分磬存留调音锉磨痕迹。这批磬大小不一。[②]

山东胶县张家庄乡水土站西周遗址出土特磬 1 件。该磬为青灰色板岩质,有水溶蚀面痕迹。周边留存有浓厚的打磨痕迹。中有对磨的倨孔。[③]

湖北随州三里岗镇毛家冲出土西周中期磬 1 件。为石灰质,断裂 2 块,呈

图八十九　陕西扶风齐镇村征集特磬（西周早期）

图九十　山西曲沃县曲村乡北赵村晋侯 M8 编磬（西周中期）

---

① 参见黄翔鹏总主编:《中国音乐文物大系》(天津卷、陕西卷),大象出版社 1996 年版,第 16—18 页。

② 参见王子初总主编:《中国音乐文物大系》(山西卷),大象出版社 2000 年版,第 22 页。

③ 参见王子初总主编:《中国音乐文物大系》(山东卷),大象出版社 2001 年版,第 142 页。

长条形,磨制痕迹
不明显,倨句有对
钻而成的倨孔。磬
底较平直,磬背略
呈倨句。股、鼓较
为分明,形成股二
鼓三形状。在此同
出一件西周中期的
青铜镈。金、石之
乐相伴出土绝非偶
然,这与随州叶家
山出土的西周早期
编钟镈钟相印证。[1]

图九十一　山东胶县张家庄乡特磬（西周）

　　古者编磬单独
出土的较多,于西
周时期则出现钟磬

图九十二　湖北随州市三里岗镇毛家冲村磬（西周中期）

伴出的特点,金石并用,金、石之声形成音乐重器。在陕西、山西、湖北、山东诸
地考古发现均有编磬出土。不仅出土单件石磬,还是成编成组并为实用性的编
磬乐器。从西周时期,至春秋战国逐渐形成规模。磬声悦耳动听,早期的青铜
乐器尚难取代编磬性能,其数量之多,制作精美,音乐性能更佳,是不可多得的
中国古代乐器瑰宝。

---

[1]　参见黄翔鹏总主编:《中国音乐文物大系》(湖北卷),大象出版社 1996 年版,第 75 页。

第 四 章
春秋时期音乐文化与音乐文物研究

　　周昭王南巡溺死汉水后，周王朝统治势力由盛转衰。西方之秦、南方之楚，已渐渐强大起来。时处周穆王征伐不断，天下远游，消耗国力，毁损贵族权威和利益。至周厉王奢侈腐化更盛，国民怨恨。《国语·周语》曰："厉王虐，国人谤王。邵公告曰：'民不堪命矣！'王怒，得卫巫，使监谤者。以告，则杀之。国人莫敢言，道路以目。王喜，告邵公曰：'吾能弭谤矣，乃不敢言。'邵公曰：'是障之也。防民之口，甚于防川。川壅而溃，伤人必多，民亦如之。是故为川者决之使导，为民者宣之使言。……夫民虑之于心，而宣之于口，成而行之，胡可壅也？若壅其口，其与能几何？'王不听。于是国人莫敢出言。三年，乃流王于彘。"可见厉王胡被流亡于彘，受到了国人的惩罚。

　　《史记·周本纪》曰："宣王即位，二相辅之，修政，法文、武、成、康之遗风，诸侯复宗周。……宣王既亡南国之师，……四十六年（公元前782年），宣王崩。"宣王即位虽无好景，但仍然持续发展了一段时间，这时的天子一不勤政，二是不修籍于千亩，一味走向衰落。《国语·周语上》曰："宣王既丧南国之师，乃料民于太原。"之后，宣王崩，其子幽王宫湦立。《史记·周本纪》曰："宣王崩，子幽王宫湦立。幽王二年，西周三川皆震。伯阳甫曰：'周将亡矣。……夫水土演而民用也。土无所演，所乏财用，不亡何待！……'三年，幽王嬖爱褒姒。褒姒生子伯服。……申侯怒，与缯、西夷犬戎攻幽王。幽王举烽火征兵，兵莫至，遂杀幽王骊山下，虏褒姒，尽取周赂而去。于是诸侯乃即申侯而共立故幽王太子宜臼，是为平王，以奉周祀。平王立，东迁于洛邑。"平王东迁，始为东周。天下诸侯势力则压倒了天子，周室共主资格已走向没落。诸侯势力不断扩大，以排山倒海之势压倒了天子。反而，天下诸侯仍然要以挟天子而令诸侯。《史记·周本纪》曰："平王之时，周室衰微，诸侯强者并弱，齐、楚、秦、晋始大，政由方伯。"周天子成为寄生诸侯之间的衰败的君王。①

第一节　春秋时期五霸争雄的政治局面

一、春秋五霸争雄的前奏

春秋时期周天子腐败不堪，贵族僭越，诸侯争霸，齐、晋、楚、秦独领风骚。晋国占据北方，楚国占据南方，齐国雄踞东方，秦国占领西部，吴越占控东南。

齐国称霸在先。《史记·齐太公世家》曰："吾适齐，自泰山属之琅邪，北被于海，膏壤二千里，其民阔达多匿知，其天性也。以太公之圣，建国本，桓公之盛，修善政，以为诸侯会盟，称伯，不亦宜乎？洋洋哉，固大国之风也！"春秋时期，齐国在东北方称霸。"北被于海"，倚山东半岛，"膏壤二千里"的经济发达地区壮大起来，达到了"以太公之圣，建国本"的优势，一举成为"桓公之盛，修善政，以为诸侯会盟"，扩张了声势，形成春秋争霸的"洋洋哉，固大国之风也"的雄齐。故有"唯独齐为中国会盟，而桓公能宣其德，故诸侯宾会"。于是《史记·齐太公世家》桓公称曰："寡人南伐至召陵，望熊山；北伐山戎、离枝、孤竹；西伐大夏，涉流沙；束马悬车，登太行，至卑耳山而还。诸侯莫违寡人。寡人兵车之会三，乘车之会六，九合诸侯，一匡天下。昔三代受命，有何以异于此乎？"齐国谋略大业，称霸诸侯，帮抚弱者平定国乱，稳固周王室安危，结盟修好各诸侯，终成"九合诸侯，一匡天下"的雄伟大业。

《左传·僖公九年》曰："齐侯盟诸侯于葵丘，曰：'凡我同盟之人，既盟之后，言归于好。'宰孔先归，遇晋侯，曰：'可无会也。齐侯不务德而勤远略，故北伐山戎，南伐楚，西为此会也。东略之不知，西则否矣。其在乱乎？君务靖乱，无勤于行。'晋侯乃还。"正因为周朝腐败的祸根殃及诸侯贵族，他们贪图享受，追

---

① 黄敬刚：《从考古发现看文献记载中的西周乐器类型》，山东曲阜孔子学院《新礼乐》2017年发表。

求名利,四处征伐,好大名利。齐国有管仲良相,首推以法为政,佐齐称霸,则以"贵轻重,慎权衡"的法治思想,来治理齐国桓公"不务德"的腐化其身霸政之病,形成管仲政治主张。《管子·明法解》曰:"明主在上,有必治之势,则群臣不敢为非。"管仲所推出的法治思想,大大推动齐国兴盛与称霸。《管子·任法篇》曰:"法者天下之至道也,圣君之实用也。……有生法,有守法,有法于法。夫生法者君也,守法者臣也,法于法者民也。君臣上下贵贱皆从法,此为大治。"

其实,齐桓公是在齐国内乱时登基的。随后在齐鲁争霸中,又战胜了鲁国,逼杀了公子纠,鲁君将公子纠的师傅管仲和召忽献给了齐国。[①] 虽然召忽随即自杀,齐桓公也未记恨管仲一箭之仇。因齐国主帅鲍叔牙竭力举荐了管仲,管仲被齐桓公所重用。《左传·庄公九年》曰:"管夷吾治于高傒,使相可也。"一举成为霸国之相。故此,管仲一直主张齐桓公推行法治,以振齐国霸业。

鲁、宋、卫、陈、郑、燕、晋、秦、楚均是春秋初期较为活跃的诸侯国。鲁国占据泰山之威,东临海域之险,南与淮夷相连,其西南与宋国、西北与齐国连接。春秋初年宋、齐相争,其摩擦交兵,相互侵伐不止。鲁国平原沃野肥土流金,故与齐鲁干戈不息,互不相让。宋国则是商代的嫡系,封于睢水流域平原沃地,尽在王室管控之中。其周围环顾陈、蔡及夷邦,东北鲁、卫虎视眈眈,尤其西面强大的郑国给宋国构成威胁,彼此相争干戈不息。卫国则在春秋时期四面环敌,东邻强齐,南临郑、宋,北有戎狄,春秋时期卫与宋国也成为激烈竞争的双方。

陈、蔡国弱,则与宋结为盟友,共同抗郑。郑国地处中原,其经济发达,尚有霸业雄心,较早雄踞中原小国之上。姬姓燕国,地处僻远,尚属小国之列,早期屡遭山戎入侵,往往求助于齐国。桓公之时,则抚助燕国。历史上也一度发生过齐、燕争战,最后仍然被齐国征服。晋国姬姓,地处黄河流域中游,西周时期实属小国。多为戎狄侵扰,到了春秋时期才成为大国之列。《史记·晋世家》曰:"哀公卒,子幽公柳立。幽公之时,晋畏,反朝韩、赵、魏之君;独有绛、曲沃。余皆入三晋。"直至三家分晋,结束了晋国的历史。历史上晋文公称霸,曾率晋齐秦联军大破楚军于城濮(山东濮县)。一度晋国占据黄河流域的霸主地位。

《左传·僖公二十七年》曰:"楚子及诸侯围宋,宋公孙固如晋告急。先轸曰:'报施、救患,取威、定霸,于是乎在矣。'狐偃曰:'楚始得曹而新昏于卫,若伐曹、卫,楚必救之,则齐、宋免矣。'于是乎蒐于被庐,作三军。谋元帅。赵衰曰:'郤

① 周谷城:《中国通史》,上海人民出版社 2002 年版,第 109 页。

毂可。臣亟闻其言矣,说礼乐而敦《诗》、《书》。《诗》、《书》,义之府也,礼乐,德之则也,德义,利之本也。《夏书》曰:"赋纳以言,明试以功,车服以庸。"君其试之!'乃使郤毂将中军,郤溱佐之;使狐偃将上军,让于狐毛,而佐之;命赵衰为卿,让于栾枝、先轸。使栾枝将下军,先轸佐之。荀林父御戎,魏犫为右。晋侯始入而教其民,二年,欲用之。子犯曰:'民未知义,未安其居。'于是乎出定襄王,入务利民,民怀生矣。将用之。子犯曰:'民未知信,未宣其用。'于是乎伐原以示之信。民易资者不求丰焉,明征其辞。公曰:'可矣乎?'子犯曰:'民未知礼,未生其共。'于是乎大蒐以示之礼,作执秩以正其官,民听不惑而后用之。出谷戍,释宋围,一战而霸,文之教也。"

晋文公称霸又在秦、楚包围之中,秦是晋国西方的强敌。《左传·文公三年》曰:"秦伯伐晋,济河焚舟,取王官,及郊。晋人不出,遂自茅津济,封殽尸而还。遂霸西戎,用孟明也。君子是以知秦穆公之为君也,举人之周也,与人之壹也;孟明之臣也,其不解也,能惧思也;子桑之忠也,其知人也,能举善也。《诗》曰'于以采蘩,于沼于沚,于以用之,公侯之事',秦穆有焉。'夙夜匪解,以事一人',孟明有焉。'诒厥孙谋,以燕翼子,'子桑有焉。"晋国遇强秦,有败也有胜,相侵或相杀,在历史上多留胜名。秦穆公曾在晋文公死办丧事时袭击郑国,晋国出兵救郑国,并且大败秦国,活捉了秦将百里孟明视、西乞术和白乙丙三大夫。《左传·僖公三十三年》曰:"秦违蹇叔,而以贪勤民,天奉我也,奉不可失,敌不可纵。纵敌,患生;违天,不祥。必伐秦师。"秦穆公在此自责不已。《左传·文公元年》曰:"是孤之罪也。……是贪故也。"可见穆公乘晋文公死举办丧事时,侵伐郑国不义之举,终将兵败将失,有失礼仪而遭郑民及晋国愤怒,奋力打败秦国。形成秦国称霸西戎,晋国称霸于北方的局势。

晋楚争霸,也是有声有色,史载甚详。《史记·楚世家》曰:"熊绎当周成王之时,举文、武勤劳之后嗣,而封熊绎于楚蛮,封以子男之田,姓芈氏,居丹阳。"为周天子所封,熊绎五传之后熊渠。楚君始立于分封诸侯之列。《左传·昭公十二年》曰:"昔我先王熊绎,辟在荆山……"可见熊绎所居丹阳之地应与荆山相去不远。《史记·孔子世家》曰:"楚之祖封于周,号为子男五十里。"先不言楚之卑微,疆域不过同,一同约五十里,应属小国之列,先是"筚路蓝缕",至西周昭王南征,穆王东征与楚人都有较直接关系,史籍多载。到了熊渠仍然是"江上楚蛮之地",渐由弱小发展壮大起来,楚国开始走向振兴的局势。《史记·楚世家》曰:"熊渠甚得江汉间民和,乃兴兵伐杨粤、至于鄂。熊渠曰:'我蛮夷也,不与中国之号谥。'乃立其长子康为句亶王,中子红为鄂王,少子执疵为越章王,皆在江上楚蛮之地。及周厉王之时,暴虐,熊渠畏其伐楚,亦去其王。"直至熊渠死后,楚国政局开始动荡,从楚王熊勇至熊㭍(蚡冒)在位计有107年,熊渠在位约10年,熊绎至蚡冒共10位楚君,则有115年的历史①。

楚国曾与齐国争霸,春秋五霸,齐桓公名列前茅。齐桓公纠集鲁、宋、陈、卫、郑、许、曹联军伐蔡。齐欲伐蔡,楚国带兵出方城入中原的必经之地击齐,被齐人管仲识破,故屯兵方城,以观楚军之势。《战国策·西周策》曰:"桓公伐蔡也,号言伐楚,其实袭蔡。"时当楚成王之世,也有力向外攻伐,故不惧齐国挑战。当两军陈兵方城,楚国派使者责难齐桓公。《左传·僖公四年》曰:"君处北海,寡人处南海,唯是风马牛不相及也,不虞君之涉吾地也,何故?"可见,楚国认为齐国有挑衅行为。《左传·僖公四年》管仲则代表齐桓公质问楚使者曰:"昔召康公命我先君大公曰:'五侯九伯,女(汝)实征之,以夹辅周室。'赐我先君履,东至于海,西至于河,南至于穆陵,北至于无棣。"由此可看出齐国有挟天子以令诸侯之势。管仲也说:"尔贡苞茅不入,王祭不共,无以缩酒,寡人是征。昭王南征而不复,寡人是问。"都打着周天子的招牌,仅是行正义之举。齐桓公联八国之师,陈列阵容,《左传·僖公四年》齐桓公炫耀其辞曰:"以此众战,谁能御之,以此攻城,何城不克。"《左传·僖公四年》楚人屈完对曰:"君若以德绥诸侯,谁敢不服,君若以力,楚国方城以为城,汉水以为池,虽众,无所用也。"在双方舌枪唇剑驳论之后,最终齐、楚以会盟而休兵。

楚、晋城濮之战,楚国大败,子玉自尽。《史记·晋世家》曰:"且子玉犹在,庸可喜乎!""我击其外,楚诛其内,内外相应。"晋国甚喜,子玉之死则是楚国的重大损失。晋国争霸野心更大,冬季晋与齐、鲁、宋、蔡、郑、陈、莒、邾、秦会盟,并召周襄公到河阳与诸侯相见,挟天子以令诸侯。《左传·僖公二十八年》曰:"以臣召君,不可以训。"道出孔子对晋国抨击。晋文公则有违礼之尤。晋、楚之间最终以弭兵之盟,果然荫及几代人和平,长达四十余年未发生战争。春秋五霸则是指楚庄王在列。②

楚国到了楚武王自尊自强,统一江汉之间诸多小国。《左传·桓公二年》曰:"蔡侯、郑伯会于邓,始惧楚也。"楚国与汉东随国相侵或相伐战事繁多。随

---

① 张正明:《楚史》,湖北教育出版社1995年版,第49页。
② 张正明:《楚史》,湖北教育出版社1995年版,第119页。

也是江淮诸姬首领,往常管理方式多联诸侯抗楚。《左传·桓公六年》曰:"楚武王侵随。"随侯采纳了季梁的建议,提出"脩政"而后战,外联江淮诸姬,共同抗楚。楚国则以不战而还。至公元前 704 年,楚国在沈鹿(楚地)会各地诸侯时,随国有意不参加楚国举行的会盟,引起楚国极大不满,随、楚在速杞开战,季梁劝随侯讲和,而少师坚持与楚开战,随国大败,楚随由此订立了盟约。其时,楚国东进,必须要征服随国,在一百多年间屡有战事。楚武王暮年伐随而卒于横木之下。《左传·庄公四年》邓曼叹曰:"王禄尽矣! ……若师徒无亏,王薨于行,国之福也。"果真军队行至横木之下楚武王突然发病而亡。随即与随国讲和会盟而还,过了汉水后而发丧。说明随国是汉淮之间楚国的劲敌。春秋时间,汉水以东的诸姬中随国为大。"随"最早见于《左传》,其辖境在今随州,即大洪山与桐柏山之间的随枣走廊,数百年来地下出土文物和近现代考古发现十分丰富,但在这一地带多发现曾、厉、噩等诸国铜器,也在随州厉山镇附近新发现春秋时期的青铜器,至于文献记载中的随国之随,2013 年在随州东郊季梁祠附近的曾国墓葬中,唯见一件青铜器上铭文有:"随大司马……"的文字[1]。学术界一直认为曾就是文献记载中的随国,即一国二名而已,古代一国二名不乏其例。"随"字在曾国墓葬中发现,更能证实此说。也有不同意此说者,认为曾就是曾,随就是随,后者影从者甚寡。新近出土的曾国青铜器和编钟年代则到西周早期,叶家山曾国贵族墓地则能得到确证[2]。所以说,西周早期的曾国实力具有如此规模,而楚国于西周之世,还僻在荆山,筚路蓝缕的景况,实属贫弱之国。随国乃为周王朝分封的姬姓国,则在汉、淮与南国之间,窥视南蛮一举一动,随时向周王朝禀告而已。每当随国与楚国关系密切,就要受到周王室的责怪。自周昭王南征时的军队总是驻扎在曾国,曾历经曾、噩、厉、唐国[3]。西周青铜器铭文记载了这一重大历史事件。楚、随关系于春秋末年渐睦,一直到楚昭王奔随,随侯对吴军说,楚随之间"世有盟约,至今未改"。吴与越国相继称霸,楚昭王时吴王派伍子胥、孙武率师伐楚,攻下楚国都城郢,故有楚昭王辗转奔随。楚大夫申包胥,乞师于秦哭于秦廷七日,秦国哀公出兵

---

① 湖北省文物考古研究所、随州市博物馆:《随州叶家山西周墓地第二次考古发掘的主要收获》,《江汉考古》2013 年第 3 期。

② 湖北省文物考古研究所、随州市博物馆:(随州叶家山西周墓地第二次考古发掘的主要收获),《江汉考古》2013 年第 3 期。

③ 黄敬刚:《古随地曾、噩、厉三国考》,载《楚简楚文化与先秦历史文化国际学术研讨会论文集》,湖北教育出版社 2013 年版。

相助。秦随护驾楚昭王回楚复国。楚、随关系先是复杂化，后则是随、周关系及其与楚国关系不断发生变化。所以说，随国从西周至春秋战国时期，其政治、军事实力雄厚，经济发达，交通便利，是"金道锡行"的重要通道，也是历代兵家必争之地。[1]

晋、秦崛起，出现晋国霸业在西方受到阻碍。《左传·僖公三十三年》曰："寡君闻吾子将步师出于敝邑，敢犒从者。不腆敝邑，为从者之淹，居则具一日之积，行则备一夕之卫。吾子淹久于敝邑，唯是脯资饩牵竭矣。为吾子之将行也；郑之有原圃，犹秦之有具囿也。吾子取其麋鹿，以闲敝邑，若何？"秦人东侵主要是获取物质的需要，晋、秦争霸尚在利益之争。晋、秦殽之役，大败秦军，并俘秦国三大夫百里孟明、西乞术和白乙丙等等，可谓秦人贪功贪利心切而已。后来晋国内部总会发生内讧和事变，尤其在公元前 651 年，晋献公病，将奚齐托付于荀息。献公卒，党徒丧事发难，先后宫内多乱，相继卓子、荀息殉难，晋国则出现无君无主的局面。这为秦国崛起提供了良机。秦国为了完成向东方发展的图谋，先后与晋国处理好关系。因晋国贪图一些眼前之利而与秦国失和，秦穆公曾起兵伐晋，大败晋军，惠公被秦军俘虏，因秦穆公夫人是晋惠公的姐姐，求救惠公释放回国，晋国献河西地域给秦国，送其太子圉给秦国做大臣。秦嫁宗室女儿给圉，并将晋地归还于晋国，行之以礼，报之以义，尤其晋国大饥之年秦国以粟相济，这种恩威并施的办法让晋国屈服于秦[2]。

晋国与郑国之间，也是相互侵伐。晋楚鄢陵之战，标志首次弭兵破裂。公元前 576 年，楚共王欲攻郑国。《左传·成公十五年》曰："敌利则进，何盟之有？"楚国起兵攻郑国，继攻卫国。郑国返攻楚国，占领新石。故此，晋国与楚背盟，联齐、宋、卫、郑各国大夫会盟吴国，共谋对楚。在关键时候楚国向郑国求和，郑国随即叛晋，双方在武城结盟。郑国在楚国的支持下一举打败宋国。晋国为报郑国叛晋，于公元前 575 年，重兵攻郑，郑惧，求助楚国，楚共王带兵与晋国战于鄢陵，军力相当，互不取胜，相持不下，急战中晋将箭射中楚共王眼中，楚共王让神箭手养由基将吕锜射死。楚军且战且退，晋军击溃并追赶楚军于绝境中，养由基连射晋军不知其数，据载楚晋激战一整天才收兵。此战以楚军内部将士军纪涣散，晋军足智多谋，英勇杀敌而占上风，楚共王则以逃脱为上，楚军

---

① 黄敬刚：《楚、随关系初探》，《东南文化》1991 年第 1 期。

② 顾德融、朱顺龙：《春秋史》，上海人民出版社 2004 年版，第 108 页。

败走。鄢陵之战取胜,也因有齐、卫、鲁三国助阵[①]。此后,晋国邀集诸侯再次攻郑国。因诸侯驻扎郑国西部和东部,尚未进入郑国辖境内,郑军夜袭宋、齐、卫三国驻军,三国军队溃散。郑国自晋、楚鄢陵之战后,与楚国关系甚密。每当郑国受晋国的攻伐,楚国深入险境救郑。后因晋国内部多乱,直至晋悼公重振霸业,晋吴联合共抗楚。

春秋中期中山国。一说与中山国即北狄,伐赤狄崛起于西北,逐渐从西部逾太行山向东边发展,则在宋、齐、鲁、卫之间定居。一说白狄是赤狄余部,赤代表红色,赤狄以为姓,乃为鬼方的一裔,白代表白色,白狄则姮为姓,或曰纮姓。赤白应是这个民族图腾的颜色。以红、白为别。一说鲜卑出于白狄,而鲜卑为姬姓,和赤狄均为同姓同族同宗。诸多说法应来自传说时代,均有一定的传说依据。《左传·僖公三十三年》曰:"狄有乱。"赤、白狄内乱分裂。晋国也与狄交战而获胜。《左传·宣公三年》曰:"赤狄侵齐。"又在《左传·宣公七年》载"赤狄侵齐,而白狄及晋平"。春秋中期以后白狄到了河北、河南、山东诸地,后来所占领地更多,到了战国时期则有三晋、中山和齐国并称。晋国与白狄之间战事常起《左传·哀公三年》曰:"齐、卫围戚,求援于中山。"杜预注:中山,鲜卑。《国语·郑语》曰:"当成周者,北有卫、燕、狄、鲜、虞、潞、洛、泉、徐、蒲。"至战国初年,以魏国灭了中山国。《吕氏春秋·先识》曰:"晋太史屠黍见晋之乱也,见晋公(晋出公)之骄而无德义也,以其图法归周。周威公见而问焉,曰:'天下之国孰先亡?'对曰:'晋先亡。'……居三年,晋果亡。威公又见屠黍而问焉,曰:'孰次之?'对曰:'中山次之。天生民而令有别,有别,人之义也,所异于禽兽麋鹿也。君臣上下之所以立也。中山之俗,以昼为夜,以夜继日,男女切倚,固无休息,……此亡国之风也。臣故曰中山次之。'居二年,中山果亡。"

中山国被魏国灭亡后,时隔30年又复国,这个民族有一种不屈不挠的斗争精神。公元前378年狄败魏于浍。随后经济文化有了显著变化。公元前323年有魏、赵、韩、燕、中山五国相王,可见中山国的实力和野心。1978年,考古工作者在河北平山三级公社发现中山的城址、陵墓、青铜器等。器主为中山王𰯲[②]。中山国的历史与出土文物可证其辉煌。

---

① 顾德融、朱顺龙:《春秋史》,上海人民出版社2004年版,第127页。

② 参见白寿彝总主编:《中国通史》第4册,上海人民出版社2000年版,第994页。

二、礼乐制度与春秋时期政治文化关系

礼乐制度为三代以来社会政治、经济、文化的精义,内容丰富,浩瀚无极。西周以礼乐统一天下,尚无乱国之风。春秋时期礼乐制度走向没落,天下诸侯开始僭越周礼,春秋五霸挟天子而令诸侯,基本形成礼崩乐坏,社会动荡不安,强国兼并弱国,相侵相伐,其干戈不息。政治思想与音乐文化出现变革的时局。春秋时期孔子对"三礼"顶礼膜拜,礼乐思想成为传统儒家及经学研究的对象。《汉书·礼乐志》曰:"《六经》之道同归,而礼乐之用为急。"颜师古注《六经》谓:"《易》、《诗》、《书》、《春秋》、《礼》、《乐》。"也就是"六经"之道尽归礼乐。可见,礼乐是中华民族政治思想与音乐文化的晶核。礼是指典章制度、名物度数,乐是对《易》、《书》、《诗》、《礼》、《乐》、《春秋》等的乐理研究。古人所谓"礼"是传统文化,或礼学,又包括礼学与乐学的研究范畴。春秋时期的社会制度产生变革,就是礼乐制度的陈腐不适应时代的政治思想与音乐文化发展的要求。其礼崩乐坏是社会发展的必然趋势。

《左传·隐公十一年》曰:"经国家,定社稷,序民人,利后嗣者也。"礼乐制度与礼乐文化包涵社会制度、政治制度和宗法等级制度诸多方面。荀子、孔子、孟子、管子诸家早有专论。如《荀子·劝学》所云:"礼者,法之大分,类之纲纪也。"礼为国家之法度,社会之纲纪,有法依乃为制度规范。《论语·颜渊》孔子所云:"君君、臣臣、父父、子子,"孔子所云礼乐思想完全代表统治阶级利益。《孟子·滕文公上》所言:"父子有亲,君臣有义,夫妇有别,长幼有序,朋友有信。"以礼俗规则而言,倡导有礼节、有礼仪,重礼俗,以礼让恭敬为本,加强人的思想素质和制度规律培养。《荀子·大略》曰:"礼,节也。"古人往往将礼与乐相提并论,乃为周公作礼制乐的根本。故此,《史记·周本纪》记载周公则有"兴正礼乐,制度于是改,而民和睦,颂声兴。"礼乐文化的源头应始于宗教与民族信仰,当时社会先民们崇拜与祭祀神祇。人类社会要看精神支柱、政治思想与精神文化,否则,人类失去了信仰,这个民族和国家就会彻底失败,就失去了前进的方向,变得精神失常、思想泛滥,没有任何追求,就会阻碍社会向前发展。《乐记》曰:"明则有礼乐,幽则有鬼神。"古代礼多体现在礼仪,丧祭表现尤其突出,往往以神秘的宗教信仰将礼乐联系在一起。《礼记·丧服四制》曰:"凡礼之大体,体天地,法四时,则阴阳,顺人情,故谓之礼。"乐者则认为是天地之间的事,彰显出非常崇高和尽善尽美的境界。历来人们对礼乐制度的研究,如同郑樵《乐

府总府》所言："礼乐相须以为用，礼非乐不行，乐非礼不举。自后夔以来，乐以诗为本，诗以声为用，八音六律为之羽翼耳。仲尼编诗，为燕享祀之时用以歌，而非用以说义也。古之诗，今之辞典也，若不能歌之，但能诵其文而说其义可乎？"从神秘的宗教信仰到礼乐制度的形成发展过程，历经三代统治天下，被民称道尚无异化的端倪。

春秋时期，孔子竭力推崇这种为统治阶级服务的工具。历史的车轮总是向前，滚滚洪流冲击着礼乐的陈规旧矩，诸侯僭越周礼，并且纷纷僭用九鼎八簋的礼器，乐悬之制已发生了变化，诸侯们享用天子一样的乐悬，不仅如此，在墓葬等级和随葬品方面，都能与周天子比豪竞华了。春秋时期是社会大变革与五霸兴起的形成期。

随着贵族奴隶主的没落，周王室共主的时代逐渐腐化堕落，助长春秋诸侯割剧，相互兼并，形成五霸割据的分裂局面。"周德虽衰，其命未改"，诸侯争霸要借用"尊王攘夷"。春秋战国时期，周王室随衰，礼、乐制度也被诸侯僭越。诸侯自尊为王，公元前344年，齐魏"会徐州相王"开诸侯称王之先河。公元前325年，秦惠文王称王，韩、赵、魏、燕、中山"五国相王"。尤其楚国早在春秋时期一直自尊为王。周礼在春秋早、中期仍然兴盛，到春秋末年战国之交，就开始走向"礼坏乐崩"，王室衰微，诸侯放恣，五霸争雄的动荡局面。儒家开始谴责这种局面，出现礼制秩序混乱的时代，步入民族思想困惑和信仰危机的时期。《左传·桓公二年》曰："吾闻国家之立也，本大而末小，是以能固。故天子建国，诸侯立家，卿置侧室，大夫有贰宗，士有隶子弟，庶人工商各有分亲，皆有等衰。是以民服事其上而下无觊觎。"诸侯虽僭越礼制，享受其乐，但仍然对传统文化和传统思想有所继承。变革是时代发展的大趋势，继承先民的礼乐文化与思想仍然重要。

春秋时期周代的礼文化仍被承传。在这个时代大变革中，产生了新道德与人文精神。从传统礼乐文化中脱颖而出，创造一种新的文化理念，产生思想圣哲，至春秋晚期出现像孔子、老子圣哲，孕育出战国诸子百家的横空出世和百家争鸣的先声。

宗教信仰与鬼神在天的传统天命观，仍然存在人与神灵魔力共存。《左传·僖公五年》曰："鬼神非人实亲，唯德是依。"《左传·僖公十年》曰："神不歆非类，民不祀非族。"《左传·僖公三十一年》曰："鬼神非其族类，不歆其祀。"春秋时期，人们虽然崇天敬神，宗教色彩浓烈，但对鬼神信仰也提出了质疑。如民神、人神谁为主,《左传·桓公六年》曰:"夫民,神之主也。是以圣王先成民而后致力于神。"这是春秋时期出现最早的无神论者,提出"圣王先成民,"民在先,神次之,民为神主的民本思想,是中国哲学史的鼻祖。又见,《左传·庄公三十二年》虢之史嚚曰:"吾闻之:国将兴,听于民;将亡,听于神。神,聪明正直而壹者也,依人而行。"诸多文献对崇神、敬神、质疑神者屡见不鲜。春秋时期既然对天神提出不同的看法,进而对君王神化的王权也提出了质疑。但是人们对道德观念和民族信仰展开了新思潮论述。也就是说,民本观念和道德人文精神仍然在发扬。

《国语·越语下》曰:"天道皇皇,日月以为常。"

《左传·宣公十五年》曰:"天反时为灾,地反物为妖。"

《左传·庄公四年》曰:"盈而荡,天之道也。"

《左传·哀公十一年》曰:"盈必毁,天之道也。"

《左传·襄公二十二年》曰:"君人执信,臣人执共。忠、信、笃、敬,上下同之,天之道也。"

《左传·襄公十四年》曰:"夫君,神之主而民之望也……,天生民而立之君,使司牧之,勿使失性……天之爱民甚矣,岂其使一人肆于民上,以纵其淫,而弃天地之性?"可见重民为本的思潮风行,变革创新孕育出春秋、战国之交的百家争鸣的新德礼、新礼乐文化思想。

《左传》言之有"礼","礼"字则在书中出现有462次之多。礼是贵族阶段安身立命的主旨,是三代至春秋时期民族信仰与人文精神。也就是说,没有礼乐制度出现,就没有中国古代"循礼而行"礼乐文化的本源;失去了礼,其时代的民族信仰就失去了,周王朝掌握的国家与贵族阶级就会衰亡。失礼,在春秋时期,这正是五霸称雄与诸侯相互残杀的重要因素之一。

《左传·闵公元年》曰:"鲁不弃周礼,未可动也。"春秋早期,宗法制度与礼乐制度是紧跟周王朝的统治阶级变化而变化的。春秋战国时期因春秋五霸形成,周王朝统治被动摇了,所谓"礼坏乐崩"和礼乐制度陈腐性,即政治制度崩溃和礼仪的僭越,新的礼乐思想出现变革。春秋时期非常尊礼重信,对周天子也不是那么顶礼膜拜了。春秋时期仍然重祭祀先祖,崇拜天神,讲究宗族关系,还要向天子进贡,赴告策书,但国与国之间邦无诚信,随和随盟,或者明盟暗离者有之,礼义之举尚无定数。《论语·季氏》曰:"天下有道,则礼乐征伐自天子出;天下无道,则礼乐征伐自诸侯出。自诸侯出,盖十世希不失矣;自大夫出,五世希不夫矣；陪臣执国命，三世希不失矣。天下有道，则政不在大夫。天下有道，则庶人不议。"从《论语·季氏》记载孔子评论的史料，可以了解春秋战国之交的政治秩序纷乱局面。东迁之后的周天子失去天下"共主"的统治地位，原来礼乐征伐自天子出的发号施令权威，变成"礼乐征伐自诸侯出"。可见，礼乐制度与礼乐文化到了衰亡期。其一，周公"制礼作乐"期。其二，春秋战国之交的礼乐制度走向没落期——礼坏乐崩期。其三，礼乐复兴期（汉代）[①]。春秋时期虽然是五霸争雄的年代，但出现了一大批如孔子、老子、孟子、墨子诸子之学，均在诸子百家经典中，对礼乐制度和礼乐文化进行深入研究和发表言论，总结出西周末年礼乐制度分崩离析，已走向新的礼乐文化和礼乐思想的巅峰。

第二节　春秋时期歌舞与理论研究

周王朝乐舞与歌唱是礼乐制度的重要组成部分，其艺术形式首先在统治阶级和贵族上层社会中流行，另外在民间广为流传。诸如春秋时期艺术水平之高，包含器乐、声乐、舞蹈艺术之全的大型乐舞，是以器乐段、声乐段和舞段等几个部分构成的东周时期的歌舞，王室还设有春官专门管理礼乐的机构，乐官分大司乐、乐师、大师、小师、瞽矇、磬师、钟师、笙师、镈师等乐官、乐工1400多人。音乐是儒学的核心部分。从大舜时代的《箫韶》《大韶》，夏代的《大夏》，商代的《大濩》，周代的《大武》，流传到东周都能表演。《云门》和《咸池》两部乐舞，在东周时期均能从文献记载中寻觅到表演的踪迹，到春秋以后就很少有表演《云门》、《咸池》这些乐舞的信息了。

一、民间歌舞形式

春秋时期，礼崩乐坏，五霸争雄，彻底打破了西周礼乐制度，由统治阶级享乐的歌舞也流入民间，其融合浓烈的民族歌舞特色，日趋创新，乃是周代礼乐制度和歌舞形式的大变革时期。在用乐制度方面也发生了重大变化。《左传·襄公十一年》曰："郑人赂晋侯以师悝、师触、师蠲……凡兵车百乘、歌钟二肆，及其镈、磬、女乐二八。"观其以"金石之乐"贿赂，可见乐舞仍然在诸侯国交往之间备受欢迎。鲁国一是继续维护周礼，二是对乐舞格外重视。《礼记·郊特牲》曰：

---

① 参见夏静：《礼乐文化与中国文化论早期形态研究》，中华书局2007年版，第133页。

"大夫之奏《肆夏》，由赵文子始也。"晋大夫赵文子违礼用乐，竟然使用了天子享用的《肆夏》而引起关注。又有"八佾舞于庭"的享乐之风盛行。《史记·礼书》曰："周衰，礼废乐坏，大小相逾，管仲之家，兼备三归。"在春秋之际诸侯、大夫开始享用天子级别的乐舞，宫廷乐舞百工改变成民间或官宦家庭的乐队。《论语·八佾》记孔子曰："是可忍，孰不可忍"的哀叹感言。王室雅乐多被变成民间享乐，这应该是春秋大变革的因素所致，进而民间乐舞也为贵族阶级所接受，并且登上宫廷表演的大雅之堂。在这个大变革时期，贵族阶级也打压和排斥民间乐舞，如贬斥为郑音是靡靡之音，卫音放纵，宋音妩媚，齐音古怪，尚无歌颂民间歌舞的溢美之词。春秋之艺，宫廷乐舞雅乐，民间歌舞均被大变革的洪流冲击逆转，优胜劣汰，则是诸子论坛和百家争鸣的结晶。

春秋时期乐器体系发生了变化，从以打击乐器为主，向融汇打击乐器、吹奏乐器、弹弦乐器于一体，走出了周代雅乐禁锢的模式。春秋时期，音乐加强了节奏性和歌舞性，让民间歌舞走进宫廷，走向贵族阶层而更受欢迎，也更加有了对艺术的感召力，其音乐成就和歌舞演奏水平日趋高超，影响深远。广为流传的说法："丝不如竹，竹不如肉。"尤其明代陶宗仪在《说郛》卷一百曰："歌者，乐之声也，故丝不如竹，竹不如肉，迥居诸乐之上。"春秋时期，则对歌舞仍然有推崇人声，重视歌唱，对民间民风民俗的歌舞尤其重视，尚在西周就注重民间采风活动。自春秋战国之世，历史上涌现的歌唱家不乏其例，层出不穷。《列子·汤问》载秦国男高音歌唱家秦青"抚节悲歌，声振林木，响遏行云"，韩国抒情歌唱家韩娥则以"余音绕梁，三日不绝"久传人间。

《仪礼·乡饮酒礼》曰："设席于堂廉，东上。工四人，二瑟……工歌《鹿鸣》、《四牡》《皇皇者华》。……乃间歌《鱼丽》，笙《由庚》；歌《南有嘉鱼》，笙《崇丘》；歌《南山有台》，笙《由仪》。乃合乐《周南·关雎》《葛覃》《卷耳》《召南·鹊巢》《采蘩》《采蘋》。"从西周到春秋，虽说周王室宫廷雅乐流入民间歌舞团体，主要原因是春秋大变革导致政治、音乐、文化全面放开，雅俗共赏的歌舞团体冲击雅乐变革适应社会，周朝天下"共主"之梦受到重创，礼崩乐坏之后则碰撞出火花，那就是诸子百家产生"百家争鸣"时代，所以礼乐制度中的特殊待遇诸侯们也礼乐共享，僭越周制，推陈出新，百家争鸣，乃为五霸争立的变革时期。《礼记·王制》曰："天子五年——巡狩……命大师陈诗以观民风。"《左传·襄公十四年》载师旷曰："《夏书》曰：……'遒人以木铎徇于路，官师相规，工执艺事以谏。'"杜注："工，乐人也。献其技艺，以喻政事。徇于路，求歌谣之言。"所谓歌舞、歌唱赋予其神圣的地位。后来把诗歌民间风俗、社会制度、政治思想融汇在一起,集民歌采集之大成。

春秋战国时期礼仍然深入人心,以礼制代替天命鬼神的地位。礼被人们继承推崇,音乐逐渐世俗化,普遍性和享乐性之后,成为以乐为乐变革创新的局面。乐成为社会制度中的政治中心,宗教祭祀仍然用乐舞、乐歌来沟通天地、人神精神共感。《九辩》《九歌》均为当时祭祀的乐歌、乐舞。《山海经·大荒西经》曰:"开上三嫔于天,得《九辩》与《九歌》以下。此天穆之野,高二千仞,开焉得始启《九招》。"古代乐歌、乐舞一直被后世所承传。

春秋时期乐舞功能被管弦之乐"新声"逐渐代替了。唱中抒情,"新声"配辞,则以《诗经》四言齐句为代表,如丝弦、竹管演唱郑卫之音。以鼓乐配乐多演唱齐音,或者管弦演奏以诗韵长句为特色。从乐舞并举,到诗乐分立,这是一个创造发展的过程。先民们创造的乐舞"新声",改变了春秋时期乐器组合。"新乐"逐步取代了"旧乐"体制。《礼记·乐记》曰:"今夫古乐,进旅退旅,和正以广,弦匏笙簧,会守拊鼓;始奏以文,复乱以武;治乱以相,讯疾以雅;君子于是语,于是道古,修身及家,平均天下,此古乐之发也。今夫新乐,进俯退俯,奸声以滥,溺而不止,及优侏儒,糅杂子女,不知父子;乐终不可以语,不可以道古。此新乐之发也。"打破宗周古乐循规蹈矩的风格,创新乐歌舞说唱之鲜活的民间艺术。有褒之、有贬之,在继承中求发展新声秩序。在春秋晚期女乐倡优,新乐被社会的各个阶层所接受。《晏子春秋》曰:"今君左为倡,右为优,谗人在前,谀人在后,又焉可逮桓公之后者乎?"所谓倡优精通歌舞和乐曲,也能言辞善辩,也能故弄玄虚地巧言让君王乐意。乐工应为专业的歌舞歌唱和演奏乐器的伎女,均成为时代政治谋略的辅助工具。

春秋时期随着"新声"出现,《诗三百》广为流传,以诗言志,以诗为谏,以道德说教,以政治讽喻的形式抒发政教伦理的意图,所以诗涉及宗教、教育、政治、社交及其社会经济文化,与人们生活相关。兴起作诗、知诗、知乐、治教风气,形成春秋时期政治生活中以诗观政,以诗歌乐舞形成的思想观,为社会各阶级所接受。实际上,至春秋末期传统礼乐在各诸侯国之间,用礼崩乐坏来形容其变革也不为过,但在一些诸侯国仍然保存着周礼合礼、行礼与周诗体制旧风。《左传·襄公二十九年》曰:"吴公子札来聘……请观于周乐。使工为之歌《周南》《召南》,曰:'美哉。始基之矣,犹未也。然勤而不怨矣。'为之歌《邶》《鄘》《卫》,曰:'美哉,渊乎。忧而不困者也。吾闻卫康叔、武公之德如是,是其《卫风》乎?'为之歌《王》，曰：'美哉，思而不惧，其周之东乎？'"春秋末期季札，在鲁国观看所演奏的诗乐，则可判断其德化礼仪。"为之歌《郑》，曰：'美哉，其细已甚，民弗堪也，是其先亡乎！'为之歌《齐》，曰：'美哉，泱泱乎，大风也哉，表东海者，其大公乎。国未可量也。'"则能明察风土人情，善治善教的韵味十足，听其音，闻其声，观其舞，品其诗，"依声以参时"。"……为之歌《豳》，曰：'美哉，荡乎，乐而不淫，其周公之东乎？'为之歌《秦》，曰：'此之谓夏声。夫能夏则大，大之至也，其周之旧乎？'为之歌《魏》，曰：'美哉，沨沨乎，大而婉，险而易行，以德辅此，则明主也。'……为之歌《颂》，曰：至矣哉，直而不倨，曲而不屈，迩而不偪，远而不携，迁而不淫，复而不厌，哀而不愁，乐而不荒，用而不匮，广而不宣，施而不费，取而不贪，处而不底，行而不流，五声和，八风平，节有度，守有序，盛德之所同也。"观看演奏的歌声、舞蹈，品赏诗赋雅韵而知其兴衰和治国理政的水平。诗歌舞蹈与诗词吟歌，被宫廷、贵族和雅僚所利用，并为当时社会政治所服务。

歌声成为民间生活中的精神支柱，随时随地就以歌声表达喜怒哀乐。《史记·范雎传》曰："伍子胥至于陵水，无以糊其口，鼓腹吹篪，乞食于吴市。"伍子胥市中吹篪，以解饥渴。《史记·李斯列传》曰："夫击瓮、叩缶、弹筝、搏髀，而歌呼呜呜，快耳目者，真秦之声也。"秦人击罐而歌。《庄子·至乐》曰："庄子妻死。惠子吊之。庄子则方箕踞鼓盆而歌。"庄子鼓盆而歌。《礼记·曲礼》曰："邻有丧，舂不相，里有殡，不巷歌。"《战国策·齐一》曰："临淄甚富而实，其民无不吹竽、鼓瑟、击筑、弹琴。"民间歌声与娱乐活动仍然丰富多彩，用歌声唱出内心的情感，闻者感动，才会有相互帮助，和谐邻里，振奋精神，唤起斗志。音乐与歌舞在民间备受欢迎。春秋战国时期，百家争鸣，诸子百家思想开放，涌现出来的歌唱家层出不尽。《孟子·告子》曰："昔者王豹处于淇而河西善讴；绵驹处于高唐而齐右善歌。"影响着齐国西部的人善歌。秦有秦青，韩有韩娥，都是民间著名的歌唱家，其歌声深受民间热爱追捧，而不是像统治阶级爱好音乐则以享乐为主，任意铺张，极度浪费，奢靡之风盛行，加重对劳动人民的剥削，消极的因素成为统治阶级的毁灭根源。诸如齐国宣王设有300人为他吹竽。《韩非子·内储说》曰："齐宣王吹竽，必三百人。南郭处士请为王吹竽。宣王说之。廪食以数百人。宣王死，湣王立，好一一听之。处士逃。"《论语·微子》曰："齐人归女乐。季桓子受之，三日不朝。孔子行。"音乐成为国人的精义，乐器成为贵族比豪竞华的利器，歌唱成为民间的喜怒哀乐的精神支柱，但统治者则将歌舞用于政治交易，商品奖品赐予，成为外交和政治军事的工具。

二、乐舞歌舞创作与理论研究

春秋时期歌舞、伎乐是"新声"时代，歌者可以奏乐，乐者可以唱歌，歌乐者也会跳舞。这种先秦传统的歌舞伎乐来自民间，也包括宫廷贵族阶层中的乐舞歌舞作品，涌现出不同的阶级和阶层的音乐创作与音乐思想家。《左传·昭公二十五年》曰："是故为礼以奉之。为六畜、五牲、三牺，以奉五味；为九文、六采、五章，以奉五色；为九歌、八风、七音、六律，以奉五声；为君臣上下，以则地义；……哀有哭泣，乐有歌舞，喜有施舍，怒有战斗；喜生于好，怒生于恶。……对曰：'礼，上下之纪，天地之经纬也，民之所以生也，是以先王尚之。故人之能自曲直以赴礼者，谓之成人。大，不亦宜乎！'"郑国游吉（子大叔）所言执政上卿子产即公孙侨论及礼乐，以无神论者对客观物质世界的看法。子产则以"九歌、八风、七音、六律，以奉五声"。这就是到自然界去寻找"五声"的根源。

《国语·周语下》曰："律所以立均出度也。古之神瞽，考中声而量之以制。度律均钟，百官轨仪，纪之以三，平之以六，成于十二，天之道也。夫六，中之色也，故名之曰黄钟，所以宣养六气九德也。由是第之，二曰太蔟，所以金奏赞阳滞也。三曰姑洗，所以修洁百物，考神纳宾也。四曰蕤宾，所以安靖神人，献酬交酢也。五曰夷则，所以咏歌九则，平民无贰也。六曰无射，所以宣布哲人之令德，示民轨仪也。为之六间，以扬沉伏而黜散越也。元间大吕，宣中气也。四间林钟，和展百事，俾莫不任肃纯恪也。五间南吕，赞阳秀也。六间应钟，均利器用，俾应复也。"周景王时期的乐官伶州鸠对于音律的论述，十二律以"纪之以三，平之以六，成于十二"即三个月一季，四季十二月而比附十二律产生的规律，其中也存在某些唯心主观，如以十二律效法阴阳之道即"天之道"，所谓三度生律法则由阳六律和阴六律组成十二律。又把十二律和五行联系到一起，即所谓"天道"音律观与阴阳音律观相提并论，并带有唯心神秘色彩。

师旷反对"新声"，见于《国语·晋语》曰："晋平公说'新声'。师旷曰：'公室其将卑乎！君之明兆于衰矣。夫乐，以开山川之风，以耀德于广远也。风德以广之，风山川以远之，风物以听之，修诗以咏之，修礼以节之。夫德广远而有时节，是以远服而迩不迁'。"

先民们认为音乐能够通神，能开通"山川"，能"以辉德于广远也"。乐歌乐舞的创作则展示出时代的风貌，及"修诗以味之，修礼以节之"的礼乐制度，并以国君德政的政治与音乐思想作为其宗旨。师旷音乐思想则是"开风耀德"，偏重于传统礼乐的固有观念。"新声"并未受到师旷之流的青睐。

晏婴有"平心成政"的音乐思想和言论。他认为"和"乐则有"平心"、"成政"的因素,《左传·昭公二十年》曰:"一气、二体、三类、四物、五声、六律、七音、八风、九歌,以相成也。"音乐声音不是同一音高的乐音,"而是经过逻辑化并成为特定音律和各种音阶调式的一组音高不同的特殊乐音('五声、八律、七音')"[①]。孔子则有复古主义礼乐思想。儒家学派创始人重视礼乐之风,成为伦理教育和社会政治制度和典型作用。孔子是礼乐制度的固守者,春秋时期音乐的形式、音乐内容和音乐的作用随着礼崩乐坏之势,"新声"礼乐兴起,音乐思想则形成唯物主义和唯心主义两大阵营。

《论语·宪问》曰:"子击磬于卫,有荷蒉而过孔氏之门者,曰:有心哉,击磬乎!"春秋时期兴办私学,诸子百家著书论辩,思想领域极其活跃。礼乐制度受到极大的冲击,诸如孔子创办的儒家学派。孔子不仅对礼重视,而且对乐也十分精通,特别喜爱歌唱,《史记·孔子世家》曰:"讲诵弦歌不衰",无论游走何方均能演讲,弹琴和歌唱,其音乐修养特别高深。《论语·八佾》曰:"子语鲁大师乐,曰:乐其可知也;始作,翕如也;从之,纯如也;皦如也,绎如也,以成"。可见,孔子在音乐鉴赏方面同鲁国乐师讨论时谈他对音乐的领悟。孔子对歌舞理论和创作见地颇深,并且在歌词与谱曲方面也有独到见解。诸如《论语·子罕》曰:"吾自卫反鲁,然后乐正,《雅》《颂》各得其所。"《史记·孔子世家》曰:"三百五篇孔子皆弦歌之,以求合《韶》《武》《雅》《颂》之音"。可见孔子是如此崇尚礼乐,三百零五篇的《诗》孔子皆能弹琴歌唱,并"以《诗》《书》《礼》《乐》教,弟子盖三千人焉,身通六艺者七十有二人"(《史记·孔子世家》)。孔子是礼乐文化与礼乐社会制度的崇拜者和宣传者,培养出如子路、曾参、子游、子夏、子贡、颜回等礼乐皆通的弟子。教育学生要以"君子"的标准要求自己,加深礼乐修养,用乐教"治国"、"平天下",也就是说加强礼制,重视乐教,推崇人声动情歌唱,提高国民素养,统治天下百民的思想。如同《诗经》"诗三百,一言以蔽之,思无邪"(《国语·为政》)。《论语·述而》曰:"三月不知肉味,曰:'不图为乐之至于斯也'。"虽说到了春秋晚期礼崩乐坏,礼乐被这个大变革的社会洪流冲击,但一些固守传统礼乐文化的儒家学派,仍然对旧礼古乐之制十分留恋。上古之乐,虞舜之舞,儒家顶礼膜拜。《论语·八佾》曰:"子谓《韶》,尽美矣,又尽善也。

---

① 李纯一:《先秦音乐史》,人民音乐出版社 2005 年版,第 156 页。

谓《武》尽美矣,未尽善也。"只有乐舞则以"尽善尽美"作为衡量的标尺。

《论语·子路》曰:"名不正则言不顺。言不顺则事不成,事不成则礼乐不兴,礼乐不兴则刑罚不中,刑罚不中则民无所措手足。"孔子所谓克己复礼,提出正名则见"名不正则言不顺"的正乐思想。对乐又提出"清浊、大小、短长、疾徐、哀乐、刚柔、迟速、高下、出入、周疏,以相济也,君子听之以平其心,心平德和"(《左传·昭公二十年》)。"中和"音乐要以和谐为主旨,他对新乐的批评,维护周礼,倡导正乐,抵制新乐。《论语·卫灵公》曰:"放郑声,远佞人,郑声淫,佞人殆。"《论语·阳货》曰"恶紫之夺朱也,恶郑声之乱雅乐也,恶利口之覆邦家者"。郑、卫开"新声"之先,博采民间俚俗,破雅乐之风,树郑、卫"新声",遭到孔子等儒家学派痛批。再见《论语·八佾》曰:"人而不仁,如礼何? 人而不仁,如乐何?"《论语·阳货》曰:"礼云礼云,玉帛云乎哉? 乐云乐云,钟鼓云乎哉?"《礼记·仲尼燕居》曰:"言而履之,礼也;行而乐之,乐也。"《春秋史》则以为(孔子)"他希冀'仁'的思想能真正地深入到乐的精神实质中去"和"他的陈旧的礼乐观最终烟消云散,退出了历史的舞台"[①]。孔子在歌唱作曲和音乐理论诸多方面,具有真知卓见和独树一帜的贤达智慧。

荀子否定崇拜鬼神,他崇尚自然现象变化的客观规律。《荀子·天论》曰:"天旱而雩,卜筮然后决大事,非以为得求也,以文之也。故君子以为文,而百姓以为神。以为文则吉,以为神则凶也。"求神与占卜这是先民对天神的崇拜,人们夸大了天神的作用。荀子在音乐理论方面和哲学思想与《乐记》有同有异,或多或少地受到统治者和儒家音乐思想的束缚。孟子在音乐理论和哲学思想观念方面,还是非常接近民间百姓和民间音乐的,重民思想占了上风。《孟子·梁惠王》曰:"寡人非能好先王之乐也,直好世俗之乐耳"……"今之乐,犹古之乐也。"此言极是。他并不赞成克己复礼,倡导重视民间的乐舞和民间"世俗之乐"。墨家学派则对音乐持否定的态度。墨翟认为音乐为统治者所享乐,奢侈制造各类乐器,给人民生活带来深重的苦难。他以为音乐发展愈好,其社会制度和政治思想愈差,对贵族统治阶级的享乐方式持反对态度,忽视了音乐具有积极向上的一面。但墨家音乐思想与哲学思想对宗教世界持不同看法。墨家音乐思想顺应春秋战国时期礼崩乐坏的趋势,有超前性和社会制度变革的前瞻性。道家则以老子为代表,其哲学思想是唯物主义和辩证法观念。但因受时代局限他只能

---

① 参见顾德融、朱顺龙:《春秋史》,上海人民出版社2004年版,第422页。

与贵族联系在一起，梦想复古，回避变革，恪守陈规，对音乐在内的许多事物以虚无主义观念处世。诸家言论，唯儒是举，除了存在一些消极因素之外，对时代音乐发展有一定的促进作用。综观儒家孔子、墨家墨翟、道家老子诸家为代表，因他们站在不同的阶级立场上，代表不同的利益集团，故而对音乐的看法和理解也就不同了。因为当时诸子百家社会局限性和观点有异，但把音乐理解成娱乐占上风，把音乐理解为享乐或者欲望、奢靡之风次之，把音乐崇尚为音乐文化者更为鲜见。一般则以神或则以娱乐者见多。道家和儒家不赞成音乐为"欲"所用。

《荀子·正名》曰："凡语治而待去欲者，无以道欲，而困于有欲者也。凡语治而待寡欲者，无以节欲，而困于多欲者也。……欲不待可得，而求者从所可。欲不待可得，所受乎天也；求者从所可，受乎心也。……心之所可中理，则欲虽多，奚伤于治。"又见《吕氏春秋·仲夏纪》第五《大乐篇》曰："天使人有欲，人弗得不求；天使人有恶，人弗得不辟，欲与恶所受于天也，人不得兴焉；不可变，不可易。世之学者，有非乐者矣。安由出哉？大乐，君臣、父子、长少文所欢欣而说也。欢欣生于平，平生于道。"《乐记》曰："人不耐无乐，乐不耐无形，形而不为道，不耐无乱。先王耻其乱，故制《雅》、《颂》之声以道之。"春秋战国时期，音乐实践与音乐理论随着社会大变革，百家争鸣与儒家音乐思想占音乐理论主导地位是趋之必然。

第三节　诗歌采风、音乐制度与乐器类型研究

诗歌与采风是周代收集民歌形成的一种制度，主要是为统治阶层服务，也与统治阶级的意图有矛盾。《礼记·王制》曰："天子五年一巡狩，命大师陈诗以观民风。"统治阶级对民歌采取：其一，采风知民情民歌；其二，采风获取大量民间歌舞歌曲资料，以便编纂集大成；其三，对于民间有价值的音乐歌曲选择利用；其四，将民间经典歌曲歌调提炼传播，被统治者掌握使用。《汉书·艺文志》曰："古有采诗之官，王者所以观风俗，知得失，自考正也。"采诗之官开展采诗活动，观察民间风俗习惯，挖掘民间有价值的音乐文化资料。《国语》曰："故天子听政，使公卿至于列士献诗，瞽献曲，史献书；师箴，瞍赋，矇诵。……耆艾修之，而后王斟酌焉。"采风制度自周朝形成以来，一直被后世所赞颂。

一、《诗经》与采风制度关系

周代初年至春秋中叶近六百年的诗歌总集——《诗经》,现存 305 篇。其目录列为 311 篇,其中包括小雅"笙诗" 6 篇,为器乐曲,只是有目录不见其辞。先称为《诗》或者称《诗三百篇》。时至汉代《诗经》被儒家尊为经典。《礼记·王制》曰:"命太师陈诗,以观民风。"《诗经》包含各种曲式,按性质或从音乐类别分为"风、雅、颂"三类。第一类《国风》之风,同是音调的别名,包括各诸侯国民间歌曲及贵族阶级的部分作品,共有 160 篇。《吕氏春秋》载有"南音",《左传》则有"南风不竞",关乎"南风"、"南音"文献多载。《左传·成公九年》载楚囚钟仪鼓琴"操南音","风"则是古代"音"的称谓而已。《诗经》中则见:邶、鄘、卫、王、郑、齐、魏、唐、秦、陈、桧、曹、豳的风,指 13 个地区民间歌曲音调形成的乐歌。也有人将周南、召南加在一起,认为是 15 国指 15 个地区的歌曲作品。关乎"周南"、"召南",则是指"南音"为南方调,即湖北地区或江汉之间一些地方。姚奠中先生认为,可能是和周公有关或周公采集的,就叫"周南",和召公有关或召公采集的就叫"召南"。所以也有人把"风"部分的诗叫"十五国风"。只是习惯称谓"十五国风"而已。在此故不多赘。第二类"雅"是秦声、秦音,又分为"大雅"和"小雅"。雅是周都的一种音调,是西周王畿地区的乐歌,周人则称夏,夏和雅可互通,此地区俗称这类乐歌为雅。后又有"雅乐"、"雅言"、"文雅"诸称。"大雅"多用于重大的宴会或诸侯朝会(飨礼),"小雅"多受民间音乐影响则用于日常生活饮宴(燕礼)。第三类"颂"则同用容貌之容。诸如仪容、礼仪、舞容。"风"与"雅"诗则可与音乐舞蹈相配合,"颂"诗多与乐舞相结合为特色。《诗·大序》曰:"颂者,容也,所以美盛德之形容,以其成功告于神明者也。""颂"歌辞和篇,其中"周颂" 31 篇,"商颂" 5 篇,则多用于宫廷和宗庙祭祀的乐舞,以为统治阶级歌功颂德为主旨。也就是说,"风"主要来自于民间乐歌为主,少量贵族创作的曲调歌辞。"雅"则是王室宫廷和高级贵族创作的乐歌,并吸收了民间优秀歌词,其结构形式大致与民歌相同,均系民间民歌体系。"颂"则是纯属于周王室宫廷的乐舞乐歌。以《诗经》创作年代至今尚难确指。"雅"在西周昭王、穆王以前的诗称为"正雅",其后期的诗称为"变雅"。这种宫廷作品往往是以宴会、田猎为特点的。有歌颂称先世先祖的英雄的史诗。《诗经·小雅·鹿鸣》曰:"呦呦鹿鸣,食野之苹,我有嘉宾,鼓瑟吹笙。"

《诗经·小雅·伐木》曰:"有酒湑我,无酒酤我,坎坎鼓我,蹲蹲舞我。"《诗经·大雅·既醉》曰："既醉以酒，既饱以德，君子万年，介尔景福。"这都是反映贵族生活方面的诗。他们以饮宴时的欢乐气氛，反映统治者无休止的享乐奢靡之风，其间又隐含着奴隶的怨苦心境。可见"颂"之宗教歌舞乐曲，"雅"里的宫廷房中乐以及《生民》、《公刘》、《绵》、《皇矣》、《大明》之"大雅"，展示出周王朝的周族先民的发展史。

《诗经》中的"风"是对宗庙敬天祭祀与朝廷贵族政治思想的真实写照，反映了社会制度发展的历史，尤其反映生活中的情感和浓厚生活气息的趣味则见《郑风·蹇兮》。另外，诗中有关反徭役、战争的作品如《豳风》中的《破斧》、《东山》为是，如《豳风·七月》诗是反剥削的诗，如《魏风》中的《伐檀》、《硕鼠》是人民反抗的诗作，又如《秦风·黄鸟》则是反对贵族殉人的诗作，再如《邶风·谷风》、《卫风·氓》是描写婚姻家庭的诗作。可见《诗经》是我国诗歌艺术的神品。

二、《楚辞》文学异彩与"乱"的音乐形式

春秋战国时期形成了"百家争鸣"新格局，诸子百家及其思想不断涌现于世。战国时期的屈原，名平，楚之同姓。往往在研究《诗经》的同时，又要把《楚辞》相提并论，前者是反映春秋时期历史与音乐文化，《楚辞》则是战国时期所作。屈原自谓是高阳氏的后裔，生于丹阳秭归，出生于列国纷争的秦楚争雄的时代，约在楚威王五年（公元前335年）。《史记·屈原传》曰："为楚怀王左徒，博闻强志，明于治乱，娴于辞令。"其文化素养极高。《史记·屈原传》曰："入则与王图议国事，以出号令，出则接遇宾客，应对诸侯，王甚任之。"乃为最高统治者器重的人物。因其年幼尚缺政治经验，虽有才干才具，仍横遭谗谤，被排挤以致离开朝廷。《史记·屈原传》曰："上官大夫与之同列，争宠而心害其能。怀王使屈原造为宪令，属平属草稿。未定，上官大夫见而欲夺之。屈平不与。因谗之曰：'王使屈平为令，众莫不知。每一令出，平伐其功：以为非我莫能为也。'王怒而疏屈平。"屈原作《离骚》以解忧愁伤感。《史记·屈原传》曰："屈平疾王听之不聪也，谗谄之蔽明也，邪曲之害公也，方正之不容也，故忧愁幽思而作《离骚》。"此后，他在文学成就方面独放异彩。其作品汉代人编订和注解者共25篇，以《离骚》、《天问》、《九章》为代表。屈原为人有志节，志向和品质高洁。

《史记》本传引淮南王刘安叙《离骚传》曰："《国风》好色而不淫，《小雅》怨诽而不乱。若《离骚》者，可谓兼之矣。上称帝喾，下道齐桓，中述汤武，以刺世事。明道德之广崇，治乱之条贯，靡不毕见。其文约，其辞微，其志洁；其称文

小而其指极大。举类迩而见义远。其志洁，故其称物芳；其行廉，故死而不容。自疏濯淖污泥之中，蝉蜕于浊秽，以浮游尘埃之外，不获世之滋垢，皭然泥而不滓者也。推此志也，虽与日月争光可也。"这种以自叙传性质的文字神品中，屈原以"内美"、"脩能"表现他的政治才能与人品的自负感。《离骚》又曰："日月忽其不淹兮，春与秋其代序。惟草木之零落兮，恐美人之迟暮。不抚壮而弃秽兮，何不改乎此度。乘骐骥以驰骋兮，来吾道夫先路。"

《楚辞》中的几种曲式即"乱"、"少歌"、"倡"诸多因素。譬如《楚辞·九歌》即11个歌曲，有重复同一曲调的民间歌舞乐形式。所谓"乱"则指7个歌曲，即《离骚》、《招魂》、《九章》、《涉江》、《哀郢》、《抽思》、《怀沙》。代表楚地民歌特点的有：《涉江》、《采菱》、《阳阿》、《激楚》(《招魂》所见)、《阳春》、《白雪》、《下里》、《巴人》等。

《离骚》曰："……抑志而弭节兮，神高驰之邈邈。奏《九歌》而舞《韶》兮，聊假日以媮乐。陟升皇之赫戏兮，忽临睨夫旧乡。仆夫悲余马怀兮，蜷局顾而不行。(乱曰)已矣乎！国无人，莫我知兮，又何怀乎故都？既莫足与为美政兮，吾将从彭咸之所居。"至于"乱"的解释，后汉王逸《离骚注》曰："乱，理也，所以发理词旨，揔撮其要也。屈原舒肆愤懑，极意噭词；或去或留，文采纷华。然后结括一言，以明所趣之志也。"以突出其主体思想和倾向，则"发现词旨"和"以明所趣之志"。杨荫浏先生认为，乱就是这样的形式，乱的内容可以多样。[①]《楚辞》的音乐是南方楚国民间民歌中一种歌曲体裁，仍为屈原诗歌创作的代表作。其有"书楚语，作楚声，纪楚事，名楚物"的南楚地方色彩。诸如《九歌》是表现南方地区民间祀神歌曲，且为王室举行祀典祭祀的歌舞形式。取用夏乐旧名为《九歌》。则以11首歌曲组成。诸如歌曲中标明所祀的诸神如：《东皇太一》，天神，为迎神之曲；《云中君》，湘水女神；《湘君》，湘水男神；《湘夫人》，湘水女神；《大司命》，祭主寿命的男神的歌；《少司命》，祭主寿命的女神的歌；《东君》，太阳神；《河伯》，对阵亡的烈士举行仪式，赞颂其丰功的歌曲；《礼魂》，送神歌曲，是在祭祀末尾所合唱的歌曲，是每首曲子的副歌。楚人民间多信鬼神，多有对天神祭祀之风。

诸如《九歌》中不仅描写祭祀天神的歌曲，而且有描写男女青年恋爱的恋歌。妙借人神求爱，或人与人之间的恋情。《湘夫人》、《湘君》、《山鬼》三首恋

---

① 杨荫浏：《中国古代音乐史稿》，人民音乐出版社1981年版，第63页。

歌耐人寻味,引郭沫若译《少司命》如下。①

原词:

　　秋兰兮蘼芜,罗生兮堂下,绿叶兮素枝,芳菲菲兮袭予。夫人兮自有美子,荪何以兮愁苦? 秋兰兮青青,绿味兮紫茎。满堂兮美人,忽独与余兮目成。

　　人不言兮出不辞,乘回风兮载云旗。悲莫悲兮生别离。乐莫乐兮新相知。

　　荷衣兮蕙带,儵而来兮忽而逝。夕宿兮帝郊,君谁须兮云之际?

　　与女游兮九河,冲风至兮水扬波;与女沐兮咸池,晞女发兮阳之阿。望美人兮来徕,临风怳兮浩歌;

　　孔盖兮翠旍。登九天兮抚彗星。

　　怂长剑兮拥幼艾。荪独宜兮为民正!

译文:

　　兰草花,蘼芜芽,生满在堂下,香气袭人啊,绿的叶子白的花。

　　你看人人都有配偶,少司命,你为什么独自苦咨嗟?

　　兰花真茂盛,绿的叶子紫的茎。满堂都是美男子,你忽然对我睛传情。

　　你来时不说话,去时不告辞,你乘着风去,忽然又飞去。悲呵悲最悲是别离。乐呵乐,最乐是相思。

　　荷花衫子蕙花带,你忽然去,忽然又来。你晚上睡在天宫,在云端为谁等待?

　　想和你在天池中洗澡,相看你把头发晒干。我盼望你,不见你来,临风惆怅,唱起歌来呼唤;

　　孔雀翎,车上顶;翡翠毛,旗上旌。登上九重天,伸手摸彗着星。右手挺着长剑,左手抱着美人。少司命呵,只有你才是我的生命!

再引郭沫若译《国殇》如下。

原词:

---

① 郭沫若:《屈原赋今译》,上海书店出版社 2003 年版,第 37—38 页。

操吴戈兮被犀甲,车错毂兮短兵接。旌蔽日兮敌若云,矢交坠兮士争先。

凌余阵兮躐余行,左骖殪兮右刃伤。霾两轮兮絷四马,援玉枹兮击鸣鼓。

天时怼兮威灵怒,严杀尽兮弃原壄。出不入兮往不返,平原忽兮路超远。

带长剑兮挟秦弓,首身离兮心不惩。

诚既勇兮又以武,终刚强兮不可凌。身既死兮神以灵,魂魄毅兮为鬼雄。

译文:

盾牌手里拿,身披犀牛甲。敌我车轮两交错,刀剑相砍杀。战旗一片遮了天,敌兵仿佛云连绵。你箭来,我箭往,恐后争先,谁也不相让。

阵势冲破乱了行,车上四马,一死一受伤。埋了两车轮,不解马头唦,擂得战鼓冬冬响。

天昏地暗,鬼哭神号,片甲不留,死在疆场上,有出无入,有去无还,战场渺渺路遥远。身首虽异地,敌忾永不变;依然拿着弯弓和宝剑。

真有力量又有勇,刚强绝顶谁能动?身子虽死,精神永不磨,永远是鬼中的英雄。

三、《成相篇》与说唱音乐节奏分析

《成相篇》是战国思想家荀况著作中的一篇。清人卢文弨和近人杨荫浏均以"后世弹词之祖"和"说唱音乐节奏"的说法为论,音乐史著均附此说。也有不赞同此说的异说,见清人王先谦《荀子集解》以"成相"四说如后。其一,唐人杨倞注曰:"以初发语名篇,杂论君臣治乱之事,以自见其意,故下云'托于成相以喻意'。《汉书·艺文志》谓之'成相杂辞',盖也赋之流也。"其二,清人卢文弨曰:"相乃乐器,所谓舂牍。又古者瞽必有相。审此篇音节,即后世弹词之祖。篇首即称如瞽无相,何伥伥,义已明矣。首句请成相,言请奏此曲也。《汉书·艺文志》成相杂辞十一篇,惜不传。大约托于瞽矇讽诵之词,也古诗之流也。"其三,清人王引之曰:"相者,治也……成相者,成此治也。请成相者,请言成治之方也。自世之殊以下,乃先言今之不治,然后言成治之方也。下文云:凡成相,辨法方。又云:请成相,道圣王。又云:请成相,言治方。是成相即成治也。后言托于成相以喻意者,成相为此篇之总名,谓托此一篇之词以喻意,非谓托于?瞽讽诵之

词也。"其四,清人俞樾曰:"此相字即舂不相之相,……盖古人子劳役之事,必有歌讴以相劝勉,也举大木者呼邪许之比,其乐曲即谓之相。请成相者,请成曲也。"① 这是民歌与诗赋的结合,表现出民间歌曲说唱与节奏形式,重复56次之多,其中偶有少数局部音节有所增减外,重复56次其歌词曲调完全一致。"成相"二字,《说文》曰:"成,就成。"《礼记·乐记》注:"成犹奏也。"《礼记·曲礼》注:"相谓送杵声。"《小尔雅·广诂》曰:"相,治也。"可见"成相"二字繁释,引起众家析"成相"二字。虽见繁多论及,多与歌曲、民歌、诗赋体裁相关。诸如"请成相,言治方"和"请成相,圣道王"等,讲述"辨法方"的成治礼俗与民歌民俗的精义所在。《成相篇》三大部分56小段,如第1部分首3段:"请成相,世之殃,愚暗愚暗堕贤良,人主。无贤,如瞽无相,何伥伥。请布基,慎听之,愚而自专事不治,主忌苟胜,群臣莫谏,必逢灾。论臣过,反其过,反其施,奠主安国尚贤义,拒谏饰非,愚而上同,国必祸。"其句式押韵整齐,篇幅长者则以"说理"为主,有论政、治国方略,有说唱叙事的特点。②

荀子是战国末年的赵国人。荀子思想一是具有先秦诸子思想综合性;二是具有强烈现实主义品格。春秋时期诸侯异政,百家争鸣,出现一大批思想家,异说风起。荀子则在群儒之上吸收其精华,批判并建立百家之说的综合体系,为治国建邦向帝王提供思想方略。尤其是荀子的伦理思想则是中国传统文化的精髓。他以"隆礼重法"的思想走在时代大变革的前列。荀子的学说、思想与其时代现实接近。"荀子比较重现代,迹迎经验主义。"③ 历代对荀子研究者颇多。"两千年之政,秦政也;两千年之学,荀学也。"④ 因荀子思想对社会发展颇有治国的方法论,尤其在春秋争霸、社会各种因素以及战国时期礼崩乐坏的时局,其"礼乐征伐自天子出",则一度成为"礼乐征伐自诸侯出"的变局之声,作为荀子思想与学说正是为这个特殊时代的发展提供了理论依据。他的思想体系综合了百家争鸣思想,以诸子思想与学说合流总结性再批判,以其完善的学说为中央集权封建君主专制提供了治国思想和治国方略。

《荀子·修身》曰:"礼者,所以正身也;师者,所以正礼也。无礼,何以正身?

① (清)王先谦:《荀子集解》(新编诸子集成),中华书局2007年版。
② 参见郑祖襄:《华夏旧乐新探——郑祖襄音乐文论集》,中国音乐学院出版社2008年版,第3页。
③ 参见钱穆:《中国学术通义》,台湾学生书局1976年版。
④ 参见谭嗣同:《仁学》,中华书局1958年版,第47页。

无师,吾安知礼之为是也? 礼然而然,则是情安礼也。"荀子对礼义和法正很重视。《荀子·儒效》曰:"人无师无法而知,则必为盗;勇则必为贼;……人有师有法而知,则速通;勇则速威。"其有师有法或者是无师无法者,对人生的影响与人生的发展完全不一样。对于《礼》与《乐》、《诗》与《书》而言,《荀子·劝学》曰:"《礼》、《乐》法而不说,《诗》、《书》故而不切,《春秋》约而不速。方其人之习君子之说,则尊以遍矣,周于世矣。故曰:学莫便乎近其人。"荀子对礼仪、音乐、诗书方面的教育十分重视。尤其对"乐"的定位,阐释其思想和音乐素养底蕴极深。《荀子·乐论》曰:"夫声乐之入人也深,其化人也速,故先王谨为之文。"他强调音乐对礼的结合,是让人们以音乐受到潜移默化的作用。古代先民均会受到礼乐制度的束缚,而代代相传的礼乐始终会传承下去。正如《荀子·乐论》曰:"且乐也者,和之不可变者也;礼也者,理之不可易者也。乐合同,礼别异,礼乐之统,管乎人心矣。"自周公制礼作乐以来,西周、春秋至战国,先礼乐理国治民,后春秋时代礼乐虽崩,战国时期礼乐仍然犹存不逝。正如《荀子·乐论》曰:"君子以钟鼓道志,以琴瑟乐心。动以干戚,饰以羽旄,从以磬管。"

四、乐器类型分析

西周时期的乐器一直延续到战国时期,少量的乐器则有明确的时代性。根据考古学的断代或从墓葬、遗址中出土的音乐文物,则会根据墓葬特点、器物器型和花纹特征的断代方法来界定这些遗迹遗物的准确年代。这种考古学的断代方法运用到音乐考古与研究中去,一定能够有较大的突破。

传世文献所载的乐器在考古发掘中发现的音乐文物可以得到验证文献记载中的乐器类型。周代乐器据文献所载多达七十余种,《诗经》记载的打击乐器有19 种:钟、镈、南、钲、磬、缶、雅、柷、圉(敔)、鸾、铃、鼓、鼛、贲鼓、应(鼓)、田(鼓)、县鼓、鼍鼓、鼗(鞉);吹奏乐器有 8 种:笙、埙、篪、籥、和、管、箫、簧;弹拨乐器有 2 种:琴、瑟。所谓八音乐器见《周礼·春官·大师》记载有:"金(钟、铙)、石(磬)、土(埙、缶)、革(鼓)、丝(琴、瑟)、木(柷、敔)、匏(笙、竽)、竹(箫、篪)八类,称之'八音'。"古代先民的金、石、土、革、丝、木、匏、竹分类法,一是根据中国古代阴阳五行分类,二是按乐器的质地分类。这是中华民族有了音乐中的泥质陶埙、骨质骨笛、石质石磬等上古乐器就发明创造出来了。至三代有金属乐器钟乐的出现。或竹或木的乐器应该与泥质乐器、石质乐器出现时代相近。西方近现代科技虽然发达,但其科技史的年代比中国要晚得多了,其西洋乐器传入中国是近现代的事了。中国古代音乐文明和乐器的历史十分悠久，在考古发现的音乐文物已得到了证实，譬如周代有琴瑟弦乐器。湖南长沙浏阳桥春秋古墓出土的瑟。湖北当阳曹家岗春秋晚期楚墓中，出土 2 件形制相同的弦乐器瑟，有 21 弦和 26 弦的。到了春秋晚期至战国早期诸侯王墓葬中，乐器出土数量之多，乐器之全。战国早期曾侯乙编钟、编磬、丝、竹、管弦等 9 种 125 件乐器，更印证了历史文献记载乐器的真实性。

春秋时期礼乐器的制造与享用，则从王室与宫廷逐渐走向诸侯及民间，诸侯僭越礼乐制度十分明显，社会制度与音乐思想产生了巨大的变革，乐器制造、陈列、摆用和随葬，都远远超乎周天子的规定。诸如郑卫淫声、关中古声、邹鲁雅声、荆楚巫音都突出了其地方特色，在乐器使用和配置方面也产生了变化，钟磬金石之声、丝竹管弦、革之类乐器占主导地位。诸如钟乐类则有晋国子犯之春秋早期编钟，秦公钟系春秋早期编钟，淅川王孙诰钟系春秋楚墓编钟，敬事天王钟，郘子受钟、镈和叔夷钟等。鼓乐器在河南固始堆春秋时期墓葬均有出土。山西侯马上马村春秋中晚期晋墓 M13 出土 10 件一组的编磬。湖南地区、关中地区、广西地区、中原地区、江南地区均有春秋时期青铜镈出土。在江苏东海庙墩春秋中期墓葬中出土 9 件一组的编钟。湖北随州均川镇刘家崖和随州城东郊春秋中期的墓葬中出土有钮钟。陕西凤翔大辛村出土春秋后期的 2 件钮钮钟。河南桐柏月河养国 M1 随葬坑出土有养子白受铎。浙江绍兴印山越国大墓 M1 出土 1 件素铎。山东沂水刘家店子春秋中期前段莒墓出土有素钲。安徽宿县芦古城子出土春秋晚期无者俞钲。湖北广济鸭儿洲江度出土 1 件春秋鉤鑃。河南淅川 M1 下寺春秋晚期楚墓出土石排箫。湖北当阳曹家岗春秋晚期楚墓 M5 出土笙和瑟等。[①] 诸如此类，则从考古发现印证了传世文献中的乐器名称，这只能证明部分乐器从考古发现中出现。可能还有一部分乐器在墓葬中和遗址中，因受到地下潮湿、积水和虫蛀等因素，尚难完好保存下来。可见，到春秋战国之交，乐器制作和演奏的技能都得到了空前的发展，与奴隶制、礼乐制度没落、封建制度与时代大变革、统治阶段与天下诸侯王国发生激烈竞争的机制有关，所谓王天下的周王朝统治则受制于诸侯国，出现挟天子以令诸侯的时代新格局。像战国早期的曾侯乙就能享用九鼎八簋的天子之制，随葬的乐器多达 9 种 125 件之多。

---

① 参见黄翔鹏总主编：《中国音乐文物大系》（湖北卷），大象出版社 1996 年版。

第四节　春秋时期音乐思想与统治阶级音乐文化关系

　　春秋时期则出现礼崩乐坏社会大变革。诸子百家思想异常活跃。呈现出"诸子蜂起，百家争鸣"的改革之势，儒家、墨家、道家所代表不同阶级、不同利益、不同政治目的的学派，其音乐思想在各个阶层中所反映的观点互不相同。

一、《乐记》与儒家孔子思想

　　先秦时期儒家音乐美学思想专著《乐记》，是一部具有较为完整体系的音乐美学论著。成书年代一说为战国时期孔子的再传弟子公孙尼所作，一说是汉儒采用先秦诸子百家音乐言论集大成。全书旧传23篇，现存前面11篇。从前面8篇看价值极高，写作风格似出自一人之手，后面3篇应是记录孔子及孔门诸人子夏等的乐论思想。《乐记》认为音乐本质是表达感情的艺术。《礼记·乐记》曰："凡音之起，由人心生也，人心之动，物使之然也。""凡音者，生人心者也。情动于中，故形于声；声成文，谓之音"。有"物使之然也"的人心之动，把音乐产生过程中的心物关系进行了高度理论概括。对诗歌、音乐表现的感情与特征观察，提出音乐起源于模仿大自然天籁之声及来自于阴阳说，是偏重于唯物主义思想。《礼记·乐记》中音乐与政治关系甚密，即音乐与政治、音乐与社会制度等有着紧密的联系。音乐可真实再现当时社会的现状，人们在不同社会环境下所反映出来的喜、怒、哀、乐、敬、爱的思想感情。《礼记·乐记》曰："是故治世之音安以乐，其政和；乱世之音怨以怒，其政乖：亡国之音哀以思，其民困。声音之道，与政通矣。"可见维护了封建统治阶级的切身利益，大力提倡"德音"、"和乐"，反对"溺音"、"奸声"、"淫乐"的靡靡之音，强调乐与礼配合使之成为社会教育功能。这些认识突出理与情、政治与艺术的主次关系，以儒家音乐思想为主旨。

　　《礼记·乐记》曰："乐在宗庙之中，君臣上下同听之，则莫不和敬；在族长乡里之中，长幼同听之，则莫不和顺。"把"礼、乐、刑、政，其极一也，所以同民心而出治道"联系在一起（《礼记·乐记》）。"是故先王之制礼乐也，非以极口腹耳目之欲也，将以教民平好恶，而返人道之正也。"（《礼记·乐记》）有较大的社会管理作用。教民学好，热爱音乐，以礼乐、伦理道德思想，加强音乐文化素养，深得统治阶级的高度重视。《礼记·乐记》曰："夫乐者，乐也，人情之所以不能免也。"首先对音乐存在美学、美感艺术的认识、认同。在人类生活中是不能缺少对美的追求的,达到"音乐与心理"、"音乐与情感"、"音乐与意志"的和谐境界。《礼记·乐记》是先秦儒家音乐美学思想的精髓,是中华民族美学思想和音乐思想集大成。

孔子博学、好闻、审思、明辨。《论语·为政》曰:"见贤思齐焉,见不贤而内自省也。"孔子是先秦时期的思想家、教育家,是儒家学派的创始人。他从政官至大夫,主要热衷于教育事业,对中国传统文化及典籍深入钻研,以"温故而知新"的理念向往礼乐制度。《论语·述而》"郁郁乎文哉!吾从周"和"甚矣吾衰也,久矣吾不复梦见周公"则是孔子的政治抱负。"如有用我者,吾其为东周乎",《论语·阳货》克己复礼,留恋周王朝礼乐制度,对于礼崩乐坏时期社会制度谴责为"天下无道",推崇理想中的"天下有道"社会制度。孔子论政治有"举贤才"、"荐能人"的进步思想。仁是孔子思想体系中的核心。《论语·子路》曰:"君子学道则爱人,小人学道则易使也。"《论语·学而》曰:"泛爱众,而亲仁。"《论语·宪问》曰:"君子而不仁者,有矣夫,未有小人而仁者也。"所指"君子"为统治阶级,"小人"则是指被统治者。孔子认为:"民之于仁也,甚于水火。水火,吾见蹈而死者矣,未见蹈仁而死者也。"只有推行仁政才会得到天下人民的支持,民本思想与仁政思想一脉相承。孔子所推崇的"仁"可以调和社会矛盾和稳定社会秩序。同时,孔子对礼的理解认为与"仁"的精神理念相同,并用"仁"的观点抨击统治阶级。《论语·阳货》云:"礼云礼云,玉帛云乎哉?乐云乐云,钟鼓云乎哉?人而不仁,如礼何?人而不仁,如乐何?"孔子在《论语·述而》中尤其对历史称"述而不作,信而好古。"以《诗》、《书》、礼、乐、教育学生。故有后学者编撰了《论语》。孔子十分推崇中国传统文化,对《诗》、《书》、旧史和《春秋》则以"好古,敏以求之。"在《论语·八佾》中又提出:"夏礼,吾能言之,杞不足徵也。殷礼,吾能言之,宋不足徵也。文献不足故也。足,则吾能徵之矣。"于春秋之世,礼乐崩坏,社会激变,克己复礼的历史车轮是不会倒转的。他感慨地说:"道之将废也与?命也。"

孔子对传统社会重视的观点,是认为礼乐对伦理教育和社会教育有巨大的潜在作用。《论语·季氏》曰:"益者三乐,损者三乐;乐节礼乐,乐道人之善,乐多贤友,益矣;乐骄乐,乐佚游,乐宴乐,损矣。"

《论语·宪问》曰:"子路问成人,子曰:'若臧武仲之知,公绰之不欲,卞庄子之勇,冉求之艺,文之以礼乐,亦可以为成人矣。'"

《论语·宪问》曰:"子之武城,闻弦歌之声。夫子莞尔而笑,曰:'割鸡焉用牛刀?'子游对曰:'昔者偃也闻诸夫子曰:君子学道则爱人,小人学道则易使也。'子曰:'二三子!偃之言是也。前言戏之耳。'"所言"成人"没有那种"知"、"勇"、"艺"、"不欲"这种心理,则要有"礼"的标准,"仁"的精神气质,可见孔子十分重视"乐节礼乐"和"文之以礼乐"德化。《论语·子路》曰:"……名不正,则言不顺;言不顺,则事不成;事不成,则礼乐不兴;礼乐不兴,则刑罚不中;刑罚不中,则民无所措手足。"《论语·季氏》曰:"天下有道,则礼乐征伐自天子出;天下无道,则礼乐征伐自诸侯出。"故此,春秋时期随着礼坏乐崩的社会大变革局面,孔子的礼乐复古思潮尚难得到统治阶级支持。他由礼乐之乐推衍出尽善尽美的音乐思想。

《论语·八佾》曰:"子谓《韶》,'尽美矣,又尽善也'。谓《武》,尽美矣,未尽善也。"所谓尽善则指其思想性,如同"《关雎》乐而不淫,哀而不伤",追求尽美的和谐而统一思想。孔子的音乐思想与礼乐制度是相结合的,音乐要服务于社会,服务于政治,服务于人民,达到"政之大节"的一切,则以"乐则《韶》、《武》"、"然后乐正,《雅》、《颂》各得其所"、"颂古非今"的目的。这种礼乐思想在春秋战国之交社会大变革的时代里是不可实现的。

孔子是我国古代伟大的思想家、教育家和音乐家。孔子积极提倡和热爱音乐,他一生注重音乐艺术实践,善于弹琴、击磬、唱歌,并把礼乐射御书数归纳为"六艺"用来教育学生,故此《易经·孝经》曰:"安上治民,莫善于礼。移风易俗,莫善于乐。"他积极倡导西周以来的礼乐制度和音乐思想,《论语·先进》曰:"先进于礼乐,野人也。后进于礼乐,君子也。如用之,则吾从先进。"也就是说,宁可取受过礼乐教育的"野人",也不选用后来受礼乐教育的"君子"。受过礼乐教育的人才能有高尚的品德,才能选拔去做统治者的官。积极进步的思想备受人们尊重。《论语·宪问》曰:孔子认为"君子而不仁者,有矣夫,未有小人而仁者也。君子喻于义,小人喻于利。君子博学于文,约之以礼。"孔子一生最大的贡献是思想家,仁是孔子思想体系中的晶核。他把礼看成是一种形式而已,"仁"是"礼"的基础。在教育方面,他倡导老实、勤勉、虚心,即"知之为知之,不知为不知"、"三人行,必有我师焉"、"学而不厌"等学习态度。他是儒家学派的创始人。

二、墨家、道家音乐思想

(一)墨家——墨翟音乐思想

墨子,名翟,鲁国人。《吕氏春秋·当染》曰:"鲁惠公(鲁孝公之子,隐公之父)使宰让请郊庙之礼于天子,桓王使史角往。惠公止之,其后在于鲁,墨子学焉。"据传墨子在鲁国曾向"史角"的后人学习。他先就学于儒家,因他发现儒家所推崇礼如厚葬久丧之风,是不适于广大百姓民众的,于是抛弃儒家学说而创立了墨家,其思想反映平民的利益。墨子"量腹而食,度身而衣"(《墨子·鲁问》),生活俭朴。墨子"翟上无君上之事,下无耕农之难",《墨子》书中有关生产技术、科学知识,尤其对《诗》、《书》古典籍广征博引,他是一位文化型、学者型、"农与工肆之人"的复合型的人物。

墨子是富有实践的思想家。他主张"非攻",在楚、宋之攻战,以及齐、鲁攻战前都劝说成功。墨子教导弟子"倍(背)禄而乡(向)义",主张"兼爱"。曾遭到孟子诋毁"兼爱"是"无父"、"禽兽"、"邪说",并遭到楚惠王的使者穆贺指责为"贱人之所为",荀子抨击墨子学说为"役夫之道"(《荀子·王霸》)等。墨子创立的墨家学派是一个有组织纪律的和具有政治性的宗教色彩团体。《庄子·天下》赞墨子曰:"其生也勤,其死也薄,其道大觳"、"墨者,必自苦以腓无胈,胫无毛,相进而已矣"。墨家以巨(钜)子为首领,由上代指定,代代相传。《庄子·天下》曰:"以巨子为圣人,皆愿为之尸(主),冀得为其后世。"墨子是第一代巨子。《淮南子·泰族训》曰:"墨子服役者百八十人,皆可使赴火蹈刃,死不还踵。"墨者团体成员宗教色彩极浓,教主巨子则以死尽忠和舍命的行道精神。《吕氏春秋·去私》曰:"墨者之法曰:'杀人者死,伤人者刑。此所以禁杀伤人也。'大王虽有好意,我不可不行墨者之法。"此外,墨者还有经济上互助义务的"为贤之道"。

《汉书·艺文志》曰:"《墨子》七十一篇。"今存 53 篇。其一,墨子主要思想 23 篇,主张尚贤、尚同、节用、节葬、非乐、非命、尊天、事鬼、兼爱、非攻。其二,墨子言行 12 篇,《耕柱》《贵义》《公孟》《鲁问》《公输》5 篇,则为研究墨子思想的晶核[①]。其三,墨子后学诋斥儒家的《非儒》1 篇。其四,则为逻辑学,即《经上》《经下》《经说上》《经说下》《大取》《小取》,有《墨辩》

[①] 参见白寿彝总主编:《中国通史》第 3 册,上海人民出版社 2000 年版,第 1148 页。

等。其五,《墨子》从《备城门》到《杂守》共 11 篇,为守御之称。墨子较孔子生活年代稍晚,更与春秋战国之际,社会大变革接近,墨子则以"损益",即改良的温和态度来消解社会,想以"欲求兴天下之利,除天下之害"增强他的改革理想①。

墨子揭露贵族社会政治黑暗性。贵族因有奢侈生活的习惯,国家相互侵伐,引发"国相攻"、"家相篡"、"人相贼"、"贵相贱"的社会矛盾。他主张节用、节葬、非乐、非命,反对繁文缛礼奢靡之风。兼爱、非攻则是墨子时代社会政治思想的核心,则以"兼相爱则治,交相恶则乱",大胆推荐选用尚贤、尚同的政治人才的主张。"尚贤者,天鬼百姓之利,而政事之本也。"墨子崇尚天志,明鬼取代传统的天命观。"天子有善,天能赏之;天子有过,天能罚之","取法于天","富贵为贤",彰显出其宗教性政治主张。他提出"三表"(或三法)判别是非标准。一表"有本之者";二表"有原之者";三表"有用之者"。

墨子音乐思想如《墨子》之《非乐》、《三辨》两篇中。他主张"非乐",反对繁乱的音乐形式。反对音乐,存在看法偏颇。墨子对尧、舜时期的礼、乐崇尚简单,周王朝音乐越来越烦琐,那些撞巨钟,击鸣鼓,弹琴瑟,吹竽笙及乐舞不利于天下人民,敛巨财制造乐器而损国力和民财的社会弊端要禁止。与孔子克己复礼之制的儒家思想相悖。《墨子·非乐》认为"仁之事者,必务求兴天下之利,除天下之害,将以为法乎天下,利人乎即为,不利人乎即止。民有三患:饥者不得食,寒者不得衣,劳者不得息。三者民之巨患也。姑尝厚措敛乎万民,以为大钟,鸣鼓、琴、瑟、竽、笙之声,以求兴天下之利,除天下之害,而无补也。是故墨子曰:为乐非也。"其乐音愈好,政治愈差。他的这种非乐思想与学说,荀子在《乐论篇》、《富国篇》中抨击墨子反对"先王"之乐,利于人类和社会文明的作用②。

(二)道家——老子、庄子音乐思想

老子是道家学派的创始人,庄子是道家学派的重要代表人物。《庄子·天下》载有"古之博大真人"赞扬老子之语。《史记·老子韩非列传》称庄子为"其学无不窥,然其要本归于老子之言。"老子是孔子时代的人,现存有《老子》一书体现他的思想体系。大致成书于战国中期。《庄子》一书载有庄子思想(包括后学

---

① 参见白寿彝总主编:《中国通史》第 3 册,上海人民出版社 2000 年版,第 1150 页。

② 参见孙继南、周柱铨主编:《中国音乐通史简编》(修订版),山东教育出版社 2012 年版,第 29 页。

者思想在内)。在战国时期,诸侯僭越礼乐,出现百家争鸣,社会大变革让诸子百家和学术思想异常活跃。道家成派则较儒墨为晚,与其学术思想形成对立相悖,并具有较强实力对抗儒家学派。

据传老子名耳,字聃,为楚国苦县厉乡曲仁里人,在今河南鹿邑县一带,应为楚国人。传说孔子向老子问礼,《史记·老子韩非列传》曰:"老子修道德,其学以自隐无名为务"。司马迁说"世莫知其然否"。春秋战国之世社会大变革的时期,其科技水平、生产力和文化知识领域发展壮大。孔墨思想注重人类社会研究,《老子》则着重探讨宇宙本源,"道"是从抽象思维中发展起来的。《老子》全书仅五千字,分为上下两篇,书中以采韵文体,长沙马王堆西汉墓出土帛书《老子》两本可互为印证。

《老子》政治思想揭示、诅咒阶级分化造成的社会矛盾。反对战争,谴责统治阶级背离天道对人民采取严刑峻法,对高压政治予以警告,主张"无为"政治,包含有朴素的辩证法思想。

老子以"祸兮福之所倚,福兮祸之所伏"、"有无相生,难易相成,长短相形,高下相倾,声音相和,前后相随"、"大方无隅,大器晚成,大音希声,大象无形"等为论(《八十章》)。"大音希声"则为"听之不闻,名曰希",用人为的音乐加以否定。老子正处于春秋末年贵族阶级享乐主义和奢靡之风盛行的年代,他推崇"大音希声"乃为音乐最高境界,希声是属"道"的范畴,是人的感官无法掌握的,要人们在精神层面去体验、领悟音乐内在美。老子认为:"道之为物,惟恍惟惚。惚兮恍兮,其中有象;恍兮惚兮,其中有物;窈兮冥兮,其中有精。"老子音乐与哲学思想揭示了音乐艺术中的美学价值。

庄子,名周,宋国蒙(今河南商丘东北)人,约在公元前369—前286年,同于梁惠王、齐宣王时代。庄子学问渊博,《庄子》一书见于《汉书·艺文志》记载有53篇目,今存33篇,即《内篇》7篇、《外篇》15篇、《杂篇》11篇。据传《内篇》为庄子亲自创作,代表他的思想,《外篇》、《杂篇》系门人或为后学者所作。《庄子》思想体系的核心是"道",以"道"者为万物之源。《庄子·大宗师》曰:"夫道,有情有信,无为无形;可传而不可受,可得而不可见;自本自根,未有天地,自古以固存;神鬼神帝,生天生地;在太极之上而不为高……莫知其始,莫知其终。"从相对主义至虚无主义看《庄子·秋水》曰:"以道观之,何贵何贱?""万物一齐,孰短孰长?道无终始,物有生死,不恃其成,一虚一盈,不位乎其形。"(《庄子·生死观》)庄子所言只有道是绝对,此外任何事物都是相对,不提倡"人为"

而治,主张自然而然,其理想与抱负则是"至德之世"。

庄子音乐思想强调来自大自然声音,"大音希声"、"天籁之音",美在其间,乐在其中。以"澹然无极而众美从之"。自然中存在着美妙的济世之音,"听之不闻其声,视之不见其形,充满天地,苞裹六极"(《庄子·天运》)。所谓"天乐"指来自宇宙的音乐,"至乐无乐"才能达到"无言而心悦"精神层面。他主张"清静无为",并不绝对否定音乐存在,而是把音乐分为"天籁"、"地籁"、"人籁"三类。其音乐美学思想一直影响后世。

第五节　春秋时期郑国祭祀遗址与音乐文物考古研究

春秋之世偏于早中期先民们仍然继承着西周时期的礼乐制度,至春秋晚期和战国早期,封建制度出现了大变革,五霸争雄,相互割据,礼乐制度遭到诸侯僭越,出现礼崩乐坏、百家争鸣的制度变革的新局面。随着享乐、奢靡之风盛行与滋长,钟磬悬乐制度与音乐实践出现了繁荣的景象,其中制造乐器、享用音乐和乐器种类都超乎前世。诸如此类不仅在传世文献中多有记载,而且出土的音乐文物也很丰富。全国各地的重大考古发掘与发现,为音乐考古与音乐文物研究提供了十分宝贵的资料。

春秋时期科技水平得到了大力发展,这也为在我国重大考古发现中的音乐文物所证实。诸如,春秋时期墓葬中出有钟磬悬乐、打击乐器、吹奏乐器和弹奏乐器等,先后在河南新郑李家楼、陕西宝鸡县杨家沟、山西太原赵卿墓、江苏邳州九女墩等地出土的青铜编镈,河南陕南县上村岭东 M1052、山西闻喜上郭 M211、河南新郑城路、河南淅川下寺 M1 和河南固始县城关镇等地考古发现的青铜乐器数量,远远超过了西周时期的青铜器。山东、河南等地出土编磬较多。湖北当阳、江西等地出土有吹奏乐器和筝、瑟等丝竹类的弹拨乐器。西南方地区如广西、贵州、云南等地还出土有青铜鼓乐器等,古墓葬、遗址中出土有钟磬悬乐、丝竹等弹奏乐器,以及打击乐器和吹奏乐器。乐器种类之全,数量之多,保存均十分完好。

一、河南地区音乐文物考古发现与分析

春秋时期的音乐文物分别在河南新郑、淅川和陕县上村岭虢太子元等祭祀遗址和墓葬中多有出土。现分述如下。

（一）新郑春秋时期郑国遗址与音乐文物关系

春秋时期郑国遗址为音乐考古和音乐文物研究树立了标尺。春秋战国时期郑国与韩国都城遗址和墓葬区主要分布在河南新郑地区。考古发掘出有大批悬乐编钟，则是中国音乐考古和音乐文物研究的主要对象。《史记·郑世家》曰："郑桓公友者，周厉王少子而宣王庶弟也。宣王立二十二年，友初封于郑。"可见有关春秋时期郑国的历史在古文献中记载甚详。新郑于商代为南郑，周代为东郑。在春秋早期，郑享有十二诸侯的盛名，竟有一度称霸中原的实力。《左传纪事本末》曰："郑庄公，春秋诸侯中枭雄之姿。"春秋时期郑国的势力形成包围周王朝之势，加上诸侯争霸而虎视中原，故此郑国在春秋时期的战争更为频发。郑国在各类战争中不断消耗国力，万般无奈之下郑国东迁新郑。至于新郑自西周时期则已称之为"郑父之丘"。《左传·隐公十一年》郑庄公曰："吾先君新邑于此。"杜预注："此，今河南新郑。"则可证。

考古发掘资料证实此为郑、韩两国的宫殿基址、郑国的君陵墓区、贵族墓葬区和附葬坑。在这里还发现了韩国的宫殿遗址与宗庙遗址以及古城墙、城门和台基遗址。1923 年在西城东南部李家楼发现郑公大墓，从墓中出土了 104 件青铜礼乐器，是为郑国贵族墓地。尤其东城古城廓为郑国的贵族墓葬区、祭祀遗址、夯土建筑基址，以及包括郑韩文化遗址中的手工业作坊，即大吴楼、小高庄铸铜遗址、张龙庄制玉遗址、人民路制骨遗址、仓城铸铁遗址、热电厂铸陶遗址、能人路制陶遗址等。另有郑国祭祀遗址 3 处。与此同时，则在上述遗址附近发现多处郑国贵族墓葬区。大中型墓葬也有发现，一般分布在仓城村西至后端湾一带。此外，还有中型贵族墓葬区。尤其在郑城以外的附近还发现东周墓葬区 8 处。这些地点在城外东北部的李家、城东的马家、新郑卷烟厂一带，以及城东南的付庄，城南的冯庄、蔡庄、烈江坡一带，城西的周庄一带，城外西北岭上村一带。郑国城外小城分布有中小型贵族墓葬区，贵族大中型墓葬区多分布在城外稍远的高地和沙岗上。韩国贵族大型陵墓（侯王墓）区则在城外稍远的许岗、冢岗、王行庄、柳庄、胡庄、暴庄、宋庄、李家渔夫冢、冯庄等。其一，在郑城内外，发现大量青铜器，1923 年新郑李家楼发现的郑伯墓，出土礼器等文物 104 件；其二，郑国墓葬区，包括公墓、邦墓竟有 1 万余座；其三，贵族墓葬或国君墓均随葬有青铜礼乐器等；其四，1993—1997 年，郑韩故城东城发现 3 处郑国祭祀遗址，全城路祭祀遗址发现青铜礼乐器坎 3 座，出土青铜礼器 61 件，青铜编钟 24 件等。中行祭祀遗址发现青铜礼乐器坎 18 座，其中 4 座在历史上曾被盗，仅存的礼乐器坎中出土有青铜礼器 142 件,编钟 206 件等。[①] 这些考古发掘的文化遗址中,包括城址、墓葬区并出土有礼器、乐器,这为研究春秋时期的礼乐制度、音乐思想提供了重要资料能更清楚地了解当时历史景况。

（二）郑国祭祀遗址音乐文物举例分析

春秋时期的郑国祭祀遗址,为研究周朝的礼乐制度可提供十分重要的考古实物资料。尤其是考古发掘所出土的礼乐器,是音乐考古与音乐文物研究最可信的资料。郑国祭祀遗址主要有三部分遗存:其一,建筑遗存墙基;其二,祭祀遗址后瘗埋祭器的土坎;其三,瘗埋祭祀用牲的土坎所埋马匹等,其中祭祀遗址的后瘗埋祭器的土坎,出土了大量的青铜礼器和青铜乐器两大类。郑国祭祀遗址考古发掘区,其西南部分约 4000 平方米,有关青铜礼器坎、殉马坎较为丰富。其中有 K17、K1、K4、K9、K3、K13、K17、K10、K2、K15、K14、K18 等等,大部分礼乐器殉马坎均呈有规则分布着。故此,在对春秋时期礼乐制度和礼崩乐坏社会现象研究的同时,郑国祭祀遗址中礼器和乐器,是我们要深入探索的重要学术课题之一。

1.青铜礼器坎

考古发掘有 7 座,为圆角方形和长方形竖穴土坑。对这些青铜礼器坎和乐器坎进行统一编号:K2、K3、K6、K10、K13、K15、K18。以 K2、K3、K10 形成三坎相连的组群,其中 K2 坎周围有乐器和殉马坑。一般而言,郑国祭祀遗址中的青铜礼器坎,以成组的青铜礼器为主旨,也有一些漆木器等出土。保存比较完整的礼器坎未经盗扰的 K10 中,发现有列鼎 9 件、鬲 9 件。另外有 4 座礼器坎均出土列鼎 9 件,簋 8 件,鬲 9 件,方壶 2 件,圆壶 1 件,豆 1 件,鑑 1 件,呈 1 组共 31 件礼器。可见,礼器在祭祀活动中占有一定的比重。[②] 以 K2 坎、K3 坎、K6 坎、K10 坎、K13 坎、K15 坎、K18 坎为例。

K2 坎填土内的包含物有筒瓦、板瓦、盆等春秋早期陶器碎片。在坎的西北角发现一铜方壶盖,应为 1 座青铜礼器坎。北部一排 1 圆壶、2 方壶、2 鼎、2 鬲、2 簋;北排器物相挤靠的一排 4 鼎、3 簋、4 鬲、1 豆、1 鑑;东南角有 3 鼎、3 鬲、3 簋坎内出土 9 鼎、8 簋、9 鬲、2 方壶、1 圆壶、1 豆、1 鑑共 31 件。坎底东南角有空

---

① 参见河南省文物考古研究所编著:《新郑——郑国祭祀遗址》,大象出版社 2006 年版,第 4 页。

② 参见河南省文物考古研究所编著:《新郑——郑国祭祀遗址》,大象出版社 2006 年版,第 43 页。

间边长约 1 米,约 1 平方米呈正方形小块区域,是供摆器人操作活动的空间,在其周围摆放有 31 件青铜礼器,分别有列鼎 9 件、簋 8 件、鬲 9 件、方壶 2 件、圆壶 1 件、豆 1 件、鑑 1 件。这些青铜礼器摆放得整整齐齐[1]。

K3 礼器坎,于 1997 年在 T605 探方中考古发掘时发现,第一排 1 圆壶、2 方壶、1 鑑、1 豆、1 簋、1 鬲;第二排 3 鼎、3 簋、3 鬲,计出土 31 件青铜礼器。这批青铜礼器在坎内摆放得很有规律,坎内青铜礼器由北向南逐排摆放,器物将鼎、鑑、方壶、圆壶摆放在一起。其东、西为四排,南、北则为列,摆放有序,有此青铜鼎内扣有铜鬲或簋等器物。这些青铜器摆放得十分讲究,说明在这个时期的礼乐制度仍为郑国贵族所顶礼膜拜。

K6 坎在 T615 北部第 3 层下发现,从坎填土中有竖硬的五花土,文化层中有鬲、豆、罐等春秋早期陶器碎片。K6 与 K2、K3 等礼器坎文化内涵和遗物风格均相近,也应为 1 座青铜礼器坎。坎内共出土鼎、簋、鬲、方壶、圆壶等 31 件。该坎也呈长方形竖穴土坑。这批青铜礼器在坎内排放有序,也体现出相互扣放等形式。所见鼎、壶、鬲、簋摆放在一起,鼎内还摆放鼎、鬲、豆,此外还有骨珠成串摆放在方壶底侧。

K10 坎在 T604 第 2 层下,探方的西北角发现有 MK19 殉马坎。坎内分别出土有鼎、鬲共 18 件青铜礼器。再见中部的凹地稍偏中南部整齐放置 3 排铜鼎,即第一排为 10、11、12 号鼎;第二排为 13、14、15 号鼎;第三排为 16、17、18 号鼎等,其坎内保存的青铜礼器都摆放有序。

K13 坎在 T606 的中东部,在祭祀区的最北部。K15 坎在 T603 的东南角。K18 坎则在 T593。这三个探方均在战国文化层下发现多座青铜礼器坎,仍然以鼎、簋、鬲、方壶、圆壶、豆、鑑等礼器为组合,其中 K15 出有 31 件青铜礼器。以上大部分青铜礼器多出现 31 件器物,应与当时的礼制礼器有关。因其为战国时期文化层,故在此不予多赘[2]。

2.青铜乐器坎

郑国祭祀遗址青铜乐器共计 11 坎,主要分布在该遗址的东南部,乐器则以 3 座形成一组,在乐器坎附近也有少数其他坎出现。在遗址西侧也出现马坎,存

---

[1] 参见河南省文物考古研究所编著:《新郑——郑国祭祀遗址》,大象出版社 2006 年版,第 43—45 页。

[2] 参见河南省文物考古研究所编著:《新郑——郑国祭祀遗址》,大象出版社 2006 年版,第 48 页。

在乐坎与马坎相互打破关系的现象,反映时间早晚关系。诸类坎除少数有被盗或打破现象,极大多数保存完好。

K1坎呈长方形竖穴土坑,曾在1996年12月进行过考古发掘清理工作。先后清理了镈钟、钮钟和残腐的竹席、钟梁架,其梁架上有装饰花纹的灰痕,仅存东西端两小段。这些遗存的痕迹与乐器相互依存的关系很重要,如编钟架上盖有竹席和悬挂乐钟的彩绘木梁,正是反映春秋战国时期悬乐钟磬结构的重要资料。K1填土由褐色黏土和黄沙土混合而成,形成的五花土一次性填埋。此与春秋时期或战国时期的土坑竖穴填以五花土夯实的葬俗习惯相同①。

郑国祭祀遗址青铜乐器K1坎,开口于2层下,打破H1650和3层与生土。其坎壁呈垂直至底,整整齐齐,底部较为平整,则是较为规则的青铜乐器坎。坎长1.93米,宽0.94米,深0.73米,方向105º。也为五花土一次性填实。坎内放置编钟一组24件,其中镈钟一套4件,摆放在该坎内中部稍偏南侧。钮钟20件,分成A、B两套,A套有10枚,B套也有10枚,2套分别摆放在坎内北部和中部。编钟四周上下残存苇席痕迹。这种在青铜礼器和乐器上覆盖苇席的习俗,在两周之际都有。从编钟的分类、分组在坎内摆放有序,彰显出周代礼乐之风。该坎内摆放编钟的形式,则分套呈南北排列,以东西向放置。其中镈钟4件立放在坎内南侧,在该坎内由西向东按大小依次排列等葬俗显得十分规矩。A套钮钟共10枚,摆放在该坎内北侧,均由西向东按大小依次立放于坎底,显得规整有序。B套钮钟共10枚。出土前摆放在该坎中间,从东向西按大小错递摆放规整。在B套的2号钮钟下部发现黑色陶埙1件。此外,在以上两组A、B套钮钟和舞部残存的钟梁痕迹明显。这些钟梁痕迹为研究春秋时期悬乐的悬挂与演奏形式,提供了重要的参考资料。音乐考古工作者对于这类乐坎的考古发掘资料值得深入研究。越是遗址中细微的文化迹象,越容易被人们所疏忽。还有挂钩与编钟的关系,可以考证悬挂编钟的钟钩结构。该坎发掘时曾发现悬挂镈钟的木梁残痕。A套钮钟木梁也有残断腐烂的痕迹。钟梁虽然变形难辨,但仍可看出钟梁为长条形,其东西两端还有挂钩。在残存的钟梁灰痕中尚可见到浅浮雕式的花纹图案、其间残留有朱砂痕迹。尤其在钟梁上所绘制的勾云状图案,浅浮云雕云纹图案,均为朱砂色彩

---

① 参见河南省文物考古研究所编著:《新郑——郑国祭祀遗址》,大象出版社2006年版,第50页。

绘制。① 此为春秋战国时期的漆木彩绘图案。漆木彩绘在春秋战国时期盛行，在考古发现和出土文物中屡见不鲜。

A套和B套钮钟尚存一件残断的木撑痕迹，其间可辨有木撑顶住横梁的现象，其木撑横梁底部有6根竖撑，在湖北随州曾侯乙编钟长形横梁上就有撑柱，② 二者则可印证。在考古发掘中的木梁，在室内资料整理时进行解剖性分析，发现钮钟的钮均是插入木梁之中的，再用皮绳拴系而成。而未采用插销固定钟钮。则体现该钮钟的悬挂结构特点。可见，其编钟的数量之多，保存质量之好，乃是音乐文物考古和音乐史研究的宝贵资料。

K4坎:1997年7月在考古发掘区中部探方T606里发现了K4坎，呈长方形竖穴土坑。考古发掘清理时，先在该坎的东北角观察钟架残存的迹象。清理中发现有钟架残存的灰痕和编钟。一直到开口下的第二层发现K4坎，其四壁显得较为规整，至底平展，拐角外弧。坎内以五花土填实，在发掘清理填土时发现其内放置编钟24件，均见钟乐器保存较好。镈钟一套4件，钮钟两套20件，每套10件，考古工作者将其分为A、B两套。从考古发掘中所发现的遗迹遗物分析，其一，发现有残损的钟梁痕迹和席子的残痕；其二，编钟均以成套呈南北排列，分别按每套大小依次由西向东放置；其三，钟钮与木梁相接处，其间有绳索捆绑的痕迹，非以插销悬挂编钟，清理钮钟时发现，横梁及绳索的痕迹均横卧坎底；其四，发掘时发现镈钟放置于坎的北侧，大号即1号、2号、3号镈钟居中，另有4号钟放置于东端，均呈斜立卧状摆放，钟钮则紧紧依靠钟梁；其五，A套钮钟放置在坎的南侧，B套钮钟则放置在镈钟与A套钮钟的中间部位，其间则见一根横梁相隔；其六，木梁东西两端有弯曲的痕迹，其两端存有弯钩的痕迹。少量地方存在梁架底部的也出现木撑痕迹。编钟梁架则分主框、附框和横、竖撑三部分，主框为长方形等，此外发现纵向、横向顶撑痕迹，说明钟架结构较为复杂。综上所述，随着考古发掘与文物清理时，在对钟架、横梁及支撑的复原研究发现，其A、B两套的钟梁是相互连接的。钮钟也是由两根横梁两端互相连接的。对郑国祭祀遗址中的青铜乐器坎之K4坎中的考古发现，及所有存在的音乐考古迹象之研究，则能深入了解到春秋时期编钟的组合，设计与造型、铸造科技，钟架的结构和悬挂方式，可提供较为系统和完整的文物资料，尤其对春秋时

① 参见河南省文物考古研究所编著:《新郑——郑国祭祀遗址》，大象出版社2006年版，第50页。

② 参见湖北省博物馆:《曾侯乙墓》，文物出版社1989年版，第76页。

期礼乐制度、祭祀仪式、民风民俗的研究提供了可信可考的资料。①

K5 坎:1997 年 1 月在考古发掘区东南部探方 T594 里东北部发现 K5 坎。坎口呈略向外移,但四壁规整垂直,坎的底部也较平整。均以五花土填实,其中有春秋早期的罐、盆、板瓦等遗物。考古工作者在清理发掘现场时,特别注意对钟梁痕迹细心清理和保护,并且将钟梁采取浇灌石膏凝固的办法,整体性取出文物某些痕迹标本,以便在室内进行整理与研究时参考。郑国祭祀遗址清理时发现钟梁,同时还发现 20 枚钮钟。发现坎内放置了编钟 24 件和三根木梁及钟架一具,按其痕迹观察,24 件编钟下葬前分别悬挂在三根木梁上,按其大小依次摆放。其中镈钟 4 件则随着钟梁侧卧于该坎的北壁之下,1 号镈钟下发现 1 件陶埙。根据考古发掘清理发现,其一,钮钟的钮有捆扎于木梁上的痕迹;其二,在钟梁下有撑柱的痕迹;其三,两套钮钟都在北半部,每套 10 件,两根木梁紧紧相靠,其底部则有 1—3 根撑柱也倒压其中。综观这些编钟与横梁和撑柱结构,埋葬钟乐前应按一定规律摆放。并覆盖上一层苇席后填土掩埋。直至钟梁腐烂塌陷后,才导致钟与梁混合叠压在一起,随着水土流失自然淹埋其中,时间越久木架越腐烂,泥水凝固越紧,故在至今考古发掘清理中,从钟木梁腐朽的残痕中尚可辨认出相互叠压关系,这为研究春秋时期的社会制度和乐悬制度提供了重要的可考依据。②

K7 坎:1997 年在考古发掘区中部偏南侧,T594(横跨 T594、T604 内)探方东部发现 K7 坎,开口至 2 层下为战国晚期文化层,坎上土层开口和四壁呈不规则弯曲形,则为西边宽东边窄的形状,四角也不规则,但见其底部较为平整,内填实五花土。在考古发掘清理中发现,其一,钟梁架痕迹明显和残存席编痕迹,以及存有木质钟槌的痕迹,不仅用骨制插销固定钟钮,而且用绳索扎捆钟钮;其二,发现编钟悬挂的结构关系,从钟架腐朽痕迹中则可辨别相互叠压关系;其三,该坎内有 24 件编钟,细分为镈钟一套 4 枚,钮钟两套 20 枚,以 10 枚为一套,根据腐烂痕迹可看到悬挂在三根木梁上;其四,该坎埋藏的青铜乐钟与前述诸坎乐钟悬挂形式一样,分层、分组、分类分别悬挂在木梁上,其设计精巧,结构严谨,保存完好,相互叠压和打破关系明显,尚无盗扰迹象;其五,在钟体下发

---

① 参见河南省文物考古研究所编著:《新郑——郑国祭祀遗址》,大象出版社 2006 年版,第 53 页。

② 参见河南省文物考古研究所编著:《新郑——郑国祭祀遗址》,大象出版社 2006 年版,第 55 页。

现陶埙1件,与前述诸坎一样有这种吹奏乐器。

K8坎:1997年1月在考古发掘区中部偏南侧T615探方发现K8坎。开口于二层下,其四周均已打破了生土层,西南角则被M775东周墓打破。坎壁整齐,拐角规整较直,坎内也用五花土填实,填土中含有春秋早期的板瓦残片。考古发掘清理发现,其一,清理中发现钟的梁架,其底部见有撑柱等痕迹。撑柱上绘有动物、花卉图案,也见到荷花、龙蛇图像,在考古发掘清理中发现悬挂编钟的木梁有三根,木质钟架一套;其二,坎内至底部出土24件编钟,镈钟一套4枚,钮钟两套共20枚,以每套10枚摆放一处,其中也发现1件陶埙;其三,见于钟上有席子的编织纹痕迹,少数钟上有布纹,应为用丝绸包裹后悬挂于钟架上,可能是一种祭祀习俗所致,又见钟钮插于木梁中则是悬钟的形式[①];其四,考古发掘报告,重点介绍了K8坎内的钟梁与撑柱、底座等结构,从这些钟架腐烂痕迹看,下埋前编钟大概是悬挂在钟架上,因年久钟架腐烂塌陷后泥土自然填实,保存了编钟木梁的痕迹,木梁上的彩绘花纹图像诸如浮雕、描绘的荷花、花蕾状透雕装饰等清晰可辨。钟架结构复杂,木梁撑柱以蛇头呈现出曲形、弧形结构。又见不甚规则的方形框,框内采用十字交叉的横竖撑相连接,其造型精致。可见K8坎则为举行大型祭祀中重要礼乐器坎。其与周围诸坎一样出土了一批重要的音乐文物资料。尤其是再现了青铜礼乐器在祭祀中的作用和意义。K8坎内的钟架制作、造型和结构十分精美,则为音乐考古与音乐史研究又提供了重要资料。[②]

K9坎:1997年1月在考古发掘区中部探方T605发现K9坎。开口于2层之下,打破了春秋早期的文化第三层。其一,发现钟架腐烂遗留下来的灰痕。又见到席编痕迹,以及木梁上偶见漆片和朱砂。悬挂钮钟的木梁上则有固定钟钮的骨销和捆绑钟钮的绳痕,并在木梁上凿有钟钮插入的凹槽。悬钟下的木梁与钟架均已腐烂成灰痕。坎内木梁3根,均见编钟悬挂其上的原貌痕迹。在钟的梁架间留有底撑。木梁上还留存有浅浮雕花纹图案。有些木撑上均有浮雕云龙图案,其痕迹依稀可见,龙首在木撑西部,见其图像巨口,圆目,唇上卷,长舌上翘,龙身则潜伏于云纹之中,尤其云纹呈翻卷起伏的图像尽显逼真,从整体形

---

① 参见河南省文物考古研究所编著:《新郑——郑国祭祀遗址》,大象出版社2006年版,第57—59页。
② 参见河南省文物考古研究所编著:《新郑——郑国祭祀遗址》,大象出版社2006年版,第57页。

制看则有繁密华丽之感。有些钟架形如蝶翅,其造型别致。有些钟架与西则的钟架结构迥异,尚无那些支撑结构,也形如蝶翅,其钟架造型更为奇特,以多姿多彩的形体与图像显出特色。其二,坎内放置的青铜乐器编钟共 24 件,也以镈钟 1 套 4 件为特点,钮钟 2 套,计 20 枚,则以每套 10 枚为一组。在考古发掘清理时发现,3 套钟共分三排,故见悬钟横梁有三根和钟架一具。因钟架钟梁腐朽不堪,导致塌陷形成木梁与钟有相互叠压关系。钟的悬挂方式则是把钮插入木梁后,再用骨销固定后并以绳索捆绑。其三,在该坎内编钟下也发现陶埙 1 件。从这些祭祀形式与礼乐器数量看,其祭祀活动规模之大,彰显出严格的祭祀仪式和社会制度,无疑对研究春秋时期的礼乐制度和社会形势有重大的帮助。[①]

K11 坎:1997 年 3 月在考古发掘区中南部探方 T594 发现 K11 坎。开口于 2 层之下,直至打破了生土层。考古发掘清理时发现该坎曾经被盗扰,其中也有漆片、木灰痕迹、粘有铜锈的土和席编残迹。其一,发现坎内有腐烂的钟架残迹。并有钟梁横撑、短撑、小撑、立撑、底撑残痕。还有一些钟架已经彻底破坏。其二,其中编钟均被盗掘。所见坎的四壁垂直,三面转角较直,该坎西有 K5 坎,从已形成的组合关系看,K11 坎北面则有 K10 青铜礼器坎,此四坎当为郑国在这里曾经举行过一次重要的祭祀活动,观察其规模与编钟用乐总数与前坎相同,也应为 24 件编钟,应有 1 件泥埙存在。其三,在坎内被盗扰的钟梁木撑和编钟悬挂结构风格也是一致。填土中也发现苇席等民风民俗的迹象。可见 K11 坎中的考古发掘资料仍然有较高的价值,研究时可与周围诸坎进行综合性分析[②]。

K12 坎:1997 年 3 月在考古发掘区中南部 T614 发现 K12 坎。坎开口于三层之下,其中 90% 在探方 T614 内。考古发掘清理发现该坎有两个盗洞,其扰乱严重,故此发现在土层中多有残碎的木灰、席编痕迹、铜锈和漆片。但坎壁修整得垂直,因盗掘原因导致坎遭受破坏,钟架也遭到破坏,从残存的痕迹看,仍然留存着漫圆弯曲状或蝴蝶形状的木撑。坎内编钟全部被盗。在此故不多赘[③]。

K14 坎:1997 年 4 月在考古发掘区南部探方 T613 发现 K14 坎。坎开口于

---

① 参见河南省文物考古研究所编著:《新郑——郑国祭祀遗址》,大象出版社 2006 年版,第 59—62 页。

② 河南省文物考古研究所编著:《新郑——郑国祭祀遗址》,大象出版社 2006 年版,第 62 页。

③ 河南省文物考古研究所编著:《新郑——郑国祭祀遗址》,大象出版社 2006 年版,第 64 页。

3 层之下，一直到生土层。因有一座近代墓葬将该坎东部打破，并扰乱东部，其东端部分钟架已遭到破坏。其一，该坎因盗扰其南侧底撑无存，三根悬钟木梁残缺。其二，坎为长方形，四角转折较为明显，其坎四壁显得十分规整，见其底也甚平整。其三，以五花土填实。其四，坎内共出土 24 枚编钟，镈钟 1 套 4 枚，其中钮钟仍为 2 套，计 20 枚，以 10 枚为 1 套。其五，出土 1 件陶埙。其六，编钟悬挂形式，填埋前编钟应悬挂于钟架和木梁上。虽然腐烂，仍可辨认出其悬挂和摆放的痕迹。每钟间距为 0.7 米—0.10 米不等。钟与梁架的悬挂结构，则见 3 号、4 号镈钟钮被捆绑在木梁之上，绳索痕迹清晰可辨。考古工作者认为是用皮绳捆绑的。其七，钟架底发现撑柱，分别有横撑、底撑、立撑若干根，从木撑痕迹可以看出，钟架结构精致，纵横连接，也有木撑为曲形者，可见其造型风格独异。无论从坎的规模，编钟数量，钟架造型则有规模性，以及与编钟同时出现的吹奏乐器，此与 K15 礼器十分相近，也是一处曾经举办过重大祭祀活动的遗址。这也为音乐考古工作者和音乐文物研究者对春秋时期礼乐制度研究提供了重要参考资料。①

K16 坎：1997 年 9 月在考古发掘区中部偏东南探方 T615 发现 K16 坎。坎开口于 3 层之下，并打破了生土层。坎呈长方形，口小底大，其拐角微呈弧形，底部平整。东北部坎口有打破关系和有盗扰的痕迹。在考古发掘清理时发现：其一，坎内发现有钟架木灰痕迹，并在编钟上留有席编痕迹，钟面之上又见细微的布纹痕迹，应为丝绸包裹的一些祭祀用的物品习俗。坎内仍以五花土填实，其中有春秋早期的板瓦、罐、盆、鬲等陶片。其二，坎内出土编钟 24 枚，镈钟仍然以 1 套 4 枚。钮钟 2 套 20 枚，以每套 10 枚为一组。其三，发现小青铜钉 3 颗，在 A 套 3 号钟的左侧鼓部发现陶埙 1 件。其四，钟与梁架的结构和悬挂编钟的形式，则在坎内遗迹中也清晰可辨。从已腐朽的横梁钟架留存有长撑 5 根和 2 组残缺的钟架。镈钟钮紧贴木梁灰痕上，下埋时应悬挂在钟梁上。其五，钟梁与钟架结构形制，该坎共发现 4 根，长撑则见有 2 根，虽然残腐不堪，但可见其中的痕迹为木质。根据残痕判断木梁应为长方形条状，其木梁两端各有半圆形弯钩。也见 B 套钮钟木梁为长方形，西半部部分较直，而东半部呈弯曲状。总长 1.64 米，宽 0.04 米。西、东端均见有弯钩。木梁底部均有长撑。在木梁出现框状灰痕。均为木梁、木撑、方形框之间的结构关系。由此可证,编钟下埋时应该悬挂在结构严谨的钟梁上,也是当时祭祀活动场面的真实写照。反映出这一时期的礼仪、祭祀显得十分威仪,其礼乐制度和社会政治制度仍然显得肃穆森严。①

K17 坎:1998 年 6 月在考古发掘区的西部中间偏北探方 T566 东隔梁时发现 K17 坎。坎开口于 2 层之下,该坎打破 MK39 马坎。又见其北端被灰坑 H2174 打破,并未扰乱编钟。坎呈南宽北窄的长方梯形。见其西北、东北、东南三处拐角较直。坎的西壁中部略向内弧,南壁又向外弧。坎的底部中间低,其两端高。坎内填以五花土。填土中含有春秋早期的板瓦、筒瓦、鬲、罐、盆等陶片。从考古发掘清理时发现:其一,编钟上留有苇席痕迹,在坑内未见钟架痕迹。其二,坎内出土编钟 14 枚,镈钟 1 套 4 枚。钮钟 1 套 10 枚。编钟摆放在坎的中间南北呈一条线上,镈钟摆放在北部,钮钟摆放在坎的中南部。编钟放置高低不等,部分钟相互也呈叠压摆放。其三,在该坎内未见任何钟梁和木架的痕迹,唯见编钟上铺放一层苇席。此坎所出编钟与其他坎相比,应该少 10 枚钮钟。从考古发掘清理报告资料看,应该是一处祭祀的青铜乐坎②。

二、郑国祭祀遗址、铸铜遗址中礼乐器陶范分析

已从上述青铜礼器坎、乐器坎和殉马坎的考古发掘报告资料得知,此处遗址是郑国重要的祭祀遗址之一。其中青铜礼器、乐器是以陶范铸造而成,在郑国祭祀遗址中已发现了铸铜遗址,这对春秋时期礼乐制度和政治制度的研究有直接的帮助。譬如青铜礼乐器铸造遗址和铸造科技一直是考古工作者、音乐考古和音乐史研究者高度关注的学术课题。1997 年在考古发掘区中部发现大量青铜礼乐器坎和殉马坎,以及大量春秋时期的文化层和遗物,其中还包括一些灰坑和水井。在灰坑 H2107 内发现少量炉壁、陶范残片,推测 H2107 周围为郑国的铸铜遗存。郑国祭祀遗址为春秋中期则得到证实。在大吴楼遗址的考古发掘中发现过礼乐器铸范。考古发掘清理 H2107 时,与此同时在探方 T622 发现

---

① 参见河南省文物考古研究所编著:《新郑——郑国祭祀遗址》,大象出版社 2006 年版,第 67 页。

② 参见河南省文物考古研究所编著:《新郑——郑国祭祀遗址》,大象出版社 2006 年版,第 69 页。

水井 J446、J447，清理出用于冶铸的陶范、炉料和废料以及一些板瓦、筒瓦、鬲等残片，并在其他探方中发现有红烧土等遗迹。在清理该遗址和文化层中涉及T66—T643 等 6 个探方中的文化层。其中地表以下第一、第二层为耕土和近现代遗存，至第三层下则出现战国时期文化层，第四层为褐灰色硬质土。所含遗物中有深盘豆、平沿深腹圜底盆、器座、中绳纹板瓦残片，其时代为春秋早期。①

该遗址中发现春秋铸铜遗迹无疑：其一，在该遗址中发现灰坑；其二，在该遗址中发现水井；其三，在该遗址中发现灶和大量陶片；其四，在该遗址中发现烘范窑，为不规则长方形窑 1 座；其五，在该遗址炉腹上部、炉腹下部、炉缸上部、炉缸底部发现炉砖、鼓风管、熔炉和鼓风管。随着进一步考古发掘清理，发现炉料如鼎耳蕊、兽耳芯、各样足芯、镬芯、锛芯、环芯、圆壶芯等，这应该是一处长期浇铸青铜礼器和乐器的铸铜遗址。

（一）青铜礼器陶模与陶范分析

礼器中的鼎范：鼎范包括腹范，是铸造圆形鼎的腹部外范残块。其一，标本T622J446：87，为一扇中型圆鼎腹中部的残范。正因为该范为残范未经浇铸。其二，标本 T66J447：160，则是一扇大型圆鼎之腹中部残块，尚未浇铸使用过。其三，标本 T622J447：164，也为一扇小圆鼎之中腹部残片，尚未使用浇铸。②耳范均为方形的范残片。见有浇铸使用过的痕迹，也有鼎的纹饰范残块。其中还有小型鼎耳范、方壶范、圆壶范、圆形器范、素面圆环范、花纹圆环范、圆形器范、豆柄形范、簋范、平面范、近凸字形范、乳钉范，等等。这是青铜礼器范的实证。这些遗留下来的炉料与炼渣中，还包括编钟范、钱币范、工具范、礼器花纹范、花式浇口、范芯座与榫卯等。其铸范的种类和遗物丰富多彩。此为研究春秋时期青铜礼器铸造技术提供了丰富的考古资料。③

（二）青铜乐器编钟范与陶范考古发现

郑国祭祀遗址之青铜礼乐器铸造的陶范残片，前面已述及青铜礼器陶范，在这里还发现了甚多编钟铸范残片。见于标本 T622J449：29，是中型编钟范残块，是当铸造编钟时使用过的范残片，均为不规则长方形。所见钟底

---

① 参见河南省文物考古研究所编著：《新郑——郑国祭祀遗址》，大象出版社 2006 年版，第647—658 页。

② 参见河南省文物考古研究所编著：《新郑——郑国祭祀遗址》，大象出版社 2006 年版，第671—673 页。

③ 参见河南省文物考古研究所编著：《新郑——郑国祭祀遗址》，大象出版社 2006 年版，第658—698 页。

部分型面残存一块,侧面、底面则为断茬面。这些残存范面呈弧形,其颜色为青黑,其纹样清晰属于带状纹,中间则以六道钩索纹相隔,这些呈立体形的花纹又分为6个条带状组成:其一,第二道绳槽有剥落;其二,此外五道绳槽内麻丝纹明显;其三,见以龙形纹及饰以细密的蟠虺纹,也有乳钉纹、涡纹等残范片。①

（三）郑国祭祀遗址中的编钟与陶埙乐器分析

《周礼·小胥》曰:"小胥……正乐县（悬）之位,王宫县（悬）,诸侯轩县（悬）,卿大夫判县（悬）,士特县（悬）。辨其声。"悬乐则是指悬挂起来用于演奏的乐器。在郑国祭祀遗址中出土11架编钟（其中两架钟被盗）,在该遗址中另见9座坎是以3坎1组的组合关系。可见,如果说这9架钟是分三次祭祀乐器的话,那么,与文献记载中的轩悬之数正相吻合。则为诸侯之位。新郑考古发掘中发现编钟是以每3坎为一组群,每坎为架,每架悬挂的钮钟20件,则分为两套即每套10枚,其中镈钟4枚,即为一套。可见,郑国则以两架钟放在一起为一列,又见"另一架为一列,排列方法有某些相似的地方。若依后种解释,他们的钟悬组合都是3架钟的轩悬"之数,且与诸侯的地位相吻合。②此则为诸侯之位,又与青铜礼器坎所出九鼎八簋相吻合。

郑国编钟与陶埙的音律及其郑声是音乐考古与研究的着重点。郑国编钟是经过了精细调音的,其音高准确,音色十分优美。由此可以说明这批编钟瘗埋前,是在祭祀活动中供演奏使用的实用器。从《新郑——郑国祭祀遗址》考古发掘报告看。其一,对1—4号坎两组编钟进行了测音,其结果1号坑编钟的调音精准,A3和A4相邻的两种以正鼓音相差不过2音分,音高近乎相同。其中以A1作为A组编钟的首钟,即以和加47音分为其正鼓音。譬如以4号坎的A1和B1以及1号坎的B1三种,在这里则是角音钟。4号坎编钟调音也十分精准。其音列结构规范,音色俱佳。从这些情况来看,可证1号坎与4号坎编钟则为同一组群,无疑在本祭祀活动中参加同场演奏活动。见于1号、4号、9号坎钮钟的音律则以宫、商、角、徵、羽五音为主,但见于镈钟以羽、宫、角、徵四声为主,可见这些镈钟音乐文化元素继承了西周的旧有传统。其二,"但4号坎钟的侧

---

① 参见河南省文物考古研究所编著:《新郑——郑国祭祀遗址》,大象出版社2006年版,第678页。

② 参见河南省文物考古研究所编著:《新郑——郑国祭祀遗址》,大象出版社2006年版,第924页。

鼓音似乎缺少章法。8件镈钟的正鼓音与侧鼓音的音程关系不见有相同者。这大概是用钮钟的正鼓音之五正声，镈钟之四正声，已满足祭祀用乐的需要，不必要再考虑鼓音音高问题"①。可见，郑国编钟多用高音。一是完善了五正声的音律的需要；二是自西周晚期以来高音的音阶地位仍然很高，其中多以一套4件镈钟和钮钟增至10件1套为例，或以两组更甚，以彰显其编钟恢宏的气势和音响的厚度；三是郑国祭祀时所享用的乐器数量之多，音质优美，音域宽广，则从最低音到最高音跨越了4个八度的音域，不仅继续了西周晚期以来的五音传统，并且多以半声音阶可旋宫转调，则有齐奏和合奏的功能特点。郑国祭礼遗址所出土的数架编钟则能演奏出古今声色的旋律，此则反映出春秋中期即2600年前后的郑国乐器铸造、音乐思想和音律发展的高度水平。

郑韩故城曾经出土了4件陶埙，多为战国晚期韩国的音乐遗物。其制作粗糙，只见两个音孔。在春秋祭祀遗址中出土数量之多，制作精美，其音孔则有3—4个。经"中国艺术研究院音乐研究所王子初研究员的测音，各坎陶埙的音列，五号坎陶埙是4个音孔，为宫、商、角、徵、羽；8号坎的陶埙也是4音孔，为宫、商、角。只有5号坎达到了五正音，其他埙仅有三或四正音。测音时把全闭音作首音，4埙均是宫音，开1.2孔全是商音，开1.3孔全是角音，这在4埙中无一例外。说明宫、商、角是陶埙必备的主音，而羽、徵和中等音，则无定数。陶埙一般视为民间乐器之一种，证明商音在陶埙中亦具有普遍认同的地位"②。对郑国祭祀遗址的编钟、陶埙音律测音结果与分析，是为进一步了解郑国之乐郑声的研究提供了宝贵资料。《论语·阳货》曰："郑声淫。"《论语·阳货》又曰："恶郑声之乱雅乐也。"郑声在历史上多有争议，随着如此之多的金石之乐相继出土，则可印证郑国尚乐之风盛极一时。《左传·隐公三年》曰："骄奢淫泆，所自邪也。"孔颖达疏："淫，谓嗜欲过度；泆，谓放恣无艺。"其实，在礼乐制度森严的社会背景下，音乐则是统治阶级与贵族们享娱的雅乐。他们对民俗音乐一直是持反对的态度，维持旧制，反对新乐。到了春秋战国之际，诸侯争霸，周天子统治地位急剧下降，"礼崩乐坏"催促雅乐开始走向民间，民俗音乐备受贵族和统治阶级所欢迎。郑国之音和"郑声淫"必然遭到保守者的竭力反对。其实，郑卫之音是

---

① 参见河南省文物考古研究所编著：《新郑——郑国祭祀遗址》，大象出版社2006年版，第924页。

② 参见河南省文物考古研究所编著：《新郑——郑国祭祀遗址》，大象出版社2006年版，第925页。

新时期的音乐故一度风靡,雅乐开始衰亡,俗乐逐渐兴起,乐舞有了较大的发展,可见春秋战国时期音乐有向前呈跨越式的发展。

从郑国祭祀遗址中出土的编钟和陶埙乐器着眼,通过音乐考古与音乐文物研究分析,这些乐器的演奏效果令音乐文物考古研究者所感佩。郑国祭祀遗址所发现的钟架为春秋时期较早的钟架。除了淅川下寺楚墓 M2[①] 编钟系木结构钟架,还有河南固始侯古堆 M1[②] 的木质结构的钟架。其时代均比郑国祭祀遗址所出编钟年代要晚(约近百年)。该镈钟与钮钟是分为两层悬挂的,上为钮钟,下为镈钟。其钟架与横梁跨度则在 2 米以内。"推测乐师是跽坐演奏的,演奏时最低不少于两人,敲击钟用的是木槌,2 号坎的西北部曾出土一件。"[③] 由此可知,该套件组合与这些编钟一样以 2 人进行独奏和合奏。唯不同于郑伯墓和曾侯乙墓大型编钟梁架的是,演奏者以多人站立独奏或合奏形式。郑国钟架重视装饰艺术,往往出现描绘精细的花纹图像为特征,郑国音乐文化和艺术美学思想折射出熠熠光芒。[④]

第六节　春秋时期音乐文物与考古发现

春秋早期甬钟成为编钟悬乐的主体,其钮钟从西周末年开始发现。镈钟也继续延续使用。编镈和编钮逐渐在墓葬和文化遗址中出土,诸如甬钟、钮钟和镈钟相互独立存在,这在郑国祭祀遗址有 1 套 10 枚钮钟的,并以 20 枚为 2 套一起出土,镈钟 1 套 4 枚一起出土。诸如在河南新郑李家楼出土了春秋中期稍后的甬钟 19 件(其中甬钟 16 件。分藏几家博物馆,其余未祥),在河南叶县旧村 M4 出土春秋中期偏晚 20 件甬钟等。在这个时期所出土甬钟之多仅次于钮钟和镈钟。山西太原金胜村赵卿墓出土春秋时期的青铜镈 19 件。青铜悬乐于春秋之际折射出华夏音乐文化与科技文化的光芒。

---

① 参见河南省文物考古研究所:《淅川下寺春秋楚墓》,文物出版社 1991 年版。
② 参见固始古堆发掘组:《河南固始侯古堆一号墓发掘简报》,《文物》1981 年第 1 期。
③ 参见河南省文物考古研究所编著:《新郑——郑国祭祀遗址》,大象出版社 2006 年版,第 926 页。
④ 参见黄敬刚:《春秋时期郑国祭祀遗址与音乐文物考古研究》,《山东临沂大学学报》2017 年第 3 期。

一、春秋时期的青铜镈钟

（一）河南出土的春秋时期的青铜镈钟

河南中原地区出土春秋时期的青铜镈钟在新郑金城路、新郑城市信用社、新郑李家楼以及淅川县仓房乡下寺 M10、固始县城关镇砖瓦窑厂 M1、淅川县城南5000 米丹江口水库西岸和尚岭 M2、淅川县城南 4700 米丹江口水库西岸徐家岭M3、淅川徐家岭 M10、辉县琉璃阁甲墓等。前面综述了青铜礼器坑和乐器坑的结构形式，本节我们对乐钟的造型、钟体花纹、铭文、调音和尺寸大小作细致分析。

其一，1993 年 6 月在新郑金城路中段偏东一侧 2 号窖藏坑内出土镈钟 4 件，钮钟 2 组，共 20 件。该窖藏坑东西长 2.25 米，南北宽 1.5 米，深 0.85 米，呈长方形。附近还发现殉马坑和青铜礼器坑。这些青铜器的造型、形制和花纹则与

图九十三　河南新郑市金城路编镈 4 件（春秋中期）

1932 年在新郑李家楼郑成公墓出土的青铜器近似,均为春秋中期。前面已有详叙,在此仅以镈钟的形制、大小、纹饰和测音资料进行分述。

4 件镈钟造型、花纹基本相同,其大小依次递减。青铜镈钟呈合瓦形,钟口平齐,舞部则有凸字形钮,其两端有浮雕兽形钮,腔面铸有乳钉枚 36 个,其舞部、篆带饰有蟠虺纹,鼓间饰有蟠螭组成的象首纹。原编号 93Z Ⅱ J2∶24,通高 33.4 厘米,重 6.4 千克。93Z Ⅱ J2∶23,通高 30.4 厘米,重 4.3 千克。93Z Ⅱ J2∶22,通高 27.6 厘米,重 3.7 千克。93Z Ⅱ J2∶21,通高 26.8 厘米,重 3.2 千克。音乐性能,钟口有内唇,无音梁设置。各钟均已经过测音,在钟口内锉去一部分或锉有凹形。[①] 这组镈钟造型别致,保存完好,是经过调音就能演奏的青铜乐器。镈钟与钮钟同出,可见 24 件钟数量之多,实属罕见。

其二,1995 年 3 月在新郑城市信用社 8 号窖坑内出土 3 组 24 件编钟。前已详述,此不赘述。仅从 4 件镈钟造型、花纹、大小和测音结果进行分述。其造型别致,花纹精细,大小有序,依次递减,呈合瓦形,钟口平齐,舞上呈凸字形钮,其两端铸有兽首状,钲部铸有乳钉枚 36 个。其舞部与篆带饰有蟠螭纹,正鼓部饰有对称的蟠螭纹组成的变形象首纹。原编号 95Z Ⅱ J8∶21,通高 33.5 厘米,重 5.8 千克。95Z Ⅱ J8∶22,通高 31.1 厘米,重 4.2 千克。95Z Ⅱ J8∶23,通高 28.7 厘米,重 4.04 千克。95Z Ⅱ J26.8,通高 26.8 厘米,重 3.6 千克。音乐性能方面,这 4 件是经过调音的实用乐器,并在镈钟内进行锉磨钟口和内唇。镈钟腔内尚无音梁设置。其音质优美,编号 21,正鼓音 d¹+32,侧鼓音 f¹—24。编号 22,正鼓音 g¹—16,侧鼓音 #a¹+14。编号 23,正鼓音 d¹+6,侧鼓音 b¹+47,编号 24,正鼓音破裂,侧鼓音破裂。[②]

其三,1923 年秋在新郑李家楼曾出土 4 件特镈,甬钟 19 件。据许敬参《编钟编磬说》已有记载。现河南省博物馆藏特镈 1 件,甬钟 6 件。中国历史博物馆藏特镈 1 件,台湾国立历史博物馆藏特镈 1 件,国家博物馆藏甬钟 16 件,另外,部分镈钟去向不明。其造型呈合瓦形,镈钟舞上铸有 5 条夔龙组成的钮。在镈的正中铸有一条夔龙,并在其下有 4 夔龙卷曲盘绕与镈钟连接,形成镂空镈钮整体效果。钲间铸有螺旋状的枚,前后 12 组,每组 3 枚,共有 36 枚。其两铣中部外弧,镈钟口部平直,舞部、篆带、正鼓部饰有蟠螭纹。其通高 93.5 厘米,重 105.8 千克。[③]

---

① 参见黄翔鹏总主编:《中国音乐文物大系》(河南卷),大象出版社 1996 年版,第 94 页。
② 黄翔鹏总主编:《中国音乐文物大系》(河南卷),大象出版社 1996 年版,第 97 页。
③ 黄翔鹏总主编:《中国音乐文物大系》(河南卷),大象出版社 1996 年版,第 99 页。

其四,1997 年在河南淅川县仓房乡下寺 M10 出土鎛镈 8 件,鎛钟 9 件,石磬 13 件,鎛镈摆置在墓室的东部,从大到小依次从北向南呈一字排列。又见钟钮位置平行摆放,其水平面上呈一条南北向的彩绘痕迹,其间并绘有山字形云纹,应为钟架痕迹。下寺 M10 位于楚令尹子庚墓北部约 1000 米处。钟铭有鎛镈与鎛钟当为吕国钟,吕国在公元前 595 年(鲁定公十四年)被楚国所灭,根据考证,鎛镈与鎛钟的年代应在公元前 625 年至公元前 595 年之间的春秋中期。镈钟呈合瓦形,大小不一,依次递减,舞部比口部稍小,

图九十四　河南新郑李家楼特镈（春秋）

舞上铸有两条夔龙相对的钮。篆间铸有螺旋形枚两面共 36 个。镈钟口部近平,钟口处内壁凸起,鼓部内壁有长条状凸起的音梁并有锉磨的痕迹。其舞部与篆带饰有蟠螭纹,正鼓部饰有 4 个对称的夔龙纹。在钲部、两铣左右鼓部铸有铭文,内容相同,行款不太统一。少量钟铭有掉缺的现象。据《中国音乐大系》(河南卷)图 1·8·4c·d 铭文为:鎛择吉金,铸其訧钟,其音赢少则鸧,龢(和)平均煌,雷印若华,匕(比)者磄碻(声),至者长觥(篇)。逾奏仓仓,歌乐以喜,凡及君子父猊(兄),永保鼓之,眉寿无疆,余吕王之孙,楚成王之盟仆,男子憗(臬)余不貮(忒)才(在)天之下,余臣儿难得。铭文 79 字,其中 3 件钟铸有如上全篇铭文。其中一件小镈仅铸全篇铭文的前段印从"鎛择吉金"则至"歌乐"止,一共 36 个字。其音乐性能为,鎛镈壁薄发声较低,将这 8 件镈钟进行了测音,其调音则在

图九十五　河南淅川仓房乡下寺 M10 镈镈 8 件（春秋中期）

镈钟口内壁,音梁和两铣夹角,以锉磨法调音。淅川县仓房乡下寺 M10 为长方形,是一椁两棺,随葬品有青铜礼器、乐器、兵器、车马器和玉器等约 170 余件。

音乐考古与音乐文物研究,不仅是对所出乐器进行分析,而且更要对青铜礼器及其他文物进行综合研究,这是对社会制度和礼乐制度的分析与研究的基本方法。[①]

其五,1978 年 3 月在固始县城关镇砖瓦窑厂 M1 陪葬坑出土了郘子成周编镈 8 件,同时还出土了青铜礼器、漆木器、玉器、钮钟、木瑟、木鼓等一百余件。有两件郘子成周镈钟出土时放在该墓葬坑的东南角。从钟架腐烂的痕迹看镈钟应挂于曲尺形的梁架上,所以这两件镈钟应是悬挂于拐头的一端。这 8 件镈钟形制相同,大小不一,依次递减。镈呈合瓦形,其钮铸制成以盘绕相对三兽相连的造型。镈腔面饰有变形的蟠虺纹及枚 36 个,舞部和鼓部为蟠螭纹,其中第 1、2 号镈的唇部有锉痕和调音槽,镈内壁、舞部均有范的支钉剔凿后形成的方孔,也见方孔内残存范土。这组镈钟唯见 4 号未铸铭文,其中 7 件镈钟铭文分别在钲部、左右鼓部位,唯见镈钟铭文中的人名被铲除,现可见到镈铭 46 字:"唯正月初吉丁亥,□□择其吉金,自作龢钟,肆肆仓仓,嘉平方贲,子乐父兄,万年无期,□□参寿,其永鼓之,百岁外述以之音。"钟架虽已腐烂,但残留的梁柱痕迹可辨,其下还有木墩痕迹。木梁 2 根呈长方柱形,一长一短,两端略粗,其中间收剎,相接处如曲尺状。平整的横梁上和两侧的斜肩上阴刻云纹,又发现横梁上下和正背面涂有 8 道朱红色线,较长的横梁上涂有 6 道朱红色线,同时在短横梁上有 2 道朱红色线。可见钟梁装饰先雕后髹黑漆、再绘制朱红色线。3 根

[①]　参见黄翔鹏总主编:《中国音乐文物大系》(河南卷),大象出版社 1996 年版,第 100 页;河南省文物研究所等:《淅川下寺春秋楚墓》,文物出版社 1991 年版。

244

图九十六　河南固始县城关镇砖瓦窑厂 M1 鄱子成周编镈 8 件（春秋晚期）

支柱为方形,其两端较大,中部收杀,四面以浮雕兽面为饰。另有 3 个柱墩皆为圆形,直径则在 33.0 厘米,只见中间凿一长宽各 5.1 厘米的方孔直通至底部,其表面浮雕兽面纹和云纹图案。这 8 件镈钟是经过调音为实际使用的乐器。镈钟调音部位则在钟口内唇及音梁处,可见第 1、2 镈口内唇锉磨近平。经过测音其音乐性能良好。[①]

其六,1990 年 3 月在淅川县城南 5000 米丹江口水库西岸和尚岭 M2 出土佣子受编镈 8 件,其时代为春秋晚期。长方形土坑竖穴木椁墓出土青铜器有鼎、壶、敦、簠、西、编钟和石磬等,这 8 件镈钟和 2 组钮钟均摆放在椁室的东南部,以其编钟摆放位置则形成曲尺形。因钟梁痕迹依稀可见,不难看出镈钟与钮钟下葬时应悬挂在钟架上。即上层悬挂钮钟,下层悬挂镈钟,均为传统悬挂编钟形式,与淅川 M10 钟𪔂悬钟形式相同。根据该墓钟铭推断其年代则在楚惠王

---

① 黄翔鹏总主编:《中国音乐文物大系》(河南卷),大象出版社 1996 年版,第 102 页;固始侯古堆一号墓发掘组:《固始侯古堆一号墓的发掘》,《文物》1981 年第 1 期。

图九十七　河南淅川县和尚岭䣄子受编镈 8 件（春秋晚期）

十四年（公元前 475 年）。这 8 件镈钟唯见 M2 : 53 号钟的鼓部破裂，剩下 7 件均保存完好。镈钟造型、形制、花纹相同，其大小不一，依次递减，呈合瓦形。舞上有夔龙组成的钮，钟上枚 36 个，镈口近平，也见钟内壁有长方形范支孔，鼓内壁也见有呈长条音梁。镈钟舞部饰有蟠虺纹，篆带饰有三角纹和夔纹，正鼓部饰有蟠龙纹。在镈钟钲部和左右鼓部铸制有铭文。这组镈钟前面 4 件均在钟上铸有全铭，后面 4 件则以 2 件镈钟合铸全铭。铭文 27 字："唯十又四年叁月惟戊申亡牧昧暞䣄子受作□彝歌钟其永配厥休。"此外，在考古发掘报告资料中发现，镈钟上有用于悬挂的铜钩和插销。[①] 这批青铜镈钟是从春秋晚期的墓葬出土，不仅出土了大批青铜乐器，而且出土了一批青铜礼器，以及镈钟铭文有确切年代记事，青铜礼器等都对该墓年代的考证提供了宝贵资料，这对春秋时期礼乐制度和社会政治制度的研究提供了可信的实物资料，对音乐史研究和音乐考古有重要的参考价值。

---

① 　参见黄翔鹏总主编：《中国音乐文物大系》（河南卷），大象出版社 1996 年版，第 104 页；河南省文物研究所等：《淅川和尚岭春秋楚墓的发掘》，《华夏考古》1992 年第 3 期。

图九十八　河南淅川县徐家岭 M3 编镈 8 件（春秋晚期）

图九十九　河南淅川徐家岭 M10 编镈（春秋晚期）

其七,1990 年在淅川县城南 4700 米丹江口水库西岸徐家岭 M3 中出土 8 件编镈。方形土坑竖穴木椁墓,其中出土青铜器有鼎、壶、簠、敦和编钟,兵器有剑、戈、矛和车饰等。这批乐器放置在椁室的东南部,从残存痕迹看应有钟架。根据该墓所出青铜器断代为春秋晚期。其保存完整,形制、花纹相同,大小不一,依次递减,呈合瓦形,体形较长,作夔龙形钮,在镈面可见螺旋状枚 36 个。镈饰有夔纹、蟠龙纹,镈口较平。这组编镈测音结果,见其中 5 件有调音锉磨痕迹,可见该镈鼓部内唇和两铣夹角有调音锉磨痕迹,均呈弧形凹槽,即钟均可发出两个基音。这批编镈数量之多,保存完好,造型别致,通体饰有花纹,尤其以有线刻夔龙形成的钮极为壮观,值得音乐文物考古与音乐史研究者高度重视。因其为墓葬随葬的礼、乐器,均有可靠的断代依据,并随葬有兵器和车马器,可见墓主人身份地位不低,为研究春秋时期周、楚关系和礼乐制度提供了十分宝贵的资料。①

其八,1991 年在淅川县城南 4700 米丹江口水库西岸徐家岭 M10 出土编镈8 件。甲字形长方土坑木椁墓出土青铜器有鼎、壶、簠、敦、钮、钟、豆、簋、剑、戈、矛、镞及其车饰件等。乐器镈放置于椁室东南部,仅见悬挂乐器木梁已腐朽。从所出青铜礼乐器特点判断为春秋晚期。这 8 件青铜镈形制、花纹相同,大小不一,依次递减,均呈合瓦形。以两龙组合成挂钮。钟口平齐,舞面饰有夔纹,镈上各部位分别饰有绚纹、浮雕纹、蟠龙纹和螺纹状枚 36 个。其中两镈稍破,其余镈钟均保存完好。钟口有锉磨痕迹,显然为调音所致。经过测音其音质良好,仍可供演奏乐曲。淅川县丹口江附近,所见淅川县所出春秋晚期的礼、乐器,不仅数量之多,保存之完好,而且青铜器以悬乐编镈为主,实为罕见。从总体来看,值得音乐文物考古工作者对这一地区考古发现和音乐文化、礼乐制度、社会政治思想予以深入研究。②

图一〇〇　河南辉县琉璃阁甲墓特镈(春秋晚期)

①　黄翔鹏总主编:《中国音乐文物大系》(河南卷),大象出版社 1996 年版,第 105 页。
②　黄翔鹏总主编:《中国音乐文物大系》(河南卷),大象出版社 1996 年版,第 106 页。

其九，1936 年 10 月在辉县琉璃阁甲墓中出土春秋晚期特镈 4 件，镈钟 9 件。辉县在西周时为共国之地，春秋时归于卫国，至战国时期属于魏国。从 20 世纪 30 年代开始在这一地区不断发现古代墓葬，出土文物非常丰富。该墓由河南省博物馆主持发掘，出土的随葬品如鼎、簋、鬲、簠、豆、兵器、玉器等数百件。青铜乐器特镈 4 件，镈钟 9 件，甬钟 8 件，钮钟 9 件，编磬（石）11 件。在抗日战争结束后，该墓所出青铜器被分散各地收藏。仅见河南省藏有特镈 1 件，编镈 8 件，甬钟 1 件。特镈呈合瓦形，保存完好。体型硕大，其上有龙形钮。镈钟有螺旋状枚 36 个，口部平齐，器身饰有蟠螭纹。经测音乐性能良好。腔内有调音痕迹和锉成圆弧形的凹槽。

该墓所出土的 8 件镈（原为 9 件，按其尺寸大小测定应缺少 6 号镈）形制、花纹相同，大小不一，依次递减。1、4 号镈钟钮略残，2 号镈有破裂。其余诸镈保存完好。镈形呈合瓦状，略异于特镈。有螺旋状枚 36 个。[①] 辉县琉璃阁甲墓所出青铜礼器、乐器极为丰富，彰显了春秋晚期诸侯僭越周礼，奢靡之风盛行一时的情形。诸子百家争鸣时期，礼崩乐坏，诸侯之间打破周礼陈规的限制，这批乐器对于音乐考古和音乐史研究来说是最可信的形象实物资料。

（二）山西出土的春秋时期的青铜镈钟

山西春秋时期音乐文物先后在侯马、太原两地出土一批青铜镈钟，其保存完好，形制、花纹及造型颇具特点，明显与河南诸地出土的镈钟有别。

其一，山西侯马地区自 1959 年 4 月曾发现东周墓葬区，在 1963 年至 1987 年则由山西省考古研究所先后主持 14 次发掘工作，发掘墓葬 1373 座，马坑 3 座，车马坑 3 座，牛坑 1 座。其中有早到新石器时代古文化遗址、周代文化遗址、战

图一○一　山西侯马市上马 M1004 编镈 9 件（东周）

---

① 参见黄翔鹏总主编：《中国音乐文物大系》（河南卷），大象出版社 1996 年版，第 107 页；郭宝钧：《山彪镇与琉璃阁》，科学出版社 1959 年版；郭宝钧：《商周铜器群综合研究》，文物出版社 1981 年版。

国文化遗址和汉代文化遗址,历史悠久,传承历史文化数千年,出土的青铜器有编钟、编镈等。悬乐还有石质乐器编磬。这些出土音乐文物与春秋时期晋国历史文化关系甚密。从 M13、M1004、M5218 中所出土悬乐钟磬计 61 件,分别为镈钟 22 件,钮钟 9 件,编磬 30 件,可谓地下乐宫。仅以 M1004 出土编镈 1 套9 件,编磬 1 组 10 件。从墓葬随葬乐器的习俗看,镈钟放置于棺椁的南部,随葬品青铜礼器有鼎、豆、盘、舟等,还有骨器、漆器、玉器等,放置于棺椁的北部。镈钟见里面 1、2、4 号残损,其余均保存完好。钮为龙形,镈两面共有乳状枚 36个。其于口平齐,形制、花纹精美。从测音情况看,这批镈钟应为调音后的实用乐器。①

其二,在 20 世纪 60 年代发掘的侯马上马墓,其中 M5218 出土春秋晚期镈钟 13 件,同时出土悬乐编磬一组 10 件,出土时编镈和编磬均摆放在椁室的西部。还出土了一批青铜礼器、骨器、玉器、兵器、陶器等。这批编镈均为明器,因破损未测音。共出两组计 13 件。第一组为 4 件,第二组 9 件。因系明器,体小尚无实用的功能,纯受葬俗葬礼与民俗思想的影响。②

其三,1988 年 5 月在太原南郊金胜村春秋晚期晋国赵卿墓出土编镈 19 件。附葬大型车马坑。该墓为大型土圹木椁墓,随葬青铜礼、乐器,礼器有鼎、豆、壶、鬲、鉴、盘、灶、舟等 99 件,悬乐器编镈 19 件和石磬 13 件。礼玉石器有璧、瑗、环、珠、璋等 540 余件。这组镈钟除 2、6 号钟残破已经焊接复原,但不能发音以外,1、5、10、12、13 号钟较为完好,发音仍存喑哑,当有内损。可分为两类即

图一〇二　山西太原赵卿墓编镈（春秋）

① 参见王子初总主编:《中国音乐文物大系》(山西卷),大象出版社 2000 年版,第 58 页;山西考古研究所:《上马墓地》,文物出版社 1994 年版。
② 参见王子初总主编:《中国音乐文物大系》(山西卷),大象出版社 2000 年版,第 59 页;黄翔鹏:《侯马钟声与山西古调》,《并州文化》总第 23 期;山西省文物管理委员会侯马工作站:《山西侯马上马村东周墓葬》,《考古》1963 年第 5 期;山西省考古研究所:《上马墓地》,文物出版社 1994 年版。

二式：Ⅰ式5件，其形制、纹饰基本相同，大小不一，依次递减成列，饰有夔龙凤纹。镈钟呈合瓦形，其中部略鼓，钟口平齐，钟钮呈对称的飞虎形，两虎张口昂首，小龙相互缠绕撕咬，弓身卷尾，身饰鳞纹、云雷纹和重环纹。钟饰有蟠龙纹带、夔凤纹等，篆带上下和两篆间共有枚36个。其鼓面饰有夔龙凤纹、鳞纹、瓦纹、三角回纹等，钟内见有调音和音槽等。Ⅱ式蟠虺纹钮镈组合成一套编镈。钟呈合瓦形，中部略鼓，钟口平齐。其钮以飞虎相互对峙，口衔蟠龙，饰有鳞纹、云纹、羽纹等，舞、篆、鼓面均饰以蟠虺纹。镈腔内也以内唇和音脊作为调音。[①]

其四，1959年10月至1961年在山西长治分水岭25号墓出土春秋晚期镈钟4件。该墓为积石积炭的大型木椁竖穴墓，出土青铜器有鼎、豆、壶、敦、鬲、舟等，青铜乐器有编镈、钮钟、甬钟和石磬，还出土有礼玉器玉环等。悬乐编镈一组4件，其钮以双龙相对造型，口衔蟠螭，钟呈合瓦形，镈钟于口平齐，器面饰有蟠螭纹。[②]

春秋时期秦地的青铜镈发现甚少，1978年1月在陕西宝鸡杨家沟太公庙窖藏所出春秋早期秦公镈3件，同时出土的文物有秦公钟5件和钟钩、镈钩等。这组青铜镈保存完整，形制、花纹和铭文完全相同，仅见铭文行款略有不同。铭文铸制在镈钟的鼓部，即每一件镈钟铭文单独成篇，其内容则与秦公钟相同。其造型别致，呈椭方形，为鼓腹平口，唇上有宽4.5厘米的缺口4个。镈钟钮两侧以飞龙构成（9条龙），中脊以飞龙（5条龙）和一只凤鸟组成，尽现精美绝伦之感。镈体各部位分别作有龙凤纹、蝉纹、窃曲纹、菱形纹和弦纹等。秦公镈是春秋早期的悬乐之一，其造型精美无比，钮、脊以龙凤呈祥构制，展示出春秋早期秦地青铜铸造工艺和水平。尤其在该悬乐镈钟上铸制有诸多铭文，为音乐考古和音乐史研究提供了宝贵资料。[③]

（三）山东出土的春秋时期的青铜镈钟

山东地区先后在烟台、临沂、青岛等地出土一批音乐文物。

其一，1978年2月在海阳县盘石店镇嘴子前村M1出土春秋青铜镈2件。该村东面约50米处的"养军场"台地上有东周古墓群，其中1号土坑竖穴木椁墓出土有鼎、豆、壶、盆、盘、器盖、戈、削、铜饰、灰陶豆和编镈。这组悬乐器造

① 参见王子初总主编：《中国音乐文物大系》（山西卷），大象出版社2000年版，第59页；山西考古研究所：《上马墓地》，文物出版社1994年版。
② 参见王子初总主编：《中国音乐文物大系》（山西卷），大象出版社2000年版，第62页。
③ 参见黄翔鹏总主编：《中国音乐文物大系》（陕西卷），大象出版社1996年版，第104页。

图一〇三　山东海阳嘴子前村 M1 编镈 2 件（春秋）

型别致，保存完好，饰纹清晰可见。两器大小相次。铣棱略呈弧形，于口稍敛，平舞上方环形钮，与其他地所出镈钮从简。镈体两面有圆涡状的枚 36 个。①

其二，1983 年在临沂市相公乡王家黑墩凤凰岭春秋时期墓葬中出土青铜镈 9 件，编钟 9 件，铎 1 件。其中编镈放置于墓坑西南角，以小镈套放于大镈内。第一组镈 4 件形制相同，大小不一，呈扁椭圆形，为桥形钮，钟口平齐，为螺旋乳钉状枚。其钲间篆带鼓部、舞部、顶部均饰蟠螭纹，钮饰谷粒状点纹。腔内不见调音和锉痕。第二组镈 5 件，其形制相同，大小不一，依次递减，器呈扁椭圆形，有桥形素面钮。钟口平齐，为柱形纹，见其钲间篆带鼓部、舞顶部均饰蟠螭纹。②

其三，1950 年收集现藏山东省博物馆青铜凤纹镈 1 件。造型别致，保存完好。呈墨绿色，为合瓦形镈，平舞直铣，钮以凤鸟造型，其舞上饰有蟠龙纹，钟面以圆界栏，并有涡形乳钉形枚 36 个。钟口平直，各部位分别饰有凤纹。内侧有凸唇，

---

① 王子初总主编：《中国音乐文物大系》（山东卷），大象出版社 2010 年版，第 39 页；滕鸿儒、王洪明：《山东海阳嘴子前村春秋墓出土铜器》，《文物》1985 年第 3 期。

② 参见王子初总主编：《中国音乐文物大系》（山东卷），大象出版社 2010 年版，第 40 页；山东兖州铁石路文物考古工作队：《临沂凤凰岭东周墓》，齐鲁书社 1988 年版。

钟腔内壁有凸起的音脊,又见近舞处有4个长方形小铸孔。镈钲间铸制铭文3行,可能为后刻铭文。此镈未测音。①

其四,1973年在烟台牟平市埠西头乡矫家长治村桥下河套中出土春秋时期青铜镈1件,保存较为完好,腔体修长而胎壁薄。钟口平齐,并有圆乳钉形枚36个。钟腔无音槽。

其五,临沂市博物馆收藏春秋时期青铜镈1件。该镈通体呈绿锈,保存完好,造型别致,平舞平于,其舞面有环形钮,腔面以阴线框隔枚和篆区,正、反面有乳钉枚36个,钟面饰有夔纹和象首纹。未测音②。

其六,1975年在山东莒南县大店镇老龙腰发掘的春秋时期M1中,出土2件青铜镈。这是两座春秋时期墓葬,墓葬中有10个木棺,其内均有殉葬者。随葬品则见鼎、敦、壶、罐、车马器和乐器。墓主人身份地位较高,不仅随葬礼、乐器,而且殉葬者甚多。这2件镈造型别致,保存完好,铜胎质地优良,器呈合瓦形,平舞平于。舞面有筒式半圆弧环形钮。其腔面以圆梗式阳线隔框

图一〇四　山东莒南县老龙腰 M1 镈（春秋）

①　参见王子初总主编:《中国音乐文物大系》(山东卷),大象出版社2010年版,第41页。
②　参见王子初总主编:《中国音乐文物大系》(山东卷),大象出版社2010年版,第42页。

隔枚篆区。各部位分饰夔龙纹。枚呈柱状。[①]

其七，1978 年在山东沂水刘家店子春秋墓出土青铜镈钟 6 件。该墓随葬品均放置在椁室北室。同出有编钟、镈于、钲、石磬和青铜礼器兵器等。这组编镈中有 4 件保存完好，2 件钮残。通体绿黄色锈覆盖。造型别致，形制相同，大小不一，器呈合瓦形，横断面略近椭圆形。平舞平于，有乳钉枚和扁环形素钮。钟钲间饰有夔纹。[②]

其八，1982 年在滕州姜屯镇庄里西村春秋晚期墓葬中出土编镈 4 件，钮钟一组 9 件，编磬一套 13 件，还有青铜礼器和玉器等。这组镈钟 1 件破裂且钮残，其余均保存完好。腔体厚实，大小相次，平舞平于，钮以双龙吞蛇造型，以显精美，其舞间、篆间饰龙纹和兽面纹，钟腔内各有芯撑持铸孔 2—3 个。镈钟钲间、右铣铸有铭文：

> 隹正孟岁十月庚午
> 曰古朕皇
> 祖悼公严龚天命哀
> 命鳏寡用克肇谨祱
> 王明祀朕
> 吝考懿叔亦师型法
> 则公正德卑作司
> 马于滕还还
> 崴非敢戕禵槑作宗
> 彝用享于皇祖文考
> 用祈吉休
> 酖槑子＝孙＝万年是保。

其九，山东省文物管理委员会于 1953 年征集春秋时期青铜镈，现藏山东省

① 参见王子初总主编：《中国音乐文物大系》（山东卷），大象出版社 2010 年版，第 45 页；山东省文物考古研究所、沂水县文物管理站：《沂水刘家店子春秋墓发掘简报》，《文物》1984 年第 9 期；罗勋章：《刘家店子春秋墓琐考》，《文物》1984 年第 9 期。

② 参见王子初总主编：《中国音乐文物大系》（山东卷），大象出版社 2010 年版，第 45 页；山东省文物考古研究所、沂水县文物管理站：《沂水刘家店子春秋墓发掘简报》，《文物》1984 年第 9 期；罗勋章：《刘家店子春秋墓琐考》，《文物》1984 年第 9 期。

博物馆。器形保存完好，胎壁薄腔体长，平舞平于，钮以透空蟠螭纹造型。见其腔面有圆梗界隔枚、篆、鼓区，为圆形乳钉状枚，器身少纹饰，腔内无调音痕迹。未测音。[1]

其十，青岛市博物馆收藏春秋晚期的青铜镈1件，通高49.5厘米。器物保存完好，镈胎厚重，腔内铸范芯衬遗孔。兽形环钮，平舞平于。螺旋形枚36个。其舞、篆、鼓音均带蟠螭纹、夔龙纹。其一面钲部及左鼓均有铭文，仿自西周克钟。音乐性能，口内沿有锉磨调音痕迹。[2]

（四）上海、江苏出土的春秋时期的青铜镈

上海博物馆所藏的青铜镈尚不清楚出土地点，但其乐器保存较为完整，可以测音和考证其器物特点，加上部分乐器有铭文，可为音乐文物考古和音乐史研究提供十分宝贵的资料。

其一，上海博物馆藏春秋早期蟠龙纹青铜镈1件。镈保存完好，制作精美，器壁厚实，以双龙相背为钮。平于平舞，可见铣棱近舞部内敛，内唇较宽，腔内壁接近舞部和舞底正中有5块长方形浅槽，有内范芯撑遗痕。其舞部饰有4组蟠龙纹，龙头较小而躯体复杂，篆、鼓饰有斜角形的双头龙纹，为蟠龙形枚，鼓部则见相背式的回顾龙，器通高30厘米，重9.05千克。钟内有音梁，长约8厘米，宽约3.5厘米。测音结果，音质优良。[3]

其二，上海博物馆藏春秋晚期沇儿镈钟1件。该镈出于湖北荆州，其钮残缺，钟胎甚薄，平舞平于，见有内唇铣棱。舞、篆饰以蟠龙纹、三角纹蟠龙纹，为螺旋形枚。其鼓间饰对称式八龙交缠纹，龙身则以八条线和云纹为饰，纹饰显得精致华丽。铭文则分布在两面钲和左、右两鼓间，共17行80字：

隹（惟）正月初吉丁

亥，邾（徐）王庚之愚（淑）

子沇兒，择其吉

金，自乍（作）龢

钟，中（终）翰虡（且）

龢，元鸣孔

---

① 参见王子初总主编：《中国音乐文物大系》（山东卷），大象出版社2010年版，第51页。
② 参见王子初总主编：《中国音乐文物大系》（山东卷），大象出版社2010年版，第51页。
③ 参见黄翔鹏总主编：《中国音乐文物大系》（上海卷），大象出版社1996年版，第87页。

图一〇五　上海博物馆收藏蟠龙纹镈（春秋早期）

皇。孔喜元

成，用盘歔（饮）

酉（酒），餯

遣（会）百生（姓），思（淑）于威

义（仪），惠于明祀，歔（吾）

㠯（以）匽㠯（以）喜，㠯（以）乐

嘉宾，及我

父睥（兄）庶士。

皇皇趣趣，眉寿

无朞（期），子孙

永保鼓之。①

该镈钟铭文即：徐王庚（儿）之子沇儿，采用华贵的金属做成和钟，其钟声悠扬
悦耳则适用于宴会，故以娱乐嘉宾及父兄庶士们专用与享乐。钟内腔可见调音
锉磨痕迹，其鼓内有音梁4条，与唇相接。测音结果，音质不佳。该钟不仅形制、
花纹精美，而且铸有精细的铭文，以华丽的文辞叙述悠扬悦耳的乐音，对研究春

图一〇六　上海博物馆收藏 3181 蟠龙纹镈（春秋晚期）

① 参见黄翔鹏总主编：《中国音乐文物大系》（上海卷），大象出版社 1996 年版，第 88 页。

秋时期礼乐制度和社会习俗提供了宝贵资料①。

其三,上海博物馆收藏 3181 春秋晚期蟠龙纹青铜镈 1 件,器物造型别致,铸造精美,保存完好。镈钮以龙凤造型,构图严谨,花纹繁复精细,平舞平于,钟内无唇。舞、篆、鼓等部位饰有精细蟠龙纹、重环纹和雷纹,为泡形枚。钟壁厚实,腔壁内有陶范芯撑凹痕迹。②

江苏地区先后在六合程桥镇、邳州九女墩、丹徒县大港北山顶等地收藏或出土青铜镈钟较多。

其一,1968 年在六合程桥镇东陈岗坡 2 号墓出土春秋晚期青铜镈钟 5 件。经考古发掘的同时出土有青铜器鼎、剑、矛、戈等器物和残陶器约 50 余件。其中 5 件青铜镈造型别致,铸制有失精细,内腔则有大量砂眼,于口则见大多缺肉现象,器表纹饰精美,修磨光洁,钮以镂空花龙纹以显富丽。钟各部饰有蟠螭纹和螺旋纹。这组镈钟大小不一。

其二,1993 年 12 月在邳州市戴庄乡梁王城旁九女墩 M3 出土春秋晚期编镈 6 件。该墓同出有甬钟一组 4 件,钮钟一组 9 件,编磬一套 13 件,柠头 1 个。这组青铜镈 1、4、5、6 号保存完好,2、3 号镈已残破。其造型别致,花纹相同,大小不一,共上有扁形钮,则以龙蛇纠结而成。平舞平于,以直铣棱,纹饰华丽精细,与甬钟花纹相同。阳线框隔枚区,以螺旋状枚。篆、舞、鼓各部位分别饰蟠虺纹、蟠螭纹、云纹、枌纹、三角纹等。音乐性能,镈内铸有内唇,唇上有调音锉磨痕迹,其中 2 号镈内唇也存有锉痕,4 号镈内也存有调音锉痕。由此可见,这组编镈应有实际使用演奏的痕迹。③

其三,1984 年在丹徒县大港北山春秋晚期吴国贵族墓出土遾邘编镈 5 件。该墓同出钮钟一组 7 件,镎于一套 3 件,丁宁 1 件,编磬一套 12 件。悬鼓环、石柠头各 1 件。此次出土编镈、编钮均为徐国器,"遾邘"即徐国最后一个主章羽。由此推断该墓主可能为吴王余昧。镈钟造型别致,质地精良,大小不一,为空花通透扁钮,则由 2 条夔龙和 6 条小龙纠结而成,两夔龙张口相对,口衔衡杆,身饰有重鳞纹。舞平于平,器呈合瓦形。枚作泡状蟠龙形,钟上各部位分别饰蟠

---

① 参见黄翔鹏总主编:《中国音乐文物大系》(江苏卷),大象出版社 1996 年版,第 88 页;马承源:《商周青铜器铭文选》,文物出版社 1988 年版,第 573 页。

② 参见黄翔鹏总主编:《中国音乐文物大系》(江苏卷),大象出版社 1996 年版,第 89 页;马承源:《商周青铜器铭文选》,文物出版社 1988 年版,第 573 页。

③ 参见黄翔鹏总主编:《中国音乐文物大系》(江苏卷),大象出版社 1996 年版,第 176 页;马承源:《商周青铜器铭文选》,文物出版社 1988 年版,第 573 页。

螭纹、绳索纹、龙纹等。夔一面左右鼓和钲间铸制铭文 72 字。整篇铭文有 4 个重文或有缺字：

唯王正月初吉丁亥。舍（徐）王之孙**夠**

楚**獣**之子**遷**

邜择**厹**吉金

乍铸和　　　　　　　　（右鼓）

钟台享于我先祖余

镬镠是择允唯　　　　　　（钲间）

吉金乍铸

和钟我台**题**（夏）

台南中鸣娸好

我台乐我心它

＝巳＝子＝孙＝兼

保用之（左鼓）[1]。

这组编镈造型别致，花纹精细，铸造精良，因其残损故不能正常发音，但从 3、4 号镈测音可知此编镈应为用于实际演奏的悬乐器。其上铸有精美流畅的文字，清清楚楚地记载了当时所发生的生活故事。春秋时期，吴越争霸，诸侯割据，礼乐制度仍在诸侯间延用，只是诸侯之王也享用起钟

图一〇七　江苏南京丹徒大港北山吴国贵族墓**造邜**编钟
（春秋晚期）

① 参见黄翔鹏总主编：《中国音乐文物大系》（江苏卷），大象出版社 1996 年版，第 180 页；江苏省丹徒考古队：《江苏丹徒北山顶春秋墓发掘报告》，《东南文化》1988 年第 3、4 期合刊。

鸣鼎食之禄,而无周天子再去管控了。江苏出土的音乐文物,尤其到了春秋时期的悬乐编镈也走向衰落,相比之下在吴越之地,青铜镈钟也随之销声匿迹,所能见到的编镈在很多地区逐渐被甬钟、钮钟所取代。

（五）北京收藏或出土的春秋时期的青铜镈

北京的中国历史博物馆、故宫博物院共收藏青铜镈4件。

其一,1959年故宫博物院拨交给中国历史博物馆青铜镈1件。该镈呈椭圆形。于平舞平。舞面之上铸制6兽相对盘叠形成透雕扁钮。镈身两面铸造有圆涡乳头状的枚36个。器身各饰有蟠螭纹。镈唯见一面有2行铭文共10字。考证后则认为是后刻文字。因该镈破裂未测音。①

其二,中国历史博物馆收藏青铜镈1件。1870年在山西荣河后土祠出土。

该镈铭文记载（其大意）:

"鮁的祖先齐国名臣鲍叔和又成有功于齐,鮁作此宝镈勉励自己,在祭祀其母仲姜时使用,并为他自己和子孙后代祈福。此镈旧称齐侯镈,又名子仲姜镈。"②

铭文为:"唯五月初吉丁亥,齐辟鬠叔之孙,逨仲之子鮁作子仲姜宝镈。用祈侯氏永命万年,鮁保其身。用享用孝,于皇祖圣叔皇妣圣姜,于皇祖又成惠叔,皇妣又成惠姜,皇考逨仲,皇母。用祈寿老毋死,保虞兄弟。用求万（考）命弥生,蕳（肃肃）

图一〇八　中国历史博物馆鮁镈（春秋晚期）

① 参见黄翔鹏总主编:《中国音乐文物大系》（北京卷）,大象出版社1996年版,第61页。

② 参见黄翔鹏总主编:《中国音乐文物大系》（北京卷）,大象出版社1996年版,第63页。

义政，保虞子姓。鞄叔又成褮于齐邦。侯氏锡之邑，二百又九十九邑，与䢼之民人都鄙。侯氏从造（告）之曰，‘枼万至於辝（台）孙子，勿或俞改’。鞄子䋣（給）曰：‘余弥心畏忌，余四事是台，余为大攻厄，大事，大逿（徒），大宰，是辝可使。’子子孙孙永保用享。”以上铭文从右栾、右鼓、钲间、左鼓到左栾共有172字。镈铸有扁形钮，以双龙、双凤形成缕空状，构制精美。于平舞平，造型近似桶状，略呈椭圆形。两面共有36枚，枚呈圆涡状的乳头纹。在舞部、篆间和鼓部饰有蟠虺纹，饰纹间并有凸起的浮雕纹，形若波浪卷起的浪花，若隐若现，尽显精美。未见测音资料①。

图一〇九　故宫博物院收藏双鸟钮镈（春秋）

其三，故宫博物馆收藏双鸟钮镈1件。该镈为传世品，镈造型精致，形体较大，以双鸟相背形成对称钮，器体有36件由螭盘成的枚。见舞面、篆间均饰有蟠螭纹。因镈破裂未测音。②

其四，故宫博物院收藏能原镈2件（其中一件现藏台湾“中央博物院”）。该镈有残裂纹和损缺，经修复现完好。器呈椭圆形，于平舞平，钟两面共有螺形短枚36件。以双兽相对形成镂空钮。见于舞、篆、遂间均饰蟠虺纹，在两部钲部

① 参见黄翔鹏总主编：《中国音乐文物大系》（北京卷），大象出版社1996年版，第63页；中国社会科学院考古研究所：《殷周金文集成》一，中华书局1984年版，图271；容庚：《商周彝器通考》，哈佛燕京学社1941年版，附图969；郭沫若：《两周金文大系图录考释》，科学出版社1957年版。

② 黄翔鹏总主编：《中国音乐文物大系》（北京卷），大象出版社1996年版，第64页。

和左右鼓均铸有 48 字铭文,文字古奇,释者甚少,文字特点有越国之风。①

（六）湖南地区收藏或出土的春秋时期的青铜镈

湖南地区商代镈钟具全国之首,到了春秋时期所见甚少。

其一,湖南博物馆收藏虎钮镈 1 件。该镈为合瓦形,于平舞平,以双虎为钮,钟面钲、枚、鼓各部位分别饰有绳索纹、细点纹、蟠螭纹、S 形云纹和三角形纹。镈钟两面有螺形枚 36 个。音乐性能即音哑。②

其二,湖南省博物馆收藏兽纹镈 1 件。该镈保存较好,钟身略长,近椭圆形,于平舞平,尚见舞部中间有透穿的小圆孔。舞上有双龙反首对称的钮,原残经修复。钟两面有 36 个乳形枚,其上饰有细点纹。钟下部饰有三角纹和蜷曲小兽图像等。③

图一一〇　湖南省博物馆收藏虎钮镈（春秋）

其三,湖南省博物馆收藏云纹镈 1 件。于平舞平,舞上有双龙造型的钮,其上饰有陶纹、云纹和细点纹。在舞、篆、枚间饰有云纹,钟面还有卷云纹、三角纹和细点纹。通高 23.8 厘米。④

其四,1979 年 9 月在湖南衡南县鸡笼镇对江组出土春秋晚期青铜镈 2 件。镈钟保存完好,2 件造型相近,呈合瓦形,于平舞平,舞上有 2 条龙相

---

① 黄翔鹏总主编:《中国音乐文物大系》（北京卷）,大象出版社 1996 年版,第 64 页;中国社会科学研究所:《殷周金文集成》一,中华书局 1984 年版,图 156。
② 参见王子初总主编:《中国音乐文物大系》（湖南卷）,大象出版社 2006 年版,第 60 页。
③ 参见王子初总主编:《中国音乐文物大系》（湖南卷）,大象出版社 2006 年版,第 60 页。
④ 参见王子初总主编:《中国音乐文物大系》（湖南卷）,大象出版社 2006 年版,第 61 页。

图一一一　湖南衡南县鸡笼镇对江镈 2 件（春秋晚期）

对形成的钮,器身呈梯形,两面有 36 个圆泡形乳钉枚。钟腔内有调音锉磨痕迹,钟体、钮、篆间饰有蟠螭纹。该钟为坑内出土,2 件套放埋藏。其音乐性能发音效果不佳。[①]

　　西周时期镈钟在南方青铜乐器中盛行一时,到了春秋时代则凤毛麟角,唯以中原地区河南考古发现甚多,出土青铜乐器的数量较多,质量较优,数量较多,山西、陕西诸省春秋时期窖藏、墓葬中多有出土。其礼器与乐器伴出,对断定乐器的使用者、享用者的时代和身份地位判断比较准确,一些乐钟不仅铸造工艺精湛,而且保存完好,钟腔内多有调音与锉磨痕迹,尚能测出优质的音乐性能。另外,较多镈钟上铸有铭文且字数颇多,对研究春秋时期礼乐制度和社会政治制度有着重要的参考价值。

二、春秋时期的青铜甬钟

　　春秋时期音乐文物悬乐中,除了镈钟之外还有甬钟和钮钟。青铜甬钟则是

---

① 参见王子初总主编:《中国音乐文物大系》(湖南卷),大象出版社 2006 年版,第 63 页。

青铜乐钟用制成编的重要组合之一。甬钟组合有 8 件成编的。从西周晚期周人把南方镈钟用于乐悬之列，以 3 件成编并与甬钟组成编合编钟。为显高贵则把镈、甬钟组合成列，以彰显礼遇规格。故此在春秋时期的镈钟数量之多，多在中原地区和山西、陕西等地出现，大部分地区镈钟已走向没落时期，但甬钟和钮钟则成为悬乐中的主要成分。诸如春秋中期的甬钟如河南新郑李家楼编甬钟、河南平顶山市叶县甬钟、沂水刘家店子 M1 蟠凤纹甬钟，这些编组的甬钟为明器，另有山西长治分水岭 M269 甬钟、长清仙人台 M6 甬钟、东海庙墩甬钟等。

（一）河南收藏或出土的春秋时期的甬钟

河南中原地区先后在三门峡上村岭虢国墓地北区 M2001、新郑李家楼、淅川县仓房公社下寺 M2 等墓葬中出土大批甬钟。

其一，1990 年在三门峡上村岭虢国墓地 M2001 出土甬钟 8 件。这是一座大型长方竖穴土坑墓，为重棺单椁。随葬品中有青铜礼器、乐器、车马器、兵器、金器等。乐器编钟甬钟有 8 件和编磬 10 件、铜钲 1 件。礼器中列鼎 7、簋 6、鬲 8、盨 4、壶 4 件，同时还有盘、盉、甗、彝、尊、爵、觯和玉器等，共出土 3200 余件珍贵文物。从墓中所出礼器和乐器所铸铭文看，虢国原处于陕西宝鸡、扶风一带，后迁河南三门峡一带。晋国约在公元前 655 年灭掉了虢国。这为研究春秋时期诸侯争霸和礼乐制度提供了可信的实物资料。甬钟一组 8 件，大小不一，依次递减，其中以 2、3 号钟形体相差无几，4、5 号钟大、小约在 10 厘米。6、7 号钟相差略大。M2001：48 为最大者，通高 60.5 厘米，甬呈圆柱形，上细下略粗，有旋有斡，钲两侧各有 3 排 9 个柱状枚。篆、鼓部分别饰有窃曲纹、象首纹，1—4 号钟均铸有全铭 53 字："虢季作为协钟，其音徵雔，用义其家，用与其邦……"5—8 钟钲部铸有"虢季作宝"等铭文。其音乐

图一一二　河南三门峡上村岭虢国墓虢季编钟 8 件（春秋早期）

情能则是见这 8 件甬钟都有调音和锉磨成沟槽状行装痕迹。1 号钟正鼓音破裂,侧鼓音破裂。①

其二,1923 年在新郑李家楼出土甬钟 19 件(特镈 4 件),河南省博物馆藏 6 件(还有特镈 1 件)。这组编钟保存完好,唯见锈蚀严重,部分钟枚残缺,即 4 件衡面残破不全。6 件钟的造型、纹饰不完全相同,大小不一,依次递减,呈合瓦形。其甬呈圆柱状,上小下大,并有宽厚旋、斡。舞、鼓、篆部饰以蟠螭纹、窃曲纹,钟两面共有圆柱状枚 36 个。于口呈弧形,内侧有厚唇,腔内留有竖条形范芯槽。②

其三,1978 年在淅川县仓房公社下寺 M2 出土青铜甬钟 26 件。淅川县仓房公社下寺地处丹江水库西岸,一座被江水冲刷出的青铜器墓被当地农民发现,经文物考古探掘,发现这是一处古墓葬群,共有 10 余座墓葬。1978 年发掘了 M1、M2、M3 号古墓葬,出土文物有青铜礼器、乐器、车马器、兵器、玉器、石器、骨器等数千件。仅王孙诰甬钟就有 26 件,在下寺 M2 的椁室中部南壁摆放。大钟 8 件由西向东从大到小呈一字形排列。钟斡向上翻倒于地,其他钟大多落于钟斡上。另见有些钟斡内还留有销钉。可见这一套编钟入墓时是悬挂在钟架上的,至钟架腐朽才塌落下来的。尤其小甬钟 18 枚散落在大钟上下,也呈一字形排列,应为分两层悬挂所致。甬钟靠西部同出撞钟杖帽 1 件。同时还出土一组编磬共 13 件。这座为楚国墓葬令尹子庚墓葬,青铜器上有铭文记载。令尹子庚又名王子午,是楚庄王的儿子,于楚国康王时为楚令尹,死于公元前 552 年。王孙诰甬钟的制成年代应为他在世时就制作了。

这组甬钟数量之多,造型与铸造质量精美,大小不一,依次递减,通过复制钟架尚可分两层悬挂并演奏。其中 M2:1 和 M2:18 钟残破,其余都保存完好。钟呈合瓦形,钟口大至舞部渐小,甬钟呈柱状,作 8 棱柱状,为上大下小之形,其上有旋有斡。钟两面共有 36 个圆柱形枚。甬、斡上则饰蕉叶纹、圆窝纹、蟠螭纹等。该组钟形制、花纹相近,其花纹与钟体比例则有差异。M2:15:17—20;M2:23—26 几件钟甬较长,钲部占的比例较大,又见正鼓部的蟠螭纹简单化,钟内则无加工和调音锉磨的迹象。甬钟钲部和左右鼓上铸有铭文,其

① 参见黄翔鹏总主编:《中国音乐文物大系》(河南卷),大象出版社 1996 年版,第 82 页;河南省文物研究所等:《三门峡上村岭虢国墓地 M2001 发掘简报》,《华夏考古》1992 年第 3 期。
② 参见黄翔鹏总主编:《中国音乐文物大系》(河南卷),大象出版社 1996 年版,第 84 页;许敬参:《编钟编磬说》,《河南省博物馆馆刊》第九集,民国二十六年版;靳云鹏:《新郑出土古器物图志》,民国十二年版;关百益:《新郑古器图录》,民国十八年版。

图一一三　河南新郑县李家楼编钟（春秋中期）

中大型钟正背两面钲、鼓部均见铭文，即大钟 M2：1—12，各钟铸有整篇铭文。其特点又见小钟，由 2 个、3 个或 4 个钟共铸一篇铭文。多钟连篇铭文，且没有重复或间断的现象，可见制作设计之精妙。铭文全篇有 113 字："唯正月初吉丁亥，王孙诰择其吉金，自作龢钟。中翰叡觞，元鸣孔遑又严穆穆，敬事楚王。余不畏不差，惠于政德，淑于威义。温恭舒迟，畏忌趩趩。肃哲臧敀（御），闻于四国，恭厥盟祀，永受其福，武于戎功，诲懿不飤。阑阑龢钟，用宴以喜，以乐楚王诸侯嘉宾，及我父兄诸士。趩趩趩趩万年无期，永保鼓之。"

王孙诰钟在考古发掘中，还发现钟销 26 件，钟系 52 件，从质地看销为青铜，系为铅质，撞钟杖帽 1 件，也为青铜铸制而成。这些迹象均与编钟悬挂有着密切的关系，在音乐考古与野外发掘中尤为重要，不仅从钟的结构如甬上有旋、斡则可悬挂，而且要找到用于悬挂的钟架和销、系等附件及敲钟撞钟的槌、棒之类的演奏工具,再结合钟上铭文和一钟双音的测音结果,则能更好地对春秋时期礼乐制度和音乐思想进行研究。

其音乐性能可证这组编钟为实用乐器,所见甬钟多数音乐性能良好,唯2件残件未测音。26件甬钟则见16件钟有调音痕迹。调音见于钟口内唇、铣内面夹角、音梁重要部位有锉磨,留下磨面和弧形凹槽。先后由哈尔滨科技大学和中国艺术研究院音乐研究所对王孙诰钟进行测音,前者测音方法系使用电讯号通过激振片推动编钟振动,"利用音频信号发生器,给出变化的交流正弦信号,当某一交流电讯号和频率恰恰与编钟的固有频率相同时,则产生共振现象,此时交流电讯号即是编钟的固有频率。测音结果表明,每钟可发出两个基频"[1]。"中国艺术研究院音乐研究所的测音方法是敲击编钟的相应部位使之发声,在测音器上即可显示出该钟的频率和音分值,并进行了录音"[2]。

其四,1936年10月在辉县琉璃阁甲墓中出土甬钟4件。据文物资料记载,这套甬钟共8件,此为其中4件。钟呈合瓦形,柱形甬衡端较细,其根部较粗,其上有旋有斡。钟有圆柱枚36个,钟口呈弧形,其篆、舞、鼓部分别饰较细的蟠

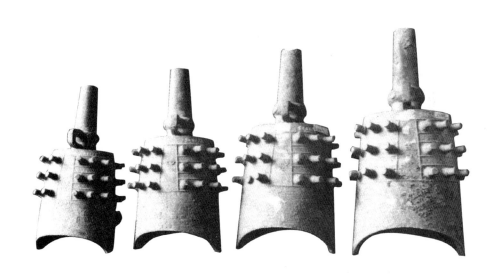

图一一四 河南辉县琉璃阁甲墓编钟4件(春秋晚期)

---

① 参见黄翔鹏总主编:《中国音乐文物大系》(河南卷),大象出版社1996年版,第88页。
② 参见黄翔鹏总主编:《中国音乐文物大系》(河南卷),大象出版社1996年版,第88页;河南省文物研究所等:《淅川下寺春秋楚墓》,文物出版社1991年版。

螭纹、人象首纹。钟体内未见调音和锉磨的痕迹。①

其五,1990 年在三门峡虢国墓地 M2009 中出土虢仲甬钟 8 件。这是虢国墓中的一座大型墓葬,有礼器、车马器、兵器、乐器、玉器出土,共有数千件珍贵文物。青铜礼、乐器体型较大,大部分铸有铭文,多记虢仲字样,应为虢国君主墓。周平王东迁,虢国则从陕西宝鸡、扶风一带迁至三门峡,据文献记载约在公元前 655 年晋国灭虢。故此推断该墓出土的虢仲甬钟时代在春秋早期。钟呈合瓦形,大小不一,依次递减。柱形甬有旋有斡,钟上柱形枚 36 个。舞、篆、鼓饰窃曲纹、夔龙纹和鼓部饰鸟纹等。音乐性能良好,钟有调音和锉磨痕迹。②

(二)山西地区收藏或出土的春秋时期甬钟

春秋时期音乐文物在山西曲沃县曲村乡北赵天马——曲村晋侯墓地 1793,长治分水岭 M269、M270 夫妻合葬墓,万荣庙等地出土一批青铜甬钟。其数量之多,保存完好,制作精美。

其一,1994 年 7 月在山西曲沃县曲村乡北赵天马——曲村晋侯墓地 M93 出土甬钟 16 件。在墓坑内紧靠棺椁之间分 4 件为一组摆放。棺椁四周还摆放有青铜礼器等。钟上有枚 36 个,未见封衡,钟口有唇,唇上存在调音痕迹。音乐性能较为混乱,可能为明器。③。

其二,1972 年 8 月在长治分水岭 M269 中出土春秋中期甬钟 9 件。另外还有 M270 一起被发现。该墓为夫妇合葬墓,即 M269 为男性,M270 为女性。两座墓均为长方形土坑竖穴墓。随葬品有兵器和装饰品。M269 出土诸如鼎、鬲、敦、方壶、舟、罐、盘、匕等 25 件。青铜乐器甬钟 9 件,钮钟 9 件,共 18 件。还有石磬 10 件。甬钟见于 M269:10—18 这 9 件中,大小不一,依次递减。钟的造型别致,形制、花纹相同,以长甬、兽头单旋为特色,有斡饰雷纹。钟呈合瓦形,分别在钲、篆、鼓部饰有雷纹、蟠螭纹、兽面纹或为象首纹。其中编号 M269:12、14、16、17、18 号这 5 件小甬钟丢失。④

其三,1972 年 8 月在长治分水岭 M270 出土春秋中期甬钟 8 件。此墓与前

① 参见黄翔鹏总主编:《中国音乐文物大系》(河南卷),大象出版社 1996 年版,第 92 页。
② 参见黄翔鹏总主编:《中国音乐文物大系》(河南卷),大象出版社 1996 年版,第 93 页。
③ 参见王子初总主编:《中国音乐文物大系》(山西卷),大象出版社 2000 年版,第 50 页;山西考古研究所:《天马——曲村遗址北赵晋侯墓地第五次发掘》,载《文物》1995 年第 7 期。
④ 参见王子初总主编:《中国音乐文物大系》(山西卷),大象出版社 2000 年版,第 50 页;山西省文物工作委员会晋东南工作组、长治市博物馆:《长治分水岭 267、270 号东周墓》,《考古学报》1974 年第 2 期。

图一一五　山西曲沃县村乡北赵村天马——曲村晋侯墓地 M93 编钟 16 件（春秋早期）

述 M269 为夫妻合葬墓。也就是说 M269 出土 8 件甬钟，M270 也出土 8 件青铜甬钟。这座墓主是女性，墓四壁垂直，为土坑竖穴一椁二棺墓。随葬品计 170 余件，以鼎、敦、壶为组合，计 22 件。乐器编钟 17 件，其中包括钮钟。编磬 11 件，青铜车马器 6 件，加上玉环、玉璜、水晶、玛瑙环、料珠等，共计多达 110 多件。其中编钟有甬钟、钮钟各一组。8 件甬钟为明器，即 M270：21—28，大小不一，依次递减，造型、花纹基本相同。甬较长，为方形单旋，钲、篆、舞部分别饰有蟠虺纹。鼓部素面无纹饰。系明器，尚未测音。[1]

其四，1962 年在万荣县荣河镇庙前东周墓地出土东周大甬钟 4 件。钟造型、花纹相同，大小不一，依次递减。呈合瓦形。钟铣边较直，呈梯形。钟于部弧度小，舞部平齐，有柱形枚 36 个。篆、鼓面均饰有"S"形双头蟠螭纹。编号 1314 号钟通高 94.5 厘米，编号 1315 号钟通高 86 厘米。其音乐性能体现为 1314 号钟有调音迹象，1315 号钟未见调音迹象[2]。

（三）陕西收藏或出土的春秋时期甬钟

陕西地区先后在宝鸡县杨家沟太公庙、宝鸡冯家嘴春秋墓等出土春秋时期

---

① 参见黄翔鹏总主编：《中国音乐文物大系》（河南卷），大象出版社 1996 年版，第 52 页。

② 参见黄翔鹏总主编：《中国音乐文物大系》（河南卷），大象出版社 1996 年版，第 53 页。

青铜甬钟。

其一，1978年1月在宝鸡县杨家沟太公庙窖藏坑出土春秋前期秦公钟5件（注，与此同时出土秦公镈3件）。考古资料按钟之大小分为甲、乙、丙、丁、戊。现分述如下。

甲钟（原编号为IA5：6）：甬中空，钟腔内壁有隧8，侧鼓各3，两铣各1。舞部饰有变形夔纹，甬上见浮雕龙形纹，有旋有斡并饰有重环纹。其篆、鼓部均饰以夔龙纹。钲间、左鼓、篆和左铣均铸有铭文。

钲间铭文曰："秦公曰我先祖受天命商（赏）宅受或（国）刺＝卲文公静公宪公不豕于上卲合（答）皇天𦥑（以）虢事繇（蛮）方公及。"

左鼓铭文曰："王姬曰余小子余夙夕虔敬朕礼以受多福克明又（厥）心𥂏。"

顶篆铭曰："穌胤士咸畜左右蟼蟼（蔼蔼）允义翼受。"

左铣铭文曰："明德𦥑康奠协朕或（国），盗（羡）百繇（蛮），具即其。"

图一一六　陕西宝鸡县杨家沟西高泉村甬钟（春秋前期）

乙钟（IA5：7）：该钟形制、花纹均与甲钟相同。钟内壁无隧，仅见唇部出现4个缺口。钲、左鼓、左铣均铸有铭文，从其铭文内容看与甲钟铭文为一篇全铭。

钲间铭文曰："服乍𣏾穌钟霝音镗雝雝，以匽皇公以受大。"

左鼓铭文曰："福，屯鲁多釐，大寿万年，秦公㝬畯鄯才（在）立（位），雍（膺）。"

左铣铭文曰："受大令（命）眉寿无疆，匍有四方，㝬康宝。"

丙钟（IA5：8）：该钟形制、花纹也与甲钟相同，其钲部铭文为"秦公曰"，左鼓、左铣铭文为"夙夕虔"。

丁钟（IA5∶9）：该钟形制、花纹与丙钟相同。钲铭文曰："敬朕祀"，左鼓、左铣铭文为"其服，乍"。

戊钟（IA5∶10）：该钟形制、花纹与丙钟相同，钲铭文曰："乒龢钟"，左鼓、左铣铭文为"万年，秦"。

这一组编钟尚存挂钩，应为悬挂钟器使用。

其二，1989年8月在宝鸡县冯家嘴春秋墓葬出土甬钟2件。当时施工推土时共出8件，其中5件下落不明。同出车马器、兵器和鱼饰1件。编号BJX·1345的甬钟，造型别致，保存完整。甬为实心，衡不与体相通，钟内壁有隧

图一一七　天津市艺术博物馆收藏蟠虺纹甬钟（春秋）

7条。舞、篆、鼓、钲分别饰对角双头兽纹、夔纹、阳线弦纹行装。斡上有S形铜钩。编号BJX·1596的甬钟造型别致，甬为实心，衡不与体相通，斡上未见铜钩。[1]

其三，1978年在宝鸡县杨家沟西高泉村春秋秦墓出土甬钟1个。这批青铜器有22件，都放置在墓主头前。甬钟保存完整，实心甬封衡。钟内壁有隧8条，前后壁和侧鼓各3，两铣各1。钲篆四边以粗阳线弦纹为界，舞、篆、鼓皆饰有云纹。右侧鼓部饰有小鸟纹。[2]

（四）天津收藏的春秋时期甬钟

天津市艺术博物馆共收藏甬钟2件。

其一，1956年在北京振宇阁文物商店购买甬钟1件。编号为58.3.105。这

---

① 参见黄翔鹏总主编：《中国音乐文物大系》（陕西卷），大象出版社1996年版，第96页。
② 参见黄翔鹏总主编：《中国音乐文物大系》（陕西卷），大象出版社1996年版，第96页；宝鸡市博物馆：《宝鸡县西高泉村春秋秦墓发掘记》，《文物》1980年第9期。

件甬钟造型别致,花纹铸制精美。为圆柱形,封衡,距甬端三分之二处凸出,旋呈兽首状,钟上有枚36个。甬上端饰有蟠螭纹和三角纹,斡饰有龙形纹,舞、篆间饰有蟠虺纹,鼓部饰有兽面纹。在钟腔内有调音槽。

其二,1956年在北京振环阁文物商店购买甬钟1件。编号为58.3.104。这件甬钟造型别致,花纹铸制精美,与前述甬钟形制、花纹相同。①

(五)湖北收藏或出土的春秋时期甬钟

湖北春秋时期甬钟出土数量较少。现见荆州博物馆和武穴市博物馆两处甬钟。

其一,1973年5月,在枝江县新华村季家湖古城址的一号台基上出土甬钟1件。这座古城位于古郢都南城西北约40公里。该钟质地优良,绿锈光泽晶莹,整器保存完好。短甬,封衡,近衡处有圆钉状横梁对穿左右,可供悬挂,造型独特,甬呈圆柱状,有旋无斡。钟舞饰兽面纹,钲和鼓部饰蟠螭纹。又见地纹饰贝纹、云雷纹、陶纹和鳞纹等。钟上铭文12字:"秦王卑命(钲间)竞墉王之定救秦戎(左鼓)。"(意为秦王命竞去某地筑城,并到"定"这个地方救秦国的军队)铸钟纪念战事。经测音音质较好。②

图一一八　湖北武穴鸭儿洲甬钟(春秋早期)

其二,1984年2月9日在长江武穴段江中沙洲鸭儿

① 参见黄翔鹏总主编:《中国音乐文物大系》(天津卷),大象出版社1996年版,第206页。
② 参见黄翔鹏总主编:《中国音乐文物大系》(湖北卷),大象出版社1996年版,第23页;荆州地区博物馆:《湖北枝江出土一件编钟》,《文物》1974年第6期;李瑾:《关于〈竞钟〉年代的鉴定》,《江汉考古》1980年第2期。

洲头水下19米泥沙中挖出甬钟23件。当时还挖出勾鑃2件，现藏于武穴市博物馆。甬钟锈蚀严重，呈铁锈的赭红色，杂存绿锈纹斑点。这组钟23件中，第11、13、23号钟的甬部出现残损，第2、5号钟腔已有残损，其余甬钟均出现局部残蚀现象。甬钟呈合瓦形，其甬较短，不通钟腔。衡封面平，旋幹俱全。钟正面呈长枚，反面其枚略小。该钟壁较薄，其口沿向外斜。钟腔内有音槽、锉槽痕迹。钟面饰带状粗线纹。钲间也有纤细阳文，可见少量钟出现错范现象。该组甬钟形制多样，造型独特，非一类或数组编钟混杂在一起。因深沉于长江沙层中淹埋，且水底长期锈蚀，已无法进行测音。

其三，2009年湖北随州文峰塔M1（曾侯與墓）中出土春秋晚期甬钟8件。出土时有5件钟体完好，1件钟残破可以复原，甚残尚难复原的钟体2件，依顺序为1—8号。同时，出土甬钟残片有4块，考古工作者认为诸多残片可拼合成2件不同的钟体，其中2块残片上也有铭文（残片编号为9、10号）。考古发掘简报将这几件甬钟分为A、B、C三组。其中A组甬钟2件，形制相同，大小不一，完整、残破各1件。M1：1甬钟造型别致，体大壁厚，其甬较长，衡面略微内凹，钟体衡、舞、鼓各部分别饰以浮雕蟠螭纹、蟠龙纹和阴刻云雷纹、绚索纹、圆点纹等。钟枚呈柱状形高枚，其间仅见枚顶端饰有浅涡纹，观其钟腔正、背两面钲部和正面左右鼓、北面左右部均铸有铭文，计169字，合文1字，重文1字。铭文仍以竖行右起排列顺序。考古发掘简称"铭文阅读顺序为'右起左行'格式：正面钲部——正面左鼓部——背面右鼓部——背面钲部——背面左鼓部——正面右鼓部"。按此铭文排列格式则从上到下，从左到右文字连接形式相呼应，完成全文内容。

A组 M1：1、M1：2编钟

M1：1甬钟铭文：

（1）正面钲部四行计20字（释文）

隹（惟）王正月，吉

日甲午，曾侯

膉曰：白（伯）䢼（括）上

嘼（庸），壾（左）罘（右）文武

（2）正面左鼓部铭文六行30字（释文）

達（撻）墾（殷）之命，羅（撫）

數（定）天下，王譴（遣）

命南公，鸞（營）宅

塑（汭）土，君此淮

尸（夷），戲（臨）有江頎（湲）。

周室之既庳（卑）

（3）背面右鼓7行36字（释文）

斁（吾）用燮論楚，

吳恃有衆庶，

行亂，西政（征），南伐，乃加于楚，

賀（荆）邦既燘（削），而

天命酒（将）误。有

憸（嚴）曾侯，蔞（業業）厥

（4）背面钲部4行21字（释文）

謲（聖），亲塼（敷）武攻（功）。

楚命是戠（静）？返（复）

數（定）楚王。曾侯

之靁＝（靈胅—乂）穆，曾侯

（5）背面左鼓部7行35字（释文）

感（莊）武，悁（畏）謥（忌）共（恭）

盍（寅）齊禦（盟），伐武

之表，怀燮四

旁（方）。余鷓（申）圐（固？）楚

成，改逡（復）曾疆。

擇悙（選？）吉金，自

酢（作）宗彝，龢钟

（6）正面右鼓部6行27字，其中有2个字残泐，依据M1∶2相应文字补填于此（释文）

鸣龤（皇），用考（孝）台（以）

亯（享）于悼（辟？）皇昜（祖），

以愻（旂）麙（眉）耇（寿）大命之长，期（其）胐（纯）

悳（德）降，舍（余）万殜（世）

是惝（尚）

M1∶2出土1件钟形体甚大，钟体破残，仅存其残片，系可复原成形的甬钟。其背面钲部残缺一部分，左右鼓部基本完整。钟腔面枚圆粗。其背面钲部一部分残缺，左右鼓部残甚，其右鼓部残存铭文1行3字。该钟所铸铭文与M1∶1甬钟铭文内容基本相同，但其行款略存差异，少数铭文书写风格存异。残钟铭文计84字，以"右起左行"格式排列。

（1）正面钲部4行，其中仅有"残存6字"，也据M1∶1甬铭文对应补填于此（释文）

隹（惟）王正月，吉

日甲午，曾侯

膡曰：白（伯）鐣（适）上

嘗（庸），左右文武

图一一九　湖北随州文峰塔编钟M1∶1（春秋时期）

（2）正面左鼓部铭文六行30字（释文）

達（撻）塈（殷）之命，羅（抚）

斀（定）天下，王譴（遣）

命南公，鬱（營）宅

塗（汭）土，君此淮

尸（夷），龉（臨）有江頒（湲），

周室之既庳（阜）

（3）背面右鼓部存铭文一行，残存3字（释文）

散（吾）用燮謞楚

（4）背面钲部铭文四行，残存15字（释文）

厥謰（聖），親塼（搏）武

攻（功）。楚命是戕（争？）

逯（復）斀（定）楚王。曾

图一二〇　湖北随州文峰塔编钟 M1:1 钟枚间局部（春秋晚期）

侯之𥵝 = （靈牌—乂）穆,曾

（5）正面右鼓部铭文六行 30 字（释文），背面右鼓部铭文略……

彝,龢鐘鳴猷（皇）,

用考（孝）台（以）高（享）于

悖（辟?）皇昌（祖）,台（以）忽（祈）

𩑺（眉）𦊆（寿）大命之

長。其肫（純）譓（德）降,

畬（餘）萬殜（世）是惝（尚）

B 组编钟

M1：3 所出钟 1 件,钟体大,残破严重。造型则以长甬,衡平,其上饰以涡纹。钟体舞、正鼓等部位分别饰有蟠螭纹、阴刻绚索纹和线纹,鼓部则见蟠螭躯体饰有云雷纹和圈点纹等。所铸铭文内容排列顺序仍为"右起左行。"

（1）正面钲部铭文 2 行 10 字,其中缺字则以文意拟补（释文）

隹（惟）王十月,吉（?）

日庚（?）午,曾侯

（2）正面左鼓部铭文四行 12 字（释文）

朕曰:余

穆之玄

孙。穆善（?）

𣪘（敦）敏（?）,愄（畏）"

（3）背面右鼓部铭文 3 行 8 字（释文）

天之命,

𣪘（定）均（?）曾

土,懃（恭?）

（4）背面钲部残存铭文二行8字（释文）

窗（寅）齐卵（盟），敱（吾）台（以）

旂（祈）聒（眉）鬲（寿）

C组编钟甬钟

5件，其中M1∶4所出钟残损，其余4件钟完整。

M1∶4钟甬部保存完整，钟腔部分残甚。钟甬衡平，其面饰以浅平涡纹。在正鼓部则以红铜铸镶圆涡形敲击标志，通高41.1厘米，鼓壁厚0.3厘米。

（1）钲部有铭文2行9字（释文）

及夫（大夫）匽（宴）乐

（爰）乡（饗）（肆?）士

（2）正面左鼓部残存二行2字
（释文）

备□□
金□□

M1∶5钟甬衡平，其饰以浮雕细小蟠螭纹，枚呈圆柱形，其顶端弧凸，饰以浅浮涡纹。正鼓也见有圆涡纹敲击标志。通高34厘米，鼓壁厚0.25厘米。考古简报称：铭文内容按顺时针方向读，即正面钲部——正面左鼓部——背面右鼓部——背面钲部——背面左鼓部——正面右鼓部。

（1）正面钲部铭文2行6字（释文）

图一二一　湖北随州文峰塔编钟 M1:5
（春秋晚期）

临观元

洋（？），嘉楮（鼓）。

（2）正面左鼓部铭文2行7字（其中合文1）（释文）

芋（竽）甫（镛），戲（吾）
以及夫＝（大夫）

（3）背面右鼓部铭文2行6字（释文）

匽（宴）乐，爰乡（饗）儤（肆？）士

（4）背面钲部铭文2行6字（释文）

备御称
金，余永

（5）背面左鼓部铭文2行6字（释文）

用甙（允）长，
难老、黄

（6）正面右鼓部铭文二行5字（释文）

枸（耇）、珥（弭）冬（终）
无疆。

M1：6钟体完整，其甬衡平，饰以涡云纹。枚顶端弧凸，饰以涡纹。钟正鼓间有红铜铸镶鸟云纹图案作敲击标志。

（1）正面钲部有铭文1行3字（释文）

图一二二　湖北随州文峰塔编钟 M1:6（春秋晚期）

嘉楂（鼓）芋（竽）。

（2）正面左鼓部铭文2行3字（释文）

甫（镈），戲（吾）以

（3）正面右鼓部铭文二行3字（释文）

及夫＝大夫

背面无铭文。

M1：7钟体较小，其甬衡平，面饰以涡纹，钟枚部分残损，其钟两面正鼓部也用红铜铸镶一鸟云纹图案作敲击标志。

（1）正面钲部铭文1行4字（释文）

难老、黄枸（者）

（2）正面左鼓部铭文1行2字（释文）

珥（弭）冬（终）

（3）正面右鼓部铭文1行2字（释文）

图一二三　湖北随州文峰塔编钟 M1:7（春秋晚期）

无疆。

背面无铭文。

M1：8钟形体略小，保存完整，钟形体大小与 M1：7钟相同。其衡平，饰以涡纹。钟两面正鼓部均有敲击标志。

（1）正面钲部铭文1行3字（释文）

难老、黄

（2）正面左鼓 1 行 2 字（释文）

枸（耇）、珥（弭）

（3）正面右鼓部 2 行 3 字（释文）

冬（终）、无
疆

图一二四　湖北随州文峰塔
编钟 M1:8（春秋晚期）

背面无铭文。

M1：9、M1：10 存铭文钟残片。

M1：9，残钟片为一甬钟正面的钟体部分，正面钲部残存 2 行 6 字，其中完整字 4、残缺字 2，正面右鼓部残存 3 行 3 字（释文）：

佳（惟）王□月
吉日□□（正面钲部）

图一二五　湖北随州文峰塔
编钟 M1:9 正面（春秋晚期）

图一二六　湖北随州文峰塔编钟 M1:10
（春秋晚期）

万□

有□

保□（正面右鼓部）

M1∶10，钟残片为钟左鼓部残片。

阴刻铭文4行12字，其中8字完整（释文）：

万民其

有□（祀?）是

□余自

作（?）龢钟（?）①

　　曾侯与编钟对M1的年代研究有重要的参考价值，铭文所载与"吴师入郢之役，楚王避险于随"史实相符。其中编钟铭文有纪年的资料，即惟王正月、吉日甲午、惟王十月、吉日庚午等语。曾侯钟铭文字数甚多，记载历史事件确实可信，同时编钟铸制精湛，花纹十分精美，文字书法艺术十分接近曾侯乙编钟上铭文风格，尤其是"曾侯"那些瘦长形花体字几近同出一辙。再如A组M1∶1钟铭则有曾侯与曰："伯括上庸，左右文武。挞殷之命，抚定天下"等语，钟铭又曰："王遣命南公，营宅汭土，君此淮夷，临有江夏。"有关"南公"青铜器和铭文多在南土出现，证实周天子的嫡系"南公"，肩负着"君此淮夷，临有江夏"之责。

三、春秋时期的青铜钮钟

　　钟上无甬有青铜钮，用于悬挂乐钟之用，是为钮钟。考古学上将青铜乐器上挂钮写作"钮"，表明与钟体质地相同，铸为一体。音乐界多把钮写成"纽"，则有纽合在一起的意思。实则编钟均为青铜所铸，有直接悬挂之意，应为"钮"更妥。钮而不是用其他质地所代替，而现代纽扣用线缝到衣物上，称扣纽。此有二者联合的形式，作"纽"无可异议也有说法，但钮钟之钮与钟体铸为一体，

① 参见湖北省文物考古研究所、随州市博物馆：《随州文峰塔M1（曾侯与墓）、M2发掘简报》，《江汉考古》2014年第4期。

故用此"钮"更为准确,此后音乐考古和音乐史研究者应参照考古学界对青铜钟钮之"钮"统一起来,采用钮钟之"钮"字。钮钟的出现当然比甬钟更为简洁、方便,便于在钟梁上悬挂,并且挂件更为简单。钮钟在西周晚期少有出现,盛行于春秋战国时期,有延续镈钟之钮的文化元素相较于镈的更为简单朴素,钟的体积更小一些,更精致一些,颇受时代音乐演奏者所推崇。

（一）山西地区收藏或出土的春秋时期的青铜钮钟

山西地区所见出土的钮钟最早见于西周晚期,春秋战国时期出土钮钟更多。

其一,1958年至1962年在万荣庙前村春秋墓地(黄河岸边)考古发掘的墓葬约30余座。出土青铜器约10余件,其中58M1出土编钟9件,又见石编磬10件。58M1编钟9件,编号34—37,5—9,为钮钟,放置在墓葬椁室东北部。该墓内出土有青铜礼器和乐器、编磬、车马器等。从所发掘的墓葬及出土文物综合研究,判断这组钮钟的年代为春秋晚期。其造型、纹饰相同,大小相次。钟上各部分别饰有蟠虺纹、云雷纹、兽面纹。无音调痕迹,应为明器。①

其二,1987—1989年在山西省临猗县程村M1001出土钮钟9件。该墓为五鼎大夫级墓葬,出有青铜礼器和乐器,鼎、簋(敦、豆)、盘、鉴、舟、编钟、编磬、方壶等。钟9件,编磬10件,均放置在墓室右边,这组钮钟有残损,体型较小,均为明器,M1002出土的9件编钟和编磬,均残损。钟

图一二七　山西万荣县河西镇庙前村钮钟(春秋晚期)

----

① 参见王子初总主编:《中国音乐文物大系》(山西卷),大象出版社2000年版,第64页;山西省考古研究所:《万荣庙前东周墓葬发掘收获》,载《三晋考古》第1辑,山西人民出版社1994年版。

图一二八　山西临猗县程村 M1001 钮钟 9 件（春秋）

也为明器类。①

其三,1959 年 10 月至 1961 年在山西长治分水岭 M25 出土春秋晚期钮钟 9 件。该组钮钟 M111—119 纹饰、形制相同,大小不一,依次递减。钟呈合瓦形,环状兽头钮,钟口呈弧形,有蟠首形乳头枚,其篆带和鼓部饰有蟠螭纹和夔龙纹。②

其四,1990 年在屯留县西河北村春秋战国墓葬中出土钮钟 9 件。同时出土编磬 9 件,并出土有鼎、豆、提梁壶等青铜器。其钮钟底面平,内音槽、音梁,可以见到腔内留存的锉磨痕迹。钟两面有枚 36 个,其钟各部位分别饰有夔龙纹、蟠螭纹。此钟应为实用器。测音效果良好,但 1 号和 3 号钟破裂,声音已哑。同时出土的编磬多残断,尚未测音。上述临猗程村春秋时期的墓葬出土编钟编磬乐器,并有青铜礼器同时出土。山西一直是青铜礼、乐器出土数量较多的地方,尤其是造型别致、保存完好的乐钟。该地为方国郇的辖境,在春秋时已灭亡。③。

（二）河南收藏或出土的春秋时期的青铜钮钟

春秋时期中原地区成为五霸争战的轴心,其青铜礼、乐器重品多出,以造型优美、制作精良,数量之多,保存完好最为著称。先后在新郑、淅川徐家岭等地有发现。

其一,1993 年 6 月在新郑市金城路中段西侧第 2 号窖藏坑内出土了 20 件春秋中期钮钟。这 20 件钮钟与 4 件镈钟伴出（前已详叙）。两组钮钟叠放在一起。其钮钟保存完好,造型完好,纹饰相同,大小不一,依次递减。钟呈合瓦形,其舞

---

① 参见王子初总主编:《中国音乐文物大系》（山西卷）,大象出版社 2000 年版,第 66 页;赵慧民等:《山西临猗程村两座东周墓》,《考古》1991 年第 11 期。

② 参见王子初总主编:《中国音乐文物大系》（山西卷）,大象出版社 2000 年版,第 68 页;山西省文物管理委员会、山西省考古研究所:《山西长治分水岭战国墓第二次发掘》,《考古》1964 年第 3 期。

③ 参见王子初总主编:《中国音乐文物大系》（山西卷）,大象出版社 2000 年版,第 72 页;赵慧民:《山西临猗村两座东周墓》,载《考古》1991 年第 11 期。

图一二九　河南新郑市金城路编钟（春秋中期）

部有长方形钮。钟面有 36 个乳钉形枚。钟口上弧。尤其在舞部内壁铸有"十"、"キ"、"ナ"、"×"符号。篆、鼓部分别饰有圆圈纹、三角纹和云纹、象首纹等。其音质好，均有调音痕迹。这组钟数量多，造型别致，花纹精美，音质优良，是研究春秋时期乐悬制度与礼乐制度的珍贵资料。尤其新郑郑国祭祀遗址、礼器坑、乐器坑布局整齐，分布密集，风格独特，值得音乐文物考古工作者高度重视。[①]

　　其二，1995 年 3 月在新郑城市信用社第 8 号窖藏坑出土春秋中期钮钟 20 件（同坑出土镈钟一组 4 件，前已详叙）。钟乐分为两组，上下叠放在一起。这两种钮钟造型别致，形制相同，大小不一，依次递减。钟呈合瓦形，长方形钮直立舞上，篆、鼓部分别饰有卷云纹、盘蛇纹、三角纹和象首纹。[②] 这组钮钟造型别致，制作精美，数量之多，保存完好，音质优美。这为音乐考古研究者与中国音乐史研究提供了实物资料。与此同时出土的还有 4 件青铜镈，说明这是一组保存完好青铜礼、乐器。这些钮钟大小尺寸均已制成统计表，同时对钮钟进行了细致的测音工作，测音在此未引用列表形式，而是提取其中数字加以叙述性的说明。这与出自新郑郑国祭祀遗址乐器坑窖藏方式较为相似。

　　其三，1978 年 3 月在淅川县仓房乡下寺 M1 中出土钮钟 9 件。该墓出土有青铜器、玉器等 449 件。其中出土乐器主要有钮钟、石磬、石排箫等。钮钟在墓室内呈曲尺形摆放，即 6 件由大到小依次摆放，小号钟 3 件由东西向摆放。钮钟梁架痕迹呈曲尺形。钮钟造型别致，器呈金黄绿铜色、绿锈甚微，其大小不一，依次递减。钟呈合瓦形，长方形钮立于舞上方，并饰蟠螭纹。钟上两面有螺旋枚 36 个。篆、鼓分别饰有蟠螭纹等。鼓、钲部铸有铭文，大钟铭文主要在正面，小钟铭文则有两面铸字的。其中铭文即将原人名者铲除但留有痕迹。其铭文为：

[①]　参见黄翔鹏总主编：《中国音乐文物大系》（河南卷），大象出版社 1996 年版，第 112 页；蔡全法、马俊才：《新郑郑韩故城金城路考古取得重大成果》，《中国文物报》1994 年 1 月 2 日。
[②]　参见黄翔鹏总主编：《中国音乐文物大系》（河南卷），大象出版社 1996 年版，第 114 页。

"唯王正月初吉庚申，□□□□自作永命其眉寿无疆。敬事天王，至于父兄，以乐君子。江汉之阴阳，百岁之外，以之大行。"其中出现 M1∶22 钟将铭文前几句铸上，M1∶23 号钟又将钟铭文前几句铸上，其间似乎缺少一个钟和铭文内容。尚待探寻其中的奥秘。这组钮钟造型别致，保存完好，数量之多，在淅川附近丹江水库，与县城也相距约在 5 公里左右。钟的年代应在春秋中期。铭文也说明钟为楚人铸造，"敬事天王"即向周天子祈祷，尊周敬神，其风俗甚浓，也表现出周楚关系处于正常化。至公元前 740 年楚君自称武王开始向外扩张，兼并江汉诸姬和周围弱国，到了春秋末年也兼并了 40 多个国家，出现"江汉诸姬楚实尽之"的局面，直至问鼎中原，长驱直入，"饮马黄河"，打破了周王朝一统天下之梦。这批乐器的出现，为研究春秋战国时期礼乐制度和礼崩乐坏的社会形势状况提供了重要资料①。

其四，1979 年在淅川县仓房乡下寺 M10 出土斁钟（钮钟）79 件。出土时钮钟西侧有一条与前述该墓镈钟梁长短相同的彩绘痕迹，宽 0.6 厘米，大概是悬挂这组钮钟的横梁。钮钟造型别致，纹饰相同，大小不一，依次递减。钟呈合瓦形。长方形钮立于舞上，钟两面有螺旋状枚 36 个。钟口呈弧形，其钮、舞、篆、鼓部分别饰以三角云纹、蟠螭纹、四角夔纹等。钟上铭文内容与前述镈钟铭文相同。各钟铸造铭文多少不等。从一钟 49 字或一钟 3 字者不等，从铭文内容、结构、文意看，这组钮钟中间缺少多件，故不能连接起来。如 M10∶66 号钟仅铸全铭一半文字，第 2 件钟同样铭文一半，又见 2、3、4 三件钟合铸全铭。故缺第 2 件前面的 1 件钟。第 5、6 件钟即 M10∶68、71 号钟铸制铭文不及全铭一半。则与第 7 件钟铭又不连接（M10∶72），这件钟上铭文应缺下文，至少缺 2 件钟。连接下来第 8、9 件钟（M10∶83、84）只铸制 8 个文字，可见这几件钟之间所缺少的钟更多一些。钮钟内有长条形音梁，有调音痕迹。②

其五，1978 年 3 月在固始县城关镇砖瓦窑厂 1 号墓陪葬坑内出土鄱子成周钟（钮钟）9 件。前述也有"鄱子成周镈"出土。因为钮钟旁边有漆木横梁腐烂的痕迹，9 件钮钟下葬时应是悬挂在钟架上的。钮钟造型别致，大小不一，依次递减，钟呈合瓦形，长方形钮立于舞上，钟钮、舞、钲、鼓分别饰以三角纹、涡纹、

---

① 参见黄翔鹏总主编：《中国音乐文物大系》（河南卷），大象出版社 1996 年版，第 116 页；河南省文物研究所等：《淅川下寺春秋楚墓》，文物出版社 1991 年版。

② 参见黄翔鹏总主编：《中国音乐文物大系》（河南卷），大象出版社 1996 年版，第 118 页；河南省文物研究所等：《淅川下寺春秋楚墓》，文物出版社 1991 年版。

蟠螭纹、云雷纹、夔纹等,钟两面共有乳钉状枚 36 个。钟上铭文字数不等,见于第 9、10 号钟铭内容相同,为"唯正月初吉,丁亥,鄱子成周,择其吉金,永"16字。又见第 11、12 号铭文相同,正反两面铭文相连,即正面铭文:"唯正月初吉,丁亥,鄱子成周,余出自□,山□□□,兄父子孙,保此钟鼓"。共中"鄱子成周"四字为后刻。背面铭文为"与楚自作龢钟□以"8 字。可见第 13 号钟中间人名 3 字被铲除磨掉,其铭文为"唯正月初吉,丁亥,□□□择其吉金,自作龢钟,其眉寿无期,永保鼓"26 字。第 14 号钟铭"龢钟,眉寿无期,子子孙孙,永保鼓之"。第 15 号钟铭:"諆□□□,嘉于方秉,子乐父兄,万年无"(正面)。"諆,□□□,寿諆永鼓"(背面)。第 16 号钟铭有铲除字的痕迹,仅见其上有"百岁外以"模糊不清的铭文字样。这组钮钟铭文因中间缺失一部分钟,故此文不达意,间断而不能连续。据考古发掘资料表明,鄱子成周钟尚有钟架、支柱、柱墩几个组成部分,在坑内腐朽不堪复原。其顶端存有浮雕兽面状花纹,两侧可辨出刻有三角形界格和填绘云形纹。横梁下部凿有长方形孔 9 个,可能是供钮钟的插孔,并可辨别出支柱 2 根,呈方形。支柱下端有方形榫卯,可插入木墩子中间方孔内固定。正好中间凿有一方形孔,可供插立站柱。其上均浮雕有精美兽面形花纹图案,令人赞叹。丁字形木槌 3 件,呈八棱形,应为敲钟专用的钟槌。这套钮钟与前述"鄱子成周镈"同出。其数量之多,制作之精美,保存之完好,加上铭文字数与内容丰富。其时代在春秋晚期,对周王室礼崩乐坏时期的乐礼制度的研究有着重要参考价值。①

其六,1990 年在淅川县城南 4700 米丹江口水库西岸徐家岭 M2 中出土春秋晚期倗子受钟(钮钟)9 件(同出倗子受编镈,前已详叙)。这组钮钟仅见M2:43 有破损裂缝,其余 8 件钮钟均保存完好。其形制、花纹相同,大小不一,依次递减,呈合瓦形,下大上小。长方形钮立于舞部,于部向上呈弧形,钟两面有花瓣纹枚 36 个。钟面篆、鼓分别饰以三角形纹、云纹、蟠龙纹、龙首纹等。钟面无纹处则磨砺光滑。钲、鼓部铸有铭文,或者以 2 号钟、3 号钟、4 号钟形成一组全铭,见于全铭"唯十又四年三月惟戊申,亡祚昧喓(爽)。倗子受作鸞彝歌钟,其永配厥休"27 字。② 这批钮钟大部分有锉磨调音痕迹。

其七,1991 年在淅川县城南 4700 米丹江口水库西岸徐家岭 M10 出土钮钟

① 参见黄翔鹏总主编:《中国音乐文物大系》(河南卷),大象出版社 1996 年版,第 120 页;固始侯古堆一号墓发掘组:《固始侯古堆一号墓的发掘》,《文物》1981 年第 1 期。

② 参见黄翔鹏总主编:《中国音乐文物大系》(河南卷),大象出版社 1996 年版,第 122 页。

9件（同出编镈8件）。这组钮钟形制、花纹相同，大小不一，依次递减。钟呈合瓦形，舞上有长方形钮，钲两面有螺旋状浅枚共36个。钟上花纹钮饰S形纹、涡纹，舞部饰夔纹，篆、鼓分别饰蟠龙纹等。①

（三）山东收藏或出土的春秋时期的青铜钮钟

山东沂水刘家店子春秋墓、长清县五峰、蓬莱、临沂、滕州姜屯镇、青岛等则有收藏和出土的青铜钮钟。其时代则在春秋中晚期。

图一三〇　山东沂水刘家店子钮钟9件（春秋中期）

其一，1978年在沂水刘家店子春秋墓出土钮钟（同出有镈钟）。这组钟略有残裂，经修复基本完整。其形制、花纹相同，大小不一，依次递减。钟呈合瓦形，于部略弧。舞上有绳索状长形钮。无枚。钟体通饰蟠螭纹，唯见鼓部饰涡纹。钟的铣间和鼓面铸有铭文23字，即"陈大丧史中高作铃钟，用祈眉寿无疆，子子孙孙永宝用之"。其中1—6号钟有残裂。其音乐性能见钟于口内有音槽，应为调音所致，是用于演奏的乐器。钟大部分残哑，故无测音数据。②

其二，1959年11月在海阳市发城上上都村东南300米水库工地发现钮钟4件（同出甬钟1件）。现藏于海阳博物馆，其中3件保存完好，1件有残裂。形制、花纹基本相同，大小有序。平舞，舞上有长方形环钮，于口稍弧，无枚。钲饰带状凤纹。③

其三，1953年山东省文物管理委员会征集，据民间传为沂水出凤纹钮钟1件。呈合瓦形，于口弧形。舞上钮呈椭圆形。钲部和舞部素面无纹饰。钟腔两面饰有双连体凤纹。④

① 参见黄翔鹏总主编：《中国音乐文物大系》（河南卷），大象出版社1996年版，第124页。
② 参见王子初总主编：《中国音乐文物大系》（山东卷），大象出版社2001年版，第81页；山东省文物考古研究所、沂水县文物管理站：《山东沂水刘家店子春秋墓发掘间报》，《文物》1984年第9期；罗勋章：《刘家店子春秋墓琐考》，《文物》1984年第9期。
③ 参见王子初总主编：《中国音乐文物大系》（山东卷），大象出版社2001年版，第82页。
④ 参见王子初总主编：《中国音乐文物大系》（山东卷），大象出版社2001年版，第83页。

其四,1951年山东省博物馆收藏由丁德萱先生捐献的凤纹钮钟1件。钟腔呈合瓦形,于口弧曲,舞上钮呈椭圆形。钲、舞部均素面无纹饰。腔两面均饰双连体凤纹。唯见侧右鼓部有阴线凤鸟纹。钟腔内有音梁。[1]

其五,1975年在莒南县大店镇春秋晚期墓葬中出土游钟(钮钟)9件,其形制、花纹相同,大小不一,依次递减,应是一套实际演奏的乐钟。钟呈合瓦形,通体褐色,铸造浑厚,铣棱斜长,于口弧曲。舞上有长方形小钮。腔面枚作涡纹乳钉状浅枚。腔面以圆梗式阳纹分隔枚、篆、钲部,饰有蟠螭纹和蟠虺纹。铣、鼓、钲部分别铸有铭文共70字,即"隹(唯)正月初吉庚午𦭶叔之中子平自作铸其游钟,玄镠鋿鑢(铝)乃为之音,都都雕雕眡(闻)于顶东,中平善攼(发)𣄧考,铸其游钟以添其大酉(酉)圣智龚哴,其受此眉寿万年无谋(期),子子孙孙永保用之"。这两座长达10米方形竖穴墓,殉葬10人。该墓随葬有青铜礼乐器、陶器、兵器和车马器。其中出土有7件陶鼎、壶、豆、甗、罐、壶等。以M1而言,出有青铜钮钟一套9件和镈钟2件。M2出土钮钟一套9件,其上铭文为"游钟"。还同时出土一套石编磬,残存12件。墓主随葬器物有礼乐器,还殉葬了10个人,可见其身份地位之高。莒南县在春秋时期为鲁东南较强盛的诸侯所占据。该墓年代应为春秋早期。[2]

其六,1995年6月在长清县五峰山乡北黄崖村仙人台邿国M5出土钮钟9件(同出一套编磬14件)。其时代为春秋晚期。这组钮钟形制、花纹相同,大小不一,依次递减,应为一套组合的钮钟。舞平上有环形钮,钟呈合瓦形。铣棱外斜,于口弧曲。钟钮有绳纹,舞有钩形云纹,篆部饰以菱形几何纹样,其特色突出。

图一三一　山东长清县五峰山乡北黄崖村仙人台 M5 钮钟 9 件（春秋晚期）

① 参见王子初总主编:《中国音乐文物大系》(山东卷),大象出版社2001年版,第83页。
② 参见王子初总主编:《中国音乐文物大系》(山东卷),大象出版社2001年版,第84页;山东省博物馆、临沂地区文物组、莒南县文化馆:《莒南大店春秋时期莒国殉人墓》,《考古学报》1978年第3期。

整套钟保存完好,其上均有一层绿锈。钟口内唇有音梁,见有调音和锉磨痕迹。唯第 8 号钟即 M5：22 未进行调音或锉磨,仅见钟腔内原有的音梁。音乐性能方面其正、侧音之间音列为徵、羽、宫、商、角、中（或和）、徵、羽、宫。①

其七,1995 年 6 月在长清县五峰山乡北黄崖村仙人台邿国墓地 M6 墓出土钮钟 9 件（同时出土甬钟 11 件,编磬 10 件）。这组钮钟形制、花纹相同,大小不一,依次递减。舞上有方环形钮,钟呈合瓦形,其铣棱微弧曲。钟口弧曲明显。钟腔面置螺形枚。篆部饰有夔龙纹,鼓间中部饰有圆圈纹,标示出敲击点。②

其八,1977 年在蓬莱市柳格庄墓群 M6 出土钮钟 9 件。钮钟保存完好,通体绿锈较厚,其形制、花纹相同,大小不一,依次递减。钟呈合瓦形,于口略弧,两铣内敛,钟的舞面微凸,其上有方形钮。钟腔两面共有 24 枚。在正鼓部有圆圈纹是为击钟位置。钟各部位分别饰有夔纹、螺纹等。钟梁架虽腐,但可辨别腐烂漆皮痕迹。两端并有立柱结构。下葬前钮钟应为悬挂。其上绘制有红漆与描绘的黑色曲尺形纹,呈现鳞状。这组钟尚无测音资料。这个墓葬区同时有西周、春秋、战国各时期的墓葬出现。尤其春秋时期的墓葬发掘了 6 座。墓中同出有陶器即鼎、簋、豆、罐等,青铜器有提链壶等。钟架旁有长条形漆木器,虽腐朽,但可推断为木琴。二层台上还有一些腐烂朽木,疑为鼓乐之类。该墓所出的乐器无疑为音乐考古研究者和音乐史研究者提供了可贵资料。③

其九,1982 年在临沂市相公乡王家黑墩凤凰岭春秋墓出土钮钟 9 件。通体饰有黄锈,钟呈合瓦形,两铣外斜。其形制、花纹相同,大小不一,依次递减。舞平,其上有长方形钮。于口弧曲。钟面有明显的框隔区,将枚、篆、钲格划分开,腔两面共有 36 个柱状枚。钟各部位分别饰以蟠螭纹。钲部铭文被锉磨仅见笔道。④

其十,1982 年在滕州姜屯镇庄里西村古墓出土钮钟 9 件（同时出土 4 件镈钟）。这组钮钟其中 2 件破裂,其余都保存完好。形制、花纹相同,大小不一,依次递减。舞上有方形环钮,钟呈合瓦形,两铣外斜,于口呈弧曲形,舞、鼓、篆分别饰以勾连卷云纹、交龙纹和三角雷纹。这应是一处春秋时期的墓葬区,

① 参见王子初总主编:《中国音乐文物大系》（山东卷）,大象出版社 2001 年版,第 86 页;山东大学历史文化学院考古系:《长清仙人台五号墓发掘简报》,《文物》1998 年第 9 期。
② 参见王子初总主编:《中国音乐文物大系》（山东卷）,人象出版社 2001 年版,第 86 页。
③ 参见王子初总主编:《中国音乐文物大系》（山东卷）,大象出版社 2001 年版,第 91 页;烟台市文物管理委员会:《山东蓬莱县柳格庄墓群发掘简报》,《考古》1990 年第 9 期。
④ 参见王子初总主编:《中国音乐文物大系》（山东卷）,大象出版社 2001 年版,第 93 页;山东省兖石铁路文物考古工作队:《临沂凤凰岭东周墓》,齐鲁书社 1988 年版。

图一三二　山东海阳市嘴子前 M4 钮钟 2 件（春秋晚期）

1978 年当地人在附近一座滕国墓葬发现编磬 13 件。可见，在春秋晚期礼乐制度仍然为诸侯与贵族们所顶礼膜拜。这些贵族墓葬不仅随葬青铜礼器，而且随葬贵族享用的悬乐编钟和编磬，理应值得音乐考古工作者和音乐史研究者高度重视。①

其十一，1994 年在海阳嘴子春秋古墓群 M4 出土钮钟 2 件（同出甬钟 7 件）。钮钟保存完好，呈合瓦形，绿锈甚厚，无枚。钟面饰 S 形勾线纹，舞面饰龙纹。②

其十二，1983 年在诸城市都吉台村东的一座春秋墓出土钮钟 9 件。这 2 件钮钟形制古朴，唯 3、4 号钮钟残缺，其余均保存完好。钟体铁绿色锈较厚，形制、花纹相同，大小不一，依次递减。舞上有索状环钮。钟呈合瓦形，舞平，于弧，两铣外斜，无枚。钟各个部分分别饰以蟠虺纹。钟锈蚀残哑，未测音。该墓同出青铜器盘、匜、壶等十余件，也应为一座贵族墓地。有关山东各地所出先秦时期乐钟较为丰富。诸如蓬莱、滕州、沂水、临沂、阳信和长清仙人台等，出土钮钟数量之多，保存完好，尤其春秋之世山东地区的青铜乐钟均为一钟双音，多为

① 参见王子初总主编：《中国音乐文物大系》（山东卷），大象出版社 2001 年版，第 95 页。

② 王子初总主编：《中国音乐文物大系》（山东卷），大象出版社 2001 年版，第 100 页；烟台市文物管理委员会、海阳县博物馆：《山东海阳县嘴子前春秋墓的发掘》，《考古》1996 年第 9 期。

9件一套,尚为礼乐制度的"传统定规",值得音乐考古工作者和音乐史研究者的高度重视。①

（四）上海、江苏收藏或出土的春秋时期的青铜钮钟

1. 上海收藏出土春秋时期钮钟

上海博物馆收藏"天尹钟"、"双首龙纹钟"、"者㓞钟"、"子璋钟"、"僕儿钟"、"交龙纹钟"等。诸如此类钟保存完好,部分钟并铸有铭文。江苏地区分别在丹徒大港北山顶、邳州市戴庄乡梁王城旁九女墩、六合程桥镇、连云港市锦屏山尾矿坝等地出土较多春秋时期的钮钟。不仅保存完好,而且多以9件组合钮钟出土,其造型别致、花纹精细,大部分钟上铸有铭文,音乐性能俱佳。

其一,上海博物馆藏（48193）有"天尹钟"1件。舞上有六棱柱环形钮,甚显精糙。于口微曲,钟腔内壁平整,未见调音痕迹。唯见钮钟两面满饰兽面纹,尽显精美。钟上两面有乳状浅枚36个。一面左铣铸有一行五字铭文,即"天尹乍（作）元弄"。该钟时代定在春秋早期。②

其二,上海博物馆藏有春秋早期双首龙纹钟1件。钟为合瓦形,舞上有长方形环钮,钟通体饰两头龙纹和卷龙纹,并见两龙角之间有一牛头纹。钟内壁有后刻文字。其

图一三三　上海博物馆收藏天尹钟（春秋早期）

---

① 参见王子初总主编:《中国音乐文物大系》（山东卷）,大象出版社2001年版,第100页。

② 参见黄翔鹏总主编:《中国音乐文物大系》（上海卷）,大象出版社1996年版,第67页。

音乐性能良好,钟腔内有8条锉痕。①

其三,上海博物馆藏有春秋晚期"者*汈*钟"1件。该钮钟保存完好,舞上有长方形环钮。铣棱外斜,于口略弧。钮、舞分别饰龙纹、蟠龙纹。腔面有圆涡浅枚36件。篆间饰三角形回顾龙纹。鼓部有8幅交叠的图像,极为精致。通高25.3厘米。钟体正、背鼓部两侧铸有铭文16行49字:佳(惟)戉(越)十有九年,王曰:者*汈*,女(汝)亦虔秉不墬(坠)悳(德),台(以)克*緯*光朕卲(昭)丂(考)之

图一三四　上海博物馆收藏者*汈*钟(春秋晚期)

懋学(教)。*趄趄*哉(辅)弼王乇(宅),*窪*(往)攷(捍)庶*跳*(盟),台(以)祇光朕立(位)。今余其念,*譴*乃有。

分别在2件大钟上和4件小钟上铸有铭文,全篇铭文计92字。则下段铭文为:"齐休*觨*(告)成,用禹(称)刺壮,光之于聿(肆),女(汝)其用*纟*(兹),旻(晏)安乃寿,囡(思)逸庚(康)乐,勿有不义訆(诰)之于不*啻*,佳(惟)王命,元(*鼌*)*頍*(没)乃德,子子孙孙永保。"其音乐性能良好,钟梁内壁有音梁。铭文开篇则"佳(惟)戉(越)十有九年,王曰:者*汈*……","者*汈*"是勾践之大夫。即越王勾践的十九年,公元前478年,《史记》司马贞《索隐》云柘稽:"越大夫也"。学者则认为"者*汈*"钟铭文为越王训子的言辞,即为越王翳之子诸咎。另此铭为对

① 参见黄翔鹏总主编:《中国音乐文物大系》(上海卷),大象出版社1996年版,第68页。

大夫的命辞。这件钮钟造型别致,花纹精细,铭文内容十分丰富,有利于探索春秋时期吴越文化与礼乐制度的关系。①

其四,上海博物馆藏有春秋时期的"子璋钟"3 件。从该钟铭文书法艺术风格看,则与传世的郳子妆簠近似。铭文内容与许子钟相类。应该为春秋时期许国的器物。编号为 62246 钟略残。形制、花纹相同,大小不一。舞上有方形环钮,于口钮弧,钟壁厚实。钟面呈螺旋形枚。钟各部位分别饰以蟠龙纹、三角形蟠龙纹等。其中编号 7238 钟钲部左、右鼓部(正、背左、右鼓)铸有铭文 10 行 45 字:

佳(惟)正十月初

吉丁亥,群孙

斨子璋,子璋罩(择)

其吉金自

乍(作)龢钟,用

匽(宴)𠤰(以)喜,用

乐父䟽(兄)者(诸)

士,其眉寿

无基(期),子子孙孙

永保鼓之。

编号 62246 钟、编号 38244 钟均铸有铭文。钟音乐性能,钟腔内有 4 条音梁,并有锉磨凹痕。②

其五,上海博物馆藏有春秋晚期僕儿钟(余赎𨝗儿钟)2 件。编号 26386 钟完好无缺,编号 41523 残后修复。铭文部分刻,残存十余文字。形制、花纹相同,舞上有呈塔式对称方形钮,饰有龙纹。于口略弧。钟面呈螺旋式枚。钟上舞、钲上缘、篆、鼓部均饰变形龙形。编号 26386 正、背、钲、鼓(左、右)部铭文为:

佳(惟)正九

月初吉

---

① 参见黄翔鹏总主编:《中国音乐文物大系》(上海卷),大象出版社 1996 年版,第 68 页。
② 参见黄翔鹏总主编:《中国音乐文物大系》(上海卷),大象出版社 1996 年版,第 71 页;马承源:《商周青铜器铭文选》,文物出版社 1988 年版,第 611 页。

294

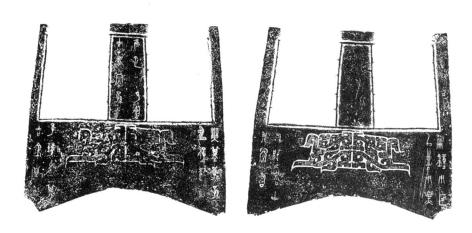

图一三五　上海博物馆收藏子璋钟（春秋晚期）

丁亥，曾
孙僕儿
余迭
斯于
之孙余
兹佫之
元子，
曰：於
虖，敬
哉！余。

铭文意未尽，此为全文之上半
部，全文应有74字，其下半部为：

义楚之良臣，而迟之字
（慈）父，余購遮儿得吉金镈铝，
台（以）铸龢（和）钟，台（以）
追孝兟且（祖），乐我父兄，歆
（食）訶（歌）舞。子孙用之，
後民是语（娱）。

图一三六　上海博物馆收藏僕儿钟（春秋晚期）

音乐性能良好，钟腔内有调音锉磨的痕迹。该钟铭文"余兹佫"、"余地达斯于"、"僕儿"应为器主或者墓主人名字。《春秋·昭公六年》曰："徐义楚聘于楚。"义楚则为徐王名，铭文中的"僕儿"是徐国的大夫。这批青铜乐钟和铜器应为徐国器。春秋时期仍以钟鼎铭文记载史事盛行于世。此钟铭也有"余膊逨儿得吉金镈铝，台（以）铸龢（和）钟"和"乐我父兄，歙（食）诃（歌舞）"等辞，更显示金石之声的魅力和礼乐歌舞之盛的社会局面，为音乐考古研究者和音乐史研究者提供了重要的出土文献资料。①

其六，上海博物馆藏春秋时期交龙纹钮钟3件。即编号18447、10194、21786。其造型、花纹、风格各异。钟于口与铣角微磕。舞上植半环钮，饰以绳索纹。舞部和腔面饰龙纹、交龙纹和绳纹。正、侧鼓部铸制圆涡纹敲击的标志。舞上植长环形钮，饰以绳纹。舞、钟腔表面、鼓部分别饰以龙纹、交龙纹和鸾鸟纹。钟腔内有锉磨的凹痕，正侧鼓部也有敲击的标志图案。舞上植长方形钮，饰变形龙纹，舞、鼓、钲部分别饰以交龙纹、几何纹。尚见正面钲间纹饰铲刮后再刻上铭文。钟两面有浅乳钉枚。以上3件交龙纹钮钟风格各异，非一地出土乐器，但诸乐钟保存完好，造型精美，仍然可按时代、类型比较研究，归属于吴越或者楚器，对音乐考古工作者和音乐史研究者来说，并不难以解决这些课题。②

2. 江苏收藏出土春秋时期钮钟

江苏为春秋吴国之地，金石乐器在各地出土数量之多，仅以钮钟而言，先后在丹徒大港北山顶、邳州、六合程桥、连云港等地相继出土。

其一，1984年在丹徒大港北山顶春秋晚期吴国贵族墓出土遳邟钮钟7件。（同出一套5件镈钟，錞于一套3件，丁宁1件，编磬一套12件，悬鼓环1件，鼓桴头1件）。钮钟造型别致，形制、花纹相同，大小不一，依次递减。钟呈合瓦形，铣角下垂外斜，于品弧曲，舞上植长形环钮，素面无纹。钟体色呈绿黄锈，饰以蟠螭纹，枚为蟠龙形，鼓部以4条变体龙纹相对为饰，以显精美。钮钟一面左右鼓间铸有铭文72字，如：

唯王正月初吉丁亥舍（徐）王之孙寻

楚獣之子遳

---

① 参见黄翔鹏总主编：《中国音乐文物大系》（上海卷），大象出版社1996年版，第75页。
② 参见黄翔鹏总主编：《中国音乐文物大系》（上海卷），大象出版社1996年版，第76—77页。

邟择辝吉金

乍铸和　　　　　　　　　　　　　（右鼓）。

钟台（以）享于我先祖。余

镛镠是择允唯　　　　　　　　　　　（钲间）。

　吉金，乍铸

　和钟。我台（以）题

以南中鸣媞好。

我以乐我心它＝巳＝，子＝孙＝羕（永）保用之（左鼓）。

钟内有音梁和调音锉磨痕迹。这组钟造型别致，花纹精致，铭文内容丰富，尤其有钟、磬为徐国器，"遾邟"为徐王之孙，寻楚之子，亦即作鼎的"甚六"。历史文献记载"甚六"为徐王章羽，该墓所出吴王余眛矛诸器，可推测墓主应为吴寿梦之三子，即吴王余眛。墓中随葬诸多金石之乐和打击乐器，为研究春秋时期南方吴地的礼乐制度提供了宝贵资料。①

图一三七　江苏省丹徒大港北山顶遾邟钮钟（春秋晚期）

其二，1993 年 12 月在邳州九女墩 M3 出土钮钟 9 件（同时出土的乐钟甬钟 4 件，镈钟 6 件，编磬 13 件，石柎头 1 个）。钟造型别致，形制、花纹相同，大小不一，依次递减。质地优良，发音洪亮，舞上有长方钮，其上素面无纹，两铣齐直，于口弧形，钟两面有螺旋纹枚 36 个。舞、篆、鼓部分别饰以夔龙纹、雷纹等，其钲部及两铣铸制铭文。这组钟以 9 件组合的特点，如河南、山西、山东和江西诸地区所发现的春秋时期钟乐一样，以显礼制与乐制的特别规定和思想

---

① 参见黄翔鹏总主编：《中国音乐文物大系》（江苏卷），大象出版社 1996 年版，第 187 页；江苏省丹徒考古队：《江苏丹徒北山顶春秋墓发掘报告》，《东南文化》1988 年第 3、4 期合刊。

特点。①

其三,1964年在六合程桥镇中学M1出土钮钟9件。该组钮钟造型、花纹相同,大小不一,依次递减。舞上植长方形纽,饰以三角雷纹。钟面舞、篆、鼓等部位分别饰以蟠螭纹、螺旋纹。蟠龙形浅枚36个,其中有9件钟正面铸制铭文37字:"隹王正月,初吉丁亥,攻敔仲终戉之外孙,坪之子臧孙,择厥吉金,自作和钟,子子孙孙,永保是从"。该墓钮钟形制、花纹、风格与安徽寿县蔡侯墓、信阳楚墓所出钟乐风格相近,其钟铭文字书法艺术风格则与传世的子璋钟、吴王夫差剑年代相近。②

其四,1968年在六合程桥镇东陈岗城上M2出土春秋晚期钮钟7件。这组钮钟锈蚀严重。其中16946、16948、16949钟有残痕。钟造型别致,形制、花纹相同。舞上呈长方形纽,饰以三角云纹。其篆、舞、鼓各部位分别饰以蟠螭纹和螺旋纹。钟面螺旋形枚36个。钟上铭文锈蚀不清。唯见16950钟铭为:"旨赏□□□之甬钟。"

其五,1957年在连云港市锦屏山尾矿坝出土钮钟9件。钮钟造型别致、形制、花纹相同,大小不一,依次递减。舞上植长方形纽,钟面饰凤鸟纹、蟠螭纹等,鼓间有圆形标志的敲击点。枚呈蟠龙形共36个。春秋时期钮钟走向悬乐的主体地位,这些钟乐的出现正是说明礼乐时代的变革在起作用。③

(五)湖南地区收藏出土春秋时期钮钟

湖南地区的青铜乐钟均有南方的显著特点,无论是镈钟或是钮钟,都与中原文化和山西陕西地区的乐钟的风格不同。见于春秋时期青铜钮钟数量更少,质地不甚精良,其造型、花纹和铭文稍有逊色,尚无南方商周时期的镈钟如此精良。先后在湖南博物馆、岳阳、甘田、浏阳县北星纸背村诸地出土或收藏。

其一,湖南省博物馆收藏钮钟7件(全套是9件,缺失2件)。钟呈合瓦形,于口弧曲,铣棱两端微向内敛。舞上植有环形纽,饰以栉纹,舞、腔面、钲间、篆间满饰蟠螭纹。其鼓间素面,唯见2、4、7号钟正鼓间有圆涡状敲击标志。④

其二,1986年在岳阳县甘田乡五星村出土钮钟1件。钟体瘦长,呈合瓦形,

① 参见黄翔鹏总主编:《中国音乐文物大系》(江苏卷),大象出版社1996年版,第190页。
② 参见黄翔鹏总主编:《中国音乐文物大系》(江苏卷),大象出版社1996年版,第192页。
③ 参见黄翔鹏总主编:《中国音乐文物大系》(江苏卷),大象出版社1996年版,第198页。
④ 参见王子初总主编:《中国音乐文物大系》(湖南卷),大象出版社2006年版,第96页。

于口近平,舞上植变形的环形长钮。腔体表现无钲、篆、枚设施。独件钮钟近似瓜形,此与中原、北方和西部地区春秋时期的钮钟风格迥然有别。①

其三,1960 年在长沙废铜仓库拣选征集春秋蟠螭纹钮 1 件。钮钟一面残缺,锈蚀严重,钟呈合瓦形,舞上植长方形钮,于口弧曲,铣棱两端微敛。钟两面浅枚 36 件,钟各部位分别饰以 S 形纹、三角形纹、蟠螭纹等。②

其四,湖南省博物馆收藏钮钟。这些乐钟并非一地一起搜集的,一般是以 1 件、2 件、5 件分别在各个地域收集的。这批钮钟均具有南方乐钟特点,少量钮钟也兼有中原文化风格,值得音乐考古工作者将南北地区音乐文物进行比较研究。③

图一三八　湖南省博物馆收藏蟠螭纹钮钟（春秋初期）

四、春秋时期的编磬

春秋时期的编磬也在山西、河南、山东、江苏、四川、湖南等地成组出土,有的在墓葬中与编钟伴出,也有在墓葬或窖藏、乐坎中单独出土的。编磬为悬乐中不可缺失的部分,并且形成编组进入钟磬金石之声的系列,成为音乐考古和音乐史研究的主要对象之一。磬是在悬乐中历史最早的乐器之一,早于青铜乐器,从新石器时代、夏、商、周历史发展过程中,其演进的历史不仅悠久,而且文化底蕴和音乐元素更能代表中华民族优秀文化的精髓。

---

① 参见王子初总主编:《中国音乐文物大系》(湖南卷),大象出版社 2006 年版,第 100 页。
② 参见王子初总主编:《中国音乐文物大系》(湖南卷),大象出版社 2006 年版,第 100 页。
③ 参见王子初总主编:《中国音乐文物大系》(湖南卷),大象出版社 2006 年版,第 100—103 页。

（一）山西收藏或出土春秋时期的音乐文物编磬

山西地区诸如曲沃县曲村乡天马——北赵晋侯墓、长治分水岭春秋墓群、万荣庙前贾家崖墓葬、侯马上马墓群、临猗程村春秋墓群、太原金胜村墓群等均有编磬出土，形成了有钟必有磬相随的文化主流习俗，可证钟磬悬乐的编组使用的现实。

其一，1993 年在山西曲沃县曲村晋侯邦父墓出土编磬 18 件。该墓为 M64，共出土了两套计 18 件。见于第 1 组有 8 件编磬，以 4 件叠放，即 74—77 和 78—81 分别放置在椁室内东壁下，椁室内南壁下共 10 件为第 2 组随意放置，其损毁严重无法测音，即编号为 64—73。以形制而言，基本相同，其大小相次成列，素面。磬下边与股下边呈弧形。此外，尚无测音信息。[1]

图一三九　山西曲沃县曲村晋侯邦父墓编磬（春秋早期）

图一四〇　山西长治分水岭 M269 编磬（春秋中期）

---

① 参见王子初总主编：《中国音乐文物大系》（山西卷），大象出版社 2000 年版，第 27 页；北京大学考古系、山西省考古研究所：《天马——曲村遗址北晋侯墓地第四次第 2 期发掘》，载《文物》1994 年第 8 期。

其二，1972 年 8 月在长治分水岭 M269 出土编磬 10 件（同时出土有青铜甬钟）。考古发掘时磬分为两堆叠放。这组编磬形制基本相同，大小不一，依次递减，均为素面。呈扁长形，倨勾状并有倨孔。其股下边和鼓下边形成弧形。石质一般，为青石质，少数磬残损。①

其三，1972 年 8 月在长治分水岭 M270 出土编磬 11 件（同出甬钟）。这组编磬计 11 件，即 38—48 号，形制基本相同，大小不一，依次递减，其素面无纹。呈扁长形，倨勾形有倨孔，为弧形，青石质，尚有残破。②

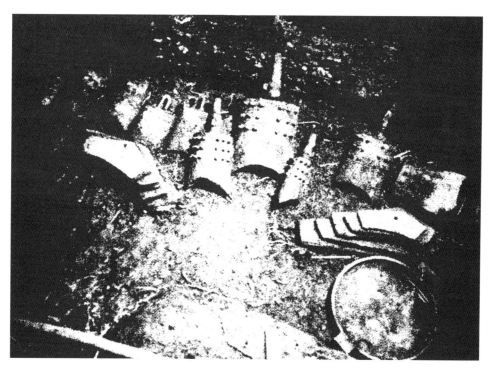

图一四一 山西长治分水岭 M270 编磬 11 件（春秋中期）

其四，1987 年至 1989 年先后在临猗程村 M1001 出土编磬 10 件（同出钮钟）。该墓 M1001 出土这 10 件磬分为 2 组，以 5 件为 1 组，出土呈相互叠压状态。其石质为青色，略显粗糙，磬面尚有演奏时留下的敲击或制作时锉磨的痕迹。出土时也呈曲尺形摆放，即 22—26 为一组放在西边，27—31 为一组放置在东边。

① 参见王子初总主编：《中国音乐文物大系》（山西卷），大象出版社 2000 年版，第 27 页；山西省文物工作委员会东南工作组、长治市博物馆：《长治分水岭 269、270 号东周墓》，《考古学报》1974 年第 2 期。

② 参见王子初总主编：《中国音乐文物大系》（山西卷），大象出版社 2000 年版，第 27 页。

诸如 22、24、27、28、30、31 号磬残损严重,其余诸磬完好。①

其五,1988 年 5 月在太原南郊金胜村发掘的春秋晚期晋国赵卿墓出土编磬 13 件(同时出土镈钟)。这组编磬计 13 件,其形制基本相同,大小不一,依次递减。呈倨勾形的磬有倨孔,股与鼓的下边形成弧形。因其色白质脆导致大部分磬残断,仅见少数磬完整,故无测音信息②。

其六,1960 年在侯马上马春秋时期墓地 M5218 出土编磬 10 件(同出编镈)。这组编磬 10 件,其编号 M5218:23-1-10,出土时均叠放在墓坑内,其石质为细砂岩灰白色,质地较为粗糙,其发音混涩不清,石磬大部分残裂,尚无测音信息③。

其七,1960 年在侯马上马春秋时期墓地 M1004 出土编磬 10 件(同出编镈)。这组编磬以 5 件为一叠放在一起,即 M1004:30—34 共 5 件磬放一叠,另 5 件 M1004:35—39 共 5 件磬放一叠。其石质为页岩青灰色,质地细腻,发出的声音清脆悦耳,出土时分别叠放在棺椁的西部。未见有测音信息④。

其八,1958 年在万荣县庙前村东周墓群(春秋晚期)58M1 出土编磬 10 件(同出编钟)。这组编磬编号 1—10 放置在该墓椁室东北角,其形制基本相同,大小不一,依次递减。编磬为倨顶型,青石质深灰色,素面无纹饰,磬块多有损毁。该墓葬与磬同出还有乐器编钟和青铜礼器鼎、舟、壶,也出土有车器等。可见,墓主身份地位较高,随葬青铜礼器和金石类乐器,值得音乐考古工作者高度关注。⑤

其九,1992 年 7 月在翼城县南唐乡河汾村东周墓群中出土编磬 9 件。这组编磬表面光滑,磬面有锉磨调音痕迹,磬上留存有演奏时敲击的痕迹。部分磬残断,但大部分保存完好,并能发出悦耳的声音。⑥

(二)山东收藏或出土春秋时期的音乐文物编磬

山东地区春秋时期的编磬主要出土在长清、滕州、临淄诸地的墓葬中。

---

① 参见王子初总主编:《中国音乐文物大系》(山西卷),大象出版社 2000 年版,第 28 页;山西文物工作委员会晋东南工作组、长治市博物馆:《长治分水岭 269、270 号东周墓》,《考古学报》1974 年第 2 期。

② 参见王子初总主编:《中国音乐文物大系》(山西卷),大象出版社 2000 年版,第 30 页;山西省考古研究所、太原市文管会编:《太原晋国赵卿墓》,文物出版社 1996 年版。

③ 参见王子初总主编:《中国音乐文物大系》(山西卷),大象出版社 2000 年版,第 28 页;山西省考古研究所:《上马墓地》,文物出版社 1994 年版,第 165—166 页。

④ 参见王子初总主编:《中国音乐文物大系》(山西卷),大象出版社 2000 年版,第 31 页。

⑤ 参见王子初总主编:《中国音乐文物大系》(山西卷),大象出版社 2000 年版,第 32 页。

⑥ 参见王子初总主编:《中国音乐文物大系》(山西卷),大象出版社 2000 年版,第 33 页。

其一，1995年在长清县五峰山乡北黄崖村仙人台邿国墓地 M5 中出土编磬14件（同出编钟），其时代则在春秋早期。这组编磬大部分保存完好，14 件编磬中唯第 7 号和第 4 号磬已残。这组磬为石灰岩，其石质不完全相同，即墨黑色、青灰色和灰白色等，其造型精致规整，磬的背部作倨句形，其底以弧形向上收敛，有倨孔，为单面钻孔。以耳测编磬从最大者至最小者则构成徵、羽、宫、商、角、徵、羽、宫、商、角、中、徵、羽、宫等音列。"在两个半八度内构成完整的五声（或六声）音阶，于至今出土的先秦编磬中仅见，极为难得"。[①]

图一四二　山东长清县五峰山乡北黄崖村仙人台 M5 编磬（春秋早期）

其二，1995年在长清县五峰山乡北黄崖村仙人台邿国墓地 M6 中，出土编磬 10 件（同出钮钟和甬钟）。这组编磬大部分保存完好，唯见 M6：33 号磬中部断裂，部分磬上有些溶蚀，余者均保存完好。形制精美，规整别致，以青灰色石灰加工而成。呈倨勾形，其底部为弧形内敛，倨孔为单面透钻。以耳测该编磬音质良好。从最大者至最小者则构成羽、宫、商、角、徵、徵、羽、宫、商、和等音列，也与 5 号墓磬一样，在一个半八度内构成完整五声（或六声）音阶，其发音较为准确。[②]

其三，1978年在滕州庄里西村滕国墓葬出土编磬 13 件。这组编磬中有 2件残断，其余均保存完整。磬呈青黑色石灰岩制作而成。形制基本相同，大小不一，依次递减，应为一组。在该墓附近约 50 米处，于 1982 年又发现一座古墓葬，出土编镈 4 件（前已有述），钮钟一组 9 件，以及出土青铜器和玉器等。可见，在春秋晚期滕国仍然崇尚礼乐风俗，贵族墓葬中随葬青铜礼器和金石悬乐器风

---

① 参见王子初总主编：《中国音乐文物大系》（山东卷），大象出版社 2001 年版，第 143 页；山东大学历史文化学院考古系：《长清仙人台五号墓发掘简报》，《文物》1998 年第 9 期。

② 参见王子初总主编：《中国音乐文物大系》（山东卷），大象出版社 2001 年版，第 148 页。

图一四三　山东临淄齐故城编磬 12 件（春秋）

俗极盛，音乐考古工作者和音乐史研究者应高度关注①。

其四，1965 年山东省文化局临淄文物工作队对临淄齐故城进行考古发掘，从春秋时期墓葬中出土一组编磬。仅见第 3、4 号磬断裂外，其余均保存完好，磬为石灰石制作而成，其面光滑，形体规整。磬似近弧形，倨孔呈管状。形制基本相同，大小不一，依次递减。②

（三）河南收藏或出土春秋时期的音乐文物编磬

中原地区出土春秋时期的编磬在淅川、洛阳等少量地区发现。

其一，1978 年在淅川下寺春秋晚期楚墓 M2 出土编磬 13 件（同出王孙诰钟 26 件）。这组编磬为青色岩制作而成。磬体光滑无纹饰，上有溶蚀点状，其中一件磬残断成多块。形制基本相同，大小不一，厚薄不均。鼓部窄长，面短宽。倨孔以双面对钻，孔外留存着系绳痕迹，大概是当时用于演奏时留下的痕迹。又见于其鼓和股下边作弧形，尚无明显分界线。其音乐性能良好③。

其二，1978 年在淅川下寺春秋晚期楚墓 M10 中出土编磬 13 件（同出**镈

图一四四　河南淅川下寺 M2 编磬 13 件（春秋晚期）

---

①　参见王子初总主编：《中国音乐文物大系》（山东卷），大象出版社 2001 年版，第 150 页。

②　参见王子初总主编：《中国音乐文物大系》（山东卷），大象出版社 2001 年版，第 157 页。

③　参见黄翔鹏总主编：《中国音乐文物大系》（河南卷），大象出版社 1996 年版，第 60 页；河南省文物研究所等：《淅川下寺春秋楚墓》，文物出版社 1991 年版。

8件和鎛钟9件）。这组编磬在墓葬出土时呈一字排列，应为下葬时编磬悬挂在磬架上，大概因木架腐烂后散落于地。磬为石灰岩制作而成。其形制相同，厚薄不等，大小不一，依次递减。鼓窄长，股宽短，倨勾形磬上有倨孔。因其石质甚差，故有6件磬块断为两截。该墓出土鎛、钟、磬三种悬乐器，其数量之多，实属少见。钟、磬随葬时呈曲尺形摆放，显然与礼乐制度有着密切关系。同时还出土了青铜礼器等，随葬如此之多的礼器与乐器，反映出墓主人身份地位之高而贵族阶层享用礼乐之风甚浓。[1]

其三，河南省博物馆收藏东周时期编磬9件，据传这组编磬在三门峡市出土。这组磬为石灰岩磨制而成，形制基本相同，大小不一，逐次递减，其股、鼓分明，磬底部呈弧形。为东周时期常见的石磬造型，显得十分精美。[2]

其四，1954年在洛阳中州路东周墓葬260座中，出土编磬10件。这组编磬除第2号编磬鼓部略残外，其余均保存完整。以灰色石灰岩精制而成，磬作倨勾形，其下部略弧，倨孔规整，素面无纹。[3]

其五，1982年在洛阳西工解放路北段东周陪葬坑出土编磬23件（同出编钟22件）。这组磬以青石磨制而成，光滑规整，其形制基本相同，有五边形者下边

图一四五　河南洛阳中州路东周墓葬编磬10件（春秋）

内弧。大小依次递减,厚薄不均。鼓与股上厚下薄,又见其股薄比鼓薄要厚一些。倨孔圆形为多次钻成。磬中面则存有凹坑。该墓陪葬坑出土编磬数量之多,制作之精美,同时还出土青铜礼器 100 余件,出土编钟 22 件之多,可谓礼乐之风盛行,可证周代礼乐制度在中原地区承继之甚,金石之乐与乐悬制度还未完全走向礼崩乐坏的地步。这为音乐考古工作者和音乐史研究者们提供了珍贵的资料。[①]

（四）陕西出土春秋时期的音乐文物编磬

西部地区陕西境内从商代至两周之际,石质乐器编磬一直很少出现,1985 年至 1986 年在陕西凤翔县城南三畤塬上春秋时期秦公一号大墓,出土编磬 8 件。该墓曾数次被盗,残损严重,这组磬出土时放在磬匣里,以匣殉编磬的形式应视为墓主人对乐器十分珍爱。编磬均以青色大理石制作而成,一部分磬面溶蚀严重,也有一部分保存完好。编磬形制相同,素面无纹。唯见多数磬上有铭文。M1：578 铭文：䲧(鐘)用无疆,□□□□,寝龔(共)氃(雍)四□□□□。M1：33 鼓中断,粘合。无铭文。M1：543 铭文：隹(唯)四年八月初吉甲申。M1：577 铭文：绍天命日竈(肇)尃(敷)䜌(蛮)。M1：884 铭文：□政,不廷金鋹静,上帝是癸(？),左以灵神。M1：258 铭文：受鬤(眉)寿无疆,屯鲁吉康,□□。M1：303 无铭文。M1：298 无铭文。M579 铭文：天子匽喜,龔趄是嗣。[②]"龔与共相通,趄与桓亦通。共,当指秦共公。趄,当指秦桓公。嗣,当为继承人之意。按照秦国各代国君继位的先后顺序,桓公继位于共公,为其子;而景公则为共公之孙,继位于桓公,由此推断,'龔趄是嗣'即指秦景公无疑。"[③]

该墓位于春秋末期至战国中期秦国国都雍城,遗址在今凤翔县城南,这里有 19 位秦国国君埋葬在这个秦公陵园。秦公一号墓是该陵园唯一被发掘的国君墓葬,极具时代典型性、代表性,仅见殉葬者就有 185 具,其中包括大臣、奴婢和牲畜等,其磬匣与奴婢殉葬在一起,可能死者生前是重要的演奏编磬的磬师。对该墓随葬礼器和乐器及其与殉人习俗的研究,有助于了解春秋战国时期西部秦人的社会制度和礼乐制度的关系。[④]

（五）江苏收藏或出土春秋时期的音乐文物编磬

江苏春秋时期的编磬仅见丹徒和邳州九女墩等处出土。

---

① 参见黄翔鹏总主编:《中国音乐文物大系》(河南卷),大象出版社 1996 年版,第 62 页。
② 参见黄翔鹏总主编:《中国音乐文物大系》(陕西卷),大象出版社 1996 年版,第 19 页。
③ 参见黄翔鹏总主编:《中国音乐文物大系》(陕西卷),大象出版社 1996 年版,第 19 页。
④ 参见黄翔鹏总主编:《中国音乐文物大系》(陕西卷),大象出版社 1996 年版,第 19 页。

图一四六　江苏丹徒大港北山顶吴国贵族墓编磬 12 件（春秋晚期）

其一，1984 年在丹徒大港北山顶春秋晚期吴国贵族墓侧室出土编磬 12 件（同出编镈 5 件，钮钟 7 件，錞于 3 件，丁宁 1 件、悬鼓环、石杵头各 1 件）。这组编磬以青灰色和黑色石灰岩磨制而成，近似曲尺形，其底边仍然呈弧形。大部分保存完好，少量磬块略有残裂和溶蚀。形制基本相同，大小不一，依次递减。倨勾处有倨孔。这座墓随葬的青铜礼器和乐器极具代表性，有成套成组的编钟、编磬和錞于、丁宁、悬鼓环等出土，从而彰显出春秋晚期至战国早期礼乐仍然兴盛。悬而未决的乐制仍在继续延用，这种历史现象值得音乐考古工作者和音乐史研究者高度关注。[1]

其二，1993 年 12 月在邳州九女墩 M3 出土春秋晚期编磬 13 件（同出乐器编钟 4 件、编镈 6 件、钮钟 9 件等）。这组编磬大多破损，保存完好者只有 6 号、8 号 2 件。以青灰色和青黑色石灰岩磨制而成。其形制基本一致，大小不一，依次递减。倨勾弧度大致相近。磬体修长美观，以鼓部稍窄长、其股部又宽短为特点。其余残，未能测音。该墓随葬的礼乐器数量之多，类型之全，多为春秋晚期具有代表性礼乐重器，对研究这个时期的社会制度和礼乐制度有着重要的参考价值[2]。

五、春秋时期的鼓乐器

春秋时期的打击乐器鼓，1978 年 3 月在河南固始侯古堆陪葬坑出土木鼓 2 件（同出编钟 1 套、镈钟 1 套、木瑟 6 架、有柄鼓 1 件和木鼓 1 件）。

---

[1]　参见黄翔鹏总主编：《中国音乐文物大系》（江苏卷），大象出版社 1996 年版，第 212 页；江苏丹徒考古队：《江苏丹徒北山顶春秋墓发掘报告》，《东南文化》1988 年第 3、4 期合刊。

[2]　参见黄翔鹏总主编：《中国音乐文物大系》（江苏卷），大象出版社 1996 年版，第 213 页。

图一四七　河南淅川徐家岭 M9 鼓架座 2 件（春秋晚期）

其一，木鼓以 M1：25 为编号，为木质扁体圆形，在考古发掘时已发现该鼓
腐烂破裂，经过复原其径为 36.3 厘米，鼓壁呈中间外弧。从鼓板痕迹分析其上、
下两面均辅皮革，但已朽烂无存，仍可见到鼓板上留有竹钉 8 个。则以 3 个竹

钉为一组，呈三角形钉法固定皮革，唯见其中两块鼓壁板之中部凿有小方孔，孔内留有方榫（榫长2.8厘米），其外面大则里面略小，足证此方孔大概是原安装鼓环之用。

其二，扁鼓编号 M1∶26，为扁体圆形，木柄与鼓壁中间外弧。呈鼓面蒙张皮革，出土时皮革已腐，尚可明辨痕迹。亦见鼓壁间有2个凿孔相对，木柄一端直接插入，通过鼓腔插入另一侧鼓壁板榫孔，更加牢固。鼓柄以彩绘云纹图案，间涂黄漆，绘以成双夔龙。其外绘以红黄交缠的绳纹，并以红色描绘出方格纹、回纹、云纹等，构图十分精美。鼓面也绘制繁缛的花纹图案，色泽艳丽，艺术水平极高。音乐性能唯见手柄鼓极为罕见，尚未配备耳锤，应为演奏者一手持鼓，一手拍击，边舞边奏。从现有资料中唯见这2件鼓为春秋晚期的漆木鼓乐器孤品。固始侯古堆 M1 出土了大批成套成组的悬乐和打击乐器，以及漆木弦乐器等，是不可多得的音乐珍贵文物，值得音乐考古工作者和音乐史研究者的关注。[1]

据《淅川徐家岭春秋楚墓出土铜兽》的考古报道，1990 年淅川县城仓房乡沿江村徐家岭 M9 出土春秋晚期青铜鼓架座 2 件。这对青铜鼓座以怪兽造型，吐舌翘尾，其形制相同，大小一致。观其鼓座造型以龙首、虎颈、虎身、虎尾、龟足，其犬齿犀利。龙头之上镂制龙蛇 6 条，以昂首、凹腰、翘尾彰显其神髓。又观其脊上镶嵌孔雀石，通体饰以凤鸟纹、虎纹、云纹、涡纹等。4 个茎作四出柿蒂状花饰于头部的两侧，还有 2 条伏于龙头后边则呈凹腰扬尾状，其鼓架之怪兽背上有一插孔，从上至下，同时周身多以龙首虎身造型，或以昂首吐舌、伸颈、凹腰作奔驰形状，显得神奇珍贵，有鬼斧神工之奇，应为历史上不可多得的艺术神品。因该墓于战国末年被盗，此怪兽则为盗剩之物，漆木器虽腐，墓中仍然有乐器的附件如环钮留存，这些青铜鼓座应有悬鼓系绳专用的环钮。[2]

六、春秋时期的瑟乐器

春秋晚期的漆木琴 1978 年 3 月在固始侯古堆大型陪葬坑内出土了 6 件（同出一套钮钟、一套镈钟等乐器）。这组漆木琴形制相同，大小一致，呈长方形。以红、黄、白三种颜色绘制成竹编织物，其色泽艳丽，线条流畅。瑟面板和底板

---

① 参见黄翔鹏总主编：《中国音乐文物大系》（河南卷），大象出版社 1996 年版，第 33 页。

② 参见黄翔鹏总主编：《中国音乐文物大系》（河南卷），大象出版社 1996 年版，第 36 页。

则以整块桐木板制作而成，厚 1.1 厘米。瑟面板微隆，底板平整，其首尾两端稍薄，镶嵌 1.5 厘米厚的档木，形成中空内腔。又见瑟岳置于面板两端，尾岳分为 3 段，形成前后错落设置，并在面板上先凿成凹槽，其后把瑟岳嵌入其内。瑟的岳上刻有 19 条弦痕，其弦痕共分 3 组，两侧各 6 条，中间为 7 条。但尾岳外侧有瑟枘 5 个，均以蘑菇状造型，雕以兽头形为枘首，下边插在瑟面板的方孔内为固，其方边长各 2.0 厘米，又见首岳呈一直线形。外侧瑟面板有 19 个弦眼，其与岳山弦痕相对。这组瑟面板四周髹以黑漆，瑟尾则以浮雕 10 条蛇纹作为装饰，盘绕瑟枘周围。瑟的尾部挡板坦缓倾斜，饰阴刻云纹，其上髹以黑漆。再见瑟的下半部中间雕刻有 8.0 厘米宽的凹槽，以 19 根弦从中穿过。底板尾端透穿马蹄形的大孔，供瑟弦从地穿出，再从瑟尾回绕缚于瑟柱上。诸如此类，见其设计制作精巧，侧壁板均刻有槽口，可嵌入其内，并在周边钉有竹钉，以便扣合严密。其两侧壁板之尾端雕刻三蛇盘绕也显精巧。可见该瑟造型别致，制作精美，则是当时演奏的实用乐器，也为音乐考古者和音乐史研究者高度关注。[1] 该墓是春秋晚期贵族墓葬随葬礼乐器的典型代表，尤其出土成套成组悬乐打击乐器和漆木弦乐器数量之多，保存完好，制作精美，造型别致，实为反映其时代礼乐制度和音乐艺术品的巅峰之作。

七、春秋时期的古筝

春秋时期的古筝所见甚少。

其一，1979 年在江西贵溪县鱼塘乡仙水岩墓群出土古筝 2 件。古筝随葬放置在墓主人棺盖之上。筝以梓木刳制而成，形制近似船形，以显古奇，木质坚硬沉重，不易腐烂，保存完好。形似半竹，其内底部横列 13 弦孔。其首部棱起呈品字形，足高 6.5 厘米。筝的尾部近似船尾之状向上微翘。其上又设枘槽。可见到在槽底开有 13 个枘孔，作两行排列，其行距 3 厘米。依次可见前行 7 孔，后行 6 孔，其间孔距相错（孔径 1.6—2.0 厘米）。设计制作十分精巧，筝面中部凹槽形同船舱，应作音箱之用。筝背如船底的造型。唯见箱面覆盖的面板已残损不存。所见以 1 件筝的码子呈桥形，为木质。其上有 4 个不规则的眼。此码子是在贵溪崖墓中所采集到唯一一件，极其珍贵。[2]

① 参见黄翔鹏总主编：《中国音乐文物大系》（河南卷），大象出版社 1996 年版，第 130 页；固始侯古堆一号墓发掘组：《固始侯古堆一号墓的发掘》，《文物》1981 年第 1 期。
② 参见王子初总主编：《中国音乐文物大系》（江西卷），大象出版社 2009 年版，第 59 页。

其二,1979年在贵溪县鱼塘乡仙水岩春秋战国时期墓群M3出土古筝1件。考古发掘发现古筝在出土时放置在棺盖之上。筝为梓木刳制而成,其中部和尾部已残断,其木质坚硬沉重,造型如同船形。槽底开有13个柄孔,孔呈圆形,柄孔呈两行排列,里面一排7孔,外面一排6孔,孔径则在1.0—1.3厘米之间。可见到古筝的尾部髹黑色漆。古筝罕见,世所难求,尤其春秋之世,在全国各地几乎难求一件古筝,这为音乐考古工作者和音乐史研究者来说,则为十分珍贵的实物资料。①

八、春秋时期青铜铙

春秋时期的青铜铙甚少。

其一,1974年在广东曲江县马坝马鞍山出土钟式铙1件。该铙有一铣角锈蚀,但无残损,其余部位保存完好。呈合瓦形,通体则为淡青锈色,质地厚实。平舞之上有圆锥形甬,中空末端封衡,甬之舞底与内腔相通,有旋无斡则正是铙的特点。旋上有刀纹为饰,其铣外侈明显,于弧略向内敛。铙面饰以阴线分隔出枚、篆、钲三区,铙两面共36枚。枚间素带无纹,篆带阴刻云雷纹为饰,其鼓饰以蟠螭纹。音乐性能则见铙腔内无音梁和无调音锉磨痕迹。

图一四八　广东曲江县城马坝马鞍山曲江钟式铙

---

① 参见王子初总主编:《中国音乐文物大系》(江西卷),大象出版社2009年版,第62页。

其钟式铙形式、纹饰和风格则与中原地区所出土的同时代的铙有别。这类器物先后在浙江长兴（1975年）、福建建瓯黄科山西坡（1978年）等南方地区也有出现。铙上纹饰风格与器物结构特点与土墩墓出土青铜器纹饰相同，其上以云雷纹、刀纹为体，应同属东南方东周时期的越人遗物。[①]

其二，1983年在佛冈县大庙峡勒冈出土钟式铙1件。铙通体呈现一层淡青色锈，其甬近舞面已断裂，旋上端已残断。钟式铙呈合瓦形。甬腔中空，其末端封衡，其下直通腔体。在舞面和旋上以阴线云雷纹为饰，铣向外侈，于口略向内敛。枚、篆、钲三区占钟腔之四分之三，钲、侧鼓部仅占面积的四分之一，尤其铙枚下移，是一种少见的不匀称之美。铙两面共36个枚，其上饰以镰刀纹。篆带则以阴刻云雷纹为饰，钲部素面无纹，中间有0.5厘米高的凸起的鼻状乳钉纹，鼓部以蟠螭纹为饰。其音乐性能方面此钟式铙有甬有旋无斡，质地精良，体大厚重，腔内尚无调音与锉磨的痕迹。[②]

其三，广东博物馆收藏周代青铜铙1件。钟腔保存完好，铁黑色，有旋无斡，旋饰有4件乳钉纹。腔面有圆钉纹枚36个，鼓饰勾连云纹，腔体口沿处饰以弦纹两周。其音乐性能方面腔内无音梁，不见锉磨调音痕迹。[③]

九、春秋时期青铜錞于

春秋时期青铜錞于这种乐器在全国各地多见。

其一，1964年5月在江西修水县上杉曾家山出土青铜錞于1件（同出钮钟1件）。该錞于通体绿锈光亮。其口部已残裂，其余保存完好。其肩部呈圆隆向外凸起，腹内收，胫足向外撇。顶部作圆形盘状，盘边向外侈，中间有一扁桥形钮，其两端为兽首。腹部相对呈圆形涡纹，周围有一圈云雷纹。其足部紧挨口沿饰有高约4.5厘米一圈纹饰。以S形卷云纹为饰，其间饰以鸟纹。[④]

其二，1985年4月在江苏镇江市丹徒县谏壁镇东南的王家山东周墓出土錞于3件（同出勾鑃）。这组錞于其中第3号保存完好。第1、2号有残损（已修复完好）。

---

① 参见王子初总主编:《中国音乐文物大系》（广东卷），大象出版社2010年版，第25页。

② 参见王子初总主编:《中国音乐文物大系》（广东卷），大象出版社2010年版，第26页；罗耀辉:《镇馆之宝——青铜器》,《清远报》2005年6月2日。

③ 参见王子初总主编:《中国音乐文物大系》（广东卷），大象出版社2010年版，第26页；罗耀辉:《镇馆之宝——青铜器》,《清远报》2005年6月2日。

④ 参见黄翔鹏总主编:《中国音乐文物大系》（江苏卷），大象出版社1996年版，第64页；薛尧、程应麟:《修水县发现战国青铜乐器和汉代铁生产工具》,《文物资料》1964年第40期。

青铜镈于浑铸,质地精良,大小不一,造型别致,三器均为弧顶无盘,虎钮置于顶端。肩部圆弧外突,腹部渐渐内收,口部略向外侈,其口部又呈椭圆形。器体上部顶端向前倾斜,又见其腰间另设置一兽钮。其三件器物花纹相同。在虎钮上饰以雷纹,顶部饰有云纹、三角云纹等,在正面肩腹间突出处饰以浮雕的人面纹。其下腹与人面纹相对处有一方框,内饰4组变体云纹。又以人面、方框为中线,其两侧各有三列突起的螺旋纹,其下有几何形纹、鸟纹和云纹等。1号通高56.5厘米,2号通高49.6厘米,3号通高43.0厘米①。

其三,1984年江苏丹徒县大港北山顶春秋晚期吴国贵族

图一四九　安徽芦古城子遗址镈于

墓葬中出土镈于3件(同出遾郑编钟)。这组镈于大小相次,形制相同。呈浅盘、束腰、平口,肩部大口部小的造型,其钮作虎形,虎身上饰以曲折纹,其腿上卷毛成旋涡状,长尾又以上卷。所见口沿有凸起的绳索纹,则在上边和下边各有一道,中间饰以变体云雷纹。镈于腰部下面呈现8条小龙构成的图案。其三器盘内纹饰有异,分别为变体云雷纹(2号)、三角形云雷纹(3号),再由十字形蝶纹分成四份,并见其内饰为变体云雷纹(1号)。《国语·吴语》曰:"(吴)王乃秉枹,亲就鸣钟、鼓、丁宁、镈于,振铎,勇怯尽应,三军皆哗,钿以振旅,其声动天地"。这座墓葬不仅出土悬乐编钟、镈、悬鼓环、丁宁、石柈头和镈于等乐器,而且出土一批青铜礼器,这与春秋时期山东沂水刘家店子1号墓中2件莒国镈于

---

① 参见黄翔鹏总主编:《中国音乐文物大系》(江苏卷),大象出版社1996年版,第220页;镇江博物馆:《江苏镇江谏壁王家山东周墓》,《文物》1987年第12期。

和安徽寿县蔡侯墓中的蔡国镈于、安徽宿县芦古城子出土的1件许国镈于均相类。相比之下许国镈于也是有盘无钮,莒国镈于有钮无盘,北山顶镈于有盘有钮,可见此镈于为该类乐器中有代表性、典型性、成熟性的乐器,正与《国语》所云吴王军乐器相符。①

其四,1962年在安徽宿县芦古城子遗址的灰堆中出土春秋时期镈于1件(同出"無者前"的铜铽)。这件镈于现藏于中国国家博物馆,是一件迄今出土时代较早的镈于。其造型古朴粗糙,器体素面无纹、无钮。其顶面以直口盘状,呈椭圆形,盘壁两侧各有一方孔,供系绳悬挂之用。其肩部向外突,腰间内束,足部略向侈,呈口部平,其边缘不整齐。镈于的盘壁上部稍残,腰间有裂纹,足部有破孔5个。②

其五,1978年在山东沂水刘家店子春秋墓出土镈于1件(同出镈、铽、石磬及青铜礼器、兵器)。该镈于铜质差、锈蚀已修复。器呈长筒形,横断面为椭圆形,其为圜首,无盘束腰,于口略向外侈。见其顶部无盘有钮,器物素面无纹饰。③

其六,1964年在广东连平县彭山东北城出土春秋镈于1件。该镈于质地欠佳,锈蚀残缺多处。又见其盘底边残缺严重。虎钮残落,器身绿色锈蚀明显。镈于腔体呈椭圆形。呈上大下小,其顶部置盘,底部平凹,口部外侈,至肩、胸膨凸,呈束直口之状。器体饰以勾雷纹、三角纹和阴刻绳纹。音乐性能则见发音清悠、纯净④。

十、春秋时期青铜句鑃

春秋时期的句鑃在浙江、江西等地均有发现。

其一,现藏于故宫博物院的"其次句鑃",是清道光四年(1824年)在浙江武康山中出土的,据载同出13件,2件有铭文。这件藏品"其次句鑃"通高51.2厘米,重7千克。此器保存良好,呈长形,椭圆,铣角外侈,于口下凹呈弧形,器下部饰以雷纹或三角雷纹。舞部平,柄扁长,近舞部略粗,饰以蟠虺纹,末端光

---

① 参见黄翔鹏总主编:《中国音乐文物大系》(江苏卷),大象出版社1996年版,第220页;江苏省丹徒考古队:《江苏丹徒北山顶春秋墓发掘报告》,《东南文化》1988年第3、4期合刊。
② 参见黄翔鹏总主编:《中国音乐文物大系》(北京卷),大象出版社1996年版,第95页。
③ 参见王子初总主编:《中国音乐文物大系》(山东卷),大象出版社2001年版,第130页;山东省文物考古研究所、沂水县文物管理站:《山东沂水刘家店子春秋墓发掘简报》,《文物》1984年第9期。
④ 参见王子初总主编:《中国音乐文物大系》(广东卷),大象出版社2010年版,第80页;朱非素:《连平县忠信公社彭山发现镈于和甬钟》,《文物通讯》1978年第3期。

素无纹饰。器身左右两侧各有铭文一行,计30字,皆反文:"正初吉丁亥,其次择其吉金铸句鑃,以享以孝,用祈万寿,子=孙=,永保用之。"铭文内容则为铸造时间、人名、用途和器物名称。根据其铭文字体风格和书法艺术特点以及花纹进行综合分析,应为春秋中晚期。①

其四,故宫博物院收藏春秋时期句鑃3件(1959年收购,均为传世品)。这组句鑃保存完好,形制、花纹等均与"其次句鑃"相同,大小不一,无铭文。此器应为春秋时期较为典型的句鑃②。

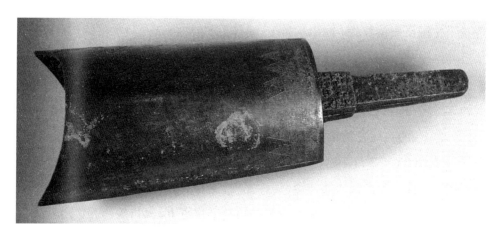

图一五〇　故宫博物院收藏其次句鑃(春秋中晚期)

其五,江西省博物馆收藏(14932)春秋时期句鑃1件。该器保存完好,但锈蚀厚而自然脱落,呈合瓦形,铣角斜直。见其于口弧曲大,舞上有二节方柱状的柄,近似锥度和长方形,其上饰以蟠螭纹,下节素面。平舞上饰以云雷纹,再见腔面接近舞处饰以蟠螭纹带一周,其上端以垂叶纹为饰。③

其六,1983年在江苏省张家港塘桥镇蔡舍出土句鑃1件。该器于口已残损不全,两侧至甬端有铸造时的合范线,甬呈扁长状,为带锥度的长方柱形。其甬下部饰蟠螭纹,舞面饰雷纹,器面上半部饰一周雷纹,其下以三角形垂叶纹为饰。垂叶间填以雷纹。④

———————————
① 参见黄翔鹏总主编:《中国音乐文物大系》(北京卷),大象出版社1996年版,第89页;容庚:《商周彝器通考》,哈佛燕京学社1941年版,附图九三六拓本。
② 参见黄翔鹏总主编:《中国音乐文物大系》(北京卷),大象出版社1996年版,第91页。
③ 参见王子初总主编:《中国音乐文物大系》(江西卷),大象出版社2009年版,第57页。
④ 参见黄翔鹏总主编:《中国音乐文物大系》(江苏卷),大象出版社1996年版,第204页。

其七，1985 年 4 月在江苏省丹徒谏壁镇王家山东周墓出土句鑃 1 件（同出锌于）。该器保存完好，句鑃腔体厚实，上有绿锈，呈合瓦形，又见六棱甬略呈锥度，其上有穿孔。器中部腰间有一周范纹，于口弧曲下垂（口朝上为正）。舞平，其口内微起唇边。音质较好，唯侧鼓音不太明显。①

十一、春秋时期青铜钲

春秋时期的钲先后在北京、湖北、上海、广东等地收藏或出土。

其一，1956 至 1957 年在河南陕县上村岭 M1052 出土春秋早期青铜钲 1 件，现藏于中国历史博物馆（同出编钟）。编号 1052：168 钲，铜质优良，其横断面接近椭圆形，铣角外侈，呈凸尖状。口曲弧凹，舞平，其上有管形柄，中空不通腔体，柄间则见一圆形空孔。该器之上饰以卷龙纹。可见这件青铜钲为春秋时期的典型之作，其制作精美，在上村岭虢太子墓出土，与此同时还出土有编钟悬乐，是音乐与考古研究的珍贵资料。②

其二，2006 年 7 月 10 日在广东增城增江西岸荔城街棠村庙岭出土春秋时期青铜钲 1 件。青铜钲通体绿锈，保存完好，其背有一芯撑遗孔，黄泥芯掺杂于绿锈之间，呈合瓦形，平舞上置一圆形柱甬。铣角直下，其铣棱凸起，于口略弧。钲各部位分别饰以水波纹，间施以锯齿状垂叶纹。钲腔内有音梁，尚未发现锉磨与调音的痕迹③。

其三，1962 年在清远县马头岗 M1 出土东周青铜钲 1 件。器呈泥黄色，保存完整。其通体布满泥芯，其器修长，呈合瓦形。平舞上置圆柱形甬，呈下粗上略细，甬下部两侧有双斡，甬之顶端圆饼干向外凸起，其甬中空已封衡，不与钟腔相通。铣直口平，腔体素面无纹饰。腔内壁有音梁，发音清脆又坚实。④

其四，湖南省新化出土春秋时期钟形钲 1 件，现藏于湖南省博物馆（25063）。该钲保存完好，绿锈厚实，其形如钟，腔体为合瓦形，呈长方形，平舞上甬呈柱状，

---

① 参见黄翔鹏总主编：《中国音乐文物大系》（江苏卷），大象出版社 1996 年版，第 205 页；镇江博物馆：《江苏镇江谏壁王家山东周墓》，《文物》1987 年第 12 期。

② 参见黄翔鹏总主编：《中国音乐文物大系》（北京卷），大象出版社 1996 年版，第 84 页；中国科学院考古研究所编：《上村岭虢国墓地》，科学出版社 1995 年版。

③ 参见王子初总主编：《中国音乐文物大系》（广东卷），大象出版社 2010 年版，第 84 页；广东省文物管理委员会：《广东清远发现周代青铜器》，《考古》1963 年第 2 期。

④ 参见王子初总主编：《中国音乐文物大系》（广东卷），大象出版社 2010 年版，第 85 页；广东省文物管理委员会：《广东清远发现周代青铜器》，《考古》1963 年第 2 期。

顶端有一环钮,应为穿系绳索之用。器身分别饰云雷纹并叠有粗云纹,或重环纹和云纹,并以阳纹分隔钲、鼓部。其腔有 10 个不规则的乳头形枚,在钲间左右排列,散作梅花状布置,钲两面共有 20 个枚,其上又施以云纹和细点纹。枚间地纹和舞部纹饰相同无异。鼓舞上方和钲部下缘饰以弦纹、三角形垂叶纹。该钲属于楚器,造型独特,形制、花纹奇异。是音乐文物考古与研究不可多得的文物珍品。①

其五,1962 年湖南省博物馆收集春秋时期青铜"二列枚钲"1 件(25077)。该器保存完整,稍有残损,虽制作较为粗陋,但其形制、花纹和螺纹枚则显古朴,平舞上有短甬,作圆柱形。两铣向外侈。于口弧曲,造型如钟,呈合瓦形,腔两面共 16 个枚,呈三叠圆台状。此甬钟形钲是春秋时期越族乐器,在湖南一些地区出现,对研究越人青铜乐器和民俗文化有重大意义。②

其六,湖南省博物馆收集的春秋时期 24 枚青铜钲(25076)1 件。通高 24.8 厘米,重 1.65 千克。该器呈浅绿色,为合瓦形腔体,制作较为粗陋,于口略作弧曲形。平舞上置短甬作柱形。舞部一侧有长方形小孔,并有合范痕迹。钲上两面有 24 个枚,背与面纹饰相同,其纹饰风格比较特殊。此器为春秋时期越族的乐器,为研究楚文化、越文化及其与音乐关系提供了可靠依据。③

其七,1957 年上海博物馆

图一五一　上海博物馆收藏交龙纹钲（春秋晚期）

①　参见王子初总主编:《中国音乐文物大系》(湖南卷),大象出版社 2006 年版,第 131 页。
②　参见王子初总主编:《中国音乐文物大系》(湖南卷),大象出版社 2006 年版,第 132 页。
③　参见王子初总主编:《中国音乐文物大系》(湖南卷),大象出版社 2006 年版,第 132 页。

征集收藏（21776）春秋时期"徐鼪尹钲"1件。该器柄连舞部，已残缺不存。于部一铣角残断，表面黑色氧化，其腔体厚实，带锥度，上大下小呈圆柱。于口弧曲，腔内有音梁。腔面铸有铭文5行43字："隹正月，初吉，日才庚，（徐）鼪尹者故鼪自乍征成（钲）。次虘（吾）军（爵）祉，備至（晋）鐱（剑）兵。鄴万子孙，眉寿无疆。畾皮（彼）吉人享，士余是尚。""铭文有韵：庚、城、祉、兵、疆、享、尚。阳耕合韵，城在耕部。"器物残高 20.3 厘米，重 4.5 千克[①]。

其八，上海博物馆收藏春秋晚期青铜钲 2 件。上海博物馆编号 25196、10970 号。25196 号交龙纹钲通高 32 厘米，器物舞上有长柄呈六棱形，中部有一圆穿，饰以浮雕蛇纹。舞面饰以交龙纹。腔内有音梁。10970 号环带纹钲舞上有长柄，末端有一穿孔钮。直铣棱，于口弧其角弧小，内有唇。腔体饰以环形纹和带状纹。这些器物均保存完好，造型别致，花纹古朴精细，少数钲上铸有铭文，这类器物也是具有典型性、代表性的独立乐器，值得音乐考古工作者和音乐史研究者高度重视。[②]

十二、春秋时期青铜铎

春秋时期铎先后在河南南阳、江西横峰县等地出土。

其一，1994 年在南阳市桐柏县月河 1 号春秋大墓北随葬坑出土青铜铎 2 件。自铭"漾子白受之铎"，腔体短阔，共内无舌，见于口部略有凹弧形。舞上置有柄形方銎，其内中空。铎腔面饰以蟠螭纹。通高 11.3 厘米，器两面铸有铭文，其正面"漾子白"，背面"受之铎"。另一件铎没有铭文，体形略短，口凹弧，弧势浅，腔内有舌，呈长圆形，尖端有穿孔，应为悬挂之用。器正背面均饰以蟠螭纹，而在銎首饰以兽面纹。足见这 2 件铎为春秋时期摇播发声乐器的精品，且与《国语·吴语》曰："王乃秉枹，亲就鸣钟、鼓、丁宁、镈于、振铎"文献记载相符，以及《周礼·夏官司·大司马》曰："群司马振铎，车徒皆作"相吻合。两铎出土时放置在坑中髹漆皮甲上，与 2 件青铜剑、匕首和玉器叠放在一起。无疑铎是古代军营中的一种乐器。这为音乐考古工作者研究古代社会音乐在军阵和战争中

---

① 参见黄翔鹏总主编：《中国音乐文物大系》（上海卷），大象出版社 1996 年版，第 102 页；马承源：《商周青铜器铭文选》四，文物出版社 1990 年版；邹安：《贞松堂集古遗文》，1930 年；柯昌济：《华阁集古录跋尾》甲九，1916 年。

② 参见黄翔鹏总主编：《中国音乐文物大系》（上海卷），大象出版社 1996 年版，第 101—103 页。

的作用提供了宝贵资料。①

其二,1952 年在周口市收购春秋晚期网纹铎 1 件,现存河南省博物馆(110237)。从该铎体截面看近似椭圆形。其口部略弧,舞部中间有一长方形銎与腔体相通。其钲部多饰网纹,见于网格纹中间有一长方形銎与腔体相通,并饰乳钉纹。腔内有锉磨调音痕迹。春秋时期类似此网纹形制甚少,其造型别致,小巧精致,保存完好,实为不可多得的珍品。②

其三,1989 年 4 月在江西横峰县下阳村墓葬出土春秋末期至战国初年的青铜铎 14 件(同出青铜铃 11 件)。这组青铜铎造型精致,大小不一,铜质优良,其锈蚀部分铎有残损。形似钟形,舞上有方形短銎,弧口鼓腹。器表饰以菱形乳钉纹。在舞部有范线痕迹,是为合范铸造法。③

图一五二　河南南阳市桐柏县月河 M1 铎(春秋中期)

十三、春秋时期青铜铃

春秋时期的青铜铃出土较少。

其一,1980 年在甘肃永登县榆树沟沙井文化墓出土铃 6 件。这组青铜铃锈蚀较为严重。形制基本相同,大件、中件和小件各一对,以模铸而成,并有铸缝尚存。铃身略扁,舞平、齐口、半

图一五三　河南省博物馆收藏网纹铎(春秋晚期)

①　参见黄翔鹏总主编:《中国音乐文物大系》(河南卷),大象出版社 1996 年版,第 50 页。
②　参见黄翔鹏总主编:《中国音乐文物大系》(河南卷),大象出版社 1996 年版,第 52 页。
③　参见王子初总主编:《中国音乐文物大系》(江西卷),大象出版社 2009 年版,第 74 页;滕引忠:《横峰出土春秋战国铜器》,《江西文物》1991 年第 2 期。

图一五四　湖北随州市均川刘家崖青铜铃 5 件（春秋）

环形钮。其下有一长条形和方形孔。铃内悬舌均失，铃壁尚存有范芯撑遗孔。

其二,1989 年 4 月在江西横峰县下阳封墓出土铜铃 11 件（同出青铜铎 14 件）。这组青铜铃保存完好,其中有残钮和残口的铃。造型别致,铸造精细,腔呈喇叭状,舞面窄小,口部稍阔,舞上置一环形钮,器体甚小扁矮。腔面饰方格纹和乳钉纹。①

其三,1980 年在湖北随州市均川刘家崖春秋墓葬中出土 1 组 5 件青铜铃。

---

① 参见王子初总主编:《中国音乐文物大系》(江西卷), 大象出版社 2009 年版, 第 70 页; 滕文忠:《横峰出土春秋战国铜器》,《江西文物》1991 年第 2 期。

② 参见随州市博物馆(黄敬刚执笔):《湖北随县刘家崖发现古代青铜器》,《考古》1982 年第 2 期。

第 五 章
战国时期音乐文化与音乐文物研究

　　周朝末年天下诸侯纷争，呈现战国七强分为七国赵、魏、韩、齐、秦、楚、燕。战国时期社会出现大变革，冲破了两周时期礼乐制度的旧俗，废弃了那种森严的礼乐制度，出现了以将相为首脑的中央集权制，也就是一种君主政权，开启了郡县制的大门，并对宗教、族制、官制、财政、军政、刑法等方面进行改革，通过中央集权制实现富国强兵，干戈不息，相互兼并，各种治国主张纵横捭阖，出现了社会分裂、割据、统一历史发展中的三部曲。在这个历史背景中百家争鸣、承古拓新，酝酿出儒、墨、道、名、法等九流十家文化学术景象，并且出现了一系列科学技术的重大发明和推动了文化艺术的发展。

第一节　战国时期音乐文化与音乐文献

一、战国时期音乐文化概述

　　音乐史研究者在介绍春秋战国时期的音乐史时，认为这两个时代的宫廷礼乐、音乐教育、音乐生活、表演艺术、乐器与八音和乐律科学成就是断难分开的，将春秋战国时期音乐文化进行综合研究，则能厘清礼崩乐坏的历史渊薮。诸如秦声、楚声、越声、① 吴歈、蔡讴② 和少数民族 "四夷之乐"，在古代文献中多有记载。秦声 "击瓮叩缶，弹筝搏髀，而歌呼呜呜"，《史记·李斯列传》中也有记载。③ 越声 "滥兮抃草滥予昌枑泽予昌州州鍖州焉乎秦胥缦予乎昭澶秦逾渗惿随河湖" 则见于《说苑·善说篇》之《榜枻越人歌》。四夷之乐见于《周礼·春官·鞮鞻氏》郑玄《注》云："东方曰眜，南方曰任，西方曰株离，北方曰禁。" 楚声 "楚之衰也，作为巫音" 见之于《吕氏春秋·侈乐篇》，关乎楚声与 "巫音" 均有所载。春秋晚期社会形势已走向礼崩乐坏的局面，渐渐出现了 "新声"。这种新曲调则推动着当时社会音乐文化的发展。有文献记载卫灵公到晋国经过濮水时听见弹奏的 "新声"，并叫乐师师涓 "因静坐抚琴而写之" 整理了这些新曲调。《韩非子·十过篇》曰："此亡国之声，不可遂也。" 历史上称之为 "郑卫之音" 或 "桑间濮上之音"。"新声" 中出现伴奏的乐器随即发生变化。战国时期的民间乐器种类繁多，有琴、瑟、笙、钟、磬、竽、筝、筑等，其中筑、筝、竽这类乐器则为民间所流行的乐器。《荀子·乐论篇》曰："乐中平则民和而不流，乐肃庄则民齐而不乱"，"鼓似天，钟似地，磬似水，竽、笙、箫、和、筦（管）、籥似星辰日月。" 可见，传世文献论述乐器与音乐之间的关系非常形象。

战国可分为早、中、晚三期，公元前 5 世纪前半叶至公元前 4 世纪中叶为早期；公元前 4 世纪中叶至公元前 3 世纪前半叶为中期；公元前 3 世纪前半叶直至秦朝统一中国为晚期。距今 2200 年以前的战国历史时期，是这个社会关键性大变革大发展的时期。其变革与发展一直影响着历史进程，乃为 "古今一大变革之会"④。在这种社会变革的时局下，战国时代则出现了文化、艺术、音乐、舞蹈之百花齐放、百家争鸣、英才辈出的景象。诸如社会经济繁盛和政治制度发生变革的新趋势，推动着文化艺术、音乐娱乐的繁荣发展，出现了 "九流"、"十家" 等文化与学术界的争鸣，所谓九流即儒、墨、道、名、法、阴阳、农、纵横、杂家。十家即九家加小说家。其思想丰富，理想远大，谋求富国强兵，举办学术讲坛，形成学说与著书传世之风，思想、理想、宏愿形成百家争鸣的特殊时代，在中国古代社会中产生了巨大而又深远的影响。

诗歌在春秋、战国时期盛行，民间歌谣也得到迅速发展，在内容与形式上

---

① （汉）司马迁：《史记·张仪列传》，中华书局 1959 年校点本。

② 《楚辞·招魂》洪兴祖：《楚辞补注》，中华书局 1983 年版。

③ （汉）司马迁：《史记·李斯列传》，中华书局 1959 年校点本。

④ 参见（清）王夫之：《读通鉴论》，中华书局 2013 年版。

则出现了创新的趋势。继《诗经》之后，民间歌咏蕴含着音乐的情感和伴奏，曾有感动壮士为国捐躯的动人故事。诸如"风萧萧兮易水寒，壮士一去兮不复还"（《战国策·燕第三》）及"沧浪之水清兮，可以濯我缨；沧浪之水浊兮，可以濯我足"（《屈原·渔父》），其激昂悲壮的歌声映染青山。《孟子·告子下》曰："昔者王豹处于淇，而河西善讴，緜驹处于高唐，而齐右善歌，"记述了战国时期民间著名歌唱家卫国王豹和齐国緜驹的高超境界。

诗歌与音乐是文化的最高境界。除了弘扬音乐经典与精神信仰的《诗经》外，战国时期又出现了《楚辞》，其诗与辞中的文化晶核则是当下社会生活情景的真实写照，其中反映当时社会制度和战争劳役之类的讴歌内容，无不来自于劳动人民的歌唱和抒发情感的音乐曲艺，再通过采风与提炼的过程整理而来，可谓在当时百家争鸣的产生时代，无疑音乐文化与音乐思想发生了巨大变化。与时俱化的结果，这个时期的民间文化艺术与音乐娱乐也走向繁荣，司马迁《史记·货殖列传》曰："博戏驰逐，斗鸡走狗，作色相矜，必争胜者，重失负也。"可见，不仅仅是音乐得到了改革与发展，古代人们在生活中的文化与娱乐项目则更为丰富多彩，诸如弋射、剑道、角力、举鼎、杂技等体育活动。举行这些活动和仪式均需要音乐和乐器的协作演奏，尤其民间婚丧嫁娶均要举行仪式，这些活动则是礼乐制度和民间风俗的延续。

在春秋时期宫廷的娱乐活动仍在盛行与沿用，随着民间歌舞和乐曲渐入宫廷，贵族们不仅喜受而且接受了民间艺人表演的鲜活题材。反之，宫廷的雅乐也流传到了民间，歌伎舞女也开始走向民间百姓中去演奏歌唱，可谓是受到战国时期变革潮流的冲撞，正如在当时社会制度与礼乐文化受到冲击后，音乐文化得到了发展的契机。这个时期歌唱艺术随着民歌迅猛发展。宋玉著《对楚王问》曰："客有歌于郢中者，其始曰《下里》、《巴人》，国中属而和者数千人；其为《阳阿》、《薤露》，国中属而和者数百人；其为《阳春》、《白雪》，国中属而和者不过数十人；引商刻羽，杂以流徵，国中属而和者不过数人而已。是其曲弥高，其和弥寡。"郢都是楚国的国都，战国时期的楚国经济军事实力强盛，音乐文化与歌舞也日渐繁荣，在歌唱形式和雅俗乐歌中，《下里》、《巴人》为下等，《阳阿》、《薤露》为中等，《阳春》、《白雪》为上等。俗乐和者则有数千人，雅乐则调高和寡数十人。可见，楚国民间声乐艺术和民间歌唱技艺达到了时代的巅峰。

随着制造乐器与生产实践，声学知识得到了更好的应用，《考工记·凫氏》曰："薄厚之所震动，清浊之所由出，侈弇之所由兴，有说。钟已厚则石，已薄则播,侈则柞,弇则郁,长甬则震""钟大而短,则其声疾而短闻,钟小而长,则其声舒而远闻。"可见,青铜铸钟之厚、薄、侈、弇均包涵较高的科技成分,其发声体包括大小、形状和厚薄均有关系,精铸后再进行调音。战国时期科学技术的发展,不仅发明了正方向、定南北的仪器"司南",而且在数学方面也有很大进步,如用数学计算制造编磬。《考工记·磬氏》中关于制作与校正磬发声效果说:"已上,则摩其旁,已下,则摩其耑。"兵器制造方面,见于《考工记·弓人》曰:"冶氏为杀矢,……戈广二寸,内倍之,胡三之,援四之,……是故倨句外博,重三锊。戟广寸有半寸,内三之,胡四之,援五之,倨句中矩,与刺重三锊。"戈的内外弧度与磬的角度近似,均应用勾股定理计算方法,即"倨句中矩"、"倨句外博"、"句于矩"直角与大于直角、小于直角的变化关系。"弓人……为天子之弓,合九而成规;为诸侯之弓,合七而成规;大夫之弓,合五而成规;士之弓,合三而成规"(《考工记·弓人》),均有其然。数学计算应用与声学知识的产生,使铸钟的科学技术有了更大的发展。战国时期十二音律之中"黄钟"为标准音,即黄钟是乐律十二律中的第一律。《礼记·月令》曰:"(中央土)其日戊己,其帝黄帝,其神后土,其虫倮,其音宫,律中黄钟之宫。"孔颖达疏:"黄钟宫最长,为声调之始,十二宫之主。"《吕氏春秋·适音篇》曰:"黄钟之宫,音之本也,清浊之衷也。衷也者,适也。"再见《吕氏春秋·音律篇》曰:"黄钟生林钟,林钟生太簇,太簇生南吕,南吕生姑洗,姑洗生应钟,应钟生蕤宾,蕤宾生大吕,大吕生夷则,夷则生夹钟,夹钟生无射,无射生仲吕。"十二律和十二月相配合,二者之间的联系则为相生。这种"上生"与"下生"的相生关系则为"黄钟、大吕、太簇、夹钟、姑洗、仲吕、蕤宾、林钟、夷则、南吕、无射、应钟"(《吕氏春秋·音律篇》)。

《吕氏春秋·音律篇》曰:"三分所生,益之一分以上生;三分所生,去其一分以下生。"上生与下生之计算方法由此可知。一律之值加上一律的三分之一即"上生","下生"即把上一律之值减去三分之一。《汉书·律历志》曰:"叁(三)分益一"、"叁(三)分损一。"《淮南子·天文篇》曰:"下生者倍,以三除之;上生者四,以三除之。"按此推算方法可知,战国时期出现"上生"、"下生"的计算方法即可知十二律管的长度。

其实,乐器中的板振动和膜振动有编钟、编磬、铃、鼓等;弦振动的乐器有瑟、琴等;气柱振动乐器有埙、箫、笙、管等。上述的乐律则出现了五声音阶、七声音阶和十二律体系。《管子》亦曰:"三分损益法。"则是把一根弦分为三段,以其三分之二,舍其三分之一,则为"三分损一";再增其三分之一,即为"三分益一"，辗转相生，而得各律也。《管子·地员篇》曰："凡将起五音凡首，先主一而三之，四开以合九九，以是生黄钟小素之首，以成宫。三分而益之以一，为百有八，为徵。不无有三分而去其乘，适足，以是生商。有三分，而复于其所，以是生羽。有三分，去其乘，适足，以是成角。"这就是采用以弦长求各律的三分损益法。

春秋末期形成了儒家学派，到了战国初期墨家学派成为时下的显学。彼此之间的音乐思想形成对立的局面。《墨子》书中的《非乐》和《三辨》则认为："仁之事者，必务求兴天下之利，除天下之害，将以为法乎天下，利人乎即为，不利人乎即止"、"民有三患：饥者不得食，寒者不得衣，劳者不得息。三者民之臣患也"、"将必厚措敛乎万民以为大钟，鸣鼓、琴、瑟、竽、笙之声，以求天下之利。除天下之害，而无补也"、"是故子墨子曰：'为乐非也'。"墨子反对王公贵族的奢侈享乐之风。同时，春秋、战国时期老子道家学派主张"修身养性"，则对声、色、味的人生三大"欲"，指为"五色令人目眩，五音令人耳聋，五味令人口爽（不合）"。所谓盛大之乐则是无声的，就是老子形成的音乐思想"大音希声"的观点，对其统治阶级有侈乐之风持反对的态度。在自然观方面他是一位原始的唯物主义者，在其哲学中包括许多辩证法的因素。与此同时，战国中期法家代表人物商鞅、韩非不仅在政治变革和法治思想方面独树一帜，尤其更是反对儒家的礼乐思想。儒家以孔子为代表的重要人物，则提倡音乐艺术实践——弹琴、击磬、鼓瑟、唱歌，提出音乐教学中的"六艺"。并以"安上治民，莫善于礼，移风易俗，莫善于乐"，把礼、乐不同的作用清清楚楚地区别开来。孔子以礼为尺度，他说："非礼勿视，非礼勿言，非礼勿听，非礼勿动"，以乐必须服礼的主张。故此，在战国时期墨家、道家学说与音乐思想的影响下，时下社会时局动荡、制度变革，进而渐渐形成礼乐和乐制走向崩溃的边缘。

战国时期虽说出现社会大变革，仅在音乐思想与乐制改革方面，虽有墨子和老子学派反对"侈乐"之风，礼乐制度遭到百家争鸣思潮的影响，但仍然出现礼乐制度僭越性和继承性。李斯《谏逐客书》曰："夫击甕叩缶弹筝搏髀，而歌呼呜呜快耳者，真秦之声也；《郑》、《卫》、《桑间》、《昭》、《虞》、《武》、《象》者，异国之乐也。今弃击甕叩缶而就《郑》、《卫》，退弹筝而取《昭》、《虞》。"秦代尚存《昭》、《虞》、《象》的传经雅乐之属，这种雅乐在战国时期统治阶层依然在承继。《史记·货殖列传》亦曰："中山地薄人众……民俗懁急，仰机利而食。丈夫相聚游戏，悲歌慷慨……为倡优。女子则鼓鸣瑟，跕屣，游媚贵富，入后宫，遍诸侯。"

《列女传·赵悼倡后》曰："倡后者，邯郸之倡……（赵）悼襄王以其美而娶之。"

《史记·货殖列传》曰："多鱼、盐、漆、丝、声色。"

《吕氏春秋·听言篇》曰："世主多盛其欢乐，大其钟鼓。"

上述文献可证周代的雅乐到了秦汉时期，仍在统治阶级中"盛其欢乐"。于是乎，战国时期在统治阶层中更有"盛其欢乐，大其钟鼓"的繁荣景象。

二、战国时期音乐文献举要

顾名思义，音乐文献仍然与文字记载分不开，在甲骨文、金文、简帛、石刻等均有关乎音乐方面的文献，尤其先秦时期涉及与音乐相关的历史事件及其与祭祀、国家大事、军事等重大活动，往往直接将其重要内容通过史官刻在龟甲骨上，铸在青铜器上和书写在简帛上，也有在一些岩画、陶器、泥版上把音乐信息记录下来，为音乐史研究和音乐文物考古工作者提供了大量文献依据，音乐文献包括传世文献和出土文献。先秦之传世文献甚少，须参考考古发掘的地下历史文物上的文字记载，二者是缺一不可。这就是二重证据法的研究方法。

三、有关近现代学者对音乐文献研究的成就

乐器中的"鼓、龠、竽"字在甲骨文中就出现了。《诗经》《汉书》记有采风制度，春秋战国时期出现百家争鸣，音乐思想多在诸子百家的著述中出现。譬如《墨子·非乐》、《管子·地员》、《荀子·乐论》、《吕氏春秋·大乐》、《韩非子·十过》、《周礼·春官宗伯·大司乐》、《礼记·乐记》均为中国音乐思想和音乐文献经典。出版研究方面的文献专著和学术研究成果有：方宝璋、郑俊晖著《中国音乐文献学》；邱均平编著《文献计量学》；赵国璋、潘树广编《文献学辞典》；张舜徽著《中国文献学》；倪波、张志强主编《文献学导论》；杜泽逊撰《文献学概要》；张三夕主编《中国古典文献学》；郭小林、胡扬吉编著《音乐文献学与音乐文献检索》等。有关音乐文献学及其学术论文有：许勇三《音乐文献学之我见》；王小盾《音乐文献学和中国音乐学的学科建设》；郭林《论音乐文献学》；孙晓辉《音乐文献学的古典与现代》；赵沨《中国音乐史文献资料要目引论》；冯文慈《中国古代音乐文献目录概要》；郭旗《音乐文献的特征》；赵玉卿、郑莲《古典音乐文献漫谈》；孙国忠《音乐文献导论》；王小盾、喻意志《中国音乐文献学：以杨荫浏为枢纽的两个时期》；尚红《〈吕氏春秋·古乐篇〉中的音乐

史料研究》、《〈文献通考·乐考〉述评》；田青《沈约及其〈宋书·乐志〉》等。[1]
作为音乐文物考古工作者要从中汲取学术研究的营养，音乐文献的优势则是指
有关音乐学方面史料和地下出土文献资料，其中以中国古典文献学传统的音乐
文献学，尤其是以科学的方法去掌握，运用传世文献去研究地下出土音乐文物
的内涵。反之，以地下出土的音乐文物资料如战国时期的钟、磬与其铭文等内容，
对乐学和乐律学的研究都会起到互证作用。故此，在研究战国时期的地下音乐
文物时，从所发现的音乐文物资料进行比较、论证，以弥补文献记载中的音乐史、
乐律、礼乐制度和社会现象之不足。

纵观中国礼乐文化与卷帙浩繁的文献汗牛充栋，关乎音乐文献浩如烟海，
掌握文献查阅方法和古典文献目录学的研究则会起到事半功倍的作用。譬如
《汉书·艺文志》载："六国之君，魏文侯最为好古。孝文时得其乐人窦公，献其
书，乃《周官·大宗伯》之《大司乐》章也。"其实，班固撰《汉书·艺文志》则将
之分附 6 类以便众多读者阅读。如六艺略中乐类为《乐记》23 篇、《王禹记》24
篇、《雅歌诗》4 篇，《雅琴赵氏》7 篇，《雅琴师氏》8 篇，《雅琴龙氏》99 篇。这些
音乐方面的文献，对研究先秦时期音乐思想与地下出土的音乐文物有直接帮助。
汉唐以后，历朝历代关于礼乐文化和乐志、乐记、乐书、歌辞、声调、钟磬、管弦、
舞、鼓吹、琴等音乐方面文献与书目更加繁多，如《汉书·艺文志》《隋书·经
籍志》《新唐书·艺文志》《宋史·艺文志》《明史·艺文志》、南宋郑樵编撰
《通志·艺文略》等。班固撰：《汉书·礼乐志》曰："采诗夜诵，有赵、代、秦、楚
之讴……以合八音之调，作十九章之歌。"可知西汉时期已有在民间采集歌曲的
活动。《史记》《汉书》均为两汉的史学著作，以及这些正史编纂中的《乐志》《律
志》《艺文志》等体系，一直延续于后世。诸如今世所存正史 26 部，乐志（音乐
志·礼乐志）17 部，律志 8 部，艺文志 7 部，都是历代珍藏的音乐文献经典，成
为先民们音乐思想与音乐文化之精髓。

音乐考古工作者在学术研究中，除了田野音乐调查和搜集整理民间歌曲外，
还有大量音乐史研究和地下音乐文物整理研究要做案头工作，必须查阅大量的
史学资料和音乐文献，根据历朝历代文献记载与传承资料，均为我们音乐考古
找到印证资料。诸如战国历史阶段十分相近的文献资料，有《左传》《史记》《汉
书》、《后汉书》、《三国志》、《晋书》、《宋书》、《南齐书》、《魏书》、《隋书》、《旧唐

---

①　参见方玉璋、郑俊晖：《中国音乐文献学》，福建教育出版社 2006 年版。

书》、《新唐书》、《通典》、《通志》、《文献通考》等，都是音乐史研究和音乐考古工作中必须查阅的资料。每一个朝代的历史文献在撰写编纂时，必有引用前代众多历史文献和史事，进行历史过程连接与传承。这些历史文献中的历史链是串连起来的，是不可能出现明显断裂和缺失的。

两汉时期出现所谓文献"六分法"，诸如刘向、刘歆父子所撰《别录》、《七略》。班固撰《汉书·艺文志》在音乐文献方面有六艺略、诗赋略下的乐类和诗歌类。其后魏晋南北朝时期，诸如阮籍《阮步兵集》中的《乐论》和嵇康《嵇康集》中《声无哀乐论》、《琴赋》、《琴赞》，刘勰撰《文心雕龙》中《乐府》和《声律》等，都反映了当时社会中音乐思想和音乐实践活动。①南朝各史《北齐》《魏书》《宋史》等各代的正史中均设有乐志、律志，有利于音乐史和音乐考古对出土音乐文物的保护与研究发挥重要作用。

四、出土战国时期音乐文物与文献资料概说

《楚辞》是反映长江流域社会礼乐文化和南音、楚声的经典。战国时期楚国是七雄之一，兼并吴越，一统南土。南音据《左传·成公九年》曰："使与之琴，操南音。"郑玄注："南音，楚声也。"《楚辞·招魂》曰："陈钟按鼓，造新歌些；……二八齐容，起郑舞些；……竽瑟狂会，搷鸣鼓些；……宫廷震惊，发激楚些；吴蔡讴，奏大吕些。"从这段历史文献中可以看出，在这个时代的社会统治阶层中，仍然闪烁着南楚音乐艺术现象和歌舞升平的景象。《楚辞·大招》曰："代秦郑卫，鸣竽张只；伏戏驾辩，楚劳商只；讴和扬阿，赵箫倡只。"由此可见，楚国不仅在政治、经济、军事国力处于鼎盛时期，而且楚国音乐文化和音乐歌舞之盛，成为南方民族的精神支柱。

《楚辞·离骚》曰："鸣玉鸾之啾啾。"楚国的音乐和礼仪制度是承继西周乐舞主体，则与《周礼·春官·乐师》载："教乐仪，行以《肆夏》，趋以《采荠》，车亦如之，环拜以钟鼓为节"相承。《离骚》曰："奏《九歌》而舞《韶》兮"，《楚辞·远游》曰："二女御《九韶》歌。"《楚辞·大招》曰："姱修滂浩，丽以佳只。曾颊倚耳，曲眉规只。滂心绰态，姣丽施只。小腰秀颈，若鲜卑只。"都描绘出其楚国宫廷乐舞盛况的真实现象。随着考古发掘，先秦时期的地下音乐文物如金、石、土、革、丝、木、匏、竹"八音"乐器在南方地区多有出土。一是楚国墓葬随葬礼乐器

---

① 参见方宝璋、郑俊晖：《中国音乐文献学》，福建教育出版社 2006 年版，第 43 页。

种类之全,数量之多;二是姬姓曾国不仅有厚葬之风,而且随葬礼乐器最具有典型性。

楚国礼乐器先见于文献记载,《左传·昭公十二年》曰:"昔我先王熊绎,与吕伋、王孙牟、燮父、禽父,并事康王,四国皆有分,我独无有。今吾使人于周,求鼎以为分。"此句"我独无有"是说"四国皆有分",唯我没有得到礼乐彝器之类的宝物。《史记·楚世家》"王曰(楚灵王,楚庄王孙):'齐、晋、鲁、卫,其封皆受宝器,我独否!今吾使人于周,求鼎以为分,王其与我乎?'"。读这段文献可证楚国仍然信奉周朝祖先所赐予的宝物,这类崇天敬神的礼乐思想根深蒂固,希冀得到先祖所传承下来的礼乐彝器。楚地出土文献丰富,如能充分利用,进而与传世文献和地下考古发掘的音乐文物相印证,形成"二重证据法"进行研究,弥补传世文献中的缺失和不足,也可用传世文献中的史料对地下出土音乐文物进行考证。楚国地大物博,疆域广阔,历史悠久,文化灿烂,地下出土的音乐文物甚丰。

地下出土的音乐文物诸如楚国乐钟就多达 204 件之多,至战国时期楚国多套成组编钟,其中有 13 件套、36 件套等多处出土,乃为楚国钟乐的鼎盛时期。至于春秋时期楚墓在河南淅川 25 座葬中出土大批青铜礼器和编钟等乐器。[①]淅川楚墓孙王诰钟[②] 等,都是以 8 件套和 9 件套编钟,均与传世文献中所载楚国荆楚和周代八音体系相符。正如楚国宫廷乐舞"张《咸池》,奏《承云》"、"宫廷震惊,发《激楚》些"音乐文化的盛况。《淮南子·泰族训》曰:"烧高府之粟,破九龙之钟。"即公元前 506 年伍子胥率吴国军队进攻楚国都城郢都时,毁损了楚王宫廷中的九龙之钟。1973 年湖北江陵发现的楚国彩绘石编磬 25 件,[③] 均为楚国音乐文化的精髓,与历史文献记载有关音乐现象相符。《吕氏春秋·季秋纪》曰:"钟子期夜闻击磬者而悲,使人召而问之曰:'子何击磬之悲也?'答曰:'臣之父不幸杀人,不得生……是故而悲也。'"在此仅举南方楚域出土音乐文物与历史文献记载的钟、磬的实例。当然还有土类乐器、革类乐器、丝类乐器、木类乐器、竹类乐器、匏类乐器等,在古代文献相关记载中多与地下出土音乐文物诸多类型相吻合。

楚国故都纪南城遗址:江陵楚墓中出土了陶缶,形制相近,大小不一,依次

---

① 参见河南省丹江库区文物发掘队:《河南省淅川县下寺春秋楚墓》,《文物》1980 年第 10 期。

② 参见赵世钢:《淅川楚墓王孙诰钟的分析》,《汉江考古》1986 年第 2 期。

③ 参见湖北省博物馆:《湖北江陵发现的楚国彩绘石磬及相关的问题》,《考古》1972 年第 3 期。

递减,共有二十余件成组伴出①。缶者,也就是土类乐器,是"八音"中的"土"乐器,《楚辞·卜居》曰:"世溷浊不清,蝉翼为重,千钧为轻,黄钟毁弃,瓦釜雷鸣"之语。《周礼·春官》曰:"大师……皆播之以八音:金、石、土、革、丝、木、匏、竹。"土类乐器包括埙。在楚国墓葬中也出土了很多革类鼓乐。《礼记·明堂位》曰:"夏后氏鼓足,殷楹鼓,周悬鼓。"先后在湖北江陵、河南信阳、湖南长沙等地出土数十件。丝竹乐器如在长沙浏城桥 M1②、江陵拍马山楚墓③,湖北赵巷 4号春秋墓④ 均出土有 18 弦、19 弦、21 弦、23 弦、24 弦和 25 弦等乐器。木类乐器在楚墓中出土鼓乐较多。《周礼·春官》曰:"木,柷敔也。"《尚书·皋陶谟》郑玄《注》曰:"敔,状如伏虎,背有刻,鉏铻,以物擽之,所以止乐。"《九歌》曰:"扬枹兮拊鼓"、"成礼兮会鼓。"

匏类乐器在楚墓中出土数量也不少。如葫芦、笙在考古发掘中甚多。楚墓出土匏类乐器则在 19 管,其分为 10 簧、12 簧、14 簧、18 簧等。《七国考·楚音乐》引《阚子》"楚笙冠中国"。战国时期楚国当有笙乐,与齐国的瑟、秦国的筝齐名。楚墓出土的笙分为两种形式,即笙斗一律而笙管,一种是以圆径的外范套入幼匏上端长成,一种是镟制圆木为吹管。竹类乐器多为排箫、笛等,如《楚辞·九歌·湘君》曰:"望夫君兮未来,吹参差兮谁思?""参差"即排箫。《楚辞·九歌·东君》曰:"絚恒瑟兮交鼓,箫钟兮瑶簴,鸣篪兮吹竽,思灵保兮贤姱。"楚国墓葬中多有出土这类乐器,正好与文献记载相符。

战国早期的曾侯乙墓出土钟、磬等 9 种共 125 件乐器,音乐文物居多,品类俱全,钟、磬之上均有铭文,其上刻有标音、律名相关的铭文 2828 字,钟架、挂钩、磬与磬盒上共计 3775 个字的铭文。可见,这正是先秦时期有关乐律方面的宝贵资料,尤其是传世文献中诸多已经缺失的资料。曾侯乙编钟乐律体系和七声音阶,具有先秦时期音乐文献补失的价值。譬如曾侯乙编钟铭文中有"变宫"、"变徵"的音名,证实在先秦时期中国已具备了七声音阶,其铭文中的律名表明十二律在战国早期也已具备,并有阳声六律及阴声六吕的阴阳概念(古乐有十二律,阳声阴声各六,即阳为律,阴为吕)。尤其是八度分组绝对音高、低音转换等概念均已具备,从而可补传世文献中的记载或缺或失的历史价值。

---

① 参见谭维四:《楚国乐器初论》,《楚文化研究论集》(二),湖北人民出版社 1991 年版。
② 参见长沙文物工作队:《长沙五里牌战国木棺墓》,《湖南考古辑刊》1982 年第 1 辑。
③ 参见湖北省博物馆:《湖北江陵拍马山楚墓发掘简报》,《考古》1973 年第 3 期。
④ 参见宜昌地区博物馆:《湖北当阳赵巷 4 号春秋墓发掘报告》,《文物》1990 年第 10 期。

其实,曾侯乙编钟的宫、商、徵、羽是四个阶名,即为四基。曾侯乙编钟就是在这四个阶名基础上构成其全部乐律学体系的。诸如阶名中四辅则以宫、商、徵、羽为基础等形式,构成纯律大三度(386 音分)形成的四个阶名:宫辅、商辅、徵辅、羽辅。曾侯乙钟铭记载的这些音乐理论非常有价值。还有阶名中的四曾,则以宫、商、徵、羽为基础等形式,构成纯律大三度(386 音分)之宫曾、商曾、徵曾、羽曾四个阶名。[①] 钟铭所记载的这些钟律文献均为不可多得的重要资料。曾侯乙编钟展示了中国古代音乐文化的辉煌成就,代表了当时世界科学与音乐文化的最高水平。

战国时期地下出土音乐文献资料甚多,出土的音乐文物更为丰富,在此仅列举了楚国和曾国一些钟、磬铭文资料,以便起到窥斑见豹的作用。随着音乐文物和音乐考古学研究的兴起,音乐文献越来越被人们所重视。就地下出土音乐文献和音乐文物而论,此则是考古发现中的精核,如何科学地运用这些传世音乐文献与地下出土音乐文献,则是打开音乐宝库的一把金钥匙。其实,音乐文献是从 20 世纪后期发展起来的新兴学科,有人认为音乐文献学"实际上包括两种含义的文献学概念":"一是继承中国古典文献学传统的音乐文献学",另一种"音乐文献学"的准确定义是"音乐图书情报学"[②]。所以说,对于音乐文献学的研究不仅要重视地下出土音乐文物文献,而且要高度重视中国文献学的传统性,尤其要注重古代文献学理论在音乐考古实践中的运用。

第二节 战国时期社会制度变革与形势分析

礼乐成为一种制度对治理国家、推动社会发展起到了重要作用。战国时期这种社会制度已经开始发生重大变化,人们的信仰和思想渐渐冲破旧制的束缚。礼乐制度和音乐思想是古代宫廷艺术、贵族艺术的主旨,也是中国古代社会礼仪文化和音乐艺术的奇葩,更是文明古国的礼仪与文明的象征。所以说,礼乐制度和音乐文化是先秦时期社会制度与思想文化的结晶。至战国时期因社会发生巨大变革,王室衰微,诸侯争霸,给私有经济带来了迅速发展的良机。因此,革故鼎新给当时社会带来了欣欣向荣、百家争鸣的新局面。

---

① 参见湖北省博物馆:《曾侯乙墓》,文物出版社 1989 年版。

② 参见孙晓辉:《音乐文献学的古典与现代》,上海音乐出版社 2007 年版,第 145 页。

一、战国时期社会形势分析

《诗·小雅·楚茨》曰："礼仪既备，钟鼓既戒。……钟鼓送尸，神保聿归。"可见仪式已准备好了，钟鼓手正在等候奏乐。奏乐送尸，神保平安。这种带有诗情与音乐韵味的礼仪形式，彰显出中华民族所信仰的礼乐文化与精神追求的境界。周代礼乐制度虽然对社会和人们的精神崇拜起到积极作用，但这种森严的礼乐制度又禁锢了人们的思想和行为。到了战国百家争鸣的时代，任何陈腐的社会制度都受到冲击，不破不立，破旧立新，故而礼乐制度也应该在继承中求得发展，随之其礼乐制度和音乐文化都将推陈出新。随着战国七雄相互争霸，文化也发生相互冲撞的格局，音乐与艺术在竞争中优胜淘劣，发展到宫廷雅乐走向民间，民间歌舞乐曲被贵族阶层所喜闻乐见，这就是社会制度出现变革，音乐文化与陈腐旧俗发生碰撞，其礼制与乐制开始出现分崩离析，吐故纳新，诸侯争霸则为秦统一天下奠定了基础。

战国七雄齐、楚、燕、赵、韩、魏、秦。其中齐即田齐，于春秋时期称霸之时齐为姜齐，即太公姜氏之后。楚国则是春秋五霸之一，直至楚昭王轸时被吴国所败后，其国力渐衰。借吴越之争楚国继而由衰转盛，并成为战国时代七雄中的大国。最强盛时期其疆域统辖湖北、湖南、江西、安徽、浙江、江苏及河南、云南、贵州、四川各一部分。燕、韩、赵、晋、魏虽为七雄之一，但相比楚、齐、秦的实力稍逊。秦初在西域之僻壤地域，有战可进退可攻守的优势，一般不轻易与邻国作战，养精蓄锐，直至吞并六国。

《国策·秦策》："大王之国，西有巴蜀汉中之利，北有胡貉代马之用，南有巫山黔中之限，东有崤函之固。"

《史记·秦本纪》："河山以东，强国六，与齐威、楚宣、魏惠、燕悼、韩哀、赵成侯并淮泗之间小国十余。楚魏与秦接界。魏筑长城，自郑滨洛以北，有上郡。楚自汉中南，有巴黔中。周室微，诸侯力政，争相并。秦僻在雍州，不与中国诸侯之会盟，夷狄遇之。"

秦孝公为图谋大业，振奋国度，招贤纳士，见诸文献。《资治通鉴》："昔我穆公自岐雍之间，修德行武，东平晋乱，以河为界；西霸戎翟，广地千里。天子致伯，诸侯毕贺，为后世开业，甚光美。会往者厉、躁、简公、出子之不宁，国家内忧，未遑外事；三晋攻夺我先君河西地，丑莫大焉。献公即位，镇抚边境，徙治栎阳，且欲东伐，复缪公之故地，修缪公之政令。寡人思念先君之意，常痛于心。宾客群臣，有能出奇计强秦者，吾且尊官与之分土。"

商鞅入秦、锐意改革，以法治国。《国策·秦策》曰："卫鞅亡魏入秦，孝公以为相，封之于商，号曰商君。……孝公已死，惠王代后，莅政有顷，商君告归。人说惠王曰：'大臣太重者国危，左右太亲者身危。今秦妇人婴儿皆言商君之法，莫言大王之法；是商君反为主，大王更为臣也'。"

《史记·商君书·更法篇》曰："前世不同教，何古之法？帝王不相复，何礼之循？伏羲神农，教而不诛。黄帝尧舜，诛而不怒。及至文武，各当时而立法，因事而制礼。礼法以时而定，制令各顺其宜。兵甲器备，各便其用。臣故曰：治世不一道，便国不必法古。汤武之王也，不循古而兴。殷之灭也，不易礼而亡。然则反古者未必可非，循礼者未足多是也。"

《史记·商君列传》曰："疑行无名，疑事无功。且夫有高人之行者，固见非于世；有独知之虑者，必见敖于民。愚者暗于成事，知者见于未萌。民不可与虑始，而可与乐成。论至德者，不和于俗；成大功者，不谋于众。是以圣人苟可以彊国，不法其故。苟可以利民，不循其礼。"可见强国之道，采取立法，因事而制礼。

二、战国时期礼乐制度大变革

春秋末期礼乐制度逐步崩溃，乐制逐渐随着社会环境的影响开始摆脱礼的束缚，音乐在当时社会中形成其独立的地位。到了战国时期这种现象就更加突出了。儒家的礼乐思想是"乐统同，礼辨异"，也就是说乐的特点在于"和"，其目的在于"和同"，通过音乐舞蹈活动让人们在情感上相和相融，所谓礼在于"辨异"，把社会各阶层划分若干个等级，贵贱、上下和亲疏之分，即"同则相亲，异则相辨"。

春秋末年和战国初年，诸侯国打破了周朝的礼乐制度中的等级和限制，过去把周代礼乐制度奉为治国的宗旨受到冲击，儒家代表人物孔子则对齐景公令人表演"蛮夷之乐"和"倡优侏儒"加以批评斥责。孔子的"批判言论"反映出这一时期在儒家学派内部也出现了纷争。但是，随着社会变革和礼乐制度受到冲击，孟子则以赞扬世俗之乐是"与百姓同乐"的，《孟子·梁惠王》曰："今之乐，古之乐也。"时至战国末期，出现贵族与庶民共同欣赏音乐艺术的景象。《史记·苏秦传》曰："临淄甚富而实，其民无不吹竽鼓瑟，弹琴击筑……"因其乐制不严，考核松散，演奏乐器者技艺不精，则出现"滥竽充数"的局面。时下七国争雄,战争连绵,天下百姓生命涂炭,宫廷雅乐衰败,乐师流入民间,民乐相继得到发展。《吕氏春秋·本味》曰:"伯牙鼓琴,钟子期听之。方鼓琴而志在泰山,钟子期曰:'善哉乎鼓琴!巍巍乎太山。'少选之间,而志在流水。钟子期又曰:'善哉乎鼓琴,汤汤乎若流水',钟子期死,伯牙破琴绝弦。终身不复鼓琴,以为世无足复为鼓琴者。"音乐随着社会发展而发生变化,乐器随着礼乐制度的变革而产生新乐新器,以及新人新技竞争出现,这都是当时社会发展与变革所产生的效果,礼乐制度大变革是战国时期社会变革结下的丰硕成果,这在地下出土战国时期音乐文物中已经得到证实。

战国中晚期商鞅废弃周礼,建立以军功为基础的二十等爵制。《商君书·境内》曰:"故爵大夫就为公大夫,就为公乘,就为五大夫,则税邑三百家。"在五大夫以上才有食邑的享权。又见《商君书·境内》曰:"军爵自一级已下至小夫命曰校、徒、操"、"公爵自二级以上至不更命曰卒。"可见把二十级爵制划分为三大级别。《韩非子·定法篇》曰:"斩一首者,爵一级。"战国中晚期,秦国几乎全民皆兵,庶民则是通过战争获爵的机会,或者以爵抵罪。诸如此类社会制度则与废弃周礼相符不悖。礼制被废而乐制也应相废,乐制被冲破,则会得到更大发展。社会发展使当下人们的思想得到解放,这种体制变革顺应了历史的潮流,无疑会推动先秦时期音乐思想和艺术发展的繁荣景象。但是,秦朝统一六国后,秦汉时期音乐形态开始进入以大曲为代表的歌舞伎乐阶段,并且建立了"乐府"机构,让中国音乐文化走向璀璨辉煌的时代。故此,战国时期的礼乐制度变革则是秦汉音乐文化盛行的前奏。

战国七雄先后实行变法图强的发展过程,从三家分晋和田氏代齐看统治阶级内部的争权斗争,从历史环境的视角看春秋战国之际的礼乐制已走向崩溃。魏国李悝变法"务尽地力"的措施就是重新划分土地,正式承认土地私有法,从而巩固地主阶级政权基础。《史记·平准书》曰:"魏用李克,尽地力为强君。自是之后,天下争于战国,贵诈力而贱仁义,先富有而后推让。故庶人之富者或累巨万,而贫者或不厌糟糠;有国强者或并群小以臣诸侯,而弱国或绝祀而灭世。"李悝还以"平籴法"、《法经》、重兵等措施让魏国在战国末年成为富庶之国。《汉书·地理志》亦云:"河东土地平易,有盐铁之饶"、"俗刚强,多豪杰侵夺,薄恩礼,好生分。"其"恩礼"是贵族社会中的伦理规范,在这里所指"薄恩礼"是指宗法制度的薄弱。

战国时期楚国吴起变法。《史记·吴起列传》曰:"废公族疏远者。"限制旧制而改世袭之分封制。战国时期的楚国已开始对礼乐制度的变革,《史记·孙子吴起列传》曰:"南平百越,北并陈、蔡、却三晋,西伐秦。"楚国一度成为南方强国。齐国邹忌"以鼓琴见威王","鼓琴"节奏以明"治国家而弭(安定)人民"。齐王十分推崇并授以"相印"。其改革主张则以修订法律而督奸吏,如是乎大力推崇强国富兵。《史记·田敬仲完世家》曰:"于是齐最强于诸侯,自称为王,以令天下。"

战国时期韩国申不害改革。《韩非子·定法》曰:"晋之故法未息,而韩之新法又生;先君之令未收,而后君之令又下。"政治改革虽有失利,但见申不害则有言"术"、讲"法"之变,《韩非子·外储说左上》曰:"法者,见功而与赏,因能而受官。"《韩非子·定法》曰:"晋之故法未息,而韩之新法又生。"韩国的这些改革措施比起魏、齐、秦诸国稍有逊色。

《荀子·礼论篇》曰:"礼有三本;天地者,生之本也;先祖者,类之本也。君师者,治之本也。"其实,春秋后期"礼崩乐坏"已成定局,各诸侯、卿大夫在僭越天子之礼。礼乐制度是维护宗法制度和君权、族权、夫权、神权的。《荀子·礼论篇》曰:"上事天,下事地,尊先祖而隆君师,是礼之三本也。"可见,统治阶层以天、地、君、亲、师作为顶礼膜拜的对象。战国时期则把周礼中的籍礼废除不用,大蒐礼相继失去作用,乡饮礼、乡射礼发生了变化,重视朝礼、祭礼和丧礼等。战国时期则在新君继承之后的岁首举行改元即位之礼。《史记·赵世家》曰:"庙见礼毕,出临朝,大夫悉为臣。"举行传位仪式要在宗庙里行"庙见"之礼。这种礼仪虽有承传先祖遗风,但也不失为变革变法之礼。诸如《史记·礼书》所言:"悉内(纳)六国礼仪,采择其善"、"其尊君抑臣,朝廷济济,依古以来。"但各诸侯国仍然不失对神祇和祖先的尊视和祭祀。尤其秦国之君对五色上帝举行祭礼,至商鞅变法时期仍然以"郊见上帝"之礼与冠礼为重,并对于丧礼极为重视。《史记·秦本纪》曰:"尊唐八子(孝文王母,先于秦昭王去世)为唐太后,而合其葬于先王(以唐太后和秦昭王合葬),韩王衰绖入吊祠,诸侯皆使其将相来吊祠,视丧事。"国君与贵族阶层都十分重视丧礼。可见,墓葬制度的改革也是战国时期社会变革的核心之一。

礼乐制度的变革将带来一系列社会制度变革。《易·系辞传》曰:"不树不封",此为古礼。《礼记·檀弓》曰:"于是封之,崇四尺。"战国时期的墓葬制度则冲击着旧礼。《商君书·境内篇》曰:"其官级一等,其墓树级一树。"这是商鞅变法所规定的。战国时代的赵国诸王墓葬越显,则称为"陵",自此战国以来则称帝王墓为陵。礼变则乐也变,礼乐制度的变化在墓葬随葬品中可得到证实,礼器和乐器随葬之风不乏其例。

战国时期大墓往往是多棺多椁墓,厚葬之风盛行,不仅随葬有成套青铜礼器如鼎、簋之类的礼器,而且有成套的乐器如编钟、磬等。此外,也随葬有大量车马器、兵器和玉器。其等级则本来九鼎八簋之制为天子所享用,至战国时期诸侯也随葬九鼎八簋和成套成组的钟、磬等八音之乐,这种僭越周礼的具体表现,打破了唯天子或诸侯享用九鼎(升鼎)和编钟之礼。中型、小型墓随葬礼、乐器也打破了古礼旧俗。楚墓、秦墓和战国早期的曾侯乙墓厚葬礼、乐器均已印证。

第三节 战国时期诸子百家音乐思想与音乐成就

一、战国时期音乐思想

战国时期音乐思想发展到了成熟期与活跃期,这种有声的音乐与思想一样有理性和辩证关系。随着社会发展,音乐思想也产生了巨大变化,在某种程度是代表人类和民族精神与思想的结晶。一部音乐思想史就是反映人类音乐历史的鸿篇巨著。故此,在战国时期社会制度发生巨大变革时,出现了礼崩乐坏、推陈出新的趋势,诸子百家思想异常活跃,其中也包括乐制的变革,在百家争鸣中人们也形成了新的音乐思想,其变化直接影响这一时期音乐艺术的发展方向。正如《乐记·乐本》曰:"乐者,音之所由生也,其本在人心之感于物也。……礼、乐、刑、政,其极一也,所以同民心而出治道也。"社会变革与发展的历史过程中,音乐思想的形成与变化是相继相承的。

《国语·周语上》曰:"先时五日,瞽告有协风至,王即斋宫,百官御事各即其斋三日。……是日也,瞽帅音官以风土。……若是,乃能媚于神而和于民矣,则享祀时至而布施优裕也。"韦昭注:"瞽,乐太师,知风声者也。协,和也,风气和,时候至也。音官,乐官。风土,以音律省土风,风气和则土气养也。"这是先民音乐思想的一个侧面反映。所谓音律省风、土风应律等古代律学与大自然的万物感应关系,形成了异常活跃的音乐思想。

《乐记·乐本》曰:"宫为君,商为臣,角为民,徵为事,羽为物。五者不乱,则无怗懘之音矣。……五者皆乱,迭相陵,谓之慢,如此则国之灭亡无日矣。"可见,音乐思想、政治思想、社会制度和伦理德行关系甚密。战国时期的诸子百家学说以及包括哲学家、思想家的思想均蕴含着丰富的音乐思想。音乐思想与乐器是有内在联系的,乐器不仅是发声的器具,乐器本身也蕴含着哲人思想、乐人思想,方能有"八音"神品之誉。《乐记·乐记篇》曰:"夫乐者,先王之所以饰喜也。"《乐记·乐礼篇》曰:"天高地下,万物散殊,而礼制行矣;流而不息,合同而化,而乐兴焉。春作夏长,仁也;秋敛冬藏,义也。仁近于乐,义近于礼。"《乐记·乐论篇》曰:"大乐必易,大礼必简。乐至则无怨,礼至则不争"。《乐记·乐本篇》曰:"是故乐之隆,非极音也;食飨之礼,非致味也;……是故先王之制礼乐也,非极口腹耳目之欲也,将以教民平好恶,而反人道之正也。"儒家音乐思想大凡为时政服务,对音乐艺术的发展宗旨则表现在其音乐思想里。

《荀子·乐论》曰:"声乐之象,鼓大丽,钟统实,磬廉制,竽笙箫和,筦籥发猛,埙篪瓮博,瑟易良,琴妇好,歌清尽,舞意天道兼。鼓,其乐之君邪!故鼓似天,钟似地,磬似水,竽、箫、和、管、籥似星辰日月,鞉、柷、拊、鞷、椌、楬似万物。"

《礼记·乐记》曰:"钟声铿,铿以立号,号以立横,横以立武。君子听钟声则思武臣,……君子听磬声则思死封疆之臣,……君子听琴瑟之声则思志义之臣;……君子听竽、笙、箫、管之声则思畜聚之臣;……君子听鼓鼙之声则思将帅之臣。君子之听声,非听其铿锵而已也,彼亦有所合之。"

《史记·乐书》曰:"琴长八尺一寸,正度也。弦大者为宫,而居中央,君也。商张右傍,其余大小相次,不失其次序,则君臣之位正矣。"

综观传世文献所载,先秦时期音乐思想中充分彰显浓烈的政治色彩。故此,历代政治家、思想家、音乐家、文学家以及哲学家都在文献中有所论述。

《礼记·礼运》曰:"故人情者,圣王之田也。修礼以耕之,陈义以种之,讲学以耨之,本仁以聚之,播乐以安之。"儒家思想中情义十分浓烈。礼义文化和音乐思想是人情社会的纽带,这就是先秦时期儒家音乐思想的情本论,先秦时期儒学对情有论和哲学思想十分关切。所谓"情本体"则是乐感音乐文化的核心。《礼记》曰:"何谓人情?喜、怒、哀、惧、爱、恶、欲,七者弗学而能。"《左传》曰:"民有好、恶、喜、怒、哀、乐,生于六气。"《论衡·本性》曰:"性,生而然者也,在于身而不发;情,接于物而然者也,出形于外。"皆存有中华民族的感情。《论语》曰:"上好信,则民莫敢不用情。"《孟子》曰:"乃若其情,则可以为善矣。"《礼记·礼运》曰:"故礼义者也。……所以达天道,顺情之大窦也。"先民们的音乐思想以儒家思想为主旨,其核心则以"风情、情恨、情理、情绪等等,均为古代先民儒家思想与上古音乐文化的情核。中国音乐思想史上情本论思想观点十分鲜明。"①

二、战国时期诸子百家音乐观

深入了解战国时期的音乐文物,首先要掌握礼崩乐坏、百家争鸣的社会制度和音乐发展史。因为,音乐思想史是古代思想史的一部分。传世文献中所反映的音乐思想,在出土音乐文物中找到实证;同时用传世文献诠释地下音乐文物二者相得益彰。其次,就是用科学的方法进行乐器测试和实验,发掘与研究地下出土的音乐文物。战国时期是历史发展中一个特殊的时代,社会发生剧烈变化,政治、经济、文化和思想精神层面都在创新和变革,社会中出现争霸、掠夺、战争,对原有陈规旧制发生冲撞与僭越。从重大考古发掘中所获的随葬品可看出,诸侯贵族们在厚葬中仍然保存着殉葬方式,随葬品中有大量的礼器和乐器,出现九鼎八簋和成组成套的乐钟,远远超越周代礼乐制度规定的范畴。这种巨变首先是社会制度的变化。与此同时,统治阶级的政治思想和诸子百家音乐思想发生了变化,进而影响这个时期音乐发展的方向。所以说,研究地下出土音乐文物,更需要去剖析战国时期历史背景。在众多的思想家的著述和说辞中存在着哲学思想,有着丰富的文化艺术和音乐艺术精神,是战国时代科学文化和科学思想的结晶,在人类发展史上折射出不朽的光芒。

统治阶级对教育则推行六艺:礼、乐、射、御、书、数。六艺之首为礼乐,礼乐之间,礼在先,生于上古,礼制成于周公之世。音乐是人类精神之髓,是音乐思想的总汇。文中藏武,故有射、御,富国必须强兵,作为一个时代的栋梁之材,通过受六艺诸多方面的教育,也就丰富了他们礼仪、音乐、武备、文化科技知识,具备治国治军的综合才能。六艺之中的礼、乐则是相互联系、相互依存的。历史学家往往将春秋末、战国初的特殊时期合而论之,尚未绝然分开加以分析,因为历史的巨变也就是在周王朝晚期走向衰落,从而翻开了历史崭新的一页——战国时代。然而诸子百家起于周末,成于战国。

战国时代诸子百家顺应社会大变革,以各个学派不同的政治观点和学术思想,为时下统治阶级服务,提出强国方略的思想理论和学术思潮,诸如"百家争鸣"对当时社会变革起到推动作用:所谓阴阳、儒、墨、名、法、道德六家等。"诸

---

① 罗艺峰:《中国音乐思想史五讲》,上海音乐学院出版社2013年版,第258页。

子百家"说，或有"儒、墨、道、名、法、阴阳、农、纵横、杂及小说家"归为十家。①
除小说家外，又称"九流"，所谓"九流十家出于王官"。②

《老子》是道家思想的经典之作，但音乐思想方面的内容不多，倒是《文子》、
《庄子》所载乐论甚丰。《文子》则是发展了《老子》的唯物主义倾向与学说，对
音乐思想方面有发掘研究的潜值，以至对后来的黄老学派产生巨大影响。《文
子·道原篇》曰："无形而有形生焉，无声而五音鸣焉，无味而五味形焉，无色而
五色成焉。故有生于无，实生于虚。音之数不过五，五音之变，不可胜听也。味
之数不过五，五味之变，不可胜尝也。色之数不过五，五色之变，不可胜观也。
音者，宫立而五音形矣。味者，甘立而五味定矣。色者，白立而五色成矣。道者，
一立而万物生矣。"

道家学派论述音乐思想，庄子言音乐之本，老子言"大音希声"的哲学辩证
观，希声者为天籁之音，展示了春秋战国时期礼乐制度与礼崩乐坏的历史演绎
过程。正如《文子·上德》所言："鼓不藏声，故能有声。镜不没形，故能有形。
金石有声，不动不鸣。管箫有音，不吹无声。"又如《文子·自然》又言："故无弦
虽师文不能成其曲，徒弦则不能独悲，故弦，悲之具也，非所以为悲也。至于神和，
游于心手之间，放意写神，论变而形于弦者，父不能以教子，子亦不能受之于父，
此不传之道也。故肃者，形之君也，而寂寞者音之主也。"所言富于哲理，乐器
不使用、不去演奏则不发声，正如人无所作为就会变成懒惰的人，其音乐思想和
哲理为历代学者所重视。

《汉书·艺文志》曰："儒家者流，盖出于司徒之官，助人君顺阴阳而明教化
者也。"相当于西周时期太师、太保之职的"司徒之官"，则是为君王"明教化"，
如儒家《诗》、《书》、《礼》、《乐》的教学思想，就把《乐》教列为治国重器，在此
尤其重要。在论述到墨家、道家、儒家、法家及其与方术之士的学术思想中，反
映了战国时期各流派的音乐思想。

墨子治国之本在于建规立制，以"法仪"为上，推崇"兼相爱而交相利"的
友好和平原则。他对当时社会中出现的"三患"时局或对统治者提出批评，见诸
《墨子·非乐上篇》说，天下劳苦人民"饥者不得食"、"寒者不得衣"、"劳者不得
息"。要求民众"赖其力者生，不赖其力者不生"的主张，对于"不与其劳，获其

---

① 参见杨宽:《战国史》，上海人民出版社 2003 年版，第 466 页。
② 参见杨宽:《战国史》，上海人民出版社 2003 年版，第 466 页。

实,已非其有而取之"的思想意识持反对态度,只有用劳动换取收获,改变饥饿和寒冷无衣食的现状。墨子反对殉人殉葬制度。他继承发扬了宗教思想,有崇天敬神的意志。《墨子·天志中》曰:"天子为善,天能赏之;天子为暴,天能罚之,"以宗教思想为统治阶层的核心学说。以"天志"、"节葬"、"明鬼"、"非命"、"非乐"的理论思想排斥儒家言论。以节制节约反对礼制中的厚葬之风,以"非乐"反对"习为声乐"的思想潜质。

可见,诸子百家学说各异,各持己见,均为战国时期社会大变革起到推动作用。

第四节　战国时期礼、乐器铸造技术与科技文化

青铜器是人类的发明、是精铸的金属艺术品,是与文字起源、城市形成齐名的人类三大文明象征之一。青铜铸制技术象征着人类科技文化的巨大飞跃。折射出夏商周三代至春秋战国时期礼乐文明的光芒。从夏代二里头文化时期开始,历经商、西周、春秋、战国相继繁荣沿袭。先出现农业生产工具,再出现生活用具,后出现兵器和礼乐器。走过了青铜时代的夏商周,跨越了变革时代的战国,以青铜铸器彰显国力,精铸礼、乐重器以壮权威。"桀有昏德,鼎迁于商"、"商纣暴虐,鼎迁于周"周礼规定天子享用九鼎、诸侯七鼎、卿大夫五鼎、士三鼎,青铜器正是时代礼乐制度和科技文化的表征。

一、战国时期青铜铸造业兴盛

在商代已开始冶铸青铜器,其中包括生产工具、青铜礼乐器和兵器,这批先进的青铜器均被王室和贵族所垄断。诸如山东、河北、陕西、江西、河南、安徽、湖北等地均有商代早期的铜器发现。譬如郑州商城址南墙外东南则有 1050 平方米冶铜作坊遗址,其中遗存有木炭、炼渣、红烧土、坩埚残骸和陶范等。[①] 由此可知,商代铜铸技术已非常发达,以 1939 年安阳武官村出有"司母戊鼎"为是。在全国各地发现的商代青铜器有鼎、簋、壶、鬲、爵、斝、觚、尊、罍、卣、彝、觥和铙、镈等。山西襄汾陶寺遗址 3296 号墓出土有铜铃;河南偃师二里头 M4和 M11 出有铜铃以及生产工具刀、斧、锛、凿等。从考古发现的陶范和红烧土

---

① 参见河南省文化局文物工作队第一队:《郑州商代遗址的发掘》,《考古学报》1957 年第 1 期。

等迹象分析研究,发现其铸造技术十分精湛。

周代"百工"和百官统一管理各项手工业。《礼记·王制》曰:"王执技以事上;祝、史、射、御、医、卜及百官。凡执技以上市者:不贰市,不移官。"西周手工业则以青铜工业为主,周王朝和各诸侯国都十分重视青铜铸造,以西周早期的《大盂鼎》青铜礼器为代表,还有大量青铜乐器镈,分别在陕西宝鸡出土秦公镈、河南新郑李家楼出土特镈、山西太原赵卿墓出土编镈、四川茂县牟托出土编镈以及南方地区湖南、江西诸地出土西周早期的青铜乐种。西周早期的青铜礼器虽然有了较大发展,但青铜器铸造业则更盛,其中酒器相对减少,而在礼、乐器方面更显浓烈,以工具、车马器、兵器、饪食器较前更多,制作青铜器造型厚重、花纹精美、铭文记事翔实。诸如长安、扶风、岐山发现的单独青铜窖中分别出土有几十件或百余件青铜器,河南三门峡虢国墓地出土青铜器约在五千余件,可见青铜器物十分丰富。

《墨子·尚贤上》曰:"工肆之人。"国有工正、工师、工尹之官,掌管青铜礼器、兵器和车马器等类型用品和生产活动。《论语·子张》曰:"百工居肆,以成其事。"可以窥见该时期手工业分工与合作的端倪。传世文献多载战国时期铸造业中的工匠与传授情况。《庄子·人间世》曰:"匠石之齐,至于曲辕,见栎社树。其大蔽数千牛,絜之百围,其高临山十仞而后有枝,其可以舟者旁十数。观者如市,匠伯不顾,遂行不辍。弟子厌观(饱看)之,走及匠石,曰:'自吾执斧斤以随夫子,未尝见材如此其美也。先生不肯视,行不辍,何邪?'曰:'已矣,勿言之矣!散木也。以为舟则沉,以为棺椁则速腐,以为器则速毁,以为门户则液樠,以为柱则蠹。'"由此可见师徒之间传授技艺之法,多靠徒弟去领会和创造发明,相互之间则技留一手。当时诸侯国中科技文化传播会受到各种因素的阻碍。

《周礼·考工记》曰:"国有六职,百工与居一焉。"《月令·季春》曰:"命工师令百工。注云:工师,司空之属官也。"又《周礼正义·冬官考工记》曰:"命工师效功。注云:工师,工官之长也。是冬官之属,有工师与匠师、梓师,同领诸工,而前五官亦或有给事之工,若玉府典妇功诸职所属之工皆是也。此经三十工,并即在宫之功,故有明堂、城郭、沟洫、端玉、量器诸制,而梓人又著梓师监视之法,是其证也。"所谓六职之官,则为王公、士大夫、百工、商旅以及农夫妇功之属。典籍记载铸造官之名是非常多的。

《管子·立政》曰:"论百工,审时事,辨功苦,上完利,监壹五乡,以时钧修焉,使刻镂文采毋敢造于乡,工师之事也。"《荀子·王制》曰:"论百工,审时事,辨功苦,尚完利,便备用,使雕琢,文采不敢与造于家,工师之事也。"

《吕氏春秋·季春纪》曰:"是月也,命工师令百工,审五库之量,金铁、皮革筋、角齿、羽箭幹、脂胶丹漆,无或不良,百工咸理,监工日号,无悖于时,无或作为淫巧以荡上心。"

《吕氏春秋·孟冬》曰:"是月(十月)也,工师效功,陈祭器,按度程,无或作为淫巧以荡上心,必功致为上。物勒工名,以考其诚,工有不当,必行其罪,以穷其情。"战国时期,官府设有专门的管理工匠的机构和官员,制度森严,坚决杜绝低质产品,"工有不当,必行其罪",在制作各种物品时设有监工,"物勒其名,以考其诚",工匠、工师之间有责任制,物为何铸,并且要负责质量的优劣,监官失职,均要治其罪,可见各自承担其事与责任。①

春秋中晚期青铜器冶铸已出现分铸法,这在诸多文化遗址、墓葬和出土的文物中得到证实。山西侯马晋国都城遗址中的铸铜作坊,如鼎之耳、足和乐器钟甬、腔范体发现颇多,此外河南新郑、安徽寿县、山西长治分水岭、陕西宝鸡、辉县璃璃阁、湖北随州叶家山和文峰塔、义地岗都出现诸类青铜器。战国时期曾侯乙墓青铜镂空尊盘等一批青铜器则为分铸法技术。《周礼·考工记》曰:"粤(越)无镈,燕无函,秦无庐,胡无弓車。粤之无镈也,非无镈也,夫人而能为庐也。燕之无函也,非无函也,夫人而能函也。秦之无庐也,非无庐也,夫人而能为庐也。胡之无弓车也,非无弓车也,夫人而能为弓车也。"可见春秋战国时期手工业相当发达,管理严格,制作器物精美绝伦。诸侯多国的科技发展迅猛,竞以刀兵而言,见诸《考工记》曰:"郑之刀,宋之斤,鲁之削,吴粤之剑,迁乎其地,而弗能为良。"同时形成以家庭为作坊到市场上去销售的运营过程。

《周礼·天官·内宰》曰:"凡建国,佐后立市,设其次,置其叙,正其肆,陈其货贿。"其"设其次"和"置其叙"之"次"、"叙"则是管理机构。

《墨子·尚贤上》曰:"古者圣王之为政,列德而尚贤,虽在农与工肆之人,有能则举之。"其"工肆之人"中的"肆"为铺店和作坊而已。国家有大型铸铜作坊,私家则有"工肆"之类的手工业作坊,民间手工业和国家专业作坊的形成推动了社会变革和科技文化的发展。战国时期诸侯国及其贵族阶层以垄断和控制青铜冶铸业和手工业制作,其目的以便从中获得更大利益,借以掌握诸侯国之间的贸易和民间作坊手工业品的贸易。《山海经·中山经》曰:"出铁之山

---

① 参见白寿彝总主编:《中国通史》上册第三卷,上海人民出版 1994 年版,第 642 页。

三千六百九十。"《管子·地数》曰："山上有赭者,其下有铁……此山之见荣者也。"《荀子·议兵》"宛钜铁釶"杨倞注云："刚铁。"《史记·夏本纪》曰："璆、铁、银、镂",《集解》引郑玄云："镂,刚铁,可以刻镂也。"《荀子·强国》曰："白刃。"一般而言,战国时期不仅青铜冶炼、冶铸业极为发达,而且出现了钢和铁器,因铁器的出现推动了社会生产力的飞速发展,锋利的"白刃"则可作为刻镂的工具,同时也是战国时期兵戈不息的先进武器,且铁器工具对发展农业生产力更为重要。

战国时期,工业、农业、商业、交通虽然因战争受到一定影响,但当时社会生产力和科技文化发展速度并未减退,如农业水利都江堰、郑国渠、鸿沟等重大水利建设仍然不减,科技发展则见诸青铜铸造、冶铁、制漆造器、丝织纺织业。其青铜铸造业科学技术与发明如熔铸、焊接、失蜡法、金银嵌错工艺以及铜器涂金、鎏金刻镂工艺极盛,器上铸造更加丰富且有精美纹饰和铭文。

《战国策·齐策》曰："朝服、衣冠窥镜。"《楚辞·九辩》曰："今修饰而窥镜兮。"《荀子·强国》曰："刑(型)范正,金(铜)锡美,工冶巧,火齐得。"《考工记》曰："金有六齐:六分其金,而锡居一,谓之钟鼎之齐;五分其金,而锡居一,谓之斧斤之齐;四分其金,而锡居一,谓之戈戟之齐;三分其金,而锡居一,谓之大刃之齐;五分其金,而锡居二,谓之削杀矢之齐;金锡半,谓之鉴燧之齐。"《吕氏春秋·别类》曰："金柔锡柔,合两柔则为刚。"《吕氏春秋·别类》曰："白所以为坚也,黄所以为牣也,黄白杂则坚且牣,良剑也。"《考工记》曰："凡铸金之状,金与锡黑浊之气竭,黄白次之;黄白之气竭,青白次之,青白之气竭,青气次之,然后可铸也。"

战国时期,青铜礼器和乐器铸制精巧,造型奇美,铭文与书法流畅遒劲,花纹装饰绚丽精湛。乐器编钟铸造精美绝伦,曾侯乙墓65件编钟反映出战国早期科技文化已达到了巅峰时期。不仅是传世文献中多载这个时期冶铸业十分发达,而且地下出土文物也说明了这点,诸如战国早期曾侯乙墓青铜礼乐器上镶嵌几何图像与纹饰、辉县琉璃阁M1出土的鉴体所镶嵌的三角云纹、涪陵小田溪编钟错金云纹等,汲县山虎镇战国M1所出土的水陆攻战纹鉴、狩猎纹钫,陕西凤翔高玉寺战国铜器窖藏镶嵌射猎壶等,战国中晚期青铜礼、乐器如山西长治分水岭M12、M25,辉县赵固M1,河北平山中山王墓,安徽寿县朱家集楚幽王墓出土的青铜器,洛阳金村古墓出土战国中晚期青铜器,战国中期中山王墓出土的青铜群均为精品。楚国末年的青铜器代表见于安徽寿县李三孤堆楚王楚幽王墓出土的青铜器,河南信阳长台关、湖北江陵、藤店 M1 出土的青铜礼器均铸造精美,其中镶金嵌石的工艺制造水平已达到时代的巅峰。

二、战国时期盛行青铜铸造与原材料的来源

先秦时期青铜礼乐器盛行,成为国家政权与实力的象征。传世文献和地下出土青铜铸器均表明,中国素有矿产资源丰富,采矿冶炼与铸造筑起了华夏文明基石。青铜原材料主要来源于湖北鄂州、阳新及江西瑞昌;安徽铜陵、贵池、青阳、宣城、繁昌、南陵、枞阳、泾县、庐江;山西垣曲、运城三大矿冶基地。对青铜器原材料的分析与研究,能够剖析礼乐制度和战国时期的青铜用品的文化与思想元素。

《墨子·耕柱》曰:"夏后开使蜚廉折金于山川而陶铸之于昆吾。"《诗经·秦风·驷驖》曰:"驷驖孔阜,六辔在乎。公(襄公)之媚子,从公于狩。"《左传·昭公二十九年》曰:"晋赵鞅、荀寅帅师城汝滨,遂赋晋国一鼓铁,以铸刑鼎,著范宣子所为刑书焉。"《国语·齐语》曰:"(齐)桓公问曰:'夫军令则寄诸内政矣,齐国寡甲兵,为之若何?'管子对曰:'轻过而移诸甲兵。'桓公曰:'为之若何?'管子对曰:'制重罪赎以犀甲一戟,轻罪赎以鞼盾一戟,小罪谪以金分……美金以铸剑戟,试诸狗马;恶金以铸鉏、夷、斤、斸,试诸壤土。'甲兵大足。"《史记·封禅书》曰:"黄帝采首山铜,铸鼎于荆山下。"

春秋时期除了铜矿开采外,还出现了铁矿。铜矿开采在商周时期盛极一时,青铜器铸造水平和生产能力达到高峰时期。湖北大冶铜绿山有商代至西汉采矿和冶炼遗址,为中国五大产铜区之一,古矿冶遗址炼渣堆积达 40 多万吨。此处为大型富铜矿藏区,该矿矿石品位高,因其适合在当时技术条件下开采和冶炼,考古发掘获得大量采矿工具,遗存着大批炼炉遗址。冶炼遗址有西周晚期和春秋炼铜竖炉 11 座,并有完善的风沟设施,其科学技术一直影响后世金属冶炼业的发展。由此可见,炼铜竖炉采用鼓风设施,可谓我国古代炼铜生产已掌握了高温冶炼技术。

中国采矿冶炼历史悠久,始于新石器时代晚期自然铜的采集。《管子·地数篇》曰:"葛卢之山发而出水,金从之,蚩尤受而制之,以为剑、铠、矛、戟,是岁相兼者诸侯九;雍狐之山发而出水,金从之,蚩尤受而制之,以为雍狐之戟、芮戈,是岁相兼者诸侯十二。"诸如铜器与铸造经历了自然铜采集的历史过程。进而以铜、锡(或铅)掺和为青铜器,一曰锡青铜,二曰铅青铜,三曰锡铅青铜。甘

肃临洮县东乡村马家窑文化遗址出土的锡青铜为单范铸制的1件铜刀;甘肃永登马厂文化遗址也出土了1件锡青铜刀。可证黄河流域青铜文化与铸造历史居世界领先水平。诸如黄河流域龙山文化、齐家文化、岳石文化遗址中有数十处出土铜器。河南登封王城岗龙山文化遗址中出土有铜鬶,也为锡青铜类型。河南偃师二里头文化遗址中,出土大量青铜生产工具、兵器和青铜礼器。

相比之下黄河流域发现的青铜器时代较早,长江流域新石器时代所出现的青铜器稍晚。诸如湖北天门市石河镇新石器时代遗址出土铜块、孔雀石的遗物,其时代属于屈家岭文化早期到石家河文化晚期。[①] 长江流域分布着吴、越、楚、巴、滇等历史文化和青铜文化。长江流域青铜文化于商周时期与中原文化较为相近,并经历了商、周两个青铜文化铸造史上的高峰期。春秋战国时期,南方文化渐渐突显出吴越文化、楚文化的自身特点。正如地域性而导致青铜文化的差异,长江流域青铜原材料丰富的矿区大冶铜录山则折射出青铜冶铸业的光芒。

长江中下游金属矿均属矽卡岩型矿,以铜矿品位而著称。见于《禹贡》曰:"荆及衡阳惟荆州,……厥贡……惟金三品。"《汉书地理志》曰:"……东南曰扬州,……其利金、锡、竹、箭,……正南曰荆州,……其利丹、银、齿、革等",传世文献多载"荆扬"之地多金,由此可窥视长江流域中下游古铜矿开采、冶炼、铸造业的历史。湖北大冶县、阳新县为中国古代铜矿之首,发现大冶矿区有12个矿体,被先民开采过的有9个,考古发掘与文物调查证实有500座被开采的矿井,可见炼铜区和炼炉数量之多。譬如铜录山春秋、战国矿井中遗存开采工具,用具十分丰富,其中井巷框架以榫卯法连接,呈四根方木或圆木在其两端穿凿榫、眼结构。竖井方形框架以竹索系挂形成整体,以及矿井通风、排水、运输、提升照明等技术,极具采矿先民的聪明智慧更能展现出其历史之全貌。采矿使用的木铲、木槌、木斗、木飘、竹篓、绳索、铜斧和锛成套工具,冶铜竖炉中分设炉基、炉缸、炉身等结构十分科学。

阳新丰山铜矿区与铜录山相去不远,距长江水道约10公里,也为西周早期的采矿遗址。

古代先民们识矿与找矿的睿智,他们通过地面的植物和地下土质以及流水流砂辨别出地下的矿藏。

---

① 参见万全文:《长江流域的青铜冶炼与铸造·铄石镂金》,武汉出版社、中国言实出版社2006年版,第3页。

《管子·地数篇》曰："上有丹沙者，下有黄金；上有慈石者，下有铜、金；上有陵石者，下有铅、锡、赤铜；上有赭者，下有铁。"《山海经》曰："铜之山凡十四处"，对应今地，山西五处、河南二处、陕西七处。《大冶县志》曰："每骤雨过后，有铜绿如雪花小豆，点缀土石之上。"《酉阳杂俎》曰："山上有姜，其下有铜金。"

江西瑞昌古代铜矿遗址在长江之滨，其与武山、丰山、城门山、丁家山矿区相邻。在考古发掘中发现矿井、平巷、露天槽坑近百座，其内遗存有支护、采矿工具。包括铁山在内的古代露天采矿区以及连山顶、铁山等开采区均为富矿区。始于商代至西周前采矿遗址中遗存有矿井框架，其榫卯结构的井架不同于铜岭，与铜绿山井架结构相同。该古矿冶遗址保存完整，其时代较早，对采矿科学技术和铜料来源研究提供了宝贵的资料。① 同时，在安徽沿江发现有九十余处采铜炼铜遗址。诸如南陵、铜陵等地二十余处先秦时期采矿遗址，遗存有采矿、选矿、加工、冶炼制出铜坯的文化迹象。② 湖南麻阳战国时期矿冶遗址中有 15 处采坑，出土有采矿工具和陶器。③ 山西中条山区垣曲铜锅、马蹄沟、店头铜矿遗址发现战国时期矿冶遗存。新疆奴拉赛东周铜矿遗址，在尼勒克县城南奴拉赛铜矿区内，有采矿、冶炼的遗址。其中，有十余处古代矿井发现有孔雀石和采矿石器、骨片、炭块等。

综上所言，先秦时期探矿、采矿、开掘矿井有科学的通风、排水、照明、提升、运输技术。长江中下游的矿带有丰富的古铜矿遗址，为青铜器形成与发展的历史研究提供了宝贵资料。诸如《湖北古矿冶遗址调查》一文介绍了大冶铜录山考古发现其中采矿、冶炼遗迹遗物。所谓"老窿"则指古代开采的矿坑，其中包括竖井、斜井、巷、采场④。采矿生产工具多在"老窿"内发现，分铜、铁和木质工具，运输工具有藤、竹、木质等类别，青铜工具有铜斧、锛、凿，木槌、铲、铁器、锤、锄。提升和运载工具有藤篓、竹筲箕、木钩、船形木盘、麻绳等。在冶炼遗址和遗物中，除了发现炼炉和炉渣外，生活用具还有残存壶腹、器底和鬲、罐、鼎残陶片等，为泥质灰陶。陶片以绳纹见多，同时还出现部分铁制生产工具。

综观大冶铜录山冶矿遗址诸多"老窿"，支护用料简而精巧，采掘工具锋利

---

① 参见杨立新：《皖南古代铜矿初步考察与研究》，《文物研究》1988 年第 3 期。

② 参见江西省考古研究所：《江西瑞昌铜岭商周矿冶遗址第一期发掘简报》，《江西文物》1990 年第 3 期。

③ 参见湖南考古研究所：《湖南麻阳战国时期古铜矿清理简报》，《考古》1985 年第 2 期。

④ 大冶市铜录山古铜矿遗址保护管理委员会编：《铜录山古铜矿遗址考古发现与研究》，科学出版社 2013 年版，第 3 页。

坚硬,在春秋战国时期仍然采用铜铁并用的工具。其一,装载运输提升工具以木、竹、藤、绳质地材料为主。铜录山古矿遗址的发现对研究先秦时期矿冶史意义重大。其二,大冶铜录山春秋炼铜,已采用鼓风竖炉炼铜,其竖炉结构采用了鼓风设备,出现了风沟设施,具有防潮和保温的作用,采用高温熔炼耐火材料。冶炼工艺水平较高,粗铜产品含铜量已达93.318%。铜渣型合理,其含铜甚低,矿冶规模大,采矿炼铜生产组织形式严密[①]。其三,大冶铜录山东周时期炼铜炉的发掘对古代冶铜工艺的探索与研究提供了可靠依据。古炼炉遗存地层堆积东周层出土大量较纯净炉渣以及陶质鬲、罐、甗、豆等残片,饰以绳纹、弦纹和小方格纹等,古炉竖炉上部残毁,炉基、炉缸和炉身仍然清晰可辨。[②] 这些均为探讨古代矿和冶炼业积累了可贵资料。其四,有关井巷结构如大冶铜录山、湖南麻阳、阳新港等古铜矿遗址,有共同之处,也有不同之地域尚存各自的特点,对古矿井资源资料、结构、开采技术都是有益的。从该采矿遗址与古代青铜文化和冶金技术等发展史的研究有重要意义。其五,铜录山古铜矿是中国古矿冶技术发展史的活化石,先民们在这些矿区持续一千余年采矿和冶炼,并且发明了重力找矿法即目力找矿法。所谓"淘金斗"即采用水浮力淘选金属矿。从商代至战国中期井下开采规模更大。井巷支护架结构不断加强和创新,巷道由10米扩充到巷道宽度达20米,创造了古代先进的采掘方法。这些古矿采矿遗址为我国古代井下开采的科技文化和开采铜矿科技史提供了实物资料。

承上启下的古代铜矿遗址,对于研究青铜时代与青铜文化以及礼乐制度和社会制度有着极其重要的作用。如果说夏商周三代青铜文化和春秋战国礼乐制度发生变革的话,那么,青铜原料和古矿冶遗址、铸铜遗址则是探索其渊源之基,是古国青铜文化文明之光。探索中国古代冶矿和铸铜中心,一个重要目标是揭示周王室和诸侯封国大力铸造青铜器的铜料来源之谜,古代楚国成为春秋五霸,战国如何成为七雄之一,成为力控长江中游矿冶区和江汉诸姬采矿、冶铜相争的劲敌。

探索青铜器铜料来源,对窥视商周青铜文化以及春秋战国时期五霸之争,与七国争雄的社会形势有着重要意义。譬如大冶铜录山古铜矿系商周王朝铜料来源与生产基地,春秋战国时期曾被杨越古族辅佐东鄂方国所控,后被楚国控

---

① 参见黄石市博物馆:《湖北铜录山春秋时期炼铜遗址发掘简报》,《文物》1981 年第 8 期。
② 参见中国社会科学院考古研究所铜录山工作队:《湖北铜录册古铜矿再发掘》,《考古》1982 年第 1 期。

制楚国强盛之时也问鼎中原,与汉东曾(随)国多次发生战争,随国联江淮诸叛楚。其实这种军事武器实力的强盛离不开铜兵之利,曾侯乙墓出土了大量武器以及青铜礼乐器,更能说明来自长江中游南方矿冶原料的重要性。青铜原料能铸造兵器,铸制精美绝伦的青铜器以及青铜乐器编镈和编钟。进入青铜文明要数东夷为先,于周王朝时期铜矿资源已用之枯竭,又如江南吴头楚尾长江中下游地区大冶铜录山、江西瑞昌铜岭和安徽铜陵诸地铜矿资源丰富,则成为商周王朝南控掠夺铜原料的重要原因。长江流域中下游的铜矿原材料,经长江至涢水,至汉水或曾(随)、或楚、或周王朝用,成为他们使用铜矿原料的保障。估算铜录山矿区粗铜年产约 1700 吨—2500 吨,是楚国和江淮诸姬当下争霸称雄的经济与物质基石。

青铜器是继制陶业发展起来的冶铸科技,渐渐形成了冶铸业的青铜文化风格。青铜器被珍视如金,春秋时期铸造业出现了分铸、铸接、焊接和失蜡法铸造技术。诸如曾侯乙尊盘、晋国犀尊、郑国莲鹤方壶、楚国铜禁、吴越宝剑均为中国古代青铜冶炼和铸造史上的巅峰之作。随枣走廊、江淮之间则是"金道锡行"的重要通道,南铜北运互贸关系和重大的军事行为,无非为掠夺"南金"的重要举措。随州叶家山西周早期曾国墓葬 M28 出土了圆形铜锭和长方形铜锭,其中一件呈圆形,浅盘状,表面粗糙,呈有细小的蜂窝状气孔,背面光滑平整,密度较大。青铜锭正面呈绿色,背面深蓝色。据专家考证曾国墓葬出土铜锭与大冶铜录山古矿遗址、陕西周原遗址出土铜锭相似。测试为纯铜,铜含量达 98%。[①] 叶家山西周曾国墓葬出土了大量青铜礼器、乐器、铸制青铜器的原材料铜锭,同时,春秋、战国时期曾侯與、曾侯乙墓大量青铜器均与长江中游的铜矿遗址有着渊源关系。

周昭王南征见于史载。《竹书纪年》曰:"伐楚,涉汉。"《竹书纪年》曰:"丧六师于汉。"《史记·周本纪》曰:"昭王南巡狩而不返,卒于江上。"《史记·吴太伯世家》曰:"太伯之奔荆蛮,自号句吴。荆蛮义之,从而归千余家,立为吴太伯……太伯卒无子,弟仲雍立,是为吴仲雍。仲雍卒,子季简立。季简卒,子叔达立。叔达卒,子周章立。是时周武王克殷,求太伯、仲雍之后,得周章。周章已君吴,因而封之。"

传世文献记载周王朝伐荆楚,曾经"丧六师于汉",即指江汉之间。周昭王

---

① 参见湖北省文物考古研究所、随州市博物馆:《湖北叶家山 M28 发掘报告》,《江汉考古》2013 年第 3 期。

南巡死于汉水之中,"太伯、仲雍乃奔荆蛮"之举,说明周王室极为重视南楚之地,正是在长江中下游有着丰富的铜矿原料和精湛的冶炼铸造技术,故此要牢牢掌握南土,而分封汉阳诸姬守护南国。汉水以东随(曾)为大,随国屡与楚国抗衡,从而阻碍早期楚国向东发展的进程。至少在随州叶家山西周早期"曾侯谏"、"曾侯犹"时期楚国尚难掌握长江中游大冶铜录山的矿区,至少是周王朝为主控,与姬姓曾和吴越诸国共享铜矿资源。

鄂国与大冶铜矿历史渊源更深。盘龙城商代早期青铜文化表现在鼎、簋、甗、觚、爵、尊、卣、戈、矛青铜器方面。江陵万城出土 17 件周文化青铜礼器,西周早中期青铜礼器分别在随州叶家山、淅河八大队、安居羊子山诸地,出土一大批曾国、噩国墓葬和青铜礼器、乐器。随州均川熊家老湾、何店、三里岗尚店、毛家冲、京山苏家垄等也出土了大批西周晚期青铜礼乐重器。在随州安居、随州城东郊义地岗、季梁祠、擂鼓墩曾侯乙等墓出土了春秋、战国时期的青铜礼器、乐器,其青铜器数量之多,铜器厚重,铸造精美,尤其战国早期曾侯乙墓出土近万件文物精品,成为中国青铜铸造史上的巅峰之作,可见其用铜质量优良,用铜原材料数量大,需求量为南方诸国之首,创造了中国青铜文化和钟乐文化不可磨灭的辉煌历史。

第五节　战国时期青铜乐钟铸制与研究

青铜冶铸业至少在商代也较为成熟,其中以青铜礼器和乐器为主体,还包括生产工具和兵器等。一是在郑州发现早商的青铜器作坊遗址。[1] 其面积则在1050 平方米,发现冶铸坩埚残骸、炼渣、木炭和红烧土等,并且遗存有陶范。二是在郑州商城河南饭店附近,发现商代房基、铜渣、圆形锥窝、陶范等。[2] 三是安阳小屯苗圃北地铸铜遗址,则在 10000 平方米范围内就有 3400 块陶范出土。[3] 西周王室对青铜工业发展仍然十分重视,在长安、扶风、岐山出现很多青铜器窖藏。西周时期的青铜器和铸造业十分发达,不仅出土了青铜礼器,而且出土了

---

① 参见河南省文化局文物工作队第一队:《郑州商遗址的发掘》,《考古学报》1957 年第 1 期。

② 参见廖永民:《郑州市发现的一处商代居住与铸造器遗址简报》,《文物参考资料》1957 年第 6 期。

③ 参见中国科学院考古研究所安阳发掘队:《1958—1959 年殷墟发掘简报》,《考古》1961 年第 2 期。

大量青铜乐钟。春秋时期的青铜器冶铸工艺十分发达,在山西侯马晋国都城铸铜遗址中,发现了青铜礼器和乐钟母范,在河南新郑、辉县琉璃阁、安徽寿县、长治分水岭、陕西宝鸡均发现了青铜礼器和乐钟。青铜乐钟铸造、礼器铸造工艺与铜锡含量均有不同,这对音乐史和音乐考古的研究有极其重要的参考价值。

一、春秋战国时期青铜冶铸遗址考古发现

（一）春秋时期铸铜遗址——新郑——郑国祭祀遗址

新郑——郑国遗址中铸铜遗址发掘了一大批青铜礼乐器坑和殉马坑,是春秋中期郑国铸铜作坊。在郑国铸铜遗址发现有大量熔铜炉炉体,由炉口、炉腹、炉缸、金门等部分组成[①],是春秋中期铸铜遗址中的熔炉和鼓风管遗存,是当时青铜礼器和乐器的冶铸遗址。经考古发掘与研究复原其过程,即,将木炭和铜料混合装入熔炉中,经过鼓风加温,并将金门紧封,待高温将铜料熔化成液体后才开金门,让铜液自然流出。

河南新郑——郑国祭祀遗址是战国时期铸造遗址,处于战国中期。铸范有礼器范、工具范、范外加固泥、浇口杯盖等。郑国祭祀遗址中所见人类居住和墓葬,有冶铸遗址烘范窑、水井、熔炉残块,灰坑和青铜冶铸泥范等,有大量青铜礼器、青铜乐器、车马坑和大型墓葬,展现出郑国先民生活、丧葬和社会面貌的缩影。青铜乐器是礼器的一倍多,共发现青铜编钟坑有11座,出土编镈9套36件,编组钮钟17套170件,镈、钮钟共计有206件。这批青铜钟数量之多,铸造之精,保存之完好,出土地点之集中,则是春秋时期乐钟之最,反映了青铜钟的冶铸、加工、调音、演奏和祭祀过程,为研究春秋至战国时期社会面貌和礼乐制度提供了宝贵资料。

（二）河南辉县琉璃阁甲乙两座墓出土青铜钟

1936年河南省博物馆对辉县甲乙墓进行了考古发掘工作,因遇抗日战争而终止发掘,直至1950年才再次进行考古发掘。随后出版了《辉县发掘报告》,1956年由科学出版社出版。1959年郭宝钧出版了《山彪镇与琉璃阁》。1981年郭宝均出版了《商周铜器群综合研究》。这些著作对辉县甲乙墓的时代、性质与国别等方面关系作了介绍,并一致认为甲乙墓青铜器是战国铜器群之首。2011

---

① 参见河南省文物考古研究所编著:《新郑——郑国祭祀遗址》中册,大象出版社2006年版,第469页。

年河南博物院与台北历史博物馆共同出版了《辉县琉璃阁甲乙二墓》一书。该书上集刊载了辉县琉璃阁甲乙墓出土的镈钟1组8件,钮钟1组9件,钟镈造型别致,花纹精细,保存完好;该书下集提到甲墓共出土青铜器如食器、酒器、水器、乐器、兵器、车马器、杂器计700余件,其中乐器镈钟13件,甬钟和钮钟9件,共出土30件乐钟。[①] 李宏在《辉县琉璃阁甲墓出土青铜乐钟研究》一文中,论述了甲墓青铜乐器出土现状,对甲墓所出青铜乐钟分为30件,其中有蟠龙纹特镈4件,蟠虺纹镈钟9件,蟠螭纹钮钟9件,蟠螭纹甬钟8件,认为甲墓所出土的青铜乐钟从组合特征看,与中原各地所出乐钟编列、乐悬特征有很大关系,认为郑国与辉县琉璃阁大墓在乐悬风格和音乐传统方面关系甚密。从甲墓青铜乐钟精铸的纹饰特点方面进行了论证与分析,认为甲墓出土乐钟的四种类型中,甬钟8件继承了西周晚期的风格。对甲墓青铜乐钟测音数据、音列以及甲墓青铜乐钟内腔结构和调音手法进行分析与研究,可进一步了解乐钟内外铸制情况[②]。

（三）山西侯马铸铜遗址与钟范

山西是音乐文物大省,上至新石器时代下至春秋战国古文化遗址和墓葬十分丰富,仅在襄汾陶寺遗址就有大批乐器出土。分别在曲沃县曲村乡天马——北赵晋侯墓葬群的时代则为西周至春秋早期,6座墓葬出土了钟磬80件。闻喜上郭西周晚期墓出土编钟编磬各16件。晋侯、晋公时代的墓葬中出土乐器122件。临猗程村春秋墓出土钟磬甚多,仅从几座墓里就出土了钟35件,磬28件,计63件。长治分水岭、屯留县西河村小王岭、潞城等几处春秋至战国墓群中出土钟、磬171件。万荣庙前贾家崖墓群共出土钟磬40件。侯马上马墓群出土春秋战国时期的钟磬61件。太原金胜村春秋战国墓群中出土钟磬70余件。新绛峨嵋岭柳泉墓地出土战国早期、中期钟磬40件。山西是铜资源大省,不仅可以进行青铜冶炼,而且是铸造编钟较多的地方。在陶寺出土的含铜量达98%的铜器,考古发现应是采用复合范铸成型的。侯马铸铜遗址中也出土周代陶范数万块,并以钟范为主铸造乐钟的基地展现在当今人们的眼前。

山西侯马铸铜遗址中的钟范,其时代则在春秋晚期至战国早期。经过考古发掘侯马铸铜遗址总面积约在4700平方米,其中有钟范1113块,包括甬范、钟钮范、钟舞范、钟体范、钟钲范、钟鼓部范、钟枚范等,其数量、造型、制作各方面

---

① 参见河南博物馆、台北历史博物馆:《辉县琉璃阁甲乙二墓》,2011年版,第26—54页。
② 参见河南博物馆、台北历史博物馆:《辉县琉璃阁甲乙二墓》,2011年版,第163—185页。

都达到了时代钟乐的巅峰。①譬如形制花纹钟甬范则为一扇完整范，采取平行分型面两侧呈合范号 5 条。所见部分钟甬范腔未经浇铸。范外面有用手浇固泥层。范内壁花纹精细无比。其中钟钮范有浮雕龙蛇图像，呈一扇完整的钮范。也为平行分型面上有榫卯结构，其外侧有合范号。其中下沿与舞部相结合的面上有四个卯。所见范腔上部似为双身龙形。这些钟钮模为春秋至战国时期。钟舞部范花纹精细，其中有两螭相互缠绕，螭形牙齿外露，其眼凸起，并填以精细的密云纹。舞面饰双头一身螭凤纹。浮雕式纹饰和图案为兽面口衔双凤纹。钟鼓部范饰以兽面衔一蟠螭或凤鸟相互缠绕。浮雕花纹则以两块组成一个兽面。钟鼓范模花纹精致，其上有浮雕式纹饰、蟠身与凤尾交错，也有鸟翅和鸟爪小螭状，或有羽、回鳞纹特征，皆为春秋晚期特征②。

（四）安徽寿县蔡侯墓出土钟镈乐器

1933 年寿县朱家集出土了大批楚国青铜器，至 1955 年在寿县西门内发现蔡侯墓，为近似方形土坑竖穴墓。随葬品青铜器 486 件，烹饪器 44 件，盛食器 18 件。盛酒器 11 件。应为青铜礼器之属。乐器共 32 件，其中包括甬钟、镈等钟乐。兵器 60 件，车马器 84 件，马饰 128 件，玉器 51 件，金饰 12 件，骨器 28 件，残漆皮等其他文物 7 件。该墓青铜器有蔡侯之类铭文。该墓年代应在春秋晚期。蔡侯墓出土青铜礼器和乐器数量之多，质量之高，造型之精美，成套成组，为研究春秋时期礼乐制度和社会形势有重要参考价值③。与此同时，对于青铜礼器和青铜乐钟铸造有重要意义。

（五）陕西长安丰西马王村铜簋外范

丰、镐二都和成周古地多出青铜器铸铜作坊或陶范，其他一些地方如诸侯国多有冶铜铸造遗址存在。丰、镐二京铸铜作坊遗址主要在西周早期。可见，只要有铸造青铜礼器和生产工具、生活用具、兵器和车马器，就应该有铸造钟乐的模范存在。从商代青铜铸造业出现以来，到西周、春秋战国时期一直盛行。铸造工艺从重到轻、由繁到减、由厚到薄；铸范由简变繁，由整变零，由粗变精。至少在西周时期就发明了一模制数范的技术。④

① 参见王子初总主编：《中国音乐文物大系》（山西卷），大象出版社 2000 年版，第 78 页。
② 参见王子初总主编：《中国音乐文物大系》（山西卷），大象出版社 2000 年版，第 83—93 页。
③ 参见安徽省文物管理委员会、安徽省博物馆：《寿县蔡侯墓出土遗物》，科学出版社出版 1956 年版，第 4—17 页。
④ 参见北京大学历史系考古教研室商周组编著：《商周考古》，文物出版社 1979 年版，第 169 页。

352

（六）随州曾国青铜器礼器和乐钟

曾国青铜器群主要出土于墓葬，青铜器上有铭文款识者特别多，分别有曾侯、曾伯、曾子诸类的文字。叶家山西周早期曾侯谏侯爵及其他高等级贵族墓出土年代较早的青铜器。新中国成立后，在叶家山附近的淅河三大队曾出土了商代饕餮纹瓿、饕餮纹爵、饕餮纹斝等酒器，造型别致，花纹线条粗犷而流畅，质地优良，铸造精密，乃有高古之气。古随地先民一直承继先族遗风，诸如安居羊子山所出青铜器与饕餮纹爵、高领罍、兽首龙尊铜器风格相近，商周时期青铜器上铸有类似族徽"戈父辛"、"子"、"鱼父癸"等铭文。叶家山曾国青铜器群数量甚多，除了器物上多有铭文标注款识和国名爵位外，其年代正好承启了西周早期曾国青铜文化。与在曾国辖境内所出青铜器质地、造型、花纹、铭文和风格基本相同。

二、西周早期曾国青铜礼器与乐器

随州叶家山曾国墓葬 M65 随葬铜器 117 件（组），其中可分为青铜礼器、兵器、车马器、工具等。以礼器而言，则见鼎、簋、甗、鬲、盘、壶、盆、觯、爵、卣、尊计 22 件。从青铜礼器组合看，其中有方鼎 1 件，其内壁铸有"曾侯谏作宝彝"铭文。从器物造型、花纹、厚重、铭文风看，则有浓烈的商文化元素。其扉棱凸出，立耳和柱足有厚重感。尤其器底中部有密集的打磨痕。长方形口沿四角底面及对应的器腹四隅扉棱台面上可见一条铸缝，足内侧有 2 条纵向铸缝，四足底由长条形微凸的浇铸口痕和小孔，均经打磨。该器有 4 块腹范，1 块底范，制芯数为腹 1，并自带二耳芯，合范浑铸。[①] 这种分范和多范铸造法，在西周早期已发明并广泛使用。M65 随葬铜器中有 5 件圆形鼎，内壁铸有"曾侯谏之宝彝"的铭文字样。器物为立耳柱足，口沿下饰涡纹和龙纹，观其铸制特点"器腹及足上有少量的小砂孔，底外有 3 条并列'人'字状细凸楞加强筋，分别与三足根相连。柱足内侧的两条范缝与器外底三角形范缝相连，表面有打磨痕。足外侧中间及对应口沿下，纹带上可见铸缝痕迹，足底有长方形浇注口断茬痕，知其浇注口当设在柱足的底部。根据范缝观察，此器是由 1 块底范，3 块壁范和 1 腹芯浑铸而成。"[②] 有些器物铸缝痕迹明显，可见范泥、范芯和打磨痕迹，如甗腹部则见

---

① 参见湖北省文物考古研究所、随州市博物馆：《湖北随州叶家山 M65 发掘简报》2011 年第 3 期。
② 参见湖北省文物考古研究所、随州市博物馆：《湖北随州叶家山 M65 发掘简报》2011 年第 3 期。

有铜芯撑,以一芯撑上存有云雷纹,甚至将原来废旧残片用在新铸器物中作为芯撑,其间芯撑形状也不尽相同。又如盉"器盖内及腹裆上可见6块铜垫片"。①该器铸痕明显,范模和芯撑繁复,仅见一件盉的"外范中有盖、腹1、足3、流1块。制芯数为盖2、腹1、足3、流1块。盖由子口沿倒浇,器体由足端倒浇"。可见其制范繁复、制模工序精细,力求器物造型达到精美程度,这些保存较好的铸范遗存折射出商周时期青铜文化的光芒。正因叶家山曾国墓葬出土如此丰多的青铜器,对研究西周早期礼乐制度和青铜器的铸造提供了宝贵资料。

M65 出土大批青铜器应是曾国时代最早的青铜器,青铜重器有方鼎、圆鼎、簋等均铸有"曾侯谏"等类型铭文,作为曾国诸侯自铭"谏"者,所铸造的青铜器特点与陕西宝鸡竹园沟 M4 出土的青铜器风格相近,可见曾国深受浓烈的周文化影响,青铜兵戈更有商文化风格。叶家山曾国墓葬区 M1、M2、M27 出土了一大批青铜器。这三座出土随葬品 232 件,铜器 94 件,分为礼器、兵器、车马器和工具。礼器 63 件,其中有鼎、簋、甗、尊、爵、斝、觚、觯、鬲、卣、匕等。炊食器36 件,仅见鼎 19 件,方鼎 6 件。师方鼎 4 件,曾侯方鼎 2 件(M27:23),圆鼎 8 件。还有 1 件曾侯谏圆鼎(M2:6)。曾侯谏分裆鼎 2 件(M2:5)。簋 8 件,其中有曾侯谏媿簋(M2:9)。曾侯谏作媿连体甗等(M2:1)。M1 还出土有爵、斝、觚、觯、尊、觥、盉、盘等等,这些青铜器数量甚多,造型别致,质地精良,花纹古朴粗放,线条清晰流畅,M2 出土有曾侯谏铭文字样,M65 青铜器上也铸有曾侯谏文字,至少这两座墓无论从青铜器文字风格或铸造工艺均有诸多联系。M27 也出土有曾侯方鼎 2 件,其造型别致,器型规整大方,立耳柱足,尽显其厚重感。口沿下鼎腹部四面的乳钉纹极具冲击力,浮雕兽面纹、龙形等特别纹饰立体感更强,无疑给分范、多模、浇铸和打磨与加工过程增加了难度,可见腹范、底范、芯范之合范浑铸存在繁复工艺。M27 曾侯方鼎与湖北蕲春达城新屋塆、黄陂鲁台山、宝鸡茹家庄 M1 出土的方鼎风格相类。M2 曾侯谏圆鼎、曾侯谏分裆鼎则与陕西宝鸡竹园沟 M4:11(强季墓)圆鼎和 13:18 父辛鼎风格相类。诸如 M1、M2、M27 三座墓所出土的簋、尊、鬲、甗、卣、觯、爵等铜器,则与洛阳北窑西周墓、琉璃河西周燕国墓地,陕西高家堡戈国墓地出土的西周早期青铜器风格相近。这几座墓出土有曾侯谏、曾侯和白生作彝等青铜器,部分铜器上有戈父癸、父乙

---

① 参见湖北省文物考古研究所、随州市博物馆:《湖北随州叶家山 M65 发掘简报》2011 年第 3 期。

亚宣共、父丁冉、守父乙、鱼伯彭等族徽或方国类别的铭文。无疑叶家山曾国墓葬区 M1、M2、M27 三座墓出土的青铜器，为研究两周至战国时期的礼乐制度、青铜铸造提供了十分宝贵的资料。[①]

再看看叶家山曾国墓葬区 M28、M111 出土的一大批青铜礼乐器。M28 随葬器共 662 件，其中青铜器 606 件，可分礼器、兵器、车马器和铜原材料。其中青铜礼器 27 件，分食器、酒器和水器。以食器而言，曾侯谏方鼎 2 件。器物口沿四角底部、腹部四隅扉棱台面见有铸缝痕迹。足两侧和四足底有长条形凸起浇铸口痕和小孔，尚存打磨痕迹。M28 出土曾侯方鼎、曾侯谏圆鼎，曾侯谏分裆鼎、曾侯谏簋、曾侯谏鬲、曾侯甗、曾侯谏尊、曾侯谏盉和父辛爵、目雷纹觚、母辛觯、铜罍、曾侯谏盘、曾侯谏壶，以及青铜兵器戈、钺、镞、车马器等，更有与青

图一五四　随州叶家山 M111 青铜器铜器铭文

①　参见湖北省文物考古研究所、随州市博物馆:《湖北叶家山西周墓地发掘简报》,《文物》2011 年第 11 期。

图一五五　曾侯作父乙铜方鼎

图一五六　湖南邵东县毛荷殿乡民安村出土商代晚期虎纹镈〔采自王子初总主编:《中国音乐文物大系》(湖南卷),大象出版社2006年版,第52页〕

图一五七　西周早期云纹铜编钟（采自湖北省博物馆:《随州叶家山西周早期曾国墓地》,文物出版社2013年版,第139页）

图一五八　西周早期云纹铜编钟（采自湖北省博物馆:《随州叶家山西周早期曾国墓地》,文物出版社2013年版,第140页）

铜器铸造有关的圆形、长方形铜锡块 76 件，特大型锡 1 件，大型锡 9 件，中型锡 12 件，小型锡 22 件。该墓出土青铜器铸造精美，造型别致，花纹粗放古朴，线条清晰通畅，范模铸缝痕清楚，呈多范合范而铸的工艺。该墓出土有铜锡、特大型锡、大型锡、中型锡、小型锡，以及铜料和铜锭，其中铜原料铜锭一件为圆形，一件为长方形，随葬时与青铜礼器放置在一处。铜锭正面呈绿色，背面深蓝色。经过金相

图一五九　西周早期云纹铜编钟（采自湖北省博物馆：《随州叶家山西周早期曾国墓地》，文物出版社 2013 年版，第 140 页）

分析该铜锭与大冶铜录山古矿遗址铜锭不同，而与陕西西周原遗址出土的铜锭相似，经 Niton X13t 便携式 X 射线荧光分析仪测试为纯铜，铜含量达 98%[1]。所发现铜锭是全国西周墓葬中罕见的。这为曾国青铜礼器和乐器冶铸、铜料来源研究提供了十分宝贵的资料。

叶家山曾国墓葬区 M111 出土一大批青铜礼、乐器。M111 是叶家山所发掘的众多墓葬中规模最大的墓葬，也是我国目前所发现西周早期最大的墓葬，墓主人当为曾国一代君侯。《周礼·春官》曰："先王之葬居中，以昭穆为左右。凡诸侯居左右以前，卿大夫居后，各以其族……凡有功者居前，以爵等为丘封之度，与其树数。"周代的墓地均有严密的规划，古代文献多有记载。从所出土的青铜器造型、纹饰特点的来看年代应属于西周早期，其与 M65、M28 出土的青铜器形制与风格更具有艺术性。所出青铜器铭文标注了国名和爵位；除国名、爵位之外再加上私名之类的文字，即曾侯和曾侯谏、曾侯犾两类。

根据墓中随葬品与文化因素、礼乐葬俗迹象推断，这种带有私名的"曾侯犾"应为 M111 的墓主人。这种不带私名的曾国青铜器则在该墓葬地 M28、

---

[1] 参见湖北省文物考古研究所、随州市博物馆：《湖北随州叶家山 M28 发掘报告》，《江汉考古》2014 年第 4 期。

M27、M65、M111 也有发现。方鼎早在商周时期是国家权力的象征,其上铭文为"曾侯作父乙"也应是墓主人之一,一些学者持有不同的学术观点。

叶家山西周早期墓地 M111 不仅出土了一大批精美绝伦的青铜器,而且还出土了一组青铜编钟,它是目前所发现的我国西周早期的编钟数量最多,保存最好,年代最早的编钟,对研究西周时期音乐发展和编钟编组研究提供了有价值的资料。①

枣阳曾国墓葬与青铜器,主要分布在滚水中游地区。先后在枣阳熊集段营、吴店曹门湾、吴店郭家庙等地。枣阳处于桐柏山与大洪山之间的狭长通道即被历史学家称为"随枣走廊",历朝历代都是兵家必争之地,"是曾(随)先民与中原文化交流的主要通道。除了随州涢水流域之外,枣阳滚水流域发现的曾国青铜器、古墓葬和古文化遗存极为丰富。随枣走廊的地貌走势介于大洪山和桐柏山之间,正是涢水、滚水和漂水的源头。这两条水域是孕育曾(随)国文化的土壤,也是连通和承传中原文化之枢纽。"② 考古中发现的枣阳熊集镇、枣阳吴店镇东赵湖村和曹门湾村都有曾国贵族墓葬,随葬了大批青铜礼器和乐器。枣阳郭家庙墓葬出土了大批青铜器。③ 诸如 GM21 随葬青铜器计 2085 件,乐器7 件均为钮钟,器物表面饰有无目窃曲纹。从青铜钮钟铸造的视角看,钮钟正面或两面铸造时留有长条形穿孔,考古学者认为应为泥芯撑痕迹。钟口内接近口部则有两个椭圆形音柱。GM17 出土青铜器 22 件,礼器 17 件,小铜铃 7 件。GM15 也出土了大批青铜器和青铜铃。在郭家庙墓葬区发掘的墓葬 25 座,随葬品不仅发现有青铜礼、乐器和兵器等,而且发现了车马坑。这一地区是春秋战国时期曾国的重要居住区,从随葬品中战车兵器武备看,应是曾国北部和汉水以东地区的军事重镇。《枣阳郭家庙曾国墓地出土铜器铸造工艺探析》一文说:"我们详细观察了部分典型器物的器形、结构、纹样和铸范缝痕、浇冒口痕迹,并与同时代同类型器进行分析研究比较,以探讨其工艺特点。"④ 一是浑铸法铸鼎;二是分铸法铸鼎,郭家庙青铜器采取焊接工艺法,即铸榫式焊接、榫卯焊接、铸

---

① 参见湖北省博物馆、湖北省文物考古研究所、随州市博物馆:《随州叶家山西周早期曾国墓地第二次考古发掘的主要收获》,《江汉考古》2013 年第 3 期。

② 参见黄敬刚:《曾侯乙墓礼乐制度研究》,人民出版社 2013 年版,第 74 页。

③ 参见襄樊市考古队、湖北省文物考古研究所、湖北孝襄高速公路考古队:《枣阳郭家庙曾国墓地》,科学出版社 2005 年版,第 8—25 页。

④ 参见襄樊市考古队、湖北省文物考古研究所、湖北孝襄高速公路考古队:《枣阳郭家庙曾国墓地》,科学出版社 2005 年版,第 396 页。

销式焊接,以及套环工艺、矛芯范"束颈"工艺。可见郭家庙两周时期曾国青铜礼乐器则是采用泥范法铸造以及双面合范和多单元合范浑铸法。此与随州叶家山和文峰塔义地岗曾国墓葬出土的青铜礼乐器铸造工艺相近。2015 年 1 月 6 日又在枣阳郭家庙墓地曹门湾墓区考古发掘 M1,出土了春秋早期大型编钟、编磬和琴瑟,青铜铭文中有"曾侯□伯"的字样。一共发掘两周晚期至春秋早期墓葬 29 座,青铜器 400 多件(套)。

随州文峰塔义地岗(季氏梁)曾国墓葬区出土青铜礼、乐器随州城东郊义地岗墓葬,从 1976—2013 年有数十处考古发掘工作,其时代则在春秋,譬如 1979 年 4 月和 5 月两次发现了春秋墓葬和铜器。随葬品有编钟 5 件和铜器鼎、簋、甗等。戈上铭文一面有两行 6 字为:"周王孙李(季)怡(怠)孔";另一面两行 6 字为:"菔(藏)元武,元用戈"。另一件戈内尾部铸铭 4 行 16 字:"穆王之子,西宫之孙,曾大攻(工)尹季怡(怠)之用。"发现这座墓葬揭开了"曾国"为周王之孙李(季)怡(怠)有关史事。季怡为季梁,春秋时期随国贤臣。该墓正好在义地岗相近不远的"季梁祠",其名历代相传,祠应为古代地上建筑物。这不是巧合而是历史留下来的遗迹,诸多学者研究认为曾、随之谜由此可以得到印证。[1]

义地岗从古代先民们开始至今皆为埋葬死人的墓葬区,其间有八角楼、季梁祠、义地岗三地均乃一箭之地,应为春秋时期曾国王侯和高级贵族的墓地,直至战国中期。近 40 年间在这里连续出土了曾国的青铜器礼乐器,季怡(梁)墓、曾侯與墓和曾侯郕、曾少宰黄仲青铜器,同时还在曾国贵族墓葬中 M21 出土了"随大司马……"戈的随国兵器,在这一个墓葬区内所发掘的墓葬时代多在春秋中晚期,其一,正好与春秋时期随州境内的随国地域相同;其二,曾侯、大工尹、随大司马、曾少宰等多侯、重臣及其贵族墓葬均展现出来;其三,春秋时期曾(随)国故都在此,青铜器礼器、乐器铸造作坊也应在与此相近的地方。其中曾侯與的曾国青铜器在河南楚墓和随州曾侯乙墓中也有出土。2012 年 1 月至 2012 年 5 月,在文峰塔义地岗考古发掘了 M4、M5、M6、M7 等墓葬。2012 年 6 月又在义地岗发现 60 余座墓葬,其中土坑墓 54 座,车马坑 2 座,马坑 1 座(砖室墓 12 座)。其中 M18"亚"字形,虽有 3 个盗洞,但东室未盗,出土有青铜器鼎、簋、壶、鉴、方壶等 70 多件。这批墓葬所出土的遗物多达 1027 件(套),青铜器

---

① 参见黄敬刚:《曾侯乙墓礼乐制度研究》,人民出版社 2013 年版,第 69 页。

577 件以及鼎、簋、方壶、缶、瓿、鉴、盘、匜等。青铜器上则见"曾"、"曾公子"、"曾孙子"等曾国子子孙孙的遗物。① 义地岗 M1 曾侯與墓和 M2 考古发掘，更加印证了曾（随）都在随州城东郊附近的学法。② 先秦之世天子、王室与贵族墓葬均在都城附近，传世文献和考古发掘地下文献诸证，都得到延续传承，曾国青铜冶铸作坊理应在随州城古曾（随）都附近。义地岗 M1 曾侯與墓出土了青铜礼、乐器、车马器、兵器等。铜器有镬鼎、升鼎、鬲、缶和乐器编钟，5 件皆为甬钟，残破可复的原器型 1 件，不可复原的 2 件。另见有编钟残片 4 块，这些残片上也有字数较多的铭文。在 M1：1 这一件钟体的正、背面钲部，正面左右鼓、背面左右鼓部上铸有铭文 169 字。铭文中一为"曾侯膡；"二为"白（伯）遳（括）；"三为"南公；"四为"𡍦（汭）土；"五为"淮尸（夷）；"六为"江瀕（濩）；"七为"周室；"八为"用燮譑楚，吴有众庶，行乱，西政（征）；"九为"南伐，乃加于楚；"十为"整復曾疆；"十一为"龢鐘"，说明了曾侯與与伯括、南公，在汭土、淮夷、江夏诸地，楚国遭遇吴攻楚之战，楚国得到曾侯国君的支持和武卫，并将这一重大历史事件铸刻在这组青铜钟上，垂名千古。铭文中有"择悴（选？）吉金，自酭（作）宗彝，龢钟鸣歔（皇）……"大概是保佑万世吉祥之意，又将其重大历史事件铸在编钟上。由此可以窥视春秋时期曾国用上好吉金大肆铸制青铜礼、乐器比豪竞奢，并拒吴助楚，与江淮诸姬结好，彰显汉水以东随（曾）为大国的军备和经济实力，一度曾国与楚国和睦相处成为唇齿相依的邻邦关系。从叶家山西周早期曾侯谏到春秋中期的曾侯與，曾（随）国仍然是周王室镇守南国的军事屏障。在经济实力雄厚及与手工业铸造工艺精湛的强国，充分引进外来铜料、铜锭精铸青铜器和兴办手工业作坊，大概以自产自用、生产青铜礼、乐器外销，一度成为周王朝在南方的青铜冶铸城。同时随、枣走廊也是商周之际长江中下游铜料富饶之地，成为周王室"金道锡行"的重要通道。随州东郊季梁祠出土的曾侯與编钟如此残甚，还有些钟口与钟上铭文相同相类，另有钟残破不能拼凑修复，这种用编钟残片随葬的习俗实为少见，专家则认为编钟残片可能在编钟作坊铸制时已残损。曾侯乙镂空尊盘内底有曾侯與铭文字样。在河南楚王墓也出土有曾侯與青铜器。曾侯與应是曾国青铜铸造大家。曾侯與先祖曾侯谏在叶家山铸

---

① 参见湖北省文物考古研究所：《湖北随州文峰塔墓地考古发掘的主要收获》，《江汉考古》2013 年第 1 期。

② 参见黄敬刚：《曾国与随国历史研究》，人民出版社 2013 年版，第 92 页。

造了大量青铜器。① 曾侯乙将先君曾侯與时代工匠铸造的镂空尊盘据为己有，并将镂空尊盘中的"與"字改为"乙"字，成为当今学者、专家趣谈和难解之谜。曾侯乙为铸曾国青铜礼器如九鼎八簋、尊、缶和乐器编钟，兵器带矛镦、箭、殳等，在铸造工艺与科技文化方面比先祖技高一筹。再看曾侯與时代的噩侯铜器在曾（随）域内也有发现。噩侯青铜器在随州安居羊子山出土，这些铜料应该来源于黄石铜录山，大概曾国铸铜技术与噩国先进的冶铸技术有着密切的关系。曾国精铸的镂空尊盘与巨型编钟，在古随地留下了辉煌史篇。②

　　古曾（随）国占据随枣走廊的军事要冲，其左右逢源，冶铸利兵，以其实力实现了雄雌江淮之间的雄心。战国早期曾侯乙墓青铜礼器与乐器堪称一绝，已达到中国古代铸造史上的巅峰。在曾侯乙墓随葬有青铜、漆木、铅锡、皮革、金、玉、竹、丝、麻、陶等文物，计15404件。其中乐器、礼器、兵器、车马器、甲胄、生活用品及竹简等。乐器钟、磬、琴、瑟、鼓、箫、笙、篪九种共125件。青铜鹿角立鹤和一种木鹿也认为是鼓座，其数量则更多。在此以青铜铸造而言，曾侯乙编钟（包括楚王馈赠曾侯乙镈钟）65件套，其中还有铜套、钮梁上附件和撑柱、挂钩、二层6个铜人等，还有磬架、鹿角立鹤、鼓座等。65件钟，均为青铜铸制，其中有钮钟、甬钟、镈钟三种。根据《曾侯乙墓》考古发掘报告说："这套钟的铸制包括铸造和铸件加工（即磨砺）"、"按光谱、微量分析、化学定量分析的结果证明：全套钟用高锡青铜铸成。"③ 也就是说曾侯乙编钟成分系铜六锡一之比，即与含锡量14.3%非常接近。从曾侯乙编钟的成分分析其铸造科技与工艺看，曾国铸造工匠高超的技艺已经达到炉火纯青的程度。于是乎工匠们已能识别铜、锡、铅的声学特性和物理特性，精通铸造编钟与原材料配方的科技。

　　经研究可知曾侯乙墓出土的65件钟、镈则是采用组合陶范铸造法。其中钮钟多为素面无纹，其铸造工艺相对简单，其铸型则以双面陶范和钟体泥芯（即内范）构铸而成，并且以钮钟铸造浇口设在钮钟口沿上。为了确保钮钟达到一定的厚度，采取其泥芯和泥质撑芯铸造工艺，但铸造甬钟工艺比较复杂，也采取把浇口设在钟口的浇铸法。甬中空，其内部泥芯尚存，不与钟腔相通。即先铸甬再嵌入钟体浇铸。即分模范四层，计126块陶范和泥芯组合而成。曾侯乙编

---

①　参见湖北省文物考古研究所、随州市博物馆：《湖北随州叶家山M65发掘简报》，2011年第3期。

②　参见黄敬刚：《古随地曾、噩、厉三国考》，湖北教育出版社2013年版，第35页。

③　参见湖北省博物馆：《曾侯乙墓》，文物出版社1989年版，第105页。

钟铸制精良,钟体花纹繁复精美,铭文字数甚多,书法艺术性较为突出,在铸造时分段、分单元、分范一模翻制法,其铸造工艺无比精湛。尤其下层大钟甬部更是采取分铸法。大钟口沿尚未发现浇铸口,应在钟的舞部进行浇铸。

曾侯乙大型钟甬部镶嵌有红铜纹饰。钟内腔和舞内外则在铸成后再加工磨砺,大钟鼓部多经打磨更显光泽。磨砺工艺可弥补钟缝和瑕疵,以求钟外美观、钟腔内加工调音,改变和调剂钟的频率,出现更好的音响效果。正如《考工记》所云:"薄厚之所震动,清浊之所由出。……钟已厚则石,已薄则播。"与曾侯乙墓相距200米处的擂鼓墩M2出土了一套36件编钟,这是战国晚期的擂鼓墩2号编钟,铸造工艺较曾侯乙编钟稍逊一筹,36件编钟也应为曾国工匠所铸。[①]

第六节　战国时期漆木乐器的发掘清理与研究

漆木器工艺兴盛于东周时期,楚国、曾国髹漆工艺更为发达,在中国考古发掘的墓葬中多见于南方地区漆木器保存较好,以地势、潮湿地区出土的椁、棺和漆木器因长期受到水的浸泡才得以保存完整。譬如古代漆木器往往由于墓葬中缺少水保护,大多干涸、腐朽、虫蛀导致椁室棺木塌陷,墓内漆木器几乎与土沉积在一起,仅见木质腐烂或见漆器颜色痕迹而已,这些腐朽痕迹是无法取出的。如果说是的话,在考古发掘中就应该更加仔细地观察器物如编钟、石磬、鼓座、琴、瑟、管弦等漆木乐器摆放的位置、陈设的方式,相互叠压与打破关系。乐器造型、结构和保存情况,或进行记录、绘图、摄影、录相等资料,在文物叠压下层层清理时,要认真观察乐器上的细微变化、结构和文化遗存,按田野考古发掘规程进行清理发掘,提取每件文物均要绘图、照相、记录、书写器物编号标签,尤其对保存较好的漆木乐器,出椁室后要用水浸泡,出土时要用含水量较大的包装物进行盛装,以免因脱水、风干而导致漆木乐器损坏或变形。[②]

一、土坑竖穴墓漆木乐器发掘与保护

春秋战国时期土坑竖穴墓的特点。不同地区土坑竖穴墓保存情况不同,如

---

① 参见湖北省博物馆:《湖北随州擂鼓墩二号墓发掘简报》,《文物》1985年第1期。

② 参见湖北省博物馆:《曾侯乙墓》,文物出版社1989年版,第595页。

中原地区、北方地区、西北地区以及东北地区多干燥缺水，土坑竖穴墓内尚无存水的条件，在十分干涸的椁室内木质器物容易干枯变形，各种虫害进入木椁内破坏漆木器，加上干枯变形的木椁塌陷，漆木乐器如编钟横梁、鼓、瑟、琴、笛、箫等乐器损坏腐烂，淤积的泥土积淀在漆木乐器腔体内，在考古发掘中仅仅见到器物的形状，一般而言，在腐痕外层存在红色的漆痕，也可见到器物附件和漆器花纹。在上述土坑竖穴墓坑中，所见到腐朽的漆木乐器极大多数都是取不出来的。乐器体腔内均为腐烂的黑土，漆木乐器已腐烂成为黑色的一层污土，也就是说乐器器壁有多厚，这层黑色土质就有多厚，依此可以得到乐器的壁厚，如编钟、编磬横梁、鼓腔的大小与壁厚以及琴瑟腔体、竹笛、排箫、笙等管径和孔径的大小尺寸。正因为竹、木容易腐烂，但木质表层的油漆和花纹图像是不会腐烂的。考古工作者和音乐文物考古研究者在发掘清理时，必须要注意到这些事项。音乐文物考古应该多进行一些实际性的考古发掘工作，否则，研究音乐史或地下出土音乐文物研究那只能是纸上谈兵，永远无法了解先民们所创造的漆木乐器的真谛。

在南方地区或东南地区土坑竖穴墓里，对于古代漆木器和漆木乐器的保护，也要区分出许多地理环境因素。一是河岸高地；二是地下水位较高的湿地或平川。其土坑竖穴墓在地势高处，椁室内因无积水则会导致木棺、乐器木质构件均会腐烂、干枯变形，古代的漆木乐器自然会出现腐烂损毁，漆木乐器仅可见以漆绘制的图案花纹，这种现象大致会在上述地区存在，所不同的就是南方地下湿气较大，虽然墓地在高地，但厚重（50 厘米—90 厘米见方）的木椁、木棺仍然保存较好，尚无塌陷，只是椁、棺室无积水，漆木乐器因不能浸泡，但长期处于干湿不稳定的环境中，才出现漆木乐器腐烂成污土的现象。

南方地区以楚墓为代表，漆器大量保存下来。春秋战国时期，长江中下游地区、江汉平原以及洞庭湖一带，在地下水位较高的平原湿地或土墩上、丘陵山岗上的墓葬，多采取深埋，在椁室之外填以青膏泥，其上填白膏泥层层夯实。其白膏泥这种瓷土极具黏性和抗渗性，则有防腐密封的作用。只有在椁室处于地下水位高的情况下，采取这些措施方能助效。如江陵望山 M1、M2，沙冢 M1，藤店 M1，雨台山楚墓，马山 M1，天星观 M1，拍马山楚墓，均出有大量绚丽多姿的漆木器。[①] 这些墓葬所出楚国漆木器的时代绝大多数在春秋战国时期。其中漆木乐器有钟磬梁架和琴、瑟、鼓、笙等，其造型、花纹和色彩华丽，器物制作十

---

① 参见郭德维：《我国先秦时期漆器发展试探》，《江汉考古》1988 年第 3 期。

分精美。漆木乐器如虎座鸟架鼓造型特点与绘画技艺楚风甚烈,楚墓中的漆木器精品,无不彰显出楚国礼乐文化的特色。

战国时期的包山楚墓,在一片黄土岗之上。据考古发掘报告说:"包山墓地所在地区属丘陵地带,系秦岭南至荆山余脉,南临江汉平原,地势西北高、东南低。河流都源出西北山地,顺势东南倾注,分别汇入沮漳河、长湖和汉江。"① 楚墓之所以能将漆器保存下来,与其地势临水、积水、保湿、密封都是有着密切关系的。墓虽在平地,但深埋 6.76 米。实际上与地下水位相及。再用五花土夯实,青灰(膏)泥密封,漆木器有幸保存。其葬具为一椁两层套棺组成。见其椁、棺再由垫木、底板、两边的侧板、档板和盖板构成。共用木材 12.7 立方米,又以繁复榫眼相接。在此仅以 M1 随葬品乐器而言,该墓东室中的漆木器中,未见漆木乐器。在该墓的南室有木质乐器如瑟、竽、虎座鸟架鼓、鼓槌、有柄鼓等共 8 件。② 此墓发现有盗洞,所存木质乐器虽多但不全,大多为明器。

包山楚墓 M2 乐器 14 件,瑟柱 11 个,有铜铙 1 件。其中有漆木乐器,均为斫制、镟制和雕刻而成。其漆木器髹以黑漆,其有二方连续勾连云纹和凤鸟纹以显特色。该墓仅见乐器青铜铙、漆木器瑟和鼓等。

包山楚墓 M5 乐器 4 件,其中鼓槌 2 件,均为木质,外形腐烂。凤鸟悬鼓、鼓槌、柄鼓均为木质乐器。可见楚墓中多见如凤鸟悬鼓打击之类的木质鼓乐。③ 这些楚墓为楚国贵族墓葬,为研究楚国贵族葬俗、葬具和礼乐器提供了珍贵的资料,尤其对楚国墓葬随葬品的漆木乐器方面的音乐文物考古与研究,提供更可信的实物形象资料,尤其包山 M2 中的漆木器有 306 件之多,漆器成为楚国新型手工业制作技艺的奇葩,也折射出南方地区漆木乐器艺术不朽的光芒。

九连墩楚墓位于枣阳吴店镇东赵湖村与兴隆镇乌金村以西一带,处于随枣走廊。其地为丘陵岗地,经过考古发掘清理中,对九连墩墓地 M1、M2 和 1 号、2 号车马坑进行了抢救性的考古发掘工作。出土了大批随葬器有礼器、乐器、车马器、生活用具等。④

枣阳郭家庙曾国墓葬和吴店镇九连墩楚墓,因其椁室尚无积水,导致椁室和漆木器干枯,虫蛀或腐烂。从这个地域所发现的诸多墓葬中有钟磬横梁和漆

① 参见湖北省荆沙铁路考古队:《包山楚墓》,文物出版社 1991 年版,第 1 页。
② 参见湖北省荆沙铁路考古队:《包山楚墓》,文物出版社 1991 年版,第 1 页。
③ 参见刘国胜:《湖北枣阳九连墩楚墓获得重大发现》,《江汉考古》2003 年第 2 期。
④ 参见湖北省荆沙铁路考古队:《包山楚墓》,文物出版社 1991 年版,第 1 页。

木乐器，但均腐烂，仅见铜器、陶器或骨器保存完整。随枣走廊西周早期的曾国墓葬、春秋时期的曾国墓葬均无保存完好的漆木器，唯见战国早期曾侯乙墓椁室内有大量的积水，两千多年来从无干涸的痕迹，才能让曾侯乙墓编钟横梁建鼓、手柄鼓、瑟、琴、笙、竹、篾、排箫、均钟、十弦琴等保存完好。

《曾侯乙墓椁室积水与葬制考》[1]一文认为：曾侯乙墓蕴藏着战国编钟的神奇，凝聚着青铜礼器的厚重，展现出漆木器的绚丽多姿，折射出车马戈兵的武备实力，珍藏着二十八宿天文图像，隐含着墓主人大型内外棺与22具陪葬棺（含狗棺一具）间的神秘历史。开启古椁，积水浸泡着15000余件绝伦精品，但椁室"积水之谜"则悬而未解。如果说曾侯乙墓设计已构成固若金汤的话，那么，椁室内的万吨积水则是金"汤"之源。这与曾侯乙墓"平面呈不规则多边形"[2]的"金"一样奥秘神奇。遗憾的是椁室积水至今仍然未能引起人们的关注。其实，满椁积水蕴含着曾国丰富的科技文化和葬制习俗。《老子》有言："上善若水。水利万物而不争。"曾国以水灌注椁室，用这个椁中的水再调配一些有效灭害虫的药剂则会成为药汤，从而具备防蛀、防腐、防盗的综合功能。《周礼·天官·冢宰》曰："以五味、五谷、五药养其病……疡医掌肿疡、溃疡、金疡、折疡之祝药、刮、杀之齐"、"医师掌医之政令，聚毒药以共医事"，目的在于以药销蚀腐疗伤。古代先民既然能够把药剂用作治病防疡，也应能将其用在椁室积水里，发挥其防腐的功效。鄂豫相交之地尤其是随枣走廊的岩坑墓，凡未如曾侯乙墓那样用药水作为防护措施的，椁室和棺具都未能完好地保存下来，不仅墓葬中的漆木器多被虫蛀或干裂，而且墓葬多被盗毁。虽在历代君王墓采取了积沙积石和深埋的有力措施，但都阻拦不了盗墓者的"鬼斧神工"。曾侯乙墓使用了积水、积炭、积石以坚固和保护椁室，这里面暗藏着兵家谋略，这就是即使盗墓者接近了木椁，但一旦看到椁内深不可测的积水，便会望而却步，只有望水兴叹了，何况积水中还会散发令人晕眩甚至窒息的药物气息！《黄帝内经·素问》岐伯曰："自古圣人之作汤液醪醴者，以为备耳。夫上古作汤液，故为而弗服也……中古之世，道德稍衰，邪气时至，服之万全。"帝曰："今之世，不必已，何也？"岐伯曰："当今之世，必齐毒药攻其中……"可见，至少在汉代以前人们已经掌握了生产毒药的技能。[3]

---

[1] 参见湖北省博物馆：《曾侯乙墓》上册，文物出版社1989年版，第7页。
[2] 参见韩贤：《黄帝内经素问探源》，中医古籍出版社2004年版，第224页。
[3] 参见黄敬刚：《曾国与随国历史研究》，人民出版社2013年版。

二、从椁室建筑结构看曾侯乙墓的灌水工程

椁室设计与构筑规模应取决于国家的经济基础和科技水平,曾侯乙墓葬规模甚大,其椁室由底板、墙板、盖板共 171 根长方木垒成,建筑形式、技术与风格显得一样精湛而复杂。① 中室以钟磬琴瑟鼓乐器和青铜礼器为中心,与东室形成曲尺形,② 中室向西设有稍短略窄的附属西室,向北设有较短的北室,并且都在平行的水平线上,即中室、东室、北室、西室,尽管四室的长度和宽度不等,但深度都是一样的。曾侯乙墓从墓坑底部至椁室诸壁及盖板为巨型方木构成,而最引人注目的则是四室之间椁墙板的最下层设计有方形门洞,其中中室通向西室的门洞高 0.55 米、宽 0.44 米;中室通向东室的门洞高 0.6 米、宽 0.47 米;中室通向北室的门洞略小,"门洞靠东壁 0.26 米,高 0.35 米,宽 0.4 米"③。可见,室与室之间均在椁墙板最底部留下了通透的方形门洞,这与主棺外棺挡板下部的方形洞的功能一样,应是椁室注水时让四室之间的水能够流通,尤其是在封了椁盖板之后,由中室与北室交界处的方洞向椁室内灌水,四室之间留下的门洞能够让四个椁室的水位保持一致。这就蕴含着古人精心设计的椁室灌注工程技术新思维和礼俗新观念,这个注水口就在曾侯乙墓中室紧靠北室椁盖板(考古报告编写为第 11 块)上,其口径约 80 厘米。④

椁盖板的洞口如此精确地选在四室之间最关键处,应是曾侯乙墓设计与建造者所为,因为盗墓者偶然精准地选择到这个要害处的可能性太小。倘若洞口偏之毫厘就会出现在中室与北室的椁墙板上从而失去其应有的功能。可见,这个洞口并不是盗墓者所为,而是曾国工匠精确设计好的椁室灌注工程的注水口,就是一直被人们误认为的"盗洞"。在这个注水口至墓顶端,几乎呈垂直状,显然是经过精心设计和施工。与此同时,在填土中应该有一条暗涵成为灌水渠或渗水涵沟,在数千年来这条暗涵就会把封土堆内外的自然积水经过注水口注入木棺内。"在墓坑东部伸出部位的南壁的石板层下发现一壁龛,龛底中部距东部东壁 6.8 米,上距石板层底 0.8 米,龛顶弧形向内掏进。龛高 0.48 米,伸进 0.26 米,宽 0.42 米。龛底平,底部有黑色灰烬和青膏泥,

---

① 参见黄敬刚:《曾侯乙墓椁室形制与礼制考》,《文艺研究》2011 年第 1 期。
② 参见湖北省博物馆:《曾侯乙墓》上册,文物出版社 1989 年版,第 15 页。
③ 参见湖北省博物馆:《曾侯乙墓》上册,文物出版社 1989 年版,第 11 页。
④ 参见湖北省博物馆:《曾侯乙墓》上册,文物出版社 1989 年版,第 17 页。

未见遗物。"[1] 其实这就可能是建墓者设计的一条沟槽暗涵,以便让渗水补充木椁内的水量。只有把曾侯乙墓中椁室的门洞从下而上串联起来考证,就不难发现这一项神奇的灌水和积水工程的奥秘。至于那个所谓"盗洞"内的铁锤、铁锄、陶罐是什么时代带进去的,我们先分析以下现象后再做推断:其一,中室有编钟(两件)从梁架上脱落下来了;其二,建鼓木杆折断倒下;其三,椁盖板在门洞处(即第 11 块)整块塌下去。这一切都说明与大自然现象有着密切关系。曾域随地在历史上大概发生过强烈的地震,地震使长时间浸泡在积水中的建鼓杆摇摆晃荡并且折断了,悬挂在编钟架上的两件大钟也可能因不牢固被震荡脱落下来,连中室与北室之间注水口的椁板也被震裂塌陷下去了。也就是说,这不应该是盗墓者用上述铁工具凿断椁盖板之后所产生的后果。而据有关地震资料记载,战国以来曾域内曾发生过强烈的地震。当后人发现曾侯乙墓封土堆被雨水渐渐冲刷并塌堵注水口后,则以铁锤、铁锄试探注水口的结构,并用树枝探其深度,以陶罐取墓中的水辨其气味,而水中散发的药汤或腐臭气味,会最终改变人们进入古墓的初衷。可见曾地的先民曾被椁室内的积水尤其是水中的异味所吓退。按铁制工具看,其时代应在汉代前后。曾侯乙墓自上而下采用一套科学的灌水工程,这种科技与文化浓缩了战国早期的礼制和丧葬习俗。曾侯乙墓椁室能够数千年积水不涸,古代的工匠们应该在椁室底部和四周都采取了周密的防水泄漏措施,并且使天然的积水自然浸入椁室。可以想见,在战国早期曾国科技文化的积淀之深厚。

商周时期的墓葬在防虫蛀、防腐朽和防盗等方面所采取的措施甚多,譬如在湖北江汉平原和湖南洞庭湖平原湿地较为丰富,楚墓在湿地上也采取了深埋的方式,并以青膏泥填于棺椁周围起到密封的作用,其上再用白膏泥和五花土夯实。因长江中游地下水位较高,椁室内一般也见积水,这些自然现象都会起到隔氧密封的作用,但仅在这种潮湿积水的自然环境下,还不能完全取得漆木器不腐烂和棺椁不被虫蛀的效果。至于一般平民墓葬因较小,椁室内积水不多,所以往往成为了盗墓者入侵的对象。但在地势高和地下缺水的岗地黏土层和红砾岩石区域,地下水容易干涸,墓葬因长年缺水导致了漆木器干枯和棺椁被虫蛀而腐朽不堪。这种墓没有像曾侯乙墓规模那样大,椁室没有积水故更容易被盗毁,此类墓葬被盗的典型案例在考古发掘中的资料不胜枚举。由此可见,曾

---

[1]   参见湖北省博物馆:《曾侯乙墓》上册,文物出版社 1989 年版,第 11 页。

侯乙墓椁室注水并不是偶然的,它既反映出战国早期的曾国科技文化的发达及礼制社会和墓葬制度的森严,也反映出当时王室为保护厚葬中的财富而煞费苦心。可见,曾侯乙时代的曾国不仅有娴熟精湛的铸造技术,并在物理、化学和水利灌溉等科技方面有独到发明。可以认为,曾侯乙墓采取防腐、防蛀、防盗等方面的科学措施,其与一钟双音、二十八宿天文图像、尊盘镂空精铸等科技发明一样,达到了时代的巅峰。[1] 古代天子诸侯陵墓随葬的财宝甚多,而盗墓者伎俩也是五花八门,为此,先民在守墓护墓方面采取了多种的谋略,这在礼俗葬制中不乏反映。《礼记·檀弓上》曰:"国子高曰:'葬也者,藏也。藏也者,欲人之弗得见也。是故衣足以饰身,棺周于衣,椁周于棺,土周于椁。'"可见,重厚葬,则要以防蛀、腐、盗为要务,曾侯乙把时代的科技发明用于丧葬文化中,所起的作用与效果是世所罕见的。

曾侯乙墓的防腐、防蛀和防盗措施是十分周全的,甚至连曾侯乙墓主棺外棺均以青铜为框架以示坚固,编钟立柱采用铜人为座以显厚重,鼓座采用了青铜底盘更具稳定。鹿角立鹤和酒器均以青铜精铸,承放在椁室积水中不仅有稳重的作用,而且在墓中遇到了水不会漂浮。从西室的木质陪葬棺轻盈漂浮则可见一斑。该墓在考古发掘时发现木椁半腰壁上钉了许多钉,即"在每一个室的四壁墙上都钉有一些木钉"。[2] "这些木钉都是钉在第二、三、四块壁板下的缝隙中"[3],其深度正在椁室积水的中部。其实这些木钉应该是用来设线布网的,即将容易漂泛的漆木器控制在第二、三、四块壁板之下的积水中,让漆木器不浮出水面以脱离浸泡的积水。只有这样,才能达到如民间所说的"干千年,湿万年,不干不湿只半年"的防腐作用。从文物特质和考古现象分析,这些木钉不能肯定性能"是用于挂帷幕还是挂香囊"[4] 的。当揭开曾侯乙墓椁室盖板时,编钟分三层完好地耸立在中室,最上层横梁出土时还泡在较深的积水中,也浸泡于东椁室的积水里面,但其木质漆画却无任何脱落的痕迹。此外,北室的竹简和中室、东室的丝竹管弦乐器上髹漆鲜艳如新,都是因积水浸泡起到了保养作用。曾侯乙时代曾国大胆地以水灌注椁室的理念与技术独步先秦,让一万多件珍贵文物完好无损地保存下来,这堪称中国先秦时期科技文化史

---

① 参见湖北省博物馆:《曾侯乙墓》上册,文物出版社1989年版,第92、228、355页。

② 参与湖北省博物馆,《曾侯乙墓》上册,文物出版社1989年版,第14、15、78页。

③ 参与湖北省博物馆,《曾侯乙墓》上册,文物出版社1989年版,第14、15、78页。

④ 参与湖北省博物馆,《曾侯乙墓》上册,文物出版社1989年版,第14、15、78页。

上的一个奇迹。

三、从擂鼓墩岩坑墓看曾国墓葬的葬俗特点

擂鼓墩 M2 与曾侯乙墓相距 102 米,其时代稍晚于曾侯乙墓,为战国中晚期,随葬品中也出土了九鼎八簋和 36 件编钟及编磬各 1 套,由此判断 M2 主人身份为侯级。从墓葬结构看为方形竖壁的土坑木椁墓,木椁棺具均腐朽。从地质现象和外部环境看,两墓均在㳉、溠二水之间岗地岩石上开凿墓穴,而 M2 的棺椁和漆木器全部朽塌,仅存铜质、铁质、石质和贝质的棺饰遗物,[①] 这主要是没有采用注水防腐措施所导致的。随州擂鼓墩属曾(随)国王陵区,[②] 城东郊为春秋时期曾国贵族墓地,在八角楼、义地岗、季梁祠岗地上先后出现一大批曾国贵族墓葬及随国贵族墓葬,如出土青铜兵器"曾大工(攻)尹季怠"戈[③]、"曾侯之饮鼎"[④] 以及"随大司马戈"[⑤] 等器物的墓葬均可印证。考古调查发现城西擂鼓墩王陵区文物遗迹丰富,[⑥] 根据这些地方出土文物和遗迹分布走向看,擂鼓墩山岗山体为白垩纪红色砂岩,其上堆积有厚薄不等的褐色黏土。[⑦] 这就说明擂鼓墩岗上的墓葬大多在红砂岩(俗称红石板)上开凿墓穴,其工程浩大,施工艰难。如果再把墓葬设计成具有蓄水功能的话,那么,这种葬仪葬俗堪称曾国特色。从擂鼓墩墓葬区所发掘的墓葬看,目前只有曾侯乙墓椁室有注水蓄水功能,其他墓葬至今还未发现类似灌注蓄水以达到防蛀、防腐、防盗的功能和葬俗。这只能说明建造此类墓既要取决于墓主人的身份等级,还得具备一定的经济实力。擂鼓墩岗地东临溠水,西傍㳉水。考古工作者野外考察资料表明,"这些山岗之上分布有东周时期的土坑与岩坑墓葬"[⑧]。在擂鼓墩发现的春秋时期土坑墓葬特点

① 参见湖北省博物馆随州市博物馆:《湖北随州擂鼓墩二号墓发掘简报》,《文物》1985 年第 1 期。
② 参见黄敬刚:《随都辨》,《楚史论丛》初集,湖北人民出版社 1984 年版。
③ 参见随县博物馆:《湖北随县城郊发现春秋墓葬和铜器》,《文物》1980 年第 7 期。
④ 参见湖北省文物考古研究所、随州市曾都区考古队、随州市博物馆:《湖北随州义地岗墓地曾国墓 1994 年发掘简报》,《文物》2008 年第 2 期。
⑤ 参见湖北省文物考古研究所:《湖北随州文峰塔墓地考古发掘的主要收获》,《江汉考古》2013 年第 1、5 期。
⑥ 参见湖北省文物考古研究所、随州市文物局:《湖北随州市擂鼓墩墓群的勘察与试掘》,《考古》2003 年第 9 期。
⑦ 参见湖北省文物考古研究所、随州市文物局:《湖北随州市擂鼓墩墓群的勘察与试掘》,《考古》2003 年第 9 期。
⑧ 参见湖北省文物考古研究所、随州市文物局:《湖北随州市擂鼓墩墓群的勘察与试掘》,《考古》2003 年第 9 期。

与城东八角楼、季氏梁、义地岗春秋墓特点相同，也与随州境内均川刘家崖春秋墓①、随州叶家山周代曾国墓葬区土坑竖穴墓结构类似。② 由此可知，两周时期的曾国墓地多在黄黏土层上埋葬，墓坑为竖穴，而至战国时期的曾国墓葬，甚至在红砾岩上开凿墓穴。这一现象至少说明了以下几点：第一，反映了曾国的科技文化达到了时代巅峰，生产力和生产工具已经达到了较为先进的程度，尤其是铁器的出现成了这个时代生产力发展的利器；第二，反映出曾国到了战国时期已具较强的经济实力，否则难以消耗巨资用于修筑诸侯王的陵寝并以厚葬比华竞豪；第三，反映出战国早期的装甲军备力量也达到了时代鼎盛阶段。③ 另在擂鼓墩 M2 附近还"发现有 18 座小型岩坑墓"④。由此可知，到了战国时期曾国的中小型墓葬也多见岩坑，这就形成了曾国葬俗的又一特点，战国时期曾国所信奉的礼制思想和礼俗文化已发生了重大变革。

擂鼓墩岗地上分布着 8 大墓葬区，即团坡墓地（原名东团坡）、吴家湾墓地（约四十余座土坑竖穴墓）、擂鼓墩墓地（与曾侯乙墓相距约 2 公里，为岩坑墓）、庙凹坡墓地、吕家塝墓地（红砾岩显露地表面）、王家湾墓地、蔡家包墓地、王家包墓地（其主墓口长宽在 23.17 米左右，与曾侯乙墓的规模相当）⑤。依据考古调查所发现的这 8 大墓区遗迹，王家包墓地土冢少且地面遗迹不多，应与蔡家包归于一个墓地，即共 7 个墓地，这 7 个墓地由北向南形成了一个北斗七星勺柄形，这与曾国先进的天文科技文化水平密切相关，它与曾侯乙墓出土二十八宿天文图像相互印证。

从地质表现调查情况看，擂鼓墩古墓葬群区域内的地质岩性，分别为白垩系上统胡岗组砂岩，上更新统残坡积、坡洪积黏性土，其中垩系上统（K2）岩性多见粉红色、紫红色厚层中和细黏砂岩，其中夹泥质粉砂岩含砾砂岩成分，岩石坚固，开凿时十分困难，尤其含有石英、长石砂粒成分和灰岩、泥岩、花岗岩类的岩屑更具硬度。其充填和胶结物多以泥质为主，所知胡岗组与下伏前白垩系

---

① 参见随州市博物馆：《湖北随县刘家崖发现古代青铜器》，《考古》1982 年第 2 期。

② 参见湖北省文物研究所、随州市博物馆：《湖北随州叶家山 M65 发掘简报》，《江汉考古》2011 年第 3 期。

③ 参见刘玉堂、黄敬刚：《从曾侯乙墓看曾国的军备》，《武汉大学学报》2008 年第 4 期。

④ 湖北省文物考古研究所、随州市文物局：《湖北随州市擂鼓墩墓群的勘察与试掘》，《考古》2003 年第 9 期。

⑤ 参见湖北省文物考古研究所、随州市文物局：《湖北随州市擂鼓墩墓群的勘察与试掘》，《考古》2003 年第 9 期。

呈不整合接触，厚数百米，这种泥质为不严密的砂岩，一般而言地表一遇大雨水分则可从上向下垂直渗入，从而有利于补给岩坑木椁内的积水。曾侯乙墓木椁无向外排水的暗涵，而是设计了通于墓葬封土堆的自然渗水暗涵，也就是利用铺设在椁板上面的石板和木炭间隙形成潜流直通暗涵，把天然

图一六〇　1981 年 7 月黄敬刚、黄建勋在考古发掘清理随州擂鼓墩 M2 编钟

的雨水通过石暗涵汇集后再注入洞口，直下曾侯乙墓椁室。随州属于南方多雨气候，其雨量区域分布差距明显，大雨多集中在桐柏山东北麓和随南山区，年降雨量随南为 1170 毫米，随中为 962.6 毫米，随西北为 900 毫米左右，随东北为 1210 毫米。全年日照平均 21059.7 小时，相对湿度为 75%[1]。春夏梅雨季节，长时间下雨积水，至少每年垂直渗水足以积满椁室。这就是 2400 多年以来，曾侯乙墓椁室内从未出现过干涸迹象的缘故。曾侯乙墓椁室周围和椁盖板上均以木炭（0.2 米—0.7 米）填实，这都是为了便于渗水。反之，如果将曾侯乙墓椁室底部设计一道排水暗涵的话，那么，将墓椁室内的积水从暗涵中排除则是一件容易的事，但那样就会因缺水把曾侯乙墓随葬的一万多件珍贵文物中的漆木器、丝绸、竹简、编钟横梁等毁于一旦，因为无水干涸、虫蛀或被盗墓者入侵等现象都会发生。因此，这种椁内注水蓄水的葬俗不仅延续着将新木、竹条泡于泥塘中，渗满污水或石灰水后阴干再制作家具，以免虫蛀。

四、曾侯乙墓椁室注水积水与水葬信仰习俗

曾侯乙墓椁室灌注了大量积水，这已成为考古发现的客观事实。虽前文论及两周之际曾国墓皆以土坑竖穴墓为特点，少见椁室灌注积水的现象，到了战国早期的曾国墓葬中，以曾侯乙墓岩坑竖穴木椁为典型代表，椁室里注蓄积水保护了 2400 多年前的珍贵文物，不难看出这是一个椁室注水积水的成功范例，

---

[1]　参见湖北省文物考古研究所、随州市文物局：《湖北随州市擂鼓墩墓群的勘察与试掘》，《考古》2003 年第 9 期。

其中蕴含着巨大的历史与科技价值。在奴隶社会与封建社会变革交替的战国早期，像曾侯乙这类诸侯王死后将棺椁灌水是对传统礼制的巨大挑战。考古发现有干腊尸出于新疆，长沙马王堆汉墓女尸浸泡在棺内液体里，某些民族也有鸟葬（天葬）、水葬和悬棺葬等习俗，但像曾侯乙墓这样以水注椁以防蛀、防腐、防盗则属罕见，这与礼制社会的礼俗完全相悖。

曾国故都在涢、溠二水的汇合处看来是无可争议了，因为春秋战国时期曾国贵族的墓葬区提供了可靠的证据。曾侯乙生前傍水而居，应该精于舟楫，熟悉水性，信奉水神。《说文·水部》曰："水，准也。北方之行，像众水并流，中有微阳之气也。凡水之属皆从水。"其实，水是来自大自然的精气，大地的气血，像人的血在经络管道流通。《礼记·曲礼下》曰："水曰清涤。"在中华民族中水葬历史悠久，葬法繁多奇古，因为水是万物中的生命之源。神话和民间传说中多说到水与神的紧密关系，文献记载也不乏其例。至于水葬，则有漂尸式、投河式、撒灰式等习俗。在中华民族的数千年历史长河中，除了土葬、火葬、天葬等丧葬方式外，水葬也是中华民族最为推崇的葬俗之一。其实水葬也是世界上较为古老的葬法，水葬理念形成较早，认为水葬是取生命之源，水为人类生命中所形成的四大要素之一，没有水就没有人类与生命的存在，它涵盖着重要的唯物论意识。古代社会对神灵的崇拜也包括信奉水神，人们把活人投入江河中祭祀所谓的河神，其崇尚水神的理念与习俗可谓根深蒂固。

楚人屈原可视为自己选择了水葬。《史记·屈原贾生列传》曰："（屈原）于是怀石自投汨罗以死"，"自屈原沉汨罗后百有余年，汉有贾生，为长沙王太傅，过湘水，投书以吊屈原"。由此看来，曾侯乙墓以水灌注椁室，与崇水文化和葬仪有着渊源关系。事实上，在世界各地都不乏国君和民族英雄死后以水葬为首选，即死后将尸体投入滔滔江河湖海中，葬身于水底，把水和神、幸福和美好、英名和不朽连在一起，称为民族信仰中的绿色水葬。在我国西藏和受到藏文化影响的门巴族及四川大渡河沿岸汉人和云南地区的某些少数民族都有水葬的信仰和习俗。而无论是天葬、树葬、洞葬、悬棺葬、壁橱葬、火葬、食葬、河葬和土葬还是水葬，都与当时社会宗教、习俗、地理条件和环境气候有关，① 也取决于社会经济状况和军备实力。战国早期的曾侯乙时代兴起了岩坑墓，这种墓葬的耗资要超过土坑葬数倍，无疑给当时社会和人民带来了巨大负担，也是当时社会

① 参见罗开玉：《中国丧葬与文化》，海南人民出版社 1988 年版。

制度不予提倡的。曾侯乙墓采取岩、水合一的特殊葬法，或许与秦始皇死后在陵墓中用水银设天河思想理念有异曲同工之妙。《史记·秦始皇本纪》记秦始皇命工匠在骊山建筑地宫，其墓道中设计了防盗的机弩矢，其墓葬顶壁上绘有天辰日月星图像，其下用水银做成百川和大海。据称秦始皇陵内竟有超百吨的水银，这种剧毒性的液态金属，产生的汞蒸气会把闯入墓葬的人毒死。科学家认为水银能够隔热防腐，这种防盗理念及其在工程技术上的应用，专家们多认为很可能在战国前期已出现，如此说来始皇陵或许受到曾侯乙墓类似科技文化影响也未可知。

古巴人有船棺水葬的习俗。[①] 船棺已在成都金沙遗址墓葬中存在，可知早在西周中期就出现了与水葬有关的船棺葬，古史多载："架壑船棺"、"仙船"、"舟船"等，均流行于西周至西汉年间。鄂地称"敞艇"、湘地称"船"、桂地称"沉得船"和"仙人舟"等[②]。说明与水相关的葬式不胜枚举，渊源自有。

丧葬制度是古代社会制度的一个重要组成部分，是所谓合天时顺人伦的重要体现。丧葬是以礼来表现人类的礼俗和道义，在盛行礼制的社会里，若不按礼制去进行丧葬活动，将会被君臣、父子、兄弟、夫妻等各方面的陈规旧俗所指责，如果是严重违背社会礼制与王法规定的葬俗则要受到非常严厉的惩罚。曾侯乙墓采用了土、水并葬的葬俗，无疑是对当时礼制社会那种森严而又神圣葬俗的一个巨大冲击。

《周礼·春官·宗伯》曰："冢人掌公墓之地，辨其兆域而为之图，先王之葬居中，以昭穆为左右。凡诸侯居左右以前，卿、大夫、士居后，各以其族。"设计建造曾侯乙墓乃至擂鼓墩王陵区的规划，应该是国之大事。诸侯级墓葬应该埋在公墓中的重要位置。而先君则应居于更重要的位置，其"兆域"与天文图像是相对应的。从擂鼓墩考古调查发现的王陵墓和墓葬区分布情况看，基本上是以㵐、溠二水之间的红砂岩山岗为走向，从北向西南延伸形成一个长勺状的北斗七星图像，这种神奇的发现不是偶然的巧合。

因为曾国域地处于随枣走廊之间，北南分别是桐柏山和大洪山山脉，两山之间形成带状丘陵地区，其气候适宜，雨水充足，适用于农业经济的发展，因而此地先民素有观天文、知四时的传统，很早就掌握了北斗七星的天像变化情况，

---

① 参见石钟健：《悬棺葬研究》，《民族论丛》1981 年第 1 期。

② 参见周尔泰：《成都出土战国羽人仙鹤纹饰青铜壶说明》，《成都文物》1988 年第 1 期。

在随州冷皮垭新石器时代的陶豆上,就发现了镂空北斗七星图像①。

在曾侯乙墓主衣箱上也出现了北斗七星与二十八宿天文图像②。古代先民在擂鼓墩陵墓区的规划时,按北斗七星的形式在七个山头或要地上构成了曾国墓域。《周礼·春官·宗伯》曰:"大丧,既有日,请度甫竁,遂为之尸……及窆,执斧以莅,遂入藏凶器,正墓位,跸墓域,守墓禁。凡祭墓、为尸。"即墓椁的度量设计是有章可循的。曾侯乙墓的设计规划从观测天文地理,到工程预算、岩坑开凿和备材运输等,工程浩大,墓穴建造的理论数据和构想应在曾侯乙生前就形成了,何况该墓出土的一大批随葬品的生产,至少需要三至五年才能完成。从椁室构造伊始早已形成以水防蛀、防腐、防盗的思想理念与实施技术,开启了先秦时期葬制礼仪中的水、土合一葬法的先河。

无独有偶,曾侯乙墓地2400年前采用在椁室盖板上开凿一处小洞注水使四室水位同时升降的原理,于1978年夏再次得到了印证:考古工作者为排除曾侯乙墓椁积水,就启用了现代化的抽水机在一个椁室抽水,而四室的水位同时下落。这正好说明椁室之间的门洞不仅是供墓室灵魂出入之用,更重要的是它能让水在椁室间自然流溢起到相互调剂的作用。随州叶家山西周墓地M27"简报"称葬具放置在墓坑底部的中间,虽然朽烂,但从椁室痕迹判定为一棺一椁。"椁底未见垫木痕迹。棺置于椁室正中,棺头端向北错位,可能是棺在腐烂前因积水漂移所致"③,这是继曾侯乙墓之后墓葬椁室积水的又一考古发现的实物资料。

这足以说明,西周时期曾侯谏与战国时期曾侯乙的葬制葬俗有着承袭关系。叶家山西周时期的墓葬即M1、M2、M27随葬品,如青铜器、木器、原始瓷器和陶器均呈曲尺形放置在东部和北部的二层台上。④此与曾侯乙墓椁室曲尺形和曾侯乙编钟梁架呈曲尺形一样,重在体现西周时期礼乐制度中的贵族等级关系。⑤

---

① 参见刘玉堂、黄敬刚:《从考古发现看随的农业》,《农业考古》1986年第1期。

② 参见湖北省博物馆:《曾侯乙墓》上册,文物出版社1989年版。

③ 参见湖北省文物考古研究所、随州市博物馆:《湖北随州叶家山西周墓地发掘简报》,《文物》2011年第11期。

④ 参见湖北省文物考古研究所、随州市博物馆:《湖北随州叶家山西周墓地发掘简报》,《文物》2011年第11期。

⑤ 参见黄敬刚:《曾国与随国历史研究》,人民出版社2013年版。

第 六 章

战国时期的音乐文物考古与研究

战国时期的音乐文物十分丰富,多在河南、山西、四川、江苏、安徽、湖北、江西、新疆、云南等地的考古中发现了大量的音乐文物和出土文献资料,为音乐史和音乐考古研究提供了十分有价值的资料。

第一节　战国时期的钟磬鼓等打击乐器综述

一、战国时期的青铜镈钟

出土或收集的战国时期的镈钟数量比春秋时期明显减少,分别在河南、上海、河北、湖南、山东等地发现。其中出土与传世音乐文物大部分保存完好,并且进行了资料整理与测音,从中获取了珍贵的音乐考古研究资料。

（一）河南地区出土战国时期镈钟

河南地区春秋时期的镈钟甚多,到了战国时期仅见洛阳、新郑等地出土了一批镈钟。

其一,1982 年在洛阳西工解放路北段西侧,位于周王城之北中部的战国墓陪葬坑内,出土 4 件青铜镈钟（同出 18 件钮钟、23 件编磬）。镈钟保存较为完好,造型呈合瓦形,舞上有钮,镈钟口部平齐,镈腔钲部有 6 个乳钉枚。其篆部饰有蟠螭纹。其中 3 件镈钟音质较好,唯有 1 件锈蚀影响其音质。音乐性能较好。① 该墓不仅出土青铜钟和石磬乐器,还出土了近百件青铜器,且是一套完整的青铜礼、乐器随葬品,对研究中原地区战国时期的礼乐制度提供了珍贵资料。

图一六一　河南洛阳解放路编镈及有枚钮钟(战国)

图一六二　新郑无枚编镈之一(战国)

其二,新郑市文物管理委员会收藏战国时期的4件编镈,其大小不同,依次递减,器呈合瓦形,造型为长方形钮,平于,两铣内收,镈钟舞面无饰纹,以螺旋纹表现出36个钟枚。镈钟以雷纹满布腔体。音乐性能较好。②

其三,新郑市文物管理委员会收藏战国时期1件镈钟。镈呈合瓦形,铣边起棱,饰纹古朴粗犷,舞上有方形钮,饰有平雕蟠虺纹。见其鼓部均饰卷曲盘绕状蟠虺纹。乳状旋涡枚36个。长方形篆间饰有云雷纹,镈钟于部平直。镈钟腔体有锉磨调音痕迹。进行测音良好。③ 以上收藏镈钟色泽碧绿,尚存

---

① 参见常文征:《洛阳出土一组铜编钟》,《河南日报》1989年5月27日;黄翔鹏总主编:《中国音乐文物大系》(河南卷),大象出版社1996年版,第110页。

② 黄翔鹏主编:《中国音乐文物大系》(上海卷),大象出版社1996年版,第110页。

③ 参见黄翔鹏主编:《中国音乐文物大系》(河南卷),大象出版社1996年版,第111页。

泥土锈蚀之色,也应是早期地下出土的音乐文物之属。

（二）上海博物馆收藏战国镈钟

上海博物馆收藏战国早期2件青铜镈的一件,编号为33306镈造型别致,锈色锃黑,间存黄褐斑块。其钮以双龙回首状造形。舞平,铣棱弧曲内敛。镈之于口平齐,内唇明显。见其舞、篆、鼓部饰以蟠龙纹,凸起枚呈蟠龙状。音乐性能方面钟略哑。另一件镈钟舞平,其上有双龙回顾造型钮。铣直于口平齐,见其舞、篆、鼓部饰以蟠龙纹。镈腔内存调音锉磨痕迹,其音质较好。经测音良好。[1]

（三）河北地区出土战国时期镈钟

河北地区地下出土战国时期的镈钟数量可观,综观这类镈钟于两周时期渐少,战国时期接近消失,逐渐被编钟等乐钟所代替。

其一,1982年在邯郸市涉县北关M1出土战国时期4件镈钟。该镈尤其厚重,锈蚀明显,稍存绿锈。其大小、花纹基本相近,钟呈合瓦形,两铣微弧,于口稍微内敛。平舞上置虎钮,枚呈蟠龙形。平于,钟口有内唇。篆鼓部饰以蟠螭纹。其音乐性能与音质较好。钟腔内有音梁,并存锉痕。其测音(耳测)序号1号镈钟正、侧鼓音羽—羽颤;2号镈钟正、侧鼓音宫—角;3号镈钟正、侧音角—徵;4号镈钟正、侧音徵—变。该墓同时出土有钮钟。[2]

其二,1961—1962年在易县燕下都16号出土了战国早期10件陶编镈。部分陶镈残甚,为红陶质,钟体硕大,以双夔龙盘绕形成对峙状钮。舞平、于口平齐,泡形枚36个,其间以凸线框出枚区和篆部。镈腔表面均无饰纹。应为明器,尚无

图一六三　上海博物馆收藏蟠龙纹镈1件（战国早期）

---

① 参见黄翔鹏主编:《中国音乐文物大系》(上海卷),大象出版社1996年版,第90页。

② 参见王子初总主编:《中国音乐文物大系》(河北卷),大象出版社2008年版,第9页。

图一六四　河北易县燕下都 M30 陶编镈之一（战国晚期）

发音性能。在考古调查发现燕下都城址有 28 座古墓，M16 则在东城九女台墓葬发现。这座墓葬经考证认为这些陶镈应为战国早期，其中还出土 16 件陶甬钟、钮钟，实为少见，为研究战国时期随葬制度和礼乐制度提供了重要的实物资料①。

其三，1977—1978 年春在河北易县燕下都 M30 出土的战国晚期 9 件陶编镈。其造型古朴典雅，为泥质灰陶，其上绘有朱纹。大小不一，依次递减，不甚规整，形制略有异同。平舞，有山形扁钮，平于，镈腔呈合瓦形，铣棱稍有弧曲，

① 参见王子初总主编：《中国音乐文物大系》（河北卷），大象出版社 2008 年版，第 14 页；河北省文物研究所：《燕下都》，文物出版社 1996 年版；河北省文化局文物工作队：《河北易县燕下都第十六号墓发掘》，《考古学报》1965 年第 2 期；河北省博物馆、文物管委处编：《河北省出土文物选集》，文物出版社 1980 年版。

腔面无钲部。此4件镈钟饰纹风格不同，形式多样，可分为4式。因为明器，皆为陶质，不具备发音性能。该墓随葬品中有鼎、簋、壶、盘、匜、豆、鉴、仓、盆诸器，以及乐器编钟、编磬、铙等陶器90件。此外还出有7218件陶圆珠，6002件管珠，及铁器锛、凿、剑等10件，兵器、车马器、铜器、金银器、铅器、骨器296件，还出土有编磬5组42件，编钮钟19钟，编甬钟13件，陶铙1件。这种以仿铜陶礼乐器为特色的随葬品出于战国晚期墓葬中，反映出周朝礼乐制度发生巨大变革。虽说当时社会经济衰落，军备无实的状况明显，七鼎八簋之墓其势已衰，但仍然厚葬彰显出这个社会的葬俗之风。[1]

（四）湖南地区出土战国时期镈钟

湖南地区出土商代末期青铜镈甚多，西周后期渐少但仍然可以见到周代末期成组的镈钟出土，直至战国早期的青铜镈仍有出土，多为当地文物管理部门所收藏。

其一，湖南省博物馆收集5件战国早期龙钮镈钟。大小不一，依次递减，收藏号（从小型镈至大型镈）22016，22017，22018，22019，22020。编镈锈色中绿色少许，灰黑色占多数，钟体尚存土锈，应为地下出土的音乐文物。从镈钟形制观察，以钮、钲部尚存差别，应为多件钟编成一组。其大钟较修长，呈合瓦形，平舞上有龙形环钮，于口较平齐。钟体均饰蟠螭纹，其正、背面置螺旋枚36个。[2]该组镈钟为收集品，尚无出土资料可考。根据钟乐器造型、花纹等考古学方法，可推测这组编镈的文化属性。

图一六五　湖南省博物馆收藏龙钮编镈5件（战国早期）

① 参见王子初总主编：《中国音乐文物大系》（河北卷），大象出版社2008年版，第14页。
② 参见王子初总主编：《中国音乐文物大系》（湖南卷），大象出版社2006年版，第63页。

其二,湖南省博物馆收集战国早期 7 件蟠螭纹镈钟。其中有 4 件大小相近,另外 3 件大小相近,形制、花纹相同,锈蚀严重,纹饰模糊不清。其镈身修长,呈合瓦形,钟面有凸起的线条框出枚、钲、篆、鼓区。平舞上置双龙钮,以鳞纹、云涡、点纹和 S 形纹为饰。篆、鼓部饰蟠螭纹,镈钟两面则有 36 个枚,虽其形制、风格独异,但仍为南方楚国镈钟文化类型。根据考古学规程和乐器特点观察,这组镈钟当为地下出土音乐文物无疑①。

其三,湖南省博物馆收集 1 件战国时期蟠螭纹镈。其造型别致,保存完好,铸造精良,钟腔内外锃亮,花纹细腻,铭文清晰,是一件不可多得的镈钟。镈体有圆润流畅之感。平舞上置以双龙钮,间饰云纹、点纹和短线纹。以凸线框出枚、篆、钲、鼓区,正背而有枚 36 个,舞、篆间分别饰以云纹、蟠螭纹。钲间铸刻铭文 31 字。钟腔内有错磨调音痕迹并加厚音梁。未见测音资料②。该镈钟虽无地下锈蚀之色,可能镈钟出土前陈放在积水较深的椁室内,因长期浸泡在水中所致。

图一六六　湖南省博物馆收藏蟠螭纹镈 1 件（战国）

其四,湖南博物馆收集 1 件战国时期龙钮蟠螭纹镈。镈钟呈合瓦形,虽锈蚀严重,但保存完好,镈身修长,其篆、枚、鼓、钲部以凸线框出。于口平齐,其内有唇。平舞呈龙形钮,其上饰以点纹和 S 形纹,舞、篆、鼓部饰以雷纹和蟠螭纹。镈腔两面共有乳形枚 36 个。因镈钟

①　参见王子初总主编:《中国音乐文物大系》(湖南卷),大象出版社 2006 年版,第 65 页。

②　参见王子初总主编:《中国音乐文物大系》(湖南卷),大象出版社 2006 年版,第 60 页。

钲部残破有 2 孔,故未见有测音资料。该镈锈蚀甚重,应为地下出土的音乐文物,充满着浓烈的南国楚风①。

（五）山东地区出土战国时期镈钟

山东地区镈钟始见于春秋,晚至战国时期。先后在临淄河店、阳信县西北村、诸城市臧家庄、章丘女郎山等地出土青铜镈钟和陶镈钟。

其一,1990 年在临淄河店 M2 出土 8 件战国早期青铜镈。因其形制、花纹不尽相同,故此分为两组,甲组和乙组各有 4 件。其中甲组 4 件形体大,为复式钮,其形制、花纹相同,依次递减,镈呈合瓦形,铣棱斜直。平舞平口,钲间素面无纹饰,镈体略小,环形方钮,其形制和花纹相同,大小依次递减。镈呈合瓦形,平舞平口,铣侈。钲部饰以蟠虺纹。镈为明器,钟壁甚薄,无法测音。这类镈钟明器出土于墓葬之中,墓地与"田齐王陵"相邻。因 M2 多次盗掘,椁室内遗物被焚烧,青铜器焚后变形,墓中被盗不见青铜礼器,所剩下陶礼器仍保持完整组合,有鼎、簋、敦、壶、鬲、罍、盘、匜、舟、鉴和禁 10 件文物,车马器若干,车殉马 69 匹,殉人 12 个,以及青铜兵器和陶俑,乐器有 8 件镈、16 件甬钟、10 钮钟、24 件编磬。青铜戈上铸有铭文,从鼎簋组合看其礼、乐随葬级别,墓主人乃为战国早期齐国的卿大夫。这对研究春秋末年与战国时期礼乐制度与音乐思想有着重大意义②。

其二,1988 年 10 月在阳信县城关镇西北村出土 5 件战国时期镈钟。其中 3 件镈钟甚残,仅有 2 件保存完整,但锈蚀较为严重,镈腔内均存范土。因该组镈钟壁薄,铸造粗糙,花纹简朴,舞、鼓部素面无纹饰,舞上有简朴环钮。镈腔尚存内唇,未见到调音的锉痕,系明器不能发音。这批音乐文物应出土于战国早期的墓葬中,先后在这里出土陶器有鼎、豆、壶、盆等;青铜器有编钟、镈和礼器鼎、豆、壶、敦、罍、匜和车马器等。石质器物有编磬、管饰和骨、蚌器等。乐器除 5 件镈钟外,还有 9 件钮钟,13 件编磬③。阳信西北村经过考古调查发现墓葬,这批出土文物和音乐文物应为墓葬或陪葬坑内出土,对研究战国早期的社会制度和礼乐制度提供了珍贵资料。

---

① 参见王子初总主编:《中国音乐文物大系》(湖南卷),大象出版社 2006 年版,第 66 页。
② 参见王子初总主编:《中国音乐文物大系》(山东卷),大象出版社 2001 年版,第 52 页;山东省文物考古研究所:《山东临博市临淄区淄河店二号战国墓》,《考古》2000 年第 10 期。
③ 参见王子初总主编:《中国音乐文物大系》(山东卷),大象出版社 2001 年版,第 54 页;惠民地区文物普查队、阳信县文化馆:《山东阳信城关镇西北村战国墓器物陪葬坑清理简报》,《考古》1990 年第 3 期。

其三,1970年诸城市藏家庄随葬坑出土7件战国中期的镈钟。其中还出土了编钟、编磬、鼎、壶、瓿、豆、提梁壶等文物。镈钟形制、花纹相同,大小不一,依次递减,两铣弧曲,于口平齐,平舞上置一对蟠龙镂空通透的铸钮。镈钟表面则以凸起的粗线纹框出枚区和篆、钲、鼓部,其间饰以蟠螭纹,枚呈泡形,其上饰蟠蛇纹和涡纹。见其于部铸有一行铭文"塦(陈)□立事岁十月乙亥郾公孙朝子造器九"。该墓葬区在1975年又发现一座古墓葬和随葬坑,出土有水晶珠、镞、陶网坠和铜镜残片,还有石编磬和编钟、编镈等40件文物。墓坑旁随葬坑出土大量马骨骼。此墓曾被盗掘,但仍出土了上述诸多文物,为研究山东地区战国时期礼乐制度和社会制度提供了重要资料[①]。

图一六七　山东诸城市藏家庄公孙朝编镈之一（战国中期）

---

①　参见王子初总主编:《中国音乐文物大系》(山东卷),大象出版社2001年版,第55页;山东诸城县博物馆:《山东诸城藏家庄与葛布口村战国墓》,《文物》1987年第12月;温增源:《诸城公孙朝子钟及其相关问题》,《齐鲁艺苑》1992年第1期。

图一六八　山东章丘市绣惠镇女郎山编镈之一（战国中期）

　　其四，1996 年 6 月在章
丘市绣惠镇女郎山发现 5 件
战国中期镈，同出乐器支架 4
件。这组编镈其中 3 件保存
完整，2 件（4 号、5 号）残损
较为严重。形制与花纹大致
相同，大小相近，呈合瓦形，
其铣边有直棱。平舞，半圆
形钮，平口外侈，镈钟表现尚
无篆、枚、钲、鼓区分，且满布
蟠虺纹。唯有鼓部素面无纹
饰。同墓出土乐器支架计 2
套 4 件，"出土时其支架横梁
分别套悬在铜编钟、编镈半
圆形钮内"①。支架造型、结构
讲究，铸有铜结构件。该墓
为战国中期甲字形土坑竖穴

图一六九　山西潞城县潞河 M 7 编镈之一（战国）

①　参见王子初总主编：《中国音乐文物大系》（山东卷），大象出版社 2001 年版，第 57 页。

积石墓。有斜坡墓道,器物放在墓室二层台上。随葬品有:鼎、豆、壶、敦、舟和盘、匜、陶礼器,西北壁二层台上有5座陪葬坑。椁盖板之上有殉人。编钟、编镈悬挂在支架上。二层台上出土2套编磬。随葬品有鼎、豆、壶、敦等40余件铜礼器之外还有30余件车马器和铜剑。其椁室东北侧棺内出有1件陶埙。共在椁室和棺内出土陶、铜、礼乐器、兵器、车马器计三百余件,以及装饰品,桥形饰件、石串管、骨串珠、海贝等5000余件。该墓还出土26件套彩绘乐舞陶俑①。

（六）山西地区出土战国时期镈钟

1982年12月在潞城县西流公社潞河战国墓群M7出土4件镈钟。其形制、花纹相同,大小不一,依次递减。M17:11镈呈合瓦形,舞平,其上置变形伏兽状钮。于口平齐,钟腔两面共有36个泡形枚。其上饰以浮雕蟠螭纹。篆间饰有云纹,鼓部饰有羽翅纹。铸造虽见粗糙,但显规整。钟腔内存泥范芯,乃为明器。②

二、战国时期的甬钟、钮钟

战国时期甬钟被钮钟所代替,在考古调查和发掘中所见甬钟甚微,反而战国早中期墓葬中多出钮钟。③

（一）山西地区出土战国甬钟、钮钟

先后在山西新绛柳泉、太原金胜村、平陆县南乡店村等地出土有甬钟和钮钟。

其一,1979年在新绛柳泉墓葬M302出土12件战国早期编钟,其中出土甬钟、钮钟各6件,出土时呈2件套放。甬钟按其顺序编号为23-28,钮钟编号29-34。甬钟6件形制与花纹基本相同,大小不一,依次递减,久经挤压变形。其甬为柱形,呈下粗上细,并饰以蟠螭纹和勾折简化的"T"形云纹,泡形枚饰以蛇形纹,篆、鼓部饰以云纹、兽面纹。钮钟6件纹饰基本相同,大小不一,依次递减,因久经挤压变形,部分残损。钮钟上的花纹也与甬钟上纹饰相同。编钟因挤压变形之故,尚无测音资料。出土时乐钟均放置在椁室东北部,两钟相套

---

① 参见王子初总主编:《中国音乐文物大系》(山东卷),大象出版社2001年版,第57页;李曰训:《章丘女郎山考古获重大成果》,《中国文物报》1991年第20期;李曰训:《章丘女郎山战国大墓墓主之推测》,《纪念山东大学考古专业创建20周年文集》,山东大学出版1992年版,第12页。

② 参见王子初总主编:《中国音乐文物大系》(山西卷),大象出版社2000年版,第57页。

③ 黄敬刚:《地下出土战国时期编钟乐器综述》,《内江师范学院学院》2017年第3期。

以显葬俗独特。据考古发掘报
告称该墓多次被盗，只剩余青
铜礼器豆、盘、舟和乐器、石磬、
车马器等。这批礼、乐器组合
对研究战国时期社会制度和礼
乐制度提供了宝贵资料。[1]

其二，1982年12月在山西
潞城县西流公社潞河大队发现
战国时期的古墓葬群共8座，
其中M7中出土了170余件青
铜礼乐器和兵器，以及玉器和
石器等总共达到500余件。该
墓出土乐器钮钟、镈钟和甬钟
计28件，仅甬钟就有16件。

（二）河南地区出土战国
甬钟、钮钟

河南地区出土甬钟早自西
周，春秋中晚期仍然延续，至战
国时期所剩无几，考古发现资
料并不多见，新郑县、洛阳多
有藏品。钮钟也在春秋中期出
现，至战国时期洛阳、新郑、叶
县等地均有出土和收集藏品。

图一七〇　山西潞城潞河 M7 甬钟之一（战国）

其一，新郑县文物管理委员会收藏1件战国饕餮甬钟。钟呈合瓦形，甬粗
大中空与腔体不通，甬上有旋斡，饰以变形饕餮纹。篆带、舞面均饰云雷纹。钟
体两面有柱状枚36个，鼓部饰以饕餮纹。这种图案与騩羌钟同。为数不多的
战国时期甬钟遗存，为研究当时社会礼乐制度提供了珍贵资料[2]。

其二，1949年前在洛阳出土1件战国时期云雷纹甬钟。原称其为"王孙遗

---

[1]　参见王子初总主编：《中国音乐文物大系》（山西卷），大象出版社2000年版，第57页；山西
　　省考古研究所、山西省晋东南地区文化局：《山西省潞城县潞河战国墓》，《文物》1986年第6期。

[2]　参见黄翔鹏总主编：《中国音乐文物大系》（河南卷），大象出版社1996年版，第93页。

图一七一　河南新郑文物管理委员会旧藏饕餮纹钟1件（战国）

者钟"，系后刻铭文，该甬钟应为战国时期。甬钟为合瓦形，甬呈下粗上细柱形。甬中空与腔体相通，尚无封衡。舞部饰云雷纹，篆、鼓部饰以变形夔纹和云雷纹。钟腔两面共有柱状枚36个。钟钲、鼓部均铸有铭文。该钟造型别致，铸制精良。现藏洛阳市博物馆。为研究战国时期钟乐演变、礼乐制度和历史提供了宝贵资料①。

其三，1982年在洛阳解放路北段西侧，东周王城北中部战国墓陪葬坑中出土18件钮钟。这18件钮钟除5号、6号、20号、22号钟锈蚀严重外，其余保存完好。其中有枚的钮钟7件。钟壁轻薄，环钮窄长，于口上弧，乳状枚，篆鼓间分别饰以蟠螭纹、夔凤纹。无枚钮钟11件，钲饰三角云纹和圆圈纹，鼓饰夔凤纹。该墓还出土4件编镈和23件石编磬，以及青铜礼器100余件。此墓应为随葬礼乐器较多的墓葬之一。钮钟虽小，但能发音，音质优美。为战国时期礼乐制度研究提供了珍贵资料②。

其四，新郑市文物管理委员会收藏7件战国钮钟。其大小不一，依次递减，形制花纹相同。钟呈合瓦形，下宽上窄呈梯形，平舞上置长方形钮，素面无纹。于口弧形。其钲、篆和枚区以凸线框界，钟两面有乳状枚36个。范铸痕迹明显。

① 参见黄翔鹏总主编：《中国音乐文物大系》（河南卷），大象出版社1996年版，第93页。
② 参见黄翔鹏总主编：《中国音乐文物大系》（河南卷），大象出版社1996年版，第125页；《洛阳出土一组编钟》，《河南日报》1989年5月27日。

这组钟从造型、风格、锈色看，应为中原乐器的特点。突出战国时期钮钟独特风格，钟乐体型虽小，但成编成组，音质优美，应为实用演奏乐器，为当时社会制度和礼乐形式研究提供了宝贵资料①。

其五，新郑市文物管理委员会收藏 18 件战国时期的钮钟。其形制、花纹相同，这组钮钟以 9 件成编 1 组，形成 2 组计 18 件乐钟随葬在一起。每组钮钟大小不一，依次递减。平舞上置长方形环钮突出特色。钟腔呈鼓形，于口呈上弧形。虽无突枚，但以螺旋阴线条划出钟腔两面枚 36 个。钲、篆枚之间均以阴线条框出界区。其钲部两侧有铸范气孔。可见钮钟数量之多，音质优美，均具演奏

图一七二　河南洛阳市博物馆收藏云雷纹钟 1 件（战国）

图一七三　河南洛阳解放路编钟（战国）

① 参见黄翔鹏总主编：《中国音乐文物大系》（河南卷），大象出版社 1996 年版，第 125 页。

实用功能,充当了礼乐制度和政治形势的敬神崇祖的精神作用,这一音乐思想所反映的诸多问题应为音乐考古研究者的高度重视。①

图一七四　河南新郑文物管理委员会收藏无枚编钟(战国)

其六,1958 年在信阳长台关 M2 出土 13 件战国木编钟。钮钟木质,出土时钟已脱落钟架。同时出土一件木质钟槌,形成钟、架、槌乐器关系。钮钟形制接近镈篙铜钟,大小不一,依次递减。木钟与铸制青铜钟腔部不同,在于木钟腔内仅凿空约三分之一,应为明器无疑。13 件木钟 3 件大钟素面无纹,大部分钟面雕刻凸出的粗棱线框界枚篆区,钟面有 36 个枚,以仿制铜钟之象。钟架为单层横梁及两根方立柱、方座构成。木梁两端雕以卷云纹,钟架以黑色为地,其上绘有银灰色变形三角纹,或以卷云纹装饰其上。观其造型、花纹和木钟仿真意图,应为对礼乐制度的变革和承继产生了新的思想观念。同墓还出土有鼓、瑟等,说明战国时期在礼乐制度方面仍然持续发展,以木代铜礼乐之风仍然浓烈。明器代替礼乐器随葬品应是开了秦汉时期陶俑、木俑随葬之先河②。

其七,1985 年 10 月在叶县旧县乡常庄村北村 M1 西室出土 6 件战国早期钮钟。大小不一,依次递减,呈合瓦形,平舞上置有长方形钮。钟体两铣略向外侈,钟两面有枚 36 个。钲、鼓部铭文和花纹多被锉磨掉,但花纹与铭文笔道痕迹仍然可辨。钮、篆枚间均有花纹,以 S 纹、三角纹为地,且在其舞、篆枚间饰以蟠螭纹、龙纹和旋转纹。这组钮钟原编号 M1:40—45,即 6 件钮钟。其中 M1:45 这枚钮钟较大,平舞上置有长方形钮,两面饰以蟠螭纹,钟上舞部花纹也有被锉掉的痕迹,仍存蟠螭纹。篆部、钲部和鼓部分别饰以绹索纹、变形龙纹等。钟上钲部铭文 2 行 4 字:“康乐□□”;背面钲部铭文 2 行 4 字:“□保眉□”,其他部位的钟铭多被锉磨。无测音资料。该墓虽然被盗,但仍有乐钟遗存,该

---

① 参见黄翔鹏总主编:《中国音乐文物大系》(河南卷),大象出版社 1996 年版,第 126 页。

② 参见黄翔鹏总主编:《中国音乐文物大系》(河南卷),大象出版社 1996 年版,第 126 页;河南省文物研究所:《信阳楚墓》,文物出版社 1986 年版。

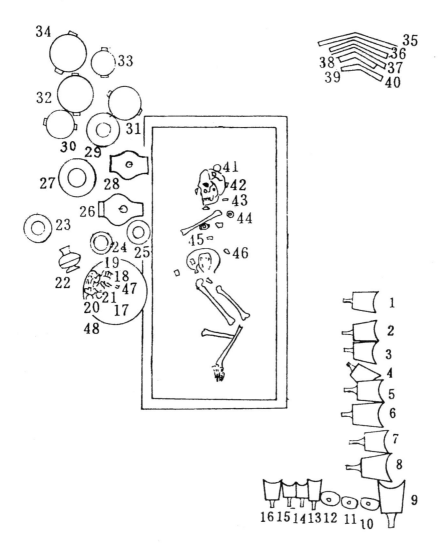

图一七五　河南洛阳西工区中州路北侧 M131 编钟发现情况平面图（战国）

组钟应该有被盗走部分，墓中还出土有 2 件木瑟，以及铜鼎、壶、戈等礼器。这 6 件成组的钮钟下葬时应悬挂在钟架上，出土时有 5 件排列在腐烂的钟架木梁上，唯有 1 件与钟架分离脱落。由于叶县于战国时期属于楚国，曾有楚惠王时封沈诸梁（字子高）于叶，称其为叶公。结合出土的青铜礼器和音乐文物综合考证，该墓应属楚国贵族墓葬，钮钟也应列于楚钟之列[1]。这对研究战国时期楚国礼乐风俗和墓葬制度极具参考价值。

---

① 参见黄翔鹏总主编：《中国音乐文物大系》（河南卷），大象出版社 1996 年版，第 128 页；河南省文物研究所：《河南省叶县旧县村 1 号墓的清理》，《华夏考古》1988 年第 3 期。

其八,1981 年 3 月在洛阳西工区中州路北侧的东王城遗址 M131 内出土 16 件战国时期甬钟。甬钟出土时分成两组呈曲尺形陈放在墓坑内。即一组 9 件,另一组 7 件。形制基本相同,大小不一,依次递减。平舞上置喇叭状甬,其上有旋为兽形,饰有云纹。篆间、鼓部分别饰以变形夔纹、饕餮纹和乳钉纹。于口弧度较大。尚无测音资料。与甬钟同时同土有鼎、豆、壶等。其实,战国时出土甬钟数量较少,这组战国时期甬钟为研究当时期钟乐制度和音乐思想有着重要的参考价值①。

综观河南中原地区春秋时期甬钟成批成组出土,大都与遗址和墓葬有着密切关系,有清晰的地层、年代和器物类型关系,其器物组合与年代早晚关系十分明确,随葬器物以礼、乐器与墓主人关系反映出社会制度关系甚密。钮钟早在西周末期已有发现,至春秋为甚,战国时期继续发展和延用。在其他地区钮钟出现较少,唯有随州擂鼓墩战国曾侯乙墓出土一套编钟,其中甬钟和钮钟数量最多。两周至战国时期,中原地区青铜乐钟仍然占领先地位。对这一地区地下出土的青铜礼乐器按排列、统计、分类进行研究,将对音乐史、礼乐制度和音乐考古有重要参考价值。

(三)安徽地区出土战国时期编钟

寿县蔡侯墓出土的 32 件编钟。

(1)甬钟 12 件,其中有 8 件甬钟保存完整,其他残甚。钟形制相同,长形甬有鼻,其中有 1 件有 14 行铭文,其字数不详。大小不一,依次递减。这 8 件甬钟通高 79 厘米—48 厘米之间。

(2)镈钟 8 件,其中 6 件完整,部分残破,其形制相同。舞上有镂空扁形钮,于口平齐。铭文 12 行计 82 字,自名"謌鐘"。大小有序。保存较为完整。

(3)钮钟 9 件,其形制相同,舞上置方形钮。其上铸有铭文,分别为"行钟"等。

(4)镈于 1 件,呈椭圆形,已残甚。

(5)此外发现残钟片不计其数。其中有 47 块有铭文,铭文内容与前面诸钟乐钟铭文内容不同。②

以上音乐文物都是蔡侯墓出土。该墓为一座近似正方形的土坑竖穴墓,有殉葬的人骨出现。随葬品分布情况如下:乐器和礼器放置在北部,仅占墓坑

---

① 参见黄翔鹏总主编:《中国音乐文物大系》(河南卷),大象出版社 1996 年版,第 129 页;洛阳市文物工作队:《洛阳西工 131 号战国墓》,《文物》1994 年第 7 期。

② 参见王友华:《先秦编钟研究》,广西师范大学出版社 2013 年版,第 323 页。

面积三分之一，西北角的大件青铜器进行了考古发掘清理的程序，发现器物摆放得整整齐齐，有鼎、簋、壶、豆、尊、盉、盆及兵器戈等。甬钟分排摆放，在甬钟西南部放着2组编钟（钮）和编镈。这些乐钟的摆放位置值得音乐考古工作者关注，因其与青铜礼器之间的关系非常重要。随葬有车马器和大量的兵器，有六十余件即戈、矛、镦、剑、斧、镞等，也有人殉葬俗，这更加与礼乐制度和战国时期社会制度关系甚密。仅见礼玉器，有51件玉器如璧、璜、环和金器等。蔡侯墓青铜礼乐器铭文约九十余字，记载了当时社会礼乐制度和历史事件。这为研究春秋晚期至战国初年蔡、楚、吴诸国历史信息和文化关系提供了重要资料。[①]

（四）其他地区出土战国时期甬、钮钟

战国时期青铜甬、钮钟也在如下诸省均有发现。

1961年在山西省万荣河镇西南庙前村墓地采集14件战国早期甬钟。1949年以前在河南洛阳出土1件战国王孙遗者钟。1979年在山西新绛柳泉M302出土6件战国早期甬钟（该墓多次被盗）。2002年在湖北枣阳九连墩M1出土12件战国中晚期甬钟。2002年又在九连墩M2中出土11件战国晚期钮钟。1970年在山东诸城市臧家庄青铜器随葬坑内出土9件战国中期"公孙朝子钮钟"。1988年山东阳信城关西北村战国墓葬坑出土9件战国早期钮钟。1989年在山东郯城第二中学战国M1出土8件钮钟。1992年在山东淄博临淄永流商王村M2出土14件战国晚期钮钟。1978年在湖北江陵县观音档乡五山村出土22（存4）件战国中晚期（天星观M1）钮钟。2002年在湖北江陵天星观M2出土22件战国中晚期钮钟。1985年在湖南怀化地区黔阳出土22件战国中晚期钮钟。1972年在四川涪陵小田溪土坑群M1出土战国小编钟。1957年在河南省信阳长台关小刘庄M2战国中期墓葬中出土13件钮钟。

三、战国时期的编磬

战国时期编磬与编钟乐器伴出，是研究当时社会礼乐制度和悬乐制度的珍贵资料。音乐考古工作和音乐史研究者应重视这个时期考古发现乐器与遗迹遗物的文化关系。[②]

---

① 参见安徽省文物管理委员会、安徽省博物馆：《寿县蔡侯墓出土遗物》，科学出版社1950年版。

② 黄敬刚：《考古发现战国时期编磬乐器考古分析》，《音乐探索》2017年第1期。

（一）山西地区发现的战国时期编磬

在山西地区交城县、襄汾、浮山县、太原、交口县等地多有出土。

其一，1983 年在交城县洪相乡出土 5 件战国时期青铜编磬，其中 3 件完整，其形制相同，大小不一，依次递减。磬一面素面，另一面饰有卷云纹。其为桥形对称。这类铜编磬为明器，是以铜质编磬明器代替了石质的实用编磬，

图一七六　山西交城县洪相乡铜编磬 5 件（战国）

用于随葬而已[1]。其二，长治分水岭 127 号墓出土 20 件战国时期编磬，以每组 10 件为一套。其中一套甚残，及保存完整的一套编磬 10 件，为石灰石质，形制相同，大小不一，依次递减。[2] 其三，1992 年 4 月在浮山县杨河村出土 9 件战国早期编磬。为青灰石，素面无纹饰，磬面磨光，其上有悬孔。同出土的还有青铜用器和兵器等。未见测音资料[3]。其四，1994 年 12 月在太原金胜村 88 号墓出土 10 件战国早期编磬。残损严重，多断裂。仅见 2 件（8、9 号）完整。磬鼓部较厚，弧部稍薄，从磬之大小、厚度和造型看，应为实用器随葬。该墓应对贵族一椁一棺墓葬，除了乐器编钟、编磬、鼓之外，还有青铜礼器、马坑和 12 马匹，6 辆木车等，为研究战国时期礼乐制度和墓葬习俗有着重要参考价值[4]。其五，1995 年 8 月在太原金胜村 M673 出土 10 件战国早期编磬。为 10 件一组，破损断裂，其中有 9 件保存完好。磬呈单面钻孔状，残甚，尚无测音资料。同墓还出土有编钟乐器，无疑对研究战国早期的礼乐制度和葬俗有

① 王子初总主编：《中国音乐文物大系》（山西卷），大象出版社 2000 年版，第 41 页。
② 王子初总主编：《中国音乐文物大系》（山西卷），大象出版社 2000 年版，第 33 页。
③ 王子初总主编：《中国音乐文物大系》（山西卷），大象出版社 2000 年版，第 34 页。
④ 参见王子初总主编：《中国音乐文物大系》（山西卷），大象出版社 2000 年版，第 38 页。

着重要的参考价值[①]。其六,1985 年在交口窑瓦村出土 10 件战国时期编磬。音质音色较好。乐器是在一座战国时期墓葬中出土。随葬品有陶器、青铜器、石器和骨器等。对研究晋国时期的礼乐制度和社会制度与墓葬习俗有重要作用[②]。其七,1995 年在闻喜县邱家庄出土 4 件战国编磬。1979 年在新绛柳泉墓地 302 号墓出土 10 件战国早期编磬。1982 年在潞城县原西流公社潞河大队战国墓葬群发掘出土 10 件战国编磬。1993 年在偏关吴城战国墓葬出土 11 件铜编磬。这对研究该地区尤其是晋国末期礼乐制度、葬制和殉葬习俗有重要参考价值[③]。

（二）山东地区发现战国时期编磬

山东地区临淄、阳信、胶东、滕州、章丘、青岛等地出土战国时期编磬。其一,1979 年在山东淄博区大夫观村西出土 16 件战国编磬。共分为 2 组,以为 8 件为 1 组。石灰岩质为青灰色,现藏于山东省文物考古所和齐国故城遗址博物馆。其中一部分残损,大部分保存完好。1 件音哑,其他保存较好,音质优美。音高可测为徵、商、角、徵、变宫、角和变徵。这批编磬数量甚多,音色音质优美,应为实际演奏的乐器,无疑为研究山东地区古代齐国文化和礼乐制度提供了重要资料[④]。其二,在临淄区齐都镇韶院出土 1 件战国编磬,呈灰黑色,见其倨句角度略小,其底部弧曲不大,其体厚实,构成为股二鼓三比例。在磬背面篆刻有"乐堂"铭文。该编磬出土于齐国故都遗址,尤其磬为"乐堂"演奏中的实用乐器,更能体现战国时期齐文化与礼乐制度之关系,应引起音乐考古和音乐史研究者的高度重视。[⑤] 其三,1988 年 10 月在阳信县城关西北村战国墓葬随葬坑出土 13 件战国编磬。大部分编磬保存完好,为青黑色石灰岩磨制而成,造型别致,棱角规整,是先秦时期编磬的上乘之作。其音乐性能良好,其编磬两个 11 度中重复徵、商、角、和音列似非偶然,乃为音阶实践的重大突破。该随葬坑还同出

---

① 参见王子初总主编:《中国音乐文物大系》(山西卷),大象出版社 2000 年版,第 38 页。
② 参见王子初总主编:《中国音乐文物大系》(山西卷),大象出版社 2000 年版,第 39 页。
③ 参见王子初总主编:《中国音乐文物大系》(山西卷),大象出版社 2000 年版,第 44 页;山西省考古研究所、山西省晋东南地区文化局:《山西潞城县潞河战国墓》,《文物》1986 年第 6 期;山西省考古研究所侯马工作站:《新绛柳泉墓地调查发掘报告》,《晋都新田》,山西人民出版社 1996 年版。
④ 参见王子初总主编:《中国音乐文物大系》(山东卷),大象出版社 2001 年版,第 158 页。
⑤ 参见王子初总主编:《中国音乐文物大系》(山东卷),大象出版社 2001 年版,第 160 页。

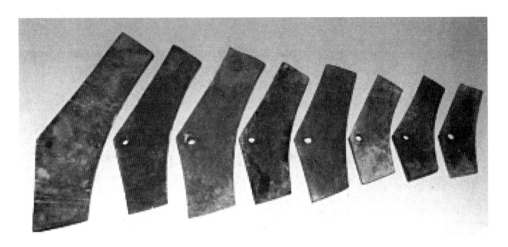

图一七七　山东淄博区大夫观村编磬（战国）

9 件钮以及青铜、陶礼器。这对研究战国时期葬制和礼乐制度有参考价值①。其四，1951 在山东文物管理委员会征集 1 件战国时期的青铜磬。为铜料铸成，素面无纹饰，锃亮光滑，上呈倨句状，下则微弧上收。鼓、股相交处有一圆形倨孔，股短而宽，其鼓部呈细长，其鼓下角为圆弧形。该磬为铸造青铜乐器，研究其用途也是十分宝贵的资料②。其五，1985 年 11 月在滕州市薛国古城墙外 M117 中出土 7 件战国时期编磬。形制相同，大小不一，依次递减。磬体造型精美，磨制精细光滑，其鼓股形制分明，为倨句形，其底边微弧，倨孔凿制并磨光，其音乐性能良好，唯见 1 件断裂，其余 6 件音质甚佳。这座墓系战国时期甲字型土坑竖穴木椁大墓，有 2 椁 1 棺，分设头箱，其编磬放在头箱内，可见墓主人非常珍视磬乐器。并同时随葬了大量青铜器、兵器和玉器，说明墓主人应为战国时期薛国贵族墓葬，为研究这一时期的礼乐制度和葬俗文化有着参考价值。其六，在淄博市临淄区齐都镇石佛堂出土 8 件战国时期编磬。石灰岩质呈青灰色，其造型别致，色泽一致，保存也较为完整。其磬呈股二鼓三比例，倨句清晰分明，唯磬底弧曲度稍小。虽无饰纹，但制作较为精细。这组编磬可测出羽、宫、角、徵、羽、宫、羽、羽等准确音列。虽该组磬无详细考古与发掘资料，但造型、数量

① 参见王子初总主编：《中国音乐文物大系》（山东卷），大象出版社 2001 年版，第 161 页；惠民地区文物普查队、阳信县文化馆：《山东阳信城关镇西北村战国墓器物陪葬清量简报》，《考古》1990 年第 3 期。

② 参见王子初总主编：《中国音乐文物大系》（山东卷），大象出版社 2001 年版，第 161 页；惠民地区文物普查队、阳信县文化馆：《山东阳信城关镇西北村战国墓器物陪葬坑清理简报》，《考古》1990 年第 3 期。

图一七八　山东滕州市薛国故城编磬（战国）

与音质尚佳,也对研究战国时期的悬乐之制有重要参考价值。[①] 其七,1990 年在章丘市绣惠镇女郎山战国早期大墓中出土 8 件编磬。其中有 1 件在二层台西北角出土,清理时发现填土被扰乱,这应该是一组编磬,可能被盗散失而已。另外 7 件则是在东南角出土,应为一套,现编为甲组。在该组编磬土层外有 1 件长 1.16 米,宽 0.9 米的彩绘磬匣,为木质。甲组编磬造型相同,大小不一,依次递减,呈倨句状,其下微弧上收。磬体均为切割,然后进行磨制,磨砺痕迹尚存,鼓、股交点有倨孔,一面大一面稍小,鼓博一端稍厚。因为残破,其音乐性能不得而知,但均为实际演奏的乐器。该墓为战国中早时期大型墓葬,同时出土有 5 件编镈,7 件编钟,1 件陶埙,并出土了青铜礼乐器、兵器、车马器等 300 余件,以及 26 件彩陶乐舞俑。可见这座大墓应为战国中期地下乐宫,有礼制悬乐的文

图一七九　山东章丘市绣惠镇女郎山编磬甲组（战国中期）

---

① 参见王子初总主编:《中国音乐文物大系》(山东卷),大象出版社 2001 年版,第 165 页。

图一八〇　山东临淄市商王编磬（战国晚期）

化印迹，是音乐考古与研究不可多得的资料①。其八，青岛市博物馆收藏在即墨古城出土的 1 件战国琉璃磬，磬倨句处已残断，仅存半块磬体，为湖蓝色，半透明体，呈梯形。其上部呈内弧形，磬底部一面则见一圆孔。先秦时期磬质为石质，少见青铜、木、玻璃编磬。此磬出土则为研究悬乐中磬乐质地和构造有重要参价值②。其九，1992 年在淄博市临淄区永流乡商王村 M2 出土 16 件战国晚期编磬。均为石炭岩质，保存完整，分成甲乙两组，即每组为 8 件。其中甲组磬藏于淄博市博物馆，乙组磬藏于齐国故城遗址博物馆。甲乙组编磬形制相近，大小不一，依次递减，磬体造型规整，加工磨砺精细，光滑圆润。可见鼓股明晰，其呈倨句状，唯见底边微弧。倨孔为单钻而成，孔眼两面有别，一面光滑，一面凿迹明显，凿琢刀痕尚存。该墓出土编磬在墓室东部。还同出有 14 件编钟，216 件陶、铜、铁、银、玉、石、漆、骨器等。磬数量之多，保存之好，质量之高。为一棺一椁贵族墓葬，是战国晚期贵族墓葬。此为先秦时期悬乐器走向秦汉之前的文化元素成因之一。③

（三）河南地区出土战国时期编磬

河南地区战国时期编磬在陕县、上蔡县、信阳长台关等地出土。其一，1957 年在陕县后川 M2041 中出土 10 件战国时期的编磬。为青石质，大小不一，依次递减，色泽深浅有别。其股鼓分明，底部弧度较大，磬面磨光，其中 4 件残损，

---

① 参见王子初总主编：《中国音乐文物大系》（山东卷），大象出版社 2001 年版，第 166 页；李曰训：《章丘女郎山考古获重大成果》，《中国文物报》1991 年第 20 期；李曰训：《章丘女郎山战国大墓墓主之推测》，《纪念山东大学考古专业创建 20 周年文集》，山东大学出版社 1992 年版。

② 参见王子初总主编：《中国音乐文物大系》（山东卷），大象出版社 2001 年版，第 168 页。

③ 参见王子初总主编：《中国音乐文物大系》（山东卷），大象出版社 2001 年版，第 169 页；淄博市博物馆、齐故城博物馆：《临淄商王墓地》，齐鲁书社 1997 年版。

剩余保存完好。其音乐性能良好。这组磬保存较为完整。形制统一，音质较好，是从墓葬中发掘清理出来的有着可靠的考古发掘资料，对研究这一时期礼乐制度和墓葬形式均有参考价值。其二，1995年在上蔡县肖里王东窑场墓葬中出土1件战国时期石磬。为石灰岩制成，呈青灰色，造型别致，磬体磨光。股一侧刻铭为"商父（頋）之徵"字样，为乐律之类的文字，较为珍贵。虽数量甚少，但磬上乐律铭文尤显其珍，对研究先秦时期音乐学、乐律有着重要参考价值。① 其三，1958年在信阳长台关M2出土18件战国时期的编磬。为木质，依其形制、大小之特点，可分为甲、乙组，即每组9件。其中甲组木磬质地坚实，其一端略显窄

图一八一　河南陕县后川 M2041 编磬 10 件（战国）

长，另一端略宽且短。鼓和股间折角部位有倨孔。在考古发掘清理时发现甲组磬1号、3号磬孔遗存有竹片，推定为系悬磬于磬架加固之用。值得注意的是木质编磬鲜见，非实际演奏的乐器，应为明器用于随葬而已。甲组木磬。乙组木磬。同时出一架漆木磬架，分上、下两层。髹漆彩绘，雕有云纹。这是不可多得的地下音乐文物资料，对研究战国时期悬乐梁架结构和演奏形式有重要作用。该墓虽然被盗，但所出乐器甚多，其中有木编钟、木鼓、鼓杖、磬架、鼓座、木俑和铜镜、陶器等。乐器以木代铜形式，则是随葬品走向明器，殉葬以俑代真的秦汉先声之作。从历史视角看，是其社会形势、进步思潮所起到的影响作用。为研究先秦时期的音乐思想、乐器用途以及葬俗的变革，给音乐史和考古研究者提供了有价值的资料②。

①　参见王子初总主编：《中国音乐文物大系》（山东卷），大象出版社2001年版，第64页。
②　参见黄翔鹏总主编：《中国音乐文物大系》（河南卷），大象出版社1996年版，第65页；河南省文物研究所：《信阳楚墓》，文物出版社1986年版。

（四）河北地区出土战国时期编磬

先后在河北中山县、易县、涉县等墓葬中出土一大批战国时期编磬。其一，1977年5月在平山县三汲乡中山王墓西库内出土13件战国时期编磬。编磬部分残断，唯见1号、2号、5号、6号、7号、9号、10号磬较为完整，磬体残蚀严重。有青灰色和白色石灰石2种，磨制规整，制作精细。其倨句折角分明，符合一般股二鼓三比例规律。鼓、股上边平直，底弧线条比较流畅，倨孔圆形透穿，磬体素面无纹。① 其二，1964年5月在易县燕下都16号墓出土15件战国早期编磬。因墓室坍塌编磬受损严重，唯见M16:58和M16:10两块保存完整。剩余破损严重，但均可复原。石质为沉积板岩类，质地细腻均匀。其制作精细，倨句角度较为统一，底弧曲而上收，曲线协调匀称，符合股二鼓三比例。大小不一，依次递减，形制相同。无测音资料。② 其三，1977年在易县燕下都M30出土42件战国晚期编磬，为泥质灰陶，经过加工烧制而成，其上施以朱绘。可分为5组，其间大小不一，依次递减，即第1组8件，第2组9件，第3组7件，第4组11件，第5组7件，磬面朱色脱落，饰以卷云纹。陶磬也属少见之列。其与该墓中陶编镈9件，钮钟19件，甬钟13，铙1件同出，均系明器，则反映战国晚期葬制葬俗发生了重大变革，但深受中国传统礼乐制度的影响，仍然保持着以礼乐器随葬的风俗，故此，则出现以悬乐明器替代实用乐器，是一种社会变革时期产生的节葬新思潮，但得到音乐研究和音乐考古学者的高度关注。③ 其四，1982年在涉县北关M1出土10件战国时期编磬。形制不太统一，大小不一，依次递减，少量磬也不能排列。呈灰色和褐色，也有白玉石质，含硅质地较好。1号磬鼓部断裂。2号、3号磬鼓部断裂可以修复胶合，其磬体磨蚀严重。唯见4号—10号磬保存完好。磬背作倨句，则与股二鼓三比例相符。其底弧曲上收。其中第1号、2号、7号磬形制与风格相近，尽显秀丽。唯见第3号、4号、5号、6号、8号、9号、10号磬自成一体，形制短阔粗则显其特色。这组磬通长56.1厘米—26.1厘米之间。其音乐性能不佳。总之，河北地区战国时期编磬多出于墓葬之中，有助于了解北方邯郸古国礼

① 参见王子初总主编：《中国音乐文物大系》（河北卷），大象出版社2008年版，第74页；河北省文物研究所：《𪒠墓——战国中山国国王之墓》，文物出版社1995年版。

② 参见王子初总主编：《中国音乐文物大系》（河北卷），大象出版社2008年版，第77页；河北省文物研究所：《燕下都》，文物出出版社1996年版；河北省文化局文物工作队：《河北易县燕下都第十六号墓发掘》，《考古学报》1965年第2期。

③ 参见王子初总主编：《中国音乐文物大系》（河北卷），大象出版社2008年版，第82页；河北省文物研究所：《燕下都》，文物出版社1996年版。

乐制度的变革与流变文化因素，这一地区出土的商周时期编磬数量不多，但见战国时期编磬增多，还出土大量陶钟悬乐之类明器，应为礼乐制度变革时期一种文化、民俗、葬制现象，值得音乐研究者和音乐考古者关注。[①]

（五）广东地区出土战国时期编磬

战国时期编磬仅在广东地区收藏，但出土地点不详，仅以此作为该地区音乐文物研究提供参考。其一，珠海汉东博物馆收购 5 件战国时期编磬，为麻青石质，即石灰岩，呈灰黑色，应为大型石片制作而成，其磬边琢磨平整，其面光滑。鼓股分明且倨句明确，倨孔对钻而成，则有绳索穿系磨损的痕迹，底边微弧。大小不一，形制相同。[②] 其二，珠海汉东博物馆收藏 18 件战国时期编磬。编号为磬乙 1 号—18 号，系青灰石磨制而成，其石质较硬，呈灰黑色。形制基本相同，大小不一，依次递减，鼓股分明且倨句明确，倨孔呈圆形对钻而成，留存有磨损系绳的痕迹，其底边微弧。这批编磬形制规范，成组成编，并有完整的音质清脆的测音资料，为战国时期钟磬悬乐制度的研究提供了宝贵资料。[③]

图一八二　珠海汉东博物馆收藏编磬甲组 5 件（战国）

（六）北京市文博单位收藏的战国时期编磬

现藏中国历史博物馆、故宫博物馆等文物单位的战国时期磬，均在河南陕县、山西长治分水岭等地出土。其一，1957 年在河南陕县后川 M2040 出土 10件战国编磬。这组编磬用细石打磨而成，呈扁平五边形状，磬面磨光，倨孔上方留存系绳磨损痕迹。少数磬残裂。该墓同出有编钟。钟、磬悬乐制作精细，造

---

① 参见王子初总主编：《中国音乐文物大系》（河北卷），大象出版社 2008 年版，第 87 页。
② 参见王子初总主编：《中国音乐文物大系》（广东卷），大象出版社 2010 年版，第 103 页。
③ 参见王子初总主编：《中国音乐文物大系》（广东卷），大象出版社 2010 年版，第 104 页。

型规范,音质优美,对研究战国时期中原礼、乐制度和葬制有重要价值。① 其二,1955 年在山西长治分水岭 M1 出土 22 件战国时期编磬。分为两组,即每组各 11 件,其大小不一,依次递减。磬体较扁长,股博、鼓博内敛,底边呈内弧形,有倨孔。该墓同出 2 件甬钟,8 件钮钟。墓中随葬品以铜器为主,其中共出陶、石、玉、骨、角器等一千多件文物。对这批钟、磬悬乐的考证研究,有助于了解山西地区晋文化与礼乐制度变革产生的社会格局。② 其三,中国历史博物馆藏有 8 件战国时期编磬。该编磬 1988 年在山西永和县、河南内黄县收购,据传是在山西永和县战国时期墓葬中出土的。形制、大小不一,素面无纹,部分损毁,也有部分磬保存完好。山西地区战国时期磬乐器出土数量之多,质量之高,墓葬中的考古发掘资料对研究战国时期礼乐制度变革和葬制葬俗有重要参考价值③。其四,故宫博物馆收藏 3 件战国时期编磬。该磬属于传世品,乃为于省吾先生旧藏。磬有铭文,其下又有"左十"、"右六"、"右八"等数字,应为编号,据考证这 3 件磬应当属于两组编磬中的几件,从编号数字则有"右八"、"左十"之类,可见两组总数不少于 8 件或 10 件编组。磬面黑亮,为贝岩石质类。倨句较阔,其凹角不太明显。倨孔留存有磨痕,应系实用之器。磬底边镌刻"古先齐匽左七"6 字,另外两件也镌刻有"古先右六"、"介钟右八"等字,均为篆字。这组磬通长 37.9 厘米—30.1 厘

图一八三　故宫博物院收藏古先齐匽等石磬（战国）

① 参见黄翔鹏总主编:《中国音乐文物大系》(北京卷),大象出版社 1996 年版,第 21 页;黄河水库考古工作队:《1957 年河南陕县发掘简报》,《考古通讯》1958 年第 11 期;王世民:《陕县后川 2040 号墓的年代问题》,《考古》1959 年第 5 期。

② 参见黄翔鹏总主编:《中国音乐文物大系》(北京卷),大象出版社 1996 年版,第 21 页;山西省文物管理委员会:《山西长治市分水岭古墓的清理》,《考古学报》1957 年第 1 期。

③ 参见黄翔鹏总主编:《中国音乐文物大系》(北京卷),大象出版社 1996 年版,第 22 页。

米之间。无测音资料。该磬形制规范,铭文与编号等内容应为钟磬悬乐中的精品,至少在乐器制作与编列方面十分讲究,对研究战国时期礼乐文化和社会制度无疑有重大作用[①]。其五,1957 年由故宫博物院收藏 6 件战国时期青铜编磬。磬呈龙首形,质地为铜。其形制相同,大小不一,依次递减,保存完好。其底边呈弧形,倨勾处中折,股博形成龙首状,鼓博下角呈圆弧折。青铜磬也十分少见,造型优美,风格独特,音乐性能良好,对研究战国时期磬乐质地、结构和悬乐制度均有参考价值[②]。

四、战国时期的铜鼓、木鼓

湖北江陵雨台山、葛陂寺、拍马山、包山、随州擂鼓墩、鄂州、湖南长沙浏城桥、长沙子弹库、长沙荷花池、马益顺巷、临澧九里、四川盐源毛家坝、广东徐闻、江西南昌、山西太原、中国历史博物馆收藏云南等地打击乐器,以及在全国范围出土、收藏的战国时期木鼓与铜鼓甚多。

（一）湖北地区出土战国时期木鼓、铜鼓

湖北荆州地区与江汉平原、人多地广、土地富饶,长江沿岸地上地下水资源丰富。古代楚人葬俗是对墓葬进行深埋,以青膏泥、白膏泥层层夯实密封,因其地下水位较高,古代墓葬中的漆木器一直处于湿润、水浸泡之中,考古发掘出土的漆木器均保存完好。诸如江陵雨台山楚墓虎座鸟架鼓、随州擂鼓墩曾侯乙墓漆木鼓大多如此。其一,1965 年江陵县望山 M1 出土战国中期 1 件虎座鸟架鼓。虎座鸟架鼓出土前放置在南边箱（该墓同出瑟 2 件）。其以两虎背上立两只相背的凤鸟组成,其间悬鼓框上有环,系于两凤颈与尾部,十分稳固。除鼓面外器身均以朱墨漆形成彩绘,其间施以虎斑和凤羽纹,鼓框以红漆绘制菱形纹,色彩鲜艳,绚丽多姿。见鼓框沿边一周留存竹钉孔,应用来固定鼓皮之用。在鼓旁同出鼓槌,该墓分别出土青铜礼器、乐器、兵器、车马器、陶器、玉器等,越王勾践剑也在该墓出土。[③] 其二,1978 年在江陵县天星观 M1出土战国中期 1 件虎座鸟架鼓。其以双虎、双鸟和扁形悬鼓造型。虽已损坏,但可复原。下以双虎背面踞伏形成底座,其北一对引颈长鸣状的双鸟立于虎

---

① 参见黄翔鹏总主编:《中国音乐文物大系》(北京卷),大象出版社 1996 年版,第 23 页。

② 参见黄翔鹏总主编:《中国音乐文物大系》(北京卷),大象出版社 1996 年版,第 23 页。

③ 参见黄翔鹏总主编:《中国音乐文物大系》(湖北卷),大象出版社 1996 年版,第 112 页;陈振裕:《江陵望山与沙冢楚墓》。

背，间有圆形扁鼓悬挂其中。虽不见鼓皮，但见鼓框沿下一周留存有固定皮膜的竹钉孔眼。器物均以黑漆为地，以红、黄、金三色描绘出菱形纹一周。与鼓同出还有2件鼓槌。该墓同出乐器、乐器附件30多件，并出土有编钟。[①] 其三，1975—1976年在江陵县雨台山楚墓群M354中出土15件战国中期虎座鸟架鼓。从考古发掘资料看，这批鼓均为木质，虽大部分残腐，但可以复原。形制相同，均以双虎作座，以双鸟相背立于虎背之上，其间悬扁形圆鼓。器物均以黑漆为地，施以红、黄、蓝色彩描绘出虎斑纹和鸟羽纹。唯有M354所出的虎座鸟架鼓保存完好。鼓腔饰以红色花瓣纹、蝶状卷云纹和凤头纹，鼓框边绘以斜三角纹等。见于M354、M374、M388、M403这四座墓中出土有鼓槌。[②] 其四，1962年在江陵县葛陂寺

图一八四　湖北江陵雨台山楚墓群虎座鸟架鼓（战国）

M34出土战国中期1件鼓。器物残损散乱，构件完整尚可复原。虎背尚存3个榫眼，其中2个榫眼插立鸟的双足，立鸟颈部与身躯以榫眼连接，鸟尾也以榫眼

---

① 参见黄翔鹏总主编:《中国音乐文物大系》(湖北卷)，大象出版社1996年版，第112页；湖北省荆州地区博物馆:《江陵天星观1号楚墓》，《考古学报》1982年第1期。

② 参见黄翔鹏总主编:《中国音乐文物大系》(湖北卷)，大象出版社1996年版，第113页；湖北省荆州地区博物馆:《江陵雨台山楚墓》，文物出版社1984年版。

连接，鸟腿与鸟身以榫眼相接。其结构、造型别致。其鼓框则以整木为之。鼓框留存有固定鼓皮的竹钉，正、背两边均同。全器施以彩绘。[1] 其五，1963年11月至1972年11月在江陵县拍马山M4出土1件战国中期虎座鸟架鼓。器物在出土时已散乱。双虎伏式，向北，双鸟立于其上，仍以榫眼相互连接，不见鼓皮膜，鼓框一周

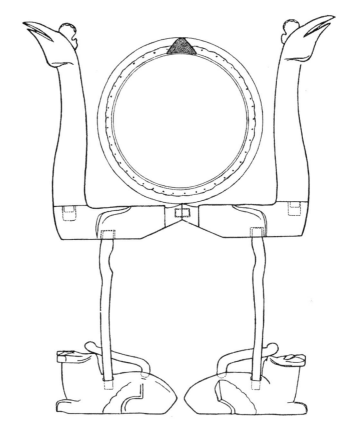

图一八五 湖北江陵葛陂寺 M34 虎座鸟架鼓（战国中期）

两面留存钉孔。器身髹饰彩绘，残损脱落。2 根鼓槌与鼓同出。该墓同出"瑟"乐器。[2] 其六，1987 年 1 月荆门市沙洋区（现为沙洋县）十里铺镇王场村包山 M2，出土战国中期 1 件鼓。仅见鼓框，由 11 块弧形木组成，不见鼓膜，残存漆皮。鼓框施以朱漆彩绘花纹，并以红、黄、金描绘勾连云纹。[3] 其七，1976 年 2 月在鄂州市东南百子畈百花台 M3、M4 出土战国时期 2 件鸟架鼓。器物以双鸟相背而立，其尾相连一体，扁形圆鼓悬于其间。器身朱漆施以彩绘。

---

[1] 参见黄翔鹏总主编：《中国音乐文物大系》（湖北卷），大象出版社 1996 年版，第 116 页；湖北省文物管理委员会：《湖北省江陵出土虎座鸟架鼓两座楚墓的清理简报》，《文物》1964 年第 9 期。

[2] 参见黄翔鹏总主编：《中国音乐文物大系》（湖北卷），大象出版社 1996 年版，第 116 页；湖北省荆州地区博物馆：《江陵雨台山楚墓》，文物出版社 1984 年版。

[3] 参见黄翔鹏总主编：《中国音乐文物大系》（湖北卷），大象出版社 1996 年版，第 117 页；湖北省博物馆：《江陵雨台山楚墓》，文物出版社 1981 年版。

鼓框外沿留存竹钉孔一周。① 其八，1978 年在江陵天星观 M1 出土战国中期 1 件鼓。鼓膜不存，鼓框保存较好。由 8 块弧形木组合而成，两侧沿边一周留存竹钉。器体施以红、黄、金三色描绘一周菱形花纹。同墓出土有编钟、瑟、鹿角等，仅见乐器与乐器附件 30 余件。② 其九，1973 年 3 月在江陵县藤店乡藤店村 M1 出土战国中晚期 2 件鼓。鼓皮已朽，其框以 22 块木组合而成。两面沿边一周留存竹钉。鼓腔有 3 个铺首环钮。鼓身施以红、黄彩绘图案。同出 1 件带柄小鼓。鼓腔一面留存竹钉，背面为木质与框相连。凡木腔之上皆施朱漆彩绘。同出 2 件鼓槌，亦施彩绘。该墓同出瑟 1 件。墓中出土有越王朱勾剑和皮甲、兵器、车马器、漆木器等。③ 其十，1971 年江陵县拍马山 M2 墓出土战国中期 2 件鼓。鼓以整木雕成圆框，呈菱形，其上以朱漆描绘成几何图案。也出有鼓槌 1 件。该墓多出彩绘漆木器、竹器、玉器等，也出有鹿鼓和瑟乐器。④ 其十一，1985 年在荆沙铁路江陵县刘家湾工地 M98 出土战国 1 件鼓。鼓腔残裂，鼓膜均朽，鼓框以黑漆为地，其上施以彩绘菱形纹。也以黑漆为地，其上描绘有红色"T"形纹饰。⑤ 其十二，1981 年在随州市擂鼓墩 M2 出土战国中期 1 件建鼓座。该鼓座为青铜浑铸而成，呈圆堆形，外形呈半球体，中空，其内留存有范土。鼓座顶端有圆孔可插建鼓轴木。器外体以浮雕蟠螭纹、蟠龙纹为饰，尽显精美绝伦。同墓出土有编钟、编磬各 1 套，与擂鼓墩战国早期曾侯乙墓相距约 100 米⑥。

（二）湖南地区出土战国时期鼓

湖南长沙市浏城桥、长沙子弹库、长沙荷花池、长沙马益顺巷、临澧九里等地出土了战国早期扁鼓。其一，1971 年在长沙市浏城桥 M1 出土战国早期 1 件扁鼓，鼓呈扁圆形。鼓腔木板呈折线，两面均蒙鼓膜，虽其皮革已腐朽，但可

① 参见黄翔鹏总主编：《中国音乐文物大系》（湖北卷），大象出版社 1996 年版，第 117 页。
② 参见黄翔鹏总主编：《中国音乐文物大系》（湖北卷），大象出版社 1996 年版，第 118 页；《江陵天星观一号楚墓》，《考古学报》1982 年第 1 期。
③ 参见黄翔鹏总主编：《中国音乐文物大系》（湖北卷），大象出版社 1996 年版，第 118 页；荆州地区博物馆：《湖北省江陵藤店 1 号墓发掘简报》，《文物》1973 年第 9 期。
④ 参见黄翔鹏总主编：《中国音乐文物大系》（湖北卷），大象出版社 1996 年版，第 119 页；湖北省博物馆、荆州地区博物馆、江陵县文物工作掘小组：《湖北江陵拍马山楚墓发掘简报》，《考古》1973 年第 3 期。
⑤ 参见黄翔鹏总主编：《中国音乐文物大系》（湖北卷），大象出版社 1996 年版，第 119 页。
⑥ 参见黄翔鹏总主编：《中国音乐文物大系》（湖北卷），大象出版社 1996 年版，第 119 页；湖北省博物馆、随州市博物馆：《湖北随州擂鼓墩 2 号墓发掘简报》，《文物》1985 年第 1 期。

图一八六　湖南长沙子弹库大鼓（战国）

见到留存竹钉的痕迹，竹钉分为两排，每排每圈 42 个竹钉。鼓腔描绘有云纹，其鼓腔中部凿有 3 个长方形榫眼，应为安装悬鼓环之功能。同出木槌 2 件，槌头呈球形，该墓同出 24 弦瑟[1]。其二，1957 年在长沙东南部子弹库 M17 出土战国中期 1 件鼓。鼓呈扁圆形，腹部外鼓。鼓膜腐朽成黑灰泥，鼓腔留存钉孔，器身髹以黑漆，其上施以朱色彩绘。鼓框则由 2 个半圆体，用榫套合而成。鼓腔有 3 个铜环为悬鼓之用。同出两根木槌，也髹有朱漆，其间绘有朱色云纹。[2]其三，1986 年在长沙荷花池 M1 出土战国中期 1 件小鼓。鼓呈扁形，其鼓膜已腐朽。其鼓腔则以若干块厚木组合而成。鼓腔腹部形成双折，其横断面呈侧立梯形。器物髹漆，其上描绘有几何形花纹。鼓腔有 3 排方形木钉。该墓同出 1 根木鼓槌，髹漆，其间描绘有宽弦纹和云纹。这座墓葬出土有青铜礼器、乐器（瑟、钲等）、兵器、车马器等共 60 余件[3]。其四，1992 年在长沙市马益顺巷 M1 出土战国中期 1 件虎座凤架鼓。该鼓以双虎为座，上立双鸟，间悬一鼓，形成

①　参见王子初总主编：《中国音乐文物大系》（湖南卷），大象出版社 2006 年版，第 182 页；湖南省博物馆：《长沙浏城桥一号墓》，《考古学报》1972 年第 1 期。

②　参见王子初总主编：《中国音乐文物大系》（湖南卷），大象出版社 2006 年版，第 183 页；周世荣、文道义：《57·长·子 17 号墓清理简报》，《文物》1960 年第 1 期。

③　参见王子初总主编：《中国音乐文物大系》（湖南卷），大象出版社 2006 年版，第 184 页；长沙市文物工作队：《长沙市荷花池 1 号战国木椁墓发掘报告》，《湖南考古辑刊》第 5 集，岳麓书社 1989 年版。

虎座凤架鼓。虎呈匍匐状，作张口昂首，双眼圆睁，立耳卷尾之势。其身绘有浅红色斑纹，雕刻古朴，神态自若，双凤相背而立，长颈张口，双翅上翘。凤足直插虎背，以便悬鼓。凤鸟其身鬃彩绘花纹，鼓呈扁圆形，鼓膜已腐朽，鼓腔仅留存 3 圈楔钉。该墓同出瑟乐器，并随葬大量仿铜陶礼器、车马器、漆木器、兵器和玛瑙环、玻璃环等①。其五，1980 年在临澧九里 M1 出土 1 件战国中期虎座凤鸟架鼓。鼓虽残散，但鼓架尚存。双虎相背呈匍匐状，其尾上卷相连。虎身以黑漆为地，并以黄、红色描绘出虎斑纹。腿部绘以曲折纹。凤鸟足部直插虎背榫眼而立，红冠黄喙翅呈黑色，以红黄色描绘出羽毛。该墓同出编钟架、编磬架、瑟等乐器②。

（三）北京收藏战国前期铜鼓

1975 年在云南楚雄万家坝出土战国前期 1 件青铜鼓。鼓造型如同柱基状，圈足大，腰束，顶端较小。鼓胸、腰交接处有扁形耳一对。上部鼓面有太阳纹呈圆饼状凸起。鼓腰间铸有 16 条凸起的棱，铜鼓圈足上部有一圈斜角重环纹。鼓内壁近足部有 2 组双连云纹。该鼓身近似炊器釜，器表面存有烟炱，专家认为，此器兼有炊器、乐器之功能。③

（四）四川地区出土战国时期铜鼓

四川省盐源县毛家坝 M2 出土战国时期 1 件铜鼓。铜鼓质地粗糙，通体锈蚀，保存完好。鼓面一侧边缘呈隆起状，有修补痕迹和沙眼。鼓近似釜形，上部隆起，腰部向内收束，下部至足端向外展开，造型呈下大上小梯形体。腰间收束呈柱础状，尽显厚重古奇之风。胸部与腰间有 4 个扁形耳。鼓以素面为主，其面正中饰以双线十字圆圈纹，鼓外壁饰以 4 对牛角形纹。铜鼓形制硕大，造型比较粗造，纹饰简洁古朴。此为四川地区唯一早期的铜鼓。④

（五）山西地区出土战国时期铜鼓

1994 年 12 月在山西省太原市南郊金胜村 M88 出土战国时期 1 件铜鼓座。青铜鼓座圆形，其中口沿呈平沿，直颈溜肩，其腹壁短直，座下无底。鼓座有 4

---

① 参见王子初总主编：《中国音乐文物大系》（湖南卷），大象出版社 2006 年版，第 183 页；湖南省博物馆、湖南省文物考古研究所、长沙市博物馆、长沙市文物考古研究所：《长沙楚墓》，文物出版社 2000 年版。

② 参见王子初总主编：《中国音乐文物大系》（湖南卷），大象出版社 2006 年版，第 186 页；《湖南志·文物志》编写组：《湖南省志·文物志》，湖南出版社 1995 年版。

③ 参见黄翔鹏总主编：《中国音乐文物大系》（北京卷），大象出版社 1996 年版，第 102 页。

④ 参见黄翔鹏总主编：《中国音乐文物大系》（四川卷），大象出版社 1996 年版，第 85 页。

图一八七 四川盐源县毛家坝 M2 铜鼓（战国）

个分布匀称的铺首环耳，器身饰以高浮雕蟠螭纹，间饰三道凸棱界纹。鼓座内壁有烧烤坚硬的泥土。[①]

（六）广东地区出土战国时期铜鼓

2000 年在广东省湛江市徐闻县迈熟村出土战国时期 1 件铜鼓。鼓通体泥芯满布，器身略损。鼓沿内敛，平缓至鼓肩，其肩与胸凸鼓，腰束足宽阔，其鼓面中心饰以十六芒太阳纹。太阳纹周围以单弦分 4 晕，素晕，腰间则以略凸凹的弧圈收拢，渐向外部扩展的足部超过上部鼓面。腰间有对称的菱形耳。弧圈下部、足饰分别饰以垂直叶脉纹和水波纹。青铜器研究者认为，以其形制特征看，该鼓属于万家坝型。[②]

五、战国时期的器皿饰绘

战国时期器皿饰绘则在四川、山西、湖北、江苏等地出土的青铜器上出现。

---

① 参见王子初总主编：《中国音乐文物大系》（山西卷），大象出版社 2000 年版，第 131 页。

② 参见王子初总主编：《中国音乐文物大系》（广东卷），大象出版社 2010 年版，第 121 页。

（一）北京收藏战国时期宴乐渔猎纹铜壶

故宫博物院藏有传世品宴乐渔猎铜壶，中国历史博物馆藏有燕乐射猎图案刻纹铜鉴。其一，1946 年故宫博物院接收人杨宁史收藏文物。其形制、纹饰则与 1965 年在四川百花潭出土的战国嵌错宴乐狩猎纹铜壶近似。该壶呈圆体形，造型以直口深腹，平底圈足为特征。壶肩有兽面衔环。铜壶外部从口沿至圈足通体刻镂战争与宴乐、渔猎图像，乐舞场面则体现出编钟、编磬、建鼓和演奏者吹笛图像，描绘出栩栩如生的歌伎乐女演奏的场景，这是不可多得的战国时期宴乐渔猎纹饰精品。[1] 其二，1951 年在河南辉县赵固村 M1 出土战国时期 1 件燕乐射猎图案刻纹铜鉴。现藏中国历史博物馆。该器形与战国式铜鉴近似，呈大口小底，两耳垂环，口缘向外折，底平无足。器壁甚薄，也有补缀接合，其器形始显。内壁也见有刀刻纹饰一周，如同发丝精细，若用放大镜细观则清晰可见，丰富的宴乐、狩猎、树木、禽畜等内容形象栩栩如生，是高级贵族生活的情景。图像中有一栋对称的建筑物，

图一八八　故宫博物院收藏宴乐渔猎纹铜壶 1 件（战国）

---

① 参见黄翔鹏总主编：《中国音乐文物大系》（北京卷），大象出版社 1996 年版，第 168 页；民族研究所：《中国音乐史参考图片》第 6 辑，音乐出版社 1958 年版，图 1。

呈上下3层,通道中有舞者、乐者及有编钟、编磬。应是不可多得的燕乐射猎图像资料[①]。

（二）四川地区出土战国时期宴乐武舞图铜壶与双铎图铜印

在四川成都、新都两地出土有宴乐武舞图铜壶与双铎图铜印等类型图像。其一,1965年2月在成都市百花潭中学 M10 出土战国时期1件宴乐武舞图铜壶。铜壶质地良好,呈小口有盖,盖面铸有三鸭形钮。长颈斜肩,深腹平底圈足。壶身有铅类填嵌的纹饰。其身有3条带纹,呈4层画面。于一层、二层、三层图像形成两面对称,再分左、右两组。第四层图像分为上、下两组:一层左边则为习射图,右边为采桑图像。左侧图中描绘出"持弓矢舞"图像。《周礼》曰:"燕射,帅射夫以弓矢舞"。此即武舞,与图像描绘场景正相吻合,二层左边描绘出钟磬宴乐武舞图像,右边为弋射和习射图像。图中有两檐楼房、凤鸟、佩剑人物、悬乐编钟、编磬,有击钟磬、击鼓、吹箫、持矛、跳舞人物活动的场景,《礼记·乐记》曰:"平戚之舞。"三层左边为步战仰攻图,右边有水陆攻战

图一八九　四川成都市百花潭中学 M10 宴乐武舞图铜壶 1 件（战国）

---

① 参见黄翔鹏总主编:《中国音乐文物大系》（北京卷）,大象出版社1996年版,第169页;中国科学院考古研究所:《辉县发掘报告》,科学出版社1956年版,图版捌捌,1、2;图一三七、一三八;民族音乐研究所:《中国音乐史参考图片》第6辑,音乐出版社1958年版,图2,战国铜鉴花样中的编钟编磬。

图。其右图上有击鼓、丁宁助战图像，还有踞坐、执戈、置杆、悬戈、树建鼓、挂丁宁、击鼓、击丁宁等图像，其下层为战船有小鼓悬其上，意蕴击鼓助战之势。四层上、下分为两组狩猎图像和桃形图案，皆显精美绝伦艺术之风。该墓随葬有48件器物，包括兵器、食具等，《商周彝器通考》875 鉴的车猎弋射图与此壶相类。[①] 其二，1980 年 3 月在四川新都马家场战国墓出土双铎图铜印 1 件。该印呈正方体。其背微拱，中为鎏钮，由四饕餮纹组成图案纹饰。印文分为上、下两部，上部中间呈衣形图案，接近竹编类器物形纹，其两侧各立一个，共抬一块长方形的板，其上并立 3 个图圈符号，似代表日、月、星三辰。两铎图形口上柄下，呈直柄、直铣，铣两侧则见有突出 3 枚，呈弧曲凹口。该墓出土铜器188件，并同出编钟，根据该墓铜器铭文为"卲之□（食）鼎"。该鼎为楚"卲（昭）"姓之族物，应该是从楚国传入的。其他铜器为蜀地铸制，墓主或为蜀王，时代为战国中期。《华阳国志·蜀志》曰："九世有开明帝，始立宗庙，以酒曰'礼'，乐曰'荆'。"其印上罍、铎分别为酒器和乐器，"可能与开明氏在蜀始建礼乐制度刻于铜印上，以作族徽之用有关。"[②]

（三）山西地区出土战国时期铜壶

山西襄汾大张、山西省考古研究所侯马工作站、长治分水岭等地出土、收藏铜器与饰绘资料甚多。其一，1994 年在襄汾县南贾镇大张墓地出土战国早期 1 件铜壶，呈圆形鼓腹，口略向外侈，短颈圈足。肩部有对称铺首衔环。器表面少许锈蚀，保存完好。器身呈铅灰色，尚有锃亮光洁之感。其腹部有三周多单元构成的图纹蟠螭纹，颈饰采桑竞射图像。采桑女、歌伎舞女、健男射猎等图像描绘精细，线条舒缓流畅，神态自若，其生动场景显得如此真实。[③] 其二，1995 年山西省考古研究所侯马工作站收藏战国中期 1 件水陆攻战纹铜方壶。器物四面均以红铜工艺进行镶嵌，再错出水陆攻战图像。画面中有着装统一、手持戈戟、武士腰佩短剑、树建鼓、丁宁等军乐器均展现出来，呈现一场激烈的的攻战图像。

---

① 参见黄翔鹏总主编：《中国音乐文物大系》（四川卷），大象出版社 1996 年版，第 157 页；四川省博物馆：《成都百花潭中学十号墓发记》，《文物》1976 年第 3 期；杜恒：《试论百花潭嵌错图像铜壶》，《文物》1976 年第 3 期。

② 参见黄翔鹏总主编：《中国音乐文物大系》（四川卷），大象出版社 1996 年版，第 158 页；四川省博物馆、新都县文物馆管理所：《四川新都战国木椁墓》，《文物》1981 年第 6 期；沈仲常：《新都战国木椁墓与楚文化》，《文物》1981 年第 6 期。

③ 参见王子初总主编：《中国音乐文物大系》（山西卷），大象出版社 2006 年版，第 284 页；山西省考古研究所侯马工作站：《三件战国文物介绍》，《文物季刊》1996 年第 3 期。

图一九〇　江苏淮阴高庄 M1 宴乐刻纹盘（战国中期）

壶造型为圆角方唇内折沿，直口、颈较直，至腹部外鼓。肩下部有对称兽面铺首环耳。这是一件不可多得的战国时期水陆攻战图像，不仅反映出当时礼、乐制度与社会关系的缩影，而且展现出战国时期军乐器的重要性。[①] 其三，1970 年在山西长治分水岭 M84 出土战国时期 1 件蒐礼图铜鉴。器物胎薄，在内壁以线刻"大蒐礼"图像。鉴内壁分别镌刻投壶、田猫、罗网捕鸟、献兽图像。在鉴底部还刻有海蛇漫游图像，生动无比。此与《后汉书·祭遵传》记载"对酒设乐，必雅歌投壶"。图像不仅有士大夫投壶之像，还以随从助阵递矢的场景，以及祭祀投牲烹煮之像，钟磬悬乐与歌伎乐女舞槌奏乐，则是一幅描绘战国时期宫廷贤达仕女宴飨礼乐情景。这是一件研究战国时期礼乐制度和宫廷生活景像的珍贵资料。[②]

（四）江苏地区出土战国时期宴乐图像

先秦时期青铜刻纹仍然不太盛行，江苏地区出土战国时期宴乐刻纹类器甚微。1978 年 3 月在淮阴市城南乡高庄 M1 出土 1 件宴乐刻纹盘。器物残甚，已经修复。盘呈敛口，鼓腹平底，器外壁上部有 4 个铺首衔环。器壁甚薄，应为锤打而成，磨光后再在内底、内壁和口沿外部镌刻人物、田野、太阳、植物、轮环纹、宫殿式楼宇、射猎、敲击悬磬、载冠穿袍人物、献马献兽等图像，宴乐场景多彩多姿，是一幅十分珍贵的宴乐刻纹图像，为研究战国时期礼乐制度和社会形势

---

① 参见王子初总主编：《中国音乐文物大系》（山西卷），大象出版社 2006 年版，第 284 页；山西省考古研究所侯马工作站：《三件战国文物介绍》，《文物季刊》1996 年第 3 期。

② 参见王子初总主编：《中国音乐文物大系》（山西卷），大象出版社 2006 年版，第 286 页。

提供了重要资料。①

（五）湖北地区出土战国时期舞人纹锦

1982 年 1 月在江陵县马上砖瓦厂 M1 出土 1 件战国中晚期舞人纹锦。该织锦夹纻保存较好，其平面为亚字形，舞人纹则在织锦图案中第二组纹饰。舞人头著冠，冠尾后垂，其身穿着长袍，为深黄色腰，佩以饰物，其足外露，举起双手过头，舞袖飘逸，且边歌边舞之姿。图锦以音乐舞蹈为题材，是展示 2300 年前先民的音乐舞蹈活动的实物形象资料。②

图一九一　湖北江陵马山 M1 舞人纹锦（战国中晚期）

① 参见黄翔鹏总主编：《中国音乐文物大系》（江苏卷），大象出版社 1996 年版，第 269 页。
② 参见黄翔鹏总主编：《中国音乐文物大系》（湖北卷），大象出版社 1996 年版，第 158 页。荆州地区博物馆：《江陵马山 1 号墓楚墓》，文物出版社 1985 年版；荆州地区博物馆：《湖北江陵马山砖瓦厂 1 号墓出土大批战国时期丝织品》，《文物》1982 年第 10 期；陈跃钧、张绪球：《江陵马山砖厂 1 号墓出土的战国丝织品》，《文物》1982 年第 10 期。

第二节 战国时期丝竹管弦乐器与乐俑

战国时期丝管弦乐器十分少见，仅在湖北、河南、湖南各个地区出土，如湖北江陵、随州等地墓葬中也有出土，湖南长沙五里牌和河南信阳等地出有弦乐器。战国时期丝竹管弦乐器能够保存于后世者甚少，一般多出自于墓葬，河南信阳长台关、湖北荆州、随州曾侯乙墓、枣阳九连墩、湖南长沙五里牌等地有少量漆木乐器出土。瑟乐器出自墓葬占多数，但能够完好保存下来者实为罕见。关乎瑟先综述如下。

其一，1958年在信阳长台关小刘庄M2出土3件战国早期瑟，3件瑟均为河南省文物考古研究所收藏。该组木瑟形制相近。均以整木制成面板，其首端设有1条岳山，在瑟的尾端设有4个蘑菇状弦枘和3条尾岳。四周设有壁板，其两侧壁板也为长方条状。其造型别致，制作精细，见于瑟面板平直之故，其两侧壁板则以首端稍高，其尾端稍低为特色。"在瑟尾横壁板下面的中部，凿出外窄内宽的凹槽，"[①]形成5齿形的过线板，从面板上瑟弦穿过弦孔，形成4束经弦板至瑟尾再捆固于瑟枘之上，均按规范性的程序形成木瑟乐器的束弦规律。其中弦柱共24个，瑟垫3件。均作三棱形。该垫与演奏瑟垫平瑟首之用。该墓与M1相近，此墓共有7个墓室，中室放置主棺，其余椁室内放置随

图一九二　河南信阳长台关 M2 瑟（战国早期）

---

③　参见黄翔鹏总主编：《中国音乐文物大系》（河南卷），大象出版社1996年版，第135页。

葬品。墓室多次被盗，随葬品扰动不堪。乐器陈放在右侧室，同墓还出土有2件大鼓，13件木钟，18件木磬，瑟和垫、柄，鼓架、鼓杖、钟架、钟槌、磬架等乐器和乐器附件，并随葬有铜镜和陶器瓮、盆、鼎、敦、匜、壶等。① 诸多漆木器组合随葬，充分体现出战国早期礼乐制度在葬制葬俗文化方面表现尤为突出。其二，1956年在信阳长台关M1出土3件战国早期瑟。这组瑟河南省文物考古研究所编号为M1:127、159、M1:锦瑟。按其顺序引述如下：M1:127漆木瑟残甚，以32块面板碎片修复拼合原貌，其实这是由一块独木雕凿而成，其首尾髹漆，瑟中端无纹饰。其上有竹弦枘，其枘上端呈八角蘑菇形状。瑟上岳山外侧留存弦痕。M1:459漆木瑟形制近似M1:127瑟。漆木瑟腐朽不堪，仅存瑟尾、弦板各1块。M1:锦瑟，残成53块，经复原拼合成其原貌。通长124.0厘米，宽37.0厘米，高6.3厘米。瑟分由面板、底板、壁板组合而成，形成中空。锦琴与木瑟相比近似，岳山、瑟柄与风格依稀可见，弦痕可辨，共21根弦。瑟上髹黑漆，唯其中部素面无纹饰。岳山、两侧分别绘有菱纹和连续金银彩变形卷云纹，瑟首与瑟尾两端壁板上描绘狩猎和燕乐巫舞图像，分别为狩猎、巫师、燕乐图像，其内容丰富多彩。如射猎图像主题以人物为特征，描绘狩猎者戴帽袒胸裸臂，持弓搭箭，瞄准奔跑的鸟兽，巫师以威仪形象彰显持法器、戏龙蛇、擒兽鸟，操琴弦，鼓乐舞，尽显礼乐文化的精髓。同出木瑟附件较多，瑟柱22个，过弦板2块，均为乐器上的精雕之作②。其三，1971年在长沙浏城桥出土1件战国早期木琴。③ 这类弦乐器能够在墓葬保存，为研究战国时期音乐文化史提供了十分珍贵的资料。

关于琴综述如下。琴，其一，1971年在长沙浏城桥出土1件战国早期木琴。④

其二，1980年在长沙市东郊五里牌M3出土1件战国时期的十弦琴。其为该琴残甚，漆木彩绘，琴由面和底板组成，其面板呈头宽尾窄，头部岳山已不存。琴之尾部微翘，以横木雕凿凹槽承弦。槽内留存弦道勒痕，共有10弦。琴尾下部一轸。长方形底之上雕凿T形凹槽，并施以黑漆为地，上施黄、褐色，均绘以龙、凤、云纹和兽等图像。该墓为长方形竖穴土坑1棺1椁墓。随葬品有玉

---

① 参见黄翔鹏总主编：《中国音乐文物大系》（河南卷），大象出版社1996年版，第135页；河南省文物研安所：《信阳楚墓》，文物出版社1986年版。

② 参见黄翔鹏总主编：《中国音乐文物大系》（河南卷），大象出版社1996年版，第133页。

③ 参见王子初总主编：《中国音乐文物大系》（湖南卷），大象出版社2006年版，第221页。

④ 参见王子初总主编：《中国音乐文物大系》（湖南卷），大象出版社2006年版，第221页。

图一九三　湖南长沙浏城桥瑟 1 件（战国早期）

器、铜器、陶器和漆木器，计 40 余件。这种琴实为少见，除了随州战国早期曾侯乙墓出土 1 件十弦琴外，其他地方几乎不见出土。这为研究战国时期的弦乐和音律均有参考价值。[①] 此外，江陵天星观 M1、当阳曹家岗 M5 还出有竽、笙吹奏乐器，江西贵溪仙水岩 M2、M3 出土古筝，江苏吴县长桥出土古筝。还有当阳曹家岗 M5 出土 2 件瑟，以及江陵雨台山也出土弦乐器。新疆地区鲁克出土箜篌等弦乐器，都为研究战国时期乐器组合与礼乐制度关系提供了有价值的资料。

一、各地区出土战国时期漆木乐器

湖南出土的战国的弦乐甚少。长沙五里牌战国楚墓 M3 出土战国晚期 1 件 10 弦琴。琴已残甚，木质，其由面板和底板组成。呈头宽尾窄（面板）之状。岳山已失，尾部呈上翘造型，以小块横木凿成稍凹槽承弦。从弦道勒痕看应有 10 弦。其尾下部存有一轸，底板呈长方形，其上凿有 T 形凹槽。琴体施以彩绘花纹。琴上漆皮大部剥落，故纹饰大多无存。轸头之上浮雕 1 凤鸟。其底板则为 T 形凹槽内均髹黑漆为地，用黄、褐色彩描绘出龙凤、兽纹与云纹。[②]

二、湖北地区出土战国时期漆木乐器

（一）湖北地区出土战国中期瑟

湖北战国时期的古墓葬出土漆木瑟乐器，主要是在荆州、荆门、随州等地。

---

①　参见王子初总主编：《中国音乐文物大系》（湖南卷），大象出版社 2006 年版，第 210 页。

③　参见王子初总主编：《中国音乐文物大系》（湖南卷），大象出版社 2006 年版，第 210 页。

图一九四　湖北江陵雨台山 M354 瑟 1 件（战国中期）

其一，1976 年在江陵县雨台山 M354 出土战国中期 2 件瑟。保存不太完整，器物已残。从形制与结构看基本一致，呈长方形，由瑟面、底侧板拼合而成。共有25 根弦。观其尾岳左侧弦孔随尾岳为三组：外 9 个、中 7 个、内 9 个，瑟面首、尾髹黑漆。该墓系"雨台山楚墓群"之列。随葬品有青铜礼器鼎、敦、壶、罐、钫、盘、匜等。随葬的乐器中有瑟 2 件和鼓槌、小木鼓等。这批墓葬年代从春秋中期到战国晚期前段，尚与楚故都纪南城垣相近，所出的礼乐器楚国风格浓烈。①其二，1976 年在江陵县九店乡楚国墓葬群中，在 M89、M212、M216、M388、M394、M403、M480、M556 等一批墓葬中出土战国时期 8 件瑟。其结构是由瑟面、底、侧板拼制而成，呈长方形，以黑漆髹饰瑟首和瑟尾，但 M89 所出的瑟唯见瑟首，其余部分均残腐，从瑟首所存迹象表明为 23 弦。以黑漆在瑟面描绘几何云纹。其中 M388 出土的瑟用整木斫制而成，19 弦，其尾岳处内、外岳各 7 弦，中岳 5 弦；这批古琴皆为楚国墓葬出土，为研究战国时期丝竹之乐提供了实物资料。②其三，1978 年在江陵天星观 M1 出土战国中期 5 件瑟。1 件瑟严重破裂，其余 4 件均保存完好。虽弦之不存，但瑟柱可见。5 件瑟为整板拼合而成，瑟体中空，面板向上微拱起，四周则以墙板制成，唯见底板两端雕凿成首、尾越。首、尾岳之外侧钻有弦孔，其上弦痕尚存。所出 5 件瑟弦不一，分别为 25 弦、24 弦、

---

① 参见黄翔鹏总主编：《中国音乐文物大系》（湖北卷），大象出版社 1996 年版，第 133 页；湖北省荆州地区博物馆：《江陵雨台山楚墓》，文物出版社 1984 年版。

② 参见黄翔鹏总主编：《中国音乐文物大系》（湖北卷），大象出版社 1996 年版，第 134 页；湖北省荆州地区博物馆：《江陵雨台山楚墓》，文物出版社 1984 年版。

23 弦不等。瑟尾出现有蘑茹柱形弦枘 4 件,枘之顶端浮雕卷云纹。在瑟尾端墙板中间出现"冖"形凿口,所凿的"冖"缺口处存留锯齿形垫木,并有过弦压痕。瑟髹以黑漆,其尾端多浮雕兽面纹。同出形制大小相同的瑟柱 80 枚。这组瑟数量甚多,保存完好,这是战国时期弦乐器的珍贵资料。[①] 其四,1983 年 1 月在江陵马山 M2 出土战国中期 2 件瑟。形制相同,呈长方形。也由瑟面、墙板、底板组合而成。有弦孔 25 个。观其尾岳为内、中、外三岳,左侧弦孔数分别为 8 个、9 个、8 个。尾岳有压弦痕迹,瑟之弦枘作方柱蘑菇状,其帽顶饰涡纹。瑟首与尾端髹以黑漆。[②] 其五,1965 年 10 月至 1966 年在江陵县望山 M1 出土战国中期 2 件瑟。1966 年在江陵望山 M2 出土战国中期 1 件瑟。1973 年 3 月在江陵县藤店 M1 出土战国中晚期 1 件瑟。1987 年在荆门包山 2 号墓出土战国中期 1 件瑟。[③]1991 年 12 月在江陵县鸡公山 M488 出土战国 1 件瑟。1992 年 3 月在江陵县枣林岗 M137 出土战国时期 1 件瑟。此外,1976 年在襄阳县伙牌乡施坡村蔡坡土岗岭中部 M12 出土战国 1 件瑟。1986 年在荆门包山 M1 出土战国中期 1 件瑟。1980 年 12 月在江陵县溪峨山 M7 出土战国中期 1 件瑟。1972 年 3 月在江陵县枣林岗 M5 出土战国中期 1 件瑟。1971 年 12 月在江陵县拍马山 M2 出土战国中晚期 1 件瑟。1963—1964 年在江陵县拍马山 M4 出土战国早中期 1 件瑟。1972 年在江陵县拍马山 M21 出土战国中晚期 1 件瑟。1988 年 11 月在江陵县枣林铺 M1 出土战国 1 件瑟。1985 年在荆门沙市铁路江陵县工地刘家湾 M99 出土战国 1 件瑟。1985 年 10 月在荆门沙市铁路江陵县工地官田 M84 出土战国 1 件瑟。[④]

(二)湖北地区出土战国时期琴

战国时期墓葬中琴出土较少,1993 年在荆门市沙河区四方乡郭店村 M1 出土战国中期 1 件七弦琴。出土时琴保存完好,由雕剔的琴面、底板盖合而成,呈长方形。其底板剔凿呈"T"字形凹槽,观其琴尾为空心。琴尾下部有一足,制

[①]   参见黄翔鹏总主编:《中国音乐文物大系》(湖北卷),大象出版社 1996 年版,第 135 页;湖北省荆州地区博物馆:《江陵天星观 1 号楚墓》,《考古学报》1982 年第 1 期。

[②]   参见黄翔鹏总主编:《中国音乐文物大系》(湖北卷),大象出版社 1996 年版,第 136 页;荆州地区博物馆(院文清执笔):《江陵马山砖瓦厂 2 号楚墓发掘简报》,《江汉考古》1987 年第 3 期。

[③]   参见黄翔鹏总主编:《中国音乐文物大系》(湖北卷),大象出版社 1996 年版,第 139—142 页。

[④]   参见黄敬刚:《出土战国时期漆木弦乐器与鼓乐器综述与分析》,在山东曲阜孔子学院《孔乐文化研究论文集》2017 年刊载。

作精致。首岳有弦痕数道,岳山外则有弦孔 7 个。该琴与随州曾侯乙墓出土 10 弦琴近似,为研究中国古代弦乐器琴提供了实物资料。[①]

（三）湖北地区出土战国时期律管

战国时期墓葬出土律管极为少见。1986 年 10 月在荆（门）沙（市）铁路工地江陵雨台山 M21 中出土战国中期 4 件律管,以竹管制成,经刮削呈条状处书写有文字。上端标本 M21:17-1 保存较好,下端已残失。管壁被削平,两个平面墨书两行文字:"定（？）新钟之宫为浊穆"、"坪皇角为定（？）文王商",即新钟律管标本 M21:17-2 一端有圆形管口,另一端已残缺。该管一侧已经削刮呈平面,其上墨书文字为:"姑洗之宫为浊文王孚（？）为浊",应为姑洗律管。标本 M21:17-3 两端均已残缺,不见律管口部,残长 6.2 厘米。其一侧有墨书文字,另一残片上的墨书文字与其下部拼合,有 7 字为"之宫为浊兽钟孚",标本 M21:17-4 残甚律管的半片上墨书 5 字为"□为浊穆钟"。这些律管上的墨书文字虽有残缺,但有些文字可与曾侯乙墓出土乐钟铭文对照研究,为了解战国时期乐律学有关情况提供了珍贵的实物资料。[②]

（四）湖北地区出土战国时期笙

战国时期的笙先后在江陵、随州、当阳等地古墓葬中出土。1978 年在江陵县天星观 M1 出土战国中期 6 件笙。1975—1976 年在江陵县雨台山战国中期楚墓群中的 M140、M394 分别出土。1988 年 11 月在江陵县枣林铺 M1 中出土 1 件笙。1987 年 5 月在荆门沙市铁路工地江陵县刘家湾 M4 出 1 件笙。这些墓葬大多同出瑟、鼓等。[③]

三、河南地区出土战国时期漆木乐器

河南地区在信阳长台关 M1、M2 分别出土战国早中期漆木乐器瑟。其一,1958 年信阳长台关小刘庄 M2 出土战国早中期 3 件瑟。该墓有 7 个椁室,中间椁室放置棺具,其余 6 室放置随葬品。早年墓中文物多被盗掘,器物扰乱零乱。右侧室放置乐器,其中有木瑟 3 件,大鼓 2 件,木钟 13 件,木磬 18 件,同

---

① 参见黄翔鹏总主编:《中国音乐文物大系》(湖北卷),大象出版社 1996 年版,第 139—144 页。

② 参见黄翔鹏总主编:《中国音乐文物大系》(湖北卷),大象出版社 1996 年版,第 151 页;谭维四:《江陵雨台山 21 号楚墓律管浅论》,《文物》1988 年第 5 期;湖北省博物馆陈新、宋有志:《湖北江陵·雨台山 21 号战国楚墓》,《文物》1988 年第 5 期。

③ 参见黄翔鹏总主编:《中国音乐文物大系》(湖北卷),大象出版社 1996 年版,第 139—144 页;湖北省荆州地区博物馆:《江陵天星观一号楚墓》,《考古学报》1982 年第 1 期。

时伴出有瑟垫、瑟柄、钟架、钟槌、磬架、鼓架、鼓杖等。此外，还出有陶礼器和铜镜。木瑟3件形制相近，其面板为整木加工而成。瑟首端1岳山，其尾端4蘑菇状弦柄，并有3条尾岳。瑟之面板四面有壁板。瑟之尾壁板下凿有凹槽，形成五齿形过弦板，故在瑟面上弦痕与弦孔，弦固在瑟柄之上。从结构上看瑟面板和壁板间未见竹钉，大概是采用胶粘合而成的制作工艺。3件瑟中的M2：177号瑟，瑟面微向上鼓起，呈瓦形。见其瑟首薄尾部稍厚，唯见中部隆起。瑟面、壁板之结构则以竹钉固定，至今钉痕清晰，从留存的弦痕看此瑟应有25根弦。M2：150号瑟与M2：177号瑟结构不尽相同，但也有25根弦。其结构精巧。其以黑漆髹饰瑟面，光亮犹存。其余同出弦柱24个，瑟垫3件，均为瑟之附件，为研究战国时期漆木乐器瑟乐器结构、演奏和乐律均有较高的价值。[①] 其二，1956年在信阳长台关M1出土战国早期3件瑟和锦瑟。该墓出土有编钟，其上铭文与同出随葬品断代为战国早期。与大鼓、小鼓、编钟伴出，M1：127号木瑟已断残碎片32块，以独木刨制而成。唯见瑟首、尾髹漆，其中部素面。瑟尾部雕作成兽面纹，其上有4个弦柄，呈八角蘑菇状。瑟面、凹槽尚存弦眼和弦痕。M1：159号瑟与M1：127号瑟形制相同，出土时仅存瑟尾和过弦板各局部。锦瑟制作精美，但已残甚，计53块碎片，整理拼合可复原。岳山和瑟柄应设置成3段，虽岳山残存4段，但弦痕清晰可辨，约21弦。以黑漆髹饰瑟之首尾，瑟中部则为素面。岳山上绘制出菱形纹，并在瑟之两侧髹涂变形卷云纹，瑟首与尾包括壁板上描绘出狩猎和燕乐巫舞图像，整个画幅尽显其精美，其中狩猎图则以猎狩者衣冠整整、高帽、裸胸、露背，持弓欲射状，意追逐鸟首，细腰，长腿的怪兽，形成鲜活、壮丽的狩猎场景。乐者用瑟乐弹奏这种场面情景，再现了当时社会制度和贵族生活的现象，则更有触景生情之妙。巫师图呈现巫师为方脸、大眼、曲眉、高鼻、张口之象，其下肢作鸟爪状站立。巫师持法器图以现巫师仰首直身之象，高幅、长衣、法器为特点以显威仪，伫立于盘蛇和苍龙之上，苍龙则挺身、昂首、张开巨爪相视巫师。巫师戏蛇图、巫师持法器图、燕乐图等锦画，均展现在瑟之壁面上，真有"墨子过楚，衣锦而歌"的燕乐画面，这些楚楚动人、富丽堂皇的景象，则是战国早期楚国音乐文

---

① 参见黄翔鹏总主编：《中国音乐文物大系》（河南卷），大象出版社1996年版，第135页；河南省研究所：《信阳楚墓》，文物出版社1986年版。

化现象的缩影。①

四、江苏地区出土战国时期古筝

江苏地区古筝仅见1件。1991年在吴县市长桥镇长桥村战国时期墓葬中出土1件古筝。该乐器古筝则用硬质楸枫木制作而成。虽筝身保存较好,但见筝之面板不存。首、尾局部残断。其首、尾最厚处于中部。制作方法应为整木斫制而成,其质地坚硬,形似平底独木舟形。其形制首部为方形,有长方形弦槽,筝身首尾间凿斫成长条形音箱,内呈平底,也似独木舟形。其面板应属于桐、杉之木,尚存松软之材。筝身不见钉眼,大概也为胶合而成。以筝身结构和战国时期所出筝、琴之面板特点,多呈上弧形或微鼓起现象,此筝面板也应为弧形。在筝尾下面呈突起而厚实的足。筝尾端造型别致,如同船尾之状,其船尾凿有内槽。筝尾底两侧有方形扉棱并钻有12孔,以2孔为一组,呈一面3组排列,以黑漆髹筝身。推测为古筝12弦配以12柄孔,属于12弦筝无疑。若经复原,音乐性能应可发出洪亮悦耳的声音。②

五、山东地区出土战国中期乐舞俑

1990年6月在山东章丘市绣惠镇驻地女郎山出土战国中期26件乐舞俑(其中包括附乐器)。墓主人随葬陶礼器、铜礼器和兵器、玉器等。乐器有7件组编钟、5件组编镈,2件组编磬,1件陶埙。所出26件乐俑则在墓葬的二层台北侧陪葬墓中发现。填土以夯实,陶质乐器多破损,但可复原或复制。其后排则为奏乐俑和乐器,前面中间排列歌俑和舞俑,两侧为观赏俑和祥鸟。其造型工艺以乐舞俑为泥质灰陶捏塑,其表面施以陶衣彩绘。部分破损乐俑已复原。在26件乐俑中,以女性造型21件,以男性造型的演奏俑5件。其中可分为观赏俑、舞蹈俑、歌唱俑不同造型。可见,战国中期关乎歌唱、舞蹈俑的头饰高髻、着装华丽、神态舞姿优美,乐俑演奏钟磬、击鼓、抚琴等乐器如此专注,与该墓同出如此之多金石之乐、陶埙等乐器相符,再现了墓主齐国将领匡章(章子)喜乐尚舞,享受着高等级贵族富丽堂皇的生活。这是不可多得的稀珍乐宝,为研究战国时期

---

① 参见黄翔鹏总主编:《中国音乐文物大系》(河南卷),大象出版社1996年版,第132页;河南省文物研究所:《信阳楚墓》,文物出版社1996年版。

② 参见黄翔鹏总主编:《中国音乐文物大系》(上海卷、江苏卷),大象出版社1996年版,第248页。

音乐文化和乐律乐器与表演形式提供了宝贵资料。[1]

六、北京收藏战国时期彩绘陶舞俑

1955 年在山西长治分水岭 M14 出土战国时期 7 件舞俑。该墓同出石编磬等乐器。这组彩绘陶俑共 7 件，形体精巧。留存刀刻痕迹，其头有发髻略向后脑垂斜，着短袖长裙拖地，以显阿娜多姿。身以朱红色粉饰，体态各异，双手姿势有拱于胸前，两臂向前曲举等，应为表现某种音乐与舞蹈文化的寓意。[2]

第三节　战国时期曾侯乙墓乐器综述与研究

一、随州曾国墓地出土乐器综述

叶家山西周早期曾国墓地经过考古发掘，发现了曾侯谏、曾侯犹等曾国国君墓葬。数百座曾国高级贵族墓葬发掘，所出的青铜礼乐器、兵器和马坑数量之多，规模之大，给出一个强烈的信号，即：西周早期的曾国的都城应在叶家山附近。春秋战国时期曾（随）国都城则从叶家山北迁 10 公里，到了涢、㵐二水汇合口，即今随州市区内。因古随城东郊有春秋时期的曾（随）国国君曾侯郟、曾侯與和曾国贤臣季怡（季梁）墓都在季氏祠、八角楼、义地岗一带发现，故此，春秋时期曾国都城必于此。随州城城南郊区擂鼓墩考古发掘战国早期的曾侯乙大型木椁墓，并在擂鼓墩发现八大墓葬区。由此可证，从西周早期至战国早中期姬姓曾国，则一直雄踞在古随地，三处曾国国君和高等级贵族墓地规模之大，墓葬等级之高，随葬品数量之多，青铜礼、乐器铸制之精美，其时代介乎西周至战国之间，其中有西周早期成组成编的钟镈，春秋中晚期的曾侯與和曾国贵族墓葬和编钟，战国早期曾侯乙编钟和乐器以及擂鼓墩 M2 所出土的钟磬乐器。这些墓葬和文物，必须有其前因后果和相继相承的关系，曾国悠久的历史和灿烂的文化也有 800 年之久，曾国历史文化迹象则是当时社会礼乐制度的缩影，同

① 参见王子初总主编：《中国音乐文物大系》（山东卷），大象出版社 2001 年版，第 204 页；李曰训：《山东章丘女郎山战国墓出土乐舞陶俑及有关问题》，《文物》1993 年第 3 期；汤池：《齐讴女乐曼舞轻歌——章丘女郎山战国乐舞陶俑赏析》，《文物》1993 年第 3 期。

② 参见黄翔鹏总主编：《中国音乐文物大系》（北京卷），大象出版社 1996 年版，第 187 页；山西省文物管理委员会：《山西长治市分水岭古墓的清理》，《考古学报》1957 年第 1 期。

中国先秦音乐文物考古与研究

时，说明其金声玉振尚乐之风盛行，其影响力蔚为大观！

1978 年夏，在随州涢、溠两水之间的擂鼓墩考古发掘震惊中外，一座战国早期大型木椁墓与曾侯乙编钟横空出世，奏响了 19 世纪 70 年代改变世界音乐史的序曲。曾侯乙编钟被国内外有识之士誉为"世界第八大奇迹"。

曾侯乙大型木椁墓分东室、中室、北室和南室，随葬器物均放置在椁室内，除青铜礼器、金器、玉器、兵器、车马器、甲胄、生活用品、竹简、丝竹、陶等器物外，主要乐器有钟磬、丝竹弦乐等 8 种（也有称 9 种者），随葬品多达 15404 件，中室主要陈放礼乐器。将青铜礼器成排成列放置在中室南部，即九鼎八簋之属。众多精美绝伦的青铜器放置的空间又摆置有瑟、笙、排箫、篪和钟磬乐器，其中大型编钟呈曲尺型分三层紧靠西壁和南部陈列，编磬两层立体式紧靠北壁陈列，再现了曾侯乙生前在音乐宫殿赏音享乐的形象资料。

二、曾侯乙墓出土乐器考古与研究

曾侯乙墓出土乐器有钟、磬、鼓、瑟、琴、笙、箫（排箫）、篪，计 9 种，共 125 件。[①] 音乐考古学者认为，"墓中所出乐器有 9 种，编钟、编磬、鼓、琴、瑟、均钟（律准）、笙、排箫、篪，共计 125 件"[②]。均钟理应为乐器无疑，故该墓出土的乐器有 9 种之说。排箫为律管，都有多种功能。演奏工具如钟槌、鼓槌以及钟架、磬架、磬匣、瑟柱等。乐器主要放置在东室和中室，中室则有编钟一套（架）65 件（含楚王熊章镈）。编磬一架 32 件，鼓 3 件，瑟 7 件，笙 4 件，排箫 2 件，篪 2 件，鼓 1 件，计 115 件。东室和中室两室出土乐器共计 125 件。这些乐器在墓室摆置保持着下葬时的原貌，因椁室有积水保存了漆木乐器，编钟分三层悬挂在梁架上，撞钟棒依然斜靠在钟架上，各种漆木乐器和钟架彩绘髹漆保存完好，艳丽如新。据研究表明，椁室积水起到防腐、防蛀、防盗的作用，这反映出战国时期曾国科技水平已达到了时代的巅峰。[③]

打击乐器主要有编钟、编磬、鼓（建鼓、有柄鼓、扁鼓、悬鼓）三种。

（一）编钟与梁架

曾侯乙墓出土编钟 1 架，其梁架一副分三层，为铜木结构。钟镈共计 65 件。

① 参见湖北省博物馆：《曾侯乙墓》，文物出版社 1989 年版，第 75 页。
② 参见黄翔鹏总主编：《中国音乐文物大系》（湖北卷），大象出版社 1996 年版，第 196 页。
③ 参见黄敬刚：《曾侯乙墓椁室积水与葬制考》，《曾国与随国历史研究》，人民出版社 2013 年版。

挂钟的铜钩65幅,以及挂钩上的附件约195件,仅演奏工具就有8件。编钟三层梁架呈曲尺形在中室南壁和西壁放置。其演奏工具因椁室积水漂移散见编钟梁架周围。三层编钟立体悬挂于编钟横梁且保存完好,彩绘花纹鲜艳如新。

钟架传世文献称之"簨簴",即钟架横梁称"簨",立柱为"簴",为铜木结构,其立柱和横梁由51件构件组成,形成曲尺形立体梁架。中、下两层分别由6个铜人组成立柱,形成铜人擎举和稳定编钟梁架结构,下层铜人带座,双手顶托下层由长方形厚重的横梁,中层铜人足、手呈站立式平托中层梁架,上层铜圆柱代替铜人顶起上层横梁。钟梁为长方形方木为之,两端装青铜镂铸的铜套,上、中、下三层两端和中间拐角均以榫眼结构,套合严紧稳固,编钟横梁层层交合叠压,相互咬合紧凑,再加铅锡灌注横梁铜套内箍紧铜木结构。

曾侯乙编钟下层横梁长且厚重,由3个带座铜人平托擎举木质横梁,共2根梁长短不一,两根横梁在曲尺形拐角处呈上、下咬合叠压在一起,以铜人头顶榫插入木梁眼中,搭扣交合十分严紧。两端铜人头顶榫均插入木梁眼中,咬合十分严实。铜人底部半球体底座和圆垫圈由三部分组成,其造型如同武士,穿着整齐端庄,上衣长袖下裳着地,细腰紧结带条搭垂于腹前。头戴平顶圆冠,面目清晰,目睁口闭,似为凝视远方,神态肃穆。耳垂小孔原系耳饰专用。左侧则挂铜剑,其上肢平托掌心向上,右臂短而肘向前屈,其掌心向后平伸;左臂有意加长,肘向旁边弯曲,其掌向左侧平伸。其肢则见衣裙掩盖。其上部呈突起的浅状圆形台,托垫其人形柱身,周围浮雕蟠龙纹。底座下缘设有垫圈,与"十"字形铜板相连,其周边铸制有4个环钮,并套衔一圆形铜环,以供搬动提握。造型别致,近同上述铜人特点。

长梁则为长条方形,其两端均套合青铜套为饰。梁身施以黑漆,再用朱色宽带框划出挂钟的具体位置,多用斜线或直线。在梁身东侧面各组直线条带之一侧,以及镈钟悬挂处两条斜线间,则刻有"姑洗之X"字样,刻文均填饰朱漆。无刻文之外,即各组条带间饰朱、黄两色花瓣纹、云纹和几何纹,构成方块形耀目的纹饰图像。短梁形制、结构、花纹与长梁基本相同。东端也有浮雕纹饰铜套。

中层也有3个铜人为柱。长短木质钟梁2件。中层钟梁形制、结构与下层相同。以铜人头、足为榫,下插入下层钟梁铜人榫眼相对接。其长、短钟梁则与下层长、短梁平行相对。中层铜人小,重量轻。中层铜人柱身之造型与下层铜人大致相同,略存变化。其长梁形制、结构也与下层长梁相同。梁两端装有青铜套,其底面尚有半榫方形眼,与铜套直接和榫眼相通。梁身施以黑漆,并在挂钟构件处以朱色宽带框画出钟挂钩位置。在钟梁两侧也见记有"姑洗之X"字样,刻文填饰朱漆,并有朱、黄两色花瓣纹、几何纹在梁上构成方形装饰块面。铜套花饰则以铸焊透雕而成的花瓣和龙首饰件。短梁形制、结构与下层短梁大致相同。梁身顶面凿有两个方形榫眼,以便上层一组小型钟梁柱插入。梁身所施纹饰和刻文款式与长梁相同,东端铜套形制、纹饰与同层长梁北端相同,在北侧底沿铸焊有 2 个铜钩,挂有中层 1 组 1、2 号钟。出土时唯 1 号钩断损。其西端铜套底部结构、纹饰与下层短梁两端相同。东、西端铜套轻重有别。

上层横梁 3 件,6 个小型圆柱。造型单一,以一根横梁与 2 根木质圆柱呈"T"字型,立于中层横梁顶面,在短梁上一架,长梁形成均匀对称 2 架,即分别以由 6 个小圆柱顶起三段横梁,其形制与大小等同。梁柱均以黑漆为地,其上施以朱、黄色花瓣纹。3 件横梁形制大小等同,两端均以青铜套为饰,钮钟的钮分别插入小横梁榫眼内,再以横插销固定钮钟以免脱落,设计精巧,结构严紧。考古发掘时三层编钟 99% 以上悬挂在梁架上,因椁室积水浸泡形成"干千年,湿万年,不干不湿只半年"的自然规律。椁室积水加上深埋密封和防水浸漏处理,椁室积水固若金汤,2400 多年椁室水未干涸,虽遇大型地震,部分钟可能因遇震荡从钟架脱落,但未有乐钟残损现象。钟架上的铜人经用 X 光控测得知中空。钟梁为榆木,经鬼斧神工般加工而成,再现了战国早期建筑结构等高超的科技水平[①]。

(二)编钟与甬、钮、镈钟乐器

曾侯乙墓共 65 件青铜钟,其中按形制分镈钟、甬钟、钮钟 3 种。出土时基本按当时曾国乐师所编组情况和悬列状态悬挂在钟架上,显示其乐钟规律和秩序。上、中、下三层分为 8 组,其一,上层 3 组均为钮钟,计 19 件;其二,中层为 3 组甬钟计 33 件;其三,下层为 2 组大型甬钟,计 12 件,镈钟 1 件。凡在各组之内的钟形制相同,大小不一,依次递减。"组次系据钟架结构划定:南架的钟组分别编为上、中、下层第 1 组;西架上、中层的钟组由南向北编为各层的第 2组、第 3 组,西架下层钟原本为一个编组,故列为下层第 2 组。每件钟的编号,南架从东向西、西架由南向北,按分组顺序编为 1 号、2 号、3 号、……"[②] 其中有几件钟在下葬前已易位悬挂,考古发掘与整理时仍未作变动。此外,发掘清理时发现有钟已坠落,因挂钩断损之故。仍按坠落前原悬挂的位置入编。编钟一

---

① 参见湖省省博物馆:《曾侯乙墓》,文物出版社 1989 年版,第 77—86 页。

② 参见湖北省博物馆:《曾侯乙墓》,文物出版社 1989 年版,第 87 页。

套除镈钟之外，其余尚可击奏发音。

镈钟，1件，出土时悬挂在下层钟架中部。钟腔呈扁椭形，其铣边无棱，上略窄下部渐宽，钟口几近平齐。舞部则以"十"字素带框界，并饰以浅浮雕龙纹，其正中立蟠龙形复式钮，以透雕精铸而成，有龙形共2对，颇有浑厚圆润之感。下部一对回首卷尾，上部一对则呈引颈对衔状，其身阴刻有精细鳞形纹、绹纹和涡纹。其钲部铸制凸起的圆泡状梗框界出钲中及其两侧，并在其间填实各缀五个凸起的圆泡状替代钟枚，呈梅花状，每面两组，镈钟两面共有4组20枚，均以浮雕龙身构成。钲中呈梯形，背面钲中为光素，钲中正面有铭文，3行31字：隹王五十又六祀，返自西阳，楚王酓（熊）章乍曾侯乙宗彝、奠（奠）之于西阳，其永峕（持）用享。鼓部饰以浮雕龙纹，其躯体较大，皆作侧身状，其与甬钟鼓部纹饰相比则显得抽象，极具图案化的特点，观其镈钟壁厚不匀，其间有4条纵向凸带从口沿伸延腔体内。钟面凡无纹饰处被磨得光滑，腔内也被磨砺得滑润。[①]镈钟为楚惠王酓（熊）章馈赠给曾侯乙，为曾国之君曾侯乙之死而以镈钟于西阳祭奠之彝器，虽悬挂在编钟梁架上，无论从镈铭内容考证，或以镈钟位置文字寻绎，镈钟应为楚国乐钟，以此厚礼作为祭祀，再现了曾、楚之间关系甚密。

甬钟共45件，为曾侯乙编钟之大宗。分别由五组悬挂在编钟横梁中、下层。其钟体呈合瓦形，甬钟铣边有棱，舞部平展，长甬呈圆柱和多面形。又见中空、内嵌泥芯，不与内腔相通，外部有旋、斡。钟体甬、舞、篆、鼓各部位饰以蟠龙纹。钲中和鼓部铸有铭文，其形制大小不一，依次递减。以中层3组纹为例，钟枚则可分为有枚、无枚，并见有长枚、短枚、无枚三式。有关曾侯乙墓其他打击乐器再不赘述。

有关曾侯乙墓弦乐丝竹乐器与乐制关系的研究，现引《曾侯乙墓礼乐制度研究》中的部分内容予以参考。[②]

《吕氏春秋·古乐》曰："帝尧立，乃命质为乐。……瞽叟乃拌五弦之瑟，作以为十五弦之瑟。命之曰《大章》，以祭上帝。"弦乐是一种用指拔弹的乐器。如春秋时期的孔子能歌善舞，能够鼓瑟弹琴，并要求学生学音乐，习琴瑟。《论语·阳货》曰："孺悲欲见孔子，孔子辞以疾。将命者出户，取瑟而歌，使之闻之。"盛传孔子为教育家，其实，尚武可以举鼎，力大超人；乐可唱歌鼓琴，视为知音。

---

①　参见湖北省博物馆：《曾侯乙墓》，文物出版社1989年版，第87页。

②　参见黄敬刚：《曾侯乙墓礼乐制度研究》，人民出版社2013年版。

《礼记·檀弓上》曰:"孔子既祥,五日弹琴而不成声,十日而成笙歌。"琴瑟之音,温润如水,可以抒发人的喜怒哀乐。故此《论语·泰伯》曰:"子曰:'兴于《诗》,立于礼,成于乐'。"随州是炎帝神农故里,《世本》有"伏羲作瑟,神农作琴"之说,说明早在远古时期,华夏先民们已开始作琴奏乐。《礼记·乐记》也有"昔者舜作五弦之琴,以歌《南风》"的记载。曾国悠久的历史和灿烂的琴瑟文化繁荣于汉水以东及其随枣走廊的广阔地域。

《诗经·周南·关雎》曰:"窈窕淑女,琴瑟友之",又见《诗经·小雅·鹿鸣》云:"我有嘉宾,鼓瑟吹笙",《战国策·齐策一》有"……临淄之中七万户。……临淄甚富而实,其民无不吹竽,鼓瑟,击筑,弹琴……"①都是强调人与音乐艺术的魅力。

琴瑟之乐曲调轻声柔和,兼有悲戚和喜悦的独特演奏特点。曾侯乙墓仅出土 2 件琴,一件为五弦琴(又称均钟)。这种五根弦的弦乐器不是用来演奏的,而是用作调钟律的"均钟"。《国语·周语下》曰:"王将铸无射,问律于伶州鸠。对曰:'律所以立均出度也,古之神瞽,考中声而量之以制,度律均钟,百官轨仪,纪之以三,平之以六,成于十二,天之道也。夫六,中之色也,故名之曰黄钟,所以宣养六气、九德也。'"②所谓"度律均钟,百官轨仪"之度律使用"均钟",也就是用五弦琴(五弦器)来调试钟律。可见琴律与钟律之间有着不可分割的联系。黄翔鹏在《均钟考——曾侯乙墓五弦器研究》中说:"它就是古文献《国语》中提到的、至迟于公元前 6 世纪已在周王宫廷中使用的、并在秦、汉时失传了的'均钟'——一种编钟调的音高标准器,也是中国古代的一种声学仪器。"③五弦琴器应为"均钟",这不是用来演奏的乐器,是在秦、汉代以降失传的一种弦调律器。曾侯乙编钟铭文记载的各律音高关系,其作用主要在"立均",即确定音乐中所用的某种音阶的调高。在这同时,不同的"律"又能表现为一定的长度即提出一定数据来作为音高的标准,这就是"出度"了④。

这件弦器"均钟"随着曾侯乙之死而被带进了地下乐宫,成为考古发现唯一的棒形五弦"均钟"实物。由此可知,弦乐蕴含着的奥妙无穷和弦者与钟磬之乐

---

① 何建章:《战国策注释·齐策一》,中华书局 1990 年版,第 326 页。
② 参见徐元诰:《国语集解·周语下》,中华书局 2002 年版,第 113 页。
③ 参见黄翔鹏:《均钟考——曾侯乙墓五弦器研究》,《黄钟》(武汉音乐学院学报)1989 年第 1—2 期。
④ 参见湖北省博物馆编:《曾侯乙编钟研究》,湖北人民出版社 1992 年版,第 548 页。

有千丝万缕的联系。琴能抒情，又能激荡起人心中的轩然巨波，有时还能比乎巍巍泰山。①

古代人们以礼治国，以乐化民，充分体现出礼与乐相辅相成的重要功用。为什么曾侯乙墓出土了12件瑟，其中7件是与编钟放在一起的，中室有编钟却未发现琴，东室除了一件五弦器外，只剩下一件尚能弹拔的琴，为十弦琴。看来琴是房中之乐的宝器，大概是专门用来给曾侯乙所享用的。十弦琴造型别致，系用整木雕成，通体髹黑漆，无彩色花纹。与之相比较，五弦器和瑟均施彩绘花纹，饰龙首、凤鸟、变形人物和神兽等花纹图案，尤其瑟首、尾均以浮雕的龙蛇和凤纹，栩栩如生。琴数量少，造型奇，颜色呈黑色为特点，理应隐含着礼、乐制度的神秘色彩。

曾侯乙是一位音乐的爱好者，随葬乐器青铜编钟数量虽多，但能演奏的弦乐琴只有一件。我们认为，他对传统而又古老的乐器和乐律进行改革，推行新乐和今乐，也就是春秋战国之交的新乐和今乐。其实，古人对琴的钟爱与创新也达到了极高的程度，《韩非子·十过》曰："昔者，卫灵公将之晋，至濮水之上。税车而放马，设舍以宿。夜分，而闻鼓新声者而说之。使人问左右，尽报弗闻。乃召师涓而告之曰：'有鼓新声者……'师涓曰：'诺。'因静坐抚琴而写之。……令坐师旷之旁，援琴鼓之。未终，师旷抚止之，曰：'此亡国之声，不可遂也。'平公曰：'此道奚出？'师旷曰：'此师延之所作，与纣为靡靡之乐也。'及武王伐纣，师延东走，至于濮水而自投。故闻此声者必于水之上。先闻此声其国必削，不可遂。平公曰：'寡人所好者音也，子其使遂之。'师涓鼓动究之。平公问师旷曰：'此所谓何声也？'师旷曰：'此所谓清商也。'公曰：'清商固最悲乎？'师旷曰：'不如清徵。'公曰：'清徵可得而闻乎？'师旷曰：'不可。古之听清徵者，皆有德义之君也。今吾君德薄，不足以听。'平公曰：'寡人所好者音也，愿试听之。'师旷不得已，援琴而鼓。一奏之，有玄鹤二入道南方来，集于郎（廊）门之垝。再奏之，而列；三奏之，延颈而鸣，舒翼而舞，音中宫商之声，声闻于天。平公大说，坐者皆喜。"师旷是一位音乐家，他从音乐理论到音乐实践，都有相当高的造诣。以一件琴所演奏的曲调和作品，他所推崇的是健康向上而又激发斗志的音乐，对那些靡靡之音、新乐房中之乐淫声的风韵进行了极有力的驳论批判。而曾侯乙独创的新乐、今乐则是在音乐理论和乐律方面创造了奇迹，但这种音乐理论

① 参见黄敬刚：《曾侯乙墓礼乐制度研究》，人民出版社2013年版。

在秦、汉时期失传了。周朝房中之乐即曾侯钟的音乐,唐人仍知楚、汉旧声乐与琴律,与钟律有直接关系①。琴在曾侯乙墓中少见,这种以琴独奏的靡靡之音,看来是不完全被曾侯乙所接受的,他所创造的新乐,就是钟磬和弦乐诸器中的歌、舞、伎乐的新乐、今乐,他为歌、舞、乐综合一体所创新的乐舞适应时代的新潮,一直影响到秦汉以后歌舞乃至整个音乐文化发展的方向。

这就是曾侯乙时代弦乐瑟多琴少的原因之一。琴善于独奏,瑟有利于合奏,在歌、舞、乐表演时,瑟声深沉而有行云流水般的妙趣。正如《礼记·乐记》曰:"音之起,由人心生也。……感于物而动,故形于声。……比音而乐之,及干戚羽旄谓之乐。"以儒家音乐思想为代表的《礼记·乐记》,论述了音乐与现实的关系。所以说,对曾侯乙墓所出弦乐诸器的研究,有利于窥视春秋、战国之交的曾国音乐制度以及礼崩乐坏的社会动荡局面,而其所形成的音乐变革中的新乐和今乐,正如百家争鸣时代所产生的政治主张和哲学思想,对后世发展是有着积极作用的。因此,《礼记·乐记》有"使其声足乐而不流,使其文足论而不息。使其曲直、繁瘠廉肉、节奏,足以感动人之善心而已矣,不使放心邪气得接焉。"所谓曲直、繁瘠廉肉、节奏,则是使曲调、歌词及其演奏技艺能够把音乐与人的感情紧密结合在一起,如此才能对当时的社会现实生活产生积极作用。②

南方楚墓中出土的琴也少见,仅见于1993年考古发现于荆门郭店村M1出土的七弦琴,时代为战国中期。此墓为一椁一棺土坑竖穴墓,为斜坡墓道,七弦琴放在椁室头箱。同墓中出有一批竹简,有16000余字,内容为儒、道经典。这件琴比曾侯乙墓十弦琴时代要晚,琴身要长,造型迥然有别。据研究者认为:"此琴为中国考古发现的最早的七弦琴实物标本,其形制与1978年出土于随县曾侯乙墓的十弦琴相近,年代亦相去不远,具有明显的同源关系。"③从考古发现楚墓中出土的琴唯此一件。曾国墓葬也只有曾侯乙墓中出土的十弦琴一件。可见,琴的确是稀少之乐,这种习俗和乐制值得深入研究。前述传世文献记载琴的历史更早,甚至早于青铜乐器历史,往往是琴瑟并提,但保存下来的实物的确甚少。

瑟在考古发现中比琴多,在楚墓中发现的还有:当阳曹家岗M5有瑟2件,时代为春秋中期。这个瑟有26个弦孔,通体为彩绘,十分精美;当阳赵巷四号

---

① 参见黄翔鹏:《中国古代音乐史》,台湾汉唐乐府出版公司1997年版,第51页。
② 参见黄敬刚:《曾侯乙墓漆木乐器绘画艺术看礼制》,《中华文化画报》2012年第2期。
③ 参见黄翔鹏总主编:《中国音乐文物大系》(湖北卷),大象出版社1996年版,第144页。

墓,有瑟2件,时代为春秋中期,该瑟有18个弦孔;江陵雨台山楚墓群有瑟8件,时代为战国时期,弦数有25、23、19三种;江陵天星观M1,有瑟5件,时代为战国中期,其中25弦和24弦各2件,23弦的1件;江陵马山M2,有瑟2件,时代为战国中期,该瑟有25个弦孔;江陵望山M2,有瑟1件,时代为战国中期,该琴有弦孔25个;江陵藤店M1、荆门包山M2、江陵鸡公山M488、江陵枣村岗M137、襄阳蔡坡M12等,都出土有瑟。可以看出,基本上春秋战国时期楚墓中无墓不瑟,而这些墓葬均不见琴的出现。看来曾侯乙墓中出土的一件十弦琴和五弦器均钟,均为稀有之物。从曾墓与楚墓所出弦乐对比,就不难看出丝竹管弦诸乐中的弦乐发展,琴是受到了礼乐制度的限制。但曾侯乙这位音乐爱好者,仍然把琴作为房中之乐保存下来了,在他的"寝宫"——曾侯乙墓东室就有出土。

《吕氏春秋·古乐》曰:"昔古朱襄氏之治天下也,多风而阳气畜积,万物散解,果实不成。故士达作为五弦瑟,以采阴气,以定群生。"

《诗经·国风·周南·关雎》曰:"参差荇菜,左右采之;窈窕淑女,琴瑟友之。参差荇菜,左右芼之;窈窕淑女,钟鼓乐之。"

《礼记·檀弓上》曰:"子夏既除丧而见。予之琴。和之而不和,弹之而不成声。作而曰:'哀未忘也,先王制礼,而弗敢过也。'子张即除丧而见。予之琴,和之而和,弹之而成声。作而曰:'先王制礼,不敢不至焉。'"

《尚书·益稷》曰:"夔曰:'戛击鸣球、搏拊琴瑟以咏。'祖考来格,虞宾在位,群后德让。"

《楚辞·招魂》曰:"铿钟摇簴,揳梓瑟些;娱酒不废,沈日夜些。"[1]

前面把曾侯乙墓出土的琴瑟与楚墓出土的琴瑟相比较,得出的数据是无墓不瑟,墓墓无琴。虽说在传世文献记载中,琴瑟常相提并论,但在上古音乐活动中则往往是瑟多而琴少。

丝竹管弦与房中乐学者探究已久。曾侯乙墓所出钟磬乐器外,还有丝竹管弦诸类乐器如琴、瑟、笙、箫(排箫)、篪,计8件,共125件。这种乐器的组合突出了春秋战国时期歌、舞、乐的特点。这种融歌、舞、乐于一体的新兴乐队,是曾侯乙时代音乐艺术演奏技艺和音乐理论实践的结果。曾侯乙时代的曾国应是江、汉之间有实力的诸侯国,在经济、军事、科技、文化方面走在时代的前列,所

---

① 参见董楚平:《楚辞译注·招魂》,上海古籍出版社1986年版,第262页。

以才有充足的精力和雄厚的经济实力铸钟作律,并发展科技和音乐文化,培养专业性的演奏乐伎人员,在钟乐创新和制律方面取得了前所未有的成果。所谓雅乐、俗乐之类乐律的形式,在先秦时期并非如此称法,到了秦汉以降才分门别类,并且有了"房中之乐"的名称,是后宫妃子饮宴和祭祀之乐。曾侯乙墓东室出有瑟5、琴2(有一件为均钟)、笙2、鼓1,共10件①,这类组合乐器包括吹、打、弹、拨四类乐器,其中以瑟为主体,是一个小型歌舞乐演奏团,其中应该有一位乐师,既懂乐又精通歌、舞、乐的技艺。"均钟"五弦器出自东室,是用来调试钟律和弦律的,应由其中乐师掌管。②

房中之乐见于《仪礼·燕礼》云:"《记》。燕,朝服于寝。……有房中之乐。"郑玄注:"弦歌《周南》《召南》之诗,而不用钟磬之节也,谓之房中者,后夫人之所讽诵以事其君子。"房中之乐见郑玄注"而不用钟磬之节也",与曾侯乙墓东室所出丝竹管弦之乐器相类,此可证。在不同的场所使用的乐器就会不同。编钟和磬乐出于中室,按《仪礼》所载房中之乐,人们往往理解在寝宫演奏的乐曲,或为后宫演奏的乐曲或乐队,与"缦乐"和"燕乐"有关系。《周礼·春官·磬师》曰:"磬师掌教击磬、击编钟,教缦乐燕乐之钟磬。"郑玄注:"燕乐,房中之乐,所谓阴声也。"这里见郑玄注解"燕乐"是房中乐,为"阴声"似为模糊不清。先看"燕乐",《仪礼·燕礼》有"'遂歌乡乐'。《周南》:《关雎》《葛覃》《卷耳》;《召南》:《鹊巢》《采蘩》《彩蘋》。"郑玄注:"《周南》《召南》,国风篇也。王后、国君夫人房中之乐歌也。……此六篇者,教之原也,故国君与其臣下及四方之宾燕用之合乐也。"这是专门伺候天子、诸侯等王公贵族在宫寝内所欣赏的乐曲。燕乐乐器包括:管乐器类有笛、篪、箫、笙、贝、叶、筲、角等;弦乐器类有琴、瑟、五弦琴等;打击乐器类有钟、錞于、钲、磬、节鼓等;燕乐中间含声乐、器乐、舞蹈、百戏等各种音乐③。缦乐,大概是缓缓的弦乐,谓杂声之和乐者,这种舒心轻缓的乐曲,一般用丝竹管弦之乐演奏最为合适。当然,房中之乐用钟、磬乐器演奏未尝不可,只是更具浓烈地域色彩和雅乐的氛围。曾侯乙房中之乐有打击乐器鼓,由乐队中指挥节奏的领班操持。可见这些乐器均为演奏房中之乐旋律的,它由一支相互协作的丝竹管弦乐队演奏,这支乐队很可能专门负责曾侯乙

---

① 参见湖北省博物馆:《曾侯乙墓》,文物出版社1989年版,第76页。
② 参见黄敬刚:《曾侯乙钟磬弦乐"七音"与周制"八音"解析》,《钟鸣环宇》,武汉出版社2008年版。
③ 参见杨荫浏:《中国古代音乐史稿》,人民音乐出版社1980年版,第220页。

生前宫寝中的演奏。

随着礼乐制度的变化，春秋战国时期诸侯国自立为王，在礼崩乐坏的情况下社会动荡不安，但曾国仍然兴起尚乐之风。《礼记·乐记》曰："大乐必易，大礼必简。乐至则无怨，礼至则不争。揖让而治天下者，礼乐之谓也。"曾侯乙墓中室以钟磬乐器和丝竹管弦、建鼓和鹿鼓为重，基本上达到了"八音"俱全的能力。这支歌、舞、伎乐为一体的乐队，应是曾侯乙音乐宫和宗庙祭祀活动中"八音"俱全的乐队，能够演奏出空前恢宏的乐曲乐舞。可以想见，中室音乐宫就是曾侯乙生前欣赏音乐的地方，东室应为曾侯乙生前的寝宫，并且有一支小型弦乐乐队为他演奏"房中之乐"。在墓的中室和东室陈设的乐器，应是曾侯乙生前享乐和祭祀乐器的展示。

战国时期已出现"礼崩乐坏"的局面，但在列国纷争的变革中，宫廷乐逐渐形成规模宏大、乐器设备繁多、演奏内容与乐曲内容丰富的大型乐队。曾侯乙墓这个"不规则多边形"的形制是按礼乐制度中的乐制设计出来的，是以中、东室为主体形成"曲尺形"，与古代乐悬之制轩悬即曲悬相通。以音乐为中心内容并突出乐制的曾侯乙墓，中室就是一座音乐宫，是一部曾国政治、经济、文化与科技发展的兴衰史，也是春秋战国礼、乐制度的兴衰录。东室除了展示富贵豪华的主棺和金器外，就是一部反映曾国宫廷内部的音乐享乐典。乐器制作在《诗经》中就记载有 29 种之多，实用的乐器在曾侯乙墓中有 8 种 125 件，中室有 115 件，东室仅 10 件，真正反映曾国歌、舞伎乐方面的乐器，仍然以钟磬乐为主。曾侯乙用音乐壮国威，崇乐的气息浓厚，尚舞之风盛满地下音乐宫。总体而言，这是显示曾国经济实力与武力的象征。

《左传·襄公二十九年》曰："见舞《象箾》、《南籥》者。曰：'美哉！犹有憾。见舞《大武》者。'曰：'美哉！周之盛也，其若此乎？'见舞《韶濩》者，曰：'圣人之弘也，而犹有惭德，圣人之难也！'见舞《大夏》者，曰：'美哉！勤而不德，非禹其谁能修之？见舞《韶箾》者。'曰：'德至矣哉！大矣！如天之无不帱也，如地之无不载也，虽甚盛德，其蔑以加于此矣。观止矣！若有他乐，吾不敢请已！'"由此可见，不仅古代乐器种类甚多，而且周代国乐国舞甚繁，给音乐理论奠定了乐制的基础。音乐往往成为周王朝巩固政权、教化百民的工具，敬天祀神、宗庙祭祀、丧葬礼仪、宾客宴请、战事等重要活动，多见礼乐并行。曾侯乙时代音乐文化、音乐理论和歌、舞、伎乐的演奏技艺，应该居于同时代艺术高峰。

礼乐制度的兴衰与治国兴邦有着密切联系。《墨子·公孟》曰："国乱则治之。国治则为礼乐,国治则从事,国富则为礼乐。"① 说明礼乐盛衰与国之盛衰相关。其实,礼乐也能阻碍社会经济文化的发展。《庄子·天道》曰:"礼法度数,刑名比详,治之末也;钟鼓之音,羽旄之容,乐之末也。"② 此与前者以礼乐治国断难相融。《荀子集解·臣道篇》曰:"恭敬,礼也;调和,乐也;谨慎,利也;斗怒,害也"。③ 这种礼乐治国兴邦和富民的思想一直影响后世。曾侯乙正处在这种历史背景下,在音乐理论与礼仪制度发生变革的时期,他大胆创新,推出以歌、舞、伎乐为主体的新乐、今乐,并在钟律、琴律方面以一钟双音(亦称一钟二音)十二律的音乐理论与实践成果,用 3755 字铸制在编钟和梁架、附件上,其中乐律铭文涉及楚、齐、周、晋、申等音乐关系,其乐律为姑洗或称宣钟(C 音的同位异律,亦有高低八度之别)、妥宾、韦音、嬴孚、䎱音、穆音(或称大簇)(♭B 音的同位异律)6 个。其六律对应说明中的中心乐律均未冠以国名,当是曾国本国的乐律。曾国六律依姑洗均标音分别为:宫、商、宫角、商角、宫曾、商曾,均间隔大二度,与传统律制的律名、律序及相隔音程相比较,知其为阳律。由此可知,以曾侯乙为代表的音乐理论家对乐律研究甚深,这种乐律理论研究与发展以及乐器制作与演奏技艺,形成祭祀场面的钟磬乐队和房中之乐的丝竹管弦乐队,出现传承音乐和开创新乐双轨并行的模式,从而让曾国的歌、舞、伎乐迅速走在时代发展的前列④。

有关吹奏乐器诸如匏——笙,曾侯乙墓出土吹奏乐器有笙、排箫、篪三种。所谓匏,亦名笙,是古代八音之一,曾侯乙墓出土匏共 6 件。⑤ 该匏形状接近现代的葫芦丝,均由斗(为瓠质)、苗(即笙管)簧组成,腹上有插笙管圆孔,所出笙斗的圆孔有 18、14、12 之别。其上管用小型竹管制成,簧均为芦竹质,细条形状。通体以黑漆为地,间施朱、黄两色描绘出绳索纹、云纹、变形菱纹及卷草纹,饰纹线条精细美观,颇有灵气。笙笛内簧片做工精细,其框与舌间缝隙如同发丝,其设计与制作技能精工无比。《尔雅·释乐》曰:"笙,生也,象物贯地而生也,竹之贯匏以匏为之……大笙谓之巢,小笙谓之和,列管匏中施簧管端。"匏是葫类植物,此处是指以簧管精工成葫形乐器,为周代"八音"金、石、土、革、丝、匏、

---

① 参见王焕镳:《墨子校释》,浙江文艺出版社 1984 年版,第 368 页。

② 参见孙雍长注译:《庄子·天道篇》,花城出版社 1999 年版,第 174—175 页。

③ 参见王先谦:《荀子集解·臣道篇》,中华书局 1988 年版,第 256 页。

④ 参见黄敬刚:《曾侯乙墓礼乐制度研究》,人民出版社 2013 年版,第 122—168 页。

⑤ 参见湖北省博物馆:《曾侯乙墓》,文物出版社 1989 年版,第 170—189 页。

竹八类乐器之一。曾侯乙墓出土诸类乐器,也反映出先秦时期的音乐美学思想。《战国策·齐策一》曰:"其民无不吹竽、鼓瑟、击筑、弹琴。"说明音乐活动已被社会所接受,王宫贵族已步入音乐享乐、钟鸣鼎食、歌舞升平的音乐世界,故吹打弹拨诸类乐器在民间得到更广泛的应用。

《周礼·春官·大师》曰:"大师……皆播之以八音:金、石、土、革、丝、木、匏、竹。"这是说八音之中有"匏",与竹并立在一起,为吹奏乐器。《诗经》涉及吹奏乐器有6件以上,即箫、管、籥、埙、篪、笙,能演奏出和谐的音乐来。中华民族重视礼、乐教育的历史十分悠久,夏商周时期中国青铜文化发展较快,不仅有类全量多的青铜礼器,而且青铜乐器编钟开始形成,到了春秋战国,如"八音"之乐已趋完备,吹奏乐器也成为"八音"乐器不可缺少的角色,《国语·周语下》曰:"金石以动之,丝竹以行之,诗以道之,歌以咏之,匏以宣之,瓦以赞之,革木以节之。"笙这种吹奏乐器则是渲染活跃气氛的。曾侯乙墓所出8种共125件乐器中,匏(笙)的件数较多,这是中国匏历史上最为悠久的实物资料。

《国语·周语下》曰:"王弗听,问之伶州鸠。对曰:臣之守官弗及也。臣闻之,琴瑟尚宫,钟尚羽,石尚角,匏竹利制,大不逾宫,细不过羽。……是以金尚羽,石尚角,瓦丝尚宫,匏竹尚议,革木一声。……如是,而铸之金,磨之石,系之丝木,越之匏竹,节之鼓,而行之以遂八风。"[1] 此为古人论乐说律的重要文献。这些乐音与乐律在曾侯乙钟磬铭文中也得到印证。《国语·楚语上》答灵王问:"灵王为章华之台,与伍举升焉,曰:'台美夫!'对曰:'臣闻国君服宠以为美,安民以为乐,听德以为聪,致远以为明。不闻其以土木之崇高、彤(雕)镂为美,而以金、石、匏、竹之昌大、嚣庶为乐,不闻其以观大、视侈、淫色以为明,而以察清浊为聪。'"[2] 湖北当阳曹家岗五号墓出土春秋晚期笙2件。虽两器均残,但存匏质斗,形制基本相同。表面光洁,其吹口较为平整,吹管呈喇叭状。该器比曾侯乙墓所出同类器要早。在江陵雨台山楚墓群出土笙2件,时代为战国中期。该墓出土乐器有瑟、小木鼓和笙各1件,另有鼓框残片。此外,在当阳赵巷四号墓出土春秋中期笙,按形制花纹可辨其形,应为匏笙。江陵枣林铺一号战国墓和江陵刘家湾四号战国墓均出土有匏质笙斗[3]。综观传世文献与考古发现资料,曾(随)国和楚国均有吹奏乐器匏的出现,在金石之乐之后匏竹应为举足轻重的乐

---

① 徐元浩:《国语集解·周语下》,中华书局2002年版,第110—111页。

② 徐元浩:《国语集解·楚语下》,中华书局2002年版,第493页。

③ 参见黄翔鹏总主编:《中国音乐文物大系》(湖北卷),大象出版社1996年版,第270—283页。

器了。

有关竹、箫、篪类乐器，见于《荀子·乐论篇》曰："声乐之象：鼓大丽，钟统实，磬廉制，竽笙箫和，筦籥发猛，……磬似水，竽笙、箫和、筦籥似星辰日月。"[1]乐器也讲究协和之音，正如乐和礼二者也是讲究一种和谐，以礼而言为"大顺"，以乐而言为"大和"。吹奏乐中的箫、篪在"八音"中以和声显现特点，万事万物中的和谐是非常重要的，故而《礼记·乐记》曰："夫古者，天地顺而四时当，民有德而五谷昌，疾疹不作，而无妖祥，此之谓大当。然后圣人作，为父子君臣，以为纪纲。纪纲即正，天下大定。天下大定，然后正六律，和五声，弦歌《诗》、《颂》，此之谓德音；德音之谓乐。"曾侯乙墓所出乐器中，既有金石之音，又有丝竹管弦之乐，诸类乐器在各种合奏场合中，以刚柔轻重的乐音起到诸音和谐的作用，进而达到美好的乐曲演奏效果。

箫（排箫）2件，在曾侯乙墓中室出土。考古发掘称为苦竹，竹制，形制一致，大小不同。其中"C·28，通体呈单翼片状，上沿齐平，下沿参差不齐，系用13根不同长短的箫管并列，加3个竹夹并经缠缚而成。出土时器形基本完好，仅第一根箫管口沿豁缺。其上部宽11.7厘米，下端宽0.85厘米，左边长22.5厘米，右边长5.01厘米，厚约1厘米"[2]。

"箫管系用单节竹稍经加工而成"，"夹固箫管的竹夹约用径为1厘米的细竹制成，一端以自然竹节为约束，竹节上连有相对的两根竹片，竹片宽0.5厘米—0.6厘米、厚0.1厘米—0.2厘米。""箫通体以黑漆为地，用朱色线描绚纹和三角雷纹。""此箫刚出土时，在没有脱水的情况下有8个箫管能吹奏出乐音。""C·85，器形，纹饰均与上述C·28同。"[3]排箫是以竹制成的一种吹奏乐器，在曾侯乙墓中室出土，看来这类乐器主要是与编钟、编磬和鼓、瑟、琴起到合奏的作用，文献中的"竽笙箫和"，也就有了合奏之意。在河南淅川下寺M1出土有石质排箫1件，13管，由汉白玉石雕凿而成，为仿竹排箫，是我国所出发现较早的排箫实物。在河南鹿邑县太清宫镇的太清宫遗址上西周初年墓葬出土商代文物中，有5件骨排箫、1件石磬、2套编铙。由此又把排箫吹管乐器出现的时代提前到商代晚期[4]。排箫这种编管吹奏的乐器在世界上古代文化遗址中

---

① 王先谦：《荀子集解·乐论篇》，中华书局1988年版，第383—384页。

② 湖北省博物馆：《曾侯乙墓》，文物出版社1989年版，第172页。

③ 湖北省博物馆：《曾侯乙墓》，文物出版社1989年版，第166—175页。

④ 参见王子初：《中国音乐考古学》，福建教育出版社2003年版，第134页。

也有发现。

篪:《周礼·春官·笙师》曰:"笙师掌教龡竽、笙、埙、籥、箫、篪、篴、管、春牍、应、雅,以教《祴》乐。"郑玄注:"篪,七孔。"[1]曾侯乙墓中室出 2 件。形为管状,经鉴定为苦竹类,系竹竿制成。均系单节竹管,通体为髹漆彩绘。虽内稍有腐烂的痕迹,但篪外形仍保存完好。如:"C·79,以一节竹管制成,经鉴定为竹系苦竹。管之端口不通,一端以自然竹节封底,一端以物填塞(因表面漆皮遮盖,填塞物质料不详)。管身开有吹孔 1,出音孔 1,指孔 5。"[2] "在管身一侧近两端处,各开一椭圆形孔,两孔长径均与管端平等,其位置相互对应,在同一水平面上。" "C·74,用一节苦竹竹管制成。首端闭口,以物填塞,尾端系竹节。从孔沿下凹处亦即孔壁上的黑漆判断,此孔系人为所致。管身开有 1 个吹孔,1 个出音孔,5 个指孔。"[3]《尔雅·释乐》曰:"大篪谓之沂。"郭璞注:"篪,以竹为之,长尺四寸,围三寸,一孔上出,一寸三分。名翘,横吹之。小者尺二寸。"此与《北堂书钞》卷三"篪,六孔,有底"的记载大致相符。这种吹奏乐器虽形似竹笛,但吹篪时双手执篪端平,掌心向里,与竹笛执法不同。其外形漆绘精致绚纹和三角雷纹和变形菱纹。《诗经·何人斯》有"仲氏吹篪"的记载,曾侯乙墓所出土的篪备受音乐学家的重视,这一早期失传的吹奏乐器,只在文献中有记载,其音乐和音响性能等不太清楚,曾侯乙墓出土篪为了解这种独特的古乐器性能和演奏方法起了重要作用。[4]

第四节　战国时期曾侯乙墓埙乐之谜

一、埙乐的探源

曾侯乙墓出土的乐器有钟、磬、鼓、瑟、琴、笙、箫(排箫)、篪,9 种共有 125 件之多。按《周礼·春官宗伯》"大师……皆播之以八音:金、石、土、革、丝、木、匏、竹"。这八种用不同材料制作的八类乐器,曾侯乙墓发掘报告中,基本上定为 6 音,即 6 种乐器,其中缺木、土两种乐器。木(柷敔),即鹿鼓;土,即埙。曾

---

① 湖北省博物馆:《曾侯乙墓》,文物出版社 1989 年版,第 174 页。
② 湖北省博物馆:《曾侯乙墓》,文物出版社 1989 年版,第 174 页。
③ 湖北省博物馆:《曾侯乙墓》,文物出版社 1989 年版,第 174 页。
④ 参见黄敬刚:《从曾侯乙钟磬看古代的乐悬制度》,《中国社会科报》2017 年 1 月 23 日。

侯乙墓是否存在这两类乐器呢？我们根据传世文献中的木（柷敔）音的有关记载，再结合考古发掘乐器鹿鼓的考证，认为曾侯乙墓中室出土一件背部有榫眼的鹿就是鹿鼓，与楚墓所出鹿臀部榫眼斜插木鼓为木音之乐相同。前有专论，故而略之。唯土音之乐埙仍无定论。埙是一种泥质乐器，在曾侯乙墓清理中未见土音埙乐，至今缺土这种乐器而造成"八音"不全的局面。

《周礼·春官·大师》曰："皆文之以五声：宫、商、角、徵、羽；皆播之以八音：金、石、土、革、丝、木、匏、竹。"宋许翰《太玄·经补·玄掜》："雕割匏竹革木土金。"又见《周礼·春官·籥章》："籥章掌土鼓、豳籥。"文献记载土即八音之一。埙这类乐器形状像雁卵，以泥质烧制而成。《文选·卷十八·潘岳〈笙赋〉》："彻埙屏篪"。又见《周礼·春官·小师》曰："小师掌教鼓、鼗、柷、敔、埙、箫、管、弦、歌。"郑玄注："埙，烧土为之，大如雁卵。"这种埙像大雁卵，呈椭圆形，一般而言有5个音孔。在湖北麻城栗山岗新石器时代（相当于龙山文化）遗址就有陶埙出土，浙江余姚河姆渡文化遗址也出有陶埙，应是吹奏乐器中埙乐的始祖。到了商代，陶埙的形制趋于规范化、标准化，其音乐性能有了较大进步，音孔有2个、3个、5个不等。河南辉县琉璃阁陶埙（3件），年代为商代中期；妇好墓陶埙，时代为商代殷墟二期；河南安阳刘家庄北121号陶埙，时代为商代殷墟二期。

埙的构造一般而言有如下特点：其一，埙顶端有1吹孔，腹部有5个音孔（前面3孔，后面2孔），底部平，上部呈卵形；其二，埙一般与乐器石磬、编铙伴出并能通过口风的配合，可以吹奏各种音阶的乐曲；其三，埙工艺水平较高，多为泥质灰陶[1]。由此可知，中原地区土音埙乐产生的时代也较为久远。

《诗经·小雅·何人斯》曰："伯氏吹埙，仲乐吹篪。"曾侯乙墓虽无埙出现，但篪已在该墓中出土。既然两种乐器在文献记载中其奏共存，那么，埙应与曾侯乙墓的篪同时存在，才能解释周代八音之说。可以想见，曾侯乙乃知音尚乐大家，健全八音十二律应是他毕生的追求，土音埙乐在中原墓中多有出土，南方遵从周礼的曾国不可能无"土音"之理。石磬清脆悦耳，埙声深沉凄婉，尽现石、土之声且有刚柔和谐的乐音之美。曾侯乙的乐队应有吹埙者，并且埙、磬二乐形成的时代相近，随葬时也应置之中室编磬附近。从复制的编钟、编磬、瑟、琴、鼓、箫和埙演奏效果看，埙这种乐器是"八音"中不可缺少的重要乐器之一。我们认为，因土乐埙大致在曾侯乙墓中室与北室相接近处的磬架旁，正好是一个

---

① 参见王子初：《中国音乐考古学》，福建教育出版社2003年版，第139—140页。

"盗洞"的位置。埙体积小，器壁薄，一旦被石头和泥土压碎，再经墓内积水浸泡2400年，泥质陶片变成泥土是可信无疑的。一件完整的埙通高约在4厘米—6厘米，破碎陶片小若鳞片，经过泥土与积水浸泡和搅动，已无窥斑见豹的机会。《史记·律书》云："武王伐纣，吹律听声。"[1]曾侯乙为了遵循周礼，崇尚乐制，厚铸巨钟，精制石磬，细作鼓弦，巧工笙簧，形成八音之全，缺土之音乃非礼乐之制，况且如此精妙的一钟双音十二律都能存在，而缺少陶埙这类乐器之雅乐更令人质疑。古人在大型祭祀活动的隆重场面，都要演奏八音之乐。从周代"八音"土音乐器之属埙、缶等也有出土，缶可以代表埙，即代替"土"音。《礼记·月令》曰："有仲夏之月……是月也，命乐师修鞀鞞、鼓，均琴、瑟、管、箫，执干、戚、戈、羽，调竽、笙、竾、簧，饬钟、磬、柷、敔。命有司为民祈祀山川百源，大雩帝，用盛乐。乃命百县雩祀辟百辟卿士有益于民者，以祈谷实。"乐与礼相依相存，在这种乐舞场面中，所用的八音之乐尚未缺少吹奏之乐。在曾侯乙墓体现的整个音乐体系中，一钟双音十二律和乐音齐全的八音乐器应该俱有。

二、土乐与"八音"解析

曾侯乙墓所出乐器中，我们已进行了考证，认为曾侯乙乐队中应有"八音"俱全的乐器，其木音为鹿鼓，土音应为陶（泥）埙，塌陷导致木椁、造成泥砂俱下，陶质埙会破碎毁损不见踪迹，当在偶然和必然的情理之中，故此，曾国"七音"应与周制"八音"无异，曾国应称为"八音"俱全的周制乐音。否则，缺音少乐，就很难把姬姓曾（随）国的曾钟曾律完美展现在世人眼前。

周制"八音"的产生与形成，有着渊远而又悠久的历史。《吕氏春秋·古乐篇》曰："帝尧立，乃命质为乐。质乃效山林溪谷之音作歌，乃以麇鞈置缶而鼓之，乃拊石击石，以象上帝玉磬之音，以致舞百兽。"先民们以大自然鸟叫或凤鸣制音作律，形成早期的乐音、乐律，并制作出《载民》《玄鸟》《遂草木》《奋五谷》、《敬天常》《达帝功》《依地德》《总禽兽之极》"八阕"（《吕氏春秋·古乐篇》）。像埙这样的陶质乐器，从新石器时代的埙就有2个音孔的，商代有3个至5个音孔。早期埙吹单音到小三度，发展可吹奏五声音阶、七音音阶，可发八个连续半音。随着考古发现，众多埙为研究古代音阶发展进程和历史有着重要参考

---

[1] （汉）司马迁：《史记·律书》，中华书局1959年版，第1240页。

价值①。

《周礼》多载"八音",如金：钟、镛、钲、铙、铎等；石：磬、鸣球、馨等；土之属：埙（或作壎）、缶等；革：鼓、建鼓、鼗、鼛、柎等；丝：琴、五弦琴、瑟、筑等；木：柷、椌、敔等；匏：簧、笙、巢（大笙）、竽笙；竹：箫（排箫）、篪、箋（笛）、管等。其实，周之"八音"在这个时期已很成熟了。八音有八方之音的说法，八风有八方之风说，并有"南音"、"西音"、"秦音"之地方音乐特色。楚为"南音"，秦为"西音"，尽现"八音"之说音乐文化的演变。

《周礼·春官·大司乐》曰："以六律、六同、五声、八音、六舞、大合乐，以致鬼神示，以和邦国，以谐万民，以安宾客，以说远人，以作动物。"其阐述古人制音作乐定律的宗旨，用音律谐和及其乐舞次序，敬天祀神、治国教化百民的政治与方针。在重大祭祀和蜡舞活动时，"以清脆悦耳之声、铿锵有力之声、庄严肃穆之声、婉转悠扬之声，适应热闹、纷乱、静穆、喜庆等不同的场合，最终满足古代人们对音乐的种种特殊要求"②。曾侯乙编钟（包括梁架、附件上铭文）铭文用3755字记载铭记、标音、乐律等方面关系，不仅有曾国自己的乐律，还有楚、齐、周、晋、申诸国（地）名和乐律关系③。《礼记·乐记》曰："乐者，天地之和也；礼者，天地之序也。和，故百物皆化；序，故群物皆别。乐由天作，礼以地制。过制则乱，过作则暴。明于天地，然后能兴礼乐也。"在曾侯乙墓就有8种共125件乐器出土，可视作礼乐之制、礼仪之邦的曾（随）国，一举成为"汉东之国随为大"的创举，这也是曾国尚乐崇礼与"八音"并存的充分体现。

三、从礼乐制度视角看曾国的音乐

《国语·周语下》载："夫政象乐，乐从和，和从平。"国家的政治与礼、乐制度有着密切关系。曾侯乙墓与周王朝的"八音"之乐同出一辙，故此，音乐无疑与礼交融在一起，相互之间有着因果关系。对曾侯乙墓出土的125件乐器的分类与研究，则能更加深刻认识到曾（随）国的乐音、乐律与礼制文化的属性。以乐律治国安邦，建立等级森严的礼乐制度，把"五声、八音"的乐制用来教化天下的民众，显现君主、贵族的高贵无比，视百姓、奴隶为卑微低下之众。

《周礼·地官·大司徒》曰："因此五物者民之常，而施十有二教焉。一曰以

---

① 参见孙继南、周柱铨主编：《中国音乐通史简编》，山东教育出版社1993年版，第1—9页。
② 庚华：《钟铃象征文化论》，辽宁民族出版社2004年版，第55页。
③ 参见湖北省博物馆：《曾侯乙墓》，文物出版社1989年版，第122页。

祀礼教敬,则民不苟。二曰以阳礼教让,则民不争。三曰以阴礼教亲,则民不怨。四曰以乐礼教和,则民不乖。五曰以仪辨等,则民不越。六曰以俗教安,则民不偷。七曰以刑教中,则民不虣。八曰以誓教恤,则民不怠。九曰以度教节,则民知足。十曰以世事教能,则民不失职。十有一曰以贤制爵,则民慎德。十有二曰以庸制禄,则民兴功。"祭祀先祖,以礼以乐教育天下百姓,提高人民相敬和谐,安定无乱。曾侯乙的钟磬之乐演奏即"八音"俱全,既象征着国家的经济、政治、军事实力,也应用在征战、燕乐、蜡舞、祭祀、婚丧喜庆等重大活动中。礼乐制度约束人民,享乐于君侯,事死如生,事亡如存且又顶礼膜拜的规制,如同庄严的法典一般世代遵从,如同经、纬一样缜密,故《礼记·乐记》有:"是故先王之制礼乐,人为之节。"此则隐含着礼制文化与思想的神韵,意蕴着王者为尊、权力至上的核心宗旨。故此,有"宫为君,商为臣,角为民,徵为事,羽为物,五者不乱,则无怙懘之音矣"。

音乐与政治色彩的特点:钟磬之乐是王宫贵族所专享的雅乐,到了春秋时期,礼、乐制度分崩离析,繁杂纷乱,朝夕变异,南方的楚国尚可问鼎中原,江汉诸姬大概效仿楚国自尊为王,兴兵伐周,破坏周代礼、乐制度在先,重塑"南音"《楚辞》在后。八方之音与八方之风形成各地区的音乐特色,需要协调。曾侯乙之所以在钟磬上标识乐音、律名和曾国与楚、齐、周、晋、申乐律关系,这是表征着曾侯乙在礼、乐制度方面基本上是有章可循的。曾侯乙编钟、编磬铭文律名"商"至"少商"的称谓变化引起了"宫"至"巽"的变化,"徵"至"终"的称谓变化引起了"宫"至"巽"的变化,均说明铭文对八度音称谓的讲究。从"八音"之一"金",即编钟之乐中的宫、商、角、徵、羽五音。曾侯乙知音尚乐铸制编钟和石磬,不仅以精美绝伦的造型彰显外形,更令人叹佩的是他用3755个字标音注识,详尽乐律关系。其严谨而不疏忽的作钟制律思想,体现了华夏文明与礼乐制度的森严与厚重。与此同时,曾国是在以乐开展外交活动,进行着乐礼深度变革,先重乐而后重礼,乐在曾(随)国与礼制相比似乎更为重要。曾侯乙杀人殉葬破礼而重乐,厚葬破礼而重乐,墓圹形制破礼而重乐,以曲悬为形的地下乐宫,楚王熊章赠镈破礼而得乐。正如《礼记·乐记》中提出:"魏文侯问于子夏曰:'吾端冕而听古乐,则唯恐卧。听郑卫之音,则不知倦。敢问古乐之如彼,何也?新乐之如此,何也?'"这都是掀起礼、乐制度变革的巨波,大胆提出新乐与今乐带来时代音乐趋新改制的新动向,促进雅乐与新乐蜕变而取得好的效果。观《诗经·小雅·四月》曰:"滔滔江汉,南国之纪。"音乐有浓郁的地方性特点,南国、南土为南方的楚国和江汉诸姬的泛指。楚昭王奔随处于乱中相救,其子楚惠王馈镈钟祭奠曾侯乙,曾(随)国王室将这件镈钟悬挂于曾侯乙编钟横梁中间,此举意味着曾国人在知音重乐方面将镈钟作为友好象征的重器。音乐是曾侯乙时代精神文明的重要标志之一,也是礼制变革时期的重要物征,作为曾侯乙随葬的 125 件乐器,有一钟双音十二律承袭周制"八音"的遗风,也与灿烂乐经的楚国音乐相呼应。

《左传·昭公二十一年》曰:"夫音,乐之舆也;而钟,音之器也。天子省风以作乐,器以钟之。"曾侯乙编钟为青铜铸造,其中钮钟 19 件,甬钟 45 件(应为 46 件,挂楚王镈换下 1 件大钟),加上楚王熊章镈钟 1 件,共 65 件。"八音"中的金属乐器,俗称"金"。在西周中期有 3 枚一组钟出土,至西周晚期的钮钟和战国时期大型编钟,编镈皆为"金"乐器,此金即指青铜。编钟、甬钟各部位名称详细,如甬、衡、旋、斡、幹舞、舞修、舞广、枚、景、篆、钲、鼓、鼓间、隧、铣、铣间、于 17 个名称标示于一枚钟上,可见古人对钟的研究颇深,一钟双音就是在钟体内对音槽进行打磨调音而成,曾侯乙甬钟就有一钟双音的特色。从考古发现看曾侯乙编钟横架悬挂金属编钟,应该有特殊的音响和共振的作用。如果用青铜铸成钟架,其共振和音效反应就不一样了。金钟木梁结合在一起,加上铜人为柱起着稳固作用,其效果更加完美。编钟除作为乐器供人们享用外,后来成为天子、君侯判定森严等级制的标准,形成礼、乐制度重要的实物资料。曾侯乙编钟为诸乐之首,在曾国七音(实际是"八音")中,铸造最精良,集音乐、艺术、书法、铸造、建筑、律学、体育、自然与人类诸多因素于一体,再现悠久文化与历史。

乐器应该是人类在大自然物质条件发展和自身生活经验积累的基础上,发现木、丝、竹、革、石等自然物体产生声音,经过人们的加工创造,形成有规律的乐律。"金"乃是科技发明与制造的结晶,铸造出青铜编钟为乐之重器,就更证实人类进化与文明。《周礼·春官·宗伯》曰:"大师掌六律、六同,以合阴阳之声。阳声:黄钟、太簇、姑洗、蕤宾、夷则、无射;阴声:大吕、应钟、南吕、函钟、小吕、夹钟。皆文以五声:宫、商、角、徵、羽;皆播之以八音:金、石、土、革、丝、木、匏、竹。"八音之首为金。《国语集解·周语下》曰:"如是而铸之金,磨之石,系之丝木,越之匏竹,节之鼓而行之,以遂八风。"韦昭注云:"《传》曰:'所以节八音而行八风也。'正西曰兑,为金,为阊阖风。西北曰乾,为石,为不周。正北曰坎,为革,为广莫。东北曰艮,为匏,为融风。正东曰震,为竹,为明庶。东南曰巽，为木，为清明。正南曰离，为丝，为景风。西南曰坤，为瓦，为凉风。"[1] 结合传世文献与曾侯乙墓出土金石之乐比较分析，更能深度了解曾国乐风、乐律、乐器与数量，探秘"八风"、"八音"、"一钟双音十二律"等乐音乐律兴衰的轨迹。

《吕氏春秋·古乐》曰："帝尧立，乃命质为乐，……乃拊石击石，以象上帝玉磬之音，以致舞百兽。"《国语·周语》"金石以动之，丝竹以行之。"磬宛如新月，厚薄匀称，表面磨制得光滑透亮，玉、石之磬因悦耳动听而得名。故此，曾侯乙墓出土的编磬备受研究者的关注，其不仅有形、有声，还有俊丽秀美的铭文书法吸引音乐研究者高度关注。磬铭记载标音、乐律关系，磬块中有刻字和墨书，共 708 字，乃为一部"磬"的音乐史册。随州毛家冲出土西周中期石磬[2]；在擂鼓墩 M2 出土有编磬，共 12 件。这些磬没有铭文和磬匣，总体上看没有曾侯乙墓石磬那么精致，尤其没有铭文标注音律关系，擂鼓墩东团坡、西团坡发现了曾国墓葬，均以金石之乐为主旋律，从而证实了曾国重礼尚乐之风。

湖北境内五峰县出土有商代石磬，音乐性能好，发音清亮，音高明确。江陵县城北春秋战国时期楚都纪南城附近战国文化曾出土战国编磬 25 具，大多保存有彩绘花纹，以凤鸟为主题，构成绚丽多彩的图案，与楚国漆器流畅生动的图案风格相吻合，而且音乐性能好，音质优美。江陵天星观 M1 出有战国中期编磬[3]。可见，在曾侯乙墓和楚墓均有编磬出土，金与石制乐器是有互动作用的。《礼记·乐记》曰："若夫礼乐之施于金石，越于声音，用于宗庙社稷，事乎山川鬼神，则此所与民同也。王者功成作乐，治定制礼。其功大者其乐备，其治辩者其礼具。干戚之舞，非备乐也；执亨而祀，非达礼也。五帝殊时，不相沿乐。三王异世，不相袭礼。乐极则忧，礼粗则偏矣。及夫敦乐而无忧，礼备而不偏者，其唯大圣乎。"古代帝王功成名就了才作乐，社会安定了才制礼。曾侯乙如此作钟铸乐成一番事业，是不言而喻的。此外，在山西侯马曲村晋侯墓编磬、安阳石磬、古先齐屋等石磬、闻喜邱家庄编磬、秦公一号编磬、河南淅川下寺 M2 编磬、江苏丹徒北山顶编磬等很有名。以黄翔鹏先生为代表的学者，对编钟、编磬作了深入研究，认为石磬的音阶"只是作为骨干音来使用"。曾侯乙编钟 64 枚（加挂镈钟位置的 1 枚钟即 65 枚）、编磬 32 枚均用于演奏"骨干音"。学者提出三声音列编磬："三声音列编磬构成的最低条件是有三块一组的石磬，其他存在情

---

① 　徐元诰：《国语集解·周语下》，中华书局 2002 年版，第 111 页。
② 　参见《中国音乐文物大系》（湖北卷），中华书局 1954 年版，第 74—75 页。
③ 　参见《中国音乐文物大系》（湖北卷），大象出版社 1996 年版，第 74—75 页。

况视石磬具体情况而定。"所谓"四声音列编磬"、"五声音列编磬"[①]，以曾侯乙墓出土编磬为代表，就有大量的小二度关系的音程，也就是说曾侯乙编磬无论从乐律铭文综合分析，彼此之间均是半音的音程关系。深度探索曾侯乙编磬类似磬有"徵调音列结构"。王安潮先生对各地出土编磬进行深入研究后指出："我们发现在三声音阶的结构模块中，以'徵—宫—商（羽—商—角）'的模式为主要，也就是这种强调'纯四度、大二度'音程关系在我国早期的民族音列中占主导地位，其他像'羽—宫—角、徵—宫—角'强调三度音程关系的音列结构相对来说要次些。"[②] 曾侯乙编磬的音律、音程关系在曾侯国音乐系列中，起到音阶发展中的主导作用。

第五节　从叶家山发掘西周早期编钟看曾国礼乐文化

曾国立国的年代，一直随着考古新发现不断改写。近年来，叶家山西周早期曾国墓地连续考古发掘，已将这个汉水以东土著曾国的历史追溯到了西周早期，比所发现的燕、晋、卫诸国周代墓葬规模更大。随州叶家山西周早期墓葬群出土有方鼎、圆鼎等青铜礼器，并在墓内二层台上将随葬品摆置成曲尺形，大型墓葬中随葬有礼乐重器，鼎簋成列、钟镈成组成编，其时代比随州擂鼓墩战国早期的编钟早 500 年。

一、西周早期曾国墓葬二层台上器物摆置成曲尺形

随州城东有漂水，在漂水东西两岸的万店、庙台子、西花园、东花园发现有新石器时代、商周时期古文化遗址、墓葬和青铜器。[③] 至少在商末周初这里已成为曾人立国兴邦的城域，叶家山西周早期大型墓地足以证明曾国早期城邦于此，墓葬出土的精美绝伦的青铜礼乐器、车马器、兵器、陶器、瓷器和玉器，进一步说明曾国于西周早期在漂水东岸建立了城市、作坊、冶铸、生活居住区、高等级贵族墓地宗族墓地和家族墓地，所反映的葬制葬俗则是先民实际生存的缩影。《左传·哀公十五年》曰："事死如事生，礼也。"叶家山西周早期墓地则是反映

---

① 王安潮:《音乐与表演》,《南京艺术学院学报》2006 年第 1 期。

② 王安潮:《音乐与表演》,《南京艺术学院学报》2006 年第 1 期。

③ 参见武汉大学历史系考古教研室、襄樊市博物馆、随州市博物馆:《西花园与庙台子——田野考古发掘报告》,武汉大学出版社 1993 年版。

这个时期生活、习俗和葬制关系的可信历史。

2011年在叶家山西周墓地第一次发掘63座墓葬（实际是65座）和1座马坑，其中从M1、M2、M27、M65墓葬规格、规模、随葬品和墓葬年代已整理的考古简报获悉，M1年代为西周成王或康王时期，其等级大概是师；M2年代大概在康昭之世；M27年代大概在昭王晚期或昭穆时期，[①]M65年代应在成康与昭王晚期。先看这几座墓将随葬品在二层上摆置成曲尺形之特点。

其一，M1除已散失的文物外，所剩下铜器、骨器、玉器和漆木器主要摆置在墓内二层台上。考古简报也称："据此可看出，M1的随葬器物大多呈曲尺形放置在西边和南边的二层台上。"[②]随葬品在二层台摆放置曲尺形之特点，则与古代乐悬之制中的曲悬有关，为研究西周早期音乐文物和礼乐制度提供了有价值的参考资料。[③]其二，M2随葬品较多，其中有铜器、陶器、漆木器、瓷器和玉器。简报平剖图所示，这座墓随葬品大多呈曲尺形放置在东部和北部的二层台上。青铜礼器、瓷器和漆木器放置在东端的二层台上，陶器、瓷器放置在北边的二层台上，墓中的漆木器已腐朽，但可见红色彩绘痕迹。棺内放置少量玉器[④]。上述M1、M2随葬品摆置成曲尺形有关特点。从叶家山西周早期曾国墓葬的葬俗看，均为仰身直肢葬。曾侯墓地棺内多见铺朱砂的习俗。随葬器物较多，均以曲尺形放置在二层台上，此俗与周代乐制曲悬之制有着密切关系。这种习俗在曾国墓葬中一直延续到战国晚期。《左传·成公二年》曰："卫人赏之以邑，辞。请曲悬、繁缨以朝，许之。"贾谊《新书·审微》曰："曲悬者，卫君之乐礼也。"可见，对"轩悬"、"曲悬"乐悬之制古史多载。千古遗风主要来源于早期先民们的生活习惯，他们往往有崇尚天神、敬奉先祖的习俗，逐渐形成信仰和精神力量，经过漫长的文化积淀形成丧葬制度中的一部分，西周早期礼乐制度是在继承商人的礼俗遗风渐渐演绎而来，这些文化迹象可能在传世文献中见不到，但可在考古发现的古文化遗迹中找到答案。这种将随葬品以曲尺形摆放形式与文献中的曲悬

[①] 参见湖北省文物考古研究所、随州市博物馆：《湖北随州叶家山西周墓地发掘简报》，《文物》2011年第11期。

[②] 参见湖北省文物考古研究所、随州市博物馆：《湖北随州叶家山西周墓地发掘简报》，《文物》2011年第11期。

[③] 参见湖北省文物考古研究所、随州市博物馆：《湖北随州叶家山西周墓地发掘简报》，《文物》2011年第11期。

[④] 参见湖北省文物考古研究所、随州市博物馆：《湖北随州叶家山西周墓地发掘简报》，《文物》2011年第11期。

图一九五　叶家山 M27 青铜器铭文拓片（采自《文物》2011 年第 3 期第 52 页）

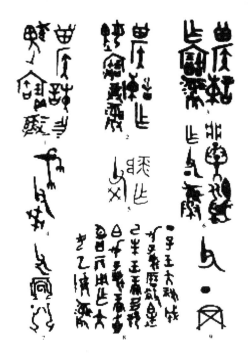

图一九六　叶家山 M27 青铜器铭文拓片（采自《文物》2011 年第 3 期第 52 页）

之制相符不是巧合，至少能说明"曲悬"为举足轻重的乐礼制度，是伦理与礼乐思想交融的结晶，这种礼乐文化的积淀与考古文化的诸多元素，多引导起考古学家和音乐考古学家们的高度关注。尤其在腐朽的漆木器中是否有漆木乐器的存在虽不得而知，但像叶家山西周墓地部分墓葬随葬品以曲尺形摆放形式不是个案，其与该墓地 M111 墓出土的编钟乐器相印证。在这批曾国墓地规模和墓葬随葬品中反映出来的文化迹象不仅是礼制，而且也是西周早期乐制中的文化元素和音乐思想的精髓。其三，M27 土坑竖穴墓，墓坑内有熟土二层台，该随葬器物主要呈曲尺形放置在北、东两边二层台上，其中，铜器、陶器、漆木器、瓷器和玉器多达 121 件。仅在南边二层台上放了几件陶器和漆木器。其中玉器主要放在棺内。在铜器上绘制有彩绘花纹，这些文化迹象在以前考古中也十分少见。此外，发现在陶器上涂有朱砂的习俗。[1] 其四，M65 均属 2011 年 2—6 月第一次发掘的 65 座墓和 1 座马坑之一，是继 M1、

---

[1]　参见湖北省文物考古研究所、随州市博物馆：《湖北随州叶家山西周墓地发掘简报》，《文物》2011 年第 11 期。

M2、M27 墓葬的考古发掘简报之后,再次整理后在《汉江考古》2011 年第 3 期发表公布的。M65 在叶家山西周早期墓地开挖 2011YTS04WO2 探方的南部。墓口四角有柱洞。墓坑壁直规整,设有熟土二层台,原椁盖板与二层台面平齐。其葬具置于墓坑中央,均腐朽但痕迹可辨,由此判定为一椁两棺。随葬品在椁外主要摆置在东边、南边二层台上。① 叶家山西周早期墓地 M65 随葬有青铜器、陶器、玉器、漆木器、瓷器等。西南角二层台上放置青铜礼器为七鼎四簋;椁室内随葬器物摆置零乱。南部二层台上和椁室内南侧放置兵器;唯见东部二层台上放有铜面具、铜锭、锡锭原料和车马器,可见,椁室外二层台上随葬器物也摆置成曲尺形。

二、西周早期墓地礼器与音乐文化属性

综上所述,叶家山西周墓地发掘面积之大,出土墓葬数量甚多,随葬品类型也十分丰富,涉及墓葬的习俗、墓主人历史背景、年代和文化属性诸多问题值得深入探讨与研究。其一,叶家山西周早期墓地是随枣走廊曾国历史文化的重大考古新发现。不仅出土了西周早期的丰富文物,而且见到青铜器上铭文标注的墓主人身份,对判定墓葬年代和文化属性都有重要的参考价值。墓主人多为高等级曾国贵族和曾国国君。诸如曾侯、曾侯谏和曾侯犹(?)等,这是目前所发现最早的曾国国君墓地葬。其二,周鼎制度可以窥视周初的礼制,《公羊传·桓公二年》何休注的"天子九鼎,诸侯七,大夫五,士三"周鼎之数。又见《周礼·天官·膳夫》曰:"王日一举,鼎十有二,物皆有俎,以乐侑食。"郑玄注:"杀牲盛馔曰举。王日一举以朝食也。"鼎制是周代早期的礼制的核心。M1 师方鼎、M27 曾侯方鼎的出现,对研究西周早期诸侯用鼎制度提供了重要资料。这类方鼎曾在湖北蕲春出土的盂方鼎、黄陂鲁台山、宝鸡茹家庄 M1 等地墓葬出土的方鼎特点和风格十分相似。这些墓葬年代大致在西周成康时期或昭王晚期。考古学家认为,诸如陕西高家堡戈国墓地、河南洛阳北窑西周墓、琉璃河西周燕国墓等一些地方出土的西周早期青铜器特征与叶家山上述诸墓出土铜器风格十分相近。陶器、瓷器如 M2 陶鬲、簋的年代与客省庄 M145 出土同类器物年代相近。叶家山墓葬年代推定为西周早期,即 M2 其年代约在康昭之

---

① 参见湖北省文物考古研究所、随州市博物馆:《湖北省随州叶家山 M65 发掘简报》,《文物》2011 年第 3 期。

世,M27 其年代应在昭王晚期。① 其三,叶家山西周墓地以土坑竖穴为主,其葬俗墓向尚东(少量为东西),葬具以一棺一椁为主,墓内设有二层台,器物以曲尺形摆置在二层台上。M1 在墓底设有腰坑,曾国墓葬底部设腰坑和殉狗习俗,这种习俗一直延续到了战国早期的曾侯乙墓。青铜礼器数量甚多,尤其方鼎更能说明叶家山墓地曾国高等级贵族墓,方鼎多为方国之君享用,应为周王室一些亲近重臣。其四,从叶家山西周早期墓地 M65 随葬器形、花纹特点可以看出,这批精美绝伦的青铜礼器体现出浓厚的西周早期的风格,这与陕西、山西、河南等地发现的西周墓葬出土的青铜器物风格较接近。M65 年代应在成康与昭王晚期。墓中出土一批陶器和原始瓷器则是该墓年代的断代标志之一。叶家山西周早期的墓地 M65 年代应在康昭之际。另外,该墓出土 11 件青铜礼器中也有带曾侯铭文的青铜器,加上曾侯、方伯才能秉持的武器青铜钺,与墓葬规模和随葬品的器物相匹配,以其实力判定墓主曾侯谏、曾侯犹(?)应为汉东大国曾国两代国君。

三、西周早期编钟的发现与礼乐制度分析

2013 年 3—7 月,在叶家山西周早期墓地进行了第二次考古发掘。揭露面积多达 5000 平方米。此次共发掘 77 座墓葬和 6 座马坑以 M111、M28 为例,这 2 座发现大墓设有墓道,过去所发掘的曾国墓葬很少设墓道,一般为土坑竖穴墓。叶家山西周早期墓地 M111 墓坑西部带有一长方形斜坡墓道。墓坑周边设有 8 个柱,其四角各有一大型柱洞。这是反映周代墓地墓上建筑的遗迹。此为研究西周时期的墓上建筑提供了有价值的参考资料。二层台四壁发现有长方形漆盾并形成盾墙,似乎形成一道固若金汤的防卫习俗,但漆盾均已腐朽,只见残痕。同时,在墓坑四周存有大量的铜锭、锡锭。靠北部的二层台上主要放置有青铜礼器、酒器和水器、漆木器,原始瓷器放置在东部的二层台上,兵器放置在南部的二层台上。乐器编钟主要放置在南部的二层台上,也有少量兵器出土。墓坑填土中则有散埋的青铜车马器。②

M111 墓地是叶家山墓地众多墓葬中规模最大的墓葬,也是我国目前所发

---

① 参见湖北省文物考古研究所、随州市博物管:《湖北随州叶家山西周墓地发掘简报》,《文物》2011 年第 59 期。

② 参见湖北省文物考古研究所、随州市博物馆:《随州叶家山西周墓地第二次考古发掘的主要收获》,《江汉考古》2013 年第 3 期。

现西周早期最大的墓葬，其墓主人当为曾国一代君侯。《周礼·春官》曰："先王之葬居中，以昭穆为左右。凡诸侯居左右以前，卿大夫居后，各以其族……凡有功者居前，以爵等为丘封之度，与其树数。"周代的墓地均有严密规划，古代文献多有记载。所出土的青铜器造型、纹饰特点的年代应属于西周早期，相比M65、M28出土的青铜器形制与风格更具有艺术性。所出青铜器铭文标注了国名和爵位；除国名、爵位之外再加上私名之类的文字，即曾侯和曾侯谏、曾侯犹两类。根据墓中随葬品与文化因素、礼乐葬俗迹象推断，这种带有私名的"曾侯犹"应为M111的墓主人。这种不带私名的曾国青铜则在该墓葬地M28、M27、M65、M111也有发现。方鼎早在商周之际则是国家权力的象征，其上铭文为"曾侯作父乙"也应是墓主人之一，也有些学者持有不同的学术观点。

叶家山西周早期墓地M111不仅出土了一大批精美绝伦的青铜器，而且还出土了一组青铜编钟，它是目前所发现的我国西周早期数量最多、保存最好、时代最早的编钟，对研究西周时期音乐发展和编钟编组提供了有价值的资料。[①]

西周早期墓地M28铜锭、锡锭与礼乐铸造关系，叶家山西周早期墓地具备了规划性、完整性的曾国高等级贵族墓域。[②]M28二层台上放置的两件青铜原材料与青铜冶铸则有直接关系，一是铜锭皆为纯铜，铜含量已达到98%以上；二是孔雀石，在叶家山西周墓地中见有M28和M37两座墓中均有出土，经冶金专家和考古学家考证，这些铜锭外形与湖北黄石铜录山大冶湖边所出铜锭相同。这对研究西周时期采矿、冶炼和青铜铸造提供了宝贵资料。同时，对曾国青铜铸造业的兴起和发展方面相关问题的研究也提供了重要资料。

叶家山西周早期墓地第二次考古发掘还发现了6座马坑，方形马坑2座，长方形马坑4座，均分布在大墓周围。方形马坑随葬马匹2—4匹，长方形马坑深且保存完好，随葬马数8匹—10匹。"从马骸观察，所有都杀死后而埋葬的"，[③]除了随葬马匹之外，还有随葬了一定数量的兵器，反映出当时社会出现动荡不安的局面，以武立国，往往尚武之风盛满朝廷。以礼乐治国，则形成周王朝

① 参见湖北省博物馆、湖北省文物考古研究所、随州市博物馆：《随州叶家山西周早期曾国墓地第二次考古发掘的主要收获》，《江汉考古》2013年第3期。

② 参见湖北省文物考古研究所、随州市博物馆：《随州叶家山西周早期曾国墓地第二次考古发掘的主要收获》，《江汉考古》2013年第3期。

③ 参见湖北省文物考古研究所、随州市博物馆：《随州叶家山西周早期曾国墓地第二次考古发掘的主要收获》，《江汉考古》2013年第3期。

文武安邦的统治目的,尤其在汉水以东的曾国为甚,随枣走廊历来为军家必争之地,青铜礼乐器可反映当时科技文化水平,先进的青铜兵器、战车和骠悍雄健的战马均可显示出曾国的政治、经济和军事实力。叶家山西周早期墓地第二次考古发掘共发现了77座墓葬和6座马坑,可知这批西周早期的墓地,以该墓地M111、M28带墓道的大型墓为例,透视出商末周初礼乐制度、葬俗和葬制等诸多文化因素。尤其对揭示曾国西周早期的历史和曾、随之谜的研究提供了不可多得资料。譬如该墓地所发掘的墓葬与青铜器,其上铭文反映出曾国国君如曾侯、曾侯谏、曾侯犹(?)等显赫人物,并且首次发现带墓道的曾国特大墓葬。其礼器铸制之精,编钟数量之多,青铜原料罕见,多数方国文字的青铜器以及方形、长方形两类大型马坑等同时发现,更值得研究者们关注汉水以东、随枣走廊姬

图一九七　随州叶家山 M28 出土圆形铜锭、长方形铜锭（采自《江汉考古》2013 年第 3 期）
（西周时期）

姓曾国与方国关系。

四、金道锡行与曾国礼乐器冶铸业解析

周王朝在灭商后大肆经营南方,加重对南方诸侯和边域方国的加封与控制。正因为如此,曾国早已成为周王朝窥视南方的门户,曾国始终占据中原通往南方的锁匙之地。随枣走廊介于大洪山与桐柏山之间,汉水以东、长江中游与淮水、涢水、漂水、溠水、溠水形成黄金水道,一度成为"金道锡行"的要冲。随枣之间的随州、枣阳、京山、安陆诸地出土的青铜礼器、乐器数量甚多,铜料和铸器均要通过长江、汉水进入涢水至曾国,或通过陆地车马古道进行搬运,北通中原,南舶吴越,一度古随地应成为周朝在南方青铜冶铸和加工的基地。静方鼎铭:"王在成周大室,命静曰:俾汝□司在噩、曾师"[1],曾伯簠盖铭:"曾伯哲圣元武,元武孔黹(致),克(狄)淮夷,抑燮繁汤(阳),金道锡行,具既卑(俾)方。"[2] 曾、噩、厉都是周初分封于汉水以东古随地的侯国,周王朝应能顺理成章地控制南土诸国。从这些文献记载的诸多史事则可看出,随枣走廊的曾、噩、唐、厉诸国之间关系甚密。"金道锡行"则指南方一条通往中原各地运输铜、锡原料的重要通道,曾国无疑成为西周时期青铜原材料加工、冶铸及其与科技文化播传的重要基地。在叶家山西周早期墓地如 M28 首次发现铜锭、锡锭和孔雀石冶铸原材料。

一些专家学者提出曾国青铜礼器和青铜乐钟应是本地冶铸的。西周早期的曾国高等级墓地建造于叶家山,不言而喻,曾国立国后的建都也应于此,《说文解字》曰:"城以盛民也。"曾国青铜冶炼铸造作坊应是考古工作者的新课题。从考古与文化的视角看庙台子、东花园、西花园古文化遗址,就不难发现此与曾国早期的都城应有千丝万缕的联系。《管子·乘马》曰:"凡立国都,非于大山之下,必于广川之上,高毋近旱而水用足,下毋近水而沟防省。"[3] 又见《管子·度地》曰:"故圣人之处国者,必于不倾之地,而择地形之肥饶者,乡山左右,经水若泽。"漂水滨岸建立国都,则是曾国首选之地。[4] 尤其从该遗址中的商代文化层中出

---

① 参见中国社会科学院考古所编:《殷周金文集成》(修订增补本),中华书局 2007 年版。
② 参见中国社会科学院考古所编:《殷周金文集成》(修订增补本),中华书局 2007 年版。
③ 黄敬刚:《曾侯乙墓尊盘设计之谜》,《曾国与随国历史研究》,人民出版社 2013 年版,第232 页。
④ 黄敬刚:《曾侯乙墓尊盘设计之谜》,《曾国与随国历史研究》,人民出版社 2013 年版,第232 页。

图一九八　随州叶家山 M28 出土铜锭、锡锭（采自《江汉考古》2013 年第 3 期）（西周时期）

土的原始瓷器,则与叶家山西周早期墓葬中出土的原始瓷器如同一范,其文化风格几乎一致。随着叶家山与庙台子、西花园、东花园等考古新发现,曾国古城址和文化源头当可找到圆满答案。①

　　盛世铸钟,强国治礼,随州乃为古代青铜编钟和礼器的盛产地,曾侯乙编钟被有识之士誉为世界第八大奇迹。自曾侯乙墓发掘以来,国内外历史、考古、冶金铸造、物理声学、天文历法、音乐律学、古文字学、中西文化比较、科技史等领域掀起了对曾侯乙编钟的研究热潮(1978—2018 年共 40 年)。曾侯乙编钟探源一直被历史考古学界、音乐学界和科技史界列为国际性学术研究的课题。继曾侯乙墓发掘至今 33 年间以来,分别在擂鼓墩 M2 出土 36 件编钟、编磬和鼓乐器。随州三里岗镇毛家冲发现了西周中期的青铜镈。

　　随州城区东郊文峰塔(季氏梁、义地岗)春秋墓葬中,也出土了曾国的钮钟和大型甬钟。叶家山西周早期墓葬 M111 出土编钟 5 件,其中镈钟 1 件和甬钟 4 件,由此看来,曾国编钟至少贯穿 800 年的辉煌历史,形成了一条曾国编钟音乐与礼仪文化的历史通道。

　　叶家山 M111 编钟之一的虎纹镈,其形制、花纹与风格早于甬钟的年代。镈钟是南方青铜文化的产物,曾国墓葬出土的虎纹镈与湖南邵东县毛荷殿乡民安村出土的商代晚期虎纹镈风格相同。学术界研究认为虎纹镈钟反映的是南方钟对中原文化的影响。湖南地区出土镈钟多在湘水流域及越人居住的地区。②

　　《说文解字》云:"镈,大钟,镈于之属,所以应钟磬也,堵以二,金乐则鼓镈

----

① 黄敬刚:《随都辨》,《楚史论丛》,湖北人民出版社 1984 年版。

② 参见高至喜:《高周铜镈概说》,《中国文物报》1989 年 11 月 10 日。

图一九九　随州文峰塔季梁祠曾国墓地出土春秋钮钟（春秋中期）

应之。"[1] 又见《周礼·镈师》郑注说："镈如钟而大。"商镈多在湖南多出，在二十余件中虎纹镈就有 6 件（图虎纹镈）。诸如西周时期中原地区铸制的甬钟是以南方铙为原型形成的。1980 年 5 月在宝鸡市南郊竹园沟西周伯各墓地出土的 3 件（组）编钟，则是在西周政治中心地区所见到最早的乐钟。[2] 长安长囟墓出土的 3 件（套）编钟的年代稍晚。叶家山出土的西周早期 5 件（套）乐钟，其数量多于周王朝政治中心地区出土的编钟。曾侯甬钟为 4 件组合，在西周音乐史和音乐考古研究中实属罕见。西周时期礼乐制度往往在其边际诸侯与方国间有所不受，大有相悖周王朝所谓的礼乐制度。曾国这种治世之道则会直接影响边陲侯国。M111 有关虎纹镈造型、饰纹和乐钟风格，与湖南邵东荷殿乡民安村出土的镈钟风格基本一致。[3] 其上铸有雕鸟，尚存晚商时期的文化遗风。M111 出土的虎纹镈造型别致，腔体为椭方形，其两侧安装有四个相对称的透雕虎。前后伸出钩云状扉棱，扉棱顶部各有一圆雕小鸟。钟腔前后各饰一半浮雕塑的兽面纹。其上、下各有一周窄行涡纹框出的边界。M111 出土的镈甬钟共 5 件（套）乐钟，可谓是西周早期的编钟之王。

五、曾国周初编钟乐制的分析

商代晚期编钟（甬钟）多见以 3 枚为列组。甬钟编列方式则是在小型铙组合方式上继承发展而来的。叶家山 M111 甬钟与镈则摆置在二层台上。在西周

---

① （汉）许慎：《说文解字》，（宋）徐铉校定，中华书局 1963 年影印本。

② 参见黄翔鹏总主编：《中国音乐文物大系》（陕西卷），大象出版社 1996 年版，第 29 页。

③ 参见王子初总主编：《中国音乐文物大系》（湖南卷），大象出版社 2006 年版，第 52 页。

早中期的丧制和礼乐制度下,礼器使用形式和乐器规范配制的束缚下则更趋完善。M111 甬钟 4 件再配上镈编组成列实属超出周初甬钟的编制,又见于北赵M9 西周早期墓出土的 4 件甬钟。在北方地区一些贵族墓随葬时使用了编组的甬钟。商周之际的甬钟与编铙葬制基本相同,特高级贵族首领多随葬此类乐钟,譬如宝鸡竹园沟 M7、山西曲沃北赵晋侯墓地 M9、茹家庄 M1 乙墓、翼城大河口 M1017、长安普渡村长囟墓等墓葬中均随葬编甬钟以及叶家山西周早期墓葬均以 4 件甬钟加镈组合。西周早期曾国国君墓随葬了编甬钟乐器并未越规。其镈钟则与克镈一样,往往是特镈与编甬钟相配作编列乐器组中低音和弦与定音乐器的。

许多学者认为,"仅有竹园沟 M7 与叶家山 M111 将之摆放在二层台上"[1],按时代而言,叶家山 M111 的年代早于北赵晋侯墓 M9,其中 4 枚甬钟仍然分为两组,即每 2 件为一组。叶家山 M111 考古新发现的编钟,至少让人们更多了解周王朝在经营南方时所吸收南方乐器的特有风格。尤其是周初曾国使用的虎纹镈与中原周文化风格的甬钟均有存同存异的迹象,有南北兼融的礼乐新风。M111 虎纹镈钟其时代应比甬钟更早,至少可以追溯到商代晚期,通过考古发掘出土的虎纹镈为断代树立了标尺,同时,4 件甬钟 2 件带有西周早期特点的乳刺,可为西周乐器制度和音乐史研究提供有价值的参考资料。

叶家山西周早期墓地 M111 所出土编钟年代,要比擂鼓墩战国早期曾侯乙编钟年代早 500 年。西周早期甬钟以往在以周代政治中心的陕西多出。[2] 诸如宝鸡、扶风、长安、临潼、凤翔及河南平顶山和山西曲沃北赵等有十几个地点出土。[3] 以出土编钟数量而言,叶家山 M111 数量之多,时代之早,保存质量之完好,无疑为研究西周早期乐悬制度提供了有一定学术价值的资料。

经研究发现叶家山 M111 出土的 4 件甬钟可分为两式,以钟枚、右鼓部花纹和钲、篆界隔等方面的特点为区别。诸如 M111∶7、M111∶11 甬钟为长尖锥状形枚。钟体呈扁形,横断面为合瓦形,纵向截面轮廓为正梯形,铣边有棱,钟口于部向上收成弧形。舞部平,饰以四组阴线大云纹。甬呈椭圆形,其上有斡旋,甬中空与钟腔贯通,顶端开放无衡,仅设一对微小半圆缺口。钟前后两面各有 18 个枚。钟腔内平滑,不见调音痕迹。钟分两式,主要区别于钟枚、右

① 参见常怀颖:《论商周之际铙钟随葬》,《江汉考古》2014 年第 1 期。

② 参见黄翔鹏总主编:《中国音乐文物大系》(陕西卷),大象出版社 1996 年版,第 29 页。

③ 参见黄翔鹏总主编:《中国音乐文物大系》(陕西卷),大象出版社 1996 年版,第 29 页。

鼓部花纹,钲、篆界隔之别。两式相比,M111∶7、M111∶11为长尖锥形,钲、篆界隔,并饰以乳钉纹,其右侧鼓部饰以近似鸟变形云纹。M111∶8、M111∶13两件钟以短尖锥状枚为特征,钲、篆界隔为双细阳线,饰以小圈点纹。钟上至今尚未出现铭文,钟通体保存完好。按墓坑摆放形式则以两式钟交错放置。

经考古工作与音乐考古专家考证,编钟铜质良好,铸制精美,钟腔内光滑无调音处理的痕迹,钟为一钟双音。从现已测音得出的结果,其一,墓坑编钟排列方式与音高尚无关系;其二,4件甬钟分为两组成编。2组钟再合起来,成编后音阶

图二〇〇　陕西宝鸡竹园沟甬钟（西周早期）

相连,构成一个八度又一个小三度音列关系。再加上镈钟的双音,可见整套编钟具有跨越一个八度再加纯四度的音域,能够构成该音域内的六声音列。湖北省文物考古研究所、武汉音乐学院组织专家对这组编钟进行了考古研究和测音分析,得出其正鼓音的主要音阶为宫、角、徵、羽,少数为徵、宫,无商音。[①]对于这组钟的研究正在进行,目前从钟的形制、花纹特点看,4件甬钟分为两组尚无异议,从测出甬钟的音列上无缺坏,有人认为是入葬前按音经过重新编排的,但又不见钟腔有调音痕迹。

《周礼·春官·小胥》曰:"正乐悬之位,王宫悬,诸侯轩悬,卿、大夫判悬,士特悬。"考察考古发掘材料可证,3件或2件一肆(组)并不少见,至于叶家山西周早期墓葬M111出土了5件组合的编列形式并不多见。西周立,周公"制礼作乐",规范礼乐制度是周王朝统治天下的主要政治工具,看来曾国之乐尚在周公"制礼作乐"前就已开始享用了。无论是墓葬制度、棺椁制度、用鼎制度、

---

① 参见黄凤春:《湖北随州叶家山新出西周青铜编钟略说》,《东亚音乐考古研究论文集》,中州古籍出版社 2014 年版,第 50 页。

用玉制度、乐悬制度在早期曾国的墓葬中，所反映出来的葬俗超乎了常规。这些在周王朝边域邦国的墓葬中，随葬的礼乐重器总有僭越礼乐的迹象。其实，西周早期把编钟作为礼乐等级标志的制度并未严格遵循。

镈钟与甬钟的编列、组合形式则在西周早期已经出现，叶家山西周早期的编镈出土问世，为钟镈成编的相关学术研究提供了可信资料，还为西周中原甬钟的原型之"南来说"、"北方说"等学术问题的研究提供了更新的资料。通过对叶家山西周早期曾国墓地所出的礼器、乐器探索研究，我们提出需要关注的几个问题：其一，从西周时期的乐制方面去研究曾国乐音乐律问题；其二，从西周早期曾侯墓葬出土的编钟以及该墓葬随葬器物呈曲尺形摆置在二层台上之习俗，开展对曾国早期礼制与乐制思想进行更深入的探索；其三，继续对西周早期的曾国墓葬出土的乐钟进行深入考析。随着叶家山西周早期墓葬区的考古新发现以及对出土文物进一步整理研究，对于曾、周同源关系，曾、楚文化交融关系，曾、随之谜历史关系，曾、噩、唐、厉诸国等方面关系进行探索研究；其四，着重对叶家山西周早期曾国墓地与曾国先族文化关系的探索，叶家山西周早期墓地不仅出土有铜器，还有陶器和原始瓷器，这与庙台子、西花园、东花园古文化遗存有着共存关系，与曾国商末周初的文化源头有关直接的文化和承继关系；其五，对田野考古发掘与调查的情况进一步关注，在探索曾国都城遗址的同时，进一步对曾国青铜冶铸业的进行研究。曾国铜器冶铸及铜料来源问题，应该是以后需要重点研究的学术新课题。此外，也有必要对随枣走廊、汉水以东地区冶炼和铸造方面的相关作坊遗址进行深度探索与研究。

第 七 章

先秦时期音乐文物与考古学研究

先秦时期音乐文物大凡从地下出土,从考古学视角看音乐文物自有它的特殊性。一般而言,大量存世的先秦乐器主要是经过考古发掘占文物管理部门收藏品的主流,还有历史上自然暴露出土的和人为出土的乐器也不在少数。这些音乐文物大部分流散于海内外,分别由博物馆或个人收藏。新中国成立以来,凡从地下出土的文物均归国家收藏,尤其是经过抢救性发掘或正规考古发掘的音乐文物,均随文物管理部门统一馆藏。经文物考古工作者对文物资料整理后,多有考古发掘报告和简报刊载的形式公布于世,文物研究与音乐考古者才能相继进行学术研究。

第一节　先秦时期音乐文物分类与分析

音乐文物分类包括石、陶、铜、骨、木、竹等质地的乐器。其中有崖画、器物花纹图像,器身与盖上浮雕、石刻和铜器花纹与铭文等与音乐相关的图画、帛书和青铜乐器铭文记载与乐律等内容,这种广义称其为音乐文物。石质乐器以时代最早而言,以新石器时代的编磬、排箫为主,陶质乐器则以山东莒县陵阳河大汶口文化晚期墓葬(B.C.500左右)中,出土的黑陶笛柄杯(高柄杯),以及在该古文化遗址中出现3个图像的文字(陶文或符号)。陶质乐器包括陶鼓、陶响球、原始陶瓷乐器,以气鸣乐器陶哨和陶埙等。骨质乐器如笛,木质乐器如琴、筝、鼓等,竹制乐器如竹编钟、筝等。青铜乐器如铙、镈、钟、铃、鼓等。

一、石、陶、骨、木、竹、铜质乐器类型

(一)石质乐器类型分析

作为敲击乐器,石磬可分为特磬和编磬。编磬这类打制、磨制并穿孔的敲击乐器,先后在新石器时代遗址中出土,也有采集的石编磬。在山西万荣荆村、太原义井、垣曲的丰村、侯马的凤城、忻州的游邀、襄汾陶寺等遗址中,除了出土吹奏乐器外,还不定期出土了敲击乐器磬等,闻喜县郭家庄、中阳县中阳谷、襄汾县大崮堆山等新石器时代遗址中出土有特磬和磬坯。[①] 此外,在河南临汝中山寨、舞阳、贾湖、郑州后庄王等地新石器时代遗址中也有石磬等乐器出土。[②]河北蔚县上陈庄新石器时代遗址中出土有石磬。[③] 正如像石磬这类石质乐器,以其质地优势能完好无损地保存于后世,对研究原始社会部族的文化和音乐起源等一些现象,是有极其重要历史价值的。有了石器工具之后,先民们先是发现响石能敲击清脆悦耳的声音,经过长期积累的打制石器技术和穿孔技术,将响石悬挂起来敲击,形成完整的石磬乐器,至夏商时期,磬的形制变化不大,只是加工更加精制而已,直至先秦时期才形成了一套制磬声理和规程而已。此后渐渐发明了制陶技术,也相继出现陶质乐器。所以说,石磬是一种石质石料打磨而成的体鸣乐器。在先秦时期体鸣乐器出现的年代最早。

至殷商时期随着大量石磬出土,在周代磬是悬乐器中不可或缺的乐器之一。历经了数千年的历史,并在其间有不断发展、运用、实践和完善的过程,与后来青铜乐器如铙、镈、钟形成一种较为完美的金声玉振的悬乐器。磬滥觞于史前时期,发展于夏商之际,成熟于西周时期,盛行于春秋战国。在我国广大地区考古发掘的遗址和墓葬中多有出土,且时代越早磬则以数量少为特点,时代越晚,石磬的数量就越多。以质地而言磬又演绎出铜磬和玉磬相继问世。

(二)陶质乐器类型与分析

史前时期陶质乐器在黄河流域、长江流域广大地区都有发现,如裴李岗文化、仰韶文化、龙山文化、屈家文化和浙江余姚河姆渡文化类型的遗址遗存中,出现了气鸣乐器如陶埙等乐器,其他陶质乐器有陶铃、鼓、响球、角等,是先民

---

① 王子初总主编:《中国音乐文物大系》(山东卷),大象出版社 2001 年版,第 9—16 页。
② 王子初总主编:《中国音乐文物大系》(河南卷),大象出版社 1996 年版,第 9—19 页。
③ 王子初总主编:《中国音乐文物大系》(河北卷),大象出版社 2008 年版,第 1—2 页。

发明烧陶技术之后所出现的一种古老的乐器，这应是音乐考古与研究的音乐文物之一。

这种陶质乐器是先民用泥土捏制成器后，再放在火中烧制而成的。诸如陶鼓之类的乐器，也是将泥制的鼓腔进行烧制而成，再将鼓腔口用兽皮加工蒙制。陶响球应是将器腔捏成后装入响石，再放入火中烧制。这种泥土陶制的乐器，更加丰富了先民们的劳动、生活和娱乐的情趣，可以说逐渐改变了古代劳动人民和部落集团的精神面貌及其与敬天崇神的思想。这为祈天敬神的音乐、舞乐思想形成奠定了基石。

从地下出土的陶埙数量甚多，其时代可追溯到史前时期，诸如浙江余姚河姆渡新石器遗址发现无音孔陶埙（只有一个吹孔），距今已有 7000 余年的历史。西安半坡村仰韶文化遗址发现两件陶埙，其中有音孔和无音孔各 1 件。距今有 6700 余年的历史。有音孔能吹出羽（F）和宫（bA）两个音，可以构成小三度音程。出土的陶埙，其时代在 4000 年—5000 年。均有有 2 个音孔，而甘肃云门火烧沟古文化遗址出土 20 多件彩陶埙，能吹奏出 do、mi、sol、la 接近五声音阶，无疑与彩陶文化相互辉映。陶埙在八音中属土音，《诗经》曰："如埙如篪。"王子年《拾遗记》曰："庖牺氏易土为埙。"而陶埙其器始为无音，后有一孔、二孔、三孔、五孔，古代甚至发展到六孔之埙。根据《尔雅》注云："埙，烧土为之，大如鹅子，锐上平底，形如秤锤，六孔，小者如鸡子。"所以说，在史前时期发明陶埙至战国前陶制乐器研究中，一直被音乐考古研究者高度重视。《史记·乐书》亦云："埙之为器，立秋之音也。平底六孔，水之数也。中虚上锐，如秤锤然火之形也。埙以水火相和而后成器，亦以水火相和而后成声。故大者声合黄钟大吕，小者声合太簇夹钟，要皆中声之和而已。"埙乐其声浊而喧喧然，则见音色哀婉、悲凄且有绵绵不绝的艺术感染力，更具有先民们在对天神存在着神圣、典雅、诡秘之感的音乐神韵。

山西襄汾县陶寺龙山文化遗址甲种墓葬出土有鼍皮革鼓和异陶土鼓，颇具史前时期陶质鼓乐器的特点，其年代距今约四五千年。《礼记·明堂位》曰："土鼓、蒉桴、苇龠，伊耆氏之乐也。"《吕氏春秋·古乐篇》曰："帝尧立，置缶而鼓。"《国语·吴语》曰："将军执晋鼓，建，谓为楹而树之。"《荀子·乐论》曰："鼓，其乐之君邪。""鼓似天，钟似地，磬似水，竽笙箫和、筦籥似星辰日月，鞉、柷、拊、鞷、椌、楬似万物。"如果说埙乐是以哀婉、悲凄为特点的话，那么，鼓乐则是以激扬、斗志为特色。

大凡陶质乐器在甘肃、青海、河南、河北、湖北、江苏、广东、陕西等地新石器时代遗址、遗存中屡有发现。譬如陶响球、陶铃、陶鼓和陶埙、陶铙（在陕西长安斗门镇）等陶质地乐器颇具特色。而陶角乐器分别在陕西华县井家堡村仰韶文化庙底沟类型出土 1 件喇叭形陶角；河南禹县顺店之谷水河古文化遗址中（属龙山文化层）出土 1 件牛角形的陶角；山东莒县阳河大汶口文化晚期墓葬出土 1 件牛角形的陶角。又在山东莒县大朱村大汶口文化晚期墓出土 1 件喇叭形陶角。这些类型的乐器均在古文化遗存中有所发现，为史前至先秦各个时期的陶质乐器发展史研究提供了宝贵资料。

（三）骨质乐器类型与分析

《周礼·春官·大师》曰："皆播之以八音：金、石、土、革、丝、木、匏、竹。"郑玄注："金，钟镈也；……匏，笙也；竹，管箫也。"这里谈到乐器的"八音"，也提到丝竹管弦之乐中的气鸣乐器。但未详乐器的质地如笛子之属的乐器不仅以竹为之，古代先民早在八九千年就有骨笛问世。而河南贾湖骨笛已具备了中国古代七声音阶的特质，此与《尧典》所云"夔，命汝典乐"说法同出一辙。我国音乐起源和七声音阶的形成历史十分悠久。史前时期的陶埙具备单音孔、双音孔或多音孔的特性，且形成五音陶质乐器，笛已具备七声音阶，在贾湖骨质乐器骨笛已得证实。这种骨笛能吹奏七声音阶，远比世界其他地方如埃及吹奏乐器要早一千多年的历史。而贾湖骨笛采取鸟类骨作为材料，加工成数量之多，制作工艺之精，骨笛吹孔已达到 5—6 个音孔，5 个音孔则能吹奏出 4 声音阶，6 个音孔的骨笛能吹奏出较为完备的 5 声音阶，也能吹奏出 6 声音阶、7 声音阶的曲子。时代较晚的贾湖骨笛（约在公元前 5800 年）还有 7 音孔、8 音孔的。这些骨干笛既能吹奏 7 声音阶的曲子，还能吹奏出变化音之特点。另外，在浙江姚河姆渡古文化遗址出土有骨哨，江苏吴江县梅堰出有骨哨，河南省汝州市中山寨新石器时代遗址遗存中出土有骨笛（残），属新石器时代裴李岗文化，系以鹤类肢骨加工而成，其音孔虽残但尚存 9 孔，以 5 孔和 4 孔呈两排。在河南鹿邑长子口墓葬中出土 5 件骨质排箫[①]。

《贾湖舞阳》M344 出土有龟甲及石子，类似陶响球之乐，摇之有声。这种龟甲响乐器外壳以骨质，史前时期的骨质乐器又多了一种类型。龟甲不仅为乐器，到了商代还在龟甲上刻上了文字，甲骨文盛载中华民族的文明历史。除了

---

① 参见河南省文物考古研究所：《舞阳贾湖》上卷，科学出版社 1999 年版，第 447—448 页。

甲骨契刻文字之外，还可用作占卜，《尚书·洪范》曰："立时人作卜筮：……龟筮共违于人，用静吉，用作凶。"可见，占卦，占卜用龟，筮用著，视其象与数以定吉凶。《尚书·大禹谟》曰："鬼神其依，龟筮协从。"其实，音乐、舞蹈、占卜等祭祀卜筮活动，唱歌蹈舞奏乐是不可缺失的组成部分。《礼记·曲礼上》亦曰："龟为卜，策为筮。"《太史公自序》曰："三王不同龟，四夷各异卜，然各以决吉凶。略窥其要，作《龟策列传》。"鹤骨与龟甲则与所谓"龟灵崇拜""凤鸟图腾"原始崇拜天神习俗有一定的渊源关系。使用龟甲、鹤骨为乐之器，颇具大雅之气。①

（四）木质乐器类型与分析

史前时期的上古早期乐器以石陶、骨为主，形成磬、埙、鼓、角、响球、角之乐器群。到了上古中期开始出现了丝竹管弦之属的乐器，形成笛、排箫、哨、琴乐器群，这种吹奏之类的乐器和弹拨乐器以陶、石、骨为之，此外，还有以木、竹质加工而成的乐器，如革丝木形成的乐器，从而代替陶鼓、骨笛、角号陶质乐器。诸如先秦史料多载乐器近七十余种，《诗经》所言乐器 29 种之多。先民们和后来音乐研究者将其归为八类，又有八音之称。后来以木代替了石、陶、骨者的乐器，则有革类鼓、建鼓、鼗鼓等；丝类则见琴、瑟、筝、筑等；木类柷、敔等以及匏类和竹类乐器，也从石质乐器中脱颖而出。正如《周礼·春官》所载"皆播之以八音……金、石、土、革、丝、木、匏、竹"之八音乐器中，除了悬乐钟磬和陶埙之外，大多逐渐被木、竹、匏类质地所代替，这些轻便幽扬的吹奏乐器和弹拨乐器占了上风。

《诗经》记载中的琴弦之乐"我有嘉宾，鼓琴鼓瑟"。上古音乐则有神农作琴的传说，新石器时代多有石制乐器和陶泥捏制乐器，所谓吹芋鼓琴、弹琴击筑传说中的乐器也就不足为奇了。在这个时期木质、竹质乐器应该存在，只是木质乐器尚难保存，在新石器时代文化遗址中，能够见到古代先民居住房屋的柱洞，也可见到石器和陶器生产工具、生活用具以及狩猎工具、渔鱼的石箭镞，木器存者甚少，仅见腐烂遗痕。木质乐器若有出现，人们也很难找到它们的踪迹。《诗经》有"呦呦鹿鸣，食野之芩……鼓瑟鼓琴，和乐且湛，我有旨酒，以燕乐嘉宾之心"的记载。上古之世音乐仍然为天籁之音，舞蹈为踏地而歌，乐器敲击石磬、木棒、陶鼓响球充愫着欢悦的激情。吹奏陶埙和号角，催人激情亢奋与斗志。于中古

---

① 参见河南省文物考古研究所、周口市文化局：《鹿邑太清宫长子口墓》，中州古籍出版社 2000 年版。

时期的古乐器竟然有了丝竹管弦之乐，则不乏《诗经·小雅》所载："鼓钟钦钦，鼓瑟鼓琴。"制琴之木，多以梧桐、杉木松软木材制作面板，外弧内空，则有利于声音传导与共振，形成美妙动听的音响。"削桐为琴，绳丝为弦"的奥妙就在于此。

《周易》："庖羲氏没，神农氏作，斫木为耜，槈木为耒，耒槈之利，以教天下，盖取诸《益》。"《新论》"琴，神农造也。"由此可知，在考古发现和音乐考古研究中，除了从古文献中探求木质乐器出现的年代，还要多从田野考古和古墓发掘清理中，关注石质、陶质、骨质乐器与木质乐器并存关系，从古文化遗址和墓葬中探寻其遗迹遗存现象，真正做好相关的清理与记录，并在室内资料整理工作和文物修复中，提出有关学术研究的新课题。

追溯上古、中古时代木质乐器的踪迹甚微，直至春秋战国时期，漆木器工艺达到了鼎盛期。在大量考古发掘古墓葬中屡次出现木制作的乐器如笙、琴、瑟、筝、箜篌、排箫等，分别在湖北当阳曹家岗，江陵天星观M1，江陵雨台山M354，荆门包山M2，江陵鸡公山M488，随州曾侯乙墓，江西贵溪仙水岩M2、M3，江苏吴县长桥等地春秋，战国的墓葬中，出土有笙、五弦琴、七弦琴、瑟和新疆且末扎滚鲁克箜篌等。① 这批弹拨乐器和吹奏乐器数量甚多，保存完好，图案花纹精美，再现了先秦时期音乐景况，另有丝竹管弦或吹奏乐器之大全。《诗经·关雎》则见"窈窕淑女，琴瑟友之。"亦见《左传·昭公元年》载："君子之近琴瑟，以仪节也，非以慆心也。"可谓琴瑟管弦之乐和吹奏笛箫均以木、竹为之，代表先秦时期乐器的质地由石、陶、骨转木、竹的大趋势。综述所出木质乐器多在楚国为盛，一是南方气候适宜，木竹茂盛，加上漆的原材料产于南方，可大量制作使用。南方地下墓葬中雨水充足，土质湿润。江河纵横，多有积水保温的诸多优势，加上墓葬采用深埋、青膏泥密封、填土夯实等措施，值得一提的是随州曾侯乙墓采取注水，积水的功能，对墓中的随葬品采取了防腐、防蛀、防盗措施，则更能保存古代木质管弦和吹奏乐器的保存，这些古代墓葬中所保存下来的木质乐器，为研究先秦时期漆木器（包括竹质）发明、发展的历史过程提供十分珍贵的资料。②

（五）铜质乐器类型与分析

青铜铸制的乐器较为丰富，继石、陶、质乐器之后，时至商代已开始出现青铜礼器和少量的青铜乐器，其数量少，种类单一，到了商末周初，青铜乐器发展

---

① 参见王子初：《中国音乐考古》，福建教育出版社2003年版，第232—253页。

② 参见黄敬刚：《曾国与随国历史研究》，人民出版社2013年版。

迅速,多见铜铃、钲、铎、铙、镈、编甬钟、钮钟之类,可以说青铜乐器是夏商周三代音乐文化具有代表性的历史遗存。这些青铜乐器的种类构成了青铜乐器的完整系统。先秦时期的青铜乐器主要有铙、钲、句鑃、铎、铃、钟和鼓等。到了战国时期曾侯乙墓所出土的编钟,无论从数量、质量和乐音乐律等科技文化水平已达到了时代的巅峰。

继河南安阳殷墟和四川广汉三星堆考古发现青铜礼乐器后,1989年9月20日在江西新干县大洋洲镇所发现的商代大型墓葬中,出土青铜乐器4件,其中有铙和镈钟等,其造型别致,乐钟装饰花纹精美,其文化风格具有浓郁的南方特色。同时出土青铜礼器48件,这批礼乐器折射出南域文化特色。

河南洛阳地区发现的青铜乐器铃、铙、镈、甬钟、钮钟等,其种类之全,数量之多,时代之早,可谓是中原青铜乐器之大宗。1981—1986年在洛阳偃师二里头夏文化遗址出土4件铜铃,这是继陶质铃和红铜铃(山西襄汾陶寺遗址所出时代最早的红铜铃)之后,代表夏文化时期二里头青铜铃,带有中原商文化的特色。中原地区如洛阳五女冢西周早期墓、洛阳林校西周车马坑、三门峡虢国墓地、洛阳市西工区等一批商周时期墓葬中,均出土有青铜铃乐器。夏文化二里头除出土青铜之外,在中原地区夏商之际如洛阳二里头、殷墟、安阳等地文化遗址和墓葬中,也出土了编铙乐器,其特点均以合瓦形,奠定了中国古代青铜乐钟主要形制,数千年始终无大的变化,为商镈周钟的造型特色形成了范式。西周时期编甬钟,先后在洛阳西工东周王城遗址墓葬、三门峡虢季墓、虢仲墓、洛阳城东太仓墓、陕县等地均出土成套成编的青铜甬钟。该地区所出青铜乐钟数量甚多,乐音乐律成编成组,造型形制相同,大小相次成组,乐钟为双音,测音有小二度、大二度、小三度、大三度、纯四度等,调音手法与技能较铙镈者有了很大进步。如果说这批编甬钟装饰艺术以窃曲纹、夔纹、云雷纹和蟠螭为主体的话,那么,商代镈钟所饰花纹在两周时期也发生了明显变化。

商代青铜钲先后在三门峡上村岭虢太子元墓、虢季墓、虢仲墓均出土青铜钲,这类青铜钲造型与商代铜铙相近。钲也属于编悬乐器范畴,在礼乐制度盛行时期,钲可以用军、乐兼融的乐器。中原地区于殷商之世,青铜乐器如镈钟也铸制甚多,先后在陕县上村岭虢太子墓、三门峡虢国墓、洛阳西工M131、洛阳解放路战国墓地虢仲墓均出土有钮钟。一般少者有7—9件,多者有18件,这反映出中原仍系夏商时期王朝政治、经济中心,又反映出周代礼乐制度仍然是古代乐器较为发达的地区。河南新郑韩故城是东周时期郑国和韩国的都城。在考古发掘中,清理出青铜礼乐器坑17座,从1、4、5、7、8、9、14、16、17号祭祀坑中出土一套编钟共计206件。这是反映春秋时期礼乐制度的重要文化遗址,包括对音乐考古、音乐史、古乐器、乐律史和科技文化史诸多方面探索研究提供了十分重要的资料。同时,对研究春秋时期郑国辖境内青铜乐器的铸造以及对其音乐性能和礼乐制度研究有非常重要的价值。

周人灭商建都镐京(今陕西西安西南部),周王朝不仅实行分封制度,而且建立一套较为完备的礼乐制度,各地大小诸侯既要向周王朝贡,也要遵守周朝的礼乐制度,形成了分封制、世袭制和等级制,可按其受封的爵位享用礼器、乐器等级。在陕西岐山法门寺任家村西周窖藏出土有克镈,眉县窖藏出土镈钟3件。陕西宝鸡竹园沟伯格墓出土3件甬钟,其时代大致在康昭时期。陕西长安普渡村长甶墓出土3件甬钟。陕西扶风白家庄1号青铜器窖藏出土甬钟,代表了周王朝地地道道的周文化乐钟风格,代表着西周早、中期的甬钟特点。从考古发掘和传世文献资料看,这一地区所出乐器以打击乐器占多数。仅从青铜乐器看,则见有铃、铎、铙、镈、甬钟,十分丰富。按数量而言,仍然以甬钟居多。按历年来所出土的乐钟,一般在周早期以3件一组,测音效果为侧鼓音与正鼓音之音程关系为大、小三度或者为纯四度等。到了西周中、晚期墓葬(扶风齐家村中义钟、柞钟)编钟有8件套。春秋早期秦甬钟仍袭西周晚期甬钟的风格(如宝鸡太公庙秦武公编甬钟),其风格、调音、音阶和音程关系同于西周晚期之风。北方地区,在山西周代青铜乐器分布较广,乐器时代大多集中在两周时期,先后在曲沃县曲村乡天马——北赵晋侯墓葬、临猗程村春秋墓、长治分水岭春秋、战国墓群、万荣庙前贾家崖墓群、侯马上马墓群、太原金胜村墓群、新峰峨眉岭柳泉墓地均出土了青铜钟乐器。在这一地区所发现钟镈时代早到西周中期,晚至春秋战国,其延续性较为突出。钟造型别致,铸制工艺精湛,其音律清晰,这些长甬合瓦形钟腔钟面花纹和钟腔内的调音特点,均影响于后世诸多钟乐的发展。这类双音钟在河南、湖北诸地所出春秋战国编钟风格十分相近。在侯马发现青铜原材料和冶练炼铜遗址,铸钟陶范大量出现,有1113件钟各个部位陶模范。这些铸成后除了自用外,可能大量散布于中原与南方楚地。因为这些地方考古发掘春秋战国的甬钟,形制、花纹和音质、音律存在共性。赵卿墓出土1编镈共有19件,这组镈可以奏出由高到低38个音,形成六个半八度的整齐音列,此乃中国古代青铜乐器的瑰宝。这种镈乃是大型打击乐器,春秋晚期新出现的编镈乐器,主要用于祭祀和高级贵族宴饮。

南方地区所收藏、出土的青铜乐器达到数百件。多见镈、铙、甬钟为特色的乐器。湖南地区所出青铜镈数量甚多，并颇具特色，代表南方青铜乐钟的特点，譬如虎饰镈时代不晚于商代末期。《周礼·镈师》见郑注"镈如钟而大"。先后在湖南衡阳市博物馆收藏1件鸟饰镈，邵东毛荷殿乡出土1件虎饰镈，湖南省博物馆收藏2件，这类镈在上海博物馆收藏2件，北京故宫博物馆收藏1件，都是十分相近的乐钟风格，包括镈钟的形制、纹饰相同。这种体形较大的镈钟，具有商末周初青铜乐器的文化特性。《说文》曰："镈，大钟，镈于之属，所以应钟磬也。"南方钟镈与铙主体形制上都接近合瓦形，包括湖南共出土60余件铙，其纹饰和形制不太统一，先后在宁乡、岳阳、湘潭、望城、株洲、衡阳、安仁、耒阳、资阳等地陆续发现兽面纹大铙、云纹铙、乳钉铙，以显南方铙乐器的特色。在江西、湖北、安徽、浙江、江苏、广西、广东、福建诸地所出土或收藏的铜铙风格也相近，直至西周早期被甬钟所替代。进而南方地区出现大量青铜甬钟，数量之多，分布范围之广，在湖南、湖北、江西、安徽以及两广地区都有发现。诸类甬形制大同小异，然而花纹有细线云纹、凹线云纹和呈横S状纹饰的甬钟以显不同的类型。另外，还有些甬钟以钲部、篆带以凹线条分开，其间多旋虫或饰鸟纹为特色，这些钟则与周原乐钟风格十分近似。诸如湖南湘潭、宁乡、陕西扶风白家庄M1青铜窖藏、陕西宝鸡、长安、湖北随州叶家山曾国墓所出的西周早、中期青铜乐钟的形制风格一样。相比之下，与北方同时期的镈钟风格有明显不同。到了春秋时期，南北渐渐融汇周文化为主体，甬钟形制风格几乎同出一辙，所存在的差别无非在钟饰花纹存异存同之别，从南方地区考古发现看春秋战国编钟数量、形制、风格以及乐音、乐律和铭文特点，仍然以楚国、曾国钟、乐为甚。

在音乐考古研究工作中，尤其参加田野考古发掘时，对青铜乐器的摆放形式以及钟乐器与其他乐器相互排列形式，相互叠压关系进行绘图、照相、记录、编号系列程序，观察青铜乐器与漆木乐器、陶质、石质乐器保存情况，譬如漆木钟架因腐朽倒塌，钟与木梁结构、悬挂的榫眼、插销、挂钩等附件，要在未取走文物之前弄清其结构关系，钟架上的支柱、铜套、钟槌、钟棒等，借此深入了解乐钟演奏形式，注入这些田野考古发掘资料，则能厘清周代礼乐制度和钟磬与管弦乐器发展历史过程。纵观一些音乐史研究者与音乐考古研究者着重于资料的应用，往往忽视了田野考古方面相关资料，或许说在音乐文物研究与考古学中间存在脱节，仅以器物的形制和花纹变化进行分门别类，而缺少对当时社会制度、民俗、葬俗和随葬制度进行综合研究，应对礼乐制度和礼乐文化进行泛论。

如果在音乐考古与田野考古学的基础上紧密结合起来，其理论与田野考古资料相提并论将会获益匪浅。

二、音乐文物与考古学关系分析

音乐考古研究的对象主要是音乐文物，此外，还要研究与音乐文物有关系的古文化遗迹遗存现象，这就要涉及考古学中的地层学和器物类型学，这是过去音乐考古研究中所忽视的问题。也就是说音乐文物可以从墓葬、遗址或传世三个方面进行探索。从墓葬和古文化遗址中出土的音乐文物，都要从地层学考古学方面对其进行深入研究。

（一）音乐文物特质与考古学的关系

音乐文物特定意义，是指这些文物可以为演奏服务，并且是能够发出音响和乐音特色的乐器，其中分打击乐器、气鸣乐器（即吹奏乐器）、弹奏乐器（即弦乐器），指以各种方法奏出一定音律的器物。在先秦乐器中打击乐器如钟磬鼓类，气鸣乐器如陶埙、石排箫、骨哨、骨笛、漆木排箫和竹笛等，如弹拨乐器中有瑟、琴和古筝等。诸如这些音乐文物至少与音乐有关系，或者说是先民在古代社会中由他们发明创造与制作的，并由他们或乐人演奏过的乐器。在历史长河中遗存下来，并被人们发现或被科学地考古发掘出来，经过考古工作者清理和整理，与音乐工作者共同测试和测音的文物，这样的音乐文物特质和特点呈现出来，才具有十分独特并能反映人类思想和精神内涵的文物。一个典型的共性就是用乐器演奏出节奏强烈、活跃和具有短促而律动的音乐特征。此外，先秦时期音乐文物还有乐俑、图像、器物器身、器盖、崖画、壁画、铭文等，这都是古代先民创造和制作的文化遗迹遗物，正是反映数千年来古代社会人们音乐活动与生活现象的真实写照。

音乐考古的界定是建立在新中国成立后考古发现中，不断发现与音乐有关的文物，由音乐研究者积极参入对音乐文物进行保护与研究，由音乐史、音乐专业研究者率先提出的一种新型学科，是考古学、音乐学、历史学、文献学等多学科合作研究古乐器、古音乐文字、古音乐崖画、乐俑图像文字等与古代音乐有关的研究，称为音乐考古，或曰音乐考古学。

近代考古学从欧洲发展到世界各地。外国如英国、苏联、日本等国学者均有著述，国内考古学则从甲骨文、青铜器收藏家与著述演变而来，始自北宋时期金石学发展到 20 世纪 20 年代，从田野考古与文物普查工作，进而形成完备和科学发掘规程的考古学。新中国成立后,北京大学、武汉大学、吉林大学、中山大学、四川大学、南京大学、山东大学、中国科学院研究所等单位都相继设立了考古学、古文字学和文物保护方面的学科与专业。一是对考古学有特殊意义的界定和学术研究;二是对已发现的古文化遗址、古墓葬进行抢救性、保护性的田野考古发掘和文物整理研究,这方面的成就和研究成果十分丰富,大型文化遗址和古墓葬群考古发掘报告已出版发行,其著述汗牛充栋,也就是说考古学在人文科学领域和历史科学占有重要地位,并与人类学、艺术、音乐、文化、政治、思想、经济、军事等都有密切联系,与古代礼制和民俗、葬俗也有一定的关系,是为研究先民在古代社会发展过程中的历史而产生。当今考古学已经发展到多学科、多专业的考古学,诸如史前考古、商周考古、艺术考古、水下考古等自然科学,人文社会科学类,各类考古学都是建立在历史学大学科之上的分支学科。也就是研究人类历史过程中所发生的一切,所遗留下来的遗迹、遗存、遗物等,再现古代人类文化发生与发展的源流。考古学是对田野考古发掘的文物,以及对收集的、传世的文物进行考证研究,尤其田野考古学的重要环节就是通过科学发展,对古文化遗址进行地层关系的观察分析,辨别相互叠压与打破关系,以及时代早晚关系,在各层遗留下来的房屋、柱洞、墙基、排水管道、城池等遗迹遗存现象,这就是考古学的神奇与奥秘。

(二)先秦音乐文物与考古地层学关系

考古学已形成一门考古地层学,文物要分类断代,则称之"类型学"。先看考古地层学有哪些基本方法和规程。考古地层与地质学有着密切关系。考古学是从历史的视角去应用地层学一些基本原理的科学方法。在旧中国时期已形成的金石学,还未形成"考古地层学"。

田野考古发掘根据地层学的一般规程与原理,不仅在发掘中做好文字记录,还要进行绘图(平面、剖面图),以现代科技设备摄影摄相和航拍,尽可能记载古遗址、古墓葬发掘过程所发现遗迹遗存现象。姑且不论外国考古学与地层学诸多问题,有记载的田野考古地层学早期历史,是19世纪末曾有英籍匈牙利斯坦因在我国新疆进行过发掘,瑞典人安特生(1921年)在河南渑池县发掘发现了仰韶文化,于1926年由李济主持了山西夏县西阴村和安阳殷墟的发掘。李济在美国哥伦比亚大学人类学院就学。只有这样受训于正规考古学的学者,才能把握考古地层学的关系。后来又有梁思永、夏鼐先生分别从美国、英国留学回国,曾在河南后岗、小屯和甘肃临洮寺洼山等地进行了一系列田野考古发掘工作。先后按考古学地层方法发掘出现了仰韶、龙山有关文化遗址和墓葬，是中国田野地层学建立的前端，并与国际上考古地层学接轨，逐渐形成中国考古学地层学学科。诸如梁思永、夏鼐先生开中国考古地层学先河，新中国成立后的考古地层学更加蓬勃发展，国内各地重大考古发掘，积累了关乎考古地层学原理和发掘经验，奠定了中国"考古地层学"的基础。

俞伟超先生论述谈到"考古地层学"的基本原理时说："考古学中的'地层学'，就最基本的原理而言，同地质学中的'地层学'是一样的。"[①] 不过，考古地层学与地质地层学存有不同之处：考古地层学是研究人类所改造过的文化堆积与遗存遗物及其形成过程中的历史现象与成因，在田野考古发掘过程中采取科学方法获取文化遗迹、遗存和遗物资料，这种考古地层学，奠定了对古文化遗址（包括墓葬）中的内涵与存在形式进行观察、分析，也是科学考古地层学的基本原理。譬如人类形成的遗址中的文化层包括面积、堆积层的厚度和堆积层中的遗物保存与变化存在细微的迹象，用科学的考古发掘方法对不同时代的文化层进行认真观察，弄清地层中的遗象变化、走向、叠压与打破关系，这种考古学发掘方法的运用形成了一套完备的考古地层学理论方法。不同年代、不同类型、不同地域、不同遗址和墓葬所在的文化现象就会有不同的历史文化内涵，每一个文化遗址或墓葬区，往往会出现较为复杂的文化层，在考古发掘中发现古文化层至生土层，从晚期到早期，从现代到古代文化层，最早的文化层则叠压在底层的生土层之上，一些文化遗址从早期到晚期延续数千年，在考古发掘中就需要用考古地层学原理与考古发掘规程进行考古发掘工作。在音乐考古与音乐文物研究中必须掌握考古地层学的基本原理。

（三）先秦音乐文物与考古类型学的关系

更为接近音乐考古音乐文物研究的节点，那就是深入了解考古类型学的研究。音乐考古并不是孤立的学术研究，是从考古学门类中派生出来的，至今尚未形成一门专门的学科。诸如考古资料会涉及古代人类生活的各个方面，如许多方面学科，如农业、天文、气象、植物、动物、水文、地震、医学、艺术、音乐、舞蹈、居住、环境、器物遗存遗物等方面的考古与研究，音乐只是诸多方面的考古研究学科之一。音乐文物则是各类文物中，能体现与音乐有关的壁画、文字、艺术方

---

① 俞伟超：《关于"考古地层学"问题》，文化部文物局第一期田野考古工作领队培训班讲稿，1986年6月，第5页。

面乐器和音乐资料等。只有通过考古地层学、考古类型学对音乐文物进行断代、分类与研究，判断音乐文物的时代和早晚期关系以及乐器与古遗址文化内涵的关系，与墓主人的关系和乐器使用情况。俞伟超先生认为："把属于自然科学的方法划出去以后，剩下的就是研究人类社会方面的方法。"[①] 通过考古发掘发现的关乎人类社会在漫长历史中遗存下来的文化遗迹遗物，用考古类型学方法去研究，"严格讲来，真正属于考古学自身特有的方法论，主要只有地层学、类型学以及从不会说话的实物资料中观察和分析社会面貌的方法。"[②] 由此看来，在了解考古地层学的同时也要掌握考古类型学，为音乐考古与音乐文物研究拓宽视野。通过地层学和类型学的方法对考古资料进行研究，打破传统史学和音乐史学研究形式，进而依据音乐文物，探索古代人类热爱音乐以及演奏乐器的真实情景与文化面貌。

约在 19 世纪已应用考古地层学进行田野考古发掘，考古类型学已在考古学与研究中建立理论体系，瑞典人蒙德留斯著有《东方和欧洲的古代文化诸时期》一书，在《方法论》一卷论述有关考古类型学的原理，除此还有国外学术著作传入我国，应用于考古发掘与研究工作。将考古发掘的文物，通过器物不同形态对器体口沿、耳、柄、足、底和器物外壁变化，表现器物折角、内敛、外敞和壁厚等特点进行比较，对器物用粗略的类型学方法进行分类研究。诸如陶器中的容器，则以器物底部分为三足、四足、圜底、平底、尖底之差别，形成不同器物的类型。以器物口径大小、器物高低、器壁厚薄与器物变化角度包括器物柄、流、耳等方面不同特点进行分类。随着考古发掘与考古地层学、考古类型学的应用与建立，将遗址中的遗物和墓葬中出土的器物进行归类分类和排列，找到器物变化和存在共性与差异，甄别出器物与组合关系，如墓葬中随葬品的陶礼器、铜礼器和生活用具、乐器等，均能应用器物变化特征进行分型分式法与地层关系、器物形态特点，研究其文化性质、考古学文化之间共性与差异，及与其他文物共存关系、文化特性与民俗葬俗关系，有着重要的历史价值和考古文化价值，对推动音乐考古与音乐文物研究有着重要意义。

音乐考古与音乐文物研究过程中，对乐器的断代就是根据乐器在古文化遗

---

① 俞伟超：《关于"考古地层学"问题》，（为北京大学七七至七九级青海、湖北考古实习同学讲座），1986 年 9 月，第 1 页。

② 俞伟超：《关于"考古地层学"问题》，（为北京大学七七至七九级青海、湖北考古实习同学讲座），1986 年 9 月，第 1 页。

址和墓葬的年代而定,断代主要依据除了考古地层学之外,更重要的断代依据就是考古类型学方法,研究考古发掘的出土文物,根据器物形态变化的客观规律,进行分门别类、分组分型分式考古科学方法,判断其文化性质、期别和年代早晚关系。按"区系类型"对考古学文化发展谱系的原则进行探究,再分区、分类型对古文化遗址和古墓葬出土的文物以及音乐文物进行分析与研究。可以说,考古发掘出来的文物和乐器,分别有不同的器形、类型和器物变化特点,诸如石器、陶器、铜器和漆木器,除了生活用具、工具、兵器、容器、礼器和乐器,这些文物有其共性和个性,制作特点均以器物形态为共存的关系。音乐考古与音乐文物研究者要了解考古地层学知识,掌握音乐文物研究与考古类型学的理论和应用方法,否则,谈不上音乐考古学的研究方法和音乐文物研究理论方向。其实,类型学又叫形制学、标准学。就是说形制学也包括形态和形制诸多方面。武汉大学考古学专家方酉生先生认为:"形制学是田野考古当中一种辅助性的断代方法,"并认为"形制演变是有规律的。"[1] 可见,考古学中的形制学(类型学)产生于实践中并且有强大的生命力和科学性。

三、先秦时期各类音乐文物的发展轨迹

先秦时期的各类音乐文物指的是战国时期以前的,从地球上有了人类活动的历史,[2] 包括旧石器时代、新石器时代、夏商周三代、春秋战国各个时期的遗迹与遗物,其音乐文物有石质乐器、陶质乐器、骨质乐器、铜、木、竹质乐器等,这些乐器发明、发展与应用过程中,延续了数千年漫长的历史。音乐考古其实就是考古学中对音乐文物的专题研究,它研究的是乐器形成和发展过程中,古代人们如何应用乐器演奏出时代的生活情趣,抒发出人们生活中的喜怒哀乐。这些音乐文物由简单逐渐走向成熟,形成打击乐器、吹奏乐器和弹拨乐器,由一件发展到五件,形成五音宫、商、角、徵、羽,再形成七声半音阶。这就是先秦时期乐律理论的历史、音乐实践和乐器形成的轨迹。

(一)石质乐器编磬的地域性与音乐考古现象

《周礼·春官》曰"金、石、土、革、丝、木、匏、竹"八音。其实石质乐器居先,编磬这种乐器在新石器时代古文化遗址中也多有发现,其形制由刀形发展到近

---

① 参见方酉生:《田野考古方法论》,武汉大学出版社 1986 年版,第 11 页。

② 参见李纯一:《中国上古出土乐器综论》,文物出版社 1996 年版,第 3—33 页。

似弧形，有穿孔，多为打制而成。《礼记·明堂位》注引《世本·作篇》云："无句作磬。"《吕氏春秋·古乐篇》亦云："（夔）乃拊石击石，以象上帝玉磬之音。"在山西襄汾陶寺、闻喜等龙山文化晚期遗址中出土了较大型特磬，河南禹县阎砦龙山文化晚期墓葬和河南偃师二里头遗址中均出土有特磬，制作方法均为打制。新石器时代各个时期的石磬开始出现磨制，逐渐制作精致，造型别致，其声悦耳。从考古地层学和考古类型学视角看早期编磬，基本上可根据墓葬年代和文化层判断年代，诸如山西襄汾陶寺 M3015 出土特磬和 M3002 出土特磬，诸如河南禹州阎砦石磬、山西闻喜南宋村石磬均出自龙山文化遗址中，这都具备考古地层学研究方法，对其音乐文物断代和类型学研究提供了有利条件。

从考古类型学（或形制学）而言，这批磬的形制、大小和造型、穿孔之变化明显，其中共性与个性变化不大，时代越早，其共性越突出，时代越晚其个性越突出，至夏、商、周编磬形制更为明显。诸如在山西夏县东下冯、河南安阳小屯、大司空村 M539、安阳殷墟西区 M1769 诸地从墓葬和古文化遗址分别出土编磬制作工艺、形制变化，磬石有磨制和镌刻图像纹饰现象出现，数量由 1—3 件形成成组成编的情形，其测音效果较好。尤其商代编磬在黄河流域中下游多有出现，分布在陕西、山西、河北、河南、山东、内蒙古诸地。至商代晚期出现 3 枚成编成组构成音列现象绝非偶然，可见这个时期的编磬乐器已形成旋律并可演奏。以考古类型学对编磬乐器进行比较研究，可见磬上倨孔特点，磬体厚度和磬面磨制细致，逐渐出现图像兽面纹饰的特点，同时音质音色优美的乐器发展到了成熟期，对石质乐器研究更具重大意义。石质乐器除了编磬之外，在河南淅川下寺 M1 出土了石排箫，其年代为春秋晚期。

（二）陶质乐器埙、响球在不同地区分布与分析

继石质乐器发明之后，以泥捏制的乐器陶埙被火烧制而成，也称气鸣乐器之一，呈蛋形，顶端有吹孔，在埙腹有音孔 1—7 个，其形制各异，大小不同，其形分为动物形、人头形、兽头形、豆形等，陶埙源起新石器时代，到商周至春秋战国各个时期均制作陶埙，先后在黄河流域陕西、河南、甘肃等地均有发现，长江流域多处也有发现。正如《拾遗记》载："庖牺氏灼土为埙。"从考古地层学和考古类型学（或曰形制学）而言，这些乐器大多出自古文化遗址的文化层中，诸如山西万荣瓦渣斜新石器时代遗物、山西襄汾陶寺遗址、陕西西安半坡遗址、河南尉氏桐刘龙山文化、山西太原义井村遗址、甘肃玉门火烧沟等均出土有陶埙。

这些陶埙按质地而言,其中可分为红陶、彩陶,按指孔分为一孔、二孔,并具备调式,能三音者居多。仅甘肃火烧陶埙测音就有四钟调式调音,即四声羽调:羽、宫、商、角,五声宫调:宫、角、角、徵、羽等为例,均为音乐文物断代和分类提供了重要的参考价值。①

在殷商时期文化遗址和墓葬中,也出土了商代陶埙,诸如二里岗、辉县M150、殷墟妇好墓出土的和河南省博物馆馆藏的陶埙,有呈平底卵形、扁卵形和兽形,稍晚则见有平底卵形,按指孔特点早期则见有1—3孔,晚期埙则见前面有3个指孔,后有2个指孔的。这个时期陶埙可分为泥质灰陶、黑陶、白陶等,有些埙体上装饰兽面纹。诸如琉璃阁M150、殷墟M1001、妇好墓均出有陶埙,从殷商时期的陶埙测音情况看,已形成多种音程、调式和调性这些音乐观念。②

在陕西临潼姜寨、河南舞阳贾湖、湖北黄冈牛角山、甘肃庆阳野林寺沟、甘肃东乡林家、兰州土谷台、湖北蕲春易家山、甘肃皋兰糜地岘等地均发现了陶响球。器形有龟甲、缶体形、长方形、椭圆形、半球形,两侧扁形、圆筒形、响器上有花纹和透孔以显特色。此可归类为陶质乐器类别、类型中。③ 由此可见,中国古代社会出现的陶质乐器历史悠久,除了陶埙、陶响球之外,还有陶角为号,是一种模仿动物犄角的号角,出土前置于死者身旁,应为古代猎人的爱物。陕西华县井家堡新石器时代气鸣乐器。④ 陶角禹州谷水河出土有陶号角,在莒县陵阳河、莒县大朱村均出土有陶号角等。

陶质乐器先后在湖北天门石家河新石器时代的陶铃,其上刻画有贴近饕餮的饰纹,另在山西襄汾陶寺遗址、郑州大河村遗址、陕西长安斗门镇新石器时代遗址出土有陶钟。在甘肃永登乐山坪、山西襄汾陶寺墓葬中出土有陶鼓。陶鼓出现时代早到新石器时代,《周礼·秋官·叙官》见郑玄注曰:"壶谓瓦鼓。"《世本》有"夷作鼓"的记载。还在河南郑州市北郊大河村遗址、临汝大张新石器时代遗址和甘肃庄浪县南河镇程家河庄分别出土有陶鼓或近似喇叭状的筒形鼓。自古以来,鼓成为周代礼乐制度中不可缺失的八音之乐。

遗址遗物整理的材料中,所见的陶器多为破碎的陶片,包括陶质乐器在内,

---

① 参见李纯一:《先秦音乐史》,人民音乐出版社2000年版,第34页。

② 参见中国科学院研究所:《辉县发掘报告》,科学出版社1956年版,第23页。

③ 参见张居中:《舞阳贾湖遗址出土的龟甲和骨笛》,《华夏考古》1991年第2期;半坡博物馆等:《姜寨——新石器时代·遗址发掘报告》,文物出版社1998年版。

④ 参见郑汝中:《中国音乐文物大系》(甘肃卷)(甘肃音乐文物综述),大象出版社1998年版。

在清理整理中先排列出完整陶器,再将破碎的陶器完整复原,其后再将部分陶器仅存口沿、圈足(或足)、腹片、系耳等进行复原,没有陶片或缺少的部分,则用石膏补连起来,形成完整器型,再按陶系器别、器别种类进行分型分式断代分析,其中乐器则按出土时所在的位置,与同时出土的陶器所在位置进行分类。在当阳曹家岗 M5 出土了 2 件春秋楚国的漆木瑟。[①] 湖北随州战国早期曾侯乙墓出土 12 件瑟,制作精美,形制精致,饰纹精细,色彩鲜艳无比,堪称我国考古发现保存最完整的漆木彩绘乐器,且有华夏民族弦乐器保持着承前启后的特点。[②]

古笙吹奏乐器,是中国古代气鸣重要乐器之一,也是竹、木、匏植物类的乐器之一。竽和笙均属匏类乐器,二者之间的区别,《说文解字》记载:竽管三十六簧也,"笙,十三簧,象凤之身,"然则竽体型大,设有 36 个簧管;笙设十三个簧管。《周礼·春官·眡瞭》曰:"眡瞭掌凡乐事,播鼗,击颂磬、笙……"关于竽、笙之属的乐器应为同类乐器。《周礼·春官》曰:"笙师,……掌教龡竽、笙、埙、籥、箫、篪、管……"均为气鸣乐器。这在古代文献中多有记载。在甲骨文有"和"字,(小笙之名)《诗经·小雅·鹿鸣》曰:"鼓瑟吹笙,吹笙鼓簧。"这类乐器也应为宫廷乐器之一。《韩非子·内储说》曰:"齐宣王使人吹竽,必三百人。南郭处士请为王吹竽,宣王说之,廪食以数百人,宣王死,湣王立,好一一听之,处士逃。"这种吹奏乐器的历史非常悠久,相传甚广,先在宫廷贵族中兴盛,后来在民间中也广泛传播演奏。葫芦这类质地很不容易保存下来,在春秋战国时期大墓中,往往在椁室内有积水葬墓里多存,而且主要在南方地区诸如湖北江陵、当阳、荆州楚国墓和随州曾国墓葬中多有出土,也在河南一些地区的楚墓中出土有竽笙这类乐器。于春秋战国之际,竽笙并行,雅俗共赏,钟鼓同奏,此与《尚书》"笙镛以间"的记载相印证。

春秋战国楚墓、曾国墓中出土约有 20 件笙,仅随州战国早期曾侯乙墓就出土 6 件笙。又如在湖北江陵天星观 M1 出土了 6 件笙,墓中同出编钟、磬、瑟、虎座鸟架鼓等系列乐器,墓主生前应该非常喜爱钟鼓笙竽等乐器。

吹奏乐器,曾侯乙墓除了笙竽之外,还有竹质乐器排箫 2 件,竹质吹奏乐器篪。《周礼·春官·笙师》见郑注:"篪,七孔。"《尔雅·释乐》曰:"大篪谓之沂。"均为古代被先民重视的乐器之一。

---

① 参见湖北省宜昌地区博物馆:《当阳曹家岗 5 号楚墓》,《考古学报》1988 年第 4 期。
② 参见湖北省宜昌地区博物馆:《曾侯乙墓》,文物出版社 1989 年版, 第 155 页。

木质乐器琴,五弦琴、七弦琴和十弦琴等,还有弦乐筝也是十分古老。先后在荆门郭店战国楚墓出土七弦琴,更为人们深知的战国早期曾侯乙墓出土的有五弦琴、十弦琴各1件。而瑟有12件。这一点令人深思。

(三)竹木质乐器在不同地区分布情况分析

古代竹木质乐器较多在南方地区诸如湖北、江西、江苏、河南、四川、辽宁等地出土,并在这些地方的古文化遗址和墓葬保存了下来。如果说远古时期已有木质乐器的话,那么,寻觅起来是一件很难的事。殷商之际文献多有琴瑟弦乐的记载,但未见实物。吹奏乐器也仅有距今七八千年贾湖骨笛,而不见竹木笛。事实上以竹为笛更为简单,当时就是有了竹笛也不能保存到后世,因为这些木质乐器会腐朽不见踪迹。弦乐器应该在六七千前已经发明并且供先民们演奏,正因为乐器质地不同,其追溯年代的上限就不一样了。两周时期的木质乐器不仅在文献中多有记载,在古文化遗址和墓葬中也应有遗迹遗物存在。

古瑟一般在湖北江陵、荆门、当阳、随州等地春秋战国时期的墓葬中出土。瑟其实在夏商时期的有关传说和历史已出现。有25根弦者多见,瑟之形制大致相同,乃为整木所制而成,瑟体中空,其面微隆,两端分别有系弦枘和瑟柱。一般情况施有髹漆和彩绘,饰纹精美无比,令人联想到先民"庖羲氏"作瑟的文献佐证。《诗经·小雅·甫田》曰:"琴瑟击鼓,以御田祖,以祈甘雨,以介我稷黍,以谷我士女,"《诗经·小雅·鹿鸣》:"我有嘉宾,鼓瑟鼓琴。"至少在西周早期迄今约3000年前就有瑟琴之木质乐器出现。《论语·先进》曰:"由之瑟,奚为于丘之门。"《周礼·乐器图》:"雅瑟二十三弦,颂瑟二十五,饰以宝玉者,曰'宝瑟',文纹如锦者,曰'锦瑟'……"

《乐书》引《世本》曰:"庖牺作瑟。"《仪礼》所记古代饮酒礼、乡射礼、燕礼中有"主人玄冠""工四人。二瑟。瑟先。相者二人。皆左何瑟……相者东面坐,遂授瑟,乃降。工歌《鹿鸣》、《四牡》、《皇皇者华》。卒歌,主人献工。工左瑟,一人拜,不兴,受爵。"《战国策》曰:"千丈之城,万家之邑相望……其民无不吹竽鼓瑟,击筑弹琴。"

从考古发掘发现的春秋楚国墓多出漆木乐器,诸如安徽、江苏、山东、辽宁等出土的数量不多,主要在湖北、河南、湖南出土的木质乐器为多,战国曾侯乙墓出土的漆木乐器更多,其保存完好,色泽艳丽如新,为研究古代瑟琴弦乐提供了可靠的参考资料。以楚地而言,在湖北江陵雨台山M354葬出土2件战国时期的瑟。江陵天星观 M1 出土了 5 件战国中期的瑟。[①] 荆州江陵鸡公山 M488 也出土瑟。

（四）青铜类乐器分类与分析

继陶质乐器之后，相继出现了青铜乐器。历史不断演进，夏商周时期科技发展，发明了金、锡合一的青铜冶炼与青铜铸造技术，用铜料铸制的乐器如二里头（探索中的）夏文化铜铃，商代的铜铙、铜镈等，西周时期的铜甬钟、铜镈以及铜铃、铜钮钟，春秋战国时期铜镈、甬钟、铜鼓座等，从上至下贯穿了中国先秦3000 多年的青铜乐器不朽的光辉历史。

黄河流域相当于夏文化二里头期至殷商期青铜时代乐器在山西、河南、陕西诸地的古文化遗址和古墓葬中大量出土。长江流域商周至战国时期，分别在江西、湖北、湖南、四川等地区出土大量青铜乐器。从铜石并用时代则有铜、石、陶质乐器共存期。其实从陕西临潼姜寨仰韶文化遗址中的红铜，辽宁凌源牛河梁四号积石冢出土红铜环开始，中国古代先民从自然红铜走向青铜时代，尤其在青铜发展比较成熟时期，大量青铜礼乐器成为一种社会制度中的精神文化的支柱，礼乐器则是昭示礼乐制度的形成和发展的象征。

青铜器标志人类文化发展的一个重要阶段。在考古学、历史学、音乐考古等方面称为"青铜时代"，是大量使用青铜工具及青铜礼乐器的时期。青铜礼乐器制作得十分精美，九鼎八簋和青铜钟乐器显示出雄伟的气魄，主要用于宗庙祭祀和宫廷宴享之风。商代晚期至西周早期是青铜艺术发展的辉煌灿烂时期，至春秋至战国则是中国青铜文化艺术发展到了巅峰时期。

在安徽、湖北、湖南、河南、山东、山西等地区也多出编钟甬钟和钮钟。诸侯列国青铜文化趋向成熟，带有南方、北方、东方浓郁地域性的青铜礼乐器已趋成熟，并且特色极为突出，饰纹谲奇精丽，形制标示出时代特征。青铜器铸造技术发明了失蜡法、印模块范拼合法。青铜器铭文记载了中国古代先民重要的历史，在青铜乐器方面铭文记载了古代乐音、乐律史。

青铜乐器有铃、铙、镈、钟、句鑃、钲、铎、錞于、鼓等，其青铜乐器由单体发展到编组，从单层钟发展到多组多层的悬挂方式，体现了精美和铸制精良的发展历史过程。从铜铃发展到铙、镈、钟的形成了礼乐制度中的青铜乐器之重器。譬如铜铃分别在山西陶寺文化晚期 M3296、湖南平顶山滍阳、湖北当阳曹家岗

① 　参见湖北省荆州地区博物馆：《江陵天星观 1 号楚墓》，《考古学报》1982 年第 1 期。

M5 均有出土。商代的青铜铙在河南、江西、浙江、江苏、福建等地均有出土,如河南高楼庄 M8、大司空村 M51、殷墟西区 M765 和安阳大司空村 M288 等,形成的编组多件青铜铙分别在安阳市殷墟小屯村戚家庄 M269 出土 3 件,河南安阳殷墟妇好墓出土 5 件编铙,大型青铜铙分别在江西省新干县大洋洲乡商代墓、湖南等地均有出土。

青铜镈分别在江西省新干大洋洲商代墓、湖北随州三里岗毛家冲、江苏邳州九女墩 2 号战国早期 M1,四川阿坝藏族自治州茂县牟托战国石棺墓 M1 等均有青铜镈出土。特别在春秋时期河南多出镈钟,河北也有战国时期镈钟,同时在湖南出土商代青镈钟甚多,并在这一地域出土战国早期青铜镈。山东地区青铜镈在春秋战国时期出土数量也较多。山西镈钟数量比较少,这一地区多出战国时期的甬钟和钮钟,相比之下中原地区出土春秋战国甬钟和钮钟最多。周代的编钟之乐成为周代的"乐悬"制度的重要乐器之一。

《国语·周语》曰:"钟不过以动声。"《周礼·春官宗伯》曰:"乃立春官宗伯,使帅春属而掌邦礼,以佐王和邦国……乃奏大簇,歌应钟、舞《咸池》,以祭地祇。"可知,古代悬乐器乐钟磬之乐,天子与诸侯在宫廷和贵族祭祀和宴享时广泛使用,尤其在商、西周、春秋至战国初年的礼乐制盛行期,青铜乐器则是显示了国王、诸侯享乐等级与地位,故在随葬中大量使用青铜礼乐器。先后在陕西宝鸡南郊竹园沟西周伯各墓,山西晋侯墓晋侯苏编钟均出土有甬钟;青铜钮钟先后在山东长清县五峰山乡北黄崖村仙人台邿国 M6,山东临淄区稷山石墓等均出土有钮钟。同时在湖北荆门包山 M2、四川广汉三星堆、江苏武进淹城、浙江绍兴城南、湖北广济鸭儿洲长江内出水(句鑃)、广州长象岗山南越王墓等地均出土有宴享乐器和军旅之乐,尤其是在湖北随州战国早期曾侯乙墓出土了大型钟磬悬乐器编钟和编磬;堪称中国音乐考古和音乐文物重大发现。

第二节　先秦时期音乐文物考古类型学分析

对先秦时期的音乐文物进行深入研究,必须建立在考古类型学的基础上,对器物的特征、文化性质、时代早晚关系进行断代,应用考古类型学的方法,研究器物外形与形态变化的特征,这些器物形态在不同历史时期都会受到时代文化的影响,直接导致器物造型、花纹、质地、质量发生变化,这是器物形态变化的规律。故此,中国考古学在文物研究中长期应用这种方法。这在考古学界也有称形态学、标型学、器物学和形制学,对考古发掘的文物或收藏文物的器形变化的研究,这些方法都可归纳为考古类型学的范畴。从音乐考古方面研究而言,则是从单件音乐文物到器物群和器物组合方面去判断乐器的制造、发展和演变的规律。

中国地下出土的音乐历史悠久,于新石器时代、商周和春秋战国时期,均有着丰富多彩的乐器类型和博大精深的音乐文化。在广袤的华夏疆域内,有着不同地区、不同民族、不同时代的诸侯王国,创造出不同类型的音乐文物和文化内涵,带有浓烈的音乐文化特质。乐器往往不是独立存在的,其与礼器、祭器和生活用具共同出自墓葬遗址中,直至周代礼乐制度的形成,礼器与乐器作为随葬品的重器,摆置在墓葬或椁室的重要位置,形成了体现社会制度、政治面貌和等级制度的真实写照。

一、考古类型学对乐器文化属性的分析

音乐文物考古是考古学的分支,音乐文化与音乐文物考古研究的学术基础,势必建立在考古学的架构之内,对时代的政治制度和礼乐文化进行深入探究,在考古学文化类型学中,细分为区、系、类的研究方法论。除了对乐器的研究外,就是对礼器的研究,也就是说在对礼器礼制研究的同时,必须要对乐器乐制的系统研究。通过对古代社会文化和遗迹遗物的迹象探索,把遗址中出土的音乐文物和相关的文化遗存迹象进行分析,才能全面展现出中国古代社会音乐文化的历史现象。因为音乐文物研究的范畴不仅是乐器本身的音阶、音律、调式、结构的表象,也涉及其与礼乐制度、宗教信仰、风俗和礼仪关系十分紧密。

音乐文物考古的对象和内容十分丰富,在古文化遗址中所发现的音乐文物,是古代人类与乐器之间的文化因素,古代先民所发明的乐器、制造的乐器、演奏乐器的历史不仅久远,其音乐文化元素和应用形式更值得深入探究。新石器时代重大考古发现诸如河南舞阳贾湖遗址,不仅有丰富的骨笛音乐文化内涵,而且音乐文物数量极大,为黄河中下游、淮河上游延至下游的新石器文化关系的研究提供了十分有价值的资料。贾湖新石器时代遗址距今约在 9000—7800 年之间,是黄河流域中、下游,包括淮河流域的东西部考古文化中,有其典型的文化类型。这对考古学类型和音乐考古研究竖立了断代的标尺。其中考古文化内涵包括甲骨上的刻符,占卜龟甲、陶窑址和五声、七声音阶的骨笛等,这都与遗址中的居住区、墓葬区、手工业作坊有直接关系。此外,还包括狩猎、渔业、畜

牧养殖业等遗存,同时对了解古代人们在劳动、生活、宗教仪式、音乐娱乐活动方式和社会关系的研究有着较大帮助。

贾湖新石器时代遗址出土的文物中,有大量的丹顶鹤、天鹅和环颈雉之类的鸟骨。用丹顶鹤肢骨制作的骨笛,能吹奏出五声、七声音阶,艺术水平极高。由此可以断定贾湖遗址在古代应是大面积的湖区湿地,雨水流沛,气候适宜,不仅是人类最佳居住区,还是鸟类栖息和繁衍的佳地。中原地区古文化遗址丰富,贾湖散布在淮河上游及其支流,即漯河、驻马店、周口和许昌、信阳等地,对贾湖考古文化中的类型学和音乐文物综合研究,推动音乐考古学的建立和音乐文化研究,有着重大意义。从考古类型学视角着眼,用贾湖遗址中出土的陶器,其中陶器残片(经过六次发掘)中挑选了2548件作为标本,并且对陶系、器形、陶衣和纹饰进行了分门别类、排队对年代早晚关系的研究有着重大意义。这对该遗址年代和文化属性的研究中,诸如分类有容器类、非容器类和石制工具、骨、角、牙制品、龟鳖、动物骨骼等。贾湖新石器时代遗址中的文化性质,则应通过考古地层学、考古类型学方法进行研究,正如把贾湖遗址的文化性质与其周围古代文化的关系进行了比较研究,得出该遗址的文化因素与湖北、湖南长江中游、淮河上游同时期文化类型相比,可厘清其考古文化的同异关系。

贾湖新石器时代古文化遗址中,共出土25件骨笛,其中完整的骨笛有17件。考古发掘中发现,所出土的25件骨笛就有22件出自墓葬中。古文化遗址中分别有居住区、作坊和墓葬区。这就是古代先民长期生活和繁衍生息之地。文物考古则将这些遗址中的居住区、作坊区和墓葬中所出的文物进行了分区、分层、分类、分型等排列研究,按地层的上下叠压、打破、并存等文化现象和器物特征进行分类、分型,并以其器物上的花纹特征探究其年代和早晚关系。

贾湖骨笛这类音乐文物多放置在墓主人右股骨的两侧,或右胫骨、左股骨、左臂等不同位置,可知先民们把音乐文物视为至上神品,不像墓坑内陪葬的陶器、骨、石器等摆在墓圹内贴身处,并且享用骨笛乐器的墓主人墓葬都比较大,随葬的器物多达60件之多,最少的随葬品也有6件,随葬品有骨、陶、石器等,还有龟甲和叉形骨器。随葬骨笛墓主人有男性和少量女性,年龄在25岁或30—40岁为多,也有50—55岁者,可见,作为气鸣乐器骨笛多为青壮年使用,只有一座女性墓主随葬骨笛。从骨笛规格及考古类型学研究方法看,贾湖遗址所出25件骨笛中,分别有五孔、六孔、八孔者各1支,七孔各14支,一些残断的骨笛中有四孔、二孔、一孔均有出现,少量骨笛未见孔眼。不同孔眼的骨笛分别吹奏出四声、五声、六声、七声音阶。①

从古文化遗址中以考古类型学研究方法,将音乐文物之外的文物进行研究,有利于探究其中音乐文物的文化属性和乐器的年代;贾湖遗址根据考古学地层关系、文化面貌特征和考古类型学的研究方法,对所出器物和木炭样品的C14年龄测量分析和综合研究,则可为音乐考古和音乐文物研究提供可信的科学依据。②

河南新郑郑国祭祀遗址是一处春秋时期郑国大型祭祀遗址,《新郑郑国祭祀遗址》考古资料分为三个部分,即社坛、瘗埋祭器的土坎、瘗埋祭器用牲的土坎,其中分青铜礼乐器坎、殉马坎。这个遗址文化内涵极为丰富,尤其青铜礼器坎和乐器坎是研究周代礼乐制度以及用考古类型学方法研究青铜礼器、乐器的文化性质,并采取分区、分系、分类型形式进行考古学研究,有着十分重要的历史意义。新郑祭祀遗址中发现青铜礼器坎(为圆角方形和长方型竖穴土坑)7座,共出土青铜礼器142件(及部分礼器碎片);青铜乐器坎11坎,出土的青铜乐器主要是镈钟和钮钟,无疑对研究周代礼乐制度和音乐文化提供了珍贵的实物资料。③

二、运用考古类型学对墓葬礼器、乐器的文化属性分析

对考古资料研究往往是多学科的共同研究成果,诸如音乐考古、农业考古、水文考古、地震考古、美术考古等,在古代墓葬和古文化遗址中发现农作物、植物、鱼骨、鸟骨和动物有关遗骸进行研究,再现古代人类社会方面环境、气象和水文现象,复原古代人类生活中的诸多真实现象。所以说,用考古类型学的方法对所出的器物进行分析研究,尤其音乐文物更需要参照墓中出土的陶礼器的年代,才能判定乐器的时代和文化性质,这就是建立在地层学、器物类型学基础之上的研究方法。

俞伟超先生认为:"地层学是科学地取得考古资料的方法,类型学则是科学地归纳、分析考古资料的方法论。"④ 其实,考古学术研究方法则与历史学术研究方法有不可分割的联系,考古学家则在器物的形态变化过程中,对器物的制

---

① 河南省文物考古研究所:《舞阳贾湖》,科学出版社1999年版,第447—452页。
② 参见河南省文物考古研究所:《舞阳贾湖》上册,科学出版社1999年版,第516页。
③ 参见河南省文物考古研究所:《新郑郑国祭祀遗址》,大象出版社2006年版,第43—50页。
④ 俞伟超:《关于〈考古类型学〉问题》,铅印本,1986年9月,第2页。

作方法、器物形式和器物外表存在差别,对考古发现和出土文物进行归纳、排列、探究其文化性质的差异。"六十年代时苏秉琦先生又从分析仰韶文化开始,注意到对许多考古学文化要划分其区域类型问题。到八十年代,他又系统提出了要从'区系类型'角度来探索考古学文化发展谱系的原则。"[①] 即分区、分系、分类型的研究方法就是较为成熟的考古类型学,用这种考古类型学方法对音乐文物的研究是有科学依据的。列举几座出土青铜礼乐器的墓葬以供参验。

西周早期曾国墓地考古新发现,揭示了周王朝早期大肆经略南土的历史现象。在江汉之间随枣走廊有周王朝分封的侯国一直延续到战国早中期,即曾侯国,竟然有约 800 年的辉煌历史,直至战国中期被楚国所兼并。曾国辖境内则见青铜礼器和乐器成为曾侯、曾伯、曾大工尹等侯王和高级别贵族的主要随葬品,这是体现墓主人身份地位等级的象征。随州域地所发现的曾国贵族墓地分别有叶家山西周早期曾侯谏、曾侯犺、曾侯與等大型墓葬,其中出土有青铜礼乐器和陶、玉器等;均川熊家老湾春秋早期曾伯文墓葬区,出土有大量的青铜礼器。随州东城区东郊八角楼、义地岗(现名文峰塔)一带,则有春秋中期至晚期曾侯與、曾侯𠭯、曾大工尹等贵族墓葬区,出有大量青铜礼器、乐器、玉器和兵器。在大洪山和柏桐山之间的随枣走廊也有枣阳曹家湾春秋早期、中期的曾侯、曾伯贵族墓地,出土有青铜礼器乐器和陶、玉、兵器等。随州南郊擂鼓墩战国早期的曾侯乙墓,出土有 15000 多件青铜礼、乐器以及陶、玉、石、漆木器和兵器等。擂鼓墩战国中晚期(M2)贵族墓葬,出土了大量青铜礼乐器和玉、陶、蚌等器物,形成曾国于先秦时期礼乐制度的一套尚礼崇乐的完备体系。用考古类型学对曾国高级贵族墓地出土的青铜礼乐重器,原始陶瓷和仿铜陶礼器、玉器、漆木器各种器物,进行分门别类和区系组合特点进行分析断代,是曾国历史文化与音乐文物研究的参验标尺。

随州叶家山西周早期曾国高级贵族墓地考古发现,对研究商代甲骨文中的"曾"和周初曾侯受封的年代提供了珍贵资料。无独有偶,在叶家山西周早期曾国贵族墓地相近不远处,有规模大且历史久远的西花园、庙台子遗址,上自新石器时代、中至商周、下至春秋战国时期的古文化遗址和墓葬,大概是曾国先民在涢水北岸、漂水之滨立国兴邦的城廓,这些精美绝伦的青铜礼器、乐器的出现,说明在这一地带应该有古代先民制作青铜礼乐器的作坊区、生活区、居住区和

---

① 俞伟超:《关于〈考古类型学〉问题》,铅印本,1986 年 9 月,第 5 页。

城池防御建筑，尤其出现了原始瓷器，也应该存在陶瓷器的制作窑址，应与叶家山曾国高级贵族墓葬区是一个不分割的完整体系。陶器、青铜器上还有众多方国和族徽之类的铭文，说明曾国在江淮之间、汉水以东的随枣走廊，是一个真正的土著姬姓侯国，至少在商末周初已经形成较为强势的国度。[①]

用考古类型学的研究方法对器物的形制进行分析，例如对叶家山西周早期曾国青铜器、乐器和原始陶瓷器进行分型、分式研究，则可窥见其是否有周文化因素。因为不同时代的文物则有不同文化特点，或者在同一时代、同一地区古文化遗迹、遗物存在着不同的器物形制。故此，不管是考古类型学研究者或音乐考古研究者，在发掘时必须关注第一手材料，即考古发掘报告和考古发掘简报，这是目前比较科学可信的材料之一。考古工作者除了应用考古地层学所断定地层的时代，同时也会用器物的形制特点和变化特征，通过较为科学的考古类型学研究方法进行整理文物资料，挑选有代表性、较为完整的器物标本，确认文化遗址的地层关系，理顺时代早晚顺序；随后采取比较、淘汰的办法，探索其考古文化中的组合与共存关系，以便为器物断代、文化属性提供研究分析的依据。诸如叶家山西周早期青铜器中，铸制有曾国属性的青铜器并标明器主、国名、爵位、名字等，或只铸国名、爵位的铭文。同墓还出土有不带铭文的器物。有铭文的器物组合铸有曾侯谏青铜方鼎、圆鼎、分裆鼎、簋、盉、尊、卣、壶和只铸"曾侯"、"白生"、"侯用"铭文字样的青铜鬲、簋、甗、卣、盘、壶、盉、斝等。从器物组合看，铸有曾侯铭文字样的方鼎 3、圆鼎 5、分裆鼎 4 件等，这种统计分类的研究方法对墓葬年代和器物早晚关系的探索提供了可贵资料。经研究表明西周早期曾国贵族墓葬的随葬品，可体现出西周早期的文化特点。

叶家山 M111 出土了镈钟 1 件和甬钟 4 件，是出土西周早期编钟件数最多、保存完整的乐器。观察乐器形制、花纹和铸造等方面的特点，发现虎纹镈钟有着南方钟的特点，这类镈钟当时已直接影响着中原地区钟乐器的发展，为周代甬钟的形成与发展奠定了基础。通过考古类型学的研究方法得出相应的结论，可以发现虎纹镈与湖南邵东贺家村镈钟的形制基本相同，甬钟则与陕西竹园沟墓出土的 3 件套的甬钟相似，也与在陕西长安长囟墓出土的 3 件套的甬钟风格相类似。曾国与周王朝的政治制度和礼乐制度有承前启后的文化关系。[②]

---

① 参见黄敬刚：《先秦音乐文物考古类型学分析》，《黄冈师范大学学报》2017 年第 6 期。

② 参见湖北省博物馆、随州市博物馆：《随州叶家山西周早期曾国墓》，文物出版社 2013 年版，第 112 页。

在随枣走廊的随州擂鼓墩大型战国早期的曾侯乙墓,共出土青铜礼器、乐器、兵器、车马器,玉器(包括石质器)、漆木器、竹简等达 15000 余件。乐器 8 种共 125 件,其中有编钟、磬、鼓、瑟、琴、笙、箫(排箫)、篪等一批乐器。青铜礼器和用具共有 134 件。青铜礼器与编磬等乐器均摆放在椁室的中室。曾侯乙墓出土文物数量甚多,造型精美,铸制精良,礼器和乐器铭文内容丰富多彩,因其墓葬椁室与内外棺之宏伟,为研究东周时期墓葬和战国早期的墓葬竖立了断代的标尺,为应用中国考古类型学方法研究墓葬出土文物提供了可靠依据,更为我国历史、考古、音乐和科学文化史研究提供了宝贵资料。[1]

无独有偶,仅距曾侯乙墓 102 米的西团坡上(为河岸高地与曾侯乙墓并立),于 1981 年 7 月在此发掘了擂鼓墩 M2,为土坑竖穴墓,已见出土文物有 449 件(组),分别有青铜器、石、玉、蚌、料珠等,青铜礼器有鼎、鬲、甗、簋、簠、豆、釜、尊缶、盥缶、盘、匜等,青铜乐器有编钟、鼓座,石质乐器有编磬,其中编钟(甬钟)36 件,编磬共 12 件,墓葬年代略晚于曾侯乙墓,为战国早期偏后段、战国中期前段的高级贵族墓葬。[2] 从考古类型学研究方法而言,这两座墓葬年代相近,域地相同,墓主无疑均属曾侯之类或与宫廷关系十分亲近的显官。所出青铜礼器和乐器形制风格十分相近,器物组合形式均以礼器、乐器为主,墓葬随葬品则有重礼重乐的特点,其墓葬建造气势格外宏伟,棺、椁结构与大小规格很高,二者有可比性,M1 为曾侯之君之墓,M2 为宫廷显官或为妻妾墓葬之属,用鼎形式 M2 也有大鼎、升鼎、盖鼎和小口鼎等多达 17 件。虽说 M2 青铜礼器从数量上没有曾侯乙墓那么多,但从青铜礼乐器随葬的风格上应是一致的。譬如曾侯乙墓出土有 64 件曾钟(不包括楚王镈钟),M2 则出 36 件编钟,两墓共出土编钟 100 件,堪称百钟之王。曾侯乙墓出土有编磬一架(幅)32 件。M2 出土编磬 12 件。两墓共出 44 件编磬,还可以从两墓出土编钟、编磬和乐器的测量资料探究曾国乐器、乐音、乐律关系和音乐文化的内涵以及对礼器、礼乐、礼玉和葬礼、葬俗制度进行深入研究,也就是应用考古类型学去研究随葬品形态学、形制变化中的文化因素。正如九鼎八簋和编钟、编磬在墓中以不同形式呈曲尺形,展现周代礼乐制度的人文思想和文化风貌。

曾国贵族墓地规模大并有规律可循,墓葬随葬的文物级别较高且精美绝伦,

---

[1] 参见湖北省博物馆:《曾侯乙墓》上册,文物出版社 1989 年版,第 76 页。

[2] 参见随州市博物馆:《随州擂鼓墩二号墓》,文物出版社 2008 年版,第 133 页。

随葬品数量多达一万多件,保存程度完好如初,可见青铜器群的主体则以礼乐为先。青铜上则以铸铭为特征。西周早期曾侯谏高级贵族墓葬区年代在先,春秋之世有曾侯、曾伯和曾大工尹等显官贵族墓葬,分别在随州均川熊家老湾、随州城区东郊季氏梁、义地岗(现名文峰塔)有重大考古发现。对于墓葬出土的青铜器和乐器均以考古类型进行断代研究,因为它们是周代曾国青铜器群的典型器物。考古类型学研究方法是科学的,人类制造的器物形态是有规律可循的,这些精铸的器物均具有浓烈的人文气息和科技文化内涵,对曾国礼乐器以类型学方法进行分析与研究,则可探究曾国极盛时期青铜礼器和乐器之间的特定形态。1979年随州城区东郊义地岗(季梁祠)出土曾国贵族墓葬和铜器较多,其中还出土有春秋时期编钟和钮钟。仅在这座墓葬中就出土了7件铜器有鼎和钮钟等,属于春秋中期的礼乐器。青铜器上铸有陈公子仲庆簠、曾大工尹季怠戈,戈上铭文为"周王孙季怠之用戈"等器物。1993年在义地岗相近不远处的八角楼出土有鼎、壶、盘等青铜器12件,其时代为春秋早期的器物。1994年又在义地岗(随州石油公司)墓地发现三座春秋晚期的曾国墓葬,出土有鼎、甗、簠、方豆、壶、匜、戈、镞等器物。其中三座墓葬随葬品组合均以鼎、盘、匜为主,为考古类型学研究墓葬年代和断定器物年代与早晚关系提供了依据。3座墓葬中的M1墓中所出6件铜器均有"曾少宰黄仲酉"等铭文字样。M3青铜器上有"曾侯與"、"曾仲姬壶"铭文。尤其带有"曾侯與"铭文字样兵器在曾侯乙墓也有出土,戈上铭文则见有"曾侯邡"铭文。所以说,曾国高级贵族墓葬从随州叶家山、义地岗(季梁祠、八角楼)诸地,有一个从西周早期至春秋早中期所形成的曾人轴心地位。以同墓出土青铜礼、乐器而言,1980年在均川刘家崖春秋中晚期墓葬中,出土有鼎、簠、鬲、壶和小型钮钟等铜器27件。2009年在义地岗墓葬群中,发掘有2座春秋时期(M1、M2)的墓葬,同时,青铜器上又见到了"曾侯與"铭文字样,由此可知该墓主人应为曾国诸侯名與无疑。在M1墓葬中出土有青铜礼乐器,其中乐器有编钟和编磬。M2也出土有编钟甬钟和编磬,这两座墓出土的编钟体形大,大多铜器铸有的铭文,此为研究春秋时期的曾国礼乐制度又提供了可信资料。[①] 前述均为周代主要墓葬所出土的青铜礼、乐器,这在考古类型学研究中对墓葬年代、器物早晚关系有较大帮助,出土青铜礼、乐器的墓葬和器

---

① 参见随州市博物馆:《随州出土文物精粹》,文物出版社2009年版,第4页。

物,则为音乐考古、音乐文化研究提供了珍贵资料。[①]

由此可见,曾国青铜礼器和乐器延续的历史约 800 年之久,从西周早期直至战国早、中期,尤其以随州擂鼓墩 M1、M2 为代表编钟、磬、瑟、琴、鼓、排箫等乐器为代表,再现了战国早期宫廷乐舞繁荣昌盛的景象。

三、运用考古类型学对礼乐器的质地、花纹与形态分析

周代礼乐制度是维护周王朝统治的基石,礼与乐、乐与礼相互依赖共存。礼器是显示实力的象征,乐器是张扬精神文化的一种形式。周代的统治者就是通过礼乐制度加强人的行为准则,并制造出规范的标准的器物,并以特定的质地、统一的花纹,按其级别的高低、亲疏血缘关系,按等级享用礼乐器。

考古类型学对单件、成组器物进行分区、分系、分式的研究,其对象早到旧石器的打制石器,新石器时代的磨制石器、骨器和陶器等,在新石时代已发现乐器,如石磬、埙、陶响球和骨笛、石哨、石排箫等,这个阶段的器物还谈不上礼乐器,只是古代先民发明、制造和自由享用的实用器。这个时期的器物在不同地区其共性比较突出,随着烧制陶器技术的不断发展,不同地域的器物个性逐渐明显,长江流域与黄河流域的新石器时代文化有着明显区别,其个性也十分突出。如彩陶、黑陶质地、花纹图像形成鲜明对比;体现出各区域之间文化的差别和同异。尤其器型的变化也十分明显,往往根据不同地区器物的用途,在器物上展现出的部族各自不同的习俗、宗教信仰和审美观念的同异关系。这种文化信息、宗教信仰、民族风俗传承着,其传播的范围不大,速度缓慢,故此形成明显的地域文化特色。无论是实际生活用器和精神娱乐品乐器,都有地域特色和民族特色。只要建立考古类型学的研究方法,就会对新石器时代的器物研究或单一的乐器研究有重大的促进作用。

当人类进入文明社会,即夏、商、周三代社会生产力和手工业较为发达,其中制造业如陶器、铜器、玉器、骨器、角器等类型较多,风格各异,形态突出,逐渐出现成套、成组、成列的铜、陶礼乐器,很快成为王侯将相享乐中的侈靡品,以此彰显王者之威,重赏功臣之物,虽说当时社会制造物品的成本较为昂贵,铜料耗材之繁,但对王朝政权的稳定有较大作用,所不利的则是对时下社会经济

---

① 参见湖北省文物考古研究所、随州市博物馆:《随州文峰塔 M1(曾侯舆墓),M2 发掘简报》,《江汉考古》2014 年第 4 期。

发展有一定影响,故此对这些精美绝伦的上乘器物和成编成组的乐器开始限制享用。由于出现贵贱、等级、贫富之分,随着商王朝宗教信仰与忠君纲常逐渐形成,到了商末周初出现"周公制礼",制定出烦琐的礼乐制度,天子九鼎八簋,诸侯七鼎六簋,卿大夫依次递减,这种礼乐制度的形成,对研究古代礼器、乐器提供了有循的规律。

其实,古代陶器、铜器、瓷器、玉器和漆木器的发明与形成,均与其用途和功能相关,任何一件器物在形成之前,往往是先民们早已构思制作这种器物的实用性,譬如容器可以去河流、水井打水;鼎、鬲用来蒸煮食和烧水;尊、盘、杯之类的器物可用作饮用水、酒和用餐等生活用具;工具用作生产劳动,兵器用作狩猎,玉器可供人体饰美,乐器可用作歌舞娱乐生活,这些器物上还装饰着精细繁缛的花纹,早期人类大多采集与大自然有关系的水波纹、风云、雷电、植物、动物、花鸟、鱼虫之属为纹饰。先是以写实为美,后来则逐渐出现简笔和图案化。陶器上的花纹分为刻划、印制、捏制多种形式,还出现浮雕、复加堆纹等形式的手工艺图案花纹。到了青铜时代,采取范模铸制工艺,即合范铸法,器物上的花纹和铭文均刻制在范模上,进行范模铸制法,成型后经过打磨加工,包括焊接附件和花纹技术在内的手工艺技术,后来出来了更讲究的错金镶嵌等工艺,使器物上的花纹变得更加清晰美观。青铜时代对应于夏、商、西周、春秋这一特殊性的历史时期,是青铜器发明、发展、昌盛的青铜时代。

在河南二里头文化的青铜器中,有武器、礼器和乐器,即箭镞、鱼钩、小刀、锛、凿、锥、爵、铃等器物,一些学者还未将青铜铃列于乐器,其实,铃就是青铜铙、镈、编钟的前身刍形。这个时期的器物应用考古类型学研究,多以器物的形态和形制进行分门别类排列出其中的系列来。因为早期的器物没有花纹,多呈素面无纹饰的状态。但是在二里头陶器上则有写实性龟纽盖(见于陕县七里铺)、蛤蟆、羊头、龙蛇纹等(见于偃师二里头),陶埙、陶铃素面无纹(见于偃师二里头)。①

商代陶器外腹装饰着单一的绳索纹,器物形制比较完美,在白陶上盛行刻纹。商代青铜器上多见饕餮纹、云雷纹、夔纹、龙纹、虎纹等,也有人物图像的装饰纹。晚期则有出现三层或双层花纹。器物类型多而繁,如青铜礼器鼎、簋和生活用具,酒器觚、爵、斝和兵器,其上多见在造型别致的青铜器上铸制铭文,

---

① 参见北京大学历史系考古教研室商周组编著:《商周考古》,文物出版社1979年版,第14页。

应用考古类型学的方法进行分类、分式研究,则能判定其时代早晚关系和文化属性。与此同时,商代青铜乐器多出铙为特点,而见镈始在商代晚期出现,一般而言,到了周代镈钟盛行。《说文》有云:"镈,大钟,镈于之属,所以应钟磬也。"其上多饰环形钮,短枚,钟腔瘦长,多兽面纹,乳钉纹,以及附饰鸟纹或虎纹、云纹等。周代编钟花纹虽然繁复,也有规律可循。一般而言,以云纹、横 S 纹、篆带纹、凹线纹、鸟纹、细胞纹进行装饰,而枚呈梅花点状特点。先秦之世乐器纹饰装饰得五彩斑斓,内容丰富多彩,其中包括青铜乐器、漆木乐器上多饰各类花纹图像,其内容和文化元素应是音乐史和音乐文物研究的重要对象之一。

四、运用考古类型学对不同地区的音乐文物比较分析

远古原始族群中由氏族、部落联盟,不同地区的民族形成部落集团。其不同地区的古文化遗存遗物,在不同族群、不同地域的风俗,不同环境下心态与审美存在着一定差别,其所产生的文化因素和器物特征也不相同,但在远古时期的文化因素存在明显共性。所打制出来的石器、磨制出来的细石器,骨针穿孔和制作陶器以及在陶器上留存的捏制、刻划或印制花纹图像,陶器上出现刻符和彩绘,诸如此类文化现象,类似不同的考古学文化相互之间存在的差别较大,应用考古类型学对中国历史文化、区域文化和音乐文物进行综合性研究意义重大。

黄河流域新石器时代人类经历漫长的历史过程,到了中华文明时期的青铜时代,诸如龙山文化、甘肃仰韶文化、齐家文化过渡到青铜文化,以及庙底沟文化,都是黄河流域新石器时代典型文化。有关仰韶文化、半坡文化庙底沟文化、后李文化等,均为考古类型学深入研究的对象。黄河中下游的山东、河南、山西、陕西等地区的龙山文化极具代表性(距今约 4000—4600 年),其上承大汶口文化,下续是岳石文化。譬如上承的大汶口文化则以快轮制陶技术著称,并以其中有磨光黑陶、蛋壳黑陶最具特色。其主要器物有黑陶杯、碗、豆、盘、鼎、罐、盆、瓮等,以高柄足、三足盘、鸟首足鼎、白衣黄陶袋足鬶、肥袋足鬲等代表器物特性。龙山文化遗址分布于山东半岛、河南、河北、山西、陕西、辽东半岛、江苏、湖北等地,其文化则以陶器的硬、薄、光、黑为特色,亦称"黑陶文化"。龙山文化不仅盛行陶器,也有石器、骨器、蚌器之属,并且是铜器出现的前奏。随着考古发现与研究,考古学家不仅在黄河中、下游发现诸多龙山文化,而且在杭州湾地区也有发现,即山东沿海、豫北和杭州湾 3 个区。故此有山东龙山文化(典型龙山

文化)、庙底沟二期文化(豫西地区,上承仰韶文化)、河南龙山文化(分布于豫西、豫北、豫东)、陕西龙山文化(或称客省庄二期文化)、龙山文化陶寺类型(山西襄汾陶寺)等。

仰韶文化其特点体现在彩陶,分布于黄河中游的甘肃至河南诸地,在三门峡渑池县仰韶村发现。渭、汾、洛等水域,下注黄河,则是仰韶文化在关中豫西晋南的主要分布区域,其北至长城、河套地区,东至河南东部,南边到了湖北西部,西边直至甘肃、青海域地。所以说仰韶文化是黄河中游地区新石器时代一种彩陶文化,是中国考古类型学研究的对象之一,是可印证历史文献记载中的古部落集团主要活动区域的相关资料。考古学家、历史学家推测山东半岛大汶口文化是东夷先祖太昊、少昊集团活动与生存的文化遗址,并认为甘肃马家窑、半山、马山古文化遗址遗存,可能是羌族早期活动和生存的文化遗址遗存。

黄河流域新石器时代文化遗址中不仅出现陶器,还出现了陶角、陶埙、陶铃、陶响器和特磬、编铙等古老的乐器,可谓是东夷先祖歌舞娱乐的神器。在山东泰安大汶口文化遗址中的大墓出土有 2 件陶壶,其傍遗存鳄鱼骨板(共 84 块)。鳄鱼皮可蒙鼓。《诗经·大雅·灵台》曰:"鼍鼓逢逢。"《周礼·秋官·叙官》见郑玄注曰:"壶谓瓦鼓。"在山东大汶口文化遗址中还出土了泥质黑陶笛柄杯。在山东、山西、河南地区于新石器时代至夏商周时期古文化遗址和墓葬中,均是乐器的发源地和音乐文化衍生地。山西新石器时代古文化遗址中的襄汾陶寺、夏县东下冯等以及至夏商周文化遗址中出土的特磬较多,两周至战国早期则为钟乐器的繁荣发展期,从形制、花纹、铸造方面均已走在时代科技文化的前列。尤其在山西于夏、于商、于周均出土有青铜乐钟以及钟、磬、铃、埙、铎、管、鼓等,其乐器种类之全,乐器数量之多,铸铜遗址和铸钟范模保存完好,这为研究中国北方西部民族的音乐文化和礼乐观念提供了丰富可信的资料。

甘肃史前彩陶文化尤其是彩陶乐器,则是彩陶文化不可缺失的部分。譬如新石器时代陶响球、陶鼓(或曰土鼓)、陶埙和石磬等,先后在仰韶文化后期、马家窑文化中多出。尤其甘肃玉门火烧沟古埙,为研究中国古代音乐、古律制度提供了可信的实物资料,考古类型学、音乐考古和音乐形态学以及与古代乐器、音乐和文献记载等有关学术研究方面的诸多问题提供了印证材料。黄河流域的河南地区在裴李岗文化、仰韶文化遗址中出土了骨笛、龟甲、石磬、陶鼓、陶埙、陶响球、陶铃等。诸如舞阳贾湖遗址出土 16 支骨笛,临汝中山寨出土 1 支,长葛石固出土 2 支,均属裴李岗文化遗址内,则是中国古代乐音、乐律和音乐文化的发端。夏商时期的古文化遗址中出土的铙、铃、磬、埙、钟、鼓等,尤其以青铜乐器最为突出。河南地区所出夏商石磬约 20 余件,诸如殷墟文化遗址中多存。其以二里头古文化遗址所出编磬的时代最早。两周时期青铜乐钟和编磬的数量最多,分别在平顶山郊区魏庄、新郑南关郑公墓、辉县琉璃阁甲墓、淅川下寺 M2、信阳长台关 M1 等都出有编钟。

黄河中游的"三秦"之地陕西,即陕南、陕北、关中的西部地区,在河南、山西、甘肃、宁夏、湖北、四川、内蒙周边相接,则是中华民族周文化的政治、经济文化中心。其远古时期的新石器时代,在这一地区如西安半坡遗址仰韶文化、临潼姜寨、淳化夕阳村黑豆嘴、华县井家堡村、铜川李家沟等仰韶文化遗址、墓葬中出土陶响球、埙、陶角等,在周代文化遗址、墓葬中出土有编钟、编磬、铃等,对西周时期乐钟铸造、乐器和乐律的研究有着重要的参考价值。正因如此,上述地区出土的音乐文物以考古类型的研究方法,对礼器、生活用具和乐器进行综合研究,更能探寻乐器和音乐、乐律和发展的源流,可追溯华夏民族在黄河流域中上游繁衍生息,以及载歌载舞、乐器制作的音乐文化本原。

长江流域中游、下游及其与杭州湾地区分布的新石器时代文化遗址,包括四川东部、湖北、湖南、河南(主要指西部地区)、陕西、江西和江苏一些地区,即江汉地区、鄱阳湖地区、赣江地区和江苏南京等。诸如湘南玉蟾岩洞穴遗存,洞庭湖的澧水、沅水一带皂市下层文化、汉水流域皂市李家村文化,属大溪文化、屈家岭文化等,无不以考古类型学厘清其文化同异关系。遗址所出石器、骨器和陶器类型十分丰富。湖南澧县彭头山古文化遗址的历史距今约 9000 年。其中也出土有石器、骨器、陶器等,以夹砂灰炭陶为主,夹砂夹炭陶较少,也有少量的泥质陶。还有城背溪文化,有石器和陶器,则以夹砂红褐陶、泥质红褐陶和灰褐陶为主。城背溪文化主要分布在长江上游地区的秭归、宜昌、宜都、枝江沿江沿岸,距今约在 8000—7000 年。考古类型学则是从一种文化遗址中诸如灰坑、陶器等,从器物形制上的不同和差异,探究其器物的时代和文化性质特征,寻觅其中微小变化规律。譬如夏商周时期诸多文化遗址和遗迹遗物类型更多,质地包括石、玉、骨、陶、铜等,在进入室内整理阶段,逐一对每一件器物和残片进行比对观察,挑选出极具代表性的典型器物,也包括石、骨、铜质的音乐文物,尤其要注意音乐文物在遗址或墓葬摆放的位置是十分重要的,作为时代的音乐文物数量较少,故尤其值得珍视,因为往往将遗址中的器物组合与年代进行断代后,就可知道音乐文物的相对年代了。

长江中、下游地区新石器时代至夏、商、周各时代出土音乐文物十分丰富，譬如湖北京山县朱家嘴、黄冈牛角山、蕲春易家山、襄樊市枣阳雕龙碑、枝江县关庙山等新石器时代遗址出土有陶响器，在天门石家河新石器时代遗址出土有陶铃。至两周时期湖北地区也有大量的青铜乐器出土。至战国时期编钟、编磬等诸多乐器更是丰富多彩。在湖南、江西、四川和湖北汉水以东地区的随枣走廊，都出土有丰富的音乐文物。如长江流域中游南岸的江西，在历史上有关文献记载赣鄱地区有25次出土88件青铜器，其中有青铜乐器70余件。最具典型性的商代青铜铙在新干县大洋洲出土，宜丰县、泰和县、德安县陈家墩等处也出土有商代青铜铙，并在万载县株潭镇村、南昌李家庄、宜春金桥、永新县高溪乡横石村、新余水西镇、萍乡邓家田、新余罗坊、安源十里埠、靖安梨树窝、樟树双庆桥等地商周时期遗址和墓葬中，出土了大量青铜铙、镈和甬钟，不仅青铜乐器造型优美、花纹精致，其质地优良、乐音、乐钟质量更优，为乐器断代和研究提供了可信标尺。由此看来，考古类型学方法对考古学文化研究，对华夏民族的区域性文化，或与多区域文化进行比较研究，从而找到了各个文化区域的特性和共性。从旧石器时代至新石器时代利用石器、陶器、骨器工具发展生产力的时代结束后，又兴起了铜石并用时代，到了夏、商、周青铜时代，以及先秦时期于春秋战国时期又发明了铁器，则是先秦时期社会经济与文化发生巨大变革的时期。

附 录

曾侯乙墓乐器图像纹饰集锦①
（三十五幅）

一、青铜乐器（结构与图像纹饰）

---

① 曾侯乙墓乐器集锦三十五幅图均为胡志华绘制。

图一　曾侯乙墓东室乐器分布

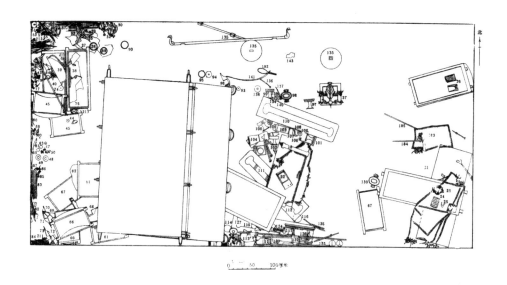

图二 曾侯乙墓东室乐器分布

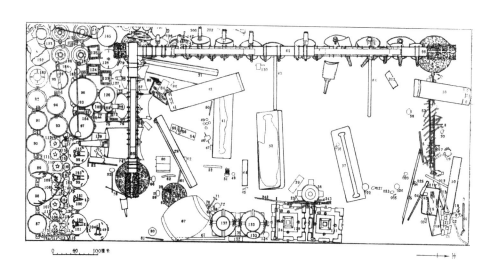

图三 曾侯乙墓中室乐器分布

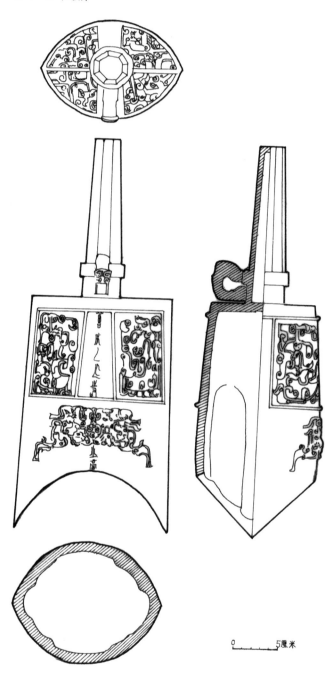

2-2-45 无枚钟

0 —————— 5厘米

图四 曾侯乙编钟

S-2-107+1 磬架西端怪兽立柱

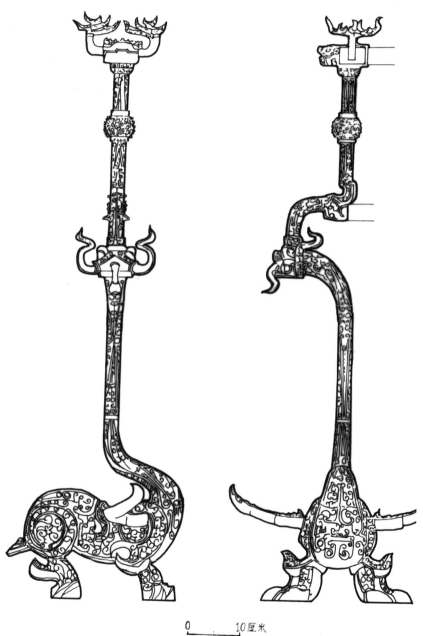

0   10厘米

图五　曾侯乙编磬架怪兽立柱

S-2- 磬架横梁花纹

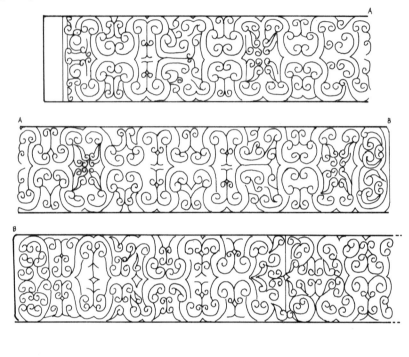

S-2-111 编磬全景线图

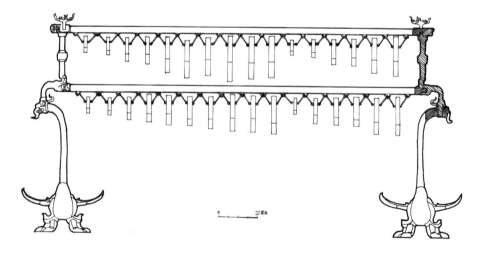

图六　曾侯乙编磬横梁花纹

0　5　10厘米

图七　曾侯乙墓鹿角立鹤

钟架下层铜人柱
S-3-57东端
S-3- 西南角
S-3-61 北端

图八　曾侯乙编钟钟架铜人柱

S-3-157

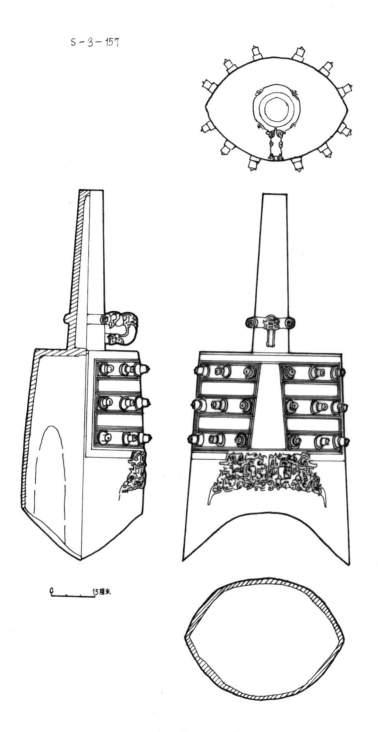

0 ___15厘米

图九　曾侯乙编钟

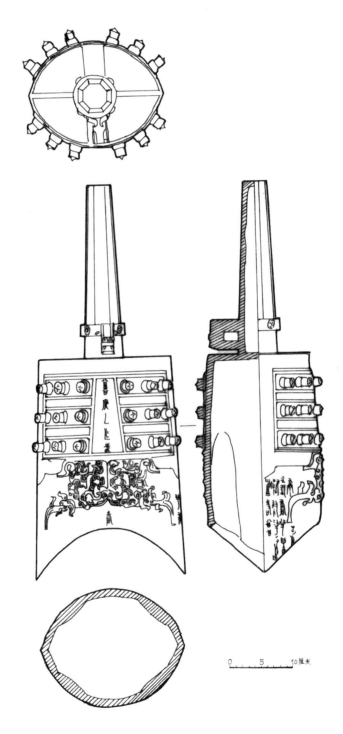

S-3-155 长枚钟

图十　曾侯乙编钟

0　　5　　10厘米

S-3-116.118

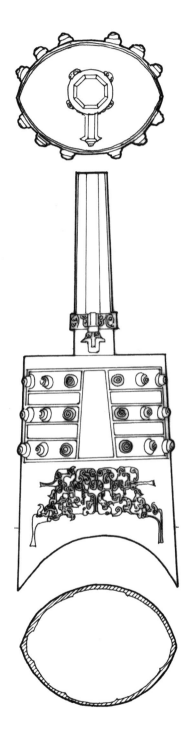

图十一 曾侯乙编钟

S-3-167 钮钟

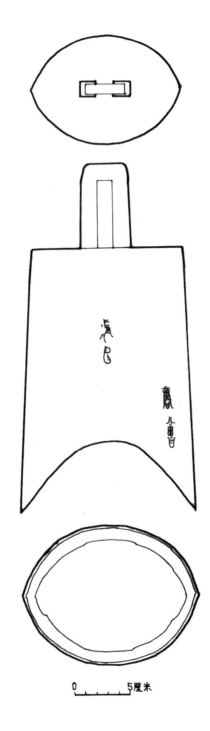

0   5厘米

图十二 曾侯乙编钟钮钟

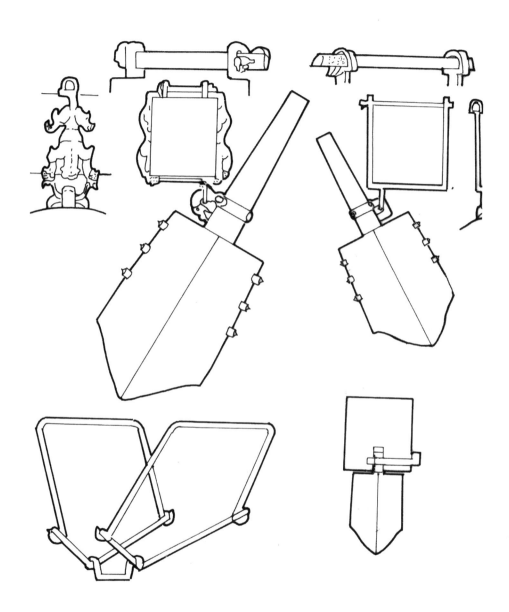

图十三　曾侯乙编钟钟架结构与挂件

附录——曾侯乙墓乐器图像纹饰集锦（三十五幅）

501

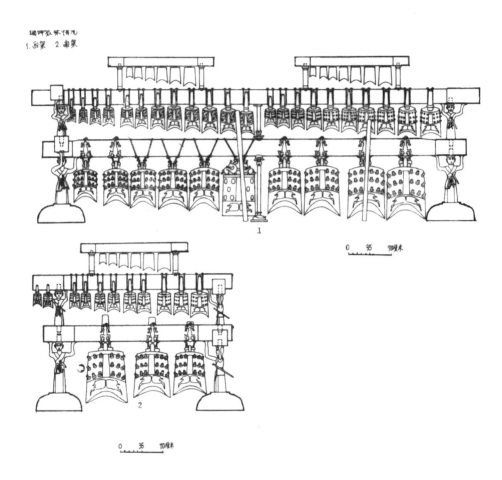

图十四　曾侯乙编钟

二、漆木乐器（结构与图像纹饰）

S-2-114　磬匣

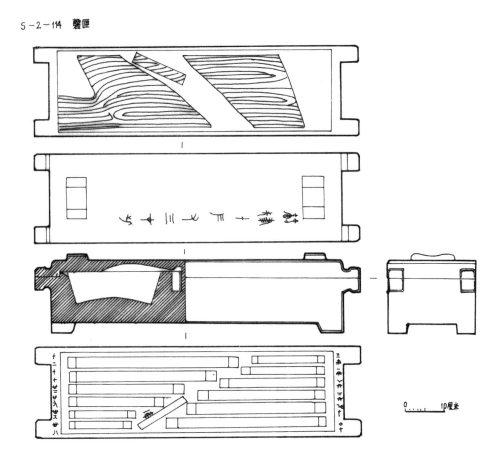

图十五　曾侯乙墓木磬匣

S-2-136 漆木鹿

0 —————— 20厘米

图十六　曾侯乙墓漆木鹿

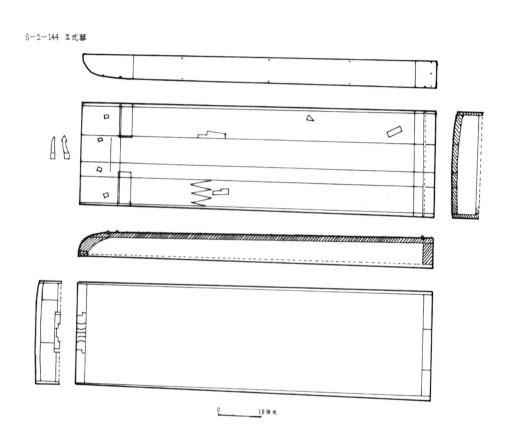

S-2-144 Ⅱ式瑟

0   18厘米

图十七 曾侯乙墓琴

S-2-123 建鼓   S-2-130 扁鼓
S-2-128 有柄鼓   S-2-132 悬鼓

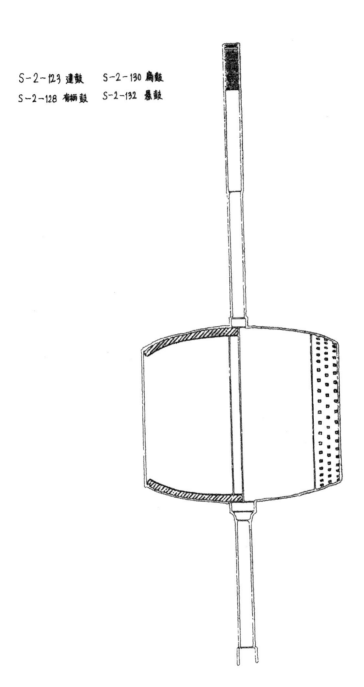

0   20厘米

图十八　曾侯乙墓建鼓

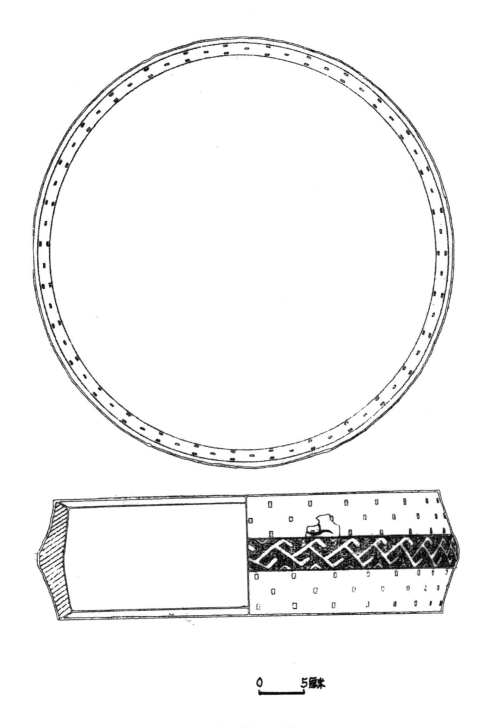

图十九　曾侯乙墓扁鼓

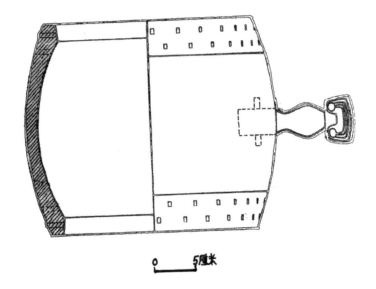

0 _____ 5厘米

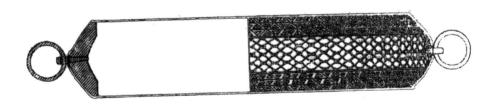

0 _____ 5厘米

图二十　曾侯乙墓悬鼓

S-2-140 瑟各部位名称图

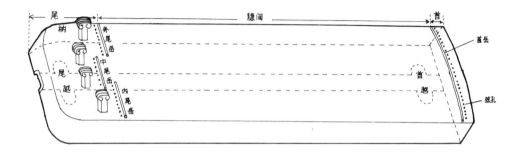

图二十一 曾侯乙墓瑟各部位名称

S-2-141 I式瑟纹饰

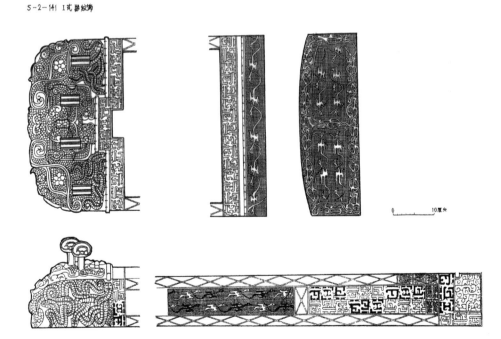

图二十二 曾侯乙墓 I 式瑟花纹

S-2-142 瑟侧面纹饰

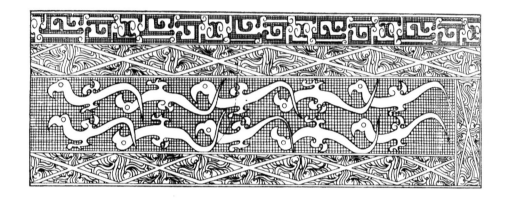

图二十三　曾侯乙墓瑟侧面纹饰

S-2-143 I式瑟

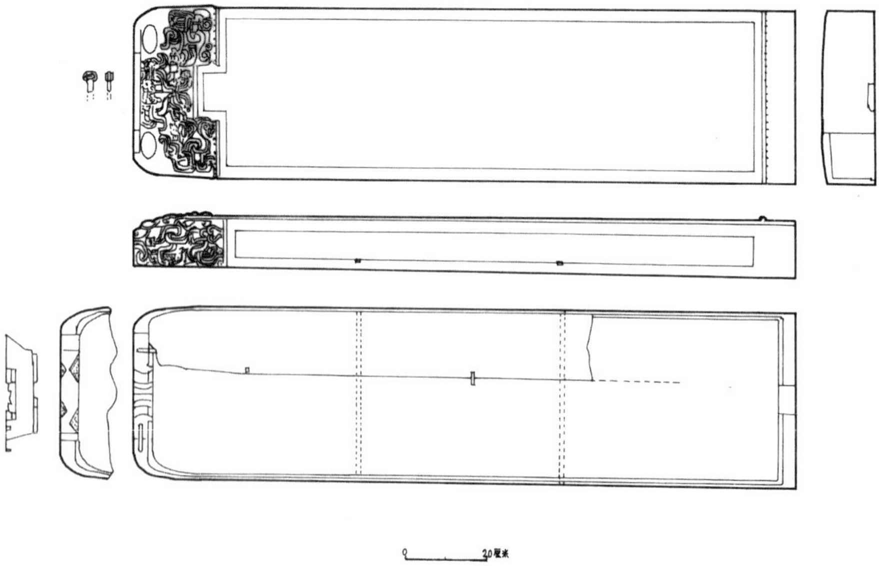

图二十四　曾侯乙墓 I 式瑟

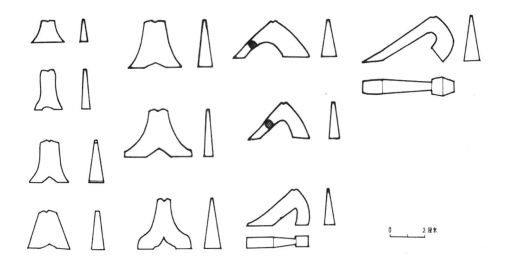

S-2-146 瑟柱

图二十五　曾侯乙墓瑟柱

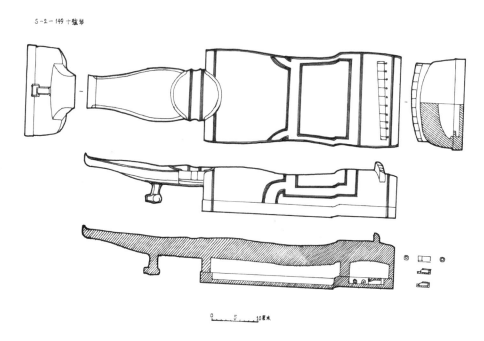

S-2-149 十弦琴

图二十六　曾侯乙墓十弦琴

S-2-162笙函及簧

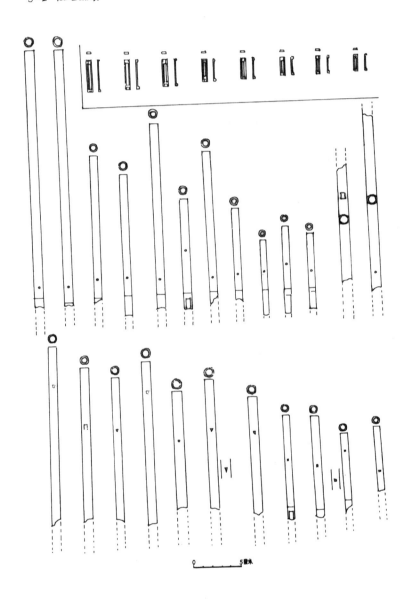

图二十七　曾侯乙墓笙苗及簧

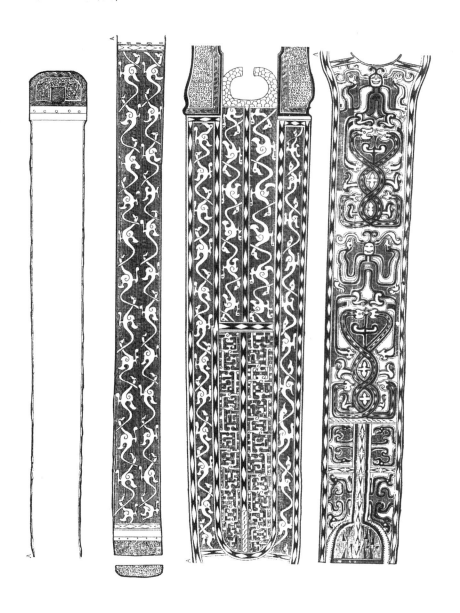

图二十八　曾侯乙墓五弦琴纹饰

S-2-159 五弦琴

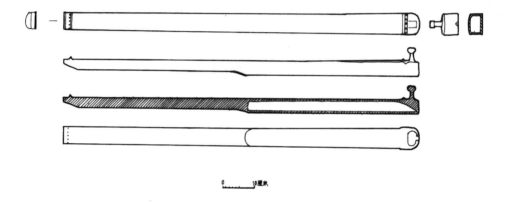

图二十九　曾侯乙墓五弦琴

図三十　曾侯乙墓箎及纹饰展开图

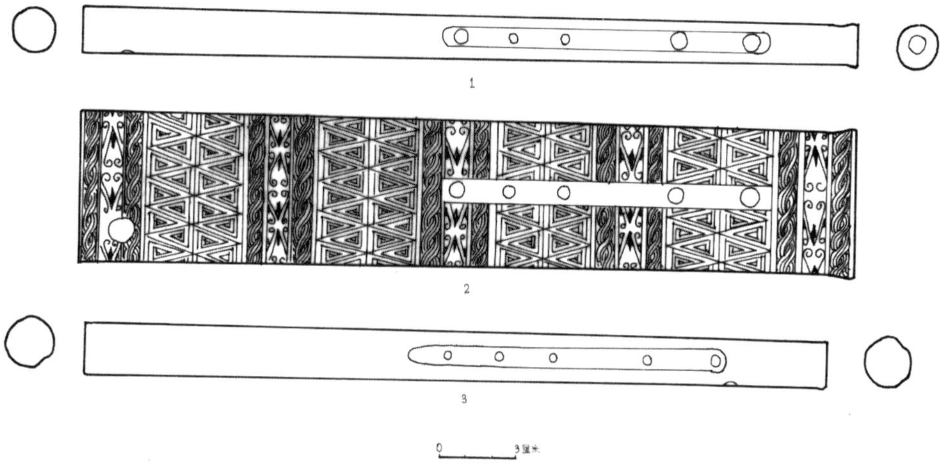

S-2-160 排箫

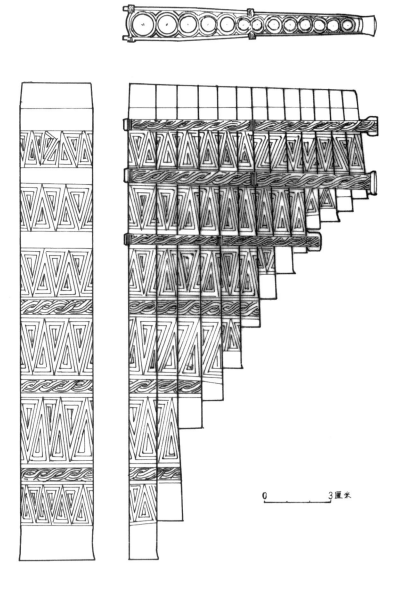

0 _____ 3厘米

图三十一　曾侯乙墓排箫

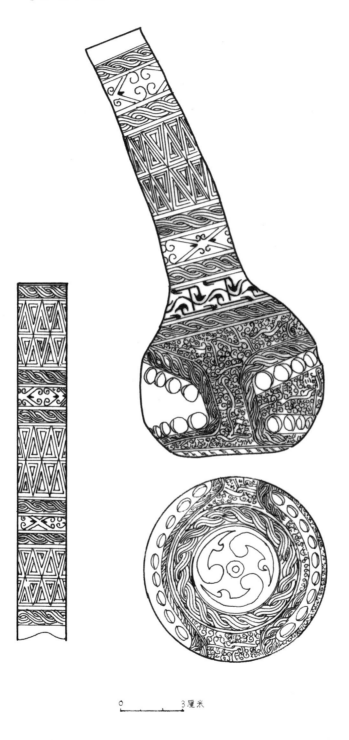

S-2-163 十八簧笙

0   3厘米

图三十二　曾侯乙墓十八簧笙

漆木鸳鸯盒侧面击钟图

图三十三　曾侯乙墓漆木鸳鸯盒侧面击钟图

S－3－185 钟南架中层横梁原有使用痕迹

1

2

0　　　　15厘米

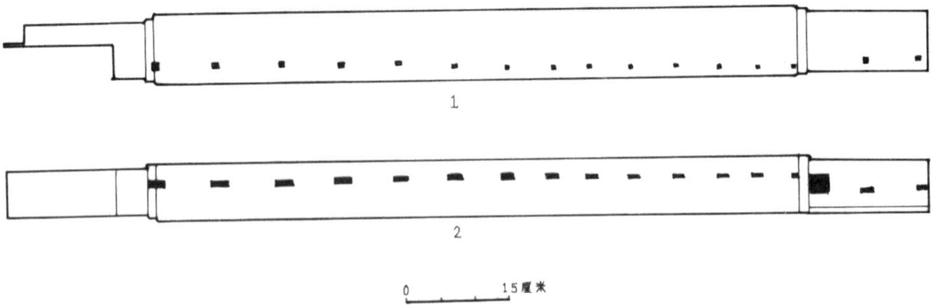

图三十四　曾侯乙编钟南架中层横梁原有使用痕迹

S-3-181.183 撞钟棒及钟槌纹饰

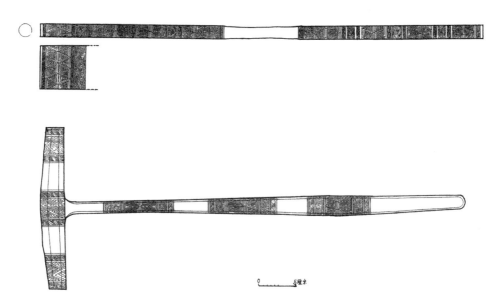

图三十五　曾侯乙编钟撞钟棒及钟槌纹饰

参 考 文 献

一、古籍

(1) 清阮元校刻：《十三经注疏》本，中华书局 1979 年影印本。

(2) 《诸子集成》，中华书局 1954 年版。

(3) 徐元诰撰，王树民、沈长云点校：《国语集解》，中华书局 2002 年版。

(4) （汉）司马迁：《史记》，中华书局 1959 年校点本。

(5) （南朝宋）范晔著，（唐）李贤等注：《后汉书》，中华书局 1965 年版。

(6) 何建章注：《战国策注释》，中华书局 1996 年版。

(7) （清）王先谦撰，沈啸寰、王星贤点校：《荀子集解》，中华书局 1988 年版。

(8) 黎翔凤校注：《管子校注》，中华书局 1988 年版。

(9) （汉）班固撰：《汉书》，中华书局 2007 年版。

(10) （后晋）刘昫等撰：《旧唐书》，中华书局 1975 年版。

(11) （战国）屈原：《楚辞》，中华书局 2006 年版。

(12) （明）陶宗仪：《说郛》，中国书店 1986 年版。

二、专著

(1) 黄翔鹏：《中国古代音乐史》，（台湾）汉唐乐府出版社 1997 年版。

(2) 李伯谦：《中国青铜文化结构体系研究》，科学出版社 1998 年版。

(3) 王子初：《音乐考古》，文物出版社 2006 年版。

(4) 周谷城：《中国通史》上册，上海人民出版社 1957 年版。

(5) 容庚：《商周彝器通考》，哈佛燕京学社 1940 年版。

(6) 杨荫浏：《中国古代音乐史稿》上、下册，人民音乐出版社 1980 年版。

(7) 梁茂春、陈秉义主编：《中国音乐通史教程》，中央音乐学院出版社 2011 年版。

(8) 蓝玉崧著，吴大明整理：《中国古代音乐史》，中央音乐学院出版社 2006 年版。

(9) 黄翔鹏主编：《中国音乐文物大系》，大象出版社 1996 年版。

(10) 王子初主编：《中国音乐文物大系》，大象出版社 2000 年版。

（11）黄翔鹏：《黄翔鹏文存》上、下卷，山东文艺出版社 2007 年版。

（12）黄敬刚：《曾国与随国历史研究》，人民出版社 2013 年版。

（13）黄敬刚：《曾侯乙墓礼乐制度研究》，人民出版社 2013 年版。

（14）黄敬刚：《中国先秦音乐文物与历史文化研究》，西南师范大学出版社 2016 年版。

（15）杜耀西等：《中国原始社会史》，文物出版社 1983 年版。

（16）王清雷：《西周乐悬制度的音乐考古学研究》，文物出版社 2007 年版。

（17）王玲：《音乐图像学与云南民族音乐图像研究》，人民出版社 2009 年版。

（18）田文棠：《中国文化源流视野》，陕西人民出版社 2003 年版。

（19）薛永武、牛月明：《〈乐记〉与中国文论精神》，社会科学文献出版社 2012 年版。

（20）李昆声：《云南艺术史》，云南教育出版社 2001 年版。

（21）聂乾先：《云南崖画舞蹈初识》，载《云南民族舞蹈文集》，中国文联出版社 2003 年版。

（22）高明：《图形文字即汉字古体说》，载《第二届国际中国古文字研讨会论文集》，（香港）中文大学 1993 年版。

（23）李雪山：《商代分封制度研究》，中国社会科学出版社 2004 年版。

（24）胡厚宣、胡振宇：《殷商史》，上海人民出版社 2003 年版。

（25）柯斯文：《原始文化史纲》，人民出版社 1955 年版。

（26）郭沫若：《先秦天道观的进展》，《郭沫若全集》历史编第 1 册，人民出版社 1982 年版。

（27）陈梦家：《殷墟卜辞综述》，中华书局 1988 年版。

（28）李学勤：《试说叶家山 M65 青铜器》，载《楚简楚文化与先秦历史文化国际学术研讨会论文集》，湖北教育出社 2013 年版。

（29）黄凤春：《随州叶家山西周曾侯墓地发掘的主要收获》，载《楚简楚文化与先秦历史文化国际学术研讨会论文集》，湖北教育出版社 2013 年版。

（30）于省吾：《甲骨文字诂林》，中华书局 1996 年版。

（31）徐元勇：《中国古代音乐史研究备览》，时代出版传媒股份有限公司 2012 年版。

（32）方宝璋、郑俊晖：《中国音乐文献学》，福建教育出版社 2006 年版。

（33）王晖：《商周文化比较研究》，人民出版社 2000 年版。

（34）李守常：《史学要论》，北京师范大学史学研究、吉林出版集团股份有限公司、商务印书馆 1999 年版。

（35）邹衡、谭维四（黄敬刚执行主编）：《曾侯乙编钟》，金城出版社 2015 年版。

（36）田青：《音乐类非物质文化遗产保护的理论和实践》，安徽文艺出版社 2012 年版。

（37）项阳：《以礼观乐》，北京时代华文书局 2015 年版。

（38）李玫：《传统音乐轨范探索》，北京时代华文书局 2015 年版。

（39）冯卓慧：《商周镈研究》，中国艺术研究院 2008 年，博士论文。

（40）崔宪：《履薄集》，北京时代华文书局 2016 年版。

（41）杨锡璋：《殷墟发掘简史》，载《安阳古都研究》，河南人民出版社 1998 年版。

（42）史昌友：《灿烂的殷商文化》，中国社会科学出版社 2006 年版。

（43）孙继南、周柱铨：《中国音乐通史简编》，山东教育出版社 2012 年版。

（44）高至喜：《湖南省博物馆馆藏西周青铜器》，《湖南考古辑刊》第 2 集，岳麓书社 1984 年版。

（45）杨宽：《西周史》，上海人民出版社 2003 年版。

（46）彭林：《周礼主体思想与成书年代研究》，中国人民大学出版社 2009 年版。

（47）黎孟德：《中国音乐简史》，四川人民出版社 2009 年版。

（48）白寿彝：《中国通史》，上海人民出版社 2000 年版。

（49）陈双新：《两周青铜乐器》，河北大学出版社 2002 年版。

（50）卢连成：《宝鸡国墓地》，文物出版社 1988 年版。

（51）王友华：《先秦编钟研究》，广西师范大学出版社 2013 年版。

（52）马承源：《商周青铜器铭文选》，文物出版社 1988 年版。

（53）张正明：《楚史》，湖北教育出版社 1995 年版。

（54）李纯一：《先秦音乐史》，人民音乐出版社 2005 年版。

（55）顾德融、朱顺龙：《春秋史》，上海人民出版社 2004 年版。

（56）清如许、王洁译注：《诗经》，山西古籍出版社 2004 年版。

（57）王先谦：《荀子集解》（新编诸子集成），中华书局 2007 年版。

（58）郑祖襄：《华夏旧乐新探》，中国音乐学院出版社 2008 年版。

（59）罗运环：《纵横捭阖——楚国历史概说》，湖北教育出版社 2001 年版。

（60）罗运环：《楚国八百年》，武汉大学出版社 1992 年版。

（61）钱穆：《中国学术通义》，（台湾）学生书局 1976 年版。

（62）谭嗣同：《仁学》，中华书局 1958 年版。

（63）关百益：《新郑古器图录》，民国十八年版。

（64）蔡全法、马俊才：《新郑郑韩故城金城路考古取得重大成果》，《中国文物报》1994 年 1 月 2 日。

（65）罗振玉：《贞松堂集古遗文》，北京图书馆出版社 2003 年版。

（66）洪兴祖：《楚辞补注》，中华书局 1983 年版。

（67）杨华：《先秦礼乐文化》，湖北教育出版社 1997 年版。

（68）徐吉军：《中国丧葬史》，江西高校出版社 1998 年版。

（69）张振涛：《笙管音位的乐律学研究》，山东文艺出版社 2002 年版。

（70）孔义龙：《弦动乐悬——两周编钟音列研究》，文化艺术出版社 2008 年版。

（71）彭林：《中国古代礼仪文明》，中华书局 2004 年版。

（72）孙晓辉：《音乐文献学的古典与现代》，上海音乐出版社 2007 年版。

（73）邵晓洁：《楚钟研究》，人民出版社 2010 年版。

（74）罗艺峰：《中国音乐思想史五讲》，上海音乐学院出版社 2013 年版。

（75）杨宽：《战国史》，上海人民出版社 2003 年版。

（76）万全文：《长江流域的青铜冶炼与铸造·铄石镂金》，武汉出版社、中国言实出版社 2006 年版。

（77）韩贤：《黄帝内经素问探源》，中医古籍出版社 2004 年版。

（78）伊鸿书：《中国古代音乐史》，中央音乐学院出版社 2011 年版。

（79）肖圣中：《曾侯乙墓竹简释文补正暨车马制度研究》，科学出版社 2011 年版。

（80）彭林：《礼乐人生》，中华书局、中华书局 2006 年版。

（81）吕文郁：《春秋战国文化史》，东方出版中心 2007 年版。

（82）杨匡民、李幼平：《荆楚歌乐舞》，湖北教育出版社 1997 年版。

（83）谭维四：《乐宫之王》，浙江文艺出版社 2003 年版。

（84）饶宗颐、曾宪通：《随县曾侯乙墓钟磬辞铭研究》，香港中文大学出版社 1985 年版。

（85）罗开玉：《中国丧葬与文化》，海南人民出版社 1988 年版。

（86）邹昌林：《中国礼文化》，社会科学文献出版社 2000 年版。

（87）常金仓：《周代礼俗研究》第一辑，黑龙江出版社 2005 年版。

（88）刘玉堂：《炎帝神农文化读本》，人民出版社 2015 年版。

三、考古发掘报告

（1）中国科学院考古研究所青海队等：《青海乐都柳湾原始社会墓地反映出的主要问题》，《考古》1976 年第 6 期。

（2）中国科学考古研究所：《西安半坡——原始氏族公社聚落遗址》，文物出版社 1963 年版。

（3）中国社会科学院考古研究所安阳工作队：《安阳大司空村东南的一座墓》，《考古》1988 年第 10 期。

（4）中国社会科学院考古研究所二里头工作队：《1984 年秋河南偃师二里头遗址发现的几座墓葬》，《考古》1986 年第 4 期。

（5）中国社会科学院考古研究所：《殷墟妇好墓》，文物出版社 1980 年版。

（6）中国社会科学院考古研究所：《殷周金文集成》，中华书局 2001 年影印。

（7）中国科学守考古研究所编：《上村岭虢国墓地》，科学出版社 1995 年版。

（8）中国科学院考古研究所安阳发掘队：《1958—1959 年殷墟发掘简报》，《考古》1961 年第 2 期。

（9）中国社会科这院考古研究所铜录山工作队：《湖北铜录山古铜矿再发掘》，《考古》1982 年第 1 期。

（10）中国科学院考古研究所：《辉县发掘报告》，科学出版社 1956 年版。

（11）河南省文物考古研究所：《舞阳贾湖》上卷，科学出版社 1999 年版。

（12）河南省文物考古所研究所编著：《新郑——郑国祭祀遗址》，大象出版社 2006 年版。

（13）河南省丹江库区文物发掘队：《河南省淅川县下寺春秋楚墓》，《文物》1980 年第 10 期。

（14）河南省文物研究所等：《平顶山应国墓地九十五号墓》，《华夏考古》1992 年第 3 期。

（15）河南省文物研究所等：《三门峡上村虢国墓地 M2001 发掘简报》，《华夏考古》1992 年第 3 期。

（16）河南省文物研究所等：《淅川下寺春秋楚墓》，文物出版社 1991 年版。

（17）河南省文化局文物工作队第一队：《郑州商代遗址的发掘》，《考古学报》1957 年第 1 期。

（18）河南省文化局文物工作队：《郑州商代遗址的发掘》，《考古学报》1957 年第 1 期。

（19）河南省文物研究所：《信阳楚墓》，文物出版社 1986 年版。

（20）河南省文物研究所：《河南省叶县旧县村 1 号墓的清理》，《华夏考古》1988 年第 3 期。

（21）河南博物馆、台北历史博物馆：《辉县琉璃阁甲乙二墓》，大象出版社 2003 年版。

（22）山西省考古研究所、灵石县文化局：《山西灵石旌介村商墓》，《文物》1986 年第 11 期。

（23）山西省文物工作委员会、洪洞文化馆：《山西洪洞永凝堡西周墓葬》，《文物》1987 年第 2 期。

（24）山西省考古研究所编：《三晋考古》第 1 辑，山西人民出版社 1994 年版。

（25）山西考古研究所：《天马——曲村遗址北赵晋侯墓地第五次发掘》，《文物》1995 年第 7 期。

（26）山西省文物工作委员会晋东南工作组、长治市博物馆：《长治分水岭 267、270 号东周墓》，《考古学报》1974 年第 2 期。

（27）山西省考古研究所：《万荣庙前东周墓葬发掘收获》，载《三晋考古》第 1 辑，山西人民出版社 1994 年版。

（28）山西省文物管理委员会、山西省考古研究所：《山西长治分水岭战国墓第二次发掘》，《考古》1964 年第 3 期。

（29）山西省考古研究所侯马工作站：《三件战国文物介绍》，《文物季刊》1996 年第 3 期。

（30）山西省考古研究所、太原市文管会编：《太原晋国赵卿墓》，文物出版社 1996 年版。

（31）山西省考古研究所：《上马墓地》，文物出版社 1994 年版。

（32）山西省考古研究所、山西省晋东南地区文化局：《山西省潞城县潞河战国墓》，《文物》1986 年第 6 期。

（33）山西省考古研究所侯马工作站：《新绛柳泉墓地调查发掘报告》，载《晋都新田》，山西人民出版社 1996 年版。

（34）河北省文物研究所：《藁城台西商代遗址》，文物出版社 1985 年版。

（35）河北省博物馆、文物管理处：《河北藁城台西村的商代遗址》，《考古》1973 年第 5 期。

（36）河北省文物研究所：《燕下都》，文物出版社 1996 年版。

（37）河北省文化局文物工作队：《河北易县燕下都第十六号墓发掘》，《考古学报》1965 年第 2 期。

（38）河北省博物馆、文物管委处编：《河北省出土文物选集》，文物出版社 1980 年版。

（39）山东省文物考古研究所、青州市博物馆：《青州市苏埠屯商代墓地发掘报告》，《海岱考古》第一辑，山东大学出版社 1989 年版。

（40）山东省文物管理处：《大汶口》，文物出版社 1974 年版。

（41）山东省兖石铁路文物考古工作队：《临沂凤凰岭东周墓》，齐鲁书社 1988 年版。

（42）山东诸城县博物馆：《山东诸城藏家庄与葛布口村战国墓》，《文物》1987 年第 12 期。

（43）山东省文物考古研究所、沂水县文物管理站：《山东沂水刘家店子春秋墓发掘间报》，《文物》1984 年第 9 期。

（44）山东省博物馆、临沂地区文物组、莒南县文化馆：《莒南大店春秋时期莒国殉人墓》，《考古学报》1978 年第 3 期。

（45）山东省文物考古研究所：《山东临博市临淄区淄河店二号战国墓》，《考古》2000 年第 10 期。

（46）山东诸城县博物馆：《山东诸城藏家庄与葛布口村战国墓》，《文物》1987 年第 12 期。

（47）山东大学历史文化学院考古系：《长清仙人台五号墓发掘简报》，《文物》1998 年第 9 期。

（48）江西省文物考古研究所等：《新干商代大墓》，文物出版社 1997 年版。

（49）江西省文管会：《江西清江营盘里遗址发掘报告》，《考古》1962 年第 4 期。

（50）江西省考古研究所：《江西瑞昌铜岭商周矿冶遗址第一期发掘简报》，《江西文物》1990 年第 3 期。

（51）安徽省文物管理委员会、安徽省博物馆：《寿县蔡侯墓出土遗物》，科学出版社出版 1956 年版。

（52）北京大学考古系、山西省考古研究所：《天马——曲村遗址北赵村晋侯墓地第二次发掘》，《文物》1994 年第 1 期。

（53）北京大学历史系考古教研室商周组编著：《商周考古》，文物出版社 1979 年版。

（54）湖北省考古研究所、随州市博物馆：《随州叶家山西周墓地第二次考古发掘的主要收获》，《江汉考古》2013 年第 3 期。

（55）湖北省文物考古研究所、随州市博物馆：《湖北随州叶家山西周墓地发掘简报》，《文物》2011 年第 11 期。

（56）湖北省博物馆：《湖北崇阳出土一件铜鼓》，《文物》1978 年第 4 期。

（57）湖北省文物考古研究所、随州博物馆：《随州文峰塔 M1（曾侯与墓）、M2 发掘简报》，《江汉考古》2014 年第 4 期。

（58）湖北省博物馆：《湖北江陵发现的楚国彩绘石磬及相关的问题》，《考古》1972 年第 3 期。

（59）湖北省博物馆：《湖北江陵拍马山楚墓发掘简报》，《考古》1973 年第 3 期。

（60）湖北省博物馆：《湖北江陵·雨台山 21 号战国楚墓》，《文物》1988 年第 5 期。

（61）湖北省博物馆：《曾侯乙墓》，文物出版社 1989 年版。

（62）湖北省荆州地区博物馆：《江陵天星观 1 号楚墓》，《考古学报》1982 年第 1 期。

（63）湖北省荆州地区博物馆：《江陵雨台山楚墓》，文物出版社 1984 年。

（64）湖北省文物管理委员会：《湖北省江陵出土虎座鸟架鼓两座楚墓的清理简报》，《文物》1964 年第 9 期。

（65）湖北省博物馆、荆州地区博物馆、江陵县文物工作掘小组：《湖北江陵拍马山楚墓发掘简报》，《考古》1973 年第 3 期。

（66）湖北省荆沙铁路考古队：《包山楚墓》，文物出版社 1991 年版。

（67）湖北省文物考古研究所、随州市博物馆：《随州叶家山西周早期曾国墓地》，文物出版社 2013 年版。

（68）陕西省文物管理委员会：《长安普渡村西周墓发掘》，《考古学报》1957 年第 1 期。

（69）陕西周原考古队：《陕西扶风庄白一号西周青铜器窖藏发掘简报》，《文物》1978 年第 3 期。

（70）陕西省博物馆：《陕西出土商周青铜器》（二），文物出版社 1980 年版。

（71）陕西省博物馆：《扶风齐家村青铜器群》，文物出版社 1963 年版。

（72）陕西省博物馆：《青铜器图释》，文物出版社 1960 年版。

（73）广东省文物考古研究所编著：《博罗横岭山——商周时期墓地 2000 年发掘报告》，科学出版社 2005 年版。

（74）广东省文物管理委员会：《广东清远发现周代青铜器》，《考古》1963 年第 2 期。

（75）湖南考古研究所：《湖南麻阳战国时期古铜矿清理简报》，《考古》1985 年第 2 期。

（76）湖南省博物馆、湖南省文物考古研究所、长沙市博物馆、长沙市文物考古研究所：《长沙楚墓》，文物出版社 2000 年版。

（77）《湖南志·文物志》编写组：《湖南省志·文物志》，湖南出版社 1995 年版。

（78）江苏省丹徒考古队：《江苏丹徒北山顶春秋墓发掘报告》，《东南文化》1988 年第 3、4 期合刊。

（79）四川省博物馆：《成都百花潭中学十号墓发记》，《文物》1976 年第 3 期。

（80）四川省博物馆、新都县文物馆管理所：《四川新都战国木椁墓》，《文物》1981 年第 6 期。

（81）宝鸡市博物馆：《宝鸡县西高泉村春秋秦墓发掘记》，《文物》1980 年第 9 期。

（82）荆州地区博物馆：《湖北枝江出土一件编钟》，《文物》1974 年第 6 期。

（83）固始侯古堆一号墓发掘组：《固始侯古堆一号墓的发掘》，《文物》1981 年第 1 期。

（84）益阳地区博物馆：《宁乡月铺发现商代的铜铙》，《文物》1980 年第 2 期。

（85）烟台市文物管理委员会：《山东蓬莱县柳格庄墓群发掘简报》，《考古》1990 年第 9 期。

（86）烟台市文物管理委员会、海阳县博物馆：《山东海阳县嘴子前春秋墓的发掘》，《考古》1996 年第 9 期。

（87）南京博物院：《江苏六合程桥 2 号东周墓》，《考古》1974 年第 2 期。

（88）德州地区文物工作队：《山东禹城县邢寨汪遗址的调查与试掘》，《考古》1983 年第 11 期。

（89）淄博市博物馆、齐故城博物馆：《临淄商王墓地》，齐鲁书社 1997 年版。

（90）镇江博物馆：《江苏镇江谏壁王家山东周墓》，《文物》1987 年第 12 期。

（91）随州市博物馆：《湖北随县刘家崖发现古代青铜器》，《考古》1982 年第 2 期。

（92）长沙文物工作队：《长沙五里牌战国木棺墓》，《湖南考古辑刊》第 1 辑。

（93）长沙市文物工作队：《长沙市荷花池 1 号战国木椁墓发掘报告》，《湖南考古辑刊》第 5 集，岳麓书社 1989 年版。

（94）宜昌地区博物馆：《湖北当阳赵巷 4 号春秋墓发掘报告》，《文物》1990 年第 10 期。

（95）临汝县文化馆：《临汝阎村新石器时代遗址调查》，《中原文物》1981 年第 1 期。

（96）大冶市铜录山古铜矿遗址保护管理委员会编著：《铜录山古铜矿遗址考古发现与研究》，科学出版社 2013 年版。

（97）黄石市博物馆：《湖北铜录山春秋时期炼铜遗址发掘简报》，《文物》1981 年第 8 期。

（98）襄樊市考古队、湖北省文物考古研究所、湖北孝襄高速公路考古队：《枣阳郭家庙曾国墓地》，科学出版社 2005 年版。

（99）惠民地区文物普查队、阳信县文化馆：《山东阳信城关镇西北村战国墓器物陪葬坑清理简报》，《考古》1990 年第 3 期。

（100）《洛阳出土一组编钟》，《河南日报》1989 年 5 月 27 日。

（101）洛阳市文物工作队：《洛阳西工 131 号战国墓》，《文物》1994 年第 7 期。

（102）黄河水库考古工作队：《1957 年河南陕县发掘简报》，《考古通讯》1958 年第 11 期。

（103）荆州地区博物馆：《湖北省江陵藤店 1 号墓发掘简报》，《文物》1973 年第 9 期。

（104）荆州地区博物馆：《江陵马山 1 号墓楚墓》，文物出版社 1985 年版。

（1045）荆州地区博物馆：《湖北江陵马山砖瓦厂 1 号墓出土大批战国时期丝织品》，《文物》1982 年第 10 期。

（106）中国艺术研究院：《中国音乐文物大系》系列丛书，大象出版社 1998 年版。

（107）中国艺术研究院音乐研究所：《中国音乐年鉴》，文化艺术出版社 2008 年版。

四、论文

（1）王志俊：《关中地区仰韶文化刻划符号综述》，《考古与文物》1980 年第 3 期。

（2）吕骥：《原始氏族社会到殷代的几种陶埙探索我国五声音阶形成年代》，《文物》1978 年第 10 期。

（3）侯外庐：《我对中国社会史的研究》，《历史研究》1984 年第 1 期。

（4）赵青云、赵世刚：《1958 年春河南安阳大司空村殷代墓葬发掘简报》，《考古通讯》1958 年第 10 期。

（5）杨宝成、刘森淼：《商周方鼎初论》，《考古》1991 年第 6 期。

（6）刘怀君：《眉县出土一批西周窖藏青铜乐器》、《文博》1987 年第 2 期。

（7）高至喜：《湖南省博物馆藏西桐青铜乐器》，《湖南考古辑刊》第 2 集，岳麓书社 1984 年版。

（8）闵正国：《武宁县出土西周甬钟》，《江西历史文物》1983 年第 3 期。

（9）陈佩芬：《繁卣、赵鼎及梁其钟铭文诠释》，《上海博物馆集刊》1982 年第 2 期。

（10）张素琳：《山西洪洞永凝堡西周墓》，《文物》1987 年第 2 期。

（11）松荣：《记陕西蓝田县新出土的应侯钟》，《文物》1975 年第 10 期。

（12）高次若：《宝鸡市博物馆藏青铜器介绍》，《考古与文物》1991 年第 5 期。

（13）吴镇烽等：《陕西省扶风县强家村出土的西周铜器》，《文物》1975 年第 8 期。

（14）卢连成等：《陕西宝鸡县太公庙村发现秦公钟、秦公镈》，《文物》1978 年第 11 期。

（15）梁柱：《湖北广济发现一批周代甬》，《江汉考古》1984 年第 4 期。

（16）李金桥：《江底淘沙喜古钟》，《江汉考古》1984 年第 3 期。

（17）赵慧民等：《山西临猗程村两座东周墓》，《考古》1991 年第 11 期。

（18）穆海亭、朱捷元：《新发现的西周王室重器五祀钟》，《人文杂志》1983 年第 2 期。

（19）黄翔鹏：《舞阳贾湖骨笛的测音研究》，《文物》1980 年第 1 期。

（20）李瑾：《关于〈竞钟〉年代的鉴定》，《江汉考古》1980 年第 2 期。

（21）罗勋章：《刘家店子春秋墓琐考》，《文物》1984 年第 9 期。

（22）罗耀辉：《镇馆之宝——青铜器》，《清远报》2005 年 6 月 2 日。

（23）朱非素：《连平县忠信公社彭山发现錞于和甬钟》，《文物通讯》1978 年第 3 期。

（24）滕引忠：《横峰出土春秋战国铜器》、《江西文物》1991 年第 2 期。

（25）赵世钢：《淅川楚墓王孙诰钟的分析》，《汉江考古》1986 年第 2 期。

（26）杨立新：《皖南古代铜矿初步考察与研究》，《文物研究》1988 年第 3 期。

（27）廖永民：《郑州市发现的一处商代居住与铸造器遗址简报》，《文物参考资料》1957 年第 6 期。

（28）郭德维：《我国先秦时期漆器发展试探》，《江汉考古》1988 年第 3 期。

（29）刘国胜：《湖北枣阳九连墩楚墓获得重大发现》，《江汉考古》2003 年第 2 期。

（30）石钟健：《悬棺葬研究》，《民族论丛》1981 年第 1 期。

（31）周尔泰：《成都出土战国羽人仙鹤纹饰青铜壶说明》，《成都文物》1988 年第 1 期。

（32）常文征：《洛阳出土一组铜编钟》，《河南日报》1989 年 5 月 27 日。

（33）温增源：《诸城公孙朝子钟及其相关问题》，《齐鲁艺苑》1992 年第 1 期。

（34）李日训：《章丘女郎山考古获重大成果》，《中国文物报》1991 年第 20 期。

（35）李日训：《章丘女郎山战国大墓墓主之推测》，《纪念山东大学考古专业创建 20 周年文集》，山东大学出版 1992 年版。

（36）周世荣、文道义：《57·长·子 17 号墓清理简报》，《文物》1960 年第 1 期。

（37）王世民：《陕县后川 2040 号墓的年代问题》，《考古》1959 年第 5 期。

（38）杜恒：《试论百花潭嵌错图像铜壶》，《文物》1976 年第 3 期。

（39）沈仲常：《新都战国木椁墓与楚文化》、《文物》1981 年第 6 期。

（40）陈跃钧、张绪球：《江陵马山砖厂 1 号墓出土的战国丝织品》，《文物》1982 年第 10 期。

（41）薛尧、程应麟：《修水县发现战国青铜乐器和汉代铁生产工具》，《文物资料》1964 年第 40 期。

（42）黄敬刚：《从曾侯乙编钟铜人看古代举重体育文化》，《光明日报》2006 年 7 月 31 日。

（43）黄敬刚：《曾侯乙钟铭书法艺术及与音乐艺术的关系》，《武汉大学学报》2006 年第 5 期。

（44）黄敬刚：《曾侯乙钟磬弦乐"七音"与周制"八音"解析》，《钟鸣环宁》，武汉出版社 2008 年版。

（45）黄敬刚：《从曾侯乙编钟钟看古代曲悬与轩悬制度》，《黄钟》2009 年第 2 期。

（46）黄敬刚：《曾钟探源及曾侯乙墓音乐考古研究》，《世界音乐考古大会论文》2012年10月。

（47）黄敬刚：《从曾侯乙墓漆木乐器绘画艺术看其礼制》，《中华文化画报》2012年第2期。

（48）黄敬刚：《曾侯乙墓木椁形制与礼制考》，《文艺研究》2011第1期。

（49）黄敬刚：《中国新石器时代音乐考古与研究》，载《东亚音乐考古研究论文集》，中州古籍出版社2014年版。

（50）黄敬刚：《从传世文献与音乐考古看商代礼乐制刍形》，《沈阳音乐学院学报》2016年第4期。

（51）黄敬刚：《春秋时期郑国祭祀遗址与音乐文物考古研究》，《山东临沂大学学报》2017年第2期。

（52）黄敬刚：《先秦音乐文物考古类型学分析》，《黄冈师范学院学报》2017年第6期。

（53）黄敬刚：《从曾侯乙钟磬看古代的乐悬制度》，《中国社会科学报》2017年1月23日。

（54）黄敬刚：《地下出土战国时期的编钟乐器综述》，《内江师范学院学报》2017年第3期刊。

（55）黄敬刚：《考古发现战国时期编磬乐器考古与分析》，《音乐探索》2017年第1期。

（56）黄敬刚：《宁夏"塞上江南"古乐觅踪》，《民族艺林》2017年第1期。

（57）黄敬刚：《"七彩江南"民乐溯源——滇南乐器乐种田野调查》，载《中国先秦音乐文物与历史文化研究》，西南师范大学出版社2016年版。

专用名词索引

人名索引

后　记

盛世铸钟,治世修典。堪称21世纪音乐文物考古与研究的经典《曾侯乙编钟》出版之后,我编辑了《中国音乐文物与历史文化研究》学术论文一书。这是在继我的专著《曾侯乙墓礼乐制度研究》一书出版后,我就对中国先秦音乐文物与礼器礼制关系进行深入探索和研究的部分成果。遥想当年,我在开展文物普查与考古发掘工作四十余年,曾参加了长江上游和汉水东部地区的古文化遗址、墓葬考古发掘工作以及山东泗水古文化遗址的考古发掘,海南岛陆地和南海水下文物普查的工作经历,为我研究中国先秦音乐文物学术课题打下了坚实的基础。作为研究者来说这种经历是难得的,登巍巍五当山巅峰,涉长江、黄河和泗水河,至南海文昌清澜港水下文物调查,均留下了田野考古调查的足迹。大音希声,大象无形,或为礼之用,和为贵。乐之用,谐为尚。本书研究方向和学术性创新点有别于"音乐考古",而是偏重于中国考古学、历史文献学的传统方法论来研究先秦时期"音乐文物"的。

本书的出版,有幸得到妻子张桂芳、女儿黄谷的鼎力相助。岁在丁酉,花甲纳福,谨将本书敬献给中国艺术研究院和母校武汉大学作为汇报之礼,并求教于学术界同行同仁,不足疏漏之处恳请多加批评指正。"唐韩愈说:世有伯乐,然后有千里马。千里马常有而伯乐不常有。"在此要感谢文化部原副部长、中国艺术研究院原院长王文章,中国艺术研究院院长连辑等领导,以及北京大学文博学院李伯谦、高崇文、武汉大学历史学院罗运环恩师和音乐研究所王子初、田青、崔宪法、王清雷、冯卓慧等先生给予的关怀和支持表示感谢。并对本书图文排版不畏艰辛的孙红杰、陈玲表示感谢。

感谢人民出版社哲学与社会编辑部方国根主任、夏青编辑对本书给予的帮助和支持。他们为本书获得2017年中国文艺原创精品出版工程项目给予莫大的关心、支持。

责任编辑：夏　青
装帧设计：周方亚

图书在版编目（CIP）数据

中国先秦音乐文物考古与研究／黄敬刚 著 . — 北京：人民出版社，2017.9

ISBN 978－7－01－017463－1

I. ①中…　II. ①黄…　III. ①音乐－历史文物－研究－中国－先秦时代　IV. ① K875.54

中国版本图书馆 CIP 数据核字（2017）第 050394 号

中国先秦音乐文物考古与研究

ZHONGGUO XIANQIN YINYUE WENWU KAOGU YU YANJIU

黄敬刚 著

人民出版社 出版发行

（100706　北京市东城区隆福寺街 99 号）

北京盛通印刷股份有限公司印刷　新华书店经销

2017 年 9 月第 1 版　2017 年 9 月北京第 1 次印刷

开本：787 毫米 ×1092 毫米 1/16　印张：34.75

字数：610 千字

ISBN 978－7－01－017463－1　定价：88.00 元

邮购地址 100706　北京市东城区隆福寺街 99 号

人民东方图书销售中心　电话：（010）65250042　65289539